U0038656

韓兆琦 注譯
王子今 原文總校勘

新譯史記(四)世家(一)

三民書局

國家圖書館出版品預行編目資料

新譯史記／韓兆琦注譯;王子今原文總校勘.－－增訂二版三刷.－－臺北市：三民，2024
面；　公分.－－(古籍今注新譯叢書)
參考書目：面
ISBN 978-957-14-6374-2（第四冊：平裝）
1. 史記 2. 注釋

610.11　　106023516

古籍今注新譯叢書

新譯史記(四)世家㈠

注譯者　韓兆琦
原文總校勘　王子今

創辦人　劉振強
發行人　劉仲傑
出版者　三民書局股份有限公司(成立於1953年)

三民網路書店
https://www.sanmin.com.tw

地址　臺北市復興北路386號　(復北門市)　(02)2500-6600
臺北市重慶南路一段61號(重南門市)　(02)2361-7511

出版日期　初版一刷2008年2月
初版二刷2013年5月
增訂二版一刷2018年1月
增訂二版三刷2024年9月
書籍編號　S032550
ISBN　978-957-14-6374-2

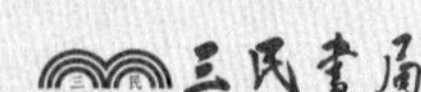

新譯史記　目次

第四冊

卷三十一

吳太伯世家第一

【題解】〈吳太伯世家〉是春秋後期崛起的吳國的興衰史，司馬遷認為長江下游的吳國是周文王的大伯父吳太伯、二伯父仲雍兄弟二人開創的國家，這個國家在西周與東周前期沒沒無聞，但到春秋後期在晉國的幫助下強大起來，其巔峰時期竟至於打敗強楚，攻破了楚國的都城；又打敗越國，使其俯首稱臣。但後來由於驕傲輕越，並在醉心於爭霸中原的過程中耗盡了國力，最後被積蓄已久的越國所消滅，歷史教訓是極其深刻的。但司馬遷之所以把這一篇放在「世家」部分的開頭，主要著眼點卻在於他歌頌吳太伯的「讓國」，以借此表達他的一種「天下為公」的政治理想，這與「本紀」開頭第一篇的歌頌堯舜禪讓、「列傳」部分第一篇的歌頌伯夷是彼此呼應的。

1 吳太伯❶，太伯弟仲雍❷，皆周太王❸之子，而王季歷❹之兄也。季歷賢，而有聖子昌❺。太王欲立季歷以及昌❻。於是太伯、仲雍二人乃犇荊蠻❼，文身斷髮❽，示不可用❾，以避季歷。季歷果立，是為王季，而昌為文王❿。太伯之犇荊蠻，自號句吳⓫。荊蠻義之，從而歸之千餘家，立為吳太伯⓬。

2 太伯卒，無子，弟仲雍立，是為吳仲雍。仲雍卒，子季簡立。季簡卒，子叔達立。叔達卒，子周章立。是時，周武王克殷⑬，求太伯、仲雍之後，得周章。周章已君吳，因而封之⑭。乃封周章弟虞仲於周之北故夏虛⑮，是為虞仲⑯，列為諸侯。

3 周章卒，子熊遂立。熊遂卒，子柯相立。柯相卒，子彊鳩夷立。彊鳩夷卒，子餘橋疑吾立。餘橋疑吾卒，子柯盧立。柯盧卒，子周繇立。周繇卒，子屈羽立。屈羽卒，子夷吾立。夷吾卒，子禽處立。禽處卒，子轉立。轉卒，子頗高⑰立。頗高卒，子句卑立。是時，晉獻公滅周北虞公⑱，以開晉伐虢⑲也。句卑卒，子去齊立。去齊卒，子壽夢立⑳。壽夢立而吳始益大㉑，稱王。

4 自太伯作吳㉒，五世㉓而武王克殷，封其後為二：其一虞，在中國；其一吳，在夷蠻㉔。十二世㉕而晉滅中國之虞。中國之虞滅二世而夷蠻之吳興㉖。大凡從太伯至壽夢十九世㉗。

【章旨】以上為第一段，寫吳國強大以前的早期歷史。

【注釋】❶太伯　史失其名，故以行稱之。❷仲雍　「雍」字是名，「仲」字是排行。❸周太王　即《詩經・大雅・緜》中所寫的古公亶父。「太王」乃武王滅商後對古公亶父的尊稱。❹王季歷　周文王之父，「歷」是名，「季」字是排行。至於稱

「王季」，是武王滅商後對季歷的尊稱。❺聖子昌　即後來的周文王，名昌。❻以及昌　從而可以傳位給其孫姬昌。❼犇荊蠻　犇，「奔」的古字。荊蠻，泛指南方的蠻夷之地。《正義》曰：「太伯居梅里，在常州無錫縣東南六十里。」《吳地記》曰：「太伯居梅里，在闔閭城（今蘇州）北五十里許。」按：《正義》與《吳地記》所指實為一地，即今無錫市東南三十里之梅村。❽文身斷髮　當時南方少數民族的生活習慣。文，通「紋」。❾示不可用　已經完全改變了華夏民族的傳統，不可能再回華夏地區繼承王位。❿而昌為文王　姬昌為商朝西方諸侯之長（伯），並未稱王。「文王」之稱，乃武王滅商後對姬昌的尊稱。⓫句吳　「句」是南方的發語詞。《索隱》引師古《漢書注》曰：「吳言『句』者，夷語之發聲，猶言『於越』耳。」⓬立為吳太伯　按：關於吳太伯讓國的傳說，還見於《詩經・皇矣》、《論語・泰伯》、《左傳・僖公五年》等。司馬遷接續《左傳》的說法，說太伯、仲雍逃到了今江蘇蘇州一帶，其所創建之「吳」即後來的吳王壽夢、吳王闔廬之吳。⓭周武王克殷　事在西元前一〇四六年。⓮因而封之　正式策命之為吳王。⓯夏虛　夏朝都城的舊址，在今山西平陸北。虛，通「墟」。⓰虞仲「虞」為國名。「仲」是人名。據本文，司馬遷乃稱周章之弟為「虞仲」，虞仲是太伯的四世姪孫；但《左傳》、《論語》都稱太伯之弟仲雍為「虞仲」，故《索隱》為此彌縫說：「仲雍稱『虞仲』，今周章之弟亦稱『虞仲』者，蓋周章之弟字仲，始封於虞，故曰『虞仲』。則仲雍本字『仲』，而為虞之始祖，故後代亦稱『虞仲』，所以祖與孫同號也。」⓱頗高　《索隱》曰：「《古史考》『頗高』作『頗夢』。」⓲晉獻公滅周北虞公　事在晉獻公二十二年（西元前六五五年）。因為虞國都城在當時周國都城洛陽的北方，故稱虞國諸侯為「周北虞公」。⓳開晉伐虢　虢是西周以來的諸侯國名，原都於今陝西寶雞一帶。周幽王被犬戎所滅時，虢國隨周室東遷，改都於今河南陝縣城東之上陽，在當時的虞國之南，與虞國隔黃河相望。春秋中期，遠居於虞國之北的晉獻公欲伐滅虢，給虞國送禮，向虞國借路；虞國諸侯貪圖晉國的財物，給晉國讓開道路，使晉兵很容易的於西元前六五八年攻克了虢國都城。三年後，晉國又伐虢滅之，並於撤軍北還時，順便又滅了虞國。開，讓開道路。⓴壽夢立　壽夢元年相當於齊頃公十四年，晉景公十五年，西元前五八五年。按：「壽夢」，《春秋》襄公十二年稱其為「吳子乘」，本篇《索隱》引《世本》又稱其為「孰姑」，又謂世稱其「祝夢乘諸」。㉑壽夢立而吳始益大　林小安曰：「西元前六〇一年，楚滅舒、蓼後，開始和吳、越直接交往。十餘年後，楚滅申公巫臣之族，巫臣入晉，力促晉聯吳制楚，並親自赴吳聯絡，教吳人使用兵車作戰。吳在壽夢即位前後，曾伐楚、伐巢（今安徽巢縣）、伐徐（今江蘇泗洪），『蠻夷屬於楚者，吳盡取之，是以始大。』」㉒作吳　創建吳國。作，興起；創立。㉓五世　指吳太伯、吳仲雍、吳季簡、吳叔達、吳周章。㉔其一虞四句　史公此處明確稱被晉所滅之「虞」，與長江下游建都於今蘇州之「吳」為兄弟之國，此說法最早見於《左傳》。中國，古時用以指稱華夏族所居之中原地區。㉕十二世　吳之十二世，即「句卑」時代。㉖中國之虞滅二世句　按：自晉獻公二十二年（西元前六五五年）滅虞至吳壽夢元年（西元前五八五年），其間相隔七十年。㉗從太伯至壽夢十九世　按：自太伯至壽夢，共十九世；壽夢乃仲雍之十八世孫。

【語　譯】吳太伯和二弟仲雍，都是周太王的兒子，季歷的哥哥。季歷很賢明，還生了一個德才出眾的兒子名昌。太王打算立季歷為後，以便把自己的政權傳給孫子昌。於是識眼色的太伯和仲雍就及早離開故土避居到東南方的荊蠻地區中去了，他們隨著當地人的風俗割去了長髮、在身上刺滿花紋，以表示自己不能再回華夏地區繼承王位，藉以避讓季歷。後來季歷果然被立為太王之後，這就是歷史上所說的王季，他的兒子姬昌就是歷史上的周文王。太伯他們逃到荊蠻以後，自稱他們的部落叫做句吳。荊蠻地區的人們都稱讚他們的讓國行動，前來歸順他們的就有一千多家，大家一致擁立吳太伯為他們的領袖。

2 太伯死後，沒有兒子，因此他的弟弟仲雍繼立為君。仲雍死後，他的兒子季簡繼位。季簡死後，他的兒子叔達繼位。叔達死後，他的兒子周章繼位。這時，西方的周武王已經推翻了殷紂王建立了周王朝。他們尋找太伯、仲雍的後代，後來找到了周章。周章這時已經做了吳國的君主，因而周武王就正式封他為吳國國君。而且還把周章的弟弟虞仲封在了周都洛陽北面的夏朝的都城遺址，被列為諸侯，這就是虞仲。

3 周章死後，他的兒子熊遂繼位。熊遂死後，他的兒子柯相繼位。柯相死後，他的兒子彊鳩夷繼位。彊鳩夷死後，他的兒子餘橋疑吾繼位。餘橋疑吾死後，他的兒子柯盧繼位。柯盧死後，他的兒子周繇繼位。周繇死後，他的兒子屈羽繼位。屈羽死後，他的兒子夷吾繼位。夷吾死後，他的兒子禽處繼位。禽處死後，他的兒子轉繼位。轉死後，他的兒子頗高繼位。頗高死後，他的兒子句卑繼位。這時候，晉獻公已經把周都北面的虞公滅掉了，因為他同意借道給晉國，讓晉國先滅了虢國。句卑死後，他的兒子去齊繼位。去齊死後，他的兒子壽夢繼位。壽夢即位後，吳國開始強大，並從此自稱為王。

4 從太伯創立吳國，傳到第五代時周武王滅掉了殷朝。吳太伯的後代們被封在兩個地方：一個是虞國，在中原地區；一個是吳國，在蠻夷地區。又過了十二代，晉國把中原地區的虞國滅掉了。中原地區的虞國滅亡兩代後，蠻夷地區的吳國強盛起來。從太伯開國到壽夢稱王共十九代。

1 王壽夢二年❶，楚之亡大夫❷申公巫臣怨楚將子反而犇晉❸。自晉使吳，教吳用兵乘車❹，令其子為吳行人❺，吳於是❻始通於中國❼。吳伐楚❽。十六年，楚共王❾伐吳，至衡山❿。

2 二十五年，王壽夢卒⓫。壽夢有子四人：長曰諸樊⓬，次曰餘祭⓭，次曰餘眛⓮，次曰季札⓯。季札賢，而壽夢欲立之。季札讓不可，於是乃立長子諸樊，攝行事當國⓰。

3 王諸樊元年⓱，諸樊已除喪⓲，讓位季札。季札謝曰：「曹宣公⓳之卒也，諸侯與曹人不義曹君⓴，將立子臧，子臧去之，以成曹君㉑。君子曰『能守節㉒矣』。君義嗣㉓，誰敢干㉔君？有國㉕，非吾節㉖也。札雖不材，願附於子臧之義㉗。」吳人固立季札，季札棄其室㉘而耕，乃舍之㉙。秋，吳伐楚，楚敗我師㉚。四年，晉平公㉛初立。

4 十三年，王諸樊卒㉜。有命授弟餘祭，欲傳以次㉝，必致國於季札而止，以稱先王壽夢之意，且嘉季札之義，兄弟皆欲致國，令以漸至焉㉞。季札封於延陵㉟，故號曰「延陵季子」。

5 王餘祭三年㊱，齊相慶封有罪，自齊來犇吳㊲。吳予慶封朱方㊳之縣，以為奉邑㊴，以女妻之，富於在齊㊵。

6 四年，吳使季札聘於魯㊶，請觀周樂㊷。為歌周南、召南㊸，曰：「美哉，始基之矣，猶未也，然勤而不怨。」㊹歌邶、鄘、衛㊺，曰：「美哉，淵乎㊻，憂而不困㊼者也。吾聞衛康叔㊽、武公㊾之德如是，是其衛風乎？」歌王㊿，曰：「美哉，思而不懼(51)，其周之東乎(52)？」歌鄭(53)，曰：「其細已甚，民不堪也，是其先亡乎？」(54)歌齊(55)，曰：「美哉，泱泱(56)乎，大風(57)也哉。表東海(58)者，其太公乎？國未可量(59)也。」歌豳(60)，曰：「美哉，蕩蕩(61)乎，樂而不淫(62)，其周公之東(63)乎？」歌秦(64)，曰：「此之謂夏聲(65)。夫能夏則大，大之至也，其周之舊(66)乎？」歌魏(67)，曰：「美哉，渢渢(68)乎，大而寬，儉而易行(69)，以德輔此，則盟主也(70)。」歌唐(71)，曰：「思深哉，其有陶唐氏(72)之遺風乎？不然，何憂之遠(73)也？非令德(74)之後，誰能若是？」歌陳(75)，曰：「國無主(76)，其能久乎(77)？」自鄶以下(78)，無譏(79)焉。歌小雅(80)，曰：「美哉，思而不貳(81)，怨而不言(82)，其周德之衰乎？猶有先王之遺民(83)也。」歌大雅(84)，曰：「廣哉，熙熙乎(85)，曲而有直體(86)，其文王之德乎？」歌頌(87)，曰：「至矣哉(88)，直而不倨(89)，曲而不詘(90)，近而不偪(91)，遠而不攜(92)，遷而不淫(93)，復而不厭(94)，哀而不愁(95)，樂而不荒(96)，用而不匱(97)，廣而不宣(98)，施而不費(99)，取而不貪(100)，處而不底(101)，行而不流(102)。五聲(103)和，八風(104)平，節有度，守有序(105)，盛德之所同也(106)。」見舞象箾、南籥(107)者，曰：「美哉，猶有感(108)。」見舞大武(109)，曰：「美哉，周之盛也，其若此乎？」見舞韶護(110)者，曰：「聖人之弘也，猶有慚德(111)，聖人之難也！」見舞大夏(112)，曰：「美哉，勤而不德(113)，非禹其誰能及之？」見舞招箾(114)，曰：「德至矣哉，大矣，如天之無不燾(115)也，如地之無不載也，雖甚盛德，無以加矣(116)。觀止(117)矣，若有他樂，吾不敢觀(118)。」

7 去魯(119)，遂使齊。說晏平仲(120)曰：「子速納邑與政(121)，無邑無政，乃免於難(122)。齊國之政將有所歸(123)；未得所歸，難未息也(124)。」故晏子因陳桓子以納政與邑(125)，是以免於欒、高之難(126)。

8 去齊，使於鄭(127)。見子產(128)，如舊交。謂子產曰：「鄭之執政侈(129)，難將至(130)矣，政必及子(131)。子為政，慎以禮(132)。不然，鄭國將敗。」去鄭，適衛(133)。說蘧瑗(134)、史狗(135)、史鰌(136)、公子荊(137)、公叔發(138)、公子朝(139)，曰：「衛多君子，未有患也。」

9 自衛如晉，將舍於宿(140)，聞鍾聲(141)，曰：「異哉！吾聞之，辯而不德(142)，必加於戮。夫子[143]獲罪於君以在此[144]，懼猶不足，而又可以畔乎[145]？夫子之在此，猶燕之巢于幕也。君在殯[146]而可以樂乎？」遂去之。文子[147]聞之，終身不聽琴瑟[148]。

10 適晉，說趙文子[149]、韓宣子[150]、魏獻子[151]，曰：「晉國其萃於三家乎[152]！」將去，謂叔向[153]曰：「吾子勉之！君侈[154]而多良[155]，大夫皆富，政將在三家[156]。吾子[157]直，必思自免於難[158]。」

11 季札之初使，北過徐君[159]。徐君好季札劍，口弗敢言。季札心知之，為使上國，未獻。還至徐，徐君已死，於是乃解其寶劍，繫之徐君冢樹而去。從者曰：「徐君已死，尚誰予乎？」季子曰：「不然。始吾心已許之，豈以死倍吾心哉[160]？」

12 七年[161]，楚公子圍[162]弒其王夾敖[163]而代立，是為靈王。十年，楚靈王會諸侯而以伐吳之朱方，以誅齊慶封[164]。吳亦攻楚，取三邑[165]而去。十一年，楚伐吳，至雩婁[166]。十二年，楚復來伐，次[167]於乾谿[168]，楚師敗走[169]。十七年，王餘祭卒，弟餘眛立[170]。

13 王餘眛二年[171]，楚公子弃疾[172]弒其君靈王，代立焉。

14 四年[173]，王餘眛卒，欲授弟季札[174]。季札讓，逃去[175]。於是吳人曰：「先王有命，兄卒弟代立，必致季子[176]。季子今逃位，則王餘眛後立。今卒，其子當代[177]。」

乃立王餘眛之子僚為王(178)。

【章　旨】以上為第二段，寫壽夢、諸樊、餘祭、餘眛四代的吳國，主要突出了季札之「讓」與季札之「賢」。

【注　釋】❶壽夢二年　西元前五八四年。❷亡大夫　因在本國犯罪而出逃到其他國家的大夫。❸申公巫臣怨楚將子反而犇晉　申公巫臣原是楚國的貴族，西元前五九八年楚國平定陳國內亂，捉到了陳國的美女夏姬，楚將子反想將其據為己有，申公巫臣以「大道理」勸阻了他，而自己卻偷偷地拐著夏姬逃到晉國去了（即所謂「亡大夫」）。子反大怒，挑動楚王殺了申公巫臣家族的許多人，瓜分了他們的許多家產與領地。申公巫臣恨楚將子反，發誓要報此仇。❹自晉使吳二句　申公巫臣為了向楚國報仇，自己請求替晉人出使吳國，策動吳國與晉國聯合共同反楚。到達吳國後，他幫著吳國訓練軍隊，教給吳軍車戰，從此吳國強大，成為楚國東部最危險的敵人。晉國與吳國此起彼伏地對楚國輪番挑戰，遂造成楚國於兩條戰線之間的疲於奔命。❺行人　外交官。❻於是　從此。❼始通於中國　據《左傳》成公七年，申公巫臣到吳國後，讓他的兒子狐庸給吳國當行人，以聯絡中原地區諸國，這是吳國與北方國家通使的開端。❽吳伐楚　吳國開始侵犯楚國。❾楚共王　名審，莊王之子，西元前五九〇—前五六〇年在位。❿衡山　《集解》引杜預曰：「吳興烏程縣南也。」錢大昕《二十二史考異》曰：「烏程，吳之南境，楚兵不能深入至此。今當塗縣北有橫山，即春秋之橫山也。」按：當塗縣在今安徽蕪湖北。⓫壽夢卒　《索隱》曰：「襄十二年經曰：『秋九月，吳子乘卒。』」⓬諸樊　《索隱》曰：「《春秋經》書『吳子遏』，《左傳》稱『諸樊』。蓋『遏』是名，『諸樊』是其號。《公羊傳》『遏』作『謁』。」⓭餘祭　《左傳》稱之曰「戴吳」。⓮餘眛　〈刺客列傳〉作「夷眛」。⓯季札　也稱「季子札」、「延陵季子」。⓰攝行事當國　意即暫時行使國君的職權，真正的王位還給季札空著。攝，代理；代行職權。⓱諸樊元年　西元前五六〇年。⓲除喪　換掉喪服，正式處理國家大事。⓳曹宣公　西元前五九四—前五七八年在位。⓴曹君　曹成公。據〈管蔡世家〉，宣公死後，其弟負芻立，是為成公。據《左傳》，宣公死後，其庶子負芻殺宣公太子而自立，是為成公。國人不平，晉率諸侯伐曹，執曹成公，欲改立宣公的另一庶子子臧。子臧辭曰：「前志有之曰：『聖達節，次守節，下失節。』為君，非吾節也。雖不能『聖』，敢失『守』乎？」遂逃，奔宋。按：史公於此用《左傳》，分明與自己之〈管蔡世家〉不合。㉑以成曹君　以成全曹成公為國君之願望。㉒守節　保持自己的清廉之節，不陷入爭權奪位之亂。

㉓義嗣　合適的繼承人。義，意思同「宜」。諸樊是長子，故季札稱其為「義嗣」。㉔干　犯；侵奪。㉕有國　掌國之政；為國之君。㉖非吾節　不是我這種操行的人所願意做的。㉗附於子臧之義　意即效法子臧的讓國守節。㉘棄其室　猶言拋其家。當時諸侯的領地、封爵與其人眾稱「國」，大夫的領地、封爵與其人眾稱「室」或「家」。㉙乃舍之　吳人只好暫時作罷。㉚楚敗我師　〈十二諸侯年表〉有載，〈楚世家〉無。㉛晉平公　名彪，悼公之子，西元前五五七—前五三二年在位。㉜諸樊卒　《左傳》襄公二十五年曰：「吳子諸樊伐楚，以報舟師之役（事在去年），門于巢。巢牛臣曰：『吳王勇而輕，若啟之，將親門，我獲射之，必殪。是君也死，疆其少安。』從之，吳子門焉，牛臣隱於短墻以射之，卒。」㉝欲傳以次　想按著次序向下傳。㉞以漸至焉　慢慢地逐漸傳至季札。㉟延陵　吳邑名，即今江蘇常州。㊱餘祭三年　西元前五四五年。㊲慶封有罪二句　慶封是齊國的大權貴。西元前五四八年，齊國權臣崔杼弒齊莊公。西元前五四六年，慶封趁崔氏內亂滅掉了崔氏家族，並專齊政。次年，慶封與其子慶舍不合，齊國其他貴族遂趁機聯合消滅了慶氏。慶封獨自先逃到魯國，後又逃到了吳國。㊳朱方　吳邑名，在今江蘇丹徒東南。㊴奉邑　采邑；領地。奉，通「俸」。㊵富於在齊　據《左傳》襄公二十八年，慶封逃到吳國後，「吳句餘（即餘祭）予之朱方，聚其族焉而居之，富於其舊。子服惠伯謂叔孫曰：『天殆富淫人，慶封又富矣。』」穆子曰：『善人富，謂之賞；淫人富，謂之殃。天其殃之也，其將聚而殲旃。』」至昭公四年（西元前五三八年），楚靈王伐吳，果盡滅慶氏之族。㊶聘於魯　意即出使魯國。聘，國與國間的禮節性訪問。㊷周樂　周天子使用的音樂，其歌詞即今所存之《詩經》。因為魯國是周公姬旦的後代，周天子為表示對魯國的特殊尊重，故將他的音樂贈給了魯國一套。㊸周南召南　《詩經．國風》中的第一、二部分。近幾十年之講「周南」、「召南」，多謂周公、召公佐助武王滅商後，被封於魯、燕二國，但都沒有去封國就任，而是留在周國輔佐天子。周公、召公分陝（今河南陝縣）而治，陝以東周公治之，陝以西召公治之。《詩經》中的〈周南〉、〈召南〉即采自周公、召公所治地區的民間歌謠。所謂「周南」、「召南」即謂二公的風化由北而南，故其詩多言及長江、漢水。㊹美哉四句　楊伯峻《春秋左傳注》曰：「季札論詩論舞，既論其音樂，亦論其歌詞與舞象。此『美哉』，善其音樂也；『始基之』以下，則論其歌詞。」又曰：「基之，為王業奠定基礎；猶未成功，而民雖勞而不怨。勤，勞也。」㊺邶鄘衛　武王滅殷後，開始仍讓殷紂王的兒子武庚在殷都（即今河南淇縣）管理殷朝遺民，而以殷都以東為衛，使武王之弟管叔居之；以殷都以西為鄘，使武王之弟蔡叔居之；以殷都以北為邶，使武王之弟霍叔居之，共同監視殷朝遺民，即所謂「三監」。武王死後，成王年幼，管、蔡、霍三人聯合武庚共同造反，被周公討平，統一這個地區，在這裡重建衛國，使武王的少弟康叔居之。所以〈邶〉、〈鄘〉、〈衛〉三部分實際上都是後來衛國地區的詩歌，故季札聽罷說「是其〈衛風〉乎」。㊻淵

乎　氣象深遠的樣子。㊼憂而不困　開始雖然可憂，但後來終遇明主，國家不致困乏。㊽衛康叔　名封，武王之弟，周公平定武庚、三監之亂後，封以為衛國之君，都朝歌，詳情見〈衛康叔世家〉。㊾武公　名和，西元前八一二—前七五八年為衛君，犬戎滅西周時，衛武公曾出兵佐平王定都於洛陽，從而受到周王室的褒獎。㊿王　即〈王風〉，東周時期周天子管轄地區（今河南洛陽一帶）的歌謠。51思而不懼　杜預曰：「宗周殞滅，故憂思；猶有先王之遺風，故不懼。」52其周之東乎　這大概是周國東遷以後的詩歌吧。53鄭　即〈鄭風〉，春秋時代鄭國（國都即今河南新鄭）的歌謠。54其細已甚三句　細，瑣碎；纖弱。〈鄭風〉多言男女愛情之事，少關政治大局，故季札以為「其細已甚」，又料其「先亡」云云。55齊　即〈齊風〉，齊國封地的歌謠。56泱泱　水勢浩瀚的樣子。此處用以比喻齊國音樂的雄渾寬厚。57大風　宏偉的樂章。58表東海　為諸侯表率而地處東海之濱。59國未可量　按：一面對晏嬰說「齊國之政將有所歸；未得所歸，難未息」（見後文），分明看出田氏的即將篡齊；一面又高談「國未可量」，究竟指誰家的國？顧炎武《日知錄．四》曰：「季札聞〈鄭風〉以為『先亡』，而鄭至三家分晉之後始滅於韓；聞〈齊風〉以為『未可量』，乃不久篡于陳氏，《左傳》所記之言，不可盡信也。」60豳　即〈豳風〉，西周祖先故地的歌謠。豳，在今陝西彬縣東北，文王的曾祖公劉之所都。至太王，為避戎人之攻擊，遂遷於岐山之南。61蕩蕩　水勢浩大的樣子。62樂而不淫　安樂而不放縱。63周公之東　周公平定管蔡之亂後告誡成王所作的詩歌。64秦　即〈秦風〉，春秋時期秦國的歌謠。65夏聲　瀧川引中井曰：「秦國即周之舊都，故其聲『夏』也。『夏聲』，猶言『京音』也。故曰『周之舊乎』。」66周之舊　西周王朝時占有的領地。杜預曰：「襄公佐周平王東遷而受其故地，故曰『周之舊也』。」67魏　春秋初期魏國的歌謠，魏為姬姓國，都於今山西芮城北，西元前六六一年被晉獻公所滅。68渢渢　舒緩平和的樣子。此指音樂曲調。69儉而易行　按：《左傳》作「險而易行」，「險」、「儉」二字通用，意即政令簡約，寬緩易行。70以德輔此二句　晉文公敗楚於城濮，《左傳》稱「晉於是役也，能以德攻」，且晉國從此數世為諸侯盟主。按：舊本於此斷句作「大而寬，儉而易，行以德輔，此則盟主也」似欠順暢，今依楊伯峻《春秋左傳注》之斷句。71唐　唐叔虞始居之地的歌謠，實即晉國之風詩。72陶唐氏　帝堯的家族。相傳帝堯曾都於太原西南之「唐」，後又遷都至今臨汾西南之「平陽」。73憂之遠　思深慮遠，睿智者的行為表現。74令德　美好的德行。75陳　即〈陳風〉，陳國領土上的歌謠。76國無主　陳國的君主如陳厲公、陳靈公等，俱以荒淫聞名，故曰「無主」。77其能久乎　陳被楚國所滅，在西元前四七八年，距季札說此話六十五年。78自鄶以下　鄶是西周時代的諸侯國名，相傳為祝融之後，國都在今河南鄭州南，春秋初期被鄭武公所滅。據今本《詩經》看，〈鄶風〉之後的風詩，只還有〈曹風〉。79無譏　不再評論。80小雅　西周後期以來的朝廷、貴族之樂，故後有「周德之衰乎」云云。有些用於宴會，有些是政治諷刺詩，共一百零五篇。雅，正，猶今之所謂「京腔」、「國語」。81思而不貳　有憂傷而無叛逆之意。思，哀思。82怨而不言　有埋怨而無叛逆之言。83先王之遺民　死心塌地，效忠於周朝主子的遺老遺少。這裡即指舊日的遺風遺俗尚存。84大雅　西周初期的詩歌，共四十篇，內容多為歌頌周朝的祖先和文王、武王之德。85廣哉二句　寬厚和樂的樣子。指音樂風格。86曲而有直體　日人竹添光鴻《左傳會箋》認為是指文王之德，謂「〈明夷・彖傳〉稱文王之德曰『內文明而外柔順』。」87頌　周天子以及魯、宋兩國諸侯祭祀祖先以及天地鬼神的樂歌。88至矣哉　意即好到極點。89直而不倨　正直而不傲慢。90曲而不詘　柔順而不降低身分。91近而不偪　與君主親近時能不使其感到受威脅。92遠而不攜　與君主疏遠時而不與之離心離德。攜，貳；二心。93遷而不淫　受到遷謫時能堅守節操不動搖。94復而不厭　官復原職後而能兢兢業業永不倦怠。95哀而不愁　憂心國事時能不窮愁絕望。96樂而不荒　內心喜悅時能不忘乎所以。97用而不匱　言其道德弘遠，能屢施不絕。98廣而不宣　言其道德遠布而又不自我張揚。99施而不費　《論語・堯曰》：「因民之所利而利之，斯不亦惠而不費乎？」100取而不貪　《論語》：「義然後取，人不厭其取。」故不以為貪也。101處而不底　停於某處時，能不畫地為牢，該動則動。102行而不流　變動過程中能不隨波逐流，該止則止。103五聲　指宮、商、角、徵、羽，這裡泛指一切音樂。104八風　竹添光鴻以為應指「八音」，即匏、土、革、木、石、金、絲、竹八種樂器；楊伯峻認為應指各地的樂調。105節有度二句　楊伯峻曰：「樂曲之節拍得其正，音階之調和得其體。」106盛德之所同也　楊伯峻曰：「季札只論〈頌〉之樂曲，不論三〈頌〉所頌之人德之高下，功之大小，故曰『盛德之所同』。」107象箾南籥　讚美文王的兩種舞蹈名。楊伯峻曰：「『箾』同『簫』。『舞象箾』，蓋奏簫而為象舞。『籥』音『樂』，形似笛之樂器。『舞南籥』，蓋奏南樂以配籥舞。」108美哉二句　美哉，讚美舞蹈之精彩。猶有感，表現文王對自己的功業尚有遺憾。感，通「憾」。109大武　讚美武王功業的舞蹈名。110韶護　讚美湯的舞蹈名。《左傳》作「韶濩」。111猶有慙德　說法不一，楊伯峻同杜預說，以為「季札或以商湯伐桀為以下犯上，故云『猶有慚德』，以表不滿。」竹添光鴻以為是商湯自己深感不如堯舜。112大夏　讚美禹的舞蹈名。113勤而不德　自甘勞苦而不居功。不德，不以德自居。114招箾　也寫作〈韶箾〉、〈蕭韶〉，讚美虞舜的舞蹈名。115燾　覆蓋。116雖甚盛德二句　意即沒有任何人的盛德能夠超過舜了。117觀止　看到此可以停止了，意即一切最好的東西都已包羅在此。118若有他樂二句　杜預《春秋經傳集解》曰：「季子賢明才博，在吳雖已涉見此樂歌之文，然未聞中國雅聲，故請作周樂，欲聽其聲，然後依聲以參時政，知其興衰也。聞秦詩謂之夏聲，聞〈頌〉曰『五聲和、八風平』，皆論聲以參政也。舞畢知其樂終，是素知其篇數。」按：季札觀樂一節僅見於《左傳》，《公羊》、《穀梁》皆無，大抵《左傳》作者因敬慕季札而代為騁辭。119去魯　離開魯國。120晏平

仲　即晏嬰，字平仲，齊國宰相。(121)納邑與政　趕緊將領地與職權交回朝廷。納，交出。(122)無邑無政二句　只有交出領地與官職，才能免你一死。(123)齊國之政將有所歸　齊國的政權將要有一個新主子了。(124)未得所歸二句　按：既見齊國情景如此，則前文之「國未可量也」云云，謂之何哉？(125)因陳桓子以納政與邑　向陳桓子遞交辭呈，交出了自己的領地與職權。陳桓子，也稱田桓子，名無宇，田氏家族的領袖，有寵於齊莊公。田氏家族這時在齊國已經逐漸強大，故季札預言「齊國之政將有所歸」。這當然是後人為美化季札而渲染他的「先知先覺」。(126)欒高之難　事見《左傳》昭公十年。齊國貴族欒施、高彊忌恨陳無宇與鮑國兩家，於是陳、鮑兩家首先發難打走了欒施、高彊，瓜分了二族的領地，從此陳氏家族益強。晏嬰在這場事變中表面上中立，實際上是站在了陳氏一方。(127)使於鄭　此時鄭國的君主為鄭簡公，穆公之子，西元前五六五—前五三〇年在位。(128)子產　名僑，春秋後期鄭國的著名政治家，事見〈循吏列傳〉。(129)鄭之執政侈　鄭國當時的宰相為穆公之子伯有，為人驕奢跋扈。(130)難將至　季札說此話後的第二年，鄭國即發生內亂，諸貴族火併，伯有被殺。(131)政必及子　鄭國內亂後，子產為相，從此執鄭政四十餘年。(132)子為政二句　意即希望子產以禮樂治國。用禮治國是孔子的主張，而子產是具有法家色彩的人物，故《左傳》作者讓季札以此提醒子產。(133)適衛　此時衛國的國君為衛獻公，衛國的都城在今河南濮陽西南。(134)蘧瑗　字伯玉，其處世原則是「邦有道則仕，邦無道則卷而懷之」，被孔子稱讚為「君子」。(135)史狗　史朝之子，事跡不詳。(136)史鰌　也稱「史魚」，以正直聞名，孔子曾稱讚他「邦有道如矢，邦無道如矢」。(137)公子荊　被孔子稱為「善居室」。(138)公叔發　即公叔文子，曾薦舉其家臣與己同列，《論語・憲問》曾稱道他「時然後言，人不厭其言；樂然後笑，人不厭其笑；義然後取，人不厭其取」。(139)公子朝　梁玉繩《史記志疑》以為應作「公孫朝」。(140)將舍於宿　宿，應作「戚」。《左傳》作「將宿於戚」。戚，衛邑名，在今河南濮陽北，當時是衛國貴族孫林父的封地。(141)聞鍾聲　聽到孫林父家擊鐘奏樂。(142)辯而不德　梁履繩《左傳補釋》以為「辯」應作「變」，意思是「既為變亂，而又不德」。按：孫林父先曾與另一貴族甯喜作亂驅逐了衛獻公，改立了衛殤公。後來孫林父又與甯喜有衝突，被衛殤公驅逐。孫林父逃到晉國，引導晉兵伐衛，殺掉了衛殤公與甯喜，重新迎回了衛獻公，而自己仍執衛政而不知羞恥。(143)夫子　指孫林父。(144)獲罪於君以在此　孫林父是因為前次驅逐了衛獻公，衛殤公才將「戚」這塊領地封給孫林父的，現在衛獻公回來了，孫林父理應對此感到不安，結果他還擊鐘享樂，故季札對之厭惡。(145)又可以畔乎　洪頤煊《讀書叢錄》曰：「『畔』即『般』字，古字通用。《爾雅・釋詁》：『般，樂也。』」(146)君在殯　衛獻公死於復辟後的第三年，季札到衛國的時候，衛獻公尚未埋葬。殯，停靈祭祀。(147)文子　孫林父的謚號。(148)終身不聽琴瑟　意即從此不聽音樂。(149)趙文子　晉國趙氏家族的首領，名武。(150)韓宣子　晉國韓氏家族的首領，名起。(151)魏獻子　晉國魏氏家族的首領，名舒。季札訪晉的時代，六卿掌晉政，晉君等同傀儡。當時的六卿為范氏、中行氏、智氏、韓氏、趙氏、魏氏。[152]晉國其萃於三家乎 《集解》引服虔曰：「言晉國之祚將集於三家。」萃，聚；集中。三家，指後來瓜分晉國的趙氏、韓氏、魏氏。[153]叔向 姓羊舌，名肸，晉國後期的名臣，曾被孔子稱為「古之遺直」。[154]君侈 當時晉國的國君為晉平公，名彪，西元前五五七—前五三二年在位。侈，驕奢放縱。按：當時之晉君處於六大權臣的壓制下，欲有所為而不能，尚有何「侈」之可言？[155]多良 按：即指趙武、韓起、魏舒等。[156]政將在三家 崔適《史記探原》曰：「趙、韓、魏三子雖相繼秉政，然前乎趙文子者為中行穆子、中行獻子，後乎魏獻子者為范獻子，至中行文子、范昭子與趙簡子相攻，知伯瑤尤強，幾滅趙氏。是時六卿之勢力不相上下，季札非蓍非蔡，何由知中行、范、知必滅，分晉者在此三家乎？自是三家分晉後語。」[157]吾子 敬稱對方，猶今之所謂「老兄」、「我的先生」。[158]必思自免於難 千萬不要讓自己捲進去跟著送命。按：以上季札觀魯樂，與周遊數國與諸子語，皆本《左傳》舊文。[159]徐君 徐邑的封君。徐原為小國名，在今江蘇泗洪南之大徐台子，後被吳國所滅，故遂為吳國屬下之封君。[160]豈以死倍吾心哉 倍，通「背」。違背。按：季札繫劍於徐君之墓的故事，跡近小說。[161]七年 應作餘眛三年，西元前五四一年。參見注[170]。[162]公子圍 楚康王之弟，時為楚國令尹。[163]夾敖 楚康王之子，名員，繼父位四年，被其叔公子圍所殺。因葬於夾，故稱「夾敖」。[164]誅齊慶封 《左傳》昭公四年稱楚靈王攻克朱方後，「執慶封而盡滅其族」，以與前文之所謂「富於在齊」相呼應。[165]吳亦攻楚二句 《集解》引《左傳》曰：「吳伐楚，入棘、櫟、麻，以報朱方之役。」[166]雩婁 吳邑名，在今河南商城東北。[167]次 住宿；駐紮。[168]乾谿 吳邑名，在今安徽亳縣東南。[169]楚師敗走 據《左傳》，「令尹子蕩帥師伐吳，師于豫章，而次于乾谿，吳人敗其師於房鍾，獲宮廄尹棄疾。」[170]王餘祭卒二句 梁玉繩曰：「餘祭四年，夷眛十七年，史誤倒。」按：據《左傳》襄公二十九年曰：「吳人伐越，獲俘焉，以為閽，使守舟。吳子餘祭觀舟，閽以刀弒之。」時即餘祭四年也。又據長沙馬王堆出土之帛書《春秋事語》，亦謂「吳伐越，復（俘）其民，使守其周（舟）。吳子餘蔡（祭）觀舟，閩（閽）人殺之。」說法相同，蓋無疑也。[171]餘眛二年 應作十五年，西元前五二九年。[172]楚公子弃疾 楚靈王之弟，弒其兄自立，是為平王。弃疾弒兄自立的過程詳見〈楚世家〉。[173]四年 應作十七年，西元前五二七年。[174]欲授弟季札 欲傳王位於季札。[175]季札讓二句 耿延禧曰：「季札讓國之事，誠未易論，觀其論樂與諭諸國大夫，賢乎不賢乎？豈其熟於考古，昧於從時；明於責人，暗於治己乎？」[176]必致季子 一定要把國家政權傳給季札。[177]今卒二句 按：此六字與上文重複，似應削。[178]乃立王餘眛之子僚為王 按：《史記》諸篇皆謂王僚是餘眛之子，謂公子光是諸樊之子；而《公羊傳》則謂餘眛是諸樊之子，公子光是餘眛之子。

【語　譯】壽夢即位的第二年，楚國的大夫申公巫臣因為與將軍子反結仇而逃到了晉國。後來又從晉國奉命出使到吳國，幫助吳國練兵和使用車戰，他讓他的兒子在吳國做外交工作，從此開始了吳國與中原地區國家的往來。吳國並在這一年裡起兵西攻楚。壽夢十六年，楚共王出兵伐吳，一直打到了吳國的衡山。

2 吳王壽夢在位二十五年。壽夢死後，留有四個兒子：長子叫諸樊，次子叫餘祭，三子叫餘眛，四子叫季札。季札的才德最高，壽夢想要立他為後。但季札堅決推辭不受，於是只好仍立長子諸樊做了繼承人，開始代理國家大事。

3 諸樊元年，守孝期滿以後，諸樊又要讓王位給季札。季札辭讓說：「曹宣公死後，當時各國的諸侯和曹國本國的人們對新繼承人曹成公的不義行為不滿，他們想立子臧為曹君，子臧不受而且離國出走了，為的是讓曹成公當政。於是人們都稱讚子臧是個能堅守節操的人。現在你是理所當然的繼承人，誰敢反對你呢？如果讓我占有國家，那倒不是我的品節所能允許的了。我雖沒有更大的出息，但我願意學習子臧的義氣。」吳國的人們還是想要立他，季札無奈只好離開家族，躲到一個地方去耕田為業了，吳人見此光景也只好作罷。這年秋天，吳國又出兵伐楚，結果被楚擊敗。諸樊四年相當於晉平公元年。

4 諸樊在位共十三年，臨死時，留下話要傳位給他的二弟餘祭，意思是兄弟幾個人依次傳下去，最後還是要把王位傳給季札，以實現先王壽夢的心願。同時他們幾個弟兄也確實都覺得季札的品行好，他們也都願意用這種自然傳遞的辦法，把王位漸漸地傳給他。而季札當時被封在延陵，被人稱為延陵季子。

5 餘祭三年，齊國的宰相慶封因犯罪從齊國跑到了吳國。餘祭劃出了朱方縣給慶封作領地，還把自己的女兒嫁給了他，因此慶封在吳國的生活比他在齊國當宰相的時候還要富有。

6 餘祭四年，吳國派季札到魯國訪問，季札到魯國後，請求欣賞周天子賜給魯國的音樂。當樂師們為他先演唱了〈周南〉、〈召南〉兩部分詩歌後，季札說：「好啊！已經開基創業了，只是還沒有達到應有的目標。但是臣民們能夠辛勤勞作而不抱怨。」接著樂師又演唱了〈邶風〉、〈鄘風〉、〈衛風〉三個地區的詩歌，季札說：「好啊！深沉啊，開始雖然動蕩不安，後來終於獲得了穩定。我聽說衛康叔、衛武公的品德就是這樣的，這唱的大概就是〈衛風〉吧？」樂工又演唱了〈王風〉，季札說：「好啊！能夠深思而不恐懼，這大概是周室東遷以後的詩歌吧？」樂工又演唱了〈鄭風〉，季札說：「太瑣碎了，這樣下去人們是受不了的，恐怕它得首先亡國！」樂工又演唱了〈齊風〉，季札說：「好啊！這些樂章雄渾寬厚，具有大國的氣派。占據東海之濱，成為天下表率的，不就是姜太公嗎？這個國家的前途是不可限量的！」樂工又演唱〈豳風〉，季札說：「好啊！浩蕩無邊，快樂而又能有所節制，這大概是周公東征的樂章吧？」樂工們又演唱〈秦風〉，季札說：「這就是人們所說的『夏』聲。能作『夏』聲事業就能發展，而且會發展到頂點，這大概就是周室舊地的樂章吧？」樂工又演唱〈魏風〉，季札說：「好啊，悠揚婉轉，宏亮而又柔和，儉樸而又平易，要是能夠實行德政，就會能成為天下的盟主了。」樂工又演唱〈唐風〉，季札說：「思慮得真是深遠啊！這大概是陶唐氏的遺風吧？要不然怎麼會憂慮得那麼深遠呢？要不是聖人的後人，誰能夠做到這樣？」樂工們又演唱〈陳風〉，季札說：「國家沒有個好的主宰，能夠發展得了嗎？」樂工們再演唱〈鄶風〉以下的作品，季札就不再加以評論了。待到樂工們演唱〈小雅〉時，季札說：「好啊！雖有愁苦憂慮但能不懷二心，雖有怨怒而不形於言表，這大概是反映周室衰微的作品吧？其中仍保留著先王遺留的習俗。」樂工們又演唱〈大雅〉，季札說：「宏偉啊！而且又有一種安樂的氣派，風格曲折婉轉而總體卻強勁剛直，這大概就是周文王的品格吧？」樂工們再演唱到〈頌〉，季札說：「完美到極點了！剛直而不顯高傲，柔婉而不顯卑微，親近而不緊迫，悠遠而不游離，富於變化而節奏不亂，循環往復而不使人厭煩，雖有哀傷而不愁苦，雖有歡樂而不荒淫，不斷運用而不會虧少，廣博宏闊而又不直露，雖施捨而不耗費，雖汲取而不貪婪，雖靜止而不沾滯，雖運轉而不漫流。五聲和諧，八風適度。有節奏、有次序，具備盛德的人都是這個樣子的。」接著他又觀看了〈象箾〉和〈南籥〉兩種舞蹈，季札說：「好啊！但還多少有點遺憾。」等他觀看了〈大武〉舞的表演後，季札說：「好啊！周朝強盛的時候，大概就是這個樣子吧？」當他觀看了〈韶護〉舞的表演時，季札說：「聖人的道德大概就這麼恢宏吧，總感到還有點不足，做聖人真是太難啊！」當他又觀看了〈大夏〉舞的表演時，季札說：「好啊！辛勤勞苦而不居功自傲，如果不是大禹還有誰能達到這種境界呢？」最後當他觀看了〈招箾〉舞的表演，季札說：「品德之高達到極點了，太偉大啦！像天一樣無所不包，像地一樣無所不載，不論再有多麼功德高尚的人，也不可能超過他了。到這裡可以停止了，即使還有其他的樂、舞，我也不敢請求再看了。」

7 季札離開魯國，來到了齊國，他勸告晏嬰說：「你應該趕緊把你的封地和你手中的權柄都交還國君。只有這樣，才能免遭災難。你們齊國的政權將要另有歸屬，在沒有完成這種歸屬的轉變之前，齊國的禍亂是不會停息下來的。」於是晏嬰趕緊通過陳桓子把自己的職權和封地都交了出來，也正因此才使他避免了欒氏、高氏作亂時的殺戮。

8 季札離開齊國，又來到了鄭國。一見到子產，他們就像老朋友一樣親熱。季札對子產說：「鄭國的當權者太驕橫了，大禍即將臨頭，到那時政權一定會落到您手中。您執政後，應該謹慎地以禮樂治國，否則，鄭國就要垮臺。」季札離開鄭國後，又到了衛國。他很喜歡衛國的蘧瑗、史狗、史鰌、公子荊、公叔發、公子朝等人。季札說：「衛國的君子很多，這個國家是不會有問題的。」

9 季札離開衛國到晉國去，半道上準備在戚地住宿，忽然他聽到了敲鐘作樂的聲音，季札說：「奇怪啊！我聽說，一個人如果既搞叛亂又沒有道德，那就只能招來殺身之禍。孫文子得罪衛君就是跟這塊領地有關，害怕都來不及了，還有什麼心思尋歡作樂呢？孫文子住在這裡就好像燕子把窩搭在帳幕上，而且老國君的屍體還沒有安葬，他難道可以高興得起來嗎？」於是趕緊離開了戚地。後來孫文子聽到了季札對他的這段議論，於是羞愧得直到死再也不聽音樂了。

10 季札到了晉國後，對趙文子、韓宣子、魏獻子比較喜歡，他說：「晉國的權力以後大概要集中到你們這三家了！」季札離開晉國前，對叔向說：「你要多加保重！晉國的國君荒淫奢侈，而有德有才的良臣不少，大夫們個個富有，以後的政權恐怕就要落到那三家的手中去。你為人正直，一定要想出個使自己免遭禍亂的辦法。」

11 季札開始向北方出訪時，曾經路過徐國拜訪徐君。徐君對季札的佩劍很欣賞，但不好意思開口要。季札看出了徐君的心思，但因為他要到中原國家訪問，所以當時沒有把佩劍送給他。待至歸途中再到徐國時，徐君已經死了，於是季札就把自己的佩劍留下來，掛在了徐君墳前的樹上。隨行的人員說：「徐君已經死了，您還留下來給誰呢？」季札說：「不能這樣講。當初我心裡已經答應把佩劍送給他了，現在怎麼能夠因為他死了我就改變主意呢？」

12 吳王餘祭七年，楚國的公子圍殺了楚王夾敖而自立了，這就是歷史上的楚靈王。餘祭十年，楚靈王召集諸侯會盟並率領諸侯們攻打吳國的朱方，藉口是討伐齊國的亂臣慶封。這一年，吳國也出兵攻楚，奪取了楚國的三個縣。餘祭十一年，楚國又起兵伐吳，打到了雩婁。餘祭十二年，楚兵又起兵伐吳，前鋒駐紮在乾谿，結果被吳軍打敗。餘祭十七年，餘祭死了，他的弟弟餘眛立為吳王。

13 餘眛二年，楚國的公子弃疾殺掉了楚靈王，自立為楚王。

14 餘眛四年，餘眛死了，他想把王位傳給弟弟季札。季札推讓，又逃走了。於是吳國的人們說：「先王曾有遺囑，哥哥死後由弟弟代立，一定要把王位傳給季札。可是季札現在逃走了，在此之前最後即位的是餘眛，現在餘眛死了，應該立他的兒子。」於是餘眛的兒子僚被立為吳王。

1 王僚二年❶，公子光❷伐楚，敗而亡王舟❸。光懼，襲楚，復得王舟而還。

2 五年，楚之亡臣伍子胥❹來犇，公子光客之❺。公子光者，王諸樊之子也。常以為吾父兄弟四人，當傳至季子。季子即不受國，光父先立。即不傳季子，光當立。陰納賢士，欲以襲王僚。

3 八年，吳使公子光伐楚，敗楚師，迎楚故太子建母❻於居巢❼以歸。因北伐，敗陳、蔡之師❽。九年，公子光伐楚，拔居巢、鍾離❾。初，楚邊邑卑梁氏❿之處女與吳邊邑之女爭桑，二女家怒相滅，兩國邊邑長聞之，怒而相攻，滅吳之邊邑。吳王怒，故遂伐楚，取兩都⑪而去。

4 伍子胥之初奔吳，說吳王僚以伐楚之利。公子光曰：「胥之父兄為僇於楚⑫，欲自報其仇耳，未見其利⑬。」於是伍員知光有他志⑭，乃求勇士專諸，見之光⑮。光喜，乃客伍子胥⑯。子胥退而耕於野，以待專諸之事。

5 十二年冬，楚平王卒⑰。十三年⑱春，吳欲因⑲楚喪而伐之，使公子蓋餘、燭庸⑳以兵圍楚之六、灊㉑。使季札於晉，以觀諸侯之變㉒。楚發兵絕吳兵後，吳兵不得還。於是吳公子光曰：「此時不可失也㉓。」告專諸曰：「不索何獲㉔？我真王嗣㉕，當立，吾欲求之。季子雖至，不吾廢也㉖。」專諸曰：「王僚可殺也，母老子弱㉗，而兩公子將兵攻楚，楚絕其路。方今吳外困於楚而內空，無骨鯁之臣㉘，是無柰我何㉙。」光曰：「我身，子之身也㉚。」四月丙子㉛，光伏甲士於窟室㉜，而謁王僚飲㉝。王僚使兵陳於道，自王宮至光之家，門階戶席，皆王僚之親也，人夾持鈹㉞。公子光詳㉟為足疾，入于窟室㊱，使專諸置匕首於炙魚之中以進食㊲。手匕首刺王僚，鈹交於匈㊳，遂弒王僚。公子光竟代立為王，是為吳王闔廬。闔廬乃以專諸子為卿㊴。

6 季子至，曰：「苟先君無廢祀[40]，民人無廢主[41]，社稷有奉[42]，乃吾君也[43]。吾敢誰怨乎？哀死事生[44]，以待天命[45]。非我生亂，立者從之[46]，先人之道[47]也。」復命，哭僚墓[48]，復位而待[49]。吳公子燭庸、蓋餘二人將兵遇圍於楚者[50]，聞公子光弒王僚自立，乃以其兵降楚，楚封之於舒[51]。

7 王闔廬元年[52]，舉伍子胥為行人[53]，而與謀國事。楚誅伯州犂，其孫伯嚭亡奔吳[54]，吳以為大夫。

8 三年，吳王闔廬與子胥、伯嚭將兵伐楚，拔舒，殺吳亡將二公子[55]。光謀欲入郢[56]，將軍孫武[57]曰：「民勞，未可，待之。」四年，伐楚，取六與灊[58]。五年，伐越，敗之[59]。六年[60]，楚使子常囊瓦[61]伐吳，迎而擊之[62]，大敗楚軍於豫章[63]，取楚之居巢而還。

9 九年，吳王闔廬謂伍子胥、孫武曰：「始子之言郢未可入，今果如何？」二子對曰：「楚將子常貪而唐、蔡皆怨之[64]。王必欲大伐，必得唐、蔡乃可。」闔廬從之，悉興師，與唐、蔡西伐楚，至於漢水。楚亦發兵拒吳，夾水陳[65]。吳王闔廬弟夫槩欲戰，闔廬弗許。夫槩曰：「王已屬臣兵[66]，兵以利為上，尚何待焉？」遂以其部五千人襲冒[67]楚，楚兵大敗，走。於是吳王遂縱兵追之。比至郢，五戰，楚五敗(68)。楚昭王(69)亡出郢，奔鄖(70)。鄖公弟(71)欲弒昭王(72)，昭王與鄖公犇隨(73)。而吳兵遂入郢(74)，子胥、伯嚭鞭平王之尸(75)以報父讎。

十年，春，越聞吳王之在郢，國空，乃伐吳(76)。吳使別兵擊越(77)。楚告急秦(78)，秦遣兵救楚擊吳，吳師敗(79)。闔廬弟夫槩見秦、越交敗吳，吳王留楚不去，夫槩亡歸吳而自立為吳王。闔廬聞之，乃引兵歸，攻夫槩。夫槩敗，奔楚。楚昭王乃得以九月復入郢(80)，而封夫槩於堂谿(81)，為堂谿氏。十一年，吳王使太子夫差伐楚，取番(82)。楚恐而去郢徙鄀(83)。

【章　旨】以上為第三段，寫公子光弒王僚即位，與其破楚入郢，使吳國強大至巔峰。

【注　釋】❶王僚二年　西元前五二五年。❷公子光　《史記》諸篇皆謂公子光是諸樊之子，而《公羊傳》與《世本》皆謂公子光是餘昧之子。公子光即後來的吳王闔廬。❸敗而亡王舟　《左傳》昭公十七年曰：「吳伐楚，（楚司馬）子魚先死，楚師繼之，大敗吳師，獲其乘舟餘皇。」王舟，吳國先王所乘之舟，名曰餘皇。❹亡臣伍子胥　伍子胥，名員，其父伍奢、其兄伍尚皆被楚平王所殺。伍子胥為報父兄之仇而輾轉逃到吳國事，詳見〈伍子胥列傳〉。亡臣，叛國逃出之臣。❺公子光客之　據〈刺客列傳〉，伍子胥到達吳國後，勸說吳王伐楚，公子光反對。伍子胥知道公子光欲發動國內政變，為他推薦了刺客專諸，自己遂退而耕於野，無「公子光客之」之事。❻太子建母　楚平王前太子建之母，太子建因費無極的譖毀而被楚平王所廢，與伍子胥逃到鄭國。太子建在鄭國為亂，被子產所殺；其母則被廢棄，仍住在楚國。❼居巢　楚邑名，在今安徽巢縣東北。❽因北伐二句　陳、蔡，都是西周以來的諸侯國名，春秋以來一貫依附於楚國。當時陳國的都城在今河南淮陽，蔡國的都城在今河南上蔡。據《左傳》昭公二十三年，吳王與公子光等率軍伐楚之州來（今安徽鳳台），楚國令尹率楚軍與陳、蔡、許、胡、沈等小國往救之。值楚令尹病死，吳軍遂趁勢進擊，大破楚與諸小國。太子建之母居於郹（今河南新蔡），召吳人往攻之，吳人遂往取太子建母與其地之寶器以歸。梁玉繩曰：「敗楚及陳、蔡，與取建母二事也。建母在鄖，亦非居巢也。」❾鍾離　楚邑名，在今安徽鳳陽東北。❿楚邊邑卑梁氏　〈伍子胥列傳〉作「吳邊邑卑梁氏」，兩處歧異。卑梁，邑名，在今安徽天長西北，其地為當時吳、楚兩國的交界處。⓫取兩都　即指「拔居巢、鍾離」二城。⓬為僇於楚　被楚人所殺。⓭未見其利　未見伐楚對吳國有何好處。⓮他志　指欲政變奪國。⓯乃求勇士專諸二句　按：專諸，《左傳》作「鱄設諸」。陳直曰：「因專諸有炙魚事，故『專』字加『魚』旁，以字從義也。」⓰乃客伍子胥　這才把伍子胥當作客人接待。⓱十二年冬二句　據《左傳》及〈十二諸侯年表〉，楚平王乃死於王僚十一年，西元前五一六年，此云「十二年」者，誤。⓲十三年　據《左傳》及〈十二諸侯年表〉，王僚於其十二年被弒，沒有十三年。此應作「十二年」，西元前五一五年。⓳因　趁；乘機。⓴公子蓋餘燭庸　二人皆王僚之胞弟。㉑六灊　皆楚邑名，六在今安徽六安北；灊在今安徽潛山西北。㉒觀諸侯之變　看中原諸國對吳趁楚喪以伐之的反應如何。㉓此時不可失也　這個時機不能錯過。時，時機；機遇。㉔不索何獲　不動手怎能有收穫。索，求；爭取。㉕我真王嗣　我是真正的王位繼承人。㉖季子雖至二句　即使季札回來，他也不會再廢掉我。㉗母老子弱　此語有二解，有人認為是專諸說自己。也有人認為是指王僚而言。按：應指王僚而言。㉘骨鯁之臣　忠心正直的大臣。㉙是無柰我何　他們都對我們沒辦法。㉚我身二句　意謂今後你們家裡的一切問題通通由我負責，我要為你家盡一切責任。㉛四月丙子　似應作「三月丙子」。陰曆四月沒有「丙子」日，「丙子」日是三月二十九。㉜窟室　地下室。㉝謁王僚飲　請王僚來公子光家飲宴。謁，請。㉞人夾持鈹　手持長劍的衛士夾立兩側。鈹，劍的一種，形如刀而兩邊有刃。㉟詳　通「佯」。假裝。㊱入于窟室　離開現場，進入安全地帶。㊲使專諸置匕首於炙魚之中以進食　中井曰：「『食』字衍，《左傳》作『以進』；〈刺客傳〉作『而進之』，並無『食』字。」炙魚，烤魚。㊳手匕首刺王僚二句　當專諸以匕首刺中王僚的時候，左右衛士的長鈹也同時刺入專諸的胸膛。匈，通「胸」。按：有關專諸刺王僚的故事，詳見於《左傳》昭公二十七年與〈刺客列傳〉。㊴卿　諸侯國大臣之爵位最高者。諸侯國之大臣通常稱「大夫」，其中有功勳巨大，經周天子策命者，可稱為「卿」，如管仲、趙衰等是也。㊵苟先君無廢祀　只要能保證對祖先的祭祀不致斷絕，也就是國家不致滅亡。㊶民人無廢主　有人給國家的百姓們當君主。㊷社稷有奉　社稷壇有人祭祀，實指國家的事情有人主持。㊸乃吾君也　誰能做到以上三條，誰就是我的國君，意即承認公子光的既定事實。㊹哀死事生　對被殺的王僚表示哀悼，對篡取了政權的公子光則為其效力。㊺以待天命　意即在自己的有生之年就只好這樣混下去了。㊻立者從之　誰當了國君大家就服從誰。㊼先人之道　竹添光鴻曰：「自諸樊以下，兄死弟及，唯立者之從，故云先人之道也。」㊽復命二句　《集解》引服虔曰：「復命於僚，哭其墓也。」㊾復位而待　回到自己的崗位，等待公子光的吩咐。蘇軾曰：「季子觀樂於魯，知列國興廢於百年之前。方其救陳也，去吳之亡十三年耳，而謂季子不知可乎？季子知國之必亡，而終無一語於夫差，知言之無益也。夫子胥以闔廬伯，而夫差殺之如皁隸，豈獨難於季子乎？嗚呼，悲夫！吾是以知夫差之不道，致使季子不敢言也。」(50)吳公子燭庸蓋餘二人將兵遇圍於楚者　「二人將兵遇圍於楚者」為夾注句，接續前事而言。(51)舒　楚縣名，縣治在今安徽廬江西南。(52)闔廬元年　西元前五一四年。(53)行人　猶今之外交長官。(54)楚誅伯州犁二句　伯州犁是伯宗的兒子，伯宗原是晉國人，厲公時被同族郤至、郤錡等所殺，伯州犁逃到楚國。伯州犁的兒子郤宛為人正直，被費無極所忌恨，挑動令尹子常將其滅族。郤宛的兒子，也就是伯州犁之孫伯嚭逃到吳國。(55)吳亡將二公子　即王僚之弟燭庸、蓋餘。(56)謀欲入郢　想趁勢攻取楚國的都城。郢，楚國的國都，在今湖北荊州江陵西北之紀南城。(57)將軍孫武　按：《左傳》中言吳、楚交兵事，無孫武其人，《國語》中亦不見，只《史記》於〈吳太伯世家〉、〈孫子吳起列傳〉、〈伍子胥列傳〉屢言之。(58)取六與灊　吳前曾圍楚之六與灊，今則攻取之。(59)伐越二句　越，東南地區的小國名，都於會稽（今浙江紹興）。〈越王句踐世家〉云：「允常之時，與吳王闔廬戰而相怨伐。」則此「伐越，敗之」者，敗允常也。(60)六年　梁玉繩曰：「事在楚昭八年，吳闔廬七年，此與〈楚世家〉、〈伍子胥列傳〉及〈年表〉，誤在前一年。」(61)子常囊瓦　姓囊名瓦，字子常，當時為楚國令尹。(62)迎而擊之　瀧川曰：「楓山、三條本，『迎』上有『吳』字。」(63)豫章　此豫章地點不詳，大約在長江北、淮水南，不是江西南昌之豫章。(64)楚將子常貪句　唐、蔡，鄰近楚國北境的兩個小國名。唐、蔡二君朝楚時因不給楚令尹子常送馬、送裘而一度被子常拘留，故二君恨子常，事見《左傳》定公三年。(65)夾水陳　夾漢水列陣，吳居漢水東，楚居漢水西。陳，通「陣」。按：以下吳軍破楚之戰在闔廬九年之十一月。(66)屬臣兵　將軍隊委託我統領。(67)襲冒　從正面突然攻擊。(68)比至郢三句　吳破楚於柏舉，追擊中又五次敗楚，遂攻入郢都，事詳見《左傳》定公四年。(69)楚昭王　名珍，平王之子，西元前五一五—前四八九年在位。(70)鄖　楚縣名，即今湖北鄖縣。一說即今湖北安陸。(71)鄖公弟　鄖縣縣令之弟，楚人對縣令稱「公」。據〈伍子胥列傳〉鄖公之弟名懷。(72)欲弒昭王　因為楚平王當年殺了他們的父親。故鄖公之弟說：「平王殺吾父，我殺其子，不以可乎？」(73)昭王與鄖公犇隨　鄖公阻止其弟曰：「君討臣，誰敢讎之？君命，天也。若死天命，將誰讎？」於是保護昭王逃到了隨國。隨，楚國的附屬國，國都即今湖北隨州。(74)吳兵遂入郢　事在闔廬九年（西元前五〇六年）之十一月二十八。(75)子胥伯嚭鞭平王之尸　中井曰：「『伯嚭』二字衍，楚殺伯州犁在昭王之世，伯嚭何怨於平王哉？」按：〈伍子胥列傳〉云：「及吳兵入郢，伍子胥求昭王既不得，乃掘楚平王墓，出其尸，鞭之三百然後已。」而《左傳》無此事。(76)乃伐吳　此伐吳者仍為越王允常。(77)吳使別兵擊越　言外之意是吳王闔廬仍欲留在楚國不想回吳。別兵，別的部隊，與吳王統率的伐楚大軍相對而言。78楚告急秦　楚國的申包胥赴秦國告急求救。申包胥原是伍子胥在楚國時的朋友，伍子胥當初逃出楚國時，就對申包胥發誓要滅掉楚國。申包胥說：你滅掉楚國，我一定要把它重建起來。當伍子胥率吳兵入郢，並在楚國肆行殘虐時，申包胥入秦求救，其一片真情感動了秦哀公，秦國發兵救楚，事見〈伍子胥列傳〉。79吳師敗　據《左傳》，秦發車五百乘以救楚，先敗夫槩於沂（今河南正陽境），又敗吳師於軍祥（今湖北隨州西南）。80楚昭王乃得以九月復入郢　楚昭王於其十年（西元前五〇六年）之十一月二十七日逃出郢都，於其十一年之九月回到郢都，在外遊蕩九個多月。81堂谿　也寫作「棠谿」。楚邑名，在今河南遂平西北。82吳王使太子夫差伐楚二句　《索隱》曰：「番，音潘，楚邑名。」按：《左傳》於此作「吳太子終累敗楚舟師，獲潘子臣、小惟子及大夫七人。」梁玉繩以為是司馬遷誤以潘姓為地名。杜預以為「終累」是夫差之兄；《索隱》以為是「名異而一人」，是非難定。疑「終累」是闔廬之故太子，後來被伍子胥所佐助之夫差所篡奪，此處之「夫差」乃史公誤書耳。83去郢徙都　離開郢都而遷居於鄀。鄀，楚邑名，在今湖北宜城東南。

【語譯】吳王僚二年，吳國的公子光率兵伐楚，被楚人打敗，而且連吳國的王舟也丟了。公子光害怕無法交代，又突然襲擊楚軍，重新奪回了王舟而返。

2　吳王僚五年，楚國的流亡者伍子胥來到了吳國，公子光把他作為客人留下來了。公子光是吳王諸樊的兒子。他總認為如果按照父輩的兄弟四人依次相傳，那麼現在就應當傳到季札。既然季札不願為王，那就應當傳給他。於是暗中招賢納士，準備刺殺吳王僚。

3　吳王僚八年，吳國再次派公子光率軍伐楚，打敗了楚軍，並從居巢接來了楚國前太子建的母親。接著又趁勝北進，擊敗了陳、蔡兩國的軍隊。吳王僚九年，公子光又率兵伐楚，奪取了居巢、鍾離兩個縣。這次戰爭的起因，是由於楚國邊境村鎮卑梁氏的女子同吳國邊境村鎮的婦女因為爭桑葉，而引起了兩個家族的互相攻擊，接著又引起了邊境上兩個鄰近縣長的互相攻伐，吳國邊境上的一個縣被楚軍滅掉了。吳王非常生氣，因而出兵伐楚，奪取了居巢、鍾離兩個縣城。

4　伍子胥剛逃亡到吳國的時候，就曾經用伐楚的好處來鼓動過吳王僚。公子光反對說：「伍子胥的父親和哥哥是被楚國殺害的，他是想借著吳兵給他自己報仇。對我們吳國不見得有什麼好處。」伍子胥一看明白了公子光是有別的企圖，於是他就去找來了一個勇士專諸，把他推薦給了公子光。公子光很高興，於是想把伍子胥奉為他們家裡的座上客。但伍子胥沒有接受，他退居到一處山野耕田勞動，暗中觀察等待著專諸的活動。

5 吳王僚十二年冬，楚平王死了。十三年春，吳國想趁著楚國的喪事起兵伐楚，吳王僚派他的兩個弟弟蓋餘和燭庸率軍包圍了楚國的六縣和灊縣，派季札北訪晉國，以觀察中原各國的動向。結果楚國出兵切斷了吳國軍隊的退路，吳國的軍隊回不來了。這時公子光心中暗喜道：「這個時機不能錯過。」就去對專諸說：「不動手怎麼能得到東西？我是真正的王位繼承人，我應當為王，現在我也要求得到王位。即使季札回來，他也不會再廢掉我。」專諸說：「王僚是可以殺掉的，他的母親年邁，他的兒子還小，他的兩個弟弟領兵伐楚，現在正被楚兵切斷了後路。目前吳國正處在外被楚軍所圍，內無強勁忠直的大臣，王僚對我們毫無辦法。」公子光說：「你家庭的事情不必擔心，你要盡的義務都由我來代替。」於是四月的丙子日這天，公子光預先把全副武裝的勇士們埋伏在地下室裡，而後請王僚前來飲酒。王僚也早已派兵警戒，從王宮一直到公子光家的道路兩旁，門前階下，以至於酒席筵前，都是王僚的親信，每個人的手裡都拿著亮晃晃的利劍。這時公子光假裝著腳痛離席走進了地下室，他讓專諸把一柄小匕首放進了一條烤魚的肚子裡而讓他送上席來，當專諸猛然抓出匕首刺殺王僚時，王僚武士的利劍也同時刺進了專諸的胸膛，但王僚還是被殺了。公子光終於當了吳王，這就是吳王闔廬。闔廬封專諸的兒子在吳國為卿。

6 季札回國後，見事已至此說：「只要先王的祭祀不至於斷絕，國家的人民不至於沒有君主，社稷有人祀奉，那就行了，誰當王誰就是我的君主。我又能去怨誰呢？我只能對死去的君主盡哀，對活著的君主盡職，以盡我的餘年。亂子不是我發動的，誰做了國君我就擁護誰，先人們就是這麼做的。」於是就到王僚的墓前彙報了出使的經過，而後痛哭了一場，就返回自己的職位等待新的安排了。再說被楚軍所圍困的王僚的兩個弟弟燭庸和蓋餘，當他們聽到公子光刺殺王僚並自立為王的消息後，便率軍投降了楚國，楚國把他們封在舒城。

7 闔廬元年，闔廬起用伍子胥為行人負責外交事務，並參與國家大事。這時楚國又殺掉了大臣伯州犂，伯州犂的孫子伯嚭也逃到了吳國，吳國封他做大夫。

8 闔廬三年，闔廬與伍子胥、伯嚭率軍伐楚，攻取了舒城，殺掉了燭庸和蓋餘。闔廬這時就想趁勝攻取楚國的郢都，將軍孫武說：「現在人們已經很疲憊了，不能繼續再打，應該等待時機。」闔廬四年，吳軍再次伐楚，奪取了六縣、灊縣。闔廬五年，吳軍伐越，越國也被打敗了。闔廬六年，楚國派子常囊瓦率軍伐吳。吳國起兵迎擊，在豫章把楚軍打得大敗，又奪取了楚國的居巢。

9 闔廬九年，闔廬對伍子胥、孫武說：「前幾年你們說進攻郢都的時機不成熟，現在怎麼樣呢？」兩個人回答說：「楚國的統帥子常貪得無厭，唐國、蔡國都恨他。您如果想伐楚，就必須聯合唐、蔡。」闔廬同意，於是就動員了全國的軍隊，與唐國、蔡國聯合伐楚，一直打到了漢水邊上。楚國也發兵抗敵，與吳國隔著漢水兩軍對峙。闔廬的弟弟夫槩請戰，闔廬不許。夫槩對他的部下說：「大王已經把這支軍隊交給我了，戰爭以打贏為原則，還有什麼好等待的呢？」於是就帶領著他的五千人突然向楚軍發起進攻。楚軍無備，大敗而逃。闔廬趁機也下令全軍追擊，從漢水到郢都，沿途打了五仗，楚軍五次全敗了。楚昭王無法只好離開郢都，逃向了鄖縣。鄖公的弟弟想殺楚昭王，楚昭王只好又和鄖公逃到了隨國。這時吳國軍隊已經進入了郢都。伍子胥和伯嚭為了給父、祖報仇把楚平王的屍體從墳墓裡挖出來用鞭子抽。

10 闔廬十年春，越國聽說吳王遠在郢都，吳國的國內空虛，遂乘機起兵伐吳。吳國趕緊派遣別的部隊趕往迎敵。這時楚國到秦國求救，秦國出兵救楚反擊吳軍，吳軍被打敗了。這時闔廬的弟弟夫槩看到吳國連續地被秦國、越國打敗，而吳王還留在楚國不回，於是夫槩就偷偷地回到吳國而自立為王。闔廬聽說國內鬧了政變，才趕緊引兵回國，討伐夫槩。夫槩兵敗，又去投降了楚國。這樣楚昭王才得以在九月回到了郢都。楚王把夫槩封在了堂谿，人們稱之為堂谿氏。闔廬十一年，吳國又派太子夫差率兵伐楚，奪取了番縣。楚國感到對國都的威脅太大，於是把都城從郢遷到了鄀。

1 十五年❶，孔子相魯❷。

2 十九年，夏，吳伐越，越王句踐迎擊之檇李❸。越使死士❹挑戰，三行造吳師❺，呼，自剄❻。吳師觀之，越因伐吳❼，敗之姑蘇❽，傷吳王闔廬指❾，軍卻七里。吳王病傷而死❿。闔廬使立太子夫差⓫，謂曰：「爾而忘句踐殺汝父乎？」對曰：「不敢！」⓬三年，乃報越⓭。

3 王夫差元年⓮，以大夫伯嚭為太宰⓯。習戰射，常以報越為志。二年，吳王悉精兵以伐越，敗之夫椒⓰，報姑蘇也⓱。越王句踐乃以甲兵五千人棲於會稽⓲，使大夫種⓳因⓴吳太宰嚭而行成㉑，請委國為臣妾㉒。吳王將許之，伍子胥諫曰：「昔有過氏殺斟灌以伐斟尋，滅夏后帝相㉓。帝相之妃后緡方娠，逃於有仍而生少康㉔。少康為有仍牧正㉕。有過又欲殺少康，少康奔有虞㉖。有虞思夏德㉗，於是妻之以二女而邑之於綸㉘。有田一成㉙，有眾一旅㉚，後遂收夏眾㉛，撫其官職㉜。使人誘之，遂滅有過氏㉝，復禹之績㉞，祀夏配天㉟，不失舊物㊱。今吳不如有過之彊，而句踐大於少康。今不因此而滅之，又將寬之，不亦難乎？且句踐為人能辛苦㊲，今不滅，後必悔之㊳。」吳王不聽，聽太宰嚭，卒許越平㊴，與盟而罷兵去。

4 七年，吳王夫差聞齊景公[40]死而大臣爭寵[41]，新君弱[42]，乃興師北伐齊[43]。子胥諫曰：「越王句踐食不重味[44]，衣不重采[45]，弔死問疾，且欲有所用其眾[46]。此人不死，必為吳患。今越在腹心疾[47]而王不先，而務齊[48]，不亦謬乎[49]！」吳王不聽，遂北伐齊，敗齊師於艾陵[50]。至繒[51]，召魯哀公而徵百牢[52]。季康子[53]使子貢以周禮說太宰嚭，乃得止[54]。因留略地[55]於齊、魯之南。九年，為騶[56]伐魯，至，與魯盟乃去[57]。十年，因伐齊而歸[58]。十一年[59]，復北伐齊[60]。

5 越王句踐率其眾以朝吳，厚獻遺之[61]，吳王喜。唯子胥懼，曰：「是弃吳也[62]。」諫曰：「越在腹心[63]，今得志於齊，猶石田[64]，無所用。且盤庚之誥[65]有『顛越勿遺，商之以興[66]』。」吳王不聽，使子胥於齊[67]。子胥屬其子於齊鮑氏[68]，還報吳王。吳王聞之[69]，大怒，賜子胥屬鏤[70]之劍以死。將死，曰：「樹吾墓上以梓[71]，令可為器[72]；抉吾眼[73]置之吳東門，以觀越之滅吳也[74]。」

6 齊鮑氏弒齊悼公[75]。吳王聞之，哭於軍門外三日[76]，乃從海上攻齊。齊人敗吳，吳王乃引兵歸[77]。

7 十三年，吳召魯、衛之君[78]會於槖皋[79]。

8 十四年春，吳王北會諸侯於黃池[80]，欲霸中國以全周室[81]。六月丙子[82]，越王句踐伐吳[83]。乙酉[84]，越五千人與吳戰[85]。丙戌[86]，虜吳太子友[87]。丁亥[88]，入吳[89]。吳人告敗於王夫差，夫差惡其聞[90]也。或泄其語，吳王怒，斬七人於幕下[91]。七月辛丑[92]，吳王與晉定公[93]爭長[94]。吳王曰：「於周室我為長[95]。」晉定公曰：「於姬姓我為伯[96]。」趙鞅[97]怒，將伐吳[98]，乃長晉定公[99]。吳王已盟，與晉別，欲伐宋[100]。太宰嚭曰：「可勝而不能居[101]也。」乃引兵歸國。國亡太子，內空，王居外久[102]，士皆罷敝[103]，於是乃使厚幣[104]以與越平[105]。

9 十五年，齊田常[106]殺簡公[107]。

10 十八年，越益彊。越王句踐率兵復伐敗吳師於笠澤[108]。楚滅陳[109]。

11 二十年，越王句踐復伐吳[110]。二十一年，遂圍吳[111]。二十三年十一月丁卯[112]，越敗吳[113]。越王句踐欲遷吳王夫差於甬東[114]，予百家居之[115]。吳王曰：「孤老矣，不能事君王也。吾悔不用子胥之言，自令陷此。」遂自剄死[116]。越王滅吳，誅太宰嚭，以為不忠[117]，而歸。

【章旨】以上為第四段，寫夫差為報父仇而破越，又因輕越北伐而被越所滅。

【注釋】❶十五年　西元前五〇〇年。❷孔子相魯　按：所謂「孔子相魯」，即指孔子佐魯定公會齊景公於夾谷事。此所謂「相」，乃「儐相」，非「宰相」。史公以「宰相」書之，古今歷史家多以為誤。❸檇李　越邑名，在今浙江嘉興西南。❹死

士　敢死的士兵。❺三行造吳師　排成三行走到吳軍陣前。造，至；達。❻呼二句　《左傳》定公十四年敘死士呼曰：「二君有治，臣奸旗鼓，不敏於君之行前，不敢逃刑，敢歸死。」遂自剄也。❼越因伐吳　越軍乘吳軍之懈怠，趁機發起進攻。❽敗之姑蘇　瀧川曰：「《左傳》無姑蘇二字。陳仁錫曰：『此衍「姑蘇」二字。』」《正義》：「姑蘇檇李相去二百里。」按：「敗之姑蘇」乃句踐敗夫差之役，詳後文。疑史公將二者混淆了。❾傷吳王闔廬指　謂傷其腳趾。《左傳》云：「靈姑浮（越人）以戈擊闔廬，闔廬傷將指（大腳趾），取其一屨。」❿病傷而死　因傷勢轉重而死。⓫使立太子夫差　讓夫差站在自己跟前。⓬謂曰四句　按：此處史公乃寫成闔廬、夫差父子間之問答，而《左傳》則是寫為闔廬死後，「夫差使人立於庭，苟出入，必謂己曰：『夫差！而忘越王之殺而父乎？』則對曰：『唯，不敢忘！』」⓭三年二句　此探後事而言之。報越，向越國討還血債。⓮王夫差元年　西元前四九五年。⓯太宰　職同丞相。據《左傳》，伯嚭為太宰在闔廬九年，非此時始任此職。⓰夫椒　山名，在今蘇州西南之太湖中，有人說即今之洞庭西山。⓱報姑蘇也　應作「報檇李也」參注❽，《左傳》正作「報檇李也」。⓲棲於會稽　躲藏到會稽山上。會稽，此指會稽山，在今浙江紹興東南。⓳大夫種　即文種。越國的政治家。⓴因　通過；借助。㉑行成　求和。㉒委國為臣妾　將國家政權交與吳國，而句踐為吳王做奴僕，踐妻為吳王做婢妾。㉓有過氏殺斟灌以伐斟尋二句　帝相是夏朝中期的一個帝王，斟灌、斟尋是忠於帝相的兩個部落酋長。有過氏是與夏王朝作對的一個部落，其頭領名叫寒澆。寒澆先殺了斟灌、斟尋，而後又滅了夏王帝相。㉔后緡方娠二句　帝相正在懷孕的妻子后緡，逃回了她的娘家有仍氏部落，生下了少康。㉕牧正　主管放牧的官。㉖有虞　部落名，據說是舜的後代。楊伯峻曰：「相傳在今河南商丘地區虞城縣西南三里。」㉗思夏德　不忘夏朝的舊恩。㉘邑之於綸　把綸這塊地方封給了少康，使之作為立腳點。楊伯峻曰：「綸，在今虞城縣東南三十里。」㉙有田一成　杜預曰：「方十里為成。」㉚有眾一旅　杜預注：「五百人為旅。」㉛收夏眾　把散落的夏族人再收合起來。㉜撫其官職　把夏朝的國家、制度再重建起來。㉝使人誘之二句　據《左傳》說，少康「使女艾諜澆，使季杼誘豷（澆之弟），遂滅過、戈」。「過」即寒澆部落，「戈」即豷的部落。㉞復禹之績　重新恢復大禹當年的政績。㉟祀夏配天　祭天的時候以禹配享。歷代帝王的祭天，照例都是讓自己王朝的開國帝王配享。㊱不失舊物　把當年的光輝業績通通恢復起來。舊物，猶言「舊業」。㊲能辛苦　瀧川曰：「能，讀曰耐。」意即能吃苦耐勞。㊳今不滅二句　按：伍子胥引少康以比句踐，確為引喻失倫；然此《左傳》作者擬言之失也。㊴許越平　答應了越國的求和結約。平，談判結盟。㊵齊景公　名杵臼，西元前五四七—前四九〇年在位。㊶大臣爭寵　當時齊國的權臣為田乞（也稱陳乞）、鮑牧、高昭子、國惠子、晏圉等。㊷新君弱　新君名荼，史稱晏孺子。吳王夫差六年（西元前四九〇年），齊景公卒，晏孺子繼其父位。吳王夫差七年，即齊晏孺子之元年，時齊國權臣林立，晏孺子既無權，年又小，故曰「新君弱」。㊸興師北伐齊　據《左傳》，夫差七年吳國無伐齊事。㊹食不重味　飯桌上沒有第二個菜。㊺衣不重采　身上穿的不見第二種顏色。都是極言其生活之儉樸。㊻欲有所用其眾　意即將用之以伐吳。㊼越在腹心疾　瀧川曰：「楓山、三條本，『在』作『猶』，與〈吳語〉合。」㊽務齊　猶言「以齊為事」。㊾不亦謬乎　據《左傳》，伍子胥對吳王稱越為吳之「腹心疾」云云，乃與下文引〈盤庚之誥〉以諫吳王為同一段，在夫差十一年之伐齊前。今史公截作兩段，分繫於兩處。㊿敗齊師於艾陵　據《左傳》，此役在吳王夫差十一年，西元前四八五年，今乃繫之於七年下，誤。此役吳與魯國合兵伐齊，大敗齊軍於艾陵，獲齊之國書、公孫夏、閭丘明等重臣而歸。其他參見後注。艾陵，齊邑名，在今山東萊蕪東北。一說在今泰安市東南。(51)繒　魯邑名，在今山東嶧縣東。(52)召魯哀公而徵百牢　魯哀公，名將，春秋末期的魯國國君，西元前四九四—前四六八年在位。徵百牢，要求魯國以百牢之禮招待吳王夫差。《集解》引賈逵曰：「周禮，王合諸侯，享禮十有二牢。上公九牢，侯伯七牢，子男五牢。」今徵百牢，極其無理。(53)季康子　季桓子之子，名肥，當時執掌魯政。(54)使子貢以周禮說太宰嚭二句　子貢，也寫作「子贛」。孔子的弟子，以善於辭令與經商聞名。梁玉繩曰：「《左傳》會繒在魯哀七年，當夫差八年；艾陵之師在哀十一年，當夫差十二年，此倒敘會繒于艾陵之後，而并書于夫差之七年，誤一，〈子胥傳〉同誤。吳之會繒，欲以求霸，非因伐齊而至繒也，誤二，〈魯世家〉同誤。繒之會，吳徵百牢，子服景伯對曰『先王未之有也』，吳人弗聽，乃與之。而此與〈年表〉、〈魯世家〉竟合與牢、辭召為一，以徵牢之對出于子貢，若魯未嘗與吳百牢者，誤三。」(55)略地　開拓地盤。(56)騶　此處同「邾」。即今山東鄒縣，其領主是魯國境內的一個小封君。(57)與魯盟乃去　《左傳》對此次吳與魯之戰爭描寫甚詳，最後魯向吳請盟。(58)十年二句　梁玉繩曰：「『十』下脫『一』字，『因』、『而歸』三字衍。」據《左傳》，此年吳與魯國、邾國、郯國「伐齊南鄙，師於郥」。而齊之權臣弒其君悼公，吳王為之哭於軍門之外三日。吳之水軍自海上伐齊，齊人敗之，吳王乃還。(59)十一年　應作十二年，西元前四八四年。(60)復北伐齊　此即前面㊿所說的艾陵之役，詳見《左傳》哀公十一年。史公將次序誤倒。(61)厚獻遺之　《左傳》於此曰：「吳將伐齊，越子率其眾以朝焉，王及列士皆有饋賂。」(62)是弃吳也　瀧川曰：「楓山、三條本『是』下有『天』字，義長。」按：《左傳》於此作「是豢吳也」。杜預注：「豢，養也。若人養犧牲，非愛之，將殺之。」按：「豢」字生動有力。(63)越在腹心　意即越是吳國的心腹之患。(64)得志於齊二句　意謂即使打敗齊國，占有齊國領土，也恰如得到一片「石田」，不可耕種。(65)盤庚之誥　即《尚書》中的〈盤庚〉，是商朝帝王盤庚遷都時告誡其部眾的訓辭，分上、中、下三篇。(66)顛越勿遺二句　對於那些橫暴不服管教的人要徹底消滅，這就是商朝所以能夠興盛的原因。(67)使子胥於齊　派伍子胥到齊國去觀察齊國的動靜。(68)屬其子於齊鮑氏　屬，託付。鮑氏，齊國大族，鮑叔牙的後代。(69)吳王聞之　〈伍子胥列傳〉曰：「吳太宰嚭既與子胥有隙，因讒曰：『子胥為人剛暴少恩，猜賊，其怨望恐為深禍也。前日王欲伐齊，子胥以為不可，王卒伐之而有大功。子胥恥其計謀不用，乃反怨望。而今王又復伐齊，子胥專愎彊諫，沮毀用事，徒幸吳之敗以自勝其計謀耳。今王自行，悉國中武力以伐齊，而子胥諫不用，因輟謝，詳病不行。王不可不備，此起禍不難。且嚭使人微伺之，其使於齊也，乃屬其子於齊之鮑氏。夫為人臣，內不得意，外倚諸侯，自以為先王之謀臣，今不見用，常鞅鞅怨望。願王早圖之。』」吳王曰：『微子之言，吾亦疑之。』」按：伯嚭此讒不見於《左傳》、《國語》。(70)屬鏤　劍名。(71)梓　一種優質的喬木，性耐溼，故宜為棺。(72)令可為器　讓它給你們日後做棺材。(73)抉吾眼　摳出我的眼珠。(74)以觀越之滅吳也　史珥《四史剩說》曰：「子胥痛吳必滅於越，故以危言激發夫差，冀其覺悟，與尸諫同一苦衷，非懟吳而冀售其言也。注引諸說欲神子胥，實謗之也。」(75)齊鮑氏弒齊悼公　悼公名陽生，西元前四八八—前四八五年在位。弒悼公者或曰田常，或曰鮑氏。(76)哭於軍門外三日　《集解》引服虔曰：「諸侯相臨之禮。」(77)乃從海上攻齊三句　此即夫差十一年（西元前四八五年）之與魯、邾、郯聯合伐齊南鄙事。(78)魯衛之君　魯君為魯哀公。衛君為靈公之孫，名輒。(79)會於槖皋　槖皋，吳邑名，即今安徽巢縣西北之柘皋鎮。據《左傳》，吳王令伯嚭與魯國會盟，目的是重新確認以前所訂的吳國與魯國的盟約，即所謂「尋盟」。魯國派孔子的弟子子貢駁斥伯嚭，使伯嚭碰壁而回。(80)北會諸侯於黃池　按：此次與吳王相會於黃池的諸侯有晉定公、魯哀公，以及周天子的代表單平公。黃池，宋邑名，在今河南封丘西南。(81)欲霸中國以全周室　意即以保護周天子為名而實際是吳王夫差與晉定公爭奪霸主地位。瀧川曰：「楓山、三條本『全』作『令』。」疑作「令」者是，「令周室」即假借周室的名義以號令諸侯。(82)六月丙子　夏曆六月十一。(83)越王句踐伐吳　據《國語．吳語》：「越王句踐乃命范蠡、舌庸率師沿海溯淮以絕吳路；越王句踐乃率中軍溯江以襲吳。」(84)乙酉　六月二十。(85)越五千人與吳戰　陳子龍《史記測義》曰：「外傳（即《國語》）范蠡、舌庸率師沿海溯淮，以絕吳路，當起數道之師，不止五千人也。」(86)丙戌　六月二十一。(87)虜吳太子友　《左傳》曰：「大敗吳師，獲太子友、王孫彌庸、壽於姚。」楊伯峻曰：「〈越世家〉作『殺吳太子』；〈伍子胥列傳〉作『襲殺』；《吳越春秋》作『虜殺』；而〈吳世家〉作『虜』，足見司馬遷見歧異而並存。」(88)丁亥　六月二十二。(89)入吳　攻入吳國都城，即今蘇州。(90)惡其聞　意即害怕其他國家得知這個消息。(91)斬七人於幕下　楊伯峻曰：「滅知此事者之口。幕，會盟時於野，各國自立帳幕。」(92)七月辛丑　七月初七。(93)晉定公　名午，西元前五一一—前四七五年在位。(94)爭長　爭當盟主。(95)於周室我為長　在姬姓諸侯中吳國的年輩最長。杜預曰：「吳太伯後，故為長。」(96)於姬姓我為伯　在姬姓諸侯中晉國自文公以來長期居於霸主地位。97趙鞅　即趙簡子，當時執掌晉政。98將伐吳　將對吳國發動攻擊。99乃長晉定公　關於夫差與晉定公在黃池爭長的故事，《左傳》哀公十三年敘述得非常詳細，趙鞅的表現非常強硬。至於最後誰獲首位，各書的說法不一。100欲伐宋　藉口是宋國未參加黃池會盟。宋，西周初期以來的諸侯國名，吳王夫差時的宋國諸侯是宋景公，名頭曼，西元前五一六—前四五一年在位。101不能居　不能占領，因為宋與吳國相距尚遠。102王居外久　吳王於春季北出，歷夏、秋始回，時約半年。103罷敝　勞累不堪。罷，通「疲」。104厚幣　厚禮，一般用璧、帛、馬匹等物。105以與越平　向越人求和罷兵。106田常　本名田恆，也稱「陳恆」，漢人避文帝諱，稱之「田常」、「陳常」，當時齊國最大的權臣。107簡公　名任，齊國的傀儡國君，西元前四八四—前四八一年在位。有關田常弒其君齊簡公事，見《左傳》哀公十四年。108復伐敗吳師於笠澤　伐敗，二動詞連用，此《史記》之特殊字法。笠澤，即今蘇州市南之吳淞江。109楚滅陳　據《左傳》哀公十七年，楚白公之亂時，陳人趁勢侵楚；楚平定白公之亂後，使「公孫朝帥師滅陳」。陳國建立於西周初年，相傳是舜的後代，共傳國五百六十多年，到此被楚所滅。110復伐吳　《索隱》曰：「哀十九年《左傳》曰：『越人侵楚，以誤吳也。』杜預注：『誤吳，使不為備也。』無伐吳事。」111遂圍吳　據《左傳》哀公二十年，吳國遭越之圍時，晉趙襄子曾為之「降喪食」，並曾派楚隆為使入圍城見吳王。112十一月丁卯　夏曆十一月二十七。113越敗吳　按：「敗」字意思不明確，《左傳》作「越滅吳」，「敗」字似應作「滅」。據《國語·越語下》與〈越王句踐世家〉，越軍圍困吳都三年，「吳師自潰」，越遂滅吳。114甬東　即今浙江之舟山群島，當時屬越。115予百家居之　意謂讓吳王住在那裡食百家之稅以終老。116遂自剄死　〈越王句踐世家〉記吳王臨死有「乃蔽其面」曰：「吾無面目以見子胥也。」117越王滅吳三句　梁玉繩曰：「《左傳》哀二十二年越滅吳，二十四年有太宰嚭，則未嘗誅也。故《通鑑外紀》云：『嚭入越亦用事，安得吳亡即誅哉？』而《史記》世家、列傳及《越絕》、《吳越春秋》皆言誅嚭；《呂氏春秋·順民篇》言『戮吳相』，似不足為信。余仲弟履繩著《左通》，有說曰：『越之滅吳，嚭與有功，越王不殺，所以報之。然西施沉江，伯嚭不誅何也？豈滅吳之時，特從寬宥以賞功；久方孥戮，以正罪耶？』」按：此事與〈季布欒布列傳〉所載之劉邦殺丁公性質相同，都反映了司馬遷對賣主求榮者的一種態度。

【語　譯】闔廬十五年，孔子擔任了魯國的儐相。

2　闔廬十九年夏，吳國起兵伐越，越王句踐率軍在檇李迎擊吳軍。越國派出了一群敢死隊，讓他們排成三行走到吳軍陣前，而後大呼著紛紛自殺。吳軍被這種突然的舉動驚呆了，越軍遂趁勢猛攻吳軍，吳軍敗退，吳王闔廬的腳趾也被敵軍砍傷，吳軍向後退了七里。而闔廬竟因為創傷發作而死去了。闔廬臨死前立太子夫差為王，並問夫差：「你會忘記你父親是被句踐殺的嗎？」夫差說：「不敢忘！」果然，三年之後，夫差就報了越國的殺父之仇。

3 吳王夫差元年，任大夫伯嚭為太宰，讓軍隊加強訓練，總是把滅越報仇放在心上。夫差二年，吳國調動了全部的精銳隊伍進攻越國，大破越軍於夫椒，報了兩年前吳軍敗於檇李的恥辱。越王句踐只得帶著他的殘兵敗將五千人躲上會稽山，接著就派了大夫文種通過太宰伯嚭要求向吳國講和，說是甘願把自己的國家交給吳國管轄，越王自己也甘願做吳王的奴隸，妻子做吳王的婢妾。夫差想要答應，伍子胥勸阻說：「古代有過氏殺掉了斟灌，打敗了斟尋，連夏朝的天子帝相也滅掉了。這時帝相的妻子后緡正身懷有孕，她逃到了有仍氏的部落生了少康。少康長大後給有仍氏管理放牧。有過氏知道了又要去殺少康，少康只好又逃到了有虞氏的部落。有虞氏懷念夏朝的恩德，就把自己的兩個女兒嫁給了少康，並把綸這個地方給了少康做封邑。當時少康管轄的地盤只有十里見方，管轄的人數也只有五百個，但他就以這點為根基，逐漸地招集夏朝的遺民，修復夏朝的典章制度。並派間諜去誘惑有過氏，最後終於把有過氏滅掉了。從而使夏禹的功績得到重建，也使夏朝的祭祀得到了恢復，一切又都回到了夏朝的樣子。今天我們的吳國並不比有過氏更強大，而句踐的力量卻比少康大得多。我們今天不趁機把他滅掉，還想寬赦他，這不是也太難了嗎？而且句踐的為人，能吃苦耐勞，今天不消滅他，以後一定要後悔的。」夫差不聽信，倒是喜歡伯嚭的花言巧語，最後終於同意了越國的求和，和越國訂立盟約而後撤兵回國了。

4 夫差七年，他聽說齊景公死後齊國的大臣們正在爭權奪利，新立的國君軟弱，於是準備起兵伐齊。伍子胥勸阻說：「越王句踐艱苦得吃飯不吃兩個菜，衣著不帶兩個色，他哀悼死者慰問傷員，看他的樣子，是準備讓這些人有朝一日來打我們的。此人不死，日後一定要成為吳國的大患。越國對我們來說是心腹之疾，您不首先解決它，而去忙著收拾齊國，這不是大錯了嗎！」吳王不聽信，硬是出兵伐齊了。他在艾陵打敗了齊軍，前鋒到達了繒縣。他把魯哀公叫來會見，並要求魯國向他進獻百牢之禮。面對這種無理要求季康子只好讓子貢用周禮去說服了太宰伯嚭，而後才得作罷。而吳王則趁勢在齊、魯兩國的南面大肆地開拓占領地盤。夫差九年，吳國藉口援助騶國而進攻魯國，直到迫使魯國與之簽訂了和約才離開。夫差十年，出兵伐齊；十一年，又出兵伐齊。

5　這時越王句踐故意地率領著他的臣民來向吳王朝賀，給他進獻了許多厚禮。吳王很高興。只有伍子胥越來越感到害怕，他對吳王說：「這是老天爺準備拋棄我們吳國。」於是勸吳王說：「越國是我們的心腹大患，我們不管，而只忙著對齊國用兵，即使我們奪得了齊國，那也不過是像獲得了一塊石頭土地，是什麼用處也沒有的。《尚書．盤庚》裡說過凡是對我們不利的敵人，必須把他們斬草除根，商朝也正是這麼做了所以才興盛起來的。」吳王仍是不聽信，他派伍子胥到齊國去觀察動靜。伍子胥出使時把他的兒子也帶到了齊國，把他託付給了齊國的鮑氏家族，而後隻身回到了吳國。吳王聽說了這件事勃然大怒，他派人給伍子胥送去了一把屬鏤劍讓他自殺。伍子胥臨死前說：「在我的墳前種上幾棵梓樹，將來可以用它做棺材，把我的眼睛挖出來放在我們國都的東門上，讓它看著日後越國來滅亡我們吧。」

6　這時齊國的鮑氏把齊悼公殺掉了。夫差聽到這個消息，在軍門外面向齊國哭了三天，而後從海上出兵伐齊。結果吳軍被齊國打敗，夫差只得引兵回國。

7　夫差十三年，吳國召集魯、衛兩國的國君在橐皋會見。

8　夫差十四年春天，吳王北上與諸侯們相會於黃池，他想在這次會中成為中原地區的霸主，並獲得一個保全周王室的美名。六月十一日，越王句踐悄悄起兵偷襲吳國首都，到了二十日，越國出動了五千人與吳軍開戰。到了二十一日，吳國的太子友被越軍俘獲。到了二十二日，越軍攻入了吳國的首都。吳國人趕緊到黃池向夫差報告，夫差不願讓諸侯們知道這個消息，因此當他聽說有人走漏了風聲時，他立刻氣憤地在帳下殺了七個知道消息的人。七月初七，夫差與晉定公爭當盟主。夫差說：「在周王室的血緣關係中我的資格最老。」晉定公說：「在姬姓的國家中我們幾代以來都是霸主。」晉國的趙鞅很生氣，他準備下令攻擊吳王，於是吳王只好尊晉定公當了盟主。吳王夫差同諸侯們訂盟後，辭別了晉定公，想移兵伐宋。太宰伯嚭說：「現在即使戰勝了宋國，也不可能長期占有它。」於是吳王帶著軍隊回國了。這時吳國國內正失掉了太子，內部空虛，吳王因為長期在外，士兵都很疲乏，於是吳王派人帶著厚禮去向越國求和了。

9 夫差十五年，齊國的田常殺了齊簡公。

10 夫差十八年，越國更加強大了。越王句踐又起兵伐吳，大破吳軍於笠澤。與此同時，楚國滅掉了陳國。

11 夫差二十年，越王句踐又再次伐吳。二十一年，越軍包圍了吳國首都。二十三年十一月二十七日，越國徹底打敗了吳國。越王句踐打算把吳王夫差遷到甬東去住，在那裡給他一百戶人家。夫差說：「我的年歲已大，不能再侍候您了。我後悔當初沒有聽伍子胥的話，結果讓自己落到這種地步。」於是自殺而死。越王句踐滅掉吳國後，隨即把太宰伯嚭也殺掉了，說他不是忠臣，而後凱旋而歸。

太史公曰：孔子言「太伯可謂至德❶矣，三以天下讓❷，民無得而稱❸焉」。余讀春秋古文❹，乃知中國之虞與荊蠻句吳兄弟也❺。延陵季子之仁心，慕義無窮，見微而知清濁❻。嗚呼，又何其閎覽❼博物君子也！

【章　旨】以上為第五段，是本篇的論贊，作者突出地讚揚了吳太伯的「讓國」和季札的遠見卓識，博物多聞。

【注　釋】❶至德　至高無上的道德。❷三以天下讓　《正義》引江熙曰：「太王薨而季歷立，一讓也；季歷薨而文王立，二讓也；文王薨而武王立，遂有天下，三讓也。又釋云：太王病，託采葯，生不事之以禮，一讓也；太王薨而不反，使季歷主喪，不葬之以禮，二讓也；斷髮文身，示不可用，使季歷主祭祀，不祭之以禮，三讓也。」❸無得而稱　沒有辦法稱說，極言其道德之高遠無邊。孔子稱讚堯之德曾用過「無能名」的說法，「無能名」與「無得而稱」意思相同。以上孔子語見《論語・泰伯》。❹春秋古文　瀧川曰：「即《左氏春秋傳》，劉歆〈與太常博士書〉、許慎《說文》序可證。」古文，指用秦朝統一前東方六國文字所寫的典籍。❺中國之虞與荊蠻句吳兄弟也　見本文開頭第一段之「乃封周章弟虞仲於周之北故夏虛」云云。❻清濁　猶言是非善惡。❼閎覽　眼界開闊，知識面廣。

【語　譯】太史公說：孔子曾說「吳太伯的品德可以說是至高無上了，他三次把天下讓給了季歷，人們不知道該怎麼稱讚他才好」。我讀過古文的《春秋》之後，才明白中原地區的虞國跟荊蠻一帶的吳國原來是兄弟關係。延陵季子有一種仁愛之心，他能永無止境地仰慕德義，他還能從一些細微的苗頭上看出日後的清平與混亂。啊，這又是一個多麼有學問有見識的君子啊！

【研　析】司馬遷寫吳國的歷史，並著重歌頌吳太伯，這對於研究司馬遷的思想是重要的一個方面，但吳國的諸侯是不是吳太伯的後代卻是一個有爭議的問題。歷史家蒙文通說：「吳闔廬、越句踐，《荀子・王霸》並列為『五霸』之二，然其突然興起於春秋之末，忽焉微弱於戰國之初，語言風俗皆與華夏不同，實當時後進民族之建國也。其情狀與蒙古之勃興而驟亡頗相似。然《史記》說吳為太伯之國，謂越為少康庶子之封，似皆華夏之裔，未必然也。此與魏、晉、隋、唐間少數民族之首領多自謂黃帝、高辛之裔者同，不足信也。《穆天子傳》卷二言：『赤烏氏先出自宗周，太王亶父之始作西土，封其元子吳太伯於東吳。』是『赤烏』即『吳』，吳太伯封國也。《漢書・地理志》有吳山在右扶風汧縣西，有荊山在左馮翊懷德縣南。雍州自有荊山、吳山，應即太伯所奔及建國處。『句吳』為太伯、仲雍後裔之說，不過《左傳》一家之言而已，此與匈奴出自『夏后氏之苗裔，曰淳維』之說，驪戎、犬戎皆姬姓之說相同，是皆無根之談，不足信也。」（《古族甄微・越史叢考》）張亞初說：「根據文獻、考古材料和民族學材料研究的結果，認為春秋時期南方的吳國的始祖，並不是太伯、仲雍。太伯、仲雍奔吳說是吳國托始於中原的結果，是攀龍附鳳的結果。山西之虞國未滅時，山西之『虞』與江蘇之『吳』在寫法上並不相混；而山西之『虞』滅後，江蘇之『吳』才用『吳』字。二國通過『吳』字作為橋梁，發生了糾纏不清的聯繫。太伯、虞仲的老家可能在山西。」「吳為太伯後這一說，從壽夢前後就宣傳開了，所以中原人在載籍無聞的情況下，所知道的吳國早期歷史，只能唯壽夢之言是從，而《論語》、《左傳》、《國語》都是春秋晚期到戰國時的作品，難免不在吳國史上打下『吳太伯記』的烙印。」(《吳史新證》)以上兩家的說法比較傳統，也為多數學者所共認。但同時也有一些學者堅持主張司馬遷的說法是對的，這一點在吳越地區似乎更為流行。「太伯」的名字最早見於《詩經・皇矣》，其中有所謂「帝作邦作對，自大伯王季。維此王季，因心則友。則友其兄，則篤其慶。載錫之光，受祿無喪，奄有四方」。從這幾句詩裡，可以引申出是由於太伯「讓」出繼承權，才使王季享有了周國。至於「作邦作對」是什麼意思，有些模糊，大概楊寬先生所說的「太王派太伯、仲雍到山西建立虞國，給日後周國的向東方發展做橋頭堡」就是從這幾句話中悟出來的。〈皇矣〉是西周時期的作品，提供的信息十分珍貴。之外明確說到太伯「三以天下讓」的是孔子，見《論語・泰伯》，但沒有說到「奔吳」。說太伯「奔吳」，並說他在長江下游創建吳國的是《左傳》與《國語》，司馬遷的〈吳太伯世家〉主要就是依據《左傳》與《國語》的說法寫下來的。《史記》中曾有若干大名鼎鼎的人物不見於先秦任何典籍，最早就見於《史記》，於是人們便爭相傳說，深信不疑；而太伯創建吳國的事情最早見於《左傳》、《國語》，而且在春秋後期的吳國屢屢向北方大國挑釁的時候，北方諸國竟然沒有一個人對吳國的種姓提出懷疑，甚至連周天子也都承認，而事至二千五百年後的今天，人們卻對它提出懷疑，想否定它，這也的確不很容易。但人們的懷疑是有道理、有根據的，我們也同樣不能否認。對此，我們只有寄希望於今後的考古發掘，希望能在長江下游發現西周時期的吳國王室的墓葬，能從這些王室墓葬中肯定他們是不是與中原文化有聯繫。

司馬遷視吳國為太伯的後代，與視越國為禹的後代，以及說匈奴的祖先為黃帝的後裔，出於同一種民族思想。這種周邊民族向華夏靠攏、向黃炎血統靠攏的趨勢，出現於戰國中期以後，這在《國語》、《左傳》、《世本》、《山海經》等書中都有表現，顧頡剛曾在《中國上古史研究》中做過專門論述，這種趨勢在司馬遷的《史記》中又有新的、巨大的發展，這種民族思想的形成是與武帝時期西漢帝國的空前統一、空前強大的客觀形勢密不可分的。太伯奔入荊蠻後，「斷髮文身」，入鄉隨俗的表現，與趙佗之在南越、衛滿之入朝鮮的表現完全相同，也正是由於他們能首先將自己融於兄弟民族，所以他們才能在這些兄弟民族中站住腳跟，受到擁護，並逐漸在那裡發展成為一個具有相當實力的地方政權，這裡也清晰的表露著司馬遷的一種先進的民族思想。

吳國從壽夢時代開始強大，隨後由於晉國反楚的需要，與吳國建立聯盟，從客觀上又促進了吳國的快速發展。吳與晉的聯合給楚國帶來厄運，闔廬入郢使吳國的強大達到巔峰；隨後的夫差破越、敗齊，更使吳國達到了一種更加宏偉的境地。闔廬與夫差都是發展吳國、發展長江下游地區的傑出人物，也是春秋末期最輝煌奪目的悲劇英雄。夫差的悲劇在於輕敵、在於方針路線的錯誤，而絕不是小說戲劇所演繹的「荒淫殘暴」。與晉國為了反楚而支持吳國一樣，楚國為了反吳而支持越國，真可謂螳螂捕蟬，黃雀在後。夫差不徹底安頓後方，而一味北上與齊國爭鋒，從而使句踐的陰謀得逞，明白這一點也就知道後來諸葛亮為什麼要花那麼多力氣「五月渡瀘，深入不毛」地去「七擒孟獲」了。但夫差的確不愧是一位令人抱憾的悲劇英雄。此文應與〈越王句踐世家〉、〈伍子胥列傳〉、〈刺客列傳〉中的專諸部分參照閱讀。

卷三十二

齊太公世家第二

【題解】〈齊太公世家〉記敘了姜太公因佐助周武王滅商建周有大功，從而受封於齊；身後傳二十八世共六百餘年，經西周、春秋至戰國初期，其末代諸侯齊康公被田氏權臣所篡奪的歷史。大致而言，作品可以齊桓公之死為界，分興盛與衰亡兩個階段。前一階段，司馬遷主要寫了姜太公的建國與齊桓公的稱霸。後一階段，則著重描述崔、慶之亂與姜氏政權被田氏篡奪的過程。作品的主體部分是依據《左傳》書寫春秋以來的姜齊歷史，《左傳》以成敗論人，對田氏多有回護與美化；司馬遷則比較客觀地記錄了田氏在篡奪姜氏過程中的奸詐與冷酷，態度較《左傳》公正。

1 太公望呂尚❶者，東海❷上人。其先祖嘗為四嶽❸，佐禹平水土，甚有功。虞、夏之際，封於呂❹，或封於申❺，姓姜氏。夏、商之時，申、呂或封枝庶❻子孫，或為庶人❼，尚其後苗裔❽也。本姓姜氏，從其封姓，故曰呂尚。

2 呂尚蓋嘗窮困，年老矣❾，以漁釣奸周西伯❿。西伯將出獵，卜之，曰：「所獲非龍非彲⓫，非虎非羆⓬，所獲霸王之輔。」於是周西伯獵，果遇太公於渭之陽⑬，與語，大說⑭，曰：「自吾先君太公⑮曰『當有聖人適周，周以興』，子真是邪？吾太公望子久矣。」故號之曰「太公望」，載與俱歸，立為師⑯。

3 或曰，太公博聞，嘗事紂⑰。紂無道，去之。游說諸侯，無所遇，而卒西歸周西伯⑱。或曰，呂尚處士⑲，隱海濱。周西伯拘羑里⑳，散宜生、閎夭㉑素知而招呂尚。呂尚亦曰：「吾聞西伯賢，又善養老，盍㉒往焉？」三人者為西伯求美女、奇物，獻之於紂，以贖西伯。西伯得以出，反國㉓。言呂尚所以事周雖異，然要之㉔為文、武師。

4 周西伯昌之脫羑里歸，與呂尚陰謀修德以傾商政㉕，其事多兵權㉖與奇計，故後世之言兵及周之陰權㉗皆宗太公為本謀㉘。周西伯政平㉙，及斷虞、芮之訟㉚，而詩人稱西伯受命曰文王㉛。伐崇、密須㉜、犬夷㉝，大作豐邑㉞。天下三分，其二歸周者，太公之謀計居多。

5 文王崩，武王即位㉟。九年㊱，欲修㊲文王業，東伐以觀諸侯集否㊳。師行，師尚父左杖黃鉞㊴，右把白旄㊵以誓，曰：「蒼兕蒼兕，總爾眾庶，與爾舟楫㊶，後至者斬！」遂至盟津㊷。諸侯不期而會者八百諸侯㊸。諸侯皆曰：「紂可伐也。」武王曰：「未可。」還師，與太公作此太誓㊹。

6 居二年，紂殺王子比干[45]，囚箕子[46]。武王將伐紂，卜，龜兆不吉[47]，風雨暴至。羣公盡懼，唯太公彊之[48]勸武王，武王於是遂行。十一年，正月甲子[49]，誓於牧野[50]，伐商紂，紂師敗績。紂反走[51]，登鹿臺[52]，遂追斬紂[53]。明日，武王立于社[54]，羣公奉明水，衛康叔封布采席，師尚父牽牲[55]。史佚策祝[56]，以告神討紂之罪。散鹿臺之錢，發鉅橋[57]之粟，以振[58]貧民。封比干墓[59]，釋箕子囚。遷九鼎[60]，脩周政，與天下更始[61]。師尚父謀居多。

7 於是武王已平商而王天下，封師尚父於齊營丘[62]。東就國[63]，道宿行遲[64]。逆旅之人[65]曰：「吾聞時難得而易失。客寢甚安，殆非就國者也。」太公聞之，夜衣而行，犂明至國[66]。萊侯來伐[67]，與之爭營丘。營丘邊萊。萊人，夷也，會紂之亂而周初定，未能集遠方[68]，是以與太公爭國。

8 太公至國，脩政，因其俗，簡其禮，通商工之業，便魚鹽之利，而人民多歸齊，齊為大國。及周成王[69]少時，管、蔡作亂[70]，淮夷畔周[71]，乃使召康公[72]命太公曰：「東至海，西至河，南至穆陵，北至無棣[73]，五侯九伯[74]，實得征之[75]。」齊由此得征伐，為大國，都營丘。

【章　旨】以上為第一段，寫姜尚輔佐文、武二王創建周王朝與被封於齊、建設齊國的豐功偉績。

【注　釋】❶太公望呂尚　姓姜，名尚，又名牙；因其祖先曾封於呂，以地為氏，故氏呂；周文王時號「太公望」，周武王尊稱他「師尚父」，齊人追稱他「太公」，俗稱「姜子牙」。❷東海　指東方濱海之地，約今山東之東南部、江蘇之東北部一帶。❸四嶽　堯舜時官名。相傳為共工的後裔，因佐禹治水有功，賜姓姜，封於呂，並使為諸侯之長；一說為堯臣羲和四子，分掌四方之諸侯。❹呂　古國名，姜姓，一作「甫」，在今河南南陽西，春秋初年被楚所滅。❺申　古國名，姜姓，在今陝西、山西之間。周宣王時一部分東遷於謝（故城即今河南南陽），春秋時被楚所滅。❻枝庶　嫡長子以外的支系。❼庶人　平民。❽苗裔　後代子孫。❾呂尚蓋嘗窮困二句　《索隱》引譙周曰：「呂望嘗屠牛於朝歌，賣飲於孟津。」《荀子・君道》云：周文王「倜然乃舉太公於州人而用之，則夫人行年七十有二，然而齒落矣」。❿以漁釣奸周西伯　奸，通「干」。求見。周西伯，即周文王姬昌。⓫彲　同「螭」。傳說中一種像龍的動物。⓬羆　獸名，俗稱人熊。⓭渭之陽　渭水北岸。水的北面或山的南面稱陽。⓮說　通「悅」。⓯先君太公　文王以稱其父季歷。⓰師　周代官名，又稱太師，為天子的輔導官，輔佐天子掌理國家一切事務。⓱紂　名辛，商朝亡國之君，西元前一〇七五—前一〇四六年在位。⓲游說諸侯三句　遇，賞識；任用。梁玉繩曰：「周初無游說之風，而太公又豈游說之士？明是戰國好事者為之。」⓳處士　即隱士，有才德而隱居不仕的人。⓴羑里　又作「牖里」，古邑名，在今河南湯陰北四公里，當時有殷朝的監獄。㉑散宜生閎夭　均為周初大臣。㉒盍　何不。㉓反國　返回周都豐京。反，通「返」。㉔要之　重要的是；關鍵在於。㉕陰謀修德以傾商政　暗中策劃通過提高德行威望，以顛覆商朝。傾，顛覆。㉖兵權　用兵的權謀。㉗陰權　陰謀權術。㉘本謀　最早的謀劃者。㉙政平　政治清平。㉚斷虞芮之訟　裁決虞、芮兩國的糾紛。虞，古國名，在今山西平陸北。芮，古國名，在今陝西大荔東南。詳見〈周本紀〉。㉛詩人稱西伯受命曰文王　受命，承受天命。因為《詩經・大明》中有所謂「有命自天，命此文王」，於是有人遂將虞、芮二侯鬧糾紛事與此詩所言連接起來，說是虞、芮二侯到周國求文王裁決爭訟，這就表明了上帝是讓文王稱王。㉜崇密須　都是商朝的諸侯國名，崇在今陝西西安灃水西；密須也稱「密」，在今甘肅靈台西南。㉝犬夷　也作「犬戎」，古族名，周初活動於今陝西彬縣、岐山一帶。㉞大作豐邑　大規模地在豐邑興建都城。豐邑，本為商朝崇國的都邑，文王滅崇後建都於此，故址在今陝西長安西北之灃河西岸。㉟文王崩二句　此年應為西元前一〇五六年。武王，文王之次子，名發。㊱九年　西元前一〇四八年。㊲修　奉行；實行。㊳東伐以觀諸侯集否　向東進行一次試探性的伐紂演習，以觀察諸侯是否聽從。集，輯；服從。㊴杖

黃鉞　象徵著最高統帥的無上威嚴。杖，秉持。㊵白旄　飾有犛牛尾的白色軍旗。㊶蒼兕蒼兕三句　招呼蒼兕官集合起所有的民眾和船隻。蒼兕，西周官名，掌管舟船。總，集合。㊷盟津　又稱「孟津」，黃河渡口名，在今河南孟津東北。㊸諸侯不期而會者八百諸侯　期，事先約定。按：前後兩「諸侯」重出，應削其一。㊹太誓　也作〈泰誓〉，《尚書》篇名，是周武王伐紂前大會諸侯的誓師辭。㊺比干　紂王的叔父，官任少師。㊻箕子　紂王的父輩，一說紂王的庶兄，官任太師。比干、箕子、微子被孔子合稱為「殷之三仁」。㊼卜二句　武王進行占卜，龜甲呈現的兆文不吉利。㊽彊之　使周武王堅定思想。彊，勉之使堅定。㊾正月甲子　按：〈周本紀〉作「二月甲子」。《集解》引徐廣曰：「殷之正月，周之二月也。」㊿誓於牧野　武王大軍在牧野作戰前宣誓，其誓辭即《尚書》之〈牧誓〉。牧野，地名，在殷都朝歌（在今河南淇縣）南七十里。(51)反走　回身逃跑。(52)鹿臺　臺名，位於朝歌城中，為紂王所築，貯藏大量財寶。(53)遂追斬紂　〈周本紀〉作「紂走，反入登于鹿臺之上，蒙衣其殊玉，自燔于火而死」。(54)立于社　站在殷朝的社稷壇前。社，祭祀土神的場所。凡帝王都要祭祀社稷壇，故後世也往往用「社稷」代指國家。(55)羣公奉明水三句　〈周本紀〉云：「毛叔鄭奉明水，衛康叔封布茲，召公奭贊采，師尚父牽牲。」奉，捧著。明水，古代祭祀所用的淨水。衛康叔封，周武王的同母少弟，名封，後為衛國的始封之君。布，鋪。采席，飾有文采的墊席。牲，犧牲；作祭品用的牲畜。(56)史佚策祝　史官誦讀祭祀天地鬼神的禱辭。史佚，史官名佚，也稱「冊逸」、「尹佚」。策祝，宣讀簡策上的禱詞。(57)鉅橋　地名，在今河北曲周東北，其地有商紂時的大糧倉。(58)振　同「賑」。救濟。(59)封比干墓　增修比干墳墓，以旌其功德。封，加土。(60)遷九鼎　將九鼎從殷都朝歌遷到周朝的東都洛陽。九鼎，相傳為夏禹所鑄，上面畫有九州各自的特產與其稀有之物，夏、商、周三代奉為象徵國家政權的傳國之寶。(61)更始　除舊布新，重新開始。(62)營丘　古邑名，在今山東淄博臨淄城北，後改名臨淄。(63)東就國　到東方的封地上任。(64)道宿行遲　在路上天黑即宿，行速遲緩。(65)逆旅之人　逆旅，旅館。「逆旅之人」即旅館主人。(66)犂明至國　天亮時已到營丘。犂，比；遲，都相當於今之所謂「至」、「等到」。(67)萊侯來伐　「萊侯」當作「萊人」。萊，古國名，在今山東黃縣東南，春秋時被齊靈公所滅。(68)未能集遠方　尚未使邊遠地區安定下來。集，通「輯」。安定。(69)周成王　名誦，武王之子，西元前一〇四二—前一〇二一年在位。(70)管蔡作亂　管指管叔，名鮮，文王的第三子，武王封之於管，在今河南鄭州；蔡指蔡叔，名度，文王的第五子，武王封之於蔡，在今河南上蔡西。成王初即位時，管叔、蔡叔勾結紂子武庚共同叛周，後被周公討平。(71)淮夷畔周　淮夷是當時居於淮河下游，今安徽、江蘇北部一帶的部族，曾隨同管、蔡等一同反周，被周公討平。畔，通「叛」。叛亂。(72)召康公　即召公姬奭，諡曰「康」，燕國的始封之君。因其留在周朝輔佐成王，食邑於召（今陝西岐山西南），故稱「召公」。(73)東至海

四句 河，指黃河。穆陵，齊地險塞名，即今山東臨朐南之穆陵關。無棣，地名，在今河北東南部之南皮、鹽山一帶。❼❹五侯九伯 五侯，指五等爵位的諸侯。五等爵位指公、侯、伯、子、男。九伯，指九州的諸侯之長。❼❺實得征之 你都有權討伐。實，是，這裡的意思即「能夠」、「可以」。

【語譯】太公望呂尚是東海人。他的先祖曾任四嶽一職，輔佐禹治理水土，立有大功。虞舜、夏禹之際被封在呂，有的被封在申，姓姜。夏、商時期，申、呂兩地有的被封給旁系子孫，有的成為平民，姜尚是他們的後代子孫。原本姓姜，後來用他的封地為姓，所以叫呂尚。

2 呂尚大概曾經窮困潦倒，歲數大了，因為釣魚而遇見周西伯。那時西伯將要出外打獵，占卜說：「獲得的不是龍不是彲，不是虎也不是羆，獲得的是霸王的輔佐。」於是周西伯出外打獵，果然在渭水的北岸遇見太公，與他談話，非常高興，說：「自從我的先君太公說『當有聖人到周，周會因此而興盛』，您果真就是這個人吧？我的太公盼望您已有很長時間了。」所以稱之為「太公望」，和他坐車一起回去，任為太師。

3 有人說，太公博學多聞，曾侍奉殷紂王。紂王不行正道，太公離他而去。在諸侯中遊說，沒有遇見信任他的君主，最終在西部歸附周西伯。有人說，呂尚是有才德而隱居不仕的人，隱居海濱。周西伯被囚禁在羑里，散宜生、閎夭平素了解呂尚而招請他。呂尚也說：「我聽說西伯賢明，又善待撫養老人，何不到他那裡？」三人為西伯尋找美女與珍奇物品，獻給紂王，用以贖回西伯。西伯因而被釋放返國。記述呂尚何以歸周的原因雖有不同的說法，但關鍵的是人們都說他是周文王、周武王的太師。

4 周西伯昌從羑里被釋放出來歸國，與呂尚暗中策劃並且修養德行以推翻商朝統治，其中的事情大多是用兵的謀略與奇計，所以後世談論用兵與周朝的陰謀權術都推崇太公是最早的謀劃者。周西伯政治安定，等他裁決虞、芮兩國的爭端時，詩人稱道西伯接受天命，號為文王。討伐崇、密須、犬夷，大規模地興建豐邑。天下三分，其中二分歸周所有，大多出於太公的計策。

5 文王駕崩，武王即位。九年，他打算繼承文王的事業，進行一次向東討伐紂王的演習，以觀察諸侯是否聽從。部隊出發時，被尊稱為「師尚父」的姜尚左手抱著飾有黃金的長斧，右手舉著飾有犛牛尾的白色軍旗，宣誓說：「蒼兕官們，集合起所有的民眾和船隻，遲到者斬首！」於是來到盟津。諸侯不經約定就來參加盟會的有八百個。諸侯都說：「可以討伐紂王。」武王說：「時機還沒到。」率軍返回，與太公寫下〈太誓〉。

6 過了二年，紂王殺王子比干，囚禁箕子。武王將要討伐殷紂，以龜占卜，龜兆的卦象不吉，狂風暴雨來臨。眾多大臣都很恐懼，只有太公勸說武王，使他堅定思想，武王於是就出兵。十一年，正月甲子日，在牧野宣誓，討伐商紂，紂王的軍隊大敗。紂王回身逃跑，登上鹿臺，於是被追兵斬殺。第二天，武王站立在祭祀土神的場所前，大臣們手捧古代祭祀所用的淨水，衛康叔封鋪上飾有文采的墊席，師尚父牽著祭神的牲畜。史官佚宣讀祭神的策書祝文，稟告神明討伐紂王的罪行。武王散發鹿臺的錢財，發放鉅橋的糧食以救濟貧民。增修比干墳墓，以表揚其功德，把箕子從牢獄中釋放出來。遷移九鼎，修治周朝的政事，與天下人除舊布新。這些事情大多出於師尚父的謀劃。

7 這時武王已經平定商朝稱王，把師尚父封在齊國營丘。太公向東前往封國，途中住宿客舍，行速遲緩。客舍的主人說：「我聽說時機難以得到卻容易喪失。客人住宿很安心，實在不像前往封國赴任的人。」太公聽了這番話，半夜穿衣上路，天亮時到達封國。果然萊侯前來討伐齊國，與齊國爭奪營丘。營丘位於萊國的邊境。萊人是夷族，趁著商朝的紂王被討伐而周朝剛剛建立，沒有能夠安定邊遠地區，所以與太公爭奪土地。

8 太公到達齊國，修治政務，依照舊俗，簡化禮儀，開放工商各業，從魚鹽生產中獲利，因此人民多歸附齊國，齊國成為大國。等周成王年少即位時，管、蔡二叔作亂，淮夷背叛周朝，就派召康公命令太公說：「東到大海，西到黃河，南到穆陵，北到無棣，對天下諸侯，你都可以討伐他們。」齊從此得以四處征伐，成為大國，建都在營丘。

1 蓋太公之卒百有餘年，子丁公呂伋❶立。丁公卒，子乙公得立。乙公卒，子癸公慈母❷立。癸公卒，子哀公不辰❸立。

2 哀公時，紀侯譖之周❹，周烹哀公❺而立其弟靜，是為胡公❻。胡公徙都薄姑❼，而當周夷王❽之時。哀公之同母少弟山怨胡公，乃與其黨率營丘人襲攻殺胡公而自立❾，是為獻公。

3 獻公元年，盡逐胡公子，因徙薄姑都，治臨菑❿。九年，獻公卒⓫，子武公壽立⓬。

4 武公九年⓭，周厲王⓮出奔，居彘⓯。十年，王室亂，大臣行政，號曰「共和⓰」。二十四年，周宣王⓱初立。

5 二十六年，武公卒，子厲公無忌⓲立。厲公暴虐，故胡公子復入齊，齊人欲立之，乃與攻殺厲公⓳，胡公子亦戰死。齊人乃立厲公子赤為君，是為文公⓴，而誅殺厲公者七十人。

6 文公十二年㉑卒，子成公脫㉒立。成公九年㉓卒，子莊公㉔購立。

7 莊公二十四年㉕，犬戎殺幽王㉖，周東徙雒㉗。秦始列為諸侯㉘。五十六年，晉弒其君昭侯㉙。六十四年，莊公卒，子釐公祿甫㉚立。

8 釐公九年㉛，魯隱公㉜初立。十九年，魯桓公㉝弒其兄隱公而自立為君㉞。

9 二十五年，北戎㉟伐齊。鄭使太子忽㊱來救齊，齊欲妻之。忽曰：「鄭小齊大，非我敵㊲。」遂辭之。

10 三十二年，釐公同母弟夷仲年死。其子曰公孫無知㊳，釐公愛之，令其秩服奉養比太子㊴。

11 三十三年，釐公卒，太子諸兒立，是為襄公㊵。

12 襄公元年㊶，始為太子時，嘗與無知鬭㊷，及立，絀㊸無知秩服，無知怨。

13 四年，魯桓公與夫人如齊㊹。齊襄公故嘗私通㊺魯夫人。魯夫人者，襄公女弟㊻也。自釐公時嫁為魯桓公婦。及桓公來，而襄公復通焉。魯桓公知之，怒夫人，夫人以告齊襄公。齊襄公與魯君飲，醉之㊼，使力士彭生抱上魯君車，因拉殺㊽魯桓公，桓公下車則死矣。魯人以為讓㊾，而齊襄公殺彭生以謝㊿魯。

14 八年，伐紀，紀遷去其邑(51)。

15 十二年。初，襄公使連稱、管至父(52)戍葵丘(53)，瓜時(54)而往，及瓜而代(55)。往戍一歲，卒瓜時而公弗為發代。或為請代，公弗許。故此二人怒，因公孫無知謀作亂。連稱有從妹(56)在公宮(57)，無寵，使之間襄公(58)，曰「事成以女為無知夫人(59)」。冬，十二月，襄公游姑棼(60)，遂獵沛丘(61)。見彘，從者曰「彭生」(62)。公怒，射之，彘人立而啼(63)。公懼，墜車，傷足，失屨(64)。反(65)而鞭主屨者茀(66)三百。茀出宮。

而無知、連稱、管至父等聞公傷，乃遂率其眾襲宮。逢主屨茀，茀曰：「且無入驚宮，驚宮未易入也。」無知弗信，茀示之創[67]，乃信之。待宮外，令茀先入。茀先入，即匿襄公戶間[68]。良久，無知等恐，遂入宮。茀反與宮中及公之幸臣攻無知等[69]，不勝，皆死。無知入宮，求[70]公不得。或見人足於戶間，發視，乃襄公，遂弒之。而無知自立為齊君。

16 桓公元年[71]，春，齊君無知游於雍林[72]。雍林人嘗有怨無知，及其往游，雍林人襲殺無知[73]，告齊大夫曰：「無知弒襄公自立，臣謹行誅。唯大夫更立公子之當立者，唯命是聽[74]。」

17 初，襄公之醉殺魯桓公，通其夫人，殺誅數不當，淫於婦人，數欺大臣[75]，群弟恐禍及，故次弟糾[76]奔魯。其母魯女也。管仲、召忽傅之[77]。次弟小白奔莒[78]，鮑叔[79]傅之。小白母，衛女也，有寵於釐公。小白自少好善[80]大夫高傒[81]。及雍林人殺無知，議立君，高、國[82]先陰召[83]小白於莒。魯聞無知死，亦發兵送公子糾，而使管仲別將兵遮莒道[84]，射中小白帶鉤。小白詳死[85]，管仲使人馳報魯。魯送糾者行益遲，六日至齊，則小白已入，高傒立之，是為桓公。

18 桓公之中鉤，詳死以誤管仲，已而載溫車[86]中馳行，亦有高、國內應，故得先入立，發兵距魯[87]。秋，與魯戰于乾時[88]，魯兵敗走，齊兵掩絕魯歸道[89]。齊遺魯書曰：「子糾，兄弟[90]，弗忍誅，請魯自殺之。召忽、管仲，讎也，請得而甘心醢之[91]。不然，將圍魯。」魯人患之，遂殺子糾于笙瀆[92]。召忽自殺，管仲請囚[93]。桓公之立，發兵攻魯，心欲殺管仲，鮑叔牙曰：「臣幸得從君，君竟以立。君之尊，臣無以增君。君將治齊，即高傒與叔牙足也；君且欲霸王，非管夷吾不可。夷吾所居國國重[94]，不可失也。」於是桓公從之。乃詳為召管仲，欲甘心，實欲用之。管仲知之，故請往。鮑叔牙迎受管仲，及堂阜[95]而脫桎梏[96]，齋祓[97]而見桓公。桓公厚禮以為大夫，任政[98]。

19 桓公既得管仲，與鮑叔、隰朋[99]、高傒修齊國政，連五家之兵[100]，設輕重[101]魚鹽之利，以贍貧窮，祿賢能[102]，齊人皆說。

20 二年，伐滅郯[103]，郯子奔莒[104]。初，桓公亡時，過郯，郯無禮，故伐之。

21 五年，伐魯，魯將[105]師敗。魯莊公請獻遂邑以平[106]，桓公許，與魯會柯[107]而盟。魯將盟，曹沫以匕首劫桓公於壇上[108]，曰：「反魯之侵地[109]！」桓公許之。已而曹沫去[110]匕首，北面就臣位[111]。桓公後悔，欲無與魯地而殺曹沫。管仲曰：「夫劫許之而倍[112]信殺之，愈一小快耳[113]，而弃信於諸侯，失天下之援，不可。」於是遂與曹沫三敗所亡地於魯[114]。諸侯聞之，皆信齊而欲附焉。七年，諸侯會桓公於甄[115]，而桓公於是始霸焉。

22 十四年，陳厲公子完，號敬仲[116]，來奔齊[117]。齊桓公欲以為卿[118]，讓，於是以為工正[119]。田成子常[120]之祖也。

23 二十三年，山戎伐燕[121]，燕告急於齊。齊桓公救燕[122]，遂伐山戎，至于孤竹[123]而還。燕莊公[124]遂送桓公入齊境。桓公曰：「非天子，諸侯相送不出境。吾不可以無禮於燕。」於是分溝[125]割燕君所至與燕。命燕君復修召公之政[126]，納貢[127]于周，如成、康之時[128]。諸侯聞之，皆從齊。

24 二十七年，魯湣公母曰哀姜[129]，桓公女弟也。哀姜淫於魯公子慶父[130]，慶父弒湣公，哀姜欲立慶父，魯人更立釐公[131]。桓公召哀姜，殺之[132]。

25 二十八年，衛文公有狄亂[133]，告急於齊。齊率諸侯城楚丘[134]而立衛君[135]。

26 二十九年，桓公與夫人蔡姬戲船中。蔡姬習水[136]，蕩公[137]，公懼，止之，不止，出船，怒，歸蔡姬[138]，弗絕[139]。蔡[140]亦怒，嫁其女[141]。桓公聞而怒，興師往伐[142]。

27 三十年，春，齊桓公率諸侯伐蔡，蔡潰[143]。遂伐楚[144]。楚成王[145]興師問曰：「何故涉[146]吾地？」管仲對曰：「昔召康公[147]命我先君太公[148]曰『五侯九伯，若實征之[149]，以夾輔[150]周室』。賜我先君履[151]，東至海，西至河，南至穆陵，北至無棣。楚貢包茅不入[152]，王祭不具[153]，是以來責[154]。昭王南征不復[155]，是以來問。」楚王曰：「貢之不入，有之，寡人罪也，敢不共乎[156]！昭王之出不復，君其問之水濱[157]。」齊師進，次于陘[158]。夏，楚王使屈完將兵扞齊[159]，齊師退，次召陵[160]。桓公矜屈完以其眾[161]。屈完曰：「君以道，則可[162]；若不，則楚方城以為城，江、漢以為溝[163]，君安能進乎？」乃與屈完盟而去[164]。過陳[165]，陳袁濤塗詐齊，令出東方，覺。秋，齊伐陳[166]。是歲，晉殺太子申生[167]。

28 三十五年，夏，會諸侯于葵丘[168]。周襄王使宰孔賜桓公文、武胙、彤弓矢、大路[169]，命無拜[170]。桓公欲許之，管仲曰：「不可。」乃下拜受賜[171]。秋，復會諸侯於葵丘，益有驕色。周使宰孔會。諸侯頗有叛者[172]。晉侯病，後[173]，遇宰孔。宰孔曰：「齊侯驕矣，弟無行[174]。」從之[175]。是歲，晉獻公卒。里克[176]殺奚齊、卓子[177]，秦穆公以夫人入公子夷吾為晉君[178]。桓公於是討晉亂[179]，至高梁[180]，使隰朋立晉君[181]，還。

29 是時，周室微[182]，唯齊、楚、秦、晉為彊[183]。晉初與[184]會，獻公死，國內亂。秦穆公辟遠[185]，不與中國[186]會盟。楚成王初收荊蠻有之，夷狄自置[187]。唯獨齊為中國會盟，而桓公能宣其德，故諸侯賓會[188]。於是桓公稱[189]曰：「寡人南伐至召陵，望熊山[190]；北伐山戎、離枝、孤竹[191]；西伐大夏，涉流沙[192]；束馬懸車[193]登太行[194]，至卑耳山[195]而還。諸侯莫違寡人。寡人兵車之會三[196]，乘車之會六[197]，九合諸侯，一匡天下[198]。昔三代受命，有何以異於此乎[199]？吾欲封泰山，禪梁父[200]。」管仲固諫，不聽。乃說桓公以遠方珍怪物至乃得封，桓公乃止[201]。

30 三十八年，周襄王弟帶[202]與戎、翟[203]合謀伐周，齊使管仲平戎於周[204]。周欲以上卿[205]禮管仲，管仲頓首曰：「臣，陪臣[206]，安敢！」三讓，乃受下卿禮以見[207]。三十九年，周襄王弟帶來奔齊。齊使仲孫請王，為帶謝[208]。襄王怒，弗聽[209]。

31 四十一年，秦穆公虜晉惠公，復歸之[210]。是歲，管仲、隰朋皆卒[211]。管仲病，桓公問曰：「群臣誰可相者？」管仲曰：「知臣莫如君[212]。」公曰：「易牙[213]如何？」對曰：「殺子以適[214]君，非人情，不可。」公曰：「開方[215]如何？」對曰：「倍親[216]以適君，非人情，難近。」公曰：「豎刁[217]如何？」對曰：「自宮[218]以適君，非人情，難親。」管仲死，而桓公不用管仲言，卒近用三子，三子專權[219]。

32 四十二年，戎伐周[220]，周告急於齊，齊令諸侯各發卒戍周[221]。是歲，晉公子重耳來[222]，桓公妻之。

33 四十三年。初，齊桓公之夫人三[223]，曰王姬、徐姬、蔡姬[224]，皆無子。桓公好內[225]，多內寵[226]，如夫人[227]者六人。長衛姬生無詭[228]，少衛姬生惠公元[229]，鄭姬生孝公昭[230]，葛嬴生昭公潘[231]，密姬生懿公商人[232]，宋華子[233]生公子雍。桓公與管仲屬孝公於宋襄公[234]，以為太子。雍巫[235]有寵於衛共姬[236]，因宦者豎刁以厚獻於桓公，亦有寵，桓公許之立無詭。管仲卒，五公子[237]皆求立。冬，十月乙亥[238]，齊桓公卒。易牙入，與豎刁因內寵殺羣吏[239]，而立公子無詭為君。太子昭奔宋[240]。

34 桓公病，五公子各樹黨[241]，爭立。及桓公卒，遂相攻，以故宮中空，莫敢棺[242]。桓公尸在牀上六十七日，尸蟲出于戶[243]。十二月，乙亥[244]，無詭立，乃棺，赴[245]。辛巳[246]夜，斂殯[247]。

【章旨】以上為第二段，概述丁公至桓公期間的齊國史實，著重敘說了齊桓公在管仲等賢臣輔佐下成就霸業的歷程。

【注釋】❶丁公呂伋　「丁」字是諡。❷癸公慈母　癸公名慈母。❸哀公不辰　哀公名不辰。❹紀侯譖之周　紀侯在周夷王跟前說齊哀公的壞話。紀，古國名，在今山東壽光。譖，在尊長跟前說壞話以害人。❺周烹哀公　周，徐廣曰：「周夷王。」烹，用開水將人煮死。❻胡公　名靜，「胡」字是諡。❼薄姑　也作「亳姑」，商朝的諸侯國，在今山東薄興東北，後被周公所滅。齊胡公曾遷都於此。❽周夷王　懿王之子，名燮，西元前八八五—前八七八年在位。❾與其黨率營丘人襲攻殺胡公而自立　《索隱》引宋忠曰：「其黨周馬繻人將胡公於貝水殺之，而山自立也。」❿因徙薄姑都二句　又從薄姑遷回，重以臨淄為都城。⓫九年二句　梁玉繩曰：「獻公之年有脫誤，疑是二十九年。」⓬武公壽立　此年為西元前八五〇年。⓭武公九年　西元前八四二年。⓮周厲王　夷王之子，名胡，西元前八七七—前八四一年在位。周厲王因殘暴不仁引發國人暴動，被驅逐，逃死於彘。⓯彘　古邑名，在今山西霍縣東北。⓰大臣行政二句　自厲王奔彘，至其子宣王即位，中間十四年號曰「共和」。共和元年即西元前八四一年，從此中國歷史開始有明確紀年。⓱周宣王　厲王之子，名靜，又作「靖」，西元前八二七—前七八二年在位。⓲厲公無忌　名無忌，西元前八二四—前八一六年在位。⓳攻殺厲公　梁玉繩曰：「厲公在位九年，此脫。」⓴文公　名赤，厲公之子，西元前八一五—前八〇四年在位。㉑文公十二年　西元前八〇四年。㉒成公脫　名脫，〈十二諸侯年表〉作「說」，文公之子，西元前八〇三—前七九五年在位。㉓成公九年　西元前七九五年。㉔莊公　名購，成公之子，西元前七九四—前七七一年在位。㉕莊公二十四年　西元前七七一年。㉖犬戎殺幽王　犬戎是西方戎人的一支，又稱「畎夷」、「犬夷」、「昆夷」等。幽王，西周最後的一位君王，宣王之子，名宮湦，西元前七八一—前七七一年在位。幽王因寵褒姒，廢太子宜臼而另立褒姒之子。宜臼一黨遂勾結犬戎攻陷鎬京，殺死幽王。㉗周東徙雒　周王朝為躲避犬戎而東遷洛陽，從此史稱「東周」。雒，通「洛」。㉘秦始列為諸侯　秦國原是居於今陝西、甘肅交界的部族，至秦襄公，因幫助周平王東遷有功，被封為諸侯，從此在渭河流域驅逐犬戎，使秦國壯大起來。㉙晉弒其君昭侯　昭侯是文侯（名仇）之子，昭侯時，其叔（成師）居曲沃勢大，乃勾結昭侯之臣潘父殺昭侯，欲奪取晉政，結果失敗，晉人乃立昭侯之子，是為孝侯。㉚釐公祿甫　名祿甫，西元前七三〇—前六九八年在位。釐，通「僖」。㉛釐公九年　西元前七二二年。㉜魯隱公　魯國國君，名息姑，惠公之子，西元前七二二—前七一二年在位。㉝魯桓公　名允，惠公之子，隱公之弟，西元前七一一—前六九四年在位。㉞弒其兄隱公而自立為君　隱公是庶出，桓公是嫡子。惠公死時桓公年幼，故隱公即位。隱公原欲待桓公長大還君位於他，結果有奸人從中挑動，桓公遂弒隱公而奪位。㉟北戎　又稱「山戎」，居住於今河北東北部。㊱太子忽　名忽，鄭莊公之太子。㊲非我敵　我們和人家不門當戶對。敵，相當；對等。㊳公孫無知　名無知，齊釐公之姪。㊴令其秩服奉養比太子　讓他在服飾和俸祿方面享受與太子一樣的待遇。秩服，按等級地位應穿的服飾。奉養，供給；贍養。比，比照；類似。㊵襄公　名諸兒，西元前六九七—前六八六年在位。㊶襄公元年　西元前六九七年。㊷嘗與無知鬭　過去曾與無知打架鬥毆。㊸絀　通「黜」。降低。㊹如齊　來到齊國。如，往；到。㊺私通　此指通姦。㊻魯夫人者二句　魯桓公的夫人，是齊襄公的同父異母妹。㊼醉之　將魯桓公灌醉。㊽拉殺　將其折斷肋骨而致死。㊾以為讓　以此譴責齊襄公。讓，譴責。㊿謝　表示歉意。(51)紀遷去其邑　實指齊滅紀國，與前文「紀侯譖之周，周烹哀公」相呼應。(52)連稱管至父　二人皆齊國大夫。(53)戍葵丘　率兵到葵丘駐守。葵丘，齊邑名，在今山東臨淄城東三十里。(54)瓜時　瓜熟的時候。(55)及瓜而代　說好到第二年瓜熟時就派人去替換他們。(56)從妹　堂妹。(57)在公宮　在公宮為妾。(58)間襄公　窺測襄公的空隙。間，用如動詞，窺測空隙。(59)以女為無知夫人　讓你給公孫無知做正妻。女，通「汝」。你。(60)姑棼　齊邑名，「薄姑」的別名。(61)遂獵沛丘　趁便又到沛丘打獵。沛丘，齊邑名，也作「貝丘」，即今山東薄興南五里之貝中聚。(62)見彘二句　彘，野豬。《集解》引服虔曰：「公見彘，從者乃見彭生，鬼改形為豕也。」(63)彘人立而啼　野豬像人似的站起來對著襄公號叫。(64)失屨　丟掉了鞋子。屨，用麻葛等材料製成的鞋子。(65)反同「返」。回到宮裡。(66)主屨者茀　給襄公管鞋子的內務小官名茀。(67)茀示之創　主屨者茀便脫下衣服讓叛亂分子們看自己被打的傷痕。創，傷口。(68)匿襄公戶間　將齊襄公藏在門後面。(69)茀反句　謂主屨者茀藏好襄公後又反身出來與諸侍衛共同與叛亂分子作戰。(70)求　搜尋。(71)桓公元年　西元前六八五年。桓公，名小白，襄公之弟，西元前六八五—前六四三年在位，是春秋時期的第一個霸主。(72)雍林　地名，方位不詳。(73)雍林人襲殺無知　按：《左傳》作：「九年春，雍廩殺無知。」(74)唯命是聽　意謂你們不論立誰，我們都沒意見。(75)數欺大臣　屢屢的欺騙大臣，說話不算話，如對待連稱、管至父等是。(76)次弟糾　名糾，史稱「公子糾」。(77)管仲召忽傅之　管仲，名夷吾，字仲。召忽，姓召名忽。傅，護持；輔佐。(78)莒　西周初期建立的小國名，嬴姓，始都計斤，春秋初年遷都於莒，即今山東莒縣。(79)鮑叔　即鮑叔牙，齊國大夫。(80)好善　並列動詞，意即「結好」、「交好」。(81)高傒　高敬仲，齊之正卿。(82)高國　高敬仲、國懿仲，都是齊國正卿。(83)陰召　暗中召其回國，令其繼承君位。(84)別將兵遮莒道　別將兵，另率一支軍隊。遮，攔截。莒道，由莒國回齊的通道。(85)詳死　裝死。詳，通「佯」。假裝。(86)溫車　同「輼車」，一種可供睡臥的車子。(87)距魯　抵抗魯國送公子糾回齊的軍隊。距，通「拒」。抵禦。(88)乾時　齊地名，在今山東臨淄西南。(89)掩絕魯歸道　截住了魯軍的退路。掩絕，遮斷；截住。(90)子糾二句　子糾是我的兄弟。(91)請得而甘心醢之　讓我把他們剁成肉醬以解心頭大恨。甘心，因解恨而感到快樂。(92)笙瀆　在今山東菏澤北二十餘里。(93)管仲請囚　自甘受押解回齊。(94)夷吾所居國國重　夷吾無論在哪個國家執政，那個國家就會強盛起來。(95)堂阜　齊邑名，在今山東蒙陰西北，靠近魯國。(96)脫桎梏　意即將管仲解放出來。桎梏，刑具，在手曰桎，在腳曰梏。(97)齋祓　齋戒沐浴，去除不祥。祓，祭祀以除不祥。(98)任政　主持國家政務。(99)隰朋　齊國大夫，桓公時的重臣。(100)連五家之兵　當時齊國的軍政合一制度。《國語．齊語》曰：「五家為軌，故五人為伍，軌長帥之；十軌為里，故五十人為小戎，里有司帥之；四里為連，故二百人為卒，連長帥之；十連為鄉，故二千人為族，鄉良人帥之；五鄉一帥，故萬人為一軍，五鄉之帥帥之。」(101)輕重　指貨幣，因其能以輕馭重，故稱。此處指鑄造貨幣，以控制物價。(102)祿賢能　啟用有賢能的人做官。(103)伐滅郯　按：此「郯」字應作「譚」，當時的小國名，在今山東章丘西。104郯子奔莒　《左傳》曰：「同盟故也。」105魯將　「將」字衍。106魯莊公請獻遂邑以平　遂，當時的小國名，在今山東寧陽城北。平，求和。梁玉繩曰：「無齊伐魯及魯敗獻邑事。滅遂亦與魯無涉，此及〈刺客傳〉同誤。」107柯　齊邑名，在今山東東阿與陽穀之間。108曹沫以匕首劫桓公於壇上　曹沫，魯人，事魯莊公。《左傳》作「曹劌」。劫，劫持。壇，土築的高臺，用於在野外的朝會、盟誓和祭祀。109反魯之侵地　反，通「返」。歸還。侵地，指齊國侵占的魯國國土。110去　扔掉。111北面就臣位　又回到臣子的位置面朝北站著。112倍　通「背」。113愈一小快耳　不過是獲得一點暫時的快樂。愈，此處通「偷」，苟，猶今所謂「只不過」。114於是遂與曹沫三敗所亡地於魯　按：此曹沫劫齊桓公事，參見〈刺客列傳〉。然論史者皆以為不可信。115諸侯會桓公於甄　甄，也作「鄄」，衛邑名，在今山東鄄城西北。按：參加此會者有齊桓公、宋桓公、陳宣公、衛惠公、鄭厲公等，「宋服故也。」從此齊桓公成為諸侯霸主。116陳厲公子完二句　陳厲公的兒子，名完，謚曰「敬仲」。117來奔齊　陳完之父陳厲公死後，陳國連續內亂，陳完懼禍及己，遂逃奔齊國。118卿　諸侯國的最高執政官，也是該國爵位最高的世襲貴族。119工正　掌百工。120田成子常　田成子，名恆，漢人為避文帝劉恆之諱，故稱之曰「常」。齊國後期專齊政，其子孫遂篡奪了姜氏政權。121山戎伐燕　山戎，即前文講到的「北戎」，當時居住在今河北東北部的少數民族。燕，周初建立的諸侯國名，始封之君為召公姬奭，都城即今北京。122齊桓公救燕　梁玉繩曰：「《左傳》及〈燕世家〉伐山戎在齊桓公二十二年，此與〈年表〉並誤書于二十三年。」123孤竹　古國名，在今河北盧龍南。124燕莊公　燕國國君，桓侯之子，西元前六九〇—前六五八年在位。125分溝　重新挖溝劃界。126復修召公之政　重新實行召公當年實行的善政。召公，燕國的始封之君姬奭。127納貢　進貢。128成康之時　成王於西元前一〇四二—前一〇二一年在位；康王於西元前一〇二〇—前九九六年在位，被後人稱為西周的最清平之時。129魯湣公母曰哀姜　梁玉繩曰：「〈魯世家〉依《左傳》，以湣公為哀姜娣叔姜所生，哀姜無子，此以哀姜為湣公母者，適母也。」魯湣公，也寫作「魯閔公」，莊公之子，西元前六六一—前六六〇年在位。130慶父　又稱「仲父」、「共仲」、「孟氏」，魯莊公的庶兄。131魯人更立釐公　慶父弒湣公後，國人大譁，於是季友等倚仗陳國勢力擁立了莊公之子公子申，即魯釐公，也寫作「僖公」，西元前六五九—前六二七年在位。132桓公召哀姜二句　因其禍亂魯國。133衛文公有狄亂　衛文公，名毀，戴公之子，西元前六五九—前六三五年在位。狄，古部族名，春秋前活動於齊、魯、晉、衛、宋、邢等國之間，與諸國接觸頻繁。所謂「狄亂」，即狄人滅衛、殺懿公之亂。134城楚丘　在楚丘築城以安置破亡後的衛國君民。楚丘，在今河南滑縣東。衛國的都城原在朝歌（在今河南淇縣），喪亂後遷居於此。135立衛君　即扶立文公為衛君。136習水　熟悉水性。137蕩公　搖晃船隻，使桓公坐不穩。138歸蔡姬　把蔡姬送回母家。

(139)弗絕　並未正式斷絕關係。(140)蔡　西周以來的諸侯國名，都城在今河南上蔡西南。此時在位者為蔡穆侯。(141)嫁其女　將其女改嫁他人。(142)興師往伐　陳子龍曰：「伐蔡以逼楚也。其以蔡姬為兵名者，使楚不備也。」(143)蔡潰　不待攻擊而自行潰散。(144)遂伐楚　緊跟著就進攻楚國。遂，於是就。說明這是桓公的宿謀。(145)楚成王　名惲，文王之子，西元前六七一—前六二六年在位。(146)涉　涉足，這裡意指入侵。(147)召康公　即召公奭，當時在周王朝輔佐成王。以下說話就是傳達周成王的意思。(148)先君太公　即姜尚。(149)若實征之　你都可以討伐他們。若，爾；你。實，是；可以。(150)夾輔　左右扶持，意即輔佐。(151)履　本指鞋，這裡用為動詞，即足跡可達之處，亦即可以征伐之範圍。(152)楚貢包茅不入　楚王應向周天子進貢的菁茅，已經很久不見了。包茅，成束成捆的菁茅。包，束。茅，即菁茅，楚國特產的茅草，供祭祀時使用。(153)王祭不具　從而使周天子的祭祀用品不完備。(154)是以來責　因此我們特來討要。責，索取；討要。(155)昭王南征不復　不復，一去不返，指周昭王當年伐楚淹死於漢水事，管仲以此作為向楚國進兵的藉口。(156)寡人罪也二句　「寡人」應作「寡君」。共，通「供」。供應。(157)昭王之出不復二句　至於昭王淹死之事，楚國不能負責，你到漢水邊上去問漢水吧。杜預曰：「昭王時漢非楚境，故不受罪。」(158)次于陘　次，駐紮。陘，古邑名，在今河南郾城南，乃險要之地。(159)楚王使屈完將兵扞齊　屈完，楚之同姓公族。扞，抵禦。(160)次召陵　次，駐紮。召陵，楚邑名，在今河南郾城東四十五里。(161)矜屈完以其眾　矜，誇耀；炫耀。眾，強大的軍隊。(162)君以道二句　如果你講道理那什麼都好說。道，道理；正義。(163)楚方城以為城二句　方城，楚山名，在今河南方城東北。江漢，應作「漢水」，此役與長江無關。溝，指護城河。(164)乃與屈完盟而去　按：此即歷史所謂「召陵之盟」。(165)陳　西周初分封的諸侯國，建都宛丘，即今河南淮陽。(166)齊伐陳　《左傳》曰：「秋，伐陳，討不忠也。」意即欺弄諸侯盟主。(167)晉殺太子申生　晉獻公為寵驪姬，欲立驪姬子而廢掉了太子申生，後又在驪姬挑動下逼申生自殺。(168)葵丘　地名，楊伯峻以為當在今河南蘭考，或在今河南臨澤西。(169)周襄王使宰孔賜桓公文武胙彤弓矢大路　周襄王，名鄭，西元前六五二—前六一九年在位。宰孔，即太宰孔，周公姬旦之後，因食邑於周地，又稱宰周公。文武胙，祭祀文王、武王用的祭肉。周天子以之賜諸侯表示對該諸侯的榮寵。大路，亦作「大輅」，天子的車乘。(170)命無拜　讓齊桓公不用跪拜答謝。(171)乃下拜受賜　《左傳》與〈齊語〉皆作「下拜登受」，意即下堂拜謝，再升堂受賜，較此史文曲折精確。(172)諸侯頗有叛者　《集解》引《公羊傳》曰：「葵丘之會，桓公震而矜之，叛者九國。」(173)晉侯病二句　晉獻公因為有病遲到了。晉侯，指晉獻公，名詭諸，武公之子，西元前六七六—前六五一年在位。(174)弟無行　意即放心不要再去了。弟，通「第」。但；儘管。(175)從之　於是晉獻公也不去見齊桓公而半路折回。(176)里克　晉國大夫。(177)殺奚齊卓子　二人均獻公之子，驪姬所生。獻公死後，晉大夫荀息遵獻公之託立奚齊為君，里克殺奚齊；荀息改立卓子，里克又殺卓子，荀息亦隨之自殺。里克派人迎公子重耳，重耳不入；於是改迎當時逃在秦國的公子夷吾立以為君。(178)秦穆公以夫人入公子夷吾為晉君　秦穆公因為自己的夫人是晉獻公女，故而送公子夷吾回國即位。秦穆公，秦國國君，名任好，西元前六五九—前六二一年在位。夫人，指秦穆姬，晉獻公之女，太子申生的同母姐。公子夷吾，即日後之晉惠公，獻公之子，秦穆姬的異母弟，西元前六五〇—前六三七年在位。(179)討晉亂　因晉國有弒君之亂，故霸主往討之。(180)高梁　晉邑名，在今山西臨汾東北。(181)使隰朋立晉君　以霸主的名義正式對晉惠公加以確認。(182)周室微　周天子的王權衰微。當時的周天子為周襄王，西元前六五一—前六一九年在位。(183)唯齊楚秦晉為彊　當時與齊桓公並立的是楚成王、秦穆公、晉惠公。(184)與　參與；參加。(185)秦穆公辟遠　當時秦國都城在今陝西鳳翔一帶，距當時以河南為中心的各諸侯國距離遙遠。(186)中國　指以河南為中心的中原地區。(187)楚成王初收荊蠻有之二句　楚成王剛剛滅掉周邊的荊蠻小國，以夷狄自居，獨自在南方稱老大。楚成王，名惲，西元前六七一—前六二六年在位。(188)諸侯賓會　中原各諸侯國都服從齊國，參加會盟。賓，服從；歸順。(189)稱　聲稱；誇說。(190)望熊山　遙望熊耳山而對之祭祀。古代遙祭山川曰望。熊山，即熊耳山，在今河南盧氏南。(191)離枝孤竹　意即到達了離枝、孤竹一帶。離枝，《國語・齊語》作「令支」，在今河北遷安西。孤竹，在今河北盧龍南。(192)西伐大夏二句　大夏，古地區名，也稱太原，指今山西西南部靠近黃河一帶的地區，兼有汾、洮流域。按：據前文，桓公為定晉亂，曾率兵至高梁，高梁即所謂「大夏」之地。流沙，錢穆云：「此流沙在今山西境，今平陸縣東二十里傅岩前有沙澗水，或是也。」(193)束馬懸車　包裹馬足，拴牢車子，以防滑跌傾覆。(194)太行　山名，在今河北、河南、山西三省交界處，並沿山西、河北邊界向北延伸。(195)卑耳山　即辟耳山，在今山西平陸附近。(196)兵車之會三　意即主持過三次軍事會盟。《正義》引《左傳》曰：「魯莊十三年，會北杏以平宋亂；僖四年，侵蔡，遂伐楚；六年，伐鄭，圍新城也。」(197)乘車之會六　意即主持過六次和平會盟。乘車，安車。《正義》引《左傳》曰：「魯莊十四年，會于鄄；十五年，又會鄄；十六年，同盟于幽；僖五年，會首止；八年，盟于洮；九年，會葵丘是也。」(198)一匡天下　指擁立周襄王事。(199)昔三代受命二句　瀧川曰：「『桓公稱曰』以下本《管子・小匡》篇。《國語・齊語》亦載此事，而不為桓公語。」(200)封泰山二句　在泰山築土為壇祭天以報上天之功，稱「封」；在泰山下的某處祭地以報大地之功，稱「禪」。泰山，在今山東泰安北。梁父，泰山腳下東南方的小山。封禪是戰國、秦漢之際的方士們所鼓吹的古代帝王祭祀天地的大典，春秋以前未必有此事。(201)桓公乃止　史珥曰：「桓公欲封禪，內外傳皆無之。《管子》中雖有其說，要皆漢時方士臆為附會。蓋方士強半為齊人，故爾張皇五嶽，獨尊岱宗，亦以近齊故耳。」(202)周襄王弟帶　也稱「王子帶」，自幼受其父之寵，故其兄即位之第三年，即勾結戎翟攻周，欲奪其兄之位。

❷⓪❸翟　通「狄」。❷⓪❹平戎於周　勸周與戎人講和。❷⓪❺上卿　春秋時期大臣的最高爵位。諸侯國的大臣一般稱「大夫」，其特別有功者周天子可以命之為「卿」，而「上卿」又是諸卿中的最高者。❷⓪❻臣二句　句首「臣」字疑衍。陪臣，諸侯國的大臣對天子自稱「陪臣」。❷⓪❼乃受下卿禮以見　意即管仲只接受了下卿之爵，以下卿的身分朝見周天子。❷⓪❽為帶謝　替叔帶向周襄王陪罪求情。❷⓪❾襄王怒二句　叔帶奔齊，在桓公三十八年，而非三十九年。❷❶⓪秦穆公虜晉惠公二句　晉惠公自秦回晉為君時，曾答應割地與秦國，事後反悔不給；晉國鬧災荒，向秦國購買糧食，秦國大力援助；至秦國鬧災荒向晉國買糧時，晉國不僅不賣，反而趁機進攻秦國，結果引發了韓之戰，晉惠公被秦所俘。又是由於其姐是秦穆公的夫人，最終被秦國放回。❷❶❶管仲隰朋皆卒　《管子・戒》篇云：「後十月，隰朋亦卒。」❷❶❷知臣莫如君　古之習用語。❷❶❸易牙　即雍巫，齊桓公的寵臣，善調味。❷❶❹適　投合。❷❶❺開方　衛懿公之子，齊桓公的寵臣。❷❶❻倍親　倍，通「背」。遠離。親，指父母。❷❶❼豎刁　原作「豎刀」，他本多作「豎刁」，據改。齊桓公的寺人，很受寵愛。❷❶❽自宮　閹割自己來為桓公做宦官。❷❶❾卒近用三子二句　《正義》引顏師古曰：「豎刁、易牙皆齊桓公臣。管仲有病，桓公往問之，曰：『將何以教寡人？』管仲曰：『願君遠易牙、豎刁。』公曰：『易牙烹其子以快寡人，尚可疑耶？』對曰：『人之情非不愛其子也，其子之忍，又將何愛於君！』公曰：『豎刁自宮以近寡人，猶尚疑耶？』對曰：『人之情非不愛其身也，其身之忍，又將何有於君！』公曰：『諾。』管仲遂盡逐之，而公食不甘、心不怡者三年。公曰：『仲父不已過乎？』於是皆即召反。」❷❷⓪戎伐周　自五年前王子帶勾結戎人攻周以來，戎人連年為周患。❷❷❶戍周　駐軍於洛陽周圍以保衛周王朝。❷❷❷晉公子重耳來　重耳即日後之晉文公。早在晉獻公殺太子申生，又欲加害群公子時，重耳逃奔於狄。在狄十二年後，離狄周遊各國，以尋求支持者。先到衛國，衛國對之無禮；又到齊國，齊桓公以女妻之。❷❷❸齊桓公之夫人三　有三個正式的妻子，當時諸侯的正妻稱夫人。❷❷❹曰王姬徐姬蔡姬　王姬，周天子的女兒。徐姬，徐國諸侯之女。蔡姬，蔡國諸侯之女。❷❷❺好內　喜好女色。內，指婦女。❷❷❻內寵　後宮的寵妾。❷❷❼如夫人　待遇、地位同「夫人」一樣。❷❷❽長衛姬生無詭　衛姬，衛國諸侯之女。無詭，《左傳》作「無虧」。❷❷❾少衛姬生惠公元　少衛姬，長衛姬之妹。惠公元即日後之齊惠公。❷❸⓪鄭姬生孝公昭　鄭姬，鄭國諸侯之女。孝公昭，即日後之齊孝公。❷❸❶葛嬴生昭公潘　葛嬴，葛國諸侯之女。葛國的都城有說在河南寧陵北，有說在鄄城北。昭公潘，即日後的齊昭公。❷❸❷密姬生懿公商人　密姬，密國諸侯之女。懿公商人，即日後之齊懿公。❷❸❸宋華子　宋國華氏之女，子姓。❷❸❹屬孝公於宋襄公　將孝公昭託付於宋襄公。屬，通「囑」。託付。宋襄公，名茲甫（也作「茲父」），西元前六五〇─前六三七年在位。❷❸❺雍巫　雍人，名巫，即前文之「易牙」。瀧川曰：「此人為掌食之官。」❷❸❻衛共姬　即上文所云之「長衛姬」。❷❸❼五公子　指前述「孝公昭」以外的其他五人。

238十月乙亥　十月初八。239因內寵殺羣吏　按：易牙、豎刁所因者自然是長衛姬的親信。240太子昭奔宋　因其父生前曾將其託與宋襄公。241樹黨　即今所謂拉幫結派。242莫敢棺　沒人敢去收殮桓公。棺，用作動詞，收屍入棺。243尸蟲出于戶　《韓非子・十過》篇：「桓公身死，三月不出，蟲出于戶。」244十二月二句　十二月初九。245棺二句　將桓公裝殮並向各國發出訃告。赴，通「訃」。報喪。246辛巳　十二月十五。247斂殯　入殮和出殯。斂，通「殮」。

【語　譯】呂尚去世時大約有一百多歲，兒子丁公呂伋繼位。丁公去世，兒子乙公繼位。乙公去世，兒子癸公慈母繼位。癸公去世，兒子哀公不辰繼位。

2 哀公時期，紀侯在周王那裡誹謗他，周王烹殺哀公，立他的弟弟靜為君，這就是胡公。胡公遷都薄姑，當時正值周夷王時期。哀公的同母少弟山怨恨胡公，就與他的黨徒率領營丘人襲擊攻殺胡公，自立為君，這就是獻公。

3 獻公元年，將胡公的兒子全部驅逐，於是從薄姑遷出，定都臨淄。九年，獻公去世，兒子武公壽繼位。

4 武公九年，周厲王出奔，住在彘地。十年，王室發生叛亂，大臣代行政事，號稱「共和」。二十四年，周宣王剛繼位。

5 二十六年，武公去世，兒子厲公無忌繼位。厲公殘暴酷虐，所以胡公的兒子又進入齊國，齊人想立他為君，就與他共同攻殺厲公。胡公的兒子也在戰鬥中死去。齊人就立厲公的兒子赤為君，這就是文公，把殺死厲公的七十個人處死。

6 文公十二年去世，兒子成公脫繼位。成公九年去世，兒子莊公購繼位。

7 莊公二十四年，犬戎殺死幽王，周朝向東遷徙到洛陽。秦國開始被封為諸侯。五十六年，晉人殺死他們的國君昭侯。六十四年，莊公去世，兒子釐公祿甫繼位。

8 釐公九年，魯隱公剛繼位。十九年，魯桓公殺死他的哥哥隱公而自立為君。

9 二十五年，北戎討伐齊國。鄭國派太子忽來援救齊國，齊侯想把女兒嫁給他。忽說：「鄭是小國，齊是大國，我配不上齊侯的女兒。」就謝絕了齊侯。

10 三十二年，釐公的同母弟夷仲年死去。他的兒子叫公孫無知，釐公喜歡他，讓他在服飾和俸祿方面享受與太子一樣的待遇。

11 三十三年，釐公去世，太子諸兒繼位，這就是襄公。

12 襄公元年，襄公原先身為太子時，曾與無知打架，等他即位後，降低了無知俸祿及服飾方面的待遇，無知怨恨襄公。

13 四年，魯桓公與夫人到齊國。齊襄公原先曾與魯夫人私通。魯夫人是襄公的妹妹。在釐公時嫁給魯桓公。等桓公攜她來齊國，襄公又與她私通。魯桓公知道此事後，對夫人發怒，夫人將情況告訴齊襄公。齊襄公與魯君飲酒，把他灌醉，派力士彭生把他抱上魯君的車子，趁機打折他的肋骨，將他殺害，等到桓公要下車時，人們發現他已經死了。魯人因此責備齊國，齊襄公殺死彭生向魯國謝罪。

14 八年，討伐紀國，紀國遷都避難。

15 十二年。起初，襄公派連稱、管至父戍守葵丘，瓜熟的時候前往，齊襄公答應到第二年瓜熟時就派人去替換他們。兩人在葵丘戍守了一年，瓜熟時襄公卻不派人替換他們。有人在襄公面前請求替換他們，襄公不同意。所以這兩人發怒，與公孫無知合謀作亂。連稱有個堂妹在襄公的後宮，不受寵愛，派她刺探襄公的情況，說「事成之後讓她當無知的夫人」。冬天，十二月，襄公到姑棼遊玩，於是在沛丘打獵。看見一隻豬，隨從都說「彭生」。襄公發怒，拔箭射豬，豬像人一樣站立啼哭。襄公驚恐，從車子上摔下來，跌傷了腳，鞋子也丟了。返回宮中把管理鞋子的侍者茀鞭打了三百下。茀出宮。無知、連稱、管至父等人聽說襄公受傷，於是就率領眾人襲擊王宮。正好遇見管理鞋子的侍者茀，茀說：「不要進去驚動宮中的人員，驚動宮裡的人以後就不容易進去了。」無知不信任茀，茀將身上的傷口讓他看，無知才相信了他。他們待在宮外，讓茀先進去。茀先進去以後，就把襄公藏在門後面。過了很長時間，無知等人恐怕有意外，就闖入宮中。茀反而與宮中衛士及襄公的幸臣攻打無知等人，沒有取勝，都戰死了。無知進入宮中，找不到襄公。有人看見從門後露出人腳，推門一看，原來是襄公，就把他殺了。無知篡位，自立為齊君。

16 桓公元年，春天，齊君無知在雍林遊玩。雍林人曾有怨恨無知的，等他前往雍林遊玩，雍林人襲殺無知，通告齊大夫說：「無知殺害襄公自立為君，我們把他殺了。希望大夫們重新在公子中選擇應當繼位的人，我們一定服從命令。」

17 當初，齊襄公醉酒後殺了魯桓公，與魯桓公的夫人私通，多次殺害不該殺的人，淫於婦女，欺騙大臣，幾個兄弟知道國家將亂，恐禍及己，紛紛外逃。襄公之二弟公子糾奔魯，因為公子糾的母親是魯國諸侯之女，隨行輔佐公子糾的是管仲和召忽。三弟小白奔莒，隨行輔佐小白的是鮑叔牙。小白的母親是衛國諸侯之女，有寵於齊釐公。小白自幼便與齊國的大臣高傒交好。所以當雍林人殺死公子無知，商議另立新君時，高氏、國氏兩姓大族便派人到莒國悄悄地迎接小白。而魯國聽說無知被殺後，也發兵送公子糾回國爭位，而且派管仲另外率領一支部隊，到莒國通往臨淄的道路上去劫殺小白。管仲一箭射中了小白的衣帶鉤，小白趁勢躺倒裝死，管仲誤以為小白已死，派人向魯國報告以後，魯國送公子糾的隊伍就走得慢了，六天後到達齊國，這時小白早已進入臨淄，高傒立以為君，這就是齊桓公。

18 當初桓公中箭時，裝死以騙管仲，事後遂躺在篷車裡飛馬疾行，再加上有高氏、國氏為之做內應，故而得以捷足先登。即位後，發兵拒魯。這年秋天，齊、魯兩國戰於乾時，魯國打敗，齊國截斷了魯國的歸路。齊桓公給魯莊公寫信說：「公子糾是我的兄弟，我不忍殺他，請魯國人自己把他殺了吧。召忽、管仲，是我的仇人，請將其送回，我得把他們剁成肉末以解恨。如果你們不照辦，我將發兵包圍你們的都城。」魯國人害怕齊國，趕緊將公子糾殺死於笙瀆，召忽自殺，只有管仲甘心被囚。桓公即位後發兵攻魯，起初他也是想殺管仲的。而鮑叔牙卻說：「我有幸跟上了您，您終於做了國君。您今天的尊貴，我是沒有辦法再給您增加什麼了。您如果只求治理好齊國，有高傒與我就足夠了；如果您打算稱霸天下，那就非管仲不可。管仲在哪個國家，哪個國家就要強大，您不該失掉這個人才。」於是齊桓公同意鮑叔牙的意見，假說把管仲要回來殺掉，實際是想用他。管仲猜到了這一點，故甘心被囚禁回齊。鮑叔牙迎著魯使接收了管仲，等回到堂阜邑時便給他去掉了枷鎖，令其沐浴祭祀，而後拜見齊桓公。桓公優禮相待，封以為大夫，管理齊國政事。

19 桓公得到管仲後，便與鮑叔牙、隰朋、高傒等改善齊國政治，實行一種以五家為基層單位的兵役制度，製造貨幣，發展曬鹽與海洋捕撈，並用這樣積累起來的錢財賑濟貧困，厚養賢能，讓齊國人過得很高興。

20 桓公二年，攻滅郯國，郯國諸侯逃到了莒國。當初桓公在外流亡時曾到過郯國，郯國待之無禮，故今伐滅之。

21 桓公五年，再次伐魯，魯軍戰敗，魯莊公獻出遂邑以求和，桓公應許，遂與魯莊公會於柯以結盟。待至魯莊公剛要與齊桓公訂立盟約時，魯將曹沫突然跳上壇臺以匕首劫持齊桓公，說：「請您退還侵奪的魯國土地！」桓公答應了。曹沫遂扔掉匕首，退回到臣子的位置面朝北站著。桓公過後想要反悔，想不僅不退回侵地，還要殺死曹沫。管仲說：「已經答應退回而反悔殺人，貪求一時的痛快，棄信於諸侯，這將失去天下人的同情與支持，不能這樣做。」於是遂將曹沫三次戰敗丟失的土地都退還給了魯國。各國諸侯聽說後，都佩服齊桓公說話算話，都願意親近齊國。桓公七年，各國諸侯會齊桓公於甄邑，齊桓公從此開始稱霸。

22 十四年，陳厲公的兒子陳完，號敬仲，來投奔齊國。齊桓公想任命他為卿，陳完推辭，於是讓他擔任管理百工的工正。他就是田成子常的祖先。

23 二十三年，北方的山戎進攻燕國，燕國向齊國求救。齊桓公率兵救燕，進而北伐山戎，一直打到孤竹而後撤回。燕莊公給齊桓公送行，不知不覺地已經進入了齊國的國界。齊桓公說：「除非周天子，一般諸侯給人送行是不能走出自己國境的。我不能對燕國諸侯無禮。」於是便把燕君走過的區域都劃給了燕國。讓燕國諸侯重新實行召公的政策，按時向周天子進貢，就如當年成王、康王時燕國諸侯所做的樣子。諸侯們聽說這件事，都願意跟從齊國。

24 二十七年，魯湣公的母親名叫哀姜，是齊桓公的妹妹。哀姜與魯國公子慶父私通，慶父殺死了魯湣公，哀姜想立慶父為君，魯人不從，另立了釐公。桓公為穩定魯國的政局，將哀姜召回齊國殺死。

25 二十八年，衛文公被狄人所攻，向齊國告急，齊桓公就率領諸侯在楚丘給衛國修築了城牆，扶立了衛君。

26 二十九年，桓公與夫人蔡氏乘船戲水。蔡氏識水性，故意在船上搖擺，桓公害怕，制止她，蔡氏不聽；

桓公生氣地下了船，將蔡氏送回蔡國，但並不想和她真正斷絕關係。蔡國對此也很生氣，便快速地將該女嫁給了別人。桓公聽說後怒不可遏，就興兵伐蔡。

27 三十年，春天，齊桓公率領諸侯伐蔡，蔡軍崩潰，齊桓公就進而南伐楚國。楚成王起兵迎敵並問道：「為什麼侵入我國領地？」管仲說：「當初召康公命令我們先君太公說『五侯九伯，你都有權征討，目的是為了輔佐周天子』。又賜我們先君足跡可達、可以征討的範圍，東到海邊，西到黃河，南到穆陵，北到無棣。如今楚國該進貢包茅卻不進貢，使天子的祭祀用品不完備，所以我們要來討要。當年周昭王南行沒有返回，所以我們要來察問。」楚成王說：「該進貢卻沒有進貢，這是事實，罪過在我，今後不敢不進！至於說昭王南行沒有返回，請你們去向漢水問罪。」齊軍繼續前進，到達陘山。夏天，楚成王令大將屈完率兵抗齊，齊軍後退，駐紮在召陵。桓公會見屈完，向屈完炫耀齊國的武力。屈完說：「您要是以道德服人，那是可以的；如果不是，則楚國要以方城山作城牆，以長江、漢水作護城河，您怎麼能進得來呢？」齊桓公就與屈完結盟而罷兵。經過陳國，陳國大夫袁濤塗詐騙齊國從東方走而不經過陳國，可是還是被發覺了。秋天，齊國討伐陳國。這一年，晉獻公殺掉了太子申生。

28 三十五年，夏天，齊桓公大會諸侯於葵丘。周襄王派太宰姬孔給齊桓公送來了祭祀文王、武王所用的祭肉、彤弓、矢及車輛，讓桓公受賞賜時不必下拜。桓公想答應，管仲說：「不可以。」就下拜接受賜品。秋天，再與諸侯到葵丘會盟，更加驕傲。周派宰孔赴會。諸侯逐漸反叛。晉侯生病，遲到了，半路上遇見宰孔。宰孔說：「齊侯太驕傲了，您只管不要前往。」晉侯聽從了他的意見。這一年，晉獻公去世。大夫里克殺死新君奚齊、卓子，秦穆公因為夫人的關係送公子夷吾即位當了晉君。桓公因此討伐晉國內亂，到高梁，讓隰朋為晉國立新君而還。

29 當時，周室衰微，只有齊國、楚國、秦國、晉國較為強大。晉國剛開始參加會盟，獻公就去世了，國內連續動亂。秦穆公所處地勢偏僻，不參加中原地區的盟會。楚成王正在吞併其周邊的蠻夷小國，以夷狄之俗治國，不參與中原爭霸事。只有齊國在中原地區主持會盟，而齊桓公也的確能夠發揚其威德，所以各諸侯國都服從齊國參加會盟。桓公因此聲稱：「寡人向南征伐到召陵，遙祭熊耳山；向北征伐山戎、離枝、孤竹；向西征伐大夏，遠涉西部沙漠地區；包裹馬足，拴牢車子，以防滑跌傾覆，登上了太行山，到卑耳山才返還。諸侯都不敢反抗寡人。我主持過三次軍事會盟，主持過六次和平會盟，九次會合諸侯，擁立周王，匡正天下。從前夏、商、周三代承受天命時，與這種情況有什麼不同呢？我想登泰山祭天，到梁父祭地。」管仲極力勸阻，桓公不聽。就對桓公說只有得到遠方的珍奇怪物才能封禪祭祀，桓公才作罷。

30 三十八年，周襄王的弟弟叔帶與戎人、狄人合謀襲擊周王，齊國派管仲到周平息戎的叛亂。周王想用上卿的禮節接待管仲，管仲叩頭拜謝說：「我管仲，是諸侯的臣子。怎麼敢當呢！」推讓多次，才接受了用下卿的禮儀拜謁周王。三十九年，周襄王的弟弟帶投奔齊國。齊桓公派仲孫向襄王請求寬恕叔帶，替叔帶向周襄王陪罪求情。襄王發怒，沒有聽從。

31 四十一年，秦穆公俘虜晉惠公，又釋放了他。這一年，管仲、隰朋都去世了。管仲生病時，桓公問他：「群臣當中誰可以擔任相職？」管仲說：「了解臣下的莫過於國君。」桓公問：「易牙怎麼樣？」回答道：「易牙殺死兒子以迎合國君，不合人情，不可以。」桓公問：「開方怎麼樣？」回答道：「開方背叛自己的親人以迎合國君，不合人情，難以親近。」桓公問：「豎刁怎麼樣？」回答道：「豎刁閹割自己以迎合國君，不合人情，難以親信。」管仲去世，桓公不聽管仲的勸告，最終還是親近重用了這三個人，他們掌握了齊國的大權。

32 四十二年，戎人攻打周室，周人向齊國告急，齊國命令諸侯各自發兵戍守周室。這一年，晉公子重耳來到齊國，桓公將齊國宗室的女兒嫁給他。

33 四十三年。起初，齊桓公有三位夫人，叫王姬、徐姬、蔡姬，都沒有生子。桓公好女色，有許多寵愛的姬妾，禮數待遇同夫人一樣的有六人。長衛姬生了無詭，少衛姬生了惠公元，鄭姬生了孝公昭，葛嬴生了昭公潘，密姬生了懿公商人，宋華子生了公子雍。桓公與管仲把孝公託付給宋襄公，立他為太子。雍巫受到衛共姬的寵愛，通過宦者豎刁將厚禮獻給桓公，也受到桓公寵信，桓公又答應立無詭為太子。管仲去世後，五位公子都謀求立為太子。冬天，十月八日，齊桓公去世。易牙進入宮中，與豎刁利用寵臣殺死了許多反對他們的大臣，立公子無詭為國君。太子昭逃奔宋國。

34 桓公生病時，五位公子各自拉幫結黨，爭立太子。等到桓公去世，就互相攻擊，因此宮中空虛，沒有人敢收屍入棺。桓公的屍體在牀上停放了六十七天，屍體的蛆蟲爬出門外。十二月九日，公子無詭即位，才入殮發布訃文。十二月十五日夜晚，舉行了入殮和出殯的喪禮。

1 桓公十有餘子，要❶其後立者五人：無詭立三月死，無謚；次孝公；次昭公；次懿公；次惠公。孝公元年❷，三月，宋襄公率諸侯兵送齊太子昭而伐齊。齊人恐，殺其君無詭。齊人將立太子昭，四公子之徒攻太子，太子走宋，宋遂與齊人四公子戰。五月，宋敗齊四公子師而立太子昭，是為齊孝公。宋以桓公與管仲屬之太子，故來征之。以亂故，八月乃葬齊桓公。

2 六年，春，齊伐宋，以其不同盟于齊也❸。夏，宋襄公卒❹。七年，晉文公立❺。

3 十年，孝公卒，孝公弟潘因衛公子開方殺孝公子而立潘❻，是為昭公❼。昭公，桓公子也，其母曰葛嬴。

4 昭公元年❽，晉文公敗楚於城濮❾，而會諸侯踐土，朝周❿，天子使晉稱伯⓫。

六年，翟侵齊。晉文公卒⑫。秦兵敗於殽⑬。十二年，秦穆公卒⑭。

5 十九年，五月⑮，昭公卒，子舍立為齊君。舍之母無寵於昭公，國人莫畏。昭公之弟商人以桓公死爭立而不得，陰交⑯賢士，附愛⑰百姓，百姓說。及昭公卒，子舍立，孤弱，即與眾十月即墓上弒齊君舍⑱，而商人自立，是為懿公⑲。懿公，桓公子也，其母曰密姬⑳。

6 懿公四年㉑，春。初，懿公為公子時，與丙戎㉒之父獵，爭獲不勝㉓。及即位，斷丙戎父足㉔，而使丙戎僕㉕。庸職㉖之妻好，公內之宮㉗，使庸職驂乘㉘。五月，懿公游於申池㉙，二人浴，戲。職曰：「斷足子。」戎曰：「奪妻者。」二人俱病此言㉚，乃怨㉛。謀與公游竹中，二人弒懿公車上，弃竹中而亡去。

7 懿公之立，驕，民不附。齊人廢其子而迎公子元於衛，立之，是為惠公㉜。惠公，桓公子也。其母衛女，曰少衛姬，避齊亂，故在衛㉝。

8 惠公二年㉞，長翟來㉟，王子城父㊱攻殺之，埋之於北門㊲。晉趙穿弒其君靈公㊳。

9 十年，惠公卒，子頃公㊴無野立。初，崔杼㊵有寵於惠公，惠公卒，高、國㊶畏其偪㊷也，逐之，崔杼奔衛。

10 頃公元年[43]，楚莊王[44]彊，伐陳[45]。二年，圍鄭，鄭伯[46]降，已，復國鄭伯[47]。

11 六年，春，晉使郤克於齊[48]，齊使夫人[49]帷中而觀之[50]。郤克上，夫人笑之[51]。郤克曰：「不是報[52]，不復涉河[53]！」歸，請伐齊，晉侯[54]弗許。齊使至晉，郤克執齊使者四人河內[55]，殺之。八年，晉伐齊，齊以公子彊質[56]晉，晉兵去。十年，春，齊伐魯、衛[57]。魯、衛大夫如晉請師[58]，皆因[59]郤克。晉使郤克以車八百乘為中軍將[60]，士燮將上軍[61]，欒書[62]將下軍，以救魯、衛，伐齊。六月，壬申[63]，與齊侯兵合靡笄下[64]。癸酉[65]，陳于鞌[66]。逄丑父[67]為齊頃公右[68]，頃公曰：「馳之[69]，破晉軍會食[70]。」射傷郤克，流血至履。克欲還入壁[71]，其御曰：「我始入，再傷[72]，不敢言疾，恐懼士卒[73]，願子忍之。」遂復戰。戰，齊急[74]，丑父恐齊侯得[75]，乃易處[76]，頃公為右，車絓[77]於木而止。晉小將韓厥[78]伏齊侯車前，曰「寡君使臣救魯、衛」，戲之[79]。丑父使頃公下取飲[80]，因得亡，脫去，入其軍[81]。晉郤克欲殺丑父。丑父曰：「代君死而見僇[82]，後人臣無忠其君者矣。」克舍之[83]，丑父遂得亡歸齊。於是晉軍追齊至馬陵[84]。齊侯請以寶器謝[85]，不聽，必得笑克者蕭桐叔子[86]，令齊東畝[87]。對曰：「叔子[88]，齊君母。齊君母亦猶晉君母，子安置之？且子以義伐，而以暴為後[89]，其可乎？」於是乃許，令反魯、衛之侵地[90]。

12 十一年，晉初置六卿[91]，賞鞌之功[92]。齊頃公朝晉，欲尊王晉景公[93]，晉景公不敢受，乃歸。歸而頃公弛苑囿[94]，薄賦斂，振孤問疾[95]，虛積聚[96]以救民，民亦大說。厚禮諸侯。竟頃公卒，百姓附，諸侯不犯[97]。

13 十七年，頃公卒，子靈公環[98]立。

14 靈公九年[99]，晉欒書弒其君厲公[100]。

15 十年，晉悼公[101]伐齊，齊令公子光[102]質晉。

16 十九年[103]，立子光為太子，高厚[104]傅之，令會諸侯，盟於鍾離[105]。二十七年，晉使中行獻子[106]伐齊，齊師敗。靈公走入[107]臨菑，晏嬰[108]止靈公，靈公弗從。曰：「君亦無勇矣[109]。」晉兵遂圍臨菑，臨菑城守不敢出，晉焚郭中而去[110]。

17 二十八年。初，靈公取魯女，生子光，以為太子。仲姬，戎姬[111]。戎姬嬖[112]，仲姬生子牙，屬之戎姬[113]。戎姬請以為太子，公許之。仲姬曰：「不可。光之立，列於諸侯矣[114]。今無故廢之，君必悔之。」公曰：「在我耳。」遂東太子光[115]，使高厚傅牙為太子[116]。靈公疾，崔杼迎故太子光而立之，是為莊公。莊公殺戎姬。五月，壬辰[117]，靈公卒，莊公即位，執太子牙於句竇[118]之丘，殺之。八月，崔杼殺高厚。晉聞齊亂，伐齊，至高唐[119]。

18 莊公三年(120)，晉大夫欒盈奔齊(121)，莊公厚客待之。晏嬰、田文子諫，公弗聽(122)。欒盈敗(125)，齊兵還，取朝歌(126)。四年，齊莊公使欒盈閒入晉曲沃(123)，為內應，以兵隨之，上太行，入孟門(124)。

19 六年。初，棠公(127)妻好，棠公死，崔杼取之，莊公通之，數如崔氏，以崔杼之冠賜人。侍者曰：「不可。」(128)崔杼怒，因其伐晉，欲與晉合謀襲齊而不得閒。莊公嘗笞宦者賈舉，賈舉復侍，為崔杼閒公(129)以報怨。五月，莒子(130)朝齊，齊以甲戌饗之(131)，崔杼稱病不視事。乙亥(132)，公問崔杼病，遂從崔杼妻(133)。崔杼妻入室，與崔杼自閉戶不出，公擁柱而歌(134)。宦者賈舉遮公從官而入(135)，閉門。崔杼之徒持兵從中起，公登臺而請解(136)，不許。請盟(137)，不許。請自殺於廟(138)，不許。皆曰：「君之臣杼疾病(139)，不能聽命(140)。近於公宮(141)，陪臣爭趣有淫者(142)，不知二命(143)。」公踰牆，射中公股，公反墜(144)，遂弒之。晏嬰立崔杼門外(145)，曰：「君為社稷死則死之，為社稷亡則亡之(146)。若為己死己亡，非其私暱，誰敢任之(147)！」門開而入，枕公尸而哭，三踊(148)而出。人謂崔杼：「必殺之。」崔杼曰：「民之望也，舍之得民(149)。」

20 丁丑(150)，崔杼立莊公異母弟杵臼，是為景公(151)。景公母，魯叔孫宣伯(152)女也。

景公立，以崔杼為右相，慶封為左相。二相恐亂起，乃與國人盟曰：「不與崔、慶者死[153]！」晏子仰天曰：「嬰所不獲，唯忠於君、利社稷者是從[154]。」不肯盟[155]。慶封欲殺晏子，崔杼曰：「忠臣也，舍之[156]。」齊太史書曰：「崔杼弒莊公。」崔杼殺之。其弟復書，崔杼復殺之。少弟復書，崔杼乃舍之。

21 景公元年[157]。初，崔杼生子成及彊，其母死，取東郭女[158]，生明。東郭女使其前夫子無咎與其弟偃相崔氏[159]。成有罪[160]，二相急治之[161]，立明為太子[162]。成請老於崔[163]，崔杼許之，二相弗聽，曰：「崔，宗邑[164]，不可。」成、彊怒，告慶封[165]。慶封與崔杼有郤[166]，欲其敗也。成、彊殺無咎、偃於崔杼家，家皆奔亡。崔杼怒，無人，使一宦者御，見慶封。慶封曰：「請為子誅之。」使崔杼仇盧蒲嫳攻崔氏[167]，殺成、彊，盡滅崔氏。崔杼婦自殺，崔杼毋歸[168]，亦自殺。慶封為相國，專權[169]。

22 三年，十月，慶封出獵。初，慶封已殺崔杼，益驕，嗜酒好獵，不聽政令。慶舍用政[170]，已有內郤[171]。田文子[172]謂桓子[173]曰：「亂將作。」田、鮑、高、欒氏[174]相與謀慶氏[175]。慶舍發甲圍慶封宮[176]，四家徒共擊破之。慶封還，不得入，奔魯。齊人讓魯[177]，封奔吳。吳與之朱方[178]，聚其族而居之，富於在齊[179]。其秋[180]，齊人徙葬(181)莊公，僇崔杼尸於市以說眾(182)。

23 九年，景公使晏嬰之晉，與叔向(183)私語曰：「齊政卒歸田氏。田氏雖無大德，以公權私(184)，有德於民(185)，民愛之。」十二年，景公如晉，見平公(186)，欲與伐燕(187)。十八年，公復如晉，見昭公(188)。二十六年，獵魯郊(189)，因入魯，與晏嬰俱問魯禮(190)。三十一年，魯昭公辟季氏難，奔齊(191)。齊欲以千社封之(192)，子家止昭公(193)，昭公乃請齊伐魯，取鄆(194)以居昭公(195)。

24 三十二年，彗星見(196)。景公坐柏寢(197)，嘆曰：「堂堂(198)！誰有此乎(199)？」群臣皆泣，晏子笑，公怒。晏子曰：「臣笑群臣諛甚。」景公曰：「彗星出東北，當齊分野(200)，寡人以為憂。」晏子曰：「君高臺深池，賦斂如弗得，刑罰恐弗勝(201)，茀星(202)將出，彗星何懼乎？」公曰：「可禳(203)否？」晏子曰：「使神可祝而來，亦可禳而去也。百姓苦怨以萬數，而君令一人禳之，安能勝眾口乎？」是時，景公好治宮室，聚狗馬，奢侈，厚賦重刑，故晏子以此諫之(204)。

25 四十二年，吳王闔閭伐楚，入郢(205)。

26 四十七年，魯陽虎(206)攻其君，不勝，奔齊(207)，請齊伐魯。鮑子(208)諫，景公乃囚陽虎。陽虎得亡，奔晉(209)。

27 四十八年，與魯定公好會夾谷[210]。犂鉏[211]曰：「孔丘知禮而怯，請令萊人為樂[212]。因執魯君[213]，可得志[214]。」景公害孔丘相魯，懼其霸[215]，故從犂鉏之計。方會，進萊樂，孔子歷階上[216]，使有司執萊人斬之[217]，以禮讓景公[218]。景公慚，乃歸魯侵地以謝，而罷去[219]。是歲，晏嬰卒[220]。

28 五十五年，范、中行[221]反其君於晉[222]，晉攻之急，來請粟。田乞[223]欲為亂[224]，樹黨於逆臣[225]，說景公曰：「范、中行數有德於齊，不可不救。」乃使乞救而輸之粟[226]。

29 五十八年，夏，景公夫人燕姬適子[227]死。景公寵妾芮姬生子荼[228]，荼少，其母賤，無行，諸大夫恐其為嗣，乃言願擇諸子長賢者為太子。景公老，惡言嗣事，又愛荼母，欲立之。憚發之口[229]，乃謂諸大夫曰：「為樂耳，國何患無君乎？」秋，景公病，命國惠子、高昭子[230]立少子荼為太子，逐羣公子，遷之萊[231]。景公卒，太子荼立，是為晏孺子。冬，未葬，而羣公子畏誅，皆出亡。荼諸異母兄公子壽、駒、黔奔衛[232]，公子駔[233]、陽生奔魯。萊人歌之曰：「景公死乎弗與埋，三軍事乎弗與謀[234]，師乎師乎，胡黨之乎[235]？」

30 晏孺子元年[236]，春，田乞偽事高、國者[237]。每朝，乞驂乘[238]，言曰：「子得君[239]，大夫皆自危，欲謀作亂[240]。」又謂諸大夫曰：「高昭子可畏，及未發，先之[241]。」大夫從之。六月，田乞、鮑牧[242]乃與大夫以兵入公宮，攻高昭子[243]。昭子聞之，與國惠子救公。公師敗，田乞之徒追之，國惠子奔莒，遂反殺高昭子[244]。晏圉奔魯[245]。八月，齊秉意茲[246]。田乞敗二相[247]，乃使人之魯，召公子陽生。陽生至齊，私匿田乞家。十月，戊子[248]，田乞請諸大夫曰：「常之母有魚菽之祭[249]，幸來會飲[250]。」會飲，田乞盛陽生橐[251]中，置坐中央[252]，發橐出陽生，曰：「此乃齊君矣。」大夫皆伏謁[253]。將與大夫盟而立之[254]，鮑牧醉，乞誣大夫曰[255]：「吾與鮑牧謀共立陽生。」鮑牧怒曰：「子忘景公之命乎[256]？」諸大夫相視欲悔，陽生前，頓首曰：「可，則立之；否，則已。」鮑牧恐禍起，乃復曰：「皆景公子也，何為不可？」乃與盟，立陽生，是為悼公[257]。悼公入宮，使人遷晏孺子於駘[258]，殺之幕下[259]，而逐孺子母芮子。芮子故[260]賤而孺子少，故無權，國人輕之。

31 悼公元年[261]，齊伐魯，取讙、闡[262]。初，陽生亡在魯，季康子[263]以其妹妻之。及歸，即位，使迎之。季姬[264]與季魴侯[265]通，言其情[266]，魯弗敢與，故齊伐魯，竟迎季姬[267]。季姬嬖，齊復歸魯侵地。

32 鮑子與悼公有郤，不善[268]。四年，吳、魯伐齊南方[269]。鮑子弒悼公[270]，赴于吳[271]。

吳王夫差哭於軍門外三日[272]，將從海入討齊。齊人敗之，吳師乃去[273]。晉趙鞅[274]伐齊，至賴[275]而去。齊人共立悼公子王，是為簡公[276]。

33 簡公四年[277]，春。初，簡公與父陽生俱在魯也，監止[278]有寵焉。及即位，使為政[279]。田成子[280]憚之，驟顧於朝[281]。御鞅[282]言簡公曰：「田、監不可並也，君其擇焉[283]。」弗聽。子我夕[284]，田逆殺人，逢之[285]，遂捕以入[286]。田氏方睦，使囚病，而遺守囚者酒[287]，醉而殺守者，得亡。子我盟諸田於陳宗[288]。初，田豹[289]欲為子我臣，使公孫言豹[290]，豹有喪而止。後卒以為臣，幸於子我。子我謂曰：「吾盡逐田氏而立女，可乎[291]？」對曰：「我遠田氏矣[292]。且其違者不過數人[293]，何盡逐焉？」遂告田氏[294]。子行[295]曰：「彼得君，弗先[296]，必禍子。」子行舍於公宮[297]。

34 夏，五月壬申[298]，成子兄弟四乘如公[299]。子我在幄[300]，出迎之，遂入，閉門[301]。宦者禦之[302]，子行殺宦者[303]。公與婦人飲酒於檀臺[304]，成子遷諸寢[305]。公執戈將擊之[306]，太史子餘[307]曰：「非不利也，將除害也[308]。」成子出，舍于庫[309]，聞公猶怒，將出[310]，曰：「何所無君[311]？」子行拔劍，曰：「需，事之賊也[312]。誰非田宗[313]？所不殺子者，有如田宗[314]！」乃止。子我歸，屬徒[315]攻闈與大門[316]，皆弗勝，乃出。田氏追之。豐丘人[317]執子我以告，殺之郭關[318]。成子將殺大陸子方[319]，田逆請而免之。以公命取車於道[320]，出雍門[321]。田豹與之車，弗受，曰：「逆為余請，豹與余車，余有私焉[322]。事子我而有私於其讎，何以見魯、衛之士[323]？」

35 庚辰[324]，田常執簡公于徐州[325]。公曰：「余蚤[326]從御鞅言，不及此[327]。」甲午[328]，田常弒簡公于徐州。田常乃立簡公弟驁，是為平公[329]。平公即位，田常相之，專齊之政，割齊安平以東為田氏封邑[330]。

36 平公八年[331]，越滅吳[332]。二十五年卒，子宣公積[333]立。

37 宣公五十一年[334]卒，子康公[335]貸立。田會反廩丘[336]。

38 康公二年[337]，韓、魏、趙始列為諸侯[338]。十九年，田常曾孫田和始為諸侯[339]，遷康公海濱[340]。

39 二十六年，康公卒，呂氏遂絕其祀[341]。田氏卒有齊國，為齊威王，彊於天下[342]。

【章　旨】以上為第三段，敘述桓公之後齊國逐漸衰落，終至被田氏所代的史實。

【注　釋】❶要　總計。❷孝公元年　西元前六四二年。❸齊伐宋二句　《集解》引服虔曰：「魯僖公十九年，諸侯盟于齊，以無忘桓公之德。宋襄公欲行霸道，不與盟，故伐之。」❹夏二句　宋襄公與楚戰，敗於泓，受傷。❺晉文公立　晉文公名重耳，在秦穆公的幫助下返晉奪得君位。❻孝公弟潘因衛公子開方殺孝公子而立潘　句末「潘」字應削。❼昭公　名潘，西元前六三二—前六一三年在位。❽昭公元年　西元前六三二年。❾城濮　衛地名，在今山東范縣西南。❿會諸侯踐土二句　踐土，鄭地名，在今河南原陽西南。晉文公敗楚後，在踐土召集諸侯會盟，並請周天子也來參加，晉文公在這次盟會上被周天子封為霸主。⓫伯　通「霸」。⓬晉文公卒　杭世駿曰：「《左傳》文公卒于齊昭之五年，在翟侵齊之前。此作六年，誤。」⓭殺　山名，在今河南洛寧西北。⓮秦穆公卒　秦穆公在位共三十九年。⓯十九年二句　按：「十九」當作「二十」。昭公二十年，西元前六一三年。⓰陰交　暗中結交。⓱附愛　撫愛。附，通「撫」。⓲即與眾十月即墓上弒齊君舍　梁玉繩曰：「《左傳》作『七月乙卯』，則此『十』字乃傳寫之譌。」⓳懿公　名商人，西元前六一二—前六〇九年在位。⓴其母曰密姬　凌稚隆引董份曰：「上既曰某姬生某公矣，則此復曰其母曰某姬，恐衍，蓋太史公不及刪者。」㉑懿公四年　西元前六〇九年。㉒丙戎　梁玉繩曰：「〈年表〉及〈衛世家〉作『邴歜』，與《左傳》、〈楚語〉同。」㉓爭獲不勝　瀧川曰：「獵爭獲，不勝。《左傳》作『爭田而不勝』。史公解田為田獵也。」獲，獵得的禽獸。㉔斷丙戎父足　其時丙戎父已死，懿公掘墓而斷屍體之足。㉕使丙戎僕　讓丙戎來為自己趕車。㉖庸職　《左傳》作「閻職」。㉗內之宮　將其收進宮裡。內，通「納」。㉘驂乘　又作「參乘」或「陪乘」，立於乘車者之右，以作護衛。㉙申池　遊覽之地，具體方位不詳。左思〈齊都賦〉注曰：「申池，海濱齊藪也。」㉚俱病此言　都以對方稱己之言為恥。病，以為羞恥。㉛乃怨　都怨恨齊懿公。㉜惠公　名元，桓公之子，西元前六〇八—前五九九年在位。㉝故在衛　當時的衛都在今河南濮陽西南。㉞惠公二年　西元前六〇七年。㉟長翟來　意即長翟來攻。長翟，亦作「長狄」，春秋時狄族的一支，傳說他們的身材特別高大。㊱王子城父　齊大夫。㊲埋之於北門　埋於齊都臨淄之北門。㊳晉趙穿弒其君靈公　趙穿，晉卿，趙盾的異母兄弟。靈公，名夷皋，晉襄公之子，西元前六二〇—前六〇七年在位。靈公之父死時，靈公年幼，趙盾欲廢靈公另立長君，事情未果，只好立了靈公。靈公恨趙盾，幾次欲殺之。趙氏感到威脅，故趙穿弒之。㊴頃公　名無野，西元前五九八—前五八二年在位。㊵崔杼　齊國大夫，自惠公時年少受寵，日益權大。㊶高國　齊國兩個爵位最高的大家族，世為齊卿。㊷偪　通「逼」。這裡指權位受到威脅。㊸頃公元年　西元前五九八年。㊹楚莊王　名旅，穆王之子，西元前六一三—前五九一年在位。㊺伐陳　其時陳靈公荒淫無道，與其二臣共同與夏徵舒之母宣淫，被夏徵舒所殺，因此楚莊王討伐陳國。㊻鄭伯　鄭襄公，名子堅，西元前六〇四—前五八七年在位。㊼已二句　很快地便仍讓鄭襄公在鄭國為君。已，隨後；旋即。㊽使郤克於齊　杭世駿曰：「《左傳》及〈年表〉在頃公七年，為魯宣公十七年，此誤。」郤克，郤缺之子，此時為晉卿，掌晉政。㊾夫人　齊頃公之母蕭桐叔子。㊿帷中而觀之　藏於幃帳中暗自對外觀看。(51)郤克上二句　《公羊傳》云：「晉郤克與臧孫許同時聘于齊，則客或跛或眇，於是使跛者迓跛者，眇者迓眇者。」(52)不是報　即「不報是」，不報此仇。(53)不復涉河　河，指黃河，晉在河西，齊在河東。(54)晉侯　指晉景公，名據，成公之子，西元前五九九—前五八一年在位。(55)河內　指當時黃河以北的今河南北部地區。(56)質　做人質。(57)齊伐魯衛梁玉繩曰：「齊頃十年為魯成二年，乃衛侵齊而敗，〈衛世家〉同，齊未嘗有伐衛之事也。」(58)如晉請師　到晉國請救兵。如，往；到。(59)因　通過；求靠。(60)中軍將　中軍的統帥，也是全國軍隊的最高統帥。當時晉國有三軍，稱上軍、中軍、下軍。(61)士燮將上軍　即為上軍之將。士燮，士會之子，也稱「范文子」。(62)欒書　也稱「欒武子」，欒枝之孫。(63)六月二句　六月十六。(64)合靡笄下　相會於靡笄山下。合，相會。靡笄，山名，即今山東濟南之千佛山。(65)癸酉　六月十七日。(66)陳于窒　雙方在窒擺開陣式。陳，通「陣」。列陣。窒，齊地名，在今山東濟南西北。(67)逄丑父　齊國大夫。(68)右　車右，即前之「驂乘」。(69)馳之　驅車向敵人衝殺。(70)破晉軍會食　打敗晉軍後再舉行會餐。(71)欲還入壁　想回營盤。壁，營壘。(72)我始入二句　自我們衝入敵陣我已經兩次負傷。再，兩處；兩次。(73)恐懼士卒　怕讓我軍將士看見會軍心瓦解。(74)齊急　齊軍的形勢危急。(75)恐齊侯得　怕齊侯被晉人俘去。得，俘獲。(76)易處　換座位。齊侯原坐中間，現將其換到邊上。(77)絓　通「挂」。絆住。(78)晉小將韓厥　按：時韓厥為晉軍司馬，非小將。(79)寡君使臣救魯衛二句　寡君，對別國人謙稱自國之君。戲之，戲弄。按：此處語意不完全。《左傳》於此云：「韓厥執縶馬前，再拜稽首，奉觴加璧以進，曰：『寡君使群臣為魯、衛請，曰無令輿師陷入君地。下臣不幸，屬當戎行，無所逃隱；且懼奔避，而忝兩君。臣辱戎士，敢告不敏，攝官承乏。』」所謂「戲之」即指「敢告不敏，攝官承乏」。意思是「我雖然沒出息，但我還是要為您來趕這輛車。」照今天的標點此處應作「晉小將韓厥伏齊侯車前曰：『寡君使臣救魯衛……』戲之。」(80)丑父使頃公下取飲　此時頃公坐在御者的位置，韓厥不認識，一心只要俘獲坐在中間的「齊侯」，對他人不管，故齊侯因此得脫。(81)因得亡三句　亡，逃。入其軍，回到自己的軍中。(82)見僇　被殺戮。僇，通「戮」。(83)克舍之　《左傳》載郤克曰：「人不難以死免其君，我戮之不祥；赦之，以勸事君者。」(84)馬陵　《左傳》作「馬陘」，齊邑名，在今山東淄博西南。(85)以寶器謝　《集解》引《左傳》曰：「賂以紀甗、玉磬也。」謝，請罪。(86)必得笑克者蕭桐叔子　必須讓蕭桐叔子到我國做人質。(87)令齊東畝　使齊國田間的道路都改成東西向，以便日後晉國的兵車入齊境易於通行。(88)叔子　即蕭桐叔子。(89)且子以義伐二句　你開始的進攻是正義的，但戰勝後提的條件卻一派無理蠻橫。(90)令反魯衛之侵地　《正義》曰：「《左傳》云『晉師及齊國佐盟於爰婁，使齊人歸我汶陽之田。』」(91)晉初置六卿　按：《左傳》作「晉作六軍」，應作「初置六軍」，蓋晉國原有三軍，此時增置新上、中、下三軍共六軍；至於「六卿」，則晉早已有之。(92)賞窒之功　據《左傳》成公三年：「十二月甲戌，晉作六軍，韓厥、趙括、鞏朔、韓穿、荀騅、趙旃，皆為卿，賞窒之功也。」(93)欲尊王晉景公　欲尊晉景公為王。梁玉繩曰：「考成三年《傳》：『齊侯朝於晉，將授玉，郤克趨進曰：寡君未之敢任。』史公誤會《左傳》以「玉」作「王」；以「未敢任來朝」為「不敢受王」。古字「玉」皆作「王」。」(94)弛苑囿　將苑囿打開，讓百姓耕種。弛，廢棄；打開。(95)振孤問疾　瀧川曰：「成八年《公羊傳》云：『鞍之戰，齊師大敗。齊侯歸，弔死視疾，七年不飲酒，不食肉。』」(96)虛積聚　拿出倉庫裡全部的糧食衣物。(97)諸侯不犯　其他國家不敢來侵。(98)靈公環　名環，西元前五八一－前五五四年在位。(99)靈公九年　西元前五七三年。(100)厲公　名壽曼，景公之子，西元前五八〇－前五七三年在位。晉厲公為向晉國大族奪權，依靠身邊的人除掉一些大族勢力，結果欒書發動政變殺死晉厲公。(101)晉悼公　名周，西元前五七二－前五五八年在位。(102)公子光　即日後之齊莊公。(103)十九年　西元前五六三年。按：靈公十五年，齊滅萊，此齊國之大事。范文瀾云：「萊是東夷大國，萊亡國後，齊地擴大一倍以上，成為真正海國，魚鹽之利更盛。」而史公竟隻字未提。(104)高厚　齊國之世襲上卿。(105)鍾離　古邑名，故城在今山東棗莊南。(106)中行獻子　即中行偃。《索隱》曰：「荀偃祖林父代為中行，後改姓為中行氏。獻子名偃。」中井曰：「中行，族耳，未嘗廢荀氏，豈改姓云乎？」(107)走入　逃入。(108)晏嬰　齊國大臣，字平仲。(109)君亦無勇矣　梁玉繩曰：「襄十八年《左傳》，晏子有『君固無勇』語，乃逆料之辭，未嘗止靈公之走也。」(110)晉焚郭中而去　焚燒齊都臨淄的外城。郭，外城。以上晉率諸侯伐齊並圍臨淄事，見《左傳》襄公十八年與〈晉世家〉，春秋時期齊國失敗之慘無更甚於此者。(111)取魯女五句　梁玉繩曰：「董份謂『太子』下即著『仲姬、戎姬』，有脫字，是也。考襄十九年《左傳》云：『諸子（內官之號）仲子、戎子。』杜注曰『二子皆宋女』，則依上文『取魯女』之例，當脫『取宋女』三字。而二『姬』字又『子』之誤。」(112)嬖　受寵幸。(113)屬之戎姬　委託戎姬予以關照。(114)光之立二句　意即已為各國諸侯所承認。(115)遂東太子光　將太子光調到齊國東部。(116)使高厚傅牙為太子　又調高厚來輔佐新太子牙。(117)五月二句　按：此年五月無壬辰日，似有誤。(118)句竇　古地名，《左傳》作「句瀆」，楊伯峻以為在臨淄城內。(119)伐齊二句　張照曰：「按《左傳》莊公即位，執公子牙于句瀆之丘，以夙沙衛異己，衛奔高唐以叛。晉士匄侵齊，及穀，聞喪而還。此皆在崔杼殺高厚前，為五月事。馬遷并二事為一，又有晉使至高唐之文，皆與《傳》異。」高唐，齊邑名，在今山東高唐東北。(120)莊公三年　西元前五五一年。(121)欒盈奔齊　欒盈，也作「欒逞」，是晉國權臣欒書之孫，欒書弒其君厲公，當時無人敢討；至欒逞，又作亂於晉，失敗後先奔楚，又轉來齊。(122)晏嬰田文子諫二句　梁玉繩曰：「襄二十二年《左傳》，晏子諫納欒盈，弗聽，退告陳文子，而文子未嘗諫也，此與〈田完世家〉同誤。」田文子，齊國大夫，名須無，是後來為田氏篡齊奠定基礎的田常之先人。(123)間入晉曲沃　祕密潛入晉國之舊都。曲沃，晉之舊都，在今山西聞喜東北。按：齊國自此連續支持晉國的叛亂分子，唯恐晉國不亂。(124)孟門　山名，在今河南輝縣西，齊軍西行襲晉之所經。(125)欒盈敗　欒盈在晉國作亂，被晉人所殺。(126)齊兵還二句　朝歌，原為衛邑，後歸晉有，現被齊所占，故城即今河南淇縣。(127)棠公　齊國的棠邑大夫。其妻棠姜，是崔杼家臣東郭偃之姐。(128)侍者曰二句　李笠曰：「《左氏》襄公二十五年：侍者曰：『不可。』公曰：『不得崔氏，其無冠乎？』此『不可』下無公語，則文氣不完，疑或脫『公不聽』三字。」(129)為崔杼間公　幫著崔杼伺察莊公的間隙。(130)莒子　莒國的君主。莒國的都城即今山東莒縣。(131)以甲戌饗之　在甲戌日宴請莒子。甲戌，五月十六。饗，用酒食招待人。(132)乙亥　五月十七。(133)遂從崔杼妻　趁便又去找崔杼的妻子。(134)與崔杼自閉戶不出二句　梁玉繩曰：「此當依《左傳》作『姜與崔子自側戶出』，若閉戶不出，則公知有變，必不拊楹而歌矣。『擁柱』亦非。」擁柱，抱著柱子。拊楹，拍著門前的立柱。(135)遮公從官而入　攔住莊公的從人，而自己進了院子。遮，攔截。(136)請解　請求寬釋。解，釋放。(137)請盟　請求談判定約。(138)請自殺於廟　請求到宗廟自殺，目的是拖延時間，等候外援。(139)疾病　病重。(140)不能聽命　不能親聽公命。(141)近於公宮　《集解》引服虔曰：「崔杼之宮近公宮，淫者或詐稱公。」(142)爭趣有淫者　只知將矛頭指向淫人。爭趣，爭相指向。趣，通「趨」。《左傳》作「扞掫」，意即捉拿。(143)不知二命　其他一概不聽。(144)反墜　又掉回到院子裡。(145)晏嬰立崔杼門外　《集解》引賈逵曰：「聞難而來。」(146)君為社稷死則死之二句　意謂國君若為國事死，那我就跟著死；國君若因國事出走，我也就跟著出走。(147)若為己死己亡三句　意謂國君如果是為他自己的私事而死、而出走，那麼除非他的親信，其他臣子何必陪著呢？私暱，個人親信。(148)三踊　向上跳三次，以表哀痛之情。(149)民之望也二句　吏民所仰望、所關注的人，不殺他可以得民心。舍，釋而不殺。(150)丁丑　五月十八。(151)景公　名杵臼，西元前五四七—前四九〇年在位。(152)魯叔孫宣伯　名僑如，魯國之卿，與季孫氏、孟孫氏共掌魯政。(153)不與崔慶者死　不親附崔氏、慶氏的人就要被處死。慶，指慶封，齊國權臣，字子家，又字季。(154)嬰所不獲二句　我晏嬰如果不是只跟從那些忠於君主、利於國家的人，那就讓上帝懲罰我。張文虎曰：「『獲』字疑衍。」按：此處的意思史公表達未明。據《左傳》當時崔、慶二人逼迫群臣跟著他們宣誓，意即「凡不與崔、慶一條心者」上帝將對之如何如何。晏嬰不敢公開反對，只是在宣誓時將誓辭的上半截自己改為「嬰所不獲，唯忠於君、利社稷者是從」，結尾都是「有如上帝」。(155)不肯盟　按：晏子未敢公開「不肯盟」，此乃史公代為解釋晏子之意。(156)忠臣也二句　梁玉繩曰：「此事《晏子·雜篇上》、《呂覽·知分》、《韓詩外傳·二》并載之，與《史》又不同，然總不如《左傳》之妙。『慶封欲殺晏子』，亦未聞。」(157)景公元年　梁玉繩曰：「『元』當作『二』。」景公二年，西元前五四六年。(158)東郭女　即棠姜，亦稱郭姜。(159)相崔氏　為崔杼管理家族事務。(160)成有罪　按：《左傳》曰「成有疾而廢之」，非有罪。(161)二相急治之　無咎與東郭偃很快地以有罪為藉口廢掉了崔成。(162)立明為太子　此處意即家族的繼承人。(163)請老於崔　請求退休終老於崔邑，不再參與家族之政事。崔，崔杼的封邑，在今山東濟陽東北三十五里。此句金陵本作「成請老於崔杼」，梁玉繩《史記志疑》卷十七：「《補正》曰：『「杼」字衍。』」

據刪。(164)崔二句　崔邑是崔氏家族宗廟所在的城邑。(165)告慶封　欲請慶封協助除掉東郭偃、無咎等人。《左傳》載成、彊告慶封曰：「夫子之身（指崔杼）亦子所知也，唯無咎與偃是從，父兄莫能進矣。恐害夫子，敢以告。」慶封曰：「苟利夫子，必去之。難，吾助汝。」(166)有郤　有矛盾；有怨仇。郤，通「隙」。嫌隙。(167)使崔杼仇盧蒲嫳攻崔氏　梁玉繩曰：「嫳乃慶封之屬，何以為崔杼仇？莊公之難，盧蒲癸奔晉，意者嫳與癸或兄弟行，故以為仇乎？」(168)毋歸　無家可歸。毋，通「無」。(169)慶封為相國二句　「國」字疑衍，《左傳》作「慶封當國」，正謂其「為相專權」。(170)慶舍用政　慶舍，慶封之子，代其父行使政權。(171)已有內郤　謂慶封父子之間漸漸產生嫌隙。已，後來。(172)田文子　也作「陳文子」，即陳須無。(173)桓子　即陳桓子，名無宇，陳文子之子。(174)田鮑高欒氏　都是齊國的老派世襲貴族，其中田氏的資歷算是最淺的。(175)相與謀慶氏　嫉恨慶氏的暴然而貴，正待伺機而發。(176)慶舍發甲圍慶封宮　方苞曰：「圍慶封宮，圍繞以為衛也。」按：《左傳》云「慶氏以其甲環公宮」，與此異。(177)齊人讓魯　譴責魯國收容慶封。讓，責備。(178)吳與之朱方　將朱方給慶封作食邑。朱方，吳邑名，在今江蘇丹徒境。(179)聚其族而居之二句　以上齊國逐出慶封事，詳見《左傳》襄公二十八年。(180)其秋　《左傳》作「十二月乙亥」，則「秋」字應作「冬」。(181)徙葬　遷葬；改葬。(182)僇崔杼尸於市以說眾　僇，辱。說，通「悅」。(183)叔向　晉國公室貴族，羊舌氏，名肸，因食邑在楊（在今山西洪洞東南），又稱「楊肸」。(184)以公權私　猶言「假公濟私」。(185)有德於民　即田氏借貸於民時，以大斗借出，以小斗收入，向百姓討好。按：以上晏嬰與叔向彼此私語齊、晉兩國形勢事，見《左傳》昭公三年。(186)平公　名彪，悼公之子，西元前五五七—前五三二年在位。(187)欲與伐燕　梁玉繩曰：「齊請伐燕，非欲與晉伐之。」按：晉國當時尚居於霸主地位，故齊欲伐燕，要徵得晉國同意。(188)公復如晉二句　時晉昭公初立，故齊侯前往拜見。昭公，名夷，平公之子，西元前五三一—前五二六年在位。(189)獵魯郊　此處的意思應是獵於齊國魯國之交界地，而非獵於魯國之城郊。(190)因入魯二句　瀧川曰：「〈魯世家〉、〈孔子世家〉、〈年表〉並載此事，而《左傳》無之。」(191)魯昭公辟季氏難二句　昭公二十五年，因其無法忍受權臣季氏的挾制，起兵攻季氏，結果叔孫氏與孟孫氏幫著季氏攻魯昭公，昭公敗，逃奔齊國，從此周流在外，至死未能回國。季氏，即季孫氏，長期把持魯國政權的最大貴族。(192)欲以千社封之　想分出千社之民使昭公食其賦稅。千社，千社之民。社為古代的基層行政單位。《集解》引賈逵曰：「二十五家為一社。千社，兩萬五千家也。」(193)子家止昭公　勸昭公不要接受齊國的饋贈，就此在齊國住下來。子家，即公孫歸父，魯莊公的玄孫，隨同昭公出奔。(194)鄆　魯邑名，在今山東鄆城東。(195)以居昭公　梁玉繩曰：「千社之封，齊侯之口惠，何待子家之止？子家勸公至晉耳。伐鄆居昭公，亦齊之意，非公請之也。詳昭二十五年《傳》。」(196)彗星見　古人以為彗星出現是一種不祥的徵兆，故載之於史。見，通「現」。(197)柏寢臺名，在今山東廣饒東北。(198)堂堂　富麗的樣子。梁玉繩《史記志疑》卷二十七：「『堂堂』，《御覽》七引《史》作『堂乎堂乎』，疑今本脫。」(199)誰有此乎　日後將由誰來占有它呢？自悲命之不長，來日無多。(200)當齊分野　正好對著齊國。古代天文學把十二星次或二十八宿的位置同地上的各州各國相互對應，就天上說稱為「分星」，就地上說稱為「分野」。(201)賦斂如弗得二句　意即賦稅惟恐收得少，刑罰惟恐不嚴厲。(202)茀星　即孛星，類似彗星而光芒四射。古人認為茀星是侵害主星的妖星，比彗星更不祥。(203)禳　祭祀以求消災。(204)故晏子以此諫之　梁玉繩曰：「禳彗星、歎路寢見《左傳》及《晏子》；泣牛山見《晏子》、《列子·力命》篇，是三事也，史公並為一事，而變易其辭耳。」(205)吳王闔閭伐楚二句　吳與唐、蔡伐楚，攻入楚國郢都事詳見《左傳》定公四年與〈吳太伯世家〉、〈伍子胥列傳〉。吳王闔閭，名光，吳王諸樊之子，西元前五一四—前四九六年在位。郢，楚國都城，即今湖北江陵西北之紀南城。(206)陽虎　魯國季孫氏的家臣，字貨。(207)攻其君三句　季平子卒，陽虎專國政，欲攻三桓，被三桓聯合擊敗，陽虎逃奔齊。陽虎之「君」，指季氏。(208)鮑子　即鮑國，鮑叔牙的曾孫。(209)陽虎得亡二句　齊人因陽虎，陽虎逃出，奔晉。(210)好會夾谷　在夾谷舉行和平友好之會。夾谷，齊地名，在今山東萊蕪東南。(211)犂鉏　齊國大夫，《左傳》作「犁彌」。(212)令萊人為樂　讓萊人在二君相會時表演歌舞。萊人，齊國境內的少數民族，居住在今山東龍口東南。(213)因執魯君　乘機襲捕魯定公。(214)可得志　指向魯國要求割地等。(215)景公害孔丘相魯二句　據《左傳》，孔子在夾谷之會乃為魯定公作儐相，史公誤以為是魯國之相。害，擔心；以之為病。(216)歷階上　快步登階而上。按照禮制，每登一階要併足，而後再登第二階；如今孔子兩腳交叉急速登階，可見當時情況之緊急以及孔子處事之果斷。歷階，不聚足而登階。(217)使有司執萊人斬之　中井曰：「據《左傳》，孔子言『士兵之』，而齊侯『遽辟之』也，非實斬之。」有司，指主管官吏。按：〈孔子世家〉對此更加渲染，有所謂「身首異處」云云。(218)以禮讓景公　按禮法規定譴責齊景公。據《左傳》，孔子對景公講了一通「裔不謀夏，夷不亂華，俘不干盟，兵不逼好」云云。(219)乃歸魯侵地以謝二句　以上夾谷之會，見《左傳》定公十八年；「歷階上」云云據《穀梁傳》。(220)是歲二句　王韋曰：「晏嬰卒，太史公特書，蓋齊失良佐，而亂亡之禍自此始也。」(221)范中行　都是晉國之大族，所謂「晉六卿」中的兩個。范，指范吉射。中行，指中行寅。(222)反其君於晉　時晉國之君已成傀儡，所謂「反其君」其實是六卿的相互火併。(223)田乞　齊國權臣，田無宇之子。(224)欲為亂　想在齊國篡奪政權。(225)樹黨於逆臣　與外國的叛逆之臣拉幫結派。(226)乃使乞救而輸之粟　梁玉繩曰：「哀二年《傳》，齊輸范氏粟，不及中行氏；又齊時叛晉，故助范、中行，非因陳乞黨逆而然，此與〈田完世家〉同誤。」(227)燕姬適子　燕國諸侯之女所生的嫡子。適，通「嫡」。(228)景公寵妾芮姬生子荼　梁玉繩曰：「此文因景公之卒而追敘前事，非當年事也，然承接欠明。荼母似姓，非『芮姓』也，應依《左傳》作『鬻姒』。」229憚發之口　對立荼為太子一事，景公怕群臣反對，不敢開口。230國惠子高昭子　國惠子，名夏，謚「惠」。高昭子，名張，謚「昭」。231逐羣公子二句　將自己的其他兒子一律遷居到萊邑。232公子壽駒黔奔衛　公子壽、公子駒、公子黔奔衛。公子壽，《左傳》作「公子嘉」。233公子駔　《左傳》作公子鉏。234景公死乎弗與埋二句　《集解》引服虔曰：「萊人見五公子遠遷鄙邑，不得與景公葬埋之事及國三軍之謀，故愍而歌。」三軍，按周制，天子擁有六軍，諸侯三軍，每軍一萬二千五百人。235師乎師乎二句　師，眾人，指群公子之徒。胡黨之乎，意謂何處是他們的安身之地呢？236晏孺子元年　西元前四八九年。237田乞偽事高國者　假意向高、國兩大族謙恭討好。238每朝二句　每逢上朝時，田乞總是為高張、國夏站在車右當保鏢。239子得君　你得到國君的寵信。240大夫皆自危二句　在高、國面前說群臣不好。241高昭子可畏三句　應趁他未動手，我們先動手。又在群臣面前說高、國不好。242鮑牧　齊國權臣，鮑叔牙之後代。243以兵入公宮二句　詳上下文，此「攻高昭子」四字似應削，《左傳》無此四字。244遂反殺高昭子　「遂反殺」三字疑衍。245晏圉奔魯　應連上句作「高昭子、晏圉奔魯」。晏圉，晏嬰之子。246八月二句　按：此二句欠完整，應依《左傳》作「八月，齊邴意茲奔魯」。秉意茲，齊國大夫。句中「齊」應削。247二相　指高昭子、國惠子。248十月二句　梁玉繩曰：「案《左傳》是十月丁卯。」249常之母有魚菽之祭　田常的母親在祭祀後有些魚豆之類菲薄的菜餚。《集解》引何休曰：「齊俗，婦人首祭事。言魚豆者，示薄陋無所有也。」常之母，田乞自稱己妻。田常是田乞的兒子。250幸來會飲　請大家賞光來我家喝酒。251橐　口袋。252置坐中央　放在群臣的座位中間。253伏謁　伏地跪拜見。254將與大夫盟而立之　瀧川曰：「『田乞敗二相』以下，哀六年《公羊傳》。」255鮑牧醉二句　田乞乘鮑牧之醉，遂騙群臣說立陽生是他們二人所欲為。誣，欺騙。256鮑牧怒曰二句　立駁田乞之誣，意為不贊成廢荼以立陽生。257乃與盟三句　史寫鮑牧之畏禍權從，為後文弒陽生伏線。悼公，西元前四八八—前四八五年在位。258駘　齊邑名，即今山東臨朐。259殺之幕下　《左傳》哀公六年作「殺諸野幕之下」。幕，帳篷。260故　本來；原來。261悼公元年　梁玉繩曰：「『元年』當作『二年』。」悼公二年，西元前四八七年。262讙闡　均魯邑名，讙在今山東寧陽北，闡在寧陽西。263季康子　魯國正卿，名肥，季桓子（名斯）之子。264季姬　陽生之妻。265季魴侯　魯國正卿，季康子之叔父。266言其情　「言」上應依《左傳》增「女」字。267竟迎季姬　終於將陽生之妻迎到了齊國。268鮑子與悼公有郤二句　據上文，悼公本非鮑子所欲立，只為懼怕田乞，故姑從之。269吳魯伐齊南方　據《左傳》哀公十年，「公會吳子、邾子、郯子伐齊南鄙」。270鮑子弒悼公　梁玉繩曰：「悼公之弒，《左傳》但云『齊人』，史公於〈秦紀〉依《左傳》『齊人弒悼公』。齊人者，陳恆也。《晏子春秋・諫上》篇明云『田氏殺陽生』，乃表與吳、齊、衛世家，〈伍子胥傳〉或云『鮑子』，或云『鮑氏』，而〈田完世家〉直曰『鮑牧』。夫弒君大逆，何可輕誣？況牧已于前二年為悼公所殺，安得起九京而加以弒逆之惡名乎？」(271)赴于吳　向吳國發出訃告。赴，通「訃」。(272)吳王夫差哭於軍門外三日　竹添光鴻曰：「三日哭于軍門之外，諸侯相臨之禮。」(273)吳師乃去　馮景曰：「三日哭以誤齊，使不備也。舟師自海，正三日間事也。」(274)趙鞅　即趙簡子，晉卿，趙武之子，時掌晉政。(275)賴　齊邑名，在今山東章丘西北。(276)簡公　名壬，西元前四八四－前四八一年在位。(277)簡公四年　西元前四八一年。(278)監止　字子我，魯叔孫成子之子。監，《左傳》作「闞」。(279)使為政　使監止掌齊之政。(280)田成子　即田常，謚「成」。(281)驟顧於朝　因心中畏懼在朝堂上屢次顧視監止。驟，屢次。(282)御鞅　御者名鞅，田常之姪，為簡公駕車。(283)不可並也二句　勸其擇用一人。並，同時存在。(284)子我夕　監止晚上上朝。(285)田逆殺人二句　田逆殺人正好讓監止碰上。(286)遂捕以入　遂將田逆捉起，帶入宮中。(287)使囚病二句　讓田逆裝病，給看守田逆的人送酒喝。因，指田逆。(288)子我盟諸田於陳宗　監止和田氏族人在田氏宗廟結盟。陳宗，即田氏宗廟。(289)田豹　田氏族人。(290)使公孫言豹　請公孫給予介紹。公孫，齊大夫，史失其名。(291)吾盡逐田氏而立女二句　我把田氏的族人全部趕走，讓你當田氏的領袖，你看如何？(292)我遠田氏矣　我是田氏的遠房子弟。(293)違者不過數人　不親附於你的不過幾個人。(294)遂告田氏　以應前文「田氏方睦」。(295)子行　即田逆。(296)彼得君二句　得君，受簡公信任。弗先，如不及早動手殺監止。(297)子行舍於公宮　準備為田氏做內間。舍，住。(298)五月二句　五月十三。(299)成子兄弟四乘如公　「四乘」應依〈田敬仲完世家〉作「四人乘」。(300)幄　帳幕。宮中之帳幕，聽政之所。(301)閉門　將監止一派阻在門外。(302)宦者禦之　謂不讓田氏閉門。(303)子行殺宦者　時子行舍於公宮，故得殺宦者。(304)檀臺　宮中的臺名。(305)成子遷諸寢　讓簡公回到寢宮。(306)公執戈將擊之　疑田常欲作亂。(307)太史子餘　齊國的太史，名子餘，看情景是田常一黨。(308)非不利也二句　言將為公除害，為田常做掩護。(309)成子出二句　杜預曰：「以公怒故也。」庫，武庫；儲藏軍械之所。(310)將出　準備出奔他國，似乎田常此時猶未想弒簡公。(311)何所無君　什麼地方沒有可侍之君？(312)需二句　遲疑是辦大事的禍根。需，遲疑。賊，害。(313)誰非田宗　姓田的人誰不能做田氏的宗主？意即誰都可以取代你。(314)所不殺子者二句　意謂您若出走，我就殺了您，有歷代祖先為我作證。有如某某，是誓辭常用語。(315)子我歸二句　監止回去調來軍隊。屬，集合；會合。(316)攻闈與大門　闈，宮中的門。大門，齊宮正門。(317)豐丘人　田氏領地的人。據《左傳》，監止被田氏追趕，因迷路而逃到豐丘，故被豐丘人所俘。(318)郭關　即齊都臨淄的東門。(319)大陸子方　即東郭賈，齊國公室之後，屬監止一派。(320)以公命取車於道　向道中行人攔截了一輛車。(321)雍門　臨淄的城門。(322)余有私焉　像是我和他們有私交。(323)何以見魯衛之士　《集解》引服虔曰：「子方將欲奔魯、衛也。」(324)庚辰　五月二十一。(325)田常執簡公于徐州　執，捕獲。徐州，齊邑名，又作徐州、舒州，即今山東滕縣東南之薛邑故城。(326)蚤 通「早」。(327)不及此 杜預注：「悔不誅陳氏。」(328)甲午 五月二十五。(329)平公 名鶩，西元前四八〇—前四五六年在位。(330)割齊安平以東為田氏封邑 按：此句的主語像是平公，其實是田氏自己。安平，齊邑名，在當時的臨淄城東不遠。(331)平公八年 西元前四七三年。(332)越滅吳 吳王夫差被越王句踐所滅。(333)宣公積 名積，西元前四五五—前四〇五年在位。(334)宣公五十一年 西元前四〇五年。(335)康公 名貸，西元前四〇四—前三七九年在位。(336)田會反廩丘 田會，田氏之族人，時據廩丘以降趙。廩丘，田氏邑名，在今山東鄄城東北。(337)康公二年 西元前四〇三年。(338)韓魏趙始列為諸侯 其實晉國早在二十多年前就已被韓、趙、魏三家瓜分淨盡，三家早已建國獨立；只是到這年已成為傀儡的周威烈王才正式策命三國為諸侯。(339)田常曾孫田和始為諸侯 田和也稱「太公」，西元前四〇四年即位，至十九年被周安王列為諸侯，齊改稱此年為「太公和元年」。(340)遷康公海濱 梁玉繩曰：「事在十四年，此書于十九年，非。」(341)康公卒二句 按：姜齊自呂尚西周初受封建國至齊康公二十六年姜氏之齊滅，共傳二十九世，享國六百六十餘年。(342)田氏卒有齊國三句 「為」字當作「及」或「至」。齊威王，名因齊，戰國時齊國最有作為的君主，西元前三五六—前三二〇年在位。

【語譯】桓公有十多個兒子，在他死後繼位為君的總共有五個人：無詭繼位三個月後死去，沒有諡號；其次是孝公；其次是昭公；其次是懿公；其次是惠公。孝公元年，三月，宋襄公率領諸侯的軍隊護送齊國太子昭回國，討伐齊國。齊國人恐懼，殺死他們的國君無詭。齊人將要立太子昭為君，四公子的黨徒攻打太子，太子逃奔宋國，宋國於是與齊國四公子交戰。五月，宋國打敗齊國四公子的軍隊，立太子昭為君，這就是齊孝公。宋襄公因為桓公與管仲把太子託付給他，所以前來征討。因為齊國政局混亂的緣故，八月才埋葬齊桓公。

2 六年，春天，齊國討伐宋國，因為它不到齊國參加會盟。夏天，宋襄公去世。七年，晉文公繼位。

3 十年，孝公去世，孝公的弟弟潘通過衛國公子開方殺死孝公的兒子，立潘為君，這就是昭公。昭公是桓公的兒子，他的母親叫葛嬴。

4 昭公元年，晉文公在城濮打敗楚國，在踐土會見諸侯，朝見周天子，天子讓晉國稱霸。六年，翟人侵略齊國。晉文公去世。秦國軍隊在殽被晉人打敗。十二年，秦穆公去世。

5 十九年，五月，昭公去世，兒子舍立為齊君。舍的母親不受昭公寵愛，因此國人沒有人畏懼他。昭公的弟弟商人在桓公死後爭奪君位失敗，暗中結交賢士，撫愛百姓，百姓都很喜歡他。等昭公去世，他的兒子舍繼位，勢孤力弱，在十月商人就與眾人趁齊君舍掃墓時殺了他，商人自立為君，這就是懿公。懿公是桓公的兒子，他的母親叫密姬。

6 懿公四年，春天。起初，懿公還是公子的時候，與丙戎的父親打獵，爭奪獵物失敗。等他繼位，砍斷丙戎父親的腳，讓丙戎為他駕車。庸職的妻子很漂亮，懿公將她納入後宮，讓庸職做隨車的護衛。五月，懿公到申池遊玩，丙戎與庸職兩人洗澡，相互開玩笑。庸職說：「斷腳的兒子。」丙戎說：「被奪走妻子的丈夫。」二人都以對方的話羞辱了自己，所以怨恨懿公。他們謀劃與懿公在竹林中遊玩，二人在車上殺死懿公，將屍體丟棄在竹林中然後逃走。

7 因為懿公繼位後十分驕橫，民眾不愛戴他。齊國人廢掉他的兒子，從衛國迎回公子元，立他為君，這就是惠公。惠公是桓公的兒子。他的母親是衛國女子，叫少衛姬，為躲避齊國的動亂，所以在衛國。

8 惠公二年，長翟來侵，王子城父攻擊殺死他們的首領，將他埋葬在北門。晉國趙穿殺死他的國君靈公。

9 十年，惠公去世，兒子頃公無野繼位。當初，崔杼受惠公寵信，惠公去世後，高、國害怕被他脅迫，就驅逐了他，崔杼逃奔衛國。

10 頃公元年，楚莊王實力強大，討伐陳國；二年，包圍鄭國，鄭伯投降，不久，又重新恢復鄭伯的君位。

11 六年，春天，晉國派郤克出使齊國，齊君讓母親蕭桐叔子藏於幃帳中偷看他們。郤克出現，夫人因郤克背駝而譏笑他。郤克說：「不報此仇，絕不再渡黃河！」回到晉國，請求討伐齊國，晉侯沒有答應。齊國使者到達晉國，郤克在河內扣押四個齊國使者，殺了他們。八年，晉國討伐齊國，齊國讓公子彊到晉國當人質，晉國軍隊撤兵。十年，春天，齊國討伐魯國與衛國。魯、衛大夫到晉國請求援兵，都是通過郤克的關係。晉國派郤克指揮八百輛兵車，為中軍將領，士燮率領上軍，欒書率領下軍，援救魯、衛，攻打齊國。六月，壬申日，與齊侯的軍隊在靡笄山下相遇。癸酉日，兩支軍隊在鞌對陣。逄丑父是齊頃公的車右。頃公說：「衝向敵陣，打敗晉軍後會餐。」郤克被射傷，血流到鞋上。郤克想退回營壘，他的車夫說：「我剛上戰場，就受了兩次傷，不敢訴說疼痛，使士卒恐懼，希望您能忍耐。」於是重上戰場。交戰時，齊軍形勢危急，丑父擔心齊侯被俘，就與齊侯交換位置，頃公為車右，車子被樹木絆住無法前行。晉國小將韓厥匍匐在齊侯車的前面，口稱「寡君派臣子援救魯、衛」，嘲笑齊侯。丑父讓頃公下車取水喝，齊侯趁機逃跑，脫身離去，返回齊軍。晉國郤克想殺了丑父。丑父說：「替國君死而遭殺戮，以後的臣子就不會有忠誠於國君的了。」郤克赦免了他，丑父因而得以逃歸齊國。於是晉軍追擊齊軍到馬陵。齊侯請求用寶器謝罪，晉國不答應，一定要得到譏笑郤克的蕭桐叔子，命令齊國田間的隴埂都改成東西向，以便日後晉國的兵車進入齊境易於通行。齊侯回答說：「蕭桐叔子是齊君的母親。齊君的母親也就是晉君的母親，您打算怎麼處置她？況且您依據道義興師討伐，但之後卻幹出殘暴的事情，難道可以這樣嗎？」晉國於是才答應齊人的要求，下令歸還侵占自魯國與衛國的土地。

12 十一年，晉開始設置六卿，犒賞鞌之戰的功臣。齊頃公朝見晉君，欲尊晉景公為王，晉景公不敢接受，齊頃公就回國了。回國後頃公廢棄苑囿，減輕賦稅，幫助孤寡，慰問傷病人員，拿出府庫全部的積蓄救濟百姓，百姓非常高興。以厚禮對待諸侯。一直到頃公去世，百姓親附，諸侯不來侵犯。

13 十七年，頃公去世，兒子靈公環繼位。

14 靈公九年，晉國的欒書殺死他的國君厲公。

15 十年，晉悼公討伐齊國，齊國讓公子光到晉國當人質。

16 十九年，立公子光為太子，高厚輔佐他，命令他到鍾離與諸侯盟會。二十七年，晉國派中行獻子攻打齊國。齊師戰敗。靈公逃進臨淄，晏嬰阻止靈公，靈公不聽。晏嬰說：「國君您實在沒有勇氣。」晉兵於是包圍臨淄，臨淄的齊軍緊守城池不敢出戰，晉軍燒毀外城才撤兵。

17 二十八年。起初，靈公娶魯國女子，生兒子光，讓他當了太子。靈公的夫人還有仲姬與戎姬。戎姬受寵，仲姬生兒子牙，將他託付給戎姬。戎姬請求立他為太子，靈公答應了她。仲姬說：「不可以。公子光立為太子，已經參與諸侯的會盟。現在無緣無故廢掉他，國君以後一定會為這件事後悔。」靈公說：「讓我來做決定吧。」於是將太子光流放到齊國東部邊境，讓高厚輔佐公子牙為太子。靈公生病，崔杼迎回原太子光而立他為君，這就是莊公。莊公殺戎姬。五月，壬辰日，靈公去世，莊公即位，在句竇之丘抓獲太子牙，將他殺死。八月，崔杼殺高厚。晉國聽說齊國發生內亂，討伐齊國，進軍到高唐。

18 莊公三年，晉國大夫欒盈逃奔齊國，莊公以隆重的客禮招待他。晏嬰、田文子勸諫，莊公不聽。四年，齊莊公派欒盈祕密進入晉國曲沃做內應，軍隊緊隨其後，登上太行山，進入孟門山。欒盈被打敗，齊軍撤兵，攻克朝歌。

19 六年。起初，棠公的妻子漂亮，棠公死後，崔杼娶了她，莊公與她私通，多次到崔家，還把崔杼的帽子送人。侍者說：「不能做這種事。」崔杼發怒，利用莊公討伐晉國的機會，想與晉國合謀襲擊齊國，但卻沒有機會。莊公曾鞭打宦者賈舉，後來又重新讓賈舉伺候自己，賈舉因此為崔杼尋找機會報仇。五月，莒子朝見齊君，齊君在甲戌日設宴招待他，崔杼稱病不參加。乙亥日，莊公探視崔杼的病情，藉機與崔杼的妻子偷情。崔杼的妻子走進屋裡，與崔杼關上門不出來，莊公抱著庭柱唱歌。宦者賈舉將莊公的隨從攔在大門外邊，關上大門。崔杼的黨徒拿著兵器從院中出現，莊公登上高臺，請求和解，未被准許。請求訂立盟約，仍不准許。請求回祖廟自殺，也不被准許。他們都說：「國君的大臣崔杼病重，不能前來接受吩咐。崔杼的住宅臨近國君的宮室，陪臣唯知執行崔杼之命，警戒好色之徒，此外不知他命。」莊公翻牆逃跑，被射中大腿，莊公又掉回院子裡，於是被殺死。晏嬰站在崔杼家的大門外，說：「國君如果為社稷而死，臣子就該為他殉身；國君如果為社稷而逃亡，臣子就該隨他逃亡。國君如果是為自己的私事而死，那麼除非他的近臣，其他臣子是不必為他殉身的！」大門打開，晏嬰進去，枕在莊公的屍體上痛哭，向上跳三次，以表哀痛之情，然後離去。有人對崔杼說：「一定要殺了他。」崔杼說：「他是眾望所歸之人，不殺他就能贏得人心。」

20 丁丑日，崔杼立莊公的異母弟杵臼為君，這就是景公。景公的母親是魯國叔孫宣伯的女兒。景公繼位後，任命崔杼為右相，慶封為左相。兩人害怕國內發生動亂，就與國人盟誓說：「不親附崔杼、慶封的人就要被處死！」晏子仰天說：「我晏嬰如果不是只跟從那些忠於君主、利於國家的人，那就讓上帝懲罰我。」不肯盟誓。慶封想殺晏子，崔杼說：「他是忠臣，放了他吧。」齊國太史寫道：「崔杼殺死莊公。」崔杼殺了太史。他的弟弟又寫，崔杼又將他的弟弟殺害。太史的少弟繼續按原樣寫，崔杼才放了他。

21 景公元年。起初，崔杼生有兒子成與彊，他們的生母死後，又娶東郭氏的女兒，生了崔明。東郭氏的女兒讓她前夫的兒子無咎與她的弟弟偃輔佐崔杼。崔成犯了罪，兩位輔佐趕忙治他的罪，立崔明為太子。崔成請求讓他終老於崔邑，崔杼答應了他，兩位輔佐卻不答應，說：「崔邑是崔氏宗廟所在之地，不能答應他。」崔成與崔彊發怒，把此事告訴慶封。慶封與崔杼原本就有矛盾，想讓他敗亡。崔成與崔彊在崔杼家殺死無咎與偃，家人都四散逃亡。崔杼很生氣，家中無人，派一個宦者趕車，去見慶封。慶封說：「請讓我替你殺了他們。」派崔杼的仇人盧蒲嫳攻打崔家，殺了崔成、崔彊，消滅全部崔氏家人。崔杼的夫人自殺，崔杼無家可歸，也自殺了。慶封做了相國，獨攬朝政。

22 三年，十月，慶封出外打獵。起初，慶封已經殺了崔杼，更加驕橫，喜歡喝酒、打獵，不處理政事。慶舍管理政務，父子之間已有嫌隙。田文子對桓子說：「國內將有動亂發生。」田氏、鮑氏、高氏、欒氏合謀對付慶氏。慶舍發兵包圍慶封家，與四家的黨徒合力攻占下來。慶封回來，進不了家，逃奔魯國。齊國人責備魯國，慶封又逃奔吳國。吳國把朱方封給他，聚集慶封的家族居住在那裡，比在齊國還要富有。秋天，齊國人遷葬莊公，在市場上羞辱崔杼的屍體以使民眾高興。

23 九年，景公派晏嬰出使晉國，他與叔向私下說道：「齊國政權最終將歸田氏所有。田氏雖然沒有大的功德，但卻假公濟私，對民眾有恩德，民眾愛戴他。」十二年，景公到晉國，朝見平公，想與晉國一起討伐燕國。十八年，景公又到晉國，朝見昭公。二十六年，在齊魯交界打獵，順便進入魯國，與晏嬰一起詢問魯國的禮制。三十一年，魯昭公躲避季氏的叛亂，逃奔齊國。齊國想把千社封給他，子家阻止昭公，昭公就請求齊國討伐魯國，攻取鄆城，讓昭公住在那裡。

24 三十二年，彗星出現。景公坐在柏寢臺上，歎息道：「多麼富麗堂皇啊！誰能長久擁有它呢？」群臣都哭泣，晏子卻笑了，景公很生氣。晏子說：「我譏笑群臣阿諛奉承得過分了。」景公說：「彗星出現的東北方向，對應的正是齊國的地域，寡人對此擔憂。」晏子說：「國君修高臺，挖深池，賦稅惟恐收得少，刑罰惟恐不嚴厲，連茀星都會出現，彗星有什麼可怕呢？」景公說：「可以祝禱消災嗎？」晏子說：「如果可以通過祝禱使神來臨，也就可以通過祝禱使神離開。百姓愁苦怨恨的數以萬計，然而國君卻只讓一個人祝禱消災，怎能勝過眾口的詛咒？」當時景公喜歡修建宮室，聚養狗馬，生活奢侈，賦稅多，刑罰重，所以晏子說這些話勸諫。

25 四十二年，吳王闔閭討伐楚國，攻入郢都。

26 四十七年，魯國的陽虎攻打季氏，沒有取勝，逃奔齊國，請求齊國討伐魯國。鮑子勸諫，景公就將陽虎囚禁。陽虎逃出來，投奔晉國。

27 四十八年，與魯定公在夾谷友好相會。犂鉏說：「孔丘懂得禮制但卻性情膽怯，請讓萊人表演歌舞。趁機抓獲魯君，可以實現我們的意圖。」景公擔心孔丘做魯國的相，懼怕魯國因而強大，所以聽從犂鉏的建議。正在聚會時，讓萊人上場表演，孔子一腳一階快步登階而上，讓官員抓住萊人斬首，依據禮制責備景公。景公羞慚，於是歸還侵占的魯國土地來謝罪，結束會盟離去。這一年，晏嬰去世。

28 五十五年，范氏、中行氏在晉國背叛他們的國君，晉君反擊得十分猛烈，他們到齊國請求借糧。田乞想叛亂，與叛臣結成黨羽，說服景公道：「范氏、中行氏對齊國多有恩德，不可以不救助。」於是讓田乞前去援救把糧食輸送給他們。

29 五十八年，夏天，景公夫人燕姬的嫡子死了。景公的寵妾芮姬生有兒子荼，荼年紀小，他的母親出身低賤，品行不好，諸大夫害怕他成為繼承人，就說願意在諸公子中挑選年齡大、品行好的人當太子。景公歲數大了，厭惡談論繼承人的事情，又喜愛公子荼的母親，想立他為太子。但又怕群臣反對，不敢提及，就對諸大夫說：「及時享樂吧，國家何患無君？」秋天，景公病重，命令國惠子、高昭子立小兒子荼為太子，驅逐群公子，把他們遷徙到萊地。景公去世，太子荼繼位，這就是晏孺子。冬天，還未下葬，群公子害怕被殺，都出逃國外。荼的異母兄公子壽、駒、黔逃奔衛國，公子駔、陽生逃奔魯國。萊人把這件事編成歌謠唱道：

「景公死了不能參加埋葬，三軍大事不能參與謀劃，群公子之徒啊，何處是他們的安身之地呢？」

30 晏孺子元年，春天，田乞假裝服從高氏、國氏。每次上朝，田乞總是陪乘侍奉，說道：「您得到國君寵幸，大夫人人自危，想謀反作亂。」又對諸大夫說：「高昭子令人畏懼，趁他還沒有發動政變，我們要先下手。」大夫們聽從了他的建議。六月，田乞、鮑牧就與大夫率兵攻入宮中，攻打高昭子。高昭子聽說後，與國惠子援救晏孺子。晏孺子的軍隊被打敗。田乞的黨徒緊緊追趕，國惠子逃奔莒國，田乞的黨徒折返回來殺了高昭子。晏圉逃奔魯國。八月，齊國的秉意茲逃奔魯國。田乞打敗高昭子、國惠子，就派人到魯國召回公子陽生。陽生到齊國，躲藏在田乞家中。十月，戊子日，田乞邀請諸大夫說：「田常的母親在祭祀後有些魚豆之類菲薄的菜餚，希望大家來舍下聚會飲酒。」酒宴上，田乞把陽生裝到袋子裡，放在座位中央，打開袋子讓陽生出來，說：「這就是齊國的國君。」大夫們都跪拜請安。田乞將與大夫盟誓，立陽生為君，鮑牧喝醉酒，田乞欺騙大夫說：「我與鮑牧合謀擁立陽生。」鮑牧生氣地說：「你難道忘了景公的遺命嗎？」諸大夫互相對視，想要反悔，陽生上前，磕頭說：「看我可以的話，就立我當國君；不能，就算了。」鮑牧害怕引起禍亂，就又改口說：「都是景公的兒子，有什麼不可以的呢？」就參與盟誓，立陽生為君，這就是悼公。悼公進宮，派人將晏孺子遷徙到駘邑，殺死在帳篷中，驅逐晏孺子的母親芮子。芮子原本出身低賤，晏孺子年紀小，所以沒有權勢，國人都輕視他們。

31 悼公元年，齊國討伐魯國，攻取讙邑、闡邑。當初，陽生逃亡在魯國時，季康子把他的妹妹嫁給他。等他歸國即位，派人接她。季姬與季魴侯私通，將情況告訴父親，魯國不敢把季姬送回齊國，齊國因此討伐魯國，最終接回季姬。季姬受寵，齊國重新歸還侵占的魯國土地。

32 鮑子與悼公有嫌隙，關係不好。悼公四年，吳國、魯國討伐齊國南方。鮑子殺死悼公，訃告送到吳國。吳王夫差在軍門外痛哭三天，將要從海上討伐齊國。齊人打敗吳軍，吳軍才退兵。晉國趙鞅討伐齊國，到達賴邑才撤退。齊人共同擁立悼公的兒子壬，這就是簡公。

33 簡公四年，春天。起初，簡公與父親陽生都在魯國，監止受到寵信。等簡公即位為君，讓他主持國政。

田成子對此感到憂慮，在朝堂上屢次回頭監視監止。僕御之官田鞅對簡公說：「田氏與監氏勢不兩立，國君應該從中選擇一位。」簡公不聽。子我晚上上朝，正好碰見田逆殺人，就把他抓入獄中。田氏全族此時正親睦，他們讓囚犯田逆裝病，族人趁探視的機會送酒給看守喝，灌醉後殺了看守，田逆逃走。子我和田氏族人在田氏宗廟結盟。起初，田豹想當子我的家臣，讓公孫轉達田豹的意思，因為田豹家裡有喪事而中止。後來田豹最終還是當上了子我的家臣，被子我寵信。子我對他說：「我把田氏都驅逐走，立你為族長，可以嗎？」回答說：「我是田氏的旁系疏族。況且田氏家族中不服從你的不過只有幾個人，何必都驅逐呢？」就把這一情況告訴田氏。子行說：「他得到國君寵信，不先動手，必定會害你。」子行於是找機會住在簡公宮裡。

34 夏天，五月壬申日，田成子兄弟坐四乘車到簡公那裡，子我在帳幕中，出來迎接，他們就進去，趁勢關上門，把子我和他的人都擋在門外。宦官們抵禦他們，子行殺死宦官。簡公與婦人正在檀臺飲酒，田成子把他們遷移到寢宮。簡公拿起戈要刺田成子，太史子餘說：「不是對你不利，他們將為你除害。」田成子出宮，居住在武庫，聽說簡公還很生氣，準備逃走，說：「哪國沒有國君呢？」子行拔劍，說：「遲疑最能壞大事。姓田的人誰不能做田氏的宗主？您若出走，我殺了您，有歷代宗主為證啊！」田成子才打消這一念頭。子我回家，召集黨徒攻打宮門與王宮正門，都沒有取勝，就逃出來。田氏族人追趕他。豐丘人抓住子我，通報田氏，在郭關殺了他。田成子要殺大陸子方，田逆求情才赦免了他。大陸子方以簡公的名義在道路上截車，出了雍門。田豹要給他車子，他不接受，說：「田逆替我求情，田豹又送給我車子，就說明我和他們有私交。我侍奉子我但卻與他的仇人有私交，這樣有何面目去見魯國與衛國的人士呢？」

35 庚辰日，田常在徐州抓住簡公。簡公說：「我要早聽御者田鞅的話，也不會落到今天這樣的下場。」甲午日，田常在徐州殺死簡公。田常於是立簡公的弟弟驁為君，這就是平公。平公即位，田常輔佐他，控制了齊國的政權，割占齊國安平以東的土地為田氏的封邑。

36 平公八年，越國滅吳國。二十五年平公去世，兒子宣公積繼位。

37 宣公五十一年去世，兒子康公貸繼位。田會在廩丘謀反。

38 康公二年，韓、魏、趙開始被封為諸侯。十九年，田常的曾孫田和開始被封為諸侯，把齊康公遷徙到海濱。

39 二十六年，康公去世，呂氏就此斷絕祭祀。田氏最終占有齊國。齊威王時，齊國成為天下強國。

太史公曰：吾適齊，自泰山屬之琅邪❶，北被于海❷，膏壤二千里❸。其民闊達多匿知❹，其天性也❺。以太公之聖，建國本❻；桓公之盛，修善政，以為諸侯會盟❼，稱伯❽，不亦宜乎？洋洋哉，固大國之風也❾！

【章旨】以上為第四段，是作者的論贊，司馬遷讚美齊國的河山與人民，並對姜太公與齊桓公作了熱情洋溢的評價。

【注釋】❶自泰山屬之琅邪　屬，連接；一直到。琅邪，也寫作「琅琊」、「瑯琊」，山名，在今山東膠縣西南，濱臨東海。❷北被于海　向北到達北海。被，及；達到。❸膏壤二千里　極言其土地之肥沃寬廣。膏壤，肥沃的土壤。❹闊達多匿知　胸襟開闊，又深有智慧。匿，隱含；具有。知，通「智」。❺其天性也　〈貨殖列傳〉曰：「其俗寬緩闊達而足智，好議論，地重，難動搖，怯於眾鬭，勇於持刺，故多劫人者，大國之風也。」❻以太公之聖二句　岡白駒曰：「謂通商工之業，便漁鹽之利。」❼以為諸侯會盟　意即召集諸侯開會結盟。❽稱伯　被稱為春秋霸主。伯，通「霸」。❾洋洋哉二句　按：《左傳》襄公二十九年，吳國公子季札稱道《詩經》中的〈齊風〉說：「美哉，泱泱乎，大風也哉！表東海者其太公乎！國未可量也。」此論贊即襲用了季札的文辭與其唱歎的口氣。洋洋，猶「泱泱」，盛大的樣子。

【語譯】太史公說：我到齊國，看到從泰山山脈延伸出來的琅邪山，向北一直延伸到大海，沃土長達二千里。齊國人民胸懷開闊，大多深藏智慧，他們的天性就是這樣。依靠太公的聖明，奠定了齊國的基礎；桓公時期是齊國的盛世，桓公推行善政，主持諸侯會盟，稱霸天下，不也是理當如此嗎？齊國盛大呀，原本就有大國的風範！

【研　析】〈齊太公世家〉記敘了姜氏齊國前後二十九世共六百餘年的歷史，其主要之重點有以下幾方面：

其一，作品寫了姜太公受周文王禮遇，幫助周文王壯大周國，後來又佐助周武王滅掉商朝，建立周王朝的歷程。其中太公與文王的遇合是被後人傳為佳話的，有關太公與周公共同輔佐武王滅商建周的歷史也被儒家傳說為伐罪弔民的神聖事業，在《尚書》、《詩經》中歌頌的文字連篇累牘。這些可以與〈周本紀〉參照閱讀。值得注意的是，司馬遷與那些迂腐的儒生一味侈談道德不同，他公開提出了「陰謀」二字。他說當文王被殷紂王所囚禁時，是太公等三人「求美女奇物，獻之於紂」，從而將文王救出。又說文王回到周國後，「與呂尚陰謀修德以傾商政，其事多兵權與奇計，故後世之言兵及周之陰權皆宗太公為本謀」。這段話歷來被儒家分子所糾彈，他們覺得這是司馬遷往「聖人」的頭上澆糞；其實這正好表明司馬遷對「政治鬥爭」的理解遠比那些整天高唱「道德」的腐儒要透徹得多，現實得多。

其二，太公因佐武王滅紂有功被封在齊國，作品寫道：「太公至國，脩政，因其俗，簡其禮，通商工之業，便魚鹽之利，而人民多歸齊，齊為大國。」這段話很重要，它與〈管晏列傳〉說管仲治理齊國的方針相同。〈管晏列傳〉說：「管仲既任政相齊，以區區之齊在海濱，通貨積財，富國強兵，與俗同好惡，俗之所欲，因而予之；俗之所否，因而去之。」又有「貴輕重，慎權衡」等等。齊國就是靠著這些強大起來的，齊桓公的霸業就是建立在這樣的基礎上，一直到戰國田氏的齊威王、齊宣王也還是靠著這些。相反我們比較一下儒家之流都講的是什麼？看看那些以「禮樂」著稱的魯國、衛國又是怎樣的一種實際情況，看看它們是怎樣淪為三等小國的。這涉及到司馬遷的經濟思想、工商業思想，應與〈貨殖列傳〉參照比較。

其三，齊桓公是本作品裡的中心人物，在周天子日趨沒落，各諸侯國群龍無首，楚國又虎視眈眈，一步步逼向中原的時候，齊桓公作為第一個諸侯霸主登上了歷史舞臺。齊桓公的人品、齊桓公的功業都帶有司馬遷某種理想政治的色彩。齊桓公與管仲、隰朋、鮑叔牙等人的君臣關係也是司馬遷所衷心讚賞的，這點應與

〈管晏列傳〉相互參照。齊桓公是司馬遷筆下的一個重要悲劇人物，他與秦始皇、趙武靈王等等都是有大作為，而最後又給人留下無限遺憾，司馬遷對他們是充滿同情的。

其四，〈齊太公世家〉的後一部分著重寫了崔、慶之亂與田氏篡齊。作品對崔杼、慶封等人的專權與相互傾軋，對晏嬰處在夾縫中四處彌縫而又無可奈何，對田氏這批野心家、陰謀家父死子繼一次次的弒君、立君，以及最後田常與子我兩族的對殺和齊簡公的被弒，作品都描寫得極其細緻、極其生動。不過這些都有《左傳》在前，司馬遷摘用起來並不困難。姜太公與齊桓公的後代竟落到如此的下場，人們不得不為之感到淒涼與惋惜。

卷三十三

魯周公世家第三

【題解】〈魯周公世家〉先是寫了周公姬旦輔佐武王滅商建周，武王死後又輔佐年幼的成王削平叛亂，穩定周王朝的統治，並為周王朝建立各種制度的過程。這些應與〈周本紀〉參照閱讀。周公被封於魯，但周公要留在朝廷輔佐成王，故而魯國的始封之君實乃周公之子伯禽。於是〈魯周公世家〉又接著譜列了自伯禽開始歷三十四世共近八百年的自西周初年，經春秋，直至戰國後期被楚國所滅的漫長歷程。魯國是最有名的「禮義」之邦，又是大思想家孔子與儒家的發祥地，但魯國的實際情況卻幾乎比哪個國家都要糟；名義上說是存在了八百年，實際上一進入春秋就已經淪為二等小國，到戰國時代則更已淪為附庸，僅寄人籬下苟延殘喘而已。空洞的「禮樂」、「仁義」究竟行還是不行？司馬遷對此是充滿矛盾的。

1 周公旦❶者，周武王❷弟也。自文王❸在時，旦為子孝，篤仁❹，異於羣子。及武王即位❺，旦常輔翼❻武王，用事❼居多。武王九年❽，東伐，至盟津❾，周公輔行。十一年，伐紂❿，至牧野⓫，周公佐武王，作牧誓⓬。破殷⓭，入商宮。已殺紂，周公把大鉞⓮，召公⓯把小鉞，以夾⓰武王，釁社⓱，告紂之罪于天及殷民。釋箕子[18]之囚。封紂子武庚祿父，使管叔、蔡叔[19]傅之，以續殷祀[20]。徧封功臣同姓戚者。封周公旦於少昊之虛曲阜，是為魯公[21]。周公不就封，留佐武王。

2 武王克殷二年[22]，天下未集[23]，武王有疾，不豫[24]，羣臣懼，太公[25]、召公乃繆卜[26]。周公曰：「未可以戚我先王[27]。」周公於是乃自以為質[28]，設三壇[29]，周公北面立，戴璧秉圭[30]，告于太王、王季、文王[31]。史[32]策祝曰：「惟爾元孫王發[33]，勤勞阻疾[34]。若爾三王是有負子之責[35]於天，以旦代王發之身。旦巧能，多材多藝，能事鬼神[36]。乃王發不如旦多材多藝，不能事鬼神。乃命于帝庭，敷佑四方[37]，用[38]能定汝子孫于下地[39]，四方之民罔不敬畏[40]。無墜天之降葆命，我先王亦永有所依歸[41]。今我其即命於元龜[42]，爾之許我，我以其璧與圭歸，以俟爾命[43]。爾不許我，我乃屏璧與圭[44]。」周公已令史策告太王、王季、文王，欲代武王發，於是乃即三王[45]而卜。卜人皆曰吉，發書視之，信吉[46]。周公喜，開籥[47]，乃見書遇吉。周公入賀武王曰：「王其無害。旦新受命三王，維長終是圖[48]。茲道能念予一人[49]。」周公藏其策金縢匱中[50]，誡守者勿敢言。明日，武王有瘳[51]。

3 其後，武王既崩，成王少，在強葆之中[52]。周公恐天下聞武王崩而畔[53]，周公乃踐阼[54]，代成王攝[55]行政當國。管叔及其羣弟流言於國曰：「周公將不利於成王[56]。」周公乃告太公望、召公奭[57]曰：「我之所以弗辟[58]而攝行政者，恐天下畔周，無以告我先王太王、王季、文王。三王之憂勞天下久矣，於今而后成。武王蚤終，成王少，將以成周[59]，我所以為之若此。」於是，卒相成王[60]，而使其子伯禽[61]代就封於魯。周公戒伯禽曰：「我文王之子，武王之弟，成王之叔父[62]，我於天下亦不賤矣。然我一沐三捉髮，一飯三吐哺[63]，起以待士，猶恐失天下之賢人。子之魯，慎無以國驕人。」

4 管、蔡、武庚等果率淮夷[64]而反。周公乃奉成王命，興師東伐，作大誥[65]。遂誅管叔，殺武庚，放蔡叔。收殷餘民，以封康叔[66]於衛，封微子[67]於宋，以奉殷祀。寧[68]淮夷東土，二年而畢定[69]。諸侯咸服宗周[70]。

5 天降祉[71]福，唐叔[72]得禾，異母同穎[73]，獻之成王，成王命唐叔以餽[74]周公於東土，作餽禾[75]。周公既受命禾，嘉[76]天子命，作嘉禾[77]。東土以集，周公歸報成王，乃為詩貽王，命之曰鴟鴞[78]。王亦未敢訓周公[79]。

6 成王七年[80]二月乙未，王朝步自周，至豐[81]，使太保召公先之雒相土[82]。其三月，周公往營[83]成周雒邑[84]，卜居焉，曰吉，遂國之[85]。

7 成王長，能聽政。於是，周公乃還政於成王，成王臨朝。周公之代成王治，南面倍依[86]以朝諸侯。及七年後，還政成王，北面就臣位，匔匔[87]如畏然。

8 初，成王少時，病，周公乃自揃其蚤[88]沉之河，以祝於神曰：「王少，未有識，奸神命[89]者乃旦也。」亦藏其策於府[90]，成王病有瘳。及成王用事，人或譖[91]周公，周公奔楚。成王發府，見周公禱書，乃泣，反[92]周公。

9 周公歸，恐成王壯，治有所淫佚[93]，乃作多士[94]，作毋逸[95]。毋逸稱：「為人父母，為業至長久，子孫驕奢忘之，以亡其家，為人子可不慎乎[96]？故昔在殷王中宗[97]，嚴恭，敬畏天命，自度[98]治民，震懼不敢荒寧[99]，故中宗饗國[100]七十五年。其在高宗[101]，久勞于外，為與小人[102]，作[103]其即位，乃有亮闇[104]，三年不言[105]，言乃讙[106]，不敢荒寧，密靖[107]殷國，至于小大無怨[108]，故高宗饗國五十五年[109]。其在祖甲[110]，不義惟王，久為小人于外[111]，知小人之依[112]，能保施小民[113]，不侮鰥寡[114]，故祖甲饗國三十三年[115]。」多士稱曰：「自湯至于帝乙[116]，無不率祀明德[117]，帝無不配天[118]者。在今後嗣王紂[119]，誕淫厥佚[120]，不顧天及民之從也[121]。其民皆可誅[122]。」「文王日中昃不暇食，饗國五十年[123]。」作此以誡成王。

10 成王在豐，天下已安，周之官政未次序[124]。於是周公作周官[125]，官別其宜[126]；作立政[127]，以便百姓[128]。百姓說。

11 周公在豐，病，將沒[129]，曰：「必葬我成周，以明吾不敢離成王[130]。」周公既卒，成王亦讓，葬周公於畢[131]，從文王[132]，以明予小子[133]不敢臣周公也。

12 周公卒後，秋未穫[134]，暴風雷雨，禾盡偃[135]，大木盡拔，周國大恐。成王與大夫朝服以開金縢書[136]，王乃得周公所自以為功代武王之說[137]。二公及王乃問史、百執事[138]，史、百執事曰：「信有，昔周公命我勿敢言。」成王執書以泣[139]，曰：「自今後其無繆卜乎[140]？昔周公勤勞王家，惟予幼人弗及知。今天動威以彰周公之德，惟朕小子其迎[141]，我國家禮亦宜之[142]。」王出郊，天乃雨，反風，禾盡起[143]。二公命國人，凡大木所偃，盡起而築之[144]。歲則大孰[145]。於是，成王乃命魯得郊祭文王[146]。魯有天子禮樂者，以褒周公之德也。

13 周公卒，子伯禽固已前受封，是為魯公[147]。魯公伯禽之初受封之魯，三年而後報政[148]周公。周公曰：「何遲也？」伯禽曰：「變其俗，革其禮，喪三年然後除之[149]，故遲[150]。」太公亦封於齊，五月而報政周公。周公曰：「何疾也？」曰：「吾簡其君臣禮，從其俗為也。」及後聞伯禽報政遲，乃歎曰[151]：「嗚呼，魯後世其北面事齊[152]矣！夫政不簡不易，民不有近；平易近民，民必歸之[153]。」

14 伯禽即位之後，有管、蔡等反也，淮夷、徐戎亦並興反[154]。於是，伯禽率師伐之，於肸[155]作肸誓[156]，曰：「陳爾甲冑[157]，無敢不善[158]。無敢傷牿[159]。馬牛其風[160]，臣妾逋逃[161]，勿敢越逐[162]，敬復之[163]。無敢寇攘[164]，踰牆垣。魯人三郊三隧[165]，峙爾芻茭、糗糧、楨榦[166]，無敢不逮[167]。我甲戌築而征徐戎[168]，無敢不及[169]，有大刑[170]。」作此肸誓[171]，遂平徐戎，定魯。

15 魯公伯禽卒[172]，子考公酋[173]立。考公四年卒，立弟熙，是謂煬公[174]。煬公築茅闕門[175]。六年卒[176]，子幽公宰立[177]。幽公十四年，幽公弟濆殺幽公而自立，是為魏公[178]。魏公五十年卒，子厲公擢立[179]。厲公三十七年卒，魯人立其弟具，是為獻公。獻公三十二年卒[180]，子真公濞立[181]。

16 真公十四年[182]，周厲王[183]無道，出奔彘[184]，共和行政[185]。二十九年，周宣王[186]即位。

17 三十年，真公卒，弟敖立，是為武公[187]。

18 武公九年[188]，春，武公與長子括、少子戲[189]西朝周宣王。宣王愛戲，欲立戲為魯太子。周之樊仲山父[190]諫宣王曰：「廢長立少，不順[191]；不順，必犯王命；犯王命，必誅之。故出令不可不順[192]也。令之不行，政之不立[193]；行而不順，民將弃上[194]。夫下事上，少事長，所以為順。今天子建諸侯，立其少，是教民逆[195]

也。若魯從之，諸侯效之，王命將有所壅[196]；若弗從而誅之，是自誅王命[197]也。誅之亦失，不誅亦失[198]，王其圖之[199]。」宣王弗聽，卒立戲為魯太子。夏，武公歸而卒，戲立，是為懿公[200]。

19 懿公九年[201]，懿公兄括之子伯御與魯人攻弒懿公，而立伯御為君[202]。伯御即位十一年[203]，周宣王伐魯，殺其君伯御[204]，而問魯公子能道順諸侯者，以為魯後[205]。樊穆仲[206]曰：「魯懿公弟稱[207]，肅恭明神，敬事耆老[208]；賦事行刑[209]，必問於遺訓而咨於固實[210]；不干所問，不犯所咨[211]。」宣王曰：「然，能訓治其民矣。」乃立稱於夷宮[212]，是為孝公[213]。自是後，諸侯多畔王命[214]。

20 孝公二十五年[215]，諸侯畔周，犬戎[216]殺幽王[217]，秦始列為諸侯[218]。

21 二十七年，孝公卒，子弗湟立，是為惠公[219]。

22 惠公三十年[220]，晉人弒其君昭侯[221]。四十五年，晉人又弒其君孝侯[222]。

【章旨】以上為第一段，寫西周及春秋初期的魯國歷史，著重描述了魯國始祖周公輔佐武王、成王時鞠躬盡瘁、死而後已的事跡。

【注釋】❶周公旦 周公，名旦。因留在朝廷輔佐成王，封以周邑，故稱「周公」。古周邑在今陝西岐山北。❷周武王 西周王朝的建立者，名發，周文王次子，廟號武王，西元前一〇四三年去世。❸文王 名昌，商紂時為西伯，又稱西伯昌，死後諡曰文王。❹篤仁　誠厚仁愛。❺武王即位　據〈周本紀〉，武王十一年滅殷，其年為西元前一〇四六年，則武王在周國即位為西元前一〇五六年。❻輔翼　輔佐；幫助。❼用事　掌權執政。❽武王九年　西元前一〇四八年。❾盟津　即「孟津」，黃河渡口名，在今河南孟津東北。武王九年試探性伐商，曾大會諸侯盟誓於此，故有「盟津」之名。但這次未行東伐，迅即回師。❿紂　商朝君王，名辛，帝乙之子，西元前一〇七五—前一〇四六年在位。⓫牧野　地名，一作「坶野」，在今河南淇縣西南七十里。⓬周公佐武王二句　〈牧誓〉存於今文《尚書》中，是周武王與商紂決戰前在牧野發表的誓師辭。⓭破殷　這裡即指滅掉商朝。殷，商朝的都邑名，在今河南安陽小屯村，商王盤庚遷都於此。⓮把大鉞　把，握；持。大鉞，一種用於典禮儀式的大斧。⓯召公　即召康公姬奭，文王的庶子，因其采邑在召（今陝西岐山西南），故稱「召公」。⓰夾　輔佐。⓱釁社　殺牲取血以祭土神。社，此即後世的社稷壇，帝王祭祀社稷是其據有國家的象徵。⓲箕子　紂王的叔父，一說是其庶兄，因勸諫紂王而遭囚。⓳管叔蔡叔　均武王之弟，因采邑分別在管（今河南鄭州）、蔡（今河南上蔡），故稱。⓴以續殷祀　意即讓武庚祿父繼續為殷國遺民之君。㉑封周公旦於少昊之虛曲阜二句　按：周公因佐武王滅商功大，故令其開國於魯；但因周公需留在朝廷輔佐天子，故令其子伯禽赴魯上任，是為魯公。少昊，一作「少皞」，上古傳說中的帝王，名摯，字青陽，號金天氏。虛，通「墟」。少昊之虛在今山東曲阜城及其外圍的洙水和泗水之間，有些地方殘垣猶存。㉒武王克殷二年　西元前一〇四四年。㉓集　通「輯」。和順；安定。㉔不豫　不舒服，即有病。㉕太公　指姜尚，輔佐文王壯大周國，又輔佐武王推翻商紂，因功封於齊。㉖繆卜　虔誠地占卜。繆，通「穆」。虔誠。㉗未可以戚我先王　鄭玄曰：「戚，憂也，未可憂怖我先王也。」㉘自以為質　以自己的人身作抵押。㉙壇　土築的高臺，用於祭祀、朝會、盟誓等活動。㉚戴璧秉圭　頭頂著璧，手捧著圭。璧、圭，皆玉製禮器。璧平圓形，正中有孔；圭長條形，上端為三角狀。㉛告于太王王季文王　太王，指武王和周公的曾祖古公亶父，周民族的部落首領。王季，名季歷，武王和周公的祖父。㉜史　史官，掌祭祀、紀錄等事。㉝元孫王發　元孫，長孫。王發，武王姬發。㉞阻疾　久病。阻，淹滯。㉟負子之責　《尚書・金縢》作「丕子之責」，意即倘若需要子弟前來助祭。㊱旦巧能三句　孔安國曰：「言可以代武王之意。」㊲乃命于帝庭二句　馬融曰：「武王受命於天帝之庭，布其道以佑助四方。」㊳用　因。㊴下地　大地；人間。㊵四方之民罔不敬畏　罔，無。孔安國曰：「言武王用受命帝庭之故，能定先人子孫於天下，四方之民無不敬畏也。」㊶無墜天之降葆命二句　孔安國曰：「言不救，則墜天寶命也；救之，則先王長有所依歸矣。」葆，意思同「寶」。㊷今我其即命於元龜　現在我就用大龜來進行占卜。元龜，大龜。㊸爾之許我三句　你若能答應我，我就將璧與圭敬獻給你，回去等待你的吩咐。之，若。歸，饋；獻。俟，等候。㊹屏璧與圭將璧與圭收起來，不給你。㊺即三王 到太王、王季、文王的神主跟前。即，就；湊近。㊻發書視之二句 方苞曰：「『發書視之信吉』六字衍文。」㊼開籥 打開存放占卜文書的箱子。籥，同「鑰」。鎖鑰。㊽旦新受命三王二句 意謂我剛剛接到三位先王的命令，你就只管考慮如何保持周朝的長久統治就行了。㊾茲道能念予一人 上天是很關照你的。予一人，指最高統治者。㊿周公藏其策金縢匱中 孔安國曰：「藏之於匱，緘之以金，不欲人開也。」金縢匱，用金絲纏繞起來的匣子。縢，纏繞；封緘。51瘳 病癒。52在強葆之中 以言其年齡幼小。強葆，即「襁褓」，包裹、背負嬰兒的布帶和布兜。53畔 通「叛」。54踐阼 登天子位。55攝 代理。56周公將不利於成王 意即想篡奪成王的政權。57周公乃告太公望召公奭 〈金縢〉但云「告二公」，而不言太公、召公。有人以為應指「畢公、召公」。58弗辟 不迴避。辟，通「避」。59將以成周 目的是為了保全周朝的統治。60卒相成王 始終留在周都輔佐成王。61伯禽 周公長子。62成王之叔父 《說苑》載周公戒伯禽語改作「今王之叔父」。63一沐三捉髮二句 洗一次頭要多次被打斷，擰著頭髮出來會客；吃一頓飯也要多次被打斷，放下正吃的東西出來會客，極言其禮賢下士，不敢怠慢之情。三，泛指多數。吐哺，吐出口中所含的食物。64淮夷 古民族名，居於淮河下游。65作大誥 《尚書》篇名，是周公率師平定管、蔡叛亂前對各國諸侯及其官員的告喻。66康叔 周武王弟，名封，初封於康（今河南禹縣西北）。周公伐滅武庚後，封康叔於衛，建都朝歌（今河南淇縣）。67微子 商紂王的庶兄，名啟，封於微（今山西潞城）。武庚之亂平息後，以商嗣受封於宋，建都商丘（今河南商丘城南）。68寧 平定；安定。69二年而畢定 梁玉繩曰：「『二年』依文當作『三年』。」70宗周 承認周王朝為天下之宗主。71祉 福。72唐叔 成王之弟名虞，因受封於唐（在今山西翼城西），故稱。73異母同穎 《尚書》鄭玄注：「禾各生一壟而合為一穗。」母，此處同「畝」。74餽送。75餽禾 又作〈歸禾〉，《尚書》篇名。「餽」、「歸」都是「送往」、「送給」的意思。76嘉 喜歡；感謝。77嘉禾 《尚書》篇名，原文已佚，僅有其序。78東土以集四句 以集，通「已輯」，已經安定。貽，贈。鴟鴞，《詩經・豳風》中的篇目名。79王亦未敢訓周公 訓，《尚書》作「誚」，責備。淩稚隆曰：「『乃為詩』至『訓周公』十七字，宜在上文『我所以為之若此』句下。」80成王七年 西元前一〇三七年。81王朝步自周二句 成王為朝見文王廟，由鎬京步行至豐京。周，指武王以來的都城鎬京。豐，文王時的都城豐京，其地有文王廟。82之雒相土 到洛陽觀察地形。雒，通「洛」。古邑名，即今河南洛陽之東北部。相，觀察；端詳。83營 修建。84成周雒邑 雒邑的成周城，故址在今河南洛陽東北。85遂國之 遂將這裡作為周朝的國都。按：依此處文意，易使人理解為成王自此遷都於成周，其實未必，西周始終在鎬京，雒邑頂多是陪都而已。86倍依 即「背扆」。倍，通「背」。依，又稱斧依或斧扆，為古代帝王殿上類似屏風的設施，因上面畫有斧形圖案，故稱。(87)翩翩　恭謹的樣子。(88)自揃其蚤　剪下自己的指甲。揃，通「剪」。蚤，通「爪」。(89)奸神命　冒犯了神的旨意。奸，通「干」。冒犯。(90)府　庫，收藏東西的場所。(91)譖　說人壞話；誣陷。(92)反　通「返」。使之返回。(93)淫佚　放縱；逸樂。(94)多士　《尚書》篇名，然其內容並非周公訓誡成王，而是訓告殷商舊臣。(95)毋逸　又作〈無逸〉，《尚書》篇名，是周公告誡成王不可逸樂之詞。(96)為人子可不慎乎　梁玉繩曰：「此與〈毋逸〉迥殊，必史公約其意以為文，非有異本也，然太不類。」(97)殷王中宗　殷代第十四世賢主，名祖乙。一說指殷代第十世賢主太戊。(98)自度　自覺遵守法度。(99)荒寧　荒廢政事，貪圖安逸。(100)饗國　保有君位。饗，通「享」。(101)高宗　指殷高宗武丁。(102)為與小人　李笠曰：「『為』疑『爰』之誤。」爰，因。與小人，和下層人生活在一起。(103)作　等到。(104)亮闇　或作「亮陰」，「諒闇」等，指帝王為父母守喪而不問國事，委政於大臣。(105)三年不言　三年不問國事，不發號施令。(106)言乃讙　岡白駒曰：「在喪則不言，喪畢發言，則天下乃喜。」(107)密靖　安定。(108)小大無怨　無論貴賤對其皆無怨言。(109)故高宗饗國五十五年　《尚書》云五十九年。(110)祖甲　祖甲為殷代第二十五世賢主，武丁之子，武庚之弟。(111)不義惟王二句　不義，不宜；不合適。祖甲認為自己當君王不合適，故長期逃於民間。(112)依　依靠；依託。(113)保施小民　能安定黎民，對黎民施恩惠。保，安；安定。施，施恩惠。(114)不侮鰥寡　不虐待無依無靠的人。無妻者叫鰥，無夫者叫寡。(115)故祖甲饗國三十三年　以上諸事見《尚書・無逸》。(116)帝乙　紂王之父。(117)率祀明德　按禮祭祀，修明德行。(118)配天　指死後能與上天一起享受祭祀。(119)在今後嗣王紂　今天繼位的這個殷紂。(120)誕淫厥佚　極度地放縱享樂。誕，大。厥，語助詞，無義。(121)不顧天及民之從也　不顧天心與民意的是否順從，意即膽大妄為，倒行逆施。(122)其民皆可誅　他治下的黎民都有權利起來討伐他。誅，討。此句下原有「周多士」三字，與上下文不連屬，梁玉繩《志疑》和張文虎《札記》皆認為三字是衍文。據刪。(123)文王日中昃不暇食二句　「中」字疑衍。日昃不暇食，日已西斜尚顧不上吃飯，極言其辛勞國事之狀。昃，日過午。梁玉繩曰：「此疑錯簡，當在前文『祖甲饗國三十三年』之下。」(124)官政未次序　國家的官制尚未井然有序。未次序，尚未安排妥貼。(125)於是周公作周官　梁玉繩曰：「〈周紀〉言成王作〈周官〉，而此云周公作之，豈周公奉成王命為之歟？」〈周官〉，一篇講周初官制的文章。現存古文《尚書》中之〈周官〉，人多以為是東晉人所偽造。(126)官別其宜　各種官吏都有其各不相同的職責範圍。(127)立政　《尚書》篇名，是周公晚年對成王的誥詞，闡述了設官理政的法則。(128)以便百姓　使百官都明白居官為政的道理。百姓，這裡指百官。(129)將沒　將死。沒，通「歿」。(130)必葬我成周二句　依此文，似成王果真居於洛陽，其實不合事實。(131)畢　地名，在今陝西咸陽北，為文王、武王的墓地所在。(132)從文王　《正義》引《括地志》曰：「周公墓在雍州咸陽北十三里畢原上。」(133)予小子　古代帝王對先王或長輩的自謙之辭。(134)秋未穫秋天的莊稼尚未收割。(135)禾盡偃　莊稼全部倒伏。(136)成王與大夫朝服以開金縢書　《索隱》曰：「據《尚書》，武王崩後有此雷風之異，今此言周公卒後更有暴風之變，始開金縢之書，當不然也。蓋由史遷不見古文《尚書》，故說乖誤。」(137)自以為功代武王之說　「自以為功」應依前文作「自以為質」，即祈禱三王，告言願替武王死云云。說，應作「簡」。(138)二公及王乃問史百執事　二公，史公以為指太公、召公。後世學者以為指召公、畢公。史百執事，指史官與其他眾官員。(139)成王執書以泣　鄭玄曰：「傷周公忠孝如是而無知之者。」(140)自今後其無繆卜乎　今後恐怕再也看不到像周公這樣虔敬的占卜、禱祝了。繆，通「穆」。虔敬。(141)朕小子其迎　我親自往祭周公之靈。朕小子，同前「予小子」。(142)我國家禮亦宜之　國家祭天也應使之配享。(143)王出郊四句　出郊，到郊外祭天。反風，風向反轉。(144)凡大木所偃二句　凡是被大風吹倒的樹木壓倒的莊稼，要全部扶起，用土培好根。(145)孰　通「熟」。豐收。(146)乃命魯得郊祭文王　遂使魯國雖是一個諸侯國而能舉行郊祀之禮，並可立廟祭祀文王。(147)子伯禽固已前受封二句　《索隱》曰：「周公元子就封於魯，次子留相王室，代為周公。其餘食小國者六人，凡、蔣、刑、茅、胙、祭也。」(148)報政　報告政績。(149)喪三年然後除之　為父母守喪必須三年才能除服。(150)故遲　為興辦以上諸事就緒，故而來遲。(151)及後聞伯禽報政遲二句　按：此句之主語欠明。(152)北面事齊　謂魯將臣服於齊國。(153)平易近民二句　《索隱》曰：「言為政簡易者，民必附近之。近謂親近也。」(154)淮夷徐戎亦並興反　徐戎，古部族名，夏至周初活動於淮河中下游一帶。興，舉兵。(155)肸　即費，魯邑名，在今山東費縣。(156)肸誓　即〈費誓〉，《尚書》篇名。余永梁推斷本篇作者是春秋時之魯公。(157)陳爾甲冑　陳，列，引申為準備。甲冑，古代士兵穿戴的鎧甲和頭盔。(158)無敢不善　誰也不能不事先準備好。(159)無敢傷牿　不要傷害牛馬。牿，本指牛馬圈，此指牛馬。(160)馬牛其風　誰家的馬牛如果走失了。風，走散。(161)臣妾逋逃　誰家的奴隸如果逃跑了。臣，男僕。妾，女奴。逋，逃亡。(162)勿敢越逐　用不著自己去拚命追拿。(163)敬復之　得到這些牛馬與奴隸的人都要好好的將其送還原主。(164)寇攘　掠奪，偷取。《集解》引鄭玄曰：「寇，劫取也。因其失亡曰『攘』。」(165)三郊三隧　意指大量徵兵。郊，城外近處曰郊。隧，同「遂」。城外遠處曰遂。王肅曰：「邑外曰郊，郊外曰隧。不言四者，東郊留守，故言三也。」(166)峙爾芻茭糗糧楨榦　峙，準備；積儲。芻茭，餵牛馬的乾草。糗糧，乾糧。楨榦，築牆用的木樁夾板。立在兩頭的叫楨，立在兩邊的叫榦。(167)無敢不逮　不要到用時不夠。逮，及，引申為不夠。(168)我甲戌築而征徐戎　《集解》引孔安國曰：「甲戌日當築攻敵壘距堙之屬。」(169)無敢不及　誰也不能不事先準備齊全。(170)有大刑　凡違令者將被殺戮。(171)作此肸誓　按：以上文字節錄《尚書・費誓》。(172)魯公伯禽卒　《集解》引徐廣曰：「皇甫謐云：『伯禽以成王元年封，四十六年，康王十六年卒。』」按：若伯禽之在位果真四十六年，則其在位之年為西元前一〇四二－前九九七年。其卒年乃康王二十四年。(173)考公酋　考公名酋。《索隱》曰：「《系本》作『就』，鄒誕本作『遒』。」(174)是謂煬公　煬公名熙，《索隱》曰：「一作『怡』，考公弟。」(175)煬公築茅闕門　梁玉繩以為成王以奄益封魯，奄在魯城東二里，煬公或「改建宮室，廓開舊制，此茅闕門之所由築歟？」(176)六年卒　錢大昕曰：「此『六』下脫『十』字。」(177)子幽公宰立　《索隱》曰：「《系本》名圉。」(178)是為魏公　《集解》引徐廣曰：「《世本》作『微公』。」(179)子厲公擢立　《索隱》曰：「《系本》作『翟』。」(180)獻公三十二年卒　《集解》引徐廣曰：「劉歆云五十年，皇甫謐云三十六年。」(181)子真公濞立　梁玉繩曰：「『真』乃『慎』之誤。」(182)真公十四年　〈年表〉作「真公濞十五年」，西元前八四一年。(183)周厲王　名胡，西元前八七七－前八四一年在位，因貪狠好利，橫徵暴斂，鉗制國人議論，導致國人暴動，被驅逐。(184)彘　地名，在今山西霍縣東北。(185)共和行政　周厲王被驅逐後，國內無主，共和行政。「共和」的意思有二說：一說指周、召二公共同執政，司馬遷取此說；一說指「共伯名和者」受諸侯擁戴，代行王政。共和元年即西元前八四一年，「共和行政」共十四年。從此中國歷史開始有明確紀年。(186)周宣王　名靜，厲王之子，西元前八二七－前七八二年在位。(187)武公　名敖，西元前八二五－前八一六年在位。(188)武公九年　按：「九年」應作「十年」，西元前八一六年。(189)長子括少子戲　魯武公的長子名括，少子名戲。(190)樊仲山父　周宣王的大臣，食邑於樊（在今河南濟源南），亦稱「仲山甫」、「樊仲」、「樊穆仲」。(191)不順　不合嫡長子繼位的制度。(192)出令不可不順　指不宜讓魯國廢長立幼。(193)令之不行二句　君令不能通行，政事就無法辦好。(194)行而不順二句　君令下得不合制度，百姓就將背棄其君。(195)教民逆　引導百姓犯上作亂。(196)王命將有所壅　你的命令今後將無法通行。壅，阻塞不通。(197)自誅王命　你下達不合先王之道的命令，國人以維護先王之道而對抗你，你討伐他們，不等於你討伐先王之道嗎？誅，討伐。(198)誅之亦失二句　《集解》引韋昭曰：「誅之，誅王命；不誅，則王命廢。」(199)王其圖之　你應當好好考慮。(200)懿公　名戲，西元前八一五－前八〇七年在位。(201)懿公九年　西元前八〇七年。(202)立伯御為君　按：伯御實際在位十一年，但年表將其歸於魯孝公名下，故魯國之君無「伯御」其人，而魯孝公虛冒十一年。(203)十一年　伯御之十一年，〈年表〉書為魯孝公十一年，西元前七九六年。(204)周宣王伐魯二句　宣王釀亂，又平「亂」，即前文之所謂「自誅王命」。(205)問魯公子能道順諸侯者二句　道順諸侯，意即具備做諸侯的條件。為魯後，為魯國的繼位之君。(206)樊穆仲　即前文的「樊仲山父」。(207)懿公弟稱　或謂懿公之子。(208)敬事耆老　尊敬國家的元老。耆，老。(209)賦事行刑　泛指一切舉措。賦事，分配任務。賦，布。行刑，使用刑法。(210)問於遺訓而咨於固實　即一切都按過去的方針辦。遺訓，先王的教訓。咨，也是問。固實，即「故實」，過去的先例。(211)不干所問二句　意即凡是問詢得到的舊規先例一概遵照實行，絕不與之相抵觸。干，冒犯；抵觸。不犯所咨，原作「不犯所知」。王念孫《讀書雜志》曰：

「知當為咨，聲之誤也。所問、所咨，皆承上文而言。」據改。[212]夷宮　周宣王祖父夷王之廟。[213]孝公　名稱，據〈年表〉其在位之年為西元前八〇六—前七六九年；然據本文則又不通伯御在位之十一年，而稱西元前七九五年為其元年。[214]自是後二句　再次印證樊仲山父當初之言。[215]孝公二十五年　西元前七七一年。[216]犬戎　古族名，又稱「畎夷」、「犬夷」、「昆夷」等，殷周時居於今陝西西部、甘肅東南部一帶地區。[217]幽王　西周的末代國王，名宮湦，宣王之子，西元前七八一—前七七一年在位。由於他寵幸褒姒而廢申后及太子宜臼，申侯聯合繒國及犬戎攻周，將其殺於驪山之下，西周滅亡。[218]秦始列為諸侯　在犬戎殺幽王、滅西周之際，居於今陝西西部的秦襄公起兵救周，幫助幽王之故太子東遷即位，是為平王；平王封秦襄公為諸侯，令其收復西周舊地自有之。[219]惠公　名弗湟，又作「弗皇」、「弗生」、「弗湦」，西元前七六八—前七二三年在位。[220]惠公三十年　西元前七三九年。[221]晉人弒其君昭侯　昭侯名伯，文侯之子，西元前七四五—前七四〇年在位。昭侯五年，被其叔曲沃武公所殺，武公欲篡晉位，未成。[222]晉人又弒其君孝侯　孝侯名平，昭侯之子，西元前七三九—前七二四年在位。孝侯十五年，又被其堂叔曲沃武公之子曲沃莊伯所殺，莊伯欲篡晉位，又未成。

【語　譯】周公旦是周武王的弟弟。早在文王在世的時候，周公作為兒子就非常孝順，其仁愛厚道之突出，與別的兒子不同。待至武王即位，周公經常輔佐武王，國事決策多由他定奪。武王九年，出兵東伐，來至盟津，周公就陪著武王一道前往。十一年，武王東出伐紂，進軍到牧野，周公幫著武王發表了〈牧誓〉。隨即打敗殷朝，攻入殷朝的宮廷。武王殺掉紂王後，周公捧著大斧，召公捧著小斧，兩人陪伴武王祭祀殷朝的社壇，向上帝和殷朝的子民宣布了殷紂王的罪惡。接著把殷朝的賢臣箕子從監獄裡釋放出來，又封殷紂王的兒子武庚祿父為諸侯，讓管叔鮮與蔡叔度在一旁監督他，讓他繼續做殷國遺民的國君。接著又大規模分封開國功臣與周王室的親屬。封周公旦於古代東方帝王少昊的舊址，名曰曲阜，是為魯公。但周公自身並未前去，而是留在周國繼續輔佐武王。

2　武王滅殷後的第二年，天下尚未穩定，武王得了病，不舒服，百官群臣都很緊張，太公呂尚與召公奭虔誠地進行占卜。周公說：「光靠這個還不足以使先王動心。」於是他就用自己的人身為抵押，搭起了三個臺子，他面向北站著，頭頂著璧手持著珪，向太王、王季、文王三位先祖進行祈禱。祝史代為高誦禱文說：「你們的子孫姬發，現已辛勞久病。假如這是由於你們需要他前來助祭，那我請求讓我去替代他。我辦事靈巧，多才多藝，能敬奉鬼神。而姬發在這些方面不如我，對於鬼神他侍候不好。姬發是稟受天命，下來安定四方的，他既能讓你們那些人間的子孫過得好，而四方的黎民百姓也都敬畏他。我們不能讓上天的寶貴任命中途毀棄，而你們先王的祭祀也將因姬發的在位而得到永久的保障。現在我將聽命於大龜，如果你們答應我的請求，我就把這些璧與圭敬獻給你們，回去等待你們的命令。你們不答應我，我就把璧與圭收藏起來。」周公已經命令史官把簡冊上的祝文告訴太王、王季、文王，要代替武王發去死，於是就到太王、王季、文王的神位前進行占卜。占卜的人都說吉利，打開兆書一看，確實吉利。周公歡喜，打開收藏兆書的箱子，所見兆書也都吉利。周公入宮祝賀武王說：「大王沒有災害。旦我剛剛收到太王、王季、文王的命令，讓你只管考慮如何長久保持周朝的統治就行了。上天是很關照你的。」周公將策文封藏在用金絲纏繞的匣子裡，告訴主管人員不要對任何人講。第二天，武王的病就好了。

3 到了後來，武王過世，成王繼位時還是個孩子。周公擔心天下人聽說武王死而發生叛亂，於是便自己登基，代替成王行使國家職權。這時管叔與其他弟兄便散布謠言說：「周公將有害於成王。」周公於是對太公望與召公奭說：「我之所以不避嫌疑而代成王行使職權，是擔心天下叛亂，我們無法向太王、王季、文王交代。三位先祖為開創我們這分基業已是操勞許久，到今天才得成功。武王過世早，成王又年幼，我完全是為了周王朝的穩定才這樣做的。」因此，他便繼續留下來輔佐成王，而派自己的長子伯禽去了魯國封國。周公告誡伯禽說：「我是文王的兒子，武王的弟弟，成王的叔叔，我在國家的地位可以說是夠高貴的了。但我仍經常在洗一次頭髮的工夫、吃一頓飯的工夫，被打斷好幾次，我不得不擰著頭髮，或吐出已經放在嘴裡的東西出來接待來訪者。即使如此，我仍怕失掉天下的賢人。你到魯國以後，千萬不要因為自己是國君而慢待他人。」

4 管叔、蔡叔、武庚祿父等果然伙同南方的淮夷造反了，於是周公遂奉成王之命發兵東討，出發前，發表了〈大誥〉。東征中殺掉了管叔、武庚，流放了蔡叔。而後將殷朝遺民集中於衛地，封康叔姬封為衛君，以管理他們。封紂王庶兄微子啟為宋國諸侯，以繼續殷國的祭祀。又用了二年的時間，最後平定了淮夷活動的東南部地區。從此天下諸侯都歸服於周。

5 上天降福，唐叔的田裡得到一株異畝同穗的稻禾，以之獻給成王，成王命唐叔送給在東方征戰的周公，並作〈餽禾〉。周公接受稻禾後，為感謝天子之命而作〈嘉禾〉。東方平定後，周公歸報成王，並作詩給成王，這首詩名叫〈鴟鴞〉。成王不敢責備周公。

6 成王七年二月乙未，成王從鎬京步行到豐邑的文王廟，派太保召公先到雒邑勘察地形。這年三月，周公親往成周雒邑，指導營建工作，就雒邑是否合適建都進行占卜，卜辭為吉利，就以此為國都。

7 成王長大後，能夠自己管理政權。這時，周公便將政權歸還了成王，成王獨立臨朝聽政。周公在代替成王行使職權時，面朝南方、背靠繪有斧型圖案的屏風接受諸侯朝拜；到七年過去還政於成王時，仍回到臣子的位置北向而立，又完全是一副恭敬、小心，戰戰兢兢的樣子。

8 當初，成王年少時，有一次生病，周公剪下指甲扔在河中，向神祝告說：「君王年少，不懂事，如果有所冒犯神的意旨那應該是我呀！」事後將禱告的策文收在檔案館，成王果然病好了。到成王執政時，有人向成王說周公的壞話，周公出亡到了楚國。後來成王在檔案館裡發現了周公的禱文，感動得哭了，立即請回了周公。

9 周公歸來，擔心成王年少氣盛，治理國家會出現荒淫放蕩，遂作了〈多士〉，又作了〈毋逸〉。〈毋逸〉寫道：「作人父母的，創業需要花費長時間的努力，子孫驕奢淫佚，忘記了父母創業的艱辛，以至於家業毀敗，做兒子的可以不謹慎嗎？所以從前殷王中宗，嚴謹恭順，敬重畏懼天命，自己遵守法度，以法治理百姓，常懷畏懼之心，不敢荒廢國事，所以中宗保有君位七十五年。到了高宗，長期在民間從事生產勞動，與百姓生活在一起，等到即位時，有了喪事，就三年不談國事，一旦發表言論就得到百姓擁戴，不敢荒淫無度，安定殷國，以致無論貴賤對他均無怨言，所以高宗保有君位五十五年。到了祖甲，認為自己不合適當君王，故長期逃於民間，了解百姓的痛苦，能夠保護並施恩於百姓，不欺侮鰥寡，所以祖甲保有君位三十三年。」〈多士〉

寫道：「自商湯到帝乙，無不慎重祭祀，修明德行，每一個帝王沒有違背天道的。到後來紂王繼位，驕奢淫逸，不顧上天與百姓的願望。他的百姓都認為他該殺。」「周文王每天忙到太陽西斜還顧不上吃飯，保有君位五十年。」周公寫下這些話來告誡成王。

10 成王在豐都，天下已經安定，周國的官制還沒有制訂好，於是周公作〈周官〉，分別各種官吏的職責範圍；作〈立政〉，使百官都知道居官為政的道理。百官歡喜。

11 後來周公在豐都患病，將死時，對身邊的人說：「要把我葬到成周去，以表明我永不離開成王。」周公死後，成王謙讓地將周公葬在了畢原，意思是讓叔叔陪著文王，表明自己小孩子不敢視周公為臣下。

12 周公死後，時值秋天，莊稼尚未收割，突然狂風暴雨，莊稼倒伏，大樹連根拔起，整個國家都被嚇得莫名其妙。這時成王便和大臣們穿好朝服，恭敬地打開用金絲封緘的裝著祭神禱文的盒子，從中發現了當年周公請求以自身代替武王的禱文。太公、召公與成王問祝史與主管此事的官員，他們說：「確有此事，但周公不許我們講。」成王捧著策文掉了眼淚，說：「恐怕再沒有比這個更虔誠的禱文了！過去周公對國家如此盡心盡力，我年少沒有及時了解。現在老天爺施展神威以表彰周公的美德，小子我應該出去親祭周公，我們國家祭天也應使之配享。」成王於是到南郊祭天，天下雨，接著風朝相反的方向刮，把倒伏的莊稼重又吹得立了起來。太公、召公讓人們把那些被樹壓倒的莊稼也全數扶起，用土填實。這一年全國獲得了大豐收。由於這件事，成王便特許魯國可以郊祀上天，並可立廟祭祀文王。而魯國之所以又有一套天子使用的禮樂，這也是為了褒揚周公而特意賞賜給他們的。

13 周公去世，兒子伯禽之前本來已經受封，這就是魯公。魯公伯禽最初受封到魯國，三年之後才向周公報告政績。周公問：「為什麼這麼慢呢？」伯禽回答：「改變當地的風俗，變革當地的禮制，服喪三年才能免除，所以慢了。」當時太公也被受封到齊國，五個月後就向周公報告政績。周公問：「為什麼這麼快呢？」太公回答：「我簡化了君臣之間的禮儀，順從當地的風俗辦事。」後來聽到伯禽很晚才來報告政績，就歎息說：「咳，魯國將來會北面事奉齊國了！政治制度不簡化不平易，百姓就不會親近；統治者平易近人，百姓必然歸附他。」

14 伯禽繼位之後，就發生了管、蔡等人的叛亂，淮夷、徐戎也都一起興兵造反。於是，伯禽率軍討伐他們，在肸邑寫下〈肸誓〉，說：「配備好鎧甲和頭盔，看誰敢不準備好。不要傷害牛馬。如果牛馬走失，奴隸逃跑，不用自己去追逐奴隸、牛馬。得到這些牛馬、奴隸的人都要恭敬地送還給原來的主人。不要掠奪財物，不可翻牆偷竊財物。魯國北、西、南三面近郊和遠郊的人，準備好乾草、乾糧和木樁，不要到用時卻不夠。我要在甲戌日建築工事討伐徐戎，到時誰敢準備不齊全，就判他死刑。」寫下這篇〈肸誓〉，不久就平定徐戎，安定了魯國。

15 魯公伯禽去世，兒子考公酋繼位。考公在位四年去世，立他的弟弟熙為君，這就是煬公。煬公修築茅闕宮門。他在位六年去世，兒子幽公宰繼位。幽公十四年，幽公的弟弟潰殺害幽公，自立為君，這就是魏公。魏公在位五十年去世，兒子厲公擢繼位。厲公在位三十七年去世，魯人把他的弟弟具立為君，這就是獻公。獻公在位三十二年去世，兒子真公濞繼位。

16 真公十四年，周厲王不行君道，出奔彘地，朝政由周、召二公共同主持。二十九年，周宣王即位。

17 三十年，真公去世，弟弟敖繼位，這就是武公。

18 武公九年，春天，武公與長子括、少子戲往西朝見周宣王。宣王喜愛戲，想把戲立為魯太子。周大夫樊仲山父勸諫宣王說：「廢長子立少子是不合制度的；不合制度，必然觸犯君王命令；觸犯君王命令，一定會被誅殺。所以發布命令不能不合制度。如果下令卻得不到執行，政權的威信就無法建立；辦事不合制度，百姓將會背棄主上。下級事奉上級，年少者事奉年長者，是合乎制度的行為。現在天子封建諸侯，立諸侯的小兒子為繼承人，這是教百姓做不合秩序的事。如果魯國聽從這種安排，諸侯就會效仿他，那麼先王的訓命就會阻塞不行；如果魯國不聽命令而遭懲罰，這就等於您自己違背先王的訓命。懲罰他有錯，不懲罰他也有錯，君王還是好好考慮這件事吧。」宣王不聽，最終還是立戲為魯太子。夏天，武公歸國後就去世了，戲繼位，這就是懿公。

19 懿公九年，懿公哥哥括的兒子伯御與魯人攻殺懿公，立伯御為國君。伯御即位十一年，周宣王討伐魯國，殺死他的國君伯御，在魯國公子中詢問誰有能力教導諸侯，讓他當魯國國君。樊穆仲說：「魯懿公的弟弟稱，莊重恭敬地事奉鬼神，尊敬地對待年老者；處理事務及執行刑罰時，必定諮詢先王的遺命和以往的經驗教訓；不與先王的遺命相抵觸，也不與過去的經驗相違背。」宣王說：「他能這樣就一定能教導治理好他的百姓。」就在夷宮立稱為君，這就是孝公。從此以後，諸侯經常違抗王命。

20 孝公二十五年，諸侯背叛周室，犬戎殺死幽王。秦國開始被封為諸侯。

21 二十七年，孝公去世，兒子弗湟繼位，這就是惠公。

22 惠公三十年，晉人殺死他們的國君昭侯。四十五年，晉人又殺死他們的國君孝侯。

1 四十六年❶，惠公卒，長庶子息❷攝當國，行君事，是為隱公❸。初，惠公適夫人❹無子，公賤妾❺聲子生子息。息長，為娶於宋。宋女至而好❻，惠公奪而自妻之❼。生子允❽。登宋女為夫人，以允為太子❾。及惠公卒，為允少故，魯人共令息攝政❿，不言即位⓫。

2 隱公五年⓬，觀漁於棠⓭。八年，與鄭易天子之太山之邑祊及許田⓮，君子譏之⓯。

3 十一年，冬，公子揮⓰諂謂隱公⓱曰：「百姓便君⓲，君其遂立⓳。吾請為君殺子允，君以我為相⓴。」隱公曰：「有先君命㉑。吾為允少，故攝代㉒。今允長矣，吾方營菟裘之地而老焉[23]，以授子允政。」揮懼子允聞而反誅之[24]，乃反譖隱公於子允曰：「隱公欲遂立，去子，子其圖之。請為子殺隱公[25]。」子允許諾。十一月，隱公祭鍾巫[26]，齊于社圃[27]，館于蔿氏[28]。揮使人弒隱公于蔿氏，而立子允為君，是為桓公。

4 桓公元年[29]，鄭以璧易天子之許田[30]。二年，以宋之賂鼎[31]入於太廟[32]，君子譏之[33]。

5 三年，使揮迎婦于齊，為夫人[34]。六年，夫人生子，與桓公同日，故名曰同。同長，為太子。

6 十六年，會于曹[35]，伐鄭，入厲公[36]。

7 十八年，春，公將有行[37]，遂與夫人如齊[38]。申繻諫止[39]，公不聽，遂如齊。齊襄公[40]通桓公夫人[41]。公怒夫人，夫人以告齊侯。夏，四月丙子[42]，齊襄公饗[43]公，公醉，使公子彭生[44]抱魯桓公，因命彭生摺其脅[45]，公死于車。魯人告于齊曰：「寡君[46]畏君之威，不敢寧居[47]，來脩好禮。禮成而不反[48]，無所歸咎[49]，請得彭生以除醜於諸侯[50]。」齊人殺彭生以說[51]魯。立太子同，是為莊公。莊公母夫人因留齊，不敢歸魯[52]。

8 莊公五年[53]，冬，伐衛，內衛惠公[54]。

9 八年，齊公子糾[55]來奔。九年，魯欲內子糾於齊，後桓公[56]，桓公發兵擊魯，魯急，殺子糾，召忽[57]死。齊告魯生致管仲[58]，魯人施伯[59]曰：「齊欲得管仲，非殺之也，將用之。用之則為魯患，不如殺，以其屍與之。」莊公不聽，遂囚管仲與齊。齊人相管仲[60]。

10 十三年，魯莊公與曹沫[61]會齊桓公於柯[62]。曹沫劫齊桓公，求魯侵地[63]，已盟而釋桓公。桓公欲背約，管仲諫，卒歸魯侵地[64]。十五年，齊桓公始霸。二十三年，莊公如齊觀社[65]。

11 三十二年。初，莊公築臺臨黨氏[66]，見孟女[67]。說而愛之，許立為夫人，割臂以盟[68]。孟女生子斑[69]。斑長，說梁氏[70]女，往觀。圉人犖[71]自牆外與梁氏女戲[72]，斑怒，鞭犖。莊公聞之，曰：「犖有力焉，遂殺之，是未可鞭而置也。」斑未得殺。會莊公有疾。莊公有三弟，長曰慶父[73]，次曰叔牙，次曰季友。莊公取齊女為夫人，曰哀姜。哀姜無子。哀姜娣[74]曰叔姜，生子開[75]。莊公無適嗣，愛孟女，欲立其子斑。莊公病，而問嗣[76]於弟叔牙。叔牙曰：「一繼一及，魯之常也[77]。慶父在，可為嗣，君何憂？」莊公患叔牙欲立慶父，退而問季友。季友曰：「請以死立斑也。」莊公曰：「曩者叔牙欲立慶父，柰何？」季友以莊公命，命牙待於鍼巫氏[78]，使鍼季劫飲叔牙以鴆[79]，曰：「飲此，則有後奉祀[80]；不然，死且無後。」牙遂飲鴆而死，魯立其子為叔孫氏[81]。八月癸亥[82]，莊公卒，季友竟立子斑為君，如莊公命。侍喪，舍于黨氏[83]。

12 先時，慶父與哀姜私通[84]，欲立哀姜娣子開。及莊公卒而季友立斑，十月己未[85]，慶父使圉人犖殺魯公子斑於黨氏。季友犇陳[86]。慶父竟立莊公子開，是為湣公[87]。

13 湣公二年[88]，慶父與哀姜通益甚。哀姜與慶父謀殺湣公而立慶父。慶父使卜齮[89]襲殺湣公於武闈[90]。季友聞之，自陳與湣公弟申如邾，請魯求內之[91]。魯人欲誅慶父，慶父恐，奔莒[92]。於是，季友奉子申入，立之，是為釐公[93]。釐公亦莊公少子[94]。哀姜恐，奔邾。季友以賂如莒求慶父，慶父歸。使人殺慶父，慶父請奔，弗聽。乃使大夫奚斯行，哭而往，慶父聞奚斯音，乃自殺。齊桓公聞哀姜與慶父亂以危魯，乃召之邾而殺之，以其屍歸，戮之魯[95]。魯釐公請而葬之。

14 季友母陳女[96]，故亡在陳，陳故佐送季友及子申[97]。季友之將生也，父魯桓公使人卜之，曰：「男也，其名曰『友』，間于兩社[98]，為公室輔[99]。季友亡，則魯不昌。」及生，有文在掌曰「友」，遂以名之，號為成季，其後為季氏。慶父後為孟氏也。

15 釐公元年(100)，以汶陽、鄪封季友(101)。季友為相。

16 九年，晉里克(102)殺其君奚齊、卓子(103)。齊桓公率釐公討晉亂(104)，至高梁而還(105)，立晉惠公(106)。十七年，齊桓公卒(107)。二十四年，晉文公即位(108)。

17 三十三年，釐公卒，子興立，是為文公(109)。

18 文公元年(110)，楚太子商臣(111)弒其父成王(112)，代立。三年，文公朝晉襄公(113)。

19 十一年，十月甲午(114)，魯敗翟于鹹(115)，獲長翟喬如(116)，富父終甥舂其喉(117)以戈，殺之，埋其首於子駒之門(118)，以命宣伯(119)。

20 初，宋武公之世，鄋瞞伐宋(120)，司徒皇父(121)帥師禦之，以敗翟于長丘(122)，獲長翟緣斯(123)。晉之滅路(124)，獲喬如弟棼如。齊惠公二年(125)，鄋瞞伐齊，齊王子城父獲其弟榮如，埋其首於北門(126)。衛人獲其季弟簡如(127)。鄋瞞由是遂亡(128)。

21 十五年，季文子(129)使於晉。

22 十八年，二月，文公卒。文公有二妃(130)：長妃齊女，為哀姜(131)，生子惡及視(132)；次妃敬嬴，嬖愛(133)，生子俀(134)。俀私事襄仲(135)，襄仲欲立之，叔仲(136)曰不可。襄仲請齊惠公[137]，惠公新立，欲親魯，許之[138]。冬，十月，襄仲殺子惡及視，而立俀，是為宣公[139]。哀姜歸齊，哭而過市[140]，曰：「天乎！襄仲為不道，殺適立庶[141]！」市人皆哭，魯人謂之「哀姜」。魯由此公室卑，三桓[142]彊。

23 宣公俀十二年[143]，楚莊王[144]彊，圍鄭[145]。鄭伯降，復國之[146]。

24 十八年，宣公卒，子成公黑肱立，是為成公[147]。季文子曰：「使我殺適立庶，失大援者，襄仲[148]。」襄仲立宣公，公孫歸父[149]有寵。宣公欲去三桓，與晉謀伐三桓。會宣公卒，季文子怨之，歸父奔齊。

25 成公二年[150]，春，齊伐取我隆[151]。夏，公與晉郤克[152]敗齊頃公於鞌[153]，齊復歸我侵地。四年，成公如晉，晉景公[154]不敬魯。魯欲背晉合於楚，或諫，乃不[155]。十年，成公如晉。晉景公卒，因留成公送葬，魯諱之[156]。十五年，始與吳王壽夢[157]會鍾離[158]。

26 十六年，宣伯[159]告晉，欲誅季文子。文子有義，晉人弗許。

27 十八年，成公卒，子午立，是為襄公[160]。是時，襄公三歲也。

28 襄公元年[161]，晉立悼公[162]。往年冬，晉欒書弒其君厲公[163]。四年，襄公朝晉。

29 五年，季文子卒。家無衣帛之妾，廄無食粟之馬，府無金玉，以相三君[164]。

君子曰：「季文子廉忠矣[165]。」

30 九年，與晉伐鄭。晉悼公冠襄公於衛[166]，季武子[167]從，相行禮[168]。

31 十一年，三桓氏分為三軍[169]。

32 十二年，朝晉。十六年，晉平公[170]即位。二十一年，朝晉平公。

33 二十二年，孔丘生[171]。

34 二十五年，齊崔杼[172]弒其君莊公[173]，立其弟景公[174]。

35 二十九年，吳延陵季子[175]使魯，問周樂，盡知其意[176]，魯人敬焉。

36 三十一年，六月，襄公卒。其九月，太子卒[177]。魯人立齊歸[178]之子裯為君，是為昭公[179]。

37 昭公年十九，猶有童心[180]。穆叔不欲立[181]，曰：「太子死，有母弟可立，不即立長[182]。年鈞[183]擇賢，義鈞則卜之[184]。今裯非適嗣，且又居喪意不在戚而有喜色，若果立，必為季氏憂。」季武子弗聽，卒立之。比及葬[185]，三易衰[186]。君子曰：「是不終也[187]。」

38 昭公三年[188]，朝晉至河[189]，晉平公謝還之[190]，魯恥焉。四年，楚靈王會諸侯於申[191]，昭公稱病不往。七年，季武子卒。八年，楚靈王就章華臺[192]，召昭公。昭公往賀，賜昭公寶器[193]，已而悔，復詐取之[194]。十二年，朝晉至河，晉平公謝還之[195]。十三年，楚公子弃疾[196]弒其君靈王，代立。十五年，朝晉。晉留之葬晉昭公[197]，魯恥之。二十年，齊景公與晏子狩竟[198]，因入魯問禮[199]。二十一年，朝晉至河，晉謝還之。

39 二十五年，春，鸜鵒來巢[200]。師己[201]曰：「文、成之世[202]，童謠曰：『鸜鵒來巢，公在乾侯。鸜鵒入處，公在外野[203]。』」

40 季氏[204]與郈氏[205]鬪雞[206]，季氏芥雞羽[207]，郈氏金距[208]。季平子怒而侵郈氏[209]，郈昭伯亦怒平子。臧昭伯之弟會[210]偽讒臧氏，匿季氏，臧昭伯囚季氏人[211]。季平子怒，囚臧氏老[212]。臧、郈氏以難告昭公。昭公九月戊戌[213]伐季氏，遂入[214]。平子登臺請曰：「君以讒不察臣罪，誅之，請遷沂上[215]。」弗許。請囚於鄪[216]，弗許。請以五乘亡[217]，弗許。子家駒[218]曰：「君其許之。政自季氏久矣[219]，為徒者眾[220]，眾將合謀。」弗聽。郈氏曰：「必殺之[221]。」叔孫氏之臣戾[222]謂其眾曰：「無季氏與有，孰利[223]？」皆曰：「無季氏是無叔孫氏。」戾曰：「然，救季氏。」遂敗公師。孟懿子[224]聞叔孫氏勝，亦殺郈昭伯。郈昭伯為公使[225]，故孟氏得之。三家共伐公，公遂奔[226]。己亥[227]，公至于齊。齊景公曰：「請致千社待君[228]。」子家曰：「弃周公之業而臣於齊，可乎？」乃止。子家曰：「齊景公無信(229)，不如早之晉(230)。」弗從。叔孫見公還(231)，見平子，平子頓首。初欲迎昭公，孟孫、季孫後悔，乃止。

41 二十六年，春，齊伐魯，取鄆而居昭公(232)焉。夏，齊景公將內公，令無受魯賂(233)。申豐、汝賈(234)許齊臣高齕、子將粟五千庾(235)，子將言於齊侯曰：「羣臣不能事魯君，有異焉(236)。宋元公(237)為魯如晉，求內之(238)，道卒(239)。叔孫昭子求內其君，無病而死(240)。不知天弃魯乎，抑魯君有罪于鬼神也，願君且待。」齊景公從之。

42 二十八年，昭公如晉，求入(241)。季平子私於晉六卿(242)，六卿受季氏賂，諫晉君(243)，晉君乃止，居昭公乾侯。二十九年，昭公如鄆。齊景公使人賜昭公書，自謂「主君」(244)。昭公恥之，怒而去乾侯。三十一年，晉欲內昭公，召季平子。平子布衣跣行(245)，因六卿謝罪(246)。六卿為言曰(247)：「晉欲內昭公，眾不從(248)。」晉人止。三十二年，昭公卒於乾侯。魯人共立昭公弟宋為君，是為定公(249)。

43 定公立，趙簡子(250)問史墨(251)曰：「季氏亡乎(252)？」史墨對曰：「不亡。季友有大功於魯，受鄪為上卿，至于文子、武子，世增其業。魯文公卒，東門遂(253)殺適立庶(254)，魯君於是失國政。政在季氏，於今四君(255)矣。民不知君，何以得國(256)？是以為君慎器與名，不可以假人[257]。」

44 定公五年[258]，季平子卒。陽虎私怒[259]，囚季桓子，與盟，乃捨之[260]。七年，齊伐我，取鄆，以為魯陽虎邑以從政[261]。八年，陽虎欲盡殺三桓適，而更立其所善庶子以代之[262]。載季桓子將殺之，桓子詐而得脫[263]。三桓共攻陽虎，陽虎居陽關[264]。九年，魯伐陽虎，陽虎奔齊，已而奔晉趙氏[265]。

45 十年，定公與齊景公會於夾谷[266]，孔子行相事[267]。齊欲襲魯君，孔子以禮歷階，誅齊淫樂[268]，齊侯懼，乃止，歸魯侵地而謝過。十二年，使仲由[269]毀三桓城[270]，收其甲兵[271]。孟氏[272]不肯墮城[273]，伐之，不克而止[274]。季桓子受齊女樂，孔子去[275]。

46 十五年，定公卒，子將立，是為哀公[276]。

47 哀公五年[277]，齊景公卒。六年，齊田乞[278]弒其君孺子[279]。

48 七年，吳王夫差彊，伐齊，至繒，徵百牢於魯[280]。季康子[281]使子貢說吳王及太宰嚭[282]，以禮詘之[283]。吳王曰：「我文身，不足責禮[284]。」乃止[285]。

49 八年，吳為鄒[286]伐魯，至城下，盟而去。齊伐我，取三邑[287]。十年，伐齊南邊。十一年，齊伐魯[288]。季氏用冉有有功[289]，思孔子，孔子自衛歸魯。

50 十四年，齊田常[290]弒其君簡公於徐州[291]。孔子請伐之，哀公不聽。十五年，使子服景伯[292]、子貢為介[293]，適齊，齊歸我侵地[294]。田常初相，欲親諸侯。

51 十六年，孔子卒。

52 二十二年，越王句踐滅吳王夫差[295]。

53 二十七年，春，季康子卒[296]。夏，哀公患三桓，將欲因諸侯以劫之，三桓亦患公作難，故君臣多閒[297]。公游于陵阪[298]，遇孟武伯[299]於街，曰：「請問余及死乎[300]？」對曰：「不知也。」公欲以越伐三桓。八月，哀公如陘氏[301]。三桓攻公，公奔于衛，去，如鄒，遂如越[302]。國人迎哀公，復歸，卒于有山氏[303]。子寧立，是為悼公[304]。

【章　旨】以上為第二段，寫春秋十二公時期的魯國歷史。

【注　釋】❶四十六年　西元前七二三年。❷長庶子息　庶子中年最長的名息，也稱「息姑」。庶子，姬妾所生之子。❸攝當國三句　攝，代理。當國，執政；處理國事。隱公，西元前七二二—前七一二年在位。❹適夫人　諸侯之正妻。適，通「嫡」。❺賤妾　《左傳》作「繼室以聲子」。梁玉繩曰：「聲子是繼室，何云賤妾？」❻好　漂亮；美麗。❼惠公奪而自妻之　按：此與《左傳》不合。《索隱》曰：「《左傳》宋武公生仲子，仲子手中有『為魯夫人』文，故歸魯，生桓公。」❽生子允　也作「軌」。❾登宋女為夫人二句　登，升。梁玉繩曰：「當惠公世，仲子未嘗為夫人，桓亦未嘗為太子也。杜元凱曰：『隱公，繼室之子，當嗣世，以禎祥之故，追成父志，為桓尚少，是以立為太子也。』」❿攝政　代國君處理國政。⓫不言即位　瀧川曰：「《左傳》云『隱公立而奉桓公』，不云魯人共令息姑攝位。」⓬隱公五年　西元前七一八年。⓭觀漁於棠　漁，捕魚。棠，魯邑名，在今山東魚台西北。按：隱公觀魚被認為是不合禮法的。⓮與鄭易天子之太山之邑祊及許田　易，交換。祊，鄭陪祭泰山之邑，在今山東費縣東南。許田，在今河南許昌南，為魯君朝見周王時的食宿之邑。諸侯私下交換天子所賜土地，是對天子的不恭。⑮君子譏之　《左傳》常假借「君子」之名，以表露自己對所敘事件的態度。⑯公子揮　名揮，《左傳》作「翬」，字羽父，惠公之子，隱公之兄弟。⑰諂謂隱公　向隱公討好說。諂，以伶牙利齒討好人。⑱百姓便君　官僚貴族們都願意讓你當國君。便，覺得好；以為好。⑲君其遂立　乾脆你就一直當下去好了。⑳君以我為相　《左傳》曰：「羽父請殺桓公，將以求太宰也。」「太宰」未必是「相」。㉑有先君命　指其父惠公當年意欲令子允為繼承人。㉒攝代　指暫且為君。㉓吾方營菟裘之地而老焉　我正在菟裘修建居住之所，以備退休之後使用。菟裘，魯邑名，在今山東泰安東南。老，退休。㉔揮懼子允聞而反誅之　按：「反」字無理，疑因下句「反」字而衍。㉕隱公欲遂立四句　梁玉繩曰：「生而稱諡，非也。當衍兩『隱』字。」㉖鍾巫　神名。㉗齊于社圃　在社圃齋戒。齊，通「齋」。古人祭祀前為表虔敬所進行的一些活動，如沐浴、焚香、獨宿等。社圃，園名。㉘館于蔿氏　住宿於鄰近的蔿氏之家。館，住宿。蔿氏，魯大夫。㉙桓公元年　西元前七一一年。㉚鄭以璧易天子之許田　《集解》引服虔曰：「鄭以祊不足當許田，故復加璧。」㉛宋之賂鼎　宋華父督殺死宋殤公及大夫孔父，怕魯國干預，獻大鼎以賄賂之。㉜太廟　魯國的宗廟。㉝君子譏之　《左傳》曰：「取郜大鼎于宋，納于太廟，非禮也。」㉞使揮迎婦于齊二句　夫人，指文姜，齊釐公之女，齊襄公之同父異母妹。㉟會于曹　魯桓公與宋莊公、蔡桓公、衛惠公、陳莊公在曹國集會，謀伐鄭。曹，西周初期以來的諸侯國名，都於陶丘，在今山東定陶西北。㊱伐鄭二句　梁玉繩曰：「『入』上缺『謀』字，蓋厲未入也。」按：鄭厲公名突。鄭厲公四年，因其相祭仲作亂，厲公逃出都城。鄭人遂立公子忽，是為昭公。魯、宋諸國伐鄭，欲復立厲公，不勝而罷。㊲公將有行　意欲離國外出。㊳遂與夫人如齊　準備與夫人文姜一同去齊國。㊴申繻諫止　申繻勸桓公不要帶著夫人一起去。申繻，魯大夫。諫止，勸阻。㊵齊襄公　名諸兒，釐公之子，西元前六九七—前六八六年在位。㊶通桓公夫人　與其同父異母妹通姦。㊷四月丙子　四月初十。㊸饗　用酒食招待。㊹公子彭生　齊國力士，襄公的兄弟一輩。㊺摺其脅　折斷了魯桓公的肋骨。摺，通「折」。㊻寡君　對別國謙稱自己之君。㊼不敢寧居　猶今所謂「不敢怠慢」。㊽禮成而不反　公事已經辦完，但人卻沒有回來。㊾無所歸咎　不知該歸罪於誰。㊿除醜於諸侯　在各國諸侯面前找回一點面子。(51)說　通「悅」。討好。(52)莊公母夫人因留齊二句　中井曰：「據《春秋》，姜氏已與喪俱還。莊元年孫于齊，已而復還。二年以後，頻與齊侯為姦會遇也。」(53)莊公五年　西元前六八九年。(54)內衛惠公　西元前六八九年，齊、魯、宋、陳、蔡攻衛，以使衛惠公還國。衛惠公，名朔，宣公之子，西元前六九九年即位，不久流亡齊國，八年後才得回國執政，卒於西元前六六九年。內，通「納」。以武力送入。(55)公子糾　釐公之子，襄公之次弟。(56)後桓

公　落在了齊桓公後面。桓公，名小白，襄公之異母弟。(57)召忽　齊國大夫，輔佐公子糾，隨其奔魯。(58)生致管仲　將管仲活著送回。管仲，名夷吾，字仲。(59)施伯　魯國宗室，惠公之孫。(60)齊人相管仲　管仲被押解到齊國，鮑叔牙勸說齊桓公任管仲以為相。(61)曹沬　也作曹劌，魯國將領。(62)柯　齊邑名，在今山東東阿與陽穀之間。(63)求魯侵地　請求齊國歸還所侵魯國之地。(64)卒歸魯侵地　按：以上曹沬劫齊桓公事又見於〈齊太公世家〉、〈刺客列傳〉，但許多學者都以為不可信。(65)莊公如齊觀社　韋昭曰：「齊因祀社蒐軍實以示軍容，公往觀之。」社，土神，此處指祭社神。(66)黨氏　魯大夫，任姓。(67)孟女　黨氏的長女，即《左傳》之「孟任」。(68)割臂以盟　割其臂以與公盟。(69)子斑　《左傳》作「子般」。(70)梁氏　魯大夫。(71)圉人犖　圉人名犖。圉，養馬者。此處通「御」，即車夫。(72)戲　說笑。(73)慶父　《左傳》稱「慶父」為莊公之庶兄。(74)娣　即妹。(75)生子開　即日後之魯湣公，西元前六六一－前六六〇年在位。(76)問嗣　問立誰為接班人好。(77)一繼一及二句　父死子「繼」，與兄終弟「及」，二者都是常情。(78)命牙待於鍼巫氏　命令叔牙在鍼巫氏家聽候命令。鍼巫氏，魯大夫。(79)使鍼季劫飲叔牙以鴆　鍼季，鍼巫氏的族人。劫飲，逼著叔牙喝。鴆，毒酒。(80)飲此二句　如你能飲此自殺，則你的後代還可以繼續當貴族，家族不會滅絕。(81)叔孫氏　與季孫氏、孟孫氏同為魯國三大豪族，即日後之所謂「三桓」，世掌魯政。(82)八月癸亥　八月初五。(83)侍喪二句　舍，住宿。子斑在為其父守喪期間，仍回其外公家居住。(84)先時二句　中井曰：「據《左傳》，慶父之私通，蓋在莊公卒之後，《史記》似失。」(85)十月己未　十月初二。(86)季友犇陳　服虔曰：「季友內知慶父之情，力不能誅，故避其難出奔。」(87)慶父竟立莊公子開二句　據《左傳》，立湣公非慶父之為，乃國人為之。湣公，也作閔公或愍公。(88)湣公二年　西元前六六〇年。(89)卜齮　魯大夫。瀧川曰：「據《左傳》，公傅奪卜齮田，公不禁，故卜齮怨公。」(90)武闈　宮門名。(91)季友聞之三句　梁玉繩曰：「季子已於前年歸魯。故《春秋》書『季子來歸』。此云自陳與釐公申如邾，下又云陳送友及申，不但誤以友為在陳，并誤認釐公亦在陳矣。『請魯求內之』五字當衍。友與申如邾，避慶父也。慶父奔莒，友即入魯立申，魯無人焉，何『請』之有？又何『求內』之有？而申為湣公庶兄，是以夏父弗忌曰：『新鬼大，故鬼小。』此云『湣公弟申』，亦誤。」邾，西周封置國名，後改為鄒，在今山東曲阜東南。(92)莒　周初封置國名，初都計斤（今山東膠縣西南），春秋初遷於莒（今山東莒縣）。(93)釐公　也作「僖公」，名申，莊公之庶子，西元前六五九－前六二七年在位。(94)釐公亦莊公少子　釐公乃湣公之兄，不應說「少子」。(95)戮之魯　在魯都陳屍示眾。(96)季友母陳女　梁玉繩曰：「友為莊公母弟，是亦文姜所生，《史》言『母陳女』，妄也。」(97)陳故佐送季友及子申　梁玉繩曰：「『申』上衍『子』字。」(98)其名曰友二句　《集解》引賈逵曰：「兩社，周社、亳社也。兩社之間，朝廷執政之臣所在。」(99)為公室輔　為魯國諸侯的輔佐者。(100)釐公元年　西元前六五九年。(101)以汶陽鄪封季友　汶陽、鄪，魯之二邑名。汶陽，汶水之北，汶水自泰山東南向西流，至今梁山縣南匯入古濟水。鄪，也作「費」，在今山東費縣西北。(102)里克　晉國大夫。(103)殺其君奚齊卓子　晉獻公因寵驪姬，殺太子申生，逐重耳、夷吾等。獻公死，荀息遵獻公遺命立驪姬子奚齊，里克殺之；荀息又立奚齊弟卓子，里克又殺之。(104)齊桓公率釐公討晉亂　梁玉繩曰：「《傳》言『令不及魯』，是魯未嘗與伐晉也。」(105)至高梁而還　因秦已立夷吾為晉君，晉亂已定，故齊未至晉都而還。高梁，晉邑名，在今山西臨汾東北。(106)立晉惠公　晉惠公，名夷吾，獻公之子，西元前六五〇－前六三七年在位。(107)齊桓公卒　齊桓公在位四十三年，因接班人問題釀成內亂而死後遲遲無法下葬。(108)晉文公即位　晉文公名重耳，獻公之子，西元前六三六－前六二八年在位。申生被殺後，重耳外逃。至惠公夷吾死，重耳又在秦穆公的幫助下，回晉殺夷吾之子即位。(109)文公　魯文公，名興，西元前六二六－前六〇九年在位。(110)文公元年　西元前六二六年。(111)楚太子商臣　名商臣，成王之子，即日後之楚穆王，西元前六二五－前六一四年在位。(112)成王　名惲，文王之子，西元前六七一－前六二六年在位。(113)晉襄公　名歡，一作「驩」，晉文公之子，西元前六二七－前六二一年在位。(114)十月甲午　十月初三。(115)魯敗翟于鹹　翟，通「狄」。古族名。鹹，魯地名，在今山東巨野南。(116)長翟喬如　長翟的首領，名叫喬如，也作「僑如」。長翟，又作「長狄」，春秋時狄族的一支，活動於西起今山西臨汾、長治，東至山東邊境的山谷間，傳說他們身材特高，故稱長翟。(117)富父終甥春其喉　富父終甥，魯國大夫，叔孫得臣的部下。春，通「沖」。刺。(118)子駒之門　魯國的一個外城之門。(119)以命宣伯　為紀念此事，遂給魯卿叔孫得臣之子起名叫「喬如」。宣伯，叔孫得臣之子叔孫喬如後來的謚號。(120)初二句　宋武公，名司空，宋戴公之子，西元前七六五－前七四八年在位。鄋瞞，部族名，長翟的一支。(121)司徒皇父　為司徒官者名皇父。司徒，掌役徒。皇父，即皇父充石，宋戴公之子，字皇父，名充石。(122)長丘　宋邑名，在今河南封丘西南。(123)緣斯　《集解》引賈逵曰：「僑如之祖。」(124)晉之滅路　事在晉景公六年（西元前五九四年），此下皆探敘後事。路，《左傳》作「潞」，古國名，西周時赤狄所建，在今山西潞縣東北。(125)齊惠公二年　西元前六〇七年。齊惠公，名元，桓公之子，西元前六〇八－前五九九年在位。(126)北門　《左傳》作「周首之北門」。周首，齊邑名，在今山東東阿東南。(127)衛人獲其季弟簡如　《集解》引服虔曰：「獲與喬如同時。」(128)鄋瞞由是遂亡　竹添光鴻曰：「亡者謂其部落亡，非言長狄之絕種也。」(129)季文子　即季孫行父，季友之孫。(130)文公有二妃　瀧川曰：「哀姜，文公嫡夫人，不當與敬嬴並稱為『二妃』。」(131)長妃齊女二句　《索隱》曰：「此『哀』非謚，蓋以『哭而過市，國人哀之』，謂之『哀姜』，故生稱『哀』，與上桓夫人別也。」長妃，指王、侯的正妻。(132)生子惡及視　長者名惡，次者名視。(133)嬖愛　寵愛；寵幸。(134)生子俀　梁玉繩曰：「『俀』乃『倭』之譌。」(135)襄仲　魯國大夫，莊公之子，又稱公子遂、仲遂、東門襄仲。136叔仲　叔牙之孫，即叔仲惠伯，又稱叔仲彭生。137襄仲請齊惠公　想借重於大國之援。請，請求認可。138惠公新立三句　中井曰：「齊侯始親魯，而許魯殺吾二侄，亦遠於人情。」139宣公　名俀，西元前六〇八－前五九一年在位。140市　市場；集市。141殺適立庶　殺正妻之所生，立姬妾之所生。適，通「嫡」。142三桓　指孟孫氏、季孫氏、叔孫氏，為魯桓公之子慶父、季友、叔牙的後人。三家為世卿，共執魯政。143宣公俀十二年　即西元前五九七年。144楚莊王　名侶，又作「旅」，穆王之子，西元前六一三－前五九一年在位。145圍鄭　鄭國的都城即今河南新鄭。146鄭伯降二句　此時的鄭伯為鄭襄公，西元前六〇四－前五八七年在位。147成公　名黑肱，西元前五九〇－前五七三年在位。148使我殺適立庶三句　杜預曰：「襄仲立宣公，南通於楚，既不固，又不能堅事齊、晉，故云『失大援』。」149公孫歸父　字子家，襄仲之子。150成公二年　西元前五八九年。151隆　《左傳》作「龍」，魯邑，在今山東泰安東南。152郤克　晉卿，又稱「郤獻子」，時掌晉政。153敗齊頃公於鞌　齊頃公，名無野，西元前五九八－前五八二年在位。鞌，齊邑名，在今山東濟南西北。齊頃公因侮辱郤克與諸國之使者，招致晉與魯、衛等國伐齊，敗齊於鞌。154晉景公　名據，西元前五九九－前五八一年在位。155或諫二句　有人勸阻，成公才停止。156魯諱之　因魯成公為晉景公送葬不合禮法，魯人以此為恥辱，故《春秋》成公十年諱而不言葬晉景公，僅書「公如晉」。157吳王壽夢　吳國國君，名壽夢，西元前五八五－前五六一年在位。158鍾離　吳邑名，在今安徽鳳陽東稍北。吳國從此開始與中原諸國通使。159宣伯　叔孫喬如，叔孫氏家族的首領。160襄公　名午，西元前五七二－前五四二年在位。161襄公元年　西元前五七二年。162晉立悼公　悼公，名周，襄公之曾孫，西元前五七二－前五五八年在位。163晉欒書弒其君厲公　晉厲公為恨權臣之逼，殺郤氏諸人，欒書等遂弒晉厲公，迎立了晉悼公。厲公名壽曼，景公之子，西元前五八〇－前五七三年在位。164三君　指宣公、成公、襄公。165君子曰二句　此歷史家借「君子」之名以表現自己的態度。166晉悼公冠襄公於衛　晉悼公在衛國為魯襄公行加冠禮。冠，行加冠禮，其實魯襄公當時僅十二歲。167季武子　即季孫宿，季文子之子。168相行禮　輔助襄公完成加冠儀式。169三桓氏分為三軍　三桓氏將魯國軍隊分成三軍，各掌一軍。170晉平公　名彪，悼公之子，西元前五五七－前五三二年在位。171孔丘生　關於孔子的生年有襄公二十一年與襄公二十二年兩說，今人多從司馬遷取二十二年說。172崔杼　齊國權臣，又稱崔武子。173莊公　齊莊公，名光，西元前五五三－前五四八年在位。齊莊公與崔杼之妻私通，被崔杼所殺。174景公　名杵臼，莊公異母弟，西元前五四七－前四九〇年在位。175延陵季子　吳王壽夢的第四子，又稱公子札、季札、延州來季子等。176問周樂二句　季札訪魯，魯人為之演奏古樂及《詩經》諸篇，季札盡識其意事，見《左傳》襄公二十九年與〈吳太伯世家〉。177太子卒　太子名子野，立三月而卒，因尚未改元，故仍稱「太子」。178齊歸胡國之女，襄公妾敬歸之妹。服虔曰：「胡，歸姓之國也。齊，諡也。」(179)昭公　名裯，西元前五四一－前五一〇年在位。(180)昭公年十九二句　服虔曰：「言無成人之志，而有童子之心。」(181)穆叔不欲立　不欲立裯為魯君。穆叔，魯大夫叔孫豹，宣伯喬如之弟。(182)有母弟可立二句　意即可立襄公之母弟，不然，可立襄公諸子中之年長者。(183)年鈞　年齡一樣大。鈞，通「均」。(184)義鈞則卜之　義鈞，人品相同。義，道德人品。(185)比及葬　從襄公死到下葬的一段時間內。(186)三易衰　三次更換喪服。杜預曰：「言其嬉戲無度。」衰，即「縗」，喪服。(187)是不終也　這個人不會有好結局。(188)昭公三年　西元前五三九年。梁玉繩認為是二年。(189)朝晉至河　西朝晉君行至黃河邊。(190)謝還之　謝絕來朝，令其半路而回。(191)楚靈王會諸侯於申　楚靈王，名圍，共王次子，康王之弟，西元前五四〇－前五二九年在位。申，古國名，後為楚成王所滅，在今河南南陽北二十里。(192)楚靈王就章華臺　就，建成。章華臺，臺名，在今湖北監利西北。(193)賜昭公寶器　據《左傳》，寶器即「大屈弓」。(194)已而悔二句　後來又反悔，用假話將弓要了回去。(195)晉平公謝還之　劉操南云：「據〈年表〉當晉昭公二年，非平公時。『平』，『昭』之誤也。」(196)公子弃疾　靈王之弟，名弃疾，即日後之楚平王，西元前五二八－前五一六年在位。(197)晉留之葬晉昭公　梁玉繩曰：「晉留昭公非留使送葬也。」(198)齊景公與晏子狩竟　晏子，即晏嬰，字平仲，時為齊相。狩竟，狩獵於魯國邊境。竟，通「境」。(199)因入魯問禮　梁玉繩曰：「《左傳》無問禮事。」(200)鸜鵒來巢　鸜鵒鳥來魯都曲阜作巢，因其事怪異，故書於史。鸜鵒，鳥名，也作「鴝鵒」，俗稱八哥。(201)師己　魯國大夫。(202)文成之世　指魯文公、宣公、成公之世。(203)鸜鵒來巢四句　該歌謠預言了魯昭公即將失國流浪的可悲命運。乾侯，晉邑名，在今河北成安東南，魯昭公後來死於此。(204)季氏　指季平子，季武子之孫。(205)郈氏　指郈昭伯，名惡，魯孝公之後。(206)鬬雞　猶今之鬥蟋蟀，下賭注爭勝負。(207)芥雞羽　為雞裝上鎧甲。芥，通「介」。鎧甲。(208)金距　在雞爪上裝金屬套，可作爭鬥時的利刃。距，雞爪。(209)侵郈氏　侵占郈昭伯的房產。(210)臧昭伯之弟會　臧昭伯，即臧孫賜，魯國大夫。臧會，又稱「頃伯」，臧孫賜的堂弟。(211)偽讒臧氏三句　瀧川曰：「據《左傳》，會竊臧氏寶玉以逃，而偽云『有為讒構者，不得居臧氏』。」梁玉繩曰：「臧氏逐會，執諸季氏中門之外，非『囚季氏人』也。」(212)臧氏老　臧氏的管家。(213)九月戊戌　九月十一。(214)遂入　攻進季氏的宮室。(215)君以讒不察臣罪三句　你聽信別人的壞話就不分黑白來討伐我，我可以自動流放到沂水邊上去。沂，水名，源出山東鄒縣東北，西經曲阜，與洙水合，入於泗水。(216)請因於鄪　請求將自己軟禁於本家族的城中。(217)請以五乘亡　請允許帶著五輛車出走他國。乘，一車四馬為一乘。(218)子家駒　魯莊公玄孫，又稱「子家羈」、「子家子」、「懿伯」等。(219)政自季氏久矣　政權掌握在季氏手中，號令由季氏發出的現實由來已久。(220)為徒者眾　他們家族的黨羽眾多。徒，黨。(221)必殺之　言必殺季平子。(222)叔孫氏之臣戾　鬷戾，為叔孫氏之司馬。223無季氏與有二句　對我們家族而言，是有季氏好，還是沒有季氏好？224孟懿子　孟僖子之子，又稱「仲孫何忌」、「孟孫」。225為公使　為魯昭公的使者，到孟孫氏家去。226公遂奔　於是昭公遂逃出國外。227己亥　九月十二。228請致千社待君　我將提供千社之邑讓你暫時坐享。千社，二萬五千家。二十五家為一社。待君，杜預曰：「待君伐季氏之命。」229齊景公無信　陳仁錫曰：「『齊景公』當作『齊君』。」230早之晉　及早往投晉國。231叔孫見公還　叔孫昭子到齊國探看魯昭公後回到魯國。叔孫，叔孫昭子。名婼，叔孫豹之子。232取鄆而居昭公　攻取了魯國的鄆邑，令昭公居住。鄆，魯邑名，在今山東鄆城東。233令無受魯賂　命令齊國諸臣不許接受魯國三桓的賄賂，意即堅決支持魯昭公。234申豐汝賈　二人皆季氏家臣。235許齊臣高齕子將粟五千庾　高齕與其主子子將。子將，《左傳》作「子猶」，即梁丘據，齊景公的寵臣；高齕是子將的家臣。這裡所以將其臣主並提，是魯人先買通了高齕，再由高齕勸說了子將，事詳《左傳》。庾，古代容量單位，一庾等於十六斗。236羣臣不能事魯君二句　魯國的群臣之所以不肯為魯國的君主盡力，是因為有些奇怪的徵兆，即下文所說凡欲為之盡力者皆得暴死。237宋元公　宋國國君，名佐，西元前五三一—前五一七年在位。238求內之　想求晉國幫魯昭公打回魯國，恢復君位。239道卒　結果死在了半道上。240求內其君二句　在魯國三大家族中，唯有叔孫氏主張迎昭公回國，其他兩家都不支持，叔孫昭子不願與他們合流，祈禱速死，不久遂死。241求入　請晉君幫助自己返回魯國。242季平子私於晉六卿　私，私下賄賂。六卿，指韓、趙、魏、范、中行及智氏，皆為晉世卿。243晉君　指晉頃公，名去疾，西元前五二五—前五一二年在位。244自謂主君　「自」字衍文，乃齊景公稱魯昭公為「主君」。楊伯峻曰：「春秋時卿大夫家臣稱卿大夫為『主』為『君』。」245布衣跣行　認罪、請罪的樣子。跣行，赤腳行走。跣，光著腳。246因六卿謝罪　通過晉之六卿向魯昭公請罪。但請罪是假，再次收買六卿是真。247為言曰　對魯昭公說。248晉欲內昭公二句　我們是想送你回去的，但魯國有很多人不同意。249定公　名宋，昭公之弟，西元前五〇九—前四九五年在位。250趙簡子　即趙鞅，晉國上卿，趙武之孫，「簡」字是謚。251史墨　晉國史官蔡墨。252季氏亡乎　梁玉繩曰：「《傳》言簡子問墨『季氏出君而民服，諸侯與之。君死於外，莫之或罪』；此云問『季氏亡』，與《傳》相反，誤矣。」253東門遂　即襄仲，名遂，字仲，魯莊公之子，因居於東門，故稱。254殺適立庶　指殺嫡子視與惡，立宣公。255四君　指宣公、成公、襄公、昭公。256何以得國　怎能成為國家首腦？257是以為君慎器與名二句　杜預曰：「器，車服；名，爵號。」假人，給予人。258定公五年　西元前五〇五年。259陽虎私怒　岡白駒曰：「陽虎欲葬平子以璵璠，季氏臣不可，陽虎怒，是私怒也。」陽虎，季孫氏家臣，一稱「陽貨」。260因季桓子三句　陽虎因季桓子，逼其與己結盟，逐殺了一批季氏家族的人物。季桓子，平子之子，名斯。261以為魯陽虎邑以從政　意謂齊取得魯國鄆邑以贈陽虎，並使陽虎掌魯之政。262陽虎欲盡殺三桓適二句　意即陽虎想讓季寤（季桓子弟）代替季桓子，以叔孫輒（叔孫氏庶子）代替叔孫武孫，自己則代替孟懿子。263桓子詐而得脫　據《左傳》，陽虎「將享季氏于蒲圃而殺之」，途中，季桓子說服御者林楚，使其突然馳入孟孫氏宅中而得以逃脫。264陽關　魯邑名，在今山東泰安東南。265趙氏　指趙簡子。266夾谷　齊地名，即今山東萊蕪東南之夾谷峪。267行相事　司馬遷以為是代行宰相職權，《史記》諸篇皆同；但多數學者皆認為孔子是跟隨魯定公做儐相，主持盟會禮贊，猶今之司儀。268孔子以禮歷階二句　歷階，登階不聚足，即一步一磴的快步登上臺階。誅齊淫樂，殺了一些齊國優伶。269仲由　字子路，孔子的弟子，時為季氏家族的總管。270毀三桓城　拆毀三桓都邑的城牆，即季氏之鄪，叔孫氏之郈，孟孫氏之成。271收其甲兵　將「三桓」的甲兵都收歸魯國公室所有。272孟氏　指孟懿子。273不肯墮城　不肯墮自己的成邑之城。墮，通「隳」。即「毀」，拆除。274不克而止　中井曰：「據《左傳》，墮三都是子路之謀，而帥師墮郈者叔孫也；墮費者，仲孫也；圍成者，公也。《史記》並似失矣。」275季桓子受齊女樂二句　按：齊人以女樂熒惑魯國君臣，離間孔子事，《左傳》不載，詳見〈孔子世家〉。276哀公　名將，定公之子，西元前四九四—前四六八年在位。按：哀公以下魯史繫年歷來說法不一，本篇注文依郭克煜等所著《魯國史》。277哀公五年　西元前四九〇年。278田乞　齊國權臣，又稱「陳乞」、「陳僖子」。279弒其君孺子　孺子，名荼，景公之子。景公死，孺子立，田乞殺孺子改立陽生。280吳王夫差彊四句　吳王夫差，吳王闔閭之子，西元前四九五—前四七三年在位。繒，魯邑名，在今山東棗莊東。牢，作祭品用的牛羊豬。牛羊豬三者各一叫一太牢；羊豬各一叫一少牢。賈逵曰：「周禮，王合諸侯，享禮十有二牢。上公九牢，侯伯七牢，子男五牢。」今吳國要求魯國以百牢之禮招待吳王夫差，極其無理。281季康子　季孫肥，季桓子之子。282使子貢說吳王及太宰嚭　子貢，姓端木名賜，孔子的弟子。太宰嚭，伯嚭，原楚人，時為吳國太宰。283以禮詘之　以禮駁斥吳國的無理要求。詘，通「黜」。貶斥。284我文身二句　我是斷髮文身之人，你們不必和我談禮。文身，吳國習俗，在身上繪製花紋。285乃止　因而停止了徵百牢。286鄒　小國名，曹姓，在今山東鄒縣。287取三邑　張照曰：「《左傳》：『八年夏，齊人取讙及闡二邑。』〈齊世家〉亦作『取二邑』。」288齊伐魯　齊之國書、高無邳率師伐魯。289冄有有功　按：此役由冉有、樊遲等率師抗齊，打得齊軍慘敗。冄有，名求，字有，孔子弟子。冄，冉的本字。290田常　齊國權臣，又稱「田恆」、「陳成子」、「陳恆」、「陳常」。291弒其君簡公於徐州　簡公，名壬，西元前四八四—前四八一年在位。徐州，齊邑名，一作「徐州」、「舒州」，即今山東滕縣東南之薛邑故城。292子服景伯　魯國大夫。293介　助手；陪伴者。294齊歸我侵地　將成邑歸還魯國。「成」是孟孫氏家族的都邑，其邑宰因與孟孫氏鬧矛盾而以城降齊，今齊人歸還於魯。295越王句踐滅吳王夫差　越王句踐，西元前四九六—前四六五年在位。越王句踐先被吳王夫差打敗，後經二十多年的忍辱奮鬥，終於滅掉吳國。(296)二十七年三句　梁玉繩曰：「《傳》康子卒於夏四月己亥，非春也。」(297)君臣多間　君臣之間矛盾尖銳。間，隔閡；仇隙。(298)陵阪　魯地名，在今山東曲阜東。(299)孟武伯　又稱「孟孺子洩」、「武伯彘」，孟懿子之子。(300)請問余及死乎　杜預曰：「問己可得以壽死不？」(301)陘氏　魯國大夫。梁玉繩曰：「《傳》作『有陘氏』，即有山氏也，此脫『有』字。」(302)公奔于衛四句　如，到；往。《正義》曰：「今蘇州西南四十五里橫山南有魯郡村，村內有城。俗云，魯哀公如越，越居哀公焉。」(303)卒于有山氏　童書業《春秋左傳研究》曰：「《左氏》不載三桓攻公及哀公復歸死于有山氏等事，一若終于越者，此為季氏諱也。公孫有山氏為季氏黨，受季氏命暗殺哀公，完全可能。哀公謚為『哀』，不謚為『出』，亦可證其被弒。」(304)悼公　名寧，西元前四六六—前四二九年在位。

【語　譯】四十六年，惠公去世，長庶子息代理國政，行使國君的權力，這就是隱公。起初，惠公的元配夫人沒有兒子，他的繼室聲子生了兒子息。息長大成人後，為他娶了一個宋國的女子。宋國的女子到了魯國，她長得很美，就被魯惠公奪過去娶了她。她生了兒子允。將宋女升為夫人，立允為太子。等到惠公去世時，因為允年少的緣故，魯人共同讓息代理國政，不說是即位。

2　隱公五年，到棠地觀看捕魚。八年，與鄭國互換天子祭祀太山的湯沐邑祊與許田，君子譏諷這件事。

3　十一年，冬天，公子揮對隱公進讒言說：「百姓擁護國君，國君就正式即位吧。請允許我替國君殺了太子允，事成之後請國君封我為相。」隱公說：「不能違背先君的遺命。我是因為允年少，所以才代理國政。現在允長大了，我正想經營菟裘之地，在那裡養老，把政權交還太子允。」公子揮害怕太子允知道此事，反而會殺他，就反過來跑到太子允那裡說隱公的壞話道：「隱公想正式即位，把您除掉，請您考慮此事。請讓我替您殺了隱公。」太子允答應了。十一月，隱公祭祀鍾巫，在社圃齋戒，住在蔿氏家裡。公子揮派人在蔿氏家裡殺死隱公，立太子允為君，這就是桓公。

4　桓公元年，鄭國用璧玉換得天子賜給魯國的許田。二年，將宋國賄賂魯國的鼎放入太廟，君子譏諷這件事。

5　三年，派公子揮到齊國迎娶齊女，為桓公夫人。六年，夫人生了兒子，與桓公生日相同，所以取名為同。

同長大後，成為太子。

6 十六年，桓公與諸侯在曹國盟會，商議討伐鄭國，將鄭厲公送回國。

7 十八年，春天，桓公準備出國遠行，就與夫人到齊國去。申繻勸諫阻止，桓公不聽，就到了齊國。齊襄公與桓公的夫人私通。桓公很生夫人的氣，夫人把情況告訴齊侯。夏天，四月丙子日，齊襄公宴請桓公，桓公喝醉酒，齊侯派公子彭生抱魯桓公上車，趁機命令彭生折斷他的肋骨，桓公死在車上。魯人向齊侯提出要求說：「我們國君畏懼你的威勢，不敢安居，前往貴國修訂盟好之禮。盟好之禮完成了，但人卻未能返回，我們魯國人不知該歸罪於誰，請求得到彭生，以求在各國諸侯之前找回一些面子。」齊國人殺死彭生以討好魯國。魯國立太子同為君，這就是莊公。莊公的母親因而留在齊國，不敢返回魯國。

8 莊公五年，冬天，討伐衛國，送衛惠公回國執政。

9 八年，齊公子糾投奔魯國。九年，魯國想送子糾回齊國，但落在桓公的後面，桓公發兵攻打魯國，魯國形勢危急，殺死子糾，召忽自殺。齊國告訴魯國，要活捉管仲。魯國人施伯說：「齊國想得到管仲，不是要殺他，而是即將重用他。齊國人重用他就會成為魯國的禍患，不如殺了他，把他的屍體交給齊國。」莊公不聽，於是囚禁管仲，把他交給齊國。齊人以管仲為相。

10 十三年，魯莊公及曹沫與齊桓公會盟於柯地，曹沫劫持齊桓公，要求他歸還侵占魯國的土地，訂立盟約後才釋放桓公。桓公打算背棄盟約，管仲勸諫，終於歸還了侵占魯國的土地。十五年，齊桓公開始稱霸。二十三年，莊公到齊國觀看祭祀土神。

11 三十二年。起初，莊公建築臺子時曾到過黨氏家，看見他家的女兒孟任。喜歡並進而愛慕她，答應立她為夫人，她割破手臂與莊公盟誓。孟任生兒子斑。斑長大後，喜歡梁氏家的女兒，前去看望她。看見養馬官犖從牆外與梁氏的女兒嬉戲，斑發怒，鞭打犖。莊公聽說此事之後說：「犖很有力氣，應該就此殺了他，不可以只是鞭打，留著他不殺。」斑還沒有機會將犖殺死。碰巧莊公有病，此事耽擱下來。莊公有三個弟弟，長弟叫慶父，次弟叫叔牙，小弟叫季友。莊公娶齊國女子為夫人，夫人叫哀姜。哀姜沒有兒子。哀姜的女弟叫叔姜，生下兒子開。莊公沒有嫡子繼位，喜愛孟任，想立她的兒子斑為太子。莊公病重，向弟弟叔牙詢問君位傳承制度。叔牙說：「父死子繼制與兄終弟及制是魯國的常規。慶父還在，可讓他當繼承人，國君有什麼憂慮呢？」莊公擔心叔牙想立慶父，叔牙退下後他又問季友。季友說：「請允許我拚死擁立斑為國君。」莊公曰：「剛才叔牙想立慶父，該怎麼辦呢？」季友以莊公的名義，命令叔牙待在鍼巫氏家中，讓鍼季劫持叔牙，強迫他喝下毒酒，說：「如果喝下毒酒，就會有子孫祭祀你；不這樣，你不但會死，而且會沒有後代。」叔牙就喝下毒酒死去，魯國立他的兒子為叔孫氏。八月癸亥這天，莊公去世，季友終於立子斑為君，按照莊公的命令行事。因為守喪的緣故，公子斑住在黨氏家裡。

12 先前，慶父與哀姜私通，想立哀姜女弟生的兒子開。等莊公去世，季友立斑為君，十月己未這天，慶父派養馬官犖在黨氏家殺死魯公子斑。季友逃奔陳國。慶父終於立莊公的兒子開為君，這就是湣公。

13 湣公二年，慶父與哀姜私通更加頻繁。哀姜與慶父陰謀殺湣公而立慶父為君。慶父派卜齮在武闈襲擊殺死湣公。季友聽說此事，與湣公的弟弟申從陳國趕到邾國，請求魯國接他們回國。魯國人想殺慶父，慶父害怕，逃奔莒國。於是，季友送子申回國，立他為君，這就是釐公。釐公也是莊公的小兒子。哀姜恐懼，逃奔邾國。季友以賄賂的方式要求莒國引渡慶父，慶父歸國。季友派人殺慶父，慶父請求出逃，不聽從。就派大夫奚斯哭著前往，慶父聽到奚斯的哭聲，就自殺了。齊桓公聽說哀姜與慶父通姦作亂，以致為害魯國，就把她從邾國召回殺死，把她的屍體送回魯國，陳屍示眾。魯釐公請求把她埋葬了。

14 季友的母親是陳國的女子，所以他逃亡在陳國，陳國因此幫助季友與子申，把他們送回國。季友即將出生的時候，父親魯桓公派人為他占卜，卜辭說：「生的是男孩，他的名字叫『友』，居於兩社之間，成為公室的輔佐。季友死亡，魯國不能昌盛。」等他出生後，手掌上有「友」字，就以「友」給他命名，號為成季，他的後代被稱為季氏。慶父的後代被稱為孟氏。

15 釐公元年，把汶陽和鄪邑封給季友。任命季友為相。

16 九年，晉國的里克殺死他的國君奚齊、卓子。齊桓公率領釐公討平晉亂，來到高梁才返回，立晉惠公為君。十七年，齊桓公去世。二十四年，晉文公即位。

17 三十三年，釐公去世，兒子興繼位，這就是文公。

18 文公元年，楚國太子商臣殺死他的父親成王，篡奪君權，自立為君。三年，文公朝見晉襄公。

19 十一年十月甲午日，魯國在鹹地打敗長翟，俘獲長翟的首領喬如，富父終甥用戈刺他的喉嚨，把他殺死，將他的頭埋在子駒門，以「喬如」命名叔孫得臣之子。

20 起初，在宋武公時期，鄋瞞攻打宋國，司徒皇父率軍抵禦，在長丘打敗長翟，俘獲長翟的首領緣斯。晉國滅亡路國時，俘獲喬如的弟弟棼如。齊惠公二年，鄋瞞攻打齊國，齊國的王子城父俘獲他的弟弟榮如，把他的頭埋在北門。衛國人俘獲他的弟弟簡如。鄋瞞從此就滅亡了。

21 十五年，季文子出使晉國。

22 十八年二月，文公去世。文公有兩個妃子：長妃為齊女，叫哀姜，生有兒子惡和視；次妃叫敬嬴，很受寵愛，生了兒子俀。俀私下與襄仲拉關係，襄仲想立他為君，叔仲說不可以。襄仲請齊惠公幫忙，惠公剛即位，想親近魯國，答應了。冬天，十月，襄仲殺死公子惡與視，立俀為君，這就是宣公。哀姜返回齊國，哭著經過市場，說：「天啊！襄仲做事不講道義，殺嫡子而立庶子！」市場上的人都哭了，魯人因此稱她為「哀姜」。魯國公室從此衰微，三桓的勢力日益強大。

23 宣公俀十二年，楚莊王強盛，包圍鄭國。鄭伯投降，後來又恢復他的國家。

24 十八年，宣公去世，兒子成公黑肱繼位，這就是成公。季文子說：「使我國殺嫡子而立庶子，失去鄰國支持的，就是襄仲。」襄仲擁立宣公，他的兒子公孫歸父因此受寵。宣公想除去三桓，與晉國商量攻打三桓。不久宣公去世，季文子怨恨襄仲，歸父逃奔齊國。

25 成公二年，春天，齊國攻打魯國，奪取我隆邑。夏天，成公與晉國郤克在鞌地打敗齊頃公，齊國又歸還侵占我國的土地。四年，成公到晉國，晉景公對魯國態度不敬。魯想背叛晉國而與楚國聯合，有人勸諫成公，才未付諸行動。十年，成公到晉國。晉景公去世，晉國人趁機留下成公送葬，魯國人以此為恥，諱而不言。

十五年，開始與吳王壽夢在鍾離盟會。

26 十六年，宣伯告訴晉國，想殺死季文子。文子有道義，晉國人沒有答應。

27 十八年，成公去世，兒子午繼位，這就是襄公。這時，襄公才三歲。

28 襄公元年，晉國人立悼公為君。去年冬天，晉國人欒書殺死他的國君厲公。四年，襄公朝見晉國。

29 五年，季文子去世。家裡沒有穿綢帛的妻妾，馬廄中沒有吃粟的馬匹，府庫中沒有金玉，連續擔任三位國君的相。君子說：「季文子真是一個廉潔而忠誠的人。」

30 九年，與晉國討伐鄭國。晉悼公在衛國為襄公行冠禮，季武子跟從襄公，輔助行禮。

31 十一年，三桓氏將魯國軍隊分成三支，各掌一軍。

32 十二年，朝見晉國。十六年，晉平公即位。二十一年，朝見晉平公。

33 二十二年，孔丘出生。

34 二十五年，齊國人崔杼殺死他的國君莊公，立他的弟弟為景公。

35 二十九年，吳國人延陵季子出使魯國，求問周室的禮樂，全部了解其中的內容，魯國人對他很尊敬。

36 三十一年六月，襄公去世。這年九月，太子去世。魯國人立齊歸的兒子裯為國君，這就是昭公。

37 昭公的年齡雖已十九歲，卻還有童稚之心，缺少成人之智。穆叔不想立他，說：「太子死了，有同母弟可立，如無母弟，就立庶長子。年齡如果相同就從中選擇賢能之人，如果都是賢能之人就以占卜決定。如今裯不是嫡系繼承人，而且守喪期間非但沒有哀傷之意，反而喜形於色，如果真立他為君，必定成為季氏的禍患。」季武子不聽，終於立他為君。等到安葬襄公，他三次更換喪服。君子說：「這個人將不得善終。」

38 昭公三年，朝見晉君至於黃河，晉平公辭謝，讓他返回，魯國人以之為恥。四年，楚靈王在申邑大會諸侯，昭公稱病不去。七年，季武子去世。八年，楚靈王建成章華臺，召見昭公。昭公前往祝賀，楚靈王賜給昭公寶器；不久後悔，又用假話騙了回去。十二年，朝見晉君至於黃河，晉平公辭謝，讓他返回。十三年，楚公子弃疾殺死他的國君靈王，篡奪君位自立為君。十五年，朝見晉君，晉國讓他留下來為晉昭公送葬，魯國人以之為恥。二十年，齊景公與晏子在邊境狩獵，順便到魯國求問禮制。二十一年，朝見晉君至於黃河，晉君辭謝，讓他返回。

39 二十五年，春天，鸜鵒飛到魯國築巢。師己說：「文公與成公時期，有童謠說：『鸜鵒飛來築巢，公君出居乾侯。鸜鵒定居魯國，國君住在野外。』」

40 季平子與郈昭伯鬥雞，季平子在雞翅膀裝上鎧甲，郈昭伯在雞腳爪上安上金屬套。季平子發怒，侵占了郈昭伯的房產，郈昭伯也惱恨季平子。臧昭伯的弟弟臧會造假誣陷臧氏，藏在季平子家裡，臧昭伯囚禁季平子的家人。季平子發怒，將臧氏管家囚禁。臧氏、郈氏把禍難告訴昭公。昭公在九月戊戌日討伐季氏，就進入季氏的私邑。季平子登臺請求說：「國君聽信讒言，不了解情況就來殺我，請允許我出奔沂水。」昭公沒有答應。請求把他囚禁在鄪邑，昭公也不答應。請求以五輛車出逃，昭公還是不答應。子家駒說：「國君還是答應他吧。國家的政權長期以來被季氏把持，他們的黨徒很多，這些人將會聯合起來對付你。」昭公不聽。郈氏說：「一定要把他殺了。」叔孫氏的家臣戾對他的黨徒說：「沒有季氏與有季氏，哪一個對我們有好處？」都說：「沒有季氏就沒有叔孫氏。」戾說：「說得對，我們去救季氏。」於是打敗昭公的軍隊。孟懿子得知叔孫氏戰勝，也殺了郈昭伯。郈昭伯當時為魯昭公的使者到孟氏家，所以被孟氏抓住殺死。三家聯合攻打昭公，昭公就逃奔出國。己亥日，昭公到達齊國。齊景公對昭公說：「請讓我送給您二萬五千家，等待著您討伐季氏的命令。」子家說：「背棄周公的大業而臣服於齊，這樣可以嗎？」昭公才沒有接受。子家說：「齊景公不講信用，不如早點到晉國去。」他卻沒有聽從。叔孫昭子會見昭公後回國，見季平子，季平子為逐昭公一事而叩頭至地。起初打算迎回昭公，因為孟孫、季孫後悔，就沒有做。

41 二十六年，春天，齊國討伐魯國，占領鄆邑，讓昭公住在那裡。夏天，齊景公將要送昭公回國，下令不許接受魯國的賄賂。季氏家臣申豐、汝賈暗中送給齊臣高齕、子將八萬斗粟。子將對齊侯說：「魯國的群臣不能侍奉魯君，因為出現了一些奇怪的徵兆。宋元公為魯君到晉國，請求晉君送魯君回國，不料卻在路上去世。叔孫昭子也想接回魯君，卻無病而死。不知是上天拋棄了魯國，還是魯君得罪了鬼神呢？希望國君您還是等等再做吧。」齊景公聽從了他的建議。

42 二十八年，昭公到晉國，請求晉君幫他返國。季平子暗中賄賂晉國的六卿，六卿接受季氏的賄賂，勸諫晉君，晉君才作罷，讓昭公住在乾侯。二十九年，昭公到鄆邑。齊景公派人給昭公一封信，稱昭公為「主君」。昭公以之為恥，一怒之下又回到乾侯。三十一年，晉君想送昭公回國，召見季平子。季平子身穿布衣，光腳行走，通過晉國六卿向昭公謝罪。六卿替他對昭公說：「晉國雖然想送你回國，但是魯國的民眾不聽從。」晉國這才作罷。三十二年，昭公死於乾侯。魯國人共同擁立昭公的弟弟宋為國君，這就是定公。

43 定公繼位，趙簡子問史墨：「季氏會滅亡嗎？」史墨回答說：「不會滅亡。季友在魯國立有大功，受封鄪邑，成為上卿，到了文子、武子，累世擴大家業。魯文公去世，東門遂殺死嫡子，立庶子為君，魯君因此喪失國政。國政落在季氏手中，到現在已經經歷了四位國君。民眾不知道國君是誰，他怎麼能掌握國家政權？所以當國君的要慎重掌握車服爵號，不可以把它們送給別人。」

44 定公五年，季平子去世。陽虎出於私憤，囚禁季桓子，季桓子與他訂立盟約，才放了他。七年，齊國攻打我魯國，奪取鄆邑，後來把鄆邑歸還魯國作為陽虎的封邑，讓他處理政務。八年，陽虎想將三桓的嫡子全部殺死，改立與他關係親密的庶子以代替三桓。用車載季桓子，想殺死他，桓子說服御者林楚，才得以逃脫。三桓聯合起來攻打陽虎，陽虎占據陽關。九年，魯國攻打陽虎，陽虎逃奔齊國，不久投奔晉國的趙氏。

45 十年，定公與齊景公在夾谷盟會，孔子主持盟會。齊國想劫持魯定公以進行要挾，孔子依據禮儀，一腳一階快步登階，誅殺齊國演奏淫樂的樂人，齊侯恐懼，停止計畫，歸還所侵占的魯國土地，並向魯國賠罪道歉。十二年，派仲由拆毀三桓的城牆，沒收他們的武器。孟氏不肯拆毀城牆，定公派兵討伐，沒有攻克而作罷。季桓子接受齊國送給他的女樂，孔子氣得離開魯國。

46 十五年，定公去世，兒子將繼位，這就是哀公。

47 哀公五年，齊景公去世。六年，齊國人田乞殺死他的國君孺子。

48 七年，吳王夫差國力強大，攻打齊國，到達繒邑，向魯國索要牛、羊、豬一百套。季康子派子貢勸說吳王與太宰嚭，依據禮儀貶斥他們。吳王說：「我是紋身的野蠻人，不懂中原的禮儀。」就停止了對魯國的索要。

49 八年，吳國為鄒國討伐魯國，到達都城下，訂立盟約後離去。齊國討伐我魯國，攻取三座城邑。十年，攻打齊國南方邊地。十一年，齊討伐魯國。季氏因為冉有建立戰功，思念孔子，孔子從衛國返回魯國。

50 十四年，齊國的田常在徐州殺死他的國君簡公。孔子請求討伐田常，哀公不聽。十五年，派子服景伯、子貢為使者，到達齊國，齊國歸還了侵占我魯國的土地。田常剛當上齊相，想與諸侯打好關係。

51 十六年，孔子去世。

52 二十二年，越王句踐滅了吳王夫差。

53 二十七年，春天，季康子去世。夏天，哀公擔心三桓為亂，想利用諸侯的力量奪取三桓的武裝，三桓也怕哀公發難興事，所以君臣之間的隔閡加深。哀公出遊陵阪，在街上遇見孟武伯，說：「請問我能夠得到善終嗎？」回答說：「不知道。」哀公想借助越國討伐三桓。八月，哀公到陘氏家。三桓攻打哀公，公出逃到衛國，離開衛國後，又到達鄒國，最後來到越國。魯國人又迎接哀公，哀公又回國，最終哀公死在有山氏家裡。他的兒子寧繼位，這就是悼公。

1 悼公之時，三桓勝，魯如小侯，卑於三桓之家❶。

2 十三年❷，三晉滅智伯❸，分其地有之。

3 三十七年，悼公卒，子嘉立，是為元公❹。元公二十一年卒❺，子顯立，是為穆公❻。穆公三十三年卒❼，子奮立，是為共公❽。共公二十二年卒❾，子屯立，是為康公❿。康公九年卒⓫，子匽立，是為景公⓬。景公二十九年卒⓭，子叔立，是為平公⓮。是時，六國皆稱王⓯。

4 平公十二年⓰，秦惠王卒⓱。二十年⓲，平公卒，子賈立，是為文公⓳。文公元年⓴，楚懷王死于秦㉑。二十三年，文公卒，子讎立，是為頃公㉒。

5 頃公二年㉓，秦拔楚之郢㉔，楚頃王㉕東徙于陳㉖。十九年，楚伐我，取徐州㉗。二十四年，楚考烈王㉘伐滅魯。頃公亡，遷於下邑，為家人㉙，魯絕祀。頃公卒于柯㉚。

6 魯起周公至頃公，凡三十四世㉛。

【章　旨】以上為第三段，寫春秋末及戰國時期魯國的衰亡史。

【注　釋】❶卑於三桓之家　梁玉繩曰：「魯卑於三桓，則三桓盛矣，而此後絕不言三桓何也？祇『費惠公』一見。」❷十三年　西元前四五四年。❸三晉滅智伯　梁玉繩曰：「智伯之滅，在悼公十五年，此誤。」三晉，指晉國的韓、趙、魏三家。智伯，即智襄子，名瑤，又稱「荀瑤」，晉國正卿。❹元公　名嘉，西元前四二八—前四〇八年在位。❺元公二十一年卒　西元前四〇八年。❻穆公　名顯，西元前四〇七—前三七七年在位。❼穆公三十三年卒　西元前三七七年。❽共公　名奮，西元前三七六—前三五三年在位。❾共公二十二年卒　西元前三五三年。沈家本曰：「漢〈律曆志〉合，〈表〉為二十三年。」❿康公　名屯，西元前三五二—前三四四年在位。⓫康公九年卒　西元前三四四年。⓬景公　名匽，一作「偃」，西元前三四三—前三一五年在位。⓭景公二十九年卒　西元前三一五年。⓮平公　名叔，一作「旅」，西元前三一四—前二九六年在位。⓯六國皆稱王　六國，指魏、趙、韓、楚、燕、齊。春秋時唯周天子稱王，楚國以蠻夷自稱王。至戰國時，魏惠王首先於西元前三四四年稱王；至西元前三三四年，魏與齊國相互推尊為王；西元前三二五年，秦國自己稱王，魏尊韓宣惠王為王；西元前三二三年，燕、趙、中山與韓、魏相互推尊為王；西元前三一八年，宋國自己稱王。⑯平公十二年　西元前三一一年。⑰秦惠王卒　沈家本曰：「秦惠王卒在平公八年。」秦惠王，名駟，西元前三三七－前三一一年在位。⑱二十年　原作「二十二年」。梁玉繩《志疑》卷一八曰：「下『二』字衍。平在位二十年也。」今據刪。⑲子賈立二句　文公，一作文侯，名賈，西元前二九五－前二七三年在位。⑳文公元年　西元前二九五年。原作「文公七年」。梁玉繩《志疑》卷一八曰：「事在文公元年，誤作七年。」今據改。㉑楚懷王死于秦　楚懷王，名槐，西元前三二八－前二九九年在位。被秦昭王騙入武關，三年後死於秦國。㉒頃公　名讎，魯國的亡國之君，西元前二七二－前二五六年在位。㉓頃公二年　西元前二七一年。㉔秦拔楚之郢　按：事在文公十八年（西元前二七八年），此繫於頃公二年誤。郢，楚都名，即今湖北江陵西北之紀南城。㉕楚頃王　即楚頃襄王，名橫，西元前二九八－前二六三年在位。㉖東徙于陳　將楚國的都城東遷到陳縣。陳，原為國名，西元前四七九年被楚所滅，後成為楚國的一個縣，即今河南淮陽。㉗徐州　魯邑名，又作「徐州」、「舒州」，即今山東滕縣東南之薛縣故城。㉘楚考烈王　名元，頃襄王之子，西元前二六二－前二三八年在位。㉙頃公亡三句　「下邑」應作「卞邑」，在今山東泗水東。家人，平民；普通百姓。㉚頃公卒于柯　柯，齊邑名，在今山東東阿與陽穀之間。㉛凡三十四世　按：魯國自西周初魯公伯禽建國，至魯頃公二十四年（西元前二五六年）被楚所滅，共傳三十五世，享國八百餘年。梁玉繩曰：「《史》不數伯御一代，故云三十四世。」

【語譯】 悼公時期，三桓強盛，魯君猶如很小的諸侯，地位比三桓之家低下。

2 十三年，晉國韓、趙、魏三家滅掉智伯，瓜分占有了他的土地。

3 三十七年，悼公去世，兒子嘉繼位，這就是元公。元公在位二十一年去世，兒子顯繼位，這就是穆公。穆公在位三十三年去世，兒子奮繼位，這就是共公。共公在位二十二年去世，兒子屯繼位，這就是康公。康公在位九年去世，兒子匽繼位，這就是景公。景公在位二十九年去世，兒子叔繼位，這就是平公。這時，六國都已稱王。

4 平公十二年，秦惠王去世。二十年，平公去世，兒子賈繼位，這就是文公。文公元年，楚懷王死於秦國。二十三年，文公去世，兒子讎繼位，這就是頃公。

5 頃公二年，秦國攻下楚國郢都，楚頃王將楚國的都城向東遷徙到陳縣。十九年，楚國攻打我魯國，奪取徐州。二十四年，楚考烈王滅亡魯國。頃公亡，遷居下邑，成為平民百姓，魯國祭祀斷絕。頃公死在柯邑。

6 魯從周公至頃公，一共三十四代。

太史公曰：余聞孔子稱曰：「甚矣，魯道之衰也！洙、泗之間，齗齗如也❶。」觀慶父及叔牙閔公之際，何其亂也！隱、桓之事❷；襄仲殺適立庶；三家北面為臣，親攻昭公，昭公以奔。至其揖讓之禮則從❸矣，而行事何其戾❹也？

【章旨】以上為第四段，是作者的論贊，司馬遷感慨自春秋以來，號稱禮樂之邦的魯國早已綱常崩壞，「禮」僅徒具形式而已。

【注釋】❶洙泗之間二句　洙、泗，魯之二水名，這裡代指魯國。齗齗，頂嘴爭辯的樣子。也有人說是溫和有禮的樣子，意即表面看來彬彬有禮。❷觀慶父及叔牙閔公之際三句　朱東潤《史記考索》曰：「應移『隱桓之事』一句于『觀』字下。」❸從　順；樣子好看。❹戾　背；相反。

【語譯】太史公說：我聽說孔子曾說過：「魯國道德的衰敗實在是太嚴重了啊！洙水與泗水之間，人們為了一些小事而激烈爭吵。」回望閔公時期在慶父與叔牙身上發生的事情，是多麼混亂啊！隱公與桓公之間的事情；襄仲殺嫡立庶的事情；三桓北面稱臣，竟然親自率兵攻打昭公，昭公因此逃奔國外。至於他們對於揖讓的禮節倒還是遵從的，既然如此，為什麼他們的所作所為卻那麼暴戾呢？

【研析】〈魯周公世家〉首先一點是褒揚周公姬旦的美德。周公先是與太公等人共同輔佐武王滅商建立了周王朝，其次是武王死後周公又輔佐年幼的周成王削平叛亂，穩定了周初局面，周公的功勳是卓著的。周公還制禮作樂，創建了周王朝的許多制度，至今流傳的《尚書》、《詩經》與「三禮」中就有不少篇章相傳是周公所作。周公是人們公認的第一個古代文化巨人，司馬遷寫《史記》就是出於崇敬周公、孔子，要作孔子第二、周公第三。周公被儒家尊為「聖人」，但周公是一個謙虛謹慎，禮賢下士的榜樣。他教訓其子伯禽說：「我文王之子，武王之弟，成王之叔父，我於天下亦不賤矣。然我一沐三捉髮，一飯三吐哺，起以待士，猶恐失天下之賢人。子之魯，慎無以國驕人。」周公大公無私，當成王年幼不能管理國家政權時，周公就「踐阼」替他代管；到成王長大後，便「還政成王，北面就臣位，匔匔如畏然」。尤其是當武王、成王患病時，周公竟兩次向鬼神祈求替武王、成王死，這一切都是何等令人欽敬的作為一個國家大臣的品質。周公無疑是司馬遷最崇敬、最理想的古代名臣形象。

但魯國作為周公後人的諸侯國卻是令人失望的，司馬遷首先寫了伯禽赴魯後三年才向朝廷報政，而齊國則是五個月後就向朝廷報政了。周公問伯禽為何來得這樣遲，伯禽說：「變其俗，革其禮，喪三年然後除之，故遲。」周公歎息說：「嗚呼，魯後世其北面事齊矣！夫政不簡不易，民不有近；平易近民，民必歸之。」這段話當然是春秋時人所編造，但司馬遷把它寫在這裡，意義有二：其一是籠括全篇，預示魯國將積貧積弱；其二是司馬遷通過周公對後世儒家所鼓吹的虛偽禮教進行了批評。周公自己是「制禮作樂」的，但他狠狠地批評了那種教條、迂腐，而不知從實際出發的靈活變通。這些應與〈齊太公世家〉、〈管晏列傳〉、〈貨殖列傳〉等一併閱讀。

魯國是西周初年分封建立的數一數二的大諸侯國，其地位之崇高無與倫比，它與別國的最大不同就是以「仁義」、「禮樂」相標榜，被稱為「禮義之邦」。但〈魯周公世家〉卻沒有停留在這些表面的讚頌，而是具體的展現了這個「禮義之邦」在其美麗外衣掩蓋下的腐朽黑暗的內幕。魯桓公是殺其兄奪位自立的；魯莊公坐視其父被齊人所殺而恬然處之；魯釐公在宗廟裡的牌位被無理提前，以至於使後來的孔子看了都很生氣稱為「逆祀」（見《左傳・文公二年》）。魯國最早由貴族權臣執政，魯國公室因此衰落。把持魯政的季氏「富于周公」、「旅于泰山」，甚至把他們的國君魯昭公逐出國外流浪七年，最後客死異鄉。魯國的貴族大臣勾心鬥角，相互火併，「慶父不死，魯難未已」的典故就是出在魯國。相比之下楚國是「生番化外」，秦國是「偏居西戎」，而且人家都不以「禮樂」、「仁義」自居，而實際的政治狀況卻都比魯國好得多。這種專講空話，專耍空架子的教訓，難道司馬遷寫得還不清楚嗎？

《左傳》作者寫魯國歌頌「三桓」，寫晉國歌頌「六卿」，寫齊國讚揚田氏，這與孔子《春秋》的精神是不一致的。司馬遷寫春秋時期的諸國世家，主要依據《左傳》，故而〈魯周公世家〉中也還遺留著不少肯定歌頌季氏的言辭。

卷三十四

燕召公世家第四

【題解】〈燕召公世家〉記載了燕國自召公受封至燕王喜三十三年滅亡共八百二十四年的歷史。由於燕僻處北隅，與中原交往不多，故而所記燕國的世系不清，史事也比較簡略。

1 召公奭與周同姓❶，姓姬氏。周武王之滅紂，封召公於北燕❷。

2 其在成王❸時，召公為三公❹。自陝以西，召公主之；自陝以東，周公主之❺。成王既幼，周公攝❻政，當國踐祚❼，召公疑之，作君奭❽。君奭不說周公❾，周公乃稱：「湯時有伊尹❿，假于皇天⓫。在太戊⓬時，則有若伊陟、臣扈⓭，假于上帝，巫咸治王家⓮。在祖乙⓯時，則有若巫賢⓰。在武丁⓱時，則有若甘般⓲。率維茲有陳，保乂有殷⓳。」於是召公乃說。

3 召公之治西方，甚得兆民和⓴。召公巡行鄉邑，有棠樹，決獄政事其下㉑，自侯伯至庶人各得其所，無失職者㉒。召公卒㉓，而民人思召公之政，懷棠樹不敢伐，哥詠之，作甘棠㉔之詩。

【章　旨】以上為第一段，寫召公在周武王時受封於燕，始立燕國。

【注　釋】❶召公奭與周同姓　召，召公食邑，一說地在岐山之南故周周墟。召公可能是文王庶子。周，指周王室。❷北燕　故城在今北京西南房山琉璃河，周時在今河南汲縣東南有姬姓燕國，故姬燕又稱北燕。據《呂氏春秋・音初》以「燕」釋《詩經・商頌・玄鳥》中的「玄鳥」，可知燕與殷商共屬於玄鳥圖騰體系，燕民或為殷民的一分支。周封召公於此，可能就是征服了殷商時代的燕而後建立了周的燕國的。❸成王　武王之子，名誦，西元前一〇四二—前一〇二一年在位。❹召公為三公　三公，指太師、太傅、太保，周代輔助國君掌握軍政大權的最高官員。召公在周成王時任太保。❺自陝以東二句　陝，即今河南三門峽之舊陝縣。梁玉繩引《公羊釋文》等以為一說「陝」、「郟」字形相似，或傳寫者之誤。「郟」即王城郟鄏，在今河南洛陽之王城公園一帶。❻攝　代理。❼當國踐祚　主持國政，登天子位。當國，執政。踐，登。祚，帝位。梁玉繩辨周公之攝政當國「乃三代諒闇之制，冢宰掌邦之職」，不得指為「踐祚」。❽君奭　《尚書》篇名，載於《尚書・周書》，相傳為周公所作。文中希望召公要胸懷寬廣，共同把國家治理好。文章首言「君奭」，故以為篇名。《集解》引孔安國曰：「尊之曰君，陳古以告之，故以名篇。」❾君奭不說周公　按：此句語意稍欠明確，疑君奭二字當作「召公」。❿湯時有伊尹　湯，商朝的開國君主。伊尹，名摯，原為有莘氏女陪嫁之臣，受到商湯重用，助湯滅夏，為商賢臣。湯死後，傳至孫太甲暴虐亂德，被伊尹流放，國事由伊尹代理，後太甲悔過向善，伊尹又將他接回復位。⓫假于皇天　意為伊尹對國家的治理合乎天道。假，《尚書・君奭》作「格」，至也。皇天，《集解》引鄭玄曰：「皇天，北極天帝也。」古人眼中主宰萬物之最高神。「皇」是對天的尊稱。⓬太戊　商朝君主，即中宗，能修德任賢，使商復興。⓭伊陟臣扈　伊陟，伊尹之子，太戊時為相。臣扈，太戊之臣。⓮巫咸治王家　巫咸，太戊之臣。《集解》引孔安國曰：「伊陟、臣扈，率伊尹之職，使其君不隕祖業，故至天之功不隕。巫咸治王家，言其不及二臣。」⓯祖乙　商朝君主。⓰巫賢　巫咸子。⓱武丁　商朝君主，即高宗，用傳說為相，使國家得到治理，為殷代中興之王。⓲甘般　武丁之臣，殷墟卜辭中屢見其帥軍征戰。⓳率維茲有陳二句　這些賢臣一般都各得其位，使殷朝得以安定。率，一般。維，助詞。茲，此，指這些賢臣。陳，位列。此謂各個賢臣均得其位。保乂，治理；安定。有，助詞。殷，商朝的別稱。⓴召公之治西方二句　西方，指前文所說「自陝以西」。兆民，眾多百姓。兆，言其多。和，歡心。㉑有棠樹二句　棠樹，植物名，一名甘棠，俗稱野梨。決獄政事，處理政事。《正義》引《括地志》云：「召伯聽訟甘棠之下，周人思之，不伐其樹。後人懷其德，因立廟，有棠在九曲城東阜上。」按：今河南宜陽有召伯廟。㉒自侯伯至庶人各得其所二句　侯伯，古代五等爵位中第二等稱侯，第三等稱伯。此泛指貴族。庶人，平民。無失職者，沒有失去職位和職業的。㉓召公卒　梁玉繩曰：「召公謚康，此失書。《索隱》謂其後召虎為康公，誤。」㉔哥詠之二句　哥，通「歌」。〈甘棠〉，篇名，見《詩經・召南》。詩中寫人民對召公的懷念。

【語譯】召公奭與周王室同姓，姓姬氏。周武王滅紂，將召公封在北燕。

2 在成王時期，召公為三公。自陝以西，由召公負責管理；自陝以東，由周公負責管理。成王年紀小，周公攝政，主管國家政務，登天子位，召公懷疑他，於是周公作了〈君奭〉。針對召公不高興的地方，周公稱述道：「湯時有伊尹，治理國家合於天道。在太戊時，有伊陟、臣扈，治理國家合於天道，巫咸治理王室；在祖乙時，有巫賢。在武丁時，有甘般。他們全都各在其位，各盡其能，保衛治理殷王朝。」於是召公才高興。

3 召公治理西方，很受百姓擁戴。召公在鄉邑間巡行，有棠樹，召公在樹下審理案件處理政事，從侯伯到平民百姓都各得其所，沒有失職的。召公去世，百姓懷念召公的德政，愛護棠樹捨不得砍伐，作了〈甘棠〉一詩來歌頌他。

1 自召公已下，九世至惠侯❶。燕惠侯當周厲王奔彘，共和之時。

2 惠侯卒，子釐侯立。是歲，周宣王初即位❷。釐侯二十一年❸，鄭桓公初封於鄭❹。三十六年，釐侯卒，子頃侯立。

3 頃侯二十年❺，周幽王淫亂，為犬戎所弒❻。秦始列為諸侯❼。

4 二十四年，頃侯卒，子哀侯立。哀侯二年卒，子鄭侯立。鄭侯三十六年卒，子繆侯立。

5 繆侯七年，而魯隱公元年也❽。十八年卒，子宣侯立❾。宣侯十三年❿卒，子桓侯立。桓侯七年⓫卒，子莊公立。

6 莊公十二年⓬，齊桓公始霸⓭。十六年，與宋、衛共伐周惠王，惠王出奔溫⓮，立惠王弟穨為周王⓯。十七年，鄭執燕仲父而內惠王于周⓰。二十七年，山戎⓱來侵我，齊桓公救燕，遂北伐山戎而還。燕君送齊桓公出境，桓公因割燕所至地予燕⓲。使燕共貢天子如成周時職⓳，使燕復修召公之法⓴。三十三年卒，子襄公立。

7 襄公二十六年㉑，晉文公為踐土之會，稱伯㉒。三十一年，秦師敗于殽㉓。三十七年，秦穆公㉔卒。四十年，襄公卒，桓公立。

8 桓公十六年卒，宣公立。宣公十五年卒，昭公立。昭公十三年㉕卒，武公立。是歲晉滅三郤大夫㉖。

9 武公十九年卒，文公立。文公六年卒，懿公立。懿公元年㉗，齊崔杼弒其君莊公㉘。四年卒，子惠公立。

10 惠公元年㉙，齊高止來奔㉚。六年，惠公多寵姬，公欲去諸大夫而立寵姬宋。大夫共誅姬宋㉛，惠公懼，奔齊。四年㉜，齊高偃如晉，請共伐燕，入其君。晉平公許，與齊伐燕，入惠公。惠公至燕而死㉝。燕立悼公。

11 悼公七年卒，共公立。共公五年㉞卒，平公立。晉公室卑㉟，六卿㊱始彊大。平公十八年㊲，吳王闔閭破楚入郢㊳。十九年卒，簡公立。簡公十二年卒，獻公立㊴。晉趙鞅圍范、中行於朝歌㊵。獻公十二年㊶，齊田常弒其君簡公㊷。十四年，孔子㊸卒。二十八年，獻公卒，孝公立㊹。

12 孝公十二年，韓、魏、趙滅知伯，分其地，三晉彊㊺。

【章旨】以上為第二段，記燕國在春秋時的主要史事。

【注釋】❶自召公已下二句　已，通「以」。按：燕國史不存，故此篇所記燕君名、謚俱多訛誤，前人辯之甚多，此不贅引。❷子釐侯立三句　梁玉繩曰：「竊意遷《史》元本自『惠侯』至『文公』俱無『子』字，凡言『子』者必後人妄增之。」曰：「宣王不與燕釐同元年，其即位在前一年。」周宣王，名靜，厲王子，西元前八二七—前七八二年在位。是歲，即周宣王二年，西元前八二六年。❸釐侯二十一年　西元前八〇六年。❹鄭桓公初封於鄭　鄭桓公，名友，周宣王弟，鄭國的始封者，西元前八〇六—前七七一年在位。鄭，今陝西華縣。❺頃侯二十年　當周幽王十一年，西元前七七一年。❻周幽王淫亂二句　周幽王寵愛褒姒，廢申后及太子宜臼，申后之父申侯聯合犬戎攻幽王，幽王被殺於驪山下，西周亡。周幽王，名宮涅（一作湦），宣王之子，西元前七八一—前七七一年在位。犬戎，周時居於我國西部的少數民族。❼秦始列為諸侯　秦，嬴姓諸侯國。其遠祖伯益，舜時賜姓嬴，周孝王封伯益之後非子於秦（在今甘肅天水），作為周的附庸。傳至秦襄公，於幽王被殺時曾將兵救周，又以兵護送周平王東遷，平王因而封他為諸侯，賜以岐西周之故地。❽繆侯七年二句　當周平王四十九年，西元前七二二年。《春秋》、《左傳》都從此年開始記載。牛運震曰：「此處點魯隱公元年，正《春秋》尊魯之旨。」魯隱公，名息姑，為魯惠公長庶子，惠公死後嫡子允年幼，隱公遂攝國，行君事。隱公十一年（西元前七一一年），被子允聽信公子揮挑唆所殺。❾子宣侯立　《索隱》曰：「今《系本》無燕代系，宋忠依《太史公書》以補其闕，尋徐廣作音尚引《系本》，蓋近代始散佚耳。」❿宣侯十三年　西元前六九八年。⓫桓侯七年　西元前六九一年。楓山、三條本，「七年」作「十年」。《集解》引《世本》曰「桓侯徙臨易」，臨易在今河北雄縣。⓬莊公十二年　西元前六七九年。⓭齊桓公始霸　是年，齊、魯、鄭、衛、宋、陳於鄄（今山東鄄城北）結盟，齊桓公為諸侯長，始稱霸。參見莊公十五年《左傳》與〈齊太公世家〉。齊桓公，名小白，西元前六八五－前六四三年在位。⓮與宋衛共伐周惠王二句　按：伐周納穨者究為南燕、北燕終無定說，多數學者傾向於南燕。又宋未參與伐周事。又奔溫者是公子穨而非惠王。宋，古諸侯國名，武王滅殷後，封紂庶兄微子啟於商的舊都周圍地區，都商丘（今河南商丘城南部），戰國時遷都彭城（今江蘇徐州）。事詳〈宋微子世家〉。衛，古諸侯國名，始封之君為周武王弟康叔。始建都朝歌（今河南淇縣），後屢遷，事詳〈衛康叔世家〉。周惠王，名閬，西元前六七六－前六五二年在位。溫，周邑名，故城在今河南溫縣西南。⓯立惠王弟穨為周王　穨，《左傳》作「子頹」，「王子頹」，〈周本紀〉及《左傳》莊公十九年並言穨為周莊王嬖姬姚所生，〈周本紀〉且明言「立釐王弟穨為王」，此處「惠王弟穨」當作「釐王弟穨」。⓰鄭執燕仲父而內惠王于周　按：據《左傳》，事在莊公二十一年，當燕莊公十八年。執，拘捕。燕仲父，南燕伯。南燕，姞姓。內，通「納」。⓱山戎　部族名。⓲割燕所至地予燕　按：《春秋》及《左傳》此年僅記齊伐山戎，未記割地之事。⓳共貢天子句　向周天子進貢，像西周初期時那樣。⓴使燕復修召公之法　〈齊太公世家〉作「命燕君復修召公之政」，則「法」意即「政」。㉑襄公二十六年　西元前六三二年。㉒晉文公為踐土之會二句　此年，晉文公會同齊師、宋師、秦師與楚師會戰於城濮（今山東鄄城西南），大敗楚師，奠定了霸主地位。是年夏，晉文公於踐土與魯、齊、蔡、鄭、衛、莒等諸侯會盟並稱霸。晉文公，名重耳，獻公之子，西元前六三六－前六二八年在位。踐土，鄭地名，在今河南原陽西南。伯，通「霸」。有關城濮之戰與踐土之盟事，此事見僖二十八年《左傳》與〈晉世家〉。㉓秦師敗于殽　晉文公死後，秦穆公舉兵襲鄭，在殽被晉軍襲擊，大敗。此後秦晉關係惡化，晉失秦援，秦始聯楚與晉為敵。參見僖三十三年《左傳》與〈晉世家〉。殽，山名，在今河南洛寧西北六十里。㉔秦穆公　名任好，西元前六五九－前六二一年在位。在此期間打敗戎族，成為函谷關以西的霸主。㉕昭公十三年　西元前五七四年。㉖是歲晉滅三郤大夫　是歲，指昭公十三年。三郤，指郤錡、郤犨、郤至。㉗懿公元年　西元前五四八年。㉘崔杼弒其君莊公　崔杼因莊公與其妻私通，弒莊公，立莊公之弟杵臼，是為景公。事本襄二十五年《左傳》與〈齊太公世家〉。崔杼，齊國大夫。㉙惠公元年　西元前五四四年。㉚齊高止來奔　高止，又稱子容、高子容，齊國的世襲貴族。來奔，逃亡到燕國。此事參見襄二十九年《左傳》。㉛惠公多寵姬三句　此三「姬」字皆當作「臣」。又據《左傳》，惠公當作簡公。

宋，人名，或作「宗」。㉜四年　當指簡公奔齊的第四年，西元前五三六年。㉝晉平公許四句　《左傳》惠公作簡公；入晉者，乃齊侯；又非請晉出師，而是請晉允許齊國自己出師伐燕；且非簡公入而死，實未入也。簡公於五年後復入，居別邑，未死。㉞共公五年　西元前五二四年。共，通「恭」。㉟公室卑　公室，諸侯的家族，也指諸侯國的政權。卑，衰弱。㊱六卿　指晉國的韓、趙、魏、智、范、中行六家大臣。㊲平公十八年　西元前五〇六年。㊳吳王闔閭破楚入郢　吳與蔡伐楚，攻入楚郢都，楚昭王逃亡。闔閭，又作「闔廬」，名光，西元前五一四—前四九六年在位。郢，楚國都城，故址在今湖北江陵西北之紀南城。事見定公四年《春秋》經傳。㊴簡公十二年卒二句　事在西元前四九三年。獻公，似應依《竹書紀年》做孝公。㊵晉趙鞅圍范中行於朝歌　事參哀公元年《左傳》，又見〈晉世家〉、〈趙世家〉，趙鞅圍范氏、中行氏於朝歌在晉定公十八年，燕簡公十一年，西元前四九四年。梁玉繩曰：「〈表〉，圍朝歌在前二歲，此書于獻公立年誤。」趙鞅，晉國大臣。范，指范吉射，晉大臣。中行，指中行寅，晉大臣。朝歌，晉地名，即今河南淇縣。㊶獻公十二年　當是孝公十二年，西元前四八一年。㊷齊田常弒其君簡公　田常弒簡公，立其弟驁為平公，田常為齊相，專國權。見哀公十四年《左傳》與〈齊太公世家〉、〈田敬仲完世家〉。田常，又稱田恆，田成子，即陳成子，齊國權臣。簡公，名壬，悼公之子，一說景公之子，西元前四八四—前四八一年在位。㊸孔子　名丘，字仲尼，魯國陬邑（今山東曲阜）人，春秋末期思想家、政治家、教育家。《史記》於諸世家中均書孔子生、孔子卒，可見史公對孔子地位的崇重。㊹二十八年三句　按：依《紀年》無獻公，自然無獻公卒，孝公立之事。㊺韓魏趙滅知伯三句　據《紀年》，晉三家殺知伯、分其地在燕成公二年，當周定王十六年，趙襄子二十三年，西元前四五三年，並非在孝公十二年。韓，指韓康子，名虎。韓氏自韓獻子（名厥）將中軍後，世為晉之大族。魏，魏桓子，名駒，晉獻公十六年封畢萬於魏（今山西芮城），其後子孫遂稱魏氏。魏獻子亦曾將中軍執國政。趙，指趙襄子，名無恤。晉文公時趙衰助其創立霸業，其後世為晉之重臣大族。知伯，又作智伯，指知襄子，名瑤。知氏在晉昭公時為強族六卿之一。三晉，韓、趙、魏瓜分晉國後，各立為國，史稱「三晉」。

【語　譯】自召公以下九代到了惠侯。燕惠侯正當周厲王逃奔到彘，周朝共和行政的時候。

2 惠侯去世，子釐侯繼位。這一年，周宣王繼位。釐侯二十一年，鄭桓公被封到鄭。三十六年，釐侯去世，子頃侯繼位。

3 頃侯二十年，周幽王淫亂，被犬戎殺死。秦開始列為諸侯。

4 二十四年，頃侯去世，子哀侯繼位。哀侯二年去世，子鄭侯繼位。鄭侯三十六年去世，子繆侯繼位。

5 繆侯七年，是魯隱公元年。十八年繆侯去世，子宣侯繼位。宣侯十三年去世，子桓侯繼位。桓侯七年去世，子莊公繼位。

6 莊公十二年，齊桓公開始稱霸。十六年，與宋、衛共同征伐周惠王，惠王逃到溫，他們立惠王的弟弟穨為周王。十七年，鄭拘捕了燕仲父，送惠王回到成周復位。二十七年，山戎侵犯我國，齊桓公來援助，一直向北進攻討伐山戎才回去。燕君送齊桓公，出了國境，桓公就把燕君所到的地方割讓給燕國。讓燕一同向周天子進貢像成周時一樣，讓燕重新遵循召公的法度。三十三年莊公去世，子襄公繼位。

7 襄公二十六年，晉文公召集踐土會盟，稱霸。三十一年，秦師在殽山被打敗。三十七年，秦穆公去世。四十年，襄公去世，桓公繼位。

8 桓公十六年去世，宣公繼位。宣公十五年去世，昭公繼位。昭公十三年去世，武公繼位。這一年晉誅滅三郤大夫。

9 武公十九年去世，文公繼位。文公六年去世，懿公繼位。懿公元年，齊崔杼弒殺國君莊公。四年懿公去世，子惠公繼位。

10 惠公元年，齊高止逃奔我國。六年，惠公有很多寵臣，想廢除眾大夫而立寵臣宋，大夫們一起誅殺了宋，惠公害怕，逃奔齊國。四年，齊高偃到晉國，請求一同討伐燕國，送燕君回國。晉平公答應了，與齊討伐燕國，送惠公回國。惠公到了燕國就死了，燕人立悼公為君。

11 悼公七年去世，共公繼位。共公五年去世，平公繼位。晉公室衰落，六卿開始強大。平公十八年，吳王闔閭打敗楚軍攻入郢都。十九年平公去世，簡公繼位。簡公十二年去世，獻公繼位。晉趙鞅在朝歌圍困范氏、中行氏。獻公十二年，齊田常弒殺國君簡公。十四年，孔子去世。二十八年，獻公去世，孝公繼位。

12 孝公十二年，韓、魏、趙攻滅知伯，瓜分了他的封地，三晉強大起來。

1 十五年，孝公卒，成公立❶。成公十六年卒，湣公立❷。湣公三十一年卒，釐公立❸。是歲，三晉列為諸侯❹。

2 釐公三十年❺，伐敗齊于林營❻。釐公卒，桓公立。桓公十一年❼卒，文公立。是歲，秦獻公❽卒。秦益彊。

3 文公十九年，齊威王卒❾。二十八年，蘇秦始來見，說文公❿。文公予車馬、金帛以至趙，趙肅侯用之。因約六國，為從長⓫。秦惠王以其女為燕太子婦⓬。

4 二十九年，文公卒，太子立，是為易王⓭。易王初立，齊宣王因燕喪伐我，取十城。蘇秦說齊，使復歸燕十城⓮。十年，燕君為王⓯。蘇秦與燕文公夫人私通，懼誅，乃說王使齊為反間⓰，欲以亂齊。易王立十二年卒，子燕噲立⓱。

5 燕噲既立，齊人殺蘇秦⓲。蘇秦之在燕，與其相子之為婚⓳，而蘇代與子之交。及蘇秦死，而齊宣王復用蘇代⓴。燕噲三年㉑，與楚、三晉攻秦㉒，不勝而還。子之相燕，貴重，主斷㉓。蘇代為齊使於燕㉔，燕王問曰：「齊王奚如？」對曰：「必不霸。」燕王曰：「何也？」對曰：「不信其臣。」蘇代欲以激燕王以尊子之也。於是燕王大信子之。子之因遺蘇代百金，而聽其所使。

6 鹿毛壽㉕謂燕王：「不如以國讓相子之。人之謂堯賢者，以其讓天下於許由㉖。

許由不受，有讓天下之名而實不失天下。今王以國讓於子之，子之必不敢受，是王與堯同行也。」燕王因屬國於子之，子之大重。或曰：「禹薦益，已而以啓人為吏㉗。及老，而以啓人為不足任乎天下㉘，傳之於益。已而啓與交黨㉙攻益，奪之。天下謂禹名傳天下於益，已而實令啓自取之。今王言屬國於子之，而吏無非太子人者，是名屬子之而實太子用事也。」王因收印，自三百石㉚吏已上而效㉛之子之。子之南面行王事，而噲老不聽政，顧為臣㉜，國事皆決於子之。

7 三年㉝，國大亂，百姓恫恐㉞。將軍市被與太子平謀，將攻子之。諸將謂齊湣王㉟曰：「因而赴之㊱，破燕必矣。」齊王因令人謂燕太子平曰：「寡人聞太子之義㊲，將廢私而立公，飭君臣之義，明父子之位。寡人之國小，不足以為先後㊳。雖然，則唯太子所以令之㊴。」太子因要黨聚眾，將軍市被圍公宮，攻子之，不克。將軍市被及百姓反攻太子平，將軍市被死，以徇，因搆難數月㊵，死者數萬，眾人恫恐，百姓離志。孟軻㊶謂齊王曰：「今伐燕，此文、武之時，不可失也㊷。」王因令章子將五都之兵，以因北地之眾以伐燕㊸。士卒不戰，城門不閉，燕君噲死，齊大勝。燕子之亡二年㊹，而燕人共立太子平，是為燕昭王㊺。

8 燕昭王於破燕之後即位，卑身厚幣以招賢者㊻。謂郭隗曰：「齊因孤之國亂而襲破燕，孤極知燕小力少，不足以報。然誠得賢士以共國[47]，以雪先王之恥，孤之願也。先生視可者，得身事之。」郭隗曰：「王必欲致士，先從隗始。況賢於隗者，豈遠千里哉[48]！」於是昭王為隗改築宮而師事之[49]。樂毅[50]自魏往，鄒衍[51]自齊往，劇辛[52]自趙往，士爭趨燕。燕王弔死問孤，與百姓同甘苦。

9 二十八年[53]，燕國殷富，士卒樂軼輕戰。於是遂以樂毅為上將軍，與秦、楚、三晉合謀以伐齊[54]。齊兵敗，湣王出亡於外。燕兵獨追北，入至臨淄[55]，盡取齊寶，燒其宮室宗廟。齊城之不下者，獨唯聊、莒、即墨[56]，其餘皆屬燕，六歲。

10 昭王三十三年卒[57]，子惠王立。

11 惠王為太子時，與樂毅有隙。及即位，疑毅，使騎劫代將。樂毅亡走趙[58]。齊田單以即墨擊敗燕軍，騎劫死，燕兵引歸，齊悉復得其故城[59]。湣王死于莒，乃立其子為襄王[60]。

12 惠王七年卒[61]。韓、魏、楚共伐燕[62]。燕武成王立。

【章旨】以上為第三段，寫燕入戰國後，燕王噲的「讓國」幾乎亡國，燕昭王收拾殘局，使燕得以中興。

【注釋】❶十五年三句　事當西元前四五〇年。《索隱》曰：「按《紀年》，成公名載。」按燕世系不清，若按《竹書紀年》，本無獻公，獻公元年即孝公元年。孝公三十八年卒，成公立，是年當是成公五年。❷成公十六年卒二句　事當西元前四三四年。湣，通「閔」。❸湣公三十一年卒二句　事當西元前四〇三年。❹三晉列為諸侯　韓、趙、魏正式被承認為諸侯。《史記．周本紀》載：「(周) 威烈王二十三年，……命韓、魏、趙為諸侯。」這年為西元前四〇三，燕簡公十三年。❺釐公三十年　西元前三七三年，當是燕簡公四十二年。❻林營　其地不詳。又作林孤、林狐、林狐營。❼桓公十一年　西元前三六二年。❽秦獻公　名師隰，秦靈公之子，西元前三八四—前三六二年在位，秦國自此開始復振。❾文公十九年二句　事當西元前三四三年。威王乃卒於西元前三二〇年。此處與〈田敬仲完世家〉、〈六國年表〉並誤。齊威王，名因齊，西元前三五六—前三二〇年在位。❿蘇秦始來見二句　事見《戰國策．燕策》。此事據繆文遠考證實屬虛構。蘇秦，戰國時東周洛陽人，字季子，著名的縱橫家。⓫趙肅侯用之三句　據楊寬《戰國史》考證，此時尚無蘇秦遊說合縱抗秦之事。趙肅侯，名語，西元前三四九—前三二六年在位。六國，指秦以外之東方六國，齊、魏、韓、趙、楚與燕。為從長，做合縱聯盟的主持者。從，通「縱」。⓬秦惠王以其女為燕太子婦　按：當時秦惠王只二十二歲，必無成年之女堪為燕太子婦者。此說當為戰國人杜撰蘇秦故事時所虛構。秦惠王，名駟，又稱惠文王，西元前三三七—前三一一年在位，西元前三二五年稱王。⓭是為易王　易王初即位時並未稱王，即位後的第十年始稱王。⓮使復歸燕十城　事見《戰國策．燕策》「燕文公時」章。繆文遠以為此事不實。⓯十年二句　當周顯王四十六年，西元前三二三年。據《戰國策．中山策》，魏將公孫衍（犀首）發起魏、韓、趙、燕、中山「五國相王」，以和秦、齊、楚三大國對抗。⓰乃說王使齊為反間　蘇秦所事者為燕昭王（見後）。據楊寬《戰國史》以為此處及〈蘇秦列傳〉說法均有誤。蘇秦使齊乃蘇秦與燕王所定滅齊之計。反間，用計離間對方內部。⓱子燕噲立　燕王噲元年為西元前三二〇年。燕噲，燕王噲，西元前三二〇—前三一四年在位。⓲齊人殺蘇秦　蘇秦之死蓋因其間諜行為被齊發覺。⓳與其相子之為婚　與燕相子之結為姻親。〈燕策〉下文又云燕相子之與蘇代婚，與此異。⓴齊宣王復用蘇代　齊宣王，名辟疆，威王子，西元前三一九—前三〇一年在位。蘇代，遊說之士，東周雒陽人。一九七三年在湖南長沙馬王堆三號漢墓中出土的帛書中，有關於蘇秦史事較翔實的記載。經研究可確認蘇秦實與燕昭王、齊湣王、奉陽君（李兌）、韓珉同時，蘇秦的一生，主要是為燕昭王作反間；而蘇代應是蘇秦之兄，蘇代遊說諸侯較早，在西元前四世紀末期，已往來於楚、魏、燕、齊各國。㉑燕噲三年　西元前三一八年。㉒與楚三晉攻秦　按：攻秦者實燕、楚、趙、魏、韓、齊六國。㉓貴重二句　貴重，位尊權重。斷，謂決斷國事。㉔蘇代為齊使於燕　據《戰國策》，蘇代當時在齊國陪侍質子。㉕鹿毛壽　人名，亦作「厝毛壽」、「潘壽」。為隱者。㉖許由　上古傳說中的高士，相傳堯把天下讓給他，他不接受。㉗禹薦益二句　梁玉繩曰：「余考《國策》無『已』

字，《韓子・外儲說右下》篇有潘壽對燕王一節，與〈世家〉同。」禹，即夏禹。益，也稱伯益，秦的祖先，相傳助禹治水有功，被推為帝位繼承人。啓人，啓的親信。啓，禹之子。㉘以啓人為不足任乎天下　按：人字衍。㉙交黨　黨羽。㉚三百石　指俸祿為三百石。㉛效　授予。㉜噲老不聽政二句　燕王噲退位，不處理政務，反而成了臣子。老，退休；退位。顧，反而。㉝三年　子之當政的第三年，西元前三一四年。㉞百姓恫恐　百姓，此指百官。恫恐，恐懼。㉟齊湣王　此當是齊宣王。㊱因而赴之　趁燕國內亂對其發動進攻。㊲聞太子之義　知道太子深明事理。㊳不足以為先後　不足以供驅使，即出力。先後，左右。指追隨左右出力。㊴唯太子所以令之　願意照太子的命令去做。㊵將軍市被及百姓反攻太子平四句　李光縉曰：「當云將軍市被既攻子之不克，及至百姓之反攻太子也，市被遂赴鬬為太子死難。此『及』字當作『及至』之『至』，不當作『又及』之『及』。」瀧川曰：「『及』，猶『與』也。果如李說，是多了中間『將軍市被』四字。市被反覆，故徇之以顯其罪也。」徇，示眾。此指將市被的屍體巡行示眾。搆難，造成動亂。㊶孟軻　即孟子，名軻，字子輿，鄒（今山東鄒縣東南）人，西元前三七二—前二八九年在世。戰國時期儒家的代表，著有《孟子》一書。時任齊宣王客卿。㊷此文武之時二句　像文王、武王興周滅商的時機一樣，不能錯過。㊸王因令章子將五都之兵二句　齊王於是就命令匡章率領五都之兵，並會合齊國北部地區的人眾去攻打燕國。章子，即匡章，齊國將軍。五都之兵，按：齊國的「都」相當於他國之「郡」，主要是為了鞏固邊防。齊國共設有五都，包括臨淄、平陸、高唐、即墨和莒，五都均駐有經過考選和訓練的常備兵，因而有所謂「五都之兵」。在對外作戰時，常被用作是軍隊的主力。北地，齊之北境，靠近燕國的地區。㊹燕子之亡二年　即齊破燕後之第二年，西元前三一二年。亡，逃走。㊺而燕人共立太子平二句　按：今歷史學家均依〈趙世家〉云「武靈王聞燕亂，召公子職于韓，立為燕王，使樂池送之」的記載，認為燕昭王應為公子職。㊻卑身厚幣以招賢者　用恭敬的態度和豐厚的財物招攬賢才。㊼誠得賢士以共國　誠，果真。共國，共同治理國家。㊽豈遠千里哉　難道會嫌遠而不來嗎？遠，以……為遠。㊾改築宮而師事之　宮，住宅。古代任何人的住宅都可稱宮。師事，當作老師侍奉。㊿樂毅　魏國樂羊之後，當時著名的軍事家。(51)鄒衍　齊國人，陰陽家代表人物，約西元前三〇五～前二四〇年在世。(52)劇辛　趙國人。梁玉繩以為他在燕王喜十三年將兵伐趙，計去昭王即位時已七十年，其來不在此時。(53)二十八年　西元前二八四年。(54)以樂毅為上將軍二句　按：西元前二八六年齊滅宋，引起諸國嫉恨，故燕國的統一戰線易於形成。又，此次伐齊者為燕、趙、韓、魏、秦五國，沒有楚國，此文與〈樂毅列傳〉都說有楚，誤。(55)燕兵獨追北二句　此役為燕國有史以來從未有過的重大勝利，詳見〈樂毅列傳〉。臨淄，春秋戰國時期的齊國都城，在今山東淄博之臨淄城北。(56)齊城之不下者二句　按：聊城已被攻下，此聊字是衍文。聊，在今山東聊城西北。莒，今山東莒縣。即墨，今山東平度東南。(57)昭王三十三年卒　事當西元前二七九年。(58)及即位四句　《戰國策・燕策》云：「用齊人反間疑樂毅。」詳見〈樂毅列傳〉。(59)齊田單以即墨擊敗燕軍四句　田單利用燕國內部失和，臨陣易將的機會，用火牛陣擊潰圍困即墨的燕軍，收復失地，重建齊國事，詳見〈田單列傳〉。(60)湣王死于莒二句　事在西元前二八三年。襄王，名法章，西元前二八三—前二五六年在位。法章即位的過程詳見〈田單列傳〉。(61)惠王七年卒　事在西元前二七二年。按：惠王實被燕相成安君公孫操所弒。(62)韓魏楚共伐燕　按：伐燕者為齊、韓、魏三國，楚乃救燕者。

【語譯】十五年，孝公去世，成公繼位。成公十六年去世，湣公繼位。湣公三十一年去世，釐公繼位。這一年，三晉列為諸侯。

2 釐公三十年，在林營打敗了齊軍。釐公去世，桓公繼位。桓公十一年去世，文公繼位。這一年，秦獻公去世，秦國更加強大。

3 文公十九年，齊威王去世。二十八年，蘇秦第一次來拜見燕君，遊說文公。文公給他車馬、金帛讓他去趙國，趙肅侯任用他。他就約集六國，做縱長。秦惠王把女兒嫁給燕太子做媳婦。

4 二十九年，文公去世，太子繼位，這就是易王。易王剛繼位，齊宣王趁燕國守喪之機攻伐我國，攻取了十個城邑。蘇秦遊說齊王，讓他把十個城邑又還了回來。十年，燕君稱王。蘇秦與燕文公的夫人私通，害怕被誅殺，就遊說易王讓他出使齊國行反間，想攪亂齊國。易王繼位十二年去世，子燕噲繼位。

5 燕噲繼位後，齊人殺死了蘇秦。蘇秦在燕國的時候，與燕相子之結為親家，蘇代與子之交好。等蘇秦死後，齊宣王又任用蘇代。燕噲三年，與楚、三晉攻打秦國，沒能取勝就撤回了。子之做燕相，位尊權重，主政決斷。蘇代為齊出使到燕國，燕王問道：「齊王怎麼樣？」他回答說：「一定稱不了霸。」燕王問：「為什麼？」他回答說：「不能信用大臣。」蘇代想通過這來刺激燕王尊用子之。於是燕王對子之大加信用。子之就送給蘇代百鎰金，聽憑他使用。

6 鹿毛壽對燕王說：「不如把國家讓給丞相子之。人們說堯賢德，是因為他能把天下讓給許由。許由不接受，堯有禪讓天下的名聲而實際上沒失去天下。如今大王把國家禪讓給子之，子之一定不敢接受，這樣大王就與堯有同樣的德行了。」燕王於是把國家交付給子之，子之的權位更加重要了。有人說：「禹推薦了益，卻讓啓的人做官。等年紀老了，認為啓為人不足以擔當天下重任，將王位傳給益。不久啓與黨羽攻擊益，奪了王位。天下人說禹名義上把天下傳給益，實際上是讓啓自己取得。如今大王說把國家託付給子之，而官員沒有不是太子的人的，是名義上託國給子之而實際上是太子在主事。」燕王於是將三百石以上的官吏的印信收回交給子之。子之面朝南行使王權，而燕噲年老不處理政事，反而成了臣子，國事都聽憑子之處理。

7 三年，國家大亂，百官恐懼。將軍市被與太子平合謀，將攻打子之。眾將軍對齊湣王說：「趁機去進攻，一定能攻破燕國。」齊王於是派人對太子平說：「寡人聽說太子深明大義，將要廢除私利而建立公道，整頓君臣關係，明確父子名位。寡人的國家小，不足以輔助您，即使這樣，也一定聽從太子的命令。」太子就連結同黨聚集民眾，將軍市被包圍公宮，攻打子之，沒有取勝。將軍市被和百官反戈攻擊太子平，將軍市被被殺，屍體被示眾。動亂持續了幾個月，死的人有好幾萬，人民恐懼，百官離心。孟軻對齊王說：「現在討伐燕國，這是文王、武王伐紂滅殷的形勢，不能喪失。」齊王就令章子率領五都的軍隊，並借北地的軍隊來討伐燕國。燕國士卒不出戰，城門不關閉，燕君噲被殺，齊國取得了重大勝利。燕子之死後兩年，燕人共同立太子平為燕王，這就是燕昭王。

8 燕昭王在燕國被攻破之後即位，放下自己國君的架子，並且以優厚的待遇來招攬賢人。他對郭隗說：「齊國趁著我的國家動亂襲擊攻破燕國，我深知燕國國小力少，不足以報復齊國。但如果能得到賢能的人才一同治理國家，洗雪先王的恥辱，這是我的心願。先生見到這樣的人才，我願意親身事奉他。」郭隗說：「大王如果一定要招攬人才，先從我開始。那些比我賢能的人，一定會不遠千里來投奔您的。」於是昭王為郭隗改建住宅，當作老師事奉。樂毅從魏國來，鄒衍從齊國來，劇辛從趙國來，士人爭相投奔燕國。燕王哀悼死者慰問孤寡，與百姓同甘共苦。

9 二十八年，燕國殷實富庶，士卒樂於出征。於是就用樂毅任上將軍，與秦、楚、三晉合謀伐齊。齊國兵敗，湣王逃到國外。燕軍單獨追趕敗軍，攻入臨淄，奪走了齊國的全部寶器，燒了齊人的宮室和宗廟。齊國沒被攻下的城邑只有聊、莒、即墨，其餘都歸了燕國，長達六年。

10 昭王三十三年去世，子惠王繼位。

11 惠王做太子的時候，與樂毅有矛盾。等到即位，懷疑樂毅，派騎劫代替他為將。樂毅逃亡到趙國。齊田單憑著即墨打敗燕軍，騎劫戰死，燕軍退回，齊國收復了原來的全部城邑。湣王死在莒，齊人就立他兒子為襄王。

12 惠王七年去世，韓、魏、楚共同伐燕。燕武成王繼位。

1 武成王七年❶，齊田單伐我，拔中陽❷。十三年，秦敗趙於長平四十餘萬❸。十四年，武成王卒，子孝王立。

2 孝王元年❹，秦圍邯鄲者解去❺。三年卒，子今王喜立❻。

3 今王喜四年❼，秦昭王❽卒。燕王命相栗腹約歡趙❾，以五百金為趙王酒❿。還報燕王曰：「趙王壯者皆死長平，其孤未壯，可伐也。」王召昌國君樂間問之，對曰：「趙四戰之國⓫，其民習兵，不可伐。」王曰：「吾以五而伐一⓬。」對曰：「不可。」燕王怒，羣臣皆以為可。卒起二軍，車二千乘，栗腹將而攻鄗⓭，卿秦攻代⓮。唯獨大夫將渠⓯謂燕王曰：「與人通關約交，以五百金飲人之王，使者報而反攻之⓰，不祥，兵無成功。」燕王不聽，自將偏軍隨之。將渠引燕王綏⑰止之曰：「王必無自往，往無成功。」王蹵之以足。將渠泣曰：「臣非以自為，為王也！」燕軍至宋子⑱，趙使廉頗⑲將，擊破栗腹於鄗。破卿秦樂乘於代⑳。樂間奔趙。廉頗逐之五百餘里，圍其國㉑。燕人請和，趙人不許，必令將渠處和。燕相將渠以處和㉒。趙聽將渠，解燕圍。

4 六年，秦滅東、西周，置三川郡㉓。七年，秦拔趙榆次三十七城㉔，秦置大原郡㉕。九年，秦王政㉖初即位。十年，趙使廉頗將攻繁陽㉗，拔之。趙孝成王㉘卒，悼襄王立㉙。使樂乘代廉頗，廉頗不聽，攻樂乘，樂乘走，廉頗奔大梁㉚。十二年，趙使李牧攻燕，拔武遂、方城㉛。劇辛故㉜居趙，與龐煖善㉝，已而亡走燕。燕見趙數困于秦，而廉頗去，令龐煖將也，欲因趙弊攻之。問劇辛，辛曰：「龐煖易與耳。」燕使劇辛將擊趙㉞，趙使龐煖擊之，取燕軍二萬㉟，殺劇辛。秦拔魏二十城，置東郡㊱。十九年，秦拔趙之鄴九城㊲。趙悼襄王卒。二十三年，太子丹質於秦㊳，亡歸燕。二十五年，秦虜滅韓王安㊴，置潁川郡㊵。二十七年，秦虜趙王遷㊶，滅趙。趙公子嘉自立為代王㊷。

5 燕見秦且滅六國，秦兵臨易水㊸，禍且至燕。太子丹陰㊹養壯士二十人，使荊軻獻督亢地圖於秦㊺，因襲刺秦王。秦王覺，殺軻㊻，使將軍王翦擊燕。二十九年，秦攻拔我薊㊼，燕王亡，徙居遼東㊽，斬丹以獻秦。三十年，秦滅魏。

6 三十三年，秦拔遼東，虜燕王喜，卒滅燕㊾。是歲，秦將王賁㊿亦虜代王嘉。

【章　旨】以上為第四段，寫戰國後期，燕王喜挑起燕、趙之爭，燕國迅速衰竭；太子丹派荊軻刺秦王不成，燕被秦國所滅事。

【注　釋】❶武成王七年　西元前二六五年。❷中陽　地名，今地不詳。徐廣曰：「『陽』一作『人』。」春秋時鮮虞國之中人邑，爾時屬燕國。據此，當作「中人」。❸秦敗趙於長平四十餘萬　秦將白起在長平大破趙軍，坑降卒四十餘萬。長平，趙邑名，故城在今山西高平西北。❹孝王元年　西元前二五七年。❺秦圍邯鄲者解去　秦圍邯鄲，魏公子無忌及楚春申君救趙，破秦兵，秦退兵。邯鄲，趙國都，今河北邯鄲。❻今王喜立　西元前二五四年。今王，當今君王。這是司馬遷用燕國舊史原文的稱呼。❼今王喜四年　西元前二五一年。❽秦昭王　亦曰昭襄王，名則，西元前三〇六－前二五一年在位。❾約歡趙　和趙國訂立盟約結為友好。❿以五百金為趙王酒　用五百金作為禮物給趙王祝酒。⓫四戰之國　四面受敵、四面作戰的國家。《正義》曰：「趙東鄰燕，西接秦境，南錯韓魏，北連胡貊，故言四戰。」⓬以五而伐一　即以五人敵一人。⓭栗腹將而攻鄗　栗腹率領一支軍隊攻鄗。鄗，趙邑，在今河北高邑東南。⓮卿秦攻代　卿秦，又作慶秦，燕將。代，古國名，在今河北蔚縣東北，西元前四七五年為趙襄子所滅，襄子將其封與其姪趙周。⓯大夫將渠　將渠，人名。⓰使者報而反攻之　使者回來一報告就反過來攻打人家。⓱將渠引燕王綬　引，拉著。綬，古時繫印的絲帶。⓲宋子　趙邑，在今河北趙縣東北。⓳廉頗　趙國名將，事跡詳見〈廉頗藺相如列傳〉。⓴破卿秦樂乘於代　原作「破卿秦樂乘於代」。梁玉繩《志疑》：「樂乘趙將，此與〈樂毅傳〉同誤，當以『樂乘』置『破卿秦』上。」瀧川曰：「『樂乘』，疑當作『樂閒』。」樂乘，樂毅的族人。㉑圍其國　包圍了燕的國都。國，指國都。㉒燕相將渠以處和　《集解》曰：「以將渠為相。」處和，辦理議和的事。㉓秦滅東西周二句　秦滅東周，秦任用呂不韋為相國，滅掉了建都於鞏的東周。東周，周顯王二年（西元前三六七年），西周惠公封其少子班於鞏（今河南鞏縣），鞏縣在東，號稱東周。周考王以王城故地分封其弟揭，為桓公，王城在西，號稱西周。西元前二五六年，被秦攻滅。三川郡，秦在滅東周後，又出兵攻韓，取韓的成皋、滎陽，連同原先的西周、東周，合建成三川郡。因其地有伊、洛、河三川，故稱。㉔秦拔趙榆次三十七城　秦莊襄王二年：「蒙驁擊趙榆次、新城、狼孟，得三十七城。」〈秦本紀〉將此事記於莊襄王三年，與本文及〈六國年表〉差一年。榆次，趙邑，今山西榆次。㉕秦置大原郡　治所在晉陽，在今山西太原西南。按：置太原郡在燕喜八年。㉖秦王政　即秦始皇。㉗繁陽　魏邑，在今河南內黃西北。㉘趙孝成王　名丹，惠文王子，西元前二六五－前二四五年在位。㉙悼襄王立　當秦王政三年，西元前二四四年。悼襄王，孝成王子，名偃，西元前二四四－前二三六年在位。㉚大梁　魏國都城，即今河南開封。㉛趙使李牧攻燕二句　李牧，趙國名將。武遂，燕地名，在今河北徐水西。方城，燕地名，在今河北固安南。㉜故　舊時；以前。㉝與龐煖善　龐煖，趙將。善，友好。㉞燕使劇辛將擊趙　梁玉繩曰：「事在十三年，此誤書于十二年也。」㉟取燕軍二萬　俘獲燕軍兩萬人。取，俘獲。㊱秦拔魏二十城二句　〈秦始皇本紀〉曰：「五年，將軍驁攻魏，定酸棗、燕、虛、長平、雍丘、山陽城，皆拔之，取二十城。」東郡，治所在今河南濮陽南。㊲秦拔趙之鄴九城　鄴，趙邑，在今河北臨漳西南。按：此年秦還攻下閼與、橑陽二邑。㊳太子丹質於秦　太子丹，燕太子丹。質於秦，在秦做人質。事本〈燕策〉。㊴韓王安　韓惠王子，西元前二三八－前二三〇年在位。㊵潁川郡　轄今河南中部及南部地。㊶趙王遷　悼襄王子，又稱幽繆王，亦稱幽愍王。㊷趙公子嘉自立為代王　公子嘉，悼襄王嫡子。代，春秋戰國時國名。故址在今河北蔚縣東北代王城。㊸易水　在今河北易縣。易縣時為燕下都。㊹陰　暗中。㊺使荊軻獻督亢地圖於秦　荊軻，衛人，稱荊卿，又稱慶卿，後至燕國，被太子丹尊為上卿，入秦刺秦王嬴政未遂，被殺。事見〈刺客列傳〉。督亢，地名。為燕南部富庶地區，在今河北涿縣東。㊻因襲刺秦王三句　事在燕王喜二十八年，當秦王政二十年，西元前二二七年，荊軻刺秦王事詳見〈刺客列傳〉。㊼薊　燕國都。故地在今北京市西南部。㊽遼東　燕郡名，轄今遼寧東南部遼河以東地區。㊾秦拔遼東三句　燕自召公西元前一〇四五年受封立國至此滅亡，共歷八二四年。㊿王賁　王翦之子。

【語　譯】武成王七年，齊田單討伐我國，攻下中陽。十三年，秦在長平打敗了趙國四十萬軍隊。十四年，武成王去世，子孝王繼位。

2 孝王元年，秦國解除了邯鄲之圍退兵。三年孝王去世，子燕王喜繼位。

3 燕王喜四年，秦昭王去世。燕王命國相栗腹與趙結盟，用五百金給趙王上壽。栗腹回來向燕王報告說：「趙國壯年人都死在長平，他們的遺孤還沒長大，可以攻伐。」燕王召昌國君樂閒詢問，樂閒回答說：「趙國是四面都有強敵的國家，人民熟悉戰爭，不能攻打。」燕王說：「我用五倍於趙的兵力攻打它。」回答說：

「不行。」燕王發了怒，群臣也都認為可行。最後發起兩支軍隊，戰車二千乘，讓栗腹率領攻打鄗，卿秦攻打代。唯獨大夫將渠對燕王說：「與人家開放邊境結盟交好，用五百金為人家國君上壽，使者一回來就反過來攻打他，不祥，出兵不會成功。」燕王不聽，自己率領偏軍隨在大軍後。將渠拉住燕王的綬帶勸止說：「大王一定不要親自去，去了不會成功。」燕王用腳踢他。將渠哭著說：「我不是為我自己，是為了大王。」燕軍到了宋子，趙派廉頗為將，在鄗擊敗栗腹的軍隊。樂乘在代擊敗卿秦的軍隊。樂閒逃到趙國。廉頗追趕燕軍五百多里，包圍了燕都。燕人請求講和，趙人不同意，一定要將渠主持和議。燕相國將渠主持和議。趙聽從了將渠，解了燕國之圍。

4 六年，秦滅東、西周，設置三川郡。七年，秦攻下趙榆次三十七個城邑，秦設置大原郡。九年，秦王政即位。十年，趙派廉頗為將攻打繁陽，攻下了它。趙孝成王去世，悼襄王繼位。悼襄王派樂乘替代廉頗，廉頗不聽，攻打樂乘，樂乘逃走，廉頗逃奔大梁。十二年，趙派李牧攻打燕國，攻下武遂、方城。劇辛原來住在趙，與龐煖交好，後來逃到燕。燕見趙多次被秦攻擊，廉頗又離開了，讓龐煖為將，想趁趙國疲憊攻打它。燕王詢問劇辛，劇辛說：「龐煖好對付。」燕派劇辛為將攻打趙國，趙派龐煖回擊，打敗了兩萬燕軍，殺死了劇辛。秦攻取魏國二十座城邑，設置東郡。十九年，秦攻取趙的鄴等九城。趙悼襄王去世。二十三年，太子丹到秦國做人質，逃回了燕國。二十五年，秦俘虜韓王安滅韓，設置潁川郡。二十七年，秦俘虜趙王遷，滅了趙。趙公子嘉自己立為代王。

5 燕見秦將滅六國，秦兵臨近易水，禍患就將輪到燕國。太子丹私自供養了二十名壯士，派荊軻到秦國獻督亢地圖，趁機刺殺秦王。秦王發覺了，殺死了荊軻，派將軍王翦攻打燕國。二十九年，秦攻下我國的薊，燕王逃走，遷居遼東，斬殺太子丹獻給秦國。三十年，秦滅魏。

6 三十三年，秦攻下遼東，俘虜了燕王喜，終於滅掉了燕國。這一年，秦將王賁也俘虜了代王嘉。

太史公曰：召公奭可謂仁矣！甘棠且思之❶，況其人乎？燕外迫蠻貉❷，內措❸齊、晉，崎嶇彊國之間❹，最為弱小，幾滅者數矣。然社稷血食❺者八九百歲，於姬姓獨後亡❻，豈非召公之烈❼邪！

【章　旨】以上為第五段，是作者的論贊，司馬遷再次讚美了召公的德政，強調德治思想。

【注　釋】❶甘棠且思之　對甘棠樹人民尚且懷念它。❷燕外迫蠻貉　「燕外」原作「燕北」。王念孫《雜志》：「『北』當為『外』。《風俗通義》『燕外迫蠻貊』，內箝齊晉』，即本《史》文。」迫，逼近。蠻貉，古泛指居於北方的部族，是貶稱。貉，通「貊」。❸措　通「錯」。雜也。❹崎嶇彊國之間　在強國之間艱難生存。崎嶇，道路險阻不平，這裡比喻處境艱難。❺社稷血食　指國家存在。社稷，祭祀土神和穀神的壇臺，古代用以代指國家。血食，古代殺牲取血以祭祀，故名。❻於姬姓獨後亡　按：姬姓之國，最後亡者是衛，不是燕。❼烈　功業；德業。牛運震曰：「贊語拈甘棠事，開端飄逸頓宕，『外迫蠻貉』數語括盡燕國事勢，末以『豈非召公之烈耶』一筆掉轉，回翔有法，風味深長。」

【語　譯】太史公說：召公奭真可以稱得上是仁啊！連甘棠樹都讓人們思念，何況他本人呢？燕在外受蠻貉逼迫，在內與齊、晉交錯，在強國之間艱難生存，最是弱小，好幾次幾乎滅亡。但國家一直延續了八、九百年，在姬姓諸國中最後滅亡，難道不是召公的功德！

【研　析】本文是司馬遷強調「德治」思想的重要篇章。全文主要寫了兩件事，一是召公治燕，一是燕王噲亂燕與昭王中興。而這兩件事的重心最後都落在「德治（德政）」這個思想上。召公在周初與周公齊名，是成王的重要輔臣，也是以德行著稱於世、流芳千古的偉人，司馬遷在文章開頭先寫召公政績，寫人民對他的敬仰與感念，不僅作〈甘棠〉之詩歌頌他，而且連他曾在其下工作的棠樹都不願砍伐；在文章最後的「太史公曰」中，司馬遷甚至把燕國能夠在艱難的條件下生存並「於姬姓獨後亡」的原因都歸功於召公餘烈，再次大力讚美召公德政，可見司馬遷對召公的「德政」是多麼的推崇，多麼的心嚮往之。昭王能夠在子之亂國，國內「搆難數月，死者數萬，眾人恫恐，百姓離志」，燕王死，子之亡，齊乘虛而入，「大敗燕國，國幾亡」之餘，艱苦奮鬥，重整河山，並經過二十八年的積蓄，一舉打敗齊國，並幾乎將偌大一個齊國滅掉，所靠的就是選賢任能，與百姓同甘苦，而這也是德政的重要內容。整篇〈世家〉中，召公與昭王的形象最具光彩，從中我們不難看出司馬遷的良苦用心。

燕是召公之國，在各諸侯國中地位非同一般，應該與魯、衛相當，但因其地處北鄙，與中原交往不多，流傳下來的史事很少，甚至連世系都不清。在這種情況下，司馬遷採取了信則傳信，疑則傳疑的態度，既粗線條地勾勒了其歷史輪廓，又重點描繪了其主要事件的寫法。

卷三十五

管蔡世家第五

【題解】〈管蔡世家〉主要記載蔡國與曹國的史事，另外周武王同母十兄弟之始末也附見其中，因此本文應作武王兄弟之合傳看。

1 管叔鮮、蔡叔度❶者，周文王子而武王弟也。武王同母兄弟十人。母曰太姒❷，文王正妃也。其長子曰伯邑考，次曰武王發，次曰管叔鮮，次曰周公旦，次曰蔡叔度，次曰曹叔振鐸❸，次曰成叔武❹，次曰霍叔處❺，次曰康叔封❻，次曰冄季載❼。冄季載最少。同母昆弟十人❽，唯發、旦賢，左右輔文王，故文王舍伯邑考而以發為太子。及文王崩而發立，是為武王。伯邑考既已前卒矣❾。

2 武王已克殷紂，平天下，封功臣昆弟。於是封叔鮮於管❿，封叔度於蔡⓫。二人相紂子武庚祿父，治殷遺民⓬。封叔旦於魯而相周⓭，為周公。封叔振鐸於曹，封叔武於成，封叔處於霍。康叔封、冄季載皆少，未得封⓮。

3 武王既崩，成王少，周公旦專王室⑮。管叔、蔡叔疑周公之為不利於成王，乃挾⑯武庚以作亂。周公旦承成王命伐誅武庚，殺管叔，而放蔡叔，遷之，與車十乘，徒七十人從⑰。而分殷餘民為二：其一封微子啟於宋，以續殷祀⑱；其一封康叔為衛君，是為衛⑲康叔。封季載於冄。冄季、康叔皆有馴行⑳，於是周公舉康叔為周司寇，冄季為周司空㉑，以佐成王治，皆有令名㉒於天下。

【章旨】以上為第一段，記述武王同母兄弟十人在滅商後的分封以及管蔡之亂等周初重大事件。

【注釋】❶管叔鮮蔡叔度　「鮮」、「度」是管叔、蔡叔的名字。「叔」是表示兄弟間的排行，長稱伯，次稱仲，三稱叔，最小的稱季。管，叔鮮的封國名。其故城在今河南鄭州洼劉村附近。蔡，叔度的封國名，故城在今河南上蔡蔡都鎮蘆崗鄉一帶。❷太姒　文王之妃，武王之母，傳為夏禹的後代，姒是姓。❸曹叔振鐸　振鐸，曹叔之名。曹，振鐸的封國名，故城在今山東曹縣一帶。❹成叔武　武，成叔之名。成，一作「郕」，叔武的封國名，故城在今山東寧陽北。❺霍叔處　處，霍叔之名。霍，叔處的封國名，故城在今山西霍縣。西元前六六一年為晉所滅。❻康叔封　封，康叔之名。康，叔封最初的封國名，今地不詳。後叔封被封為衛君。詳見〈衛康叔世家〉。❼冄季載　冄，冉的本字，冄季載的封國名，故城在今河南平輿。載，冄季之名。❽同母昆弟十人　按：僖二十四年《左傳》云：「管、蔡、郕、霍、魯、衛、毛、聃、郜、雍、曹、滕、畢、原、酆、郇，文之昭也。」楊伯峻曰：「十六國，皆文王子。」❾伯邑考既已前卒矣　按：「伯邑考既已前卒矣」疑有錯簡，似當在「唯發、旦賢」上，「舍伯邑考」之後加一「子」字，其意則通。❿於是封叔鮮於管　《左傳》僖公二十四年，富辰曰：「昔周公弔二叔之不咸，故封建親戚以蕃屏周。」楊伯峻曰：「依此傳文之意，則封管者為周公，其時為『管蔡不咸』之後，似不相合。」⓫蔡　此蔡是上蔡。⓬二人相紂子武庚祿父二句　周武王滅殷後，將殷舊都封給武庚祿父，繼續殷的祭祀。相，輔助。當時管、蔡對武庚名為輔助，實為監視。武庚祿父，殷紂王之子，名祿父。遺民，亡國之民，此指殷的宗族。⓭封叔旦於魯而相周　指周公雖封於魯卻留在周都做國相。旦，周公名，武王之弟，故稱叔旦。⓮康叔封冄季載皆少二句　梁玉繩曰：「牧野之役，康叔布茲，不可言『少』矣。」⑮成王少二句　成王，武王之子，名誦，西元前一〇四二—前一〇二一年在位。專王室，獨掌朝政。王室，帝王之家，指朝廷。⑯挾　挾持。⑰與車十乘二句　瀧川曰：「定四年《左傳》『十乘』作『七乘』。」徒，僕從。⑱封微子啓於宋二句　微子啓，殷紂王的庶兄，因數諫紂王不被聽從，離開紂王。武王滅殷後，恢復了他的地位。封於宋，成為宋國的始祖。宋，古國名，故城在今河南商丘縣城南部。續殷祀，延續殷的祭祀。⑲衛　古國名，故城在今河南淇縣。⑳冄季康叔皆有馴行　馴行，善行。瀧川曰：「馴，讀為順。」㉑康叔為周司寇二句　司寇，官名，主管刑獄。司空，官名，主管工程、製造。㉒令名　美名。

【語譯】管叔鮮、蔡叔度，是周文王的兒子，武王的弟弟。武王同母兄弟共有十人。母親是太姒，是文王的正妃。長子叫伯邑考，其次是武王發，其次是管叔鮮，再次是周公旦，再次是蔡叔度，再次是曹叔振鐸，再次是成叔武，再次是霍叔處，再次是康叔封，再次是冄季載。冄季載最小。武王同母兄弟十人中，發、旦賢能，在文王左右輔佐文王，所以文王捨棄伯邑考而將發立為太子。等文王去世，發繼位，這就是周武王。伯邑考在此前已經去世了。

2 武王攻克殷紂，平定天下，分封功臣和眾兄弟。於是將叔鮮封到管，叔度封到蔡。兩人做紂的兒子武庚祿父的相，治理殷的遺民。將叔旦封在魯而做周的相，為周公。將叔振鐸封在曹，叔武封在成，叔處封在霍。康叔封、冄季載年紀小，沒有得到封地。

3 武王去世後，成王年少，周公旦專管王室。管叔、蔡叔懷疑周公將對成王做什麼不好的事，就挾同武庚作亂。周公旦奉成王的命令討伐誅殺武庚，殺死管叔，放逐了蔡叔，把他遷出封地，給他十乘車，隨從七十人。將殷遺民分為兩部分：一部分封在宋國給微子啓，來延續殷商的祭祀，一部分封給康叔建立衛國，這就是衛康叔。將季載封在冄。冄季、康叔都有善行，於是周公選拔康叔做周司寇，冄季做周司空，來輔佐成王治理國家，在天下都有好名聲。

1 蔡叔度既遷而死。其子曰胡，胡乃改行，率德馴善❶。周公聞之，而舉胡以為魯卿士❷，魯國治。於是周公言於成王，復封胡於蔡❸，以奉蔡叔之祀，是為蔡仲。餘五叔皆就國❹，無為天子吏者。

2 蔡仲卒，子蔡伯荒立。蔡伯荒卒，子宮侯立❺。宮侯卒，子厲侯立。厲侯卒，子武侯立。武侯之時，周厲王失國，奔彘❻，共和行政❼，諸侯多叛周。

3 武侯卒❽，子夷侯立。夷侯十一年，周宣王即位❾。二十八年，夷侯卒，子釐侯所事❿立。

4 釐侯三十九年⓫，周幽王為犬戎所殺⓬，周室卑而東徙⓭。秦始得列為諸侯⓮。

5 四十八年，釐侯卒，子共侯興⓯立。共侯二年卒，子戴侯立。戴侯十年卒⓰，子宣侯措父立⓱。

6 宣侯二十八年，魯隱公初立⓲。三十五年，宣侯卒，子桓侯封人⓳立。桓侯三年⓴，魯弒其君隱公㉑。二十年，桓侯卒，弟哀侯獻舞㉒立。

7 哀侯十一年㉓，初，哀侯娶陳，息侯亦娶陳㉔。息夫人將歸，過蔡㉕，蔡侯不敬㉖。息侯怒，請楚文王㉗：「來伐我㉘，我求救於蔡，蔡必來，楚因擊之，可以有功。」楚文王從之，虜蔡哀侯以歸。哀侯留九歲，死於楚㉙。凡立二十年卒。

蔡人立其子肸，是為繆侯㉚。

8 繆侯以其女弟為齊桓公夫人㉛。十八年㉜，齊桓公與蔡女戲船中，夫人蕩舟㉝，桓公止之，不止，公怒，歸蔡女，而不絕也。蔡侯怒，嫁其弟㉞。齊桓公怒，伐蔡；蔡潰，遂虜繆侯，南至楚邵陵㉟。已而諸侯為蔡謝齊㊱，齊侯歸蔡侯㊲。二十九年，繆侯卒，子莊侯甲午㊳立。

9 莊侯三年㊴，齊桓公卒。十四年，晉文公敗楚於城濮㊵。二十年，楚太子商臣弒其父成王代立㊶。二十五年，秦穆公㊷卒。三十三年，楚莊王㊸即位。三十四年，莊侯卒，子文侯申立。

10 文侯十四年㊹，楚莊王伐陳，殺夏徵舒㊺。十五年，楚圍鄭，鄭降楚，楚復醳之㊻。二十年，文侯卒，子景侯固立。

11 景侯元年㊼，楚莊王卒。四十九年㊽，景侯為太子般娶婦於楚，而景侯通焉。太子弒景侯而自立㊾，是為靈侯㊿。

12 靈侯二年(51)，楚公子圍弒其王郟敖而自立，為靈王(52)。九年，陳司徒招弒其君哀公(53)。楚使公子弃疾滅陳而有之(54)。十二年，楚靈王以靈侯弒其父，誘蔡靈侯于申(55)，伏甲飲之，醉而殺之(56)，刑其士卒七十人。令公子弃疾圍蔡。十一月，滅蔡，使弃疾為蔡公[57]。

13 楚滅蔡三歲[58]，楚公子弃疾弒其君靈王代立，為平王[59]。平王乃求蔡景侯少子廬，立之，是為平侯[60]。是年[61]，楚亦復立陳[62]。楚平王初立，欲親諸侯，故復立陳、蔡後。

14 平侯九年卒[63]，靈侯般之孫東國攻平侯子而自立[64]，是為悼侯[65]。悼侯父曰隱太子友。隱太子友者，靈侯之太子。平侯立而殺隱太子，故平侯卒而隱太子之子東國攻平侯子而代立[66]，是為悼侯[67]。悼侯三年卒[68]，弟昭侯申[69]立。

15 昭侯十年[70]，朝楚昭王[71]，持美裘二[72]，獻其一於昭王而自衣其一。楚相子常[73]欲之，不與。子常讒蔡侯，留之楚三年[74]。蔡侯知之，乃獻其裘於子常，子常受之，乃言歸蔡侯[75]。蔡侯歸而之晉，請與晉伐楚[76]。

16 十三年，春，與衛靈公會邵陵[77]。蔡侯私於周萇弘以求長於衛[78]；衛使史鰌言康叔之功德[79]，乃長衛。夏，為晉滅沈[80]，楚怒，攻蔡。蔡昭侯使其子為質於吳[81]，以共伐楚。冬，與吳王闔閭遂破楚入郢[82]。蔡怨子常，子常恐，奔鄭。十四年，吳去而楚昭王復國[83]。十六年，楚令尹為其民泣以謀蔡[84]，蔡昭侯懼。二十六年，孔子如蔡。楚昭王伐蔡，蔡恐，告急於吳。吳為蔡遠，約遷以自近[85]，易以相救。昭侯私許，不與大夫計。吳人來救蔡，因遷蔡于州來(86)。二十八年，昭侯將朝于吳，大夫恐其復遷，乃令賊利殺昭侯(87)。已而誅賊利以解過，而立昭侯子朔，是為成侯(88)。

17 成侯四年(89)，宋滅曹(90)。十年，齊田常弒其君簡公(91)。十三年，楚滅陳(92)。十九年，成侯卒，子聲侯產(93)立。聲侯十五年卒(94)，子元侯(95)立。元侯六年卒(96)，子侯齊(97)立。

18 侯齊四年(98)，楚惠王滅蔡，蔡侯齊亡(99)。蔡遂絕祀。後陳滅三十三年(100)。

【章　旨】以上為第二段，記蔡國的歷史。蔡國三次得國，三次失國，終滅於楚。

【注　釋】❶胡乃改行二句　改行，改變品性。率德馴善，即按正道行事。率，遵循。馴，順。❷而舉胡以為魯卿士　楊伯峻注曰：「卿士有二義，一為周王朝六卿之長，一為卿大夫之通稱，此用第二義，言周公舉之，立于王朝，為己助手也。」❸復封胡於蔡　《集解》引宋忠曰：「胡徙居新蔡。」即今河南新蔡。❹餘五叔皆就國　五叔，《索隱》曰：「管叔、蔡叔、成叔、曹叔、霍叔。」其時武王母弟就國者只有曹叔、成叔、霍叔。管不紹封，蔡仲時為卿，康叔為司寇，冉叔為司空，周公輔政。若以管蔡之亂前言之，則五叔為管、蔡、成、曹、霍五人。就國，去自己的封國上任。❺蔡伯荒卒二句　梁玉繩曰：「蔡伯而後，其名原缺。若蔡伯名『荒』，何亦不書？又蔡為侯爵，奚以蔡伯獨稱『伯』，豈時王之所降黜，至其子宮侯而復之歟？」又曰：「謚法無『宮』，或宮是名，然曹有『宮伯侯』何也？」❻周厲王失國二句　事在西元前八四一年。周厲王因行暴政，引起國人反抗，逃奔到彘。周厲王，夷王之子，名胡，西元前八七七—前八四一年在位。失國，丟棄京都。彘，地名，即今山西霍縣東北。❼共和行政　西元前八四一年，周發生國人暴動，周厲王出逃，從此至周宣王立，中間十四年，由周公、召公共同執政，號共和行政。其他說法見〈周本紀〉。❽武侯卒　事在西元前八三八年，時為武侯二十六年。❾夷侯十

一年二句　是年為西元前八二七年。周宣王，厲王之子，名靜，西元前八二七—前七八二年在位。❿釐侯所事　蔡釐侯，名所事，西元前八〇九—前七六二年在位。釐，通「僖」。⓫釐侯三十九年　西元前七七一年。⓬周幽王為犬戎所殺　周幽王寵愛褒姒，廢申后及太子宜臼，申后之父申侯聯合犬戎攻破周都，殺幽王。周幽王，宣王之子，名宮湦（一作涅），西元前七八一—前七七一年在位。犬戎，少數民族部落名。⓭周室卑而東徙　幽王被犬戎所殺後，其子平王宜臼東遷洛邑（今洛陽），史稱東周。卑，衰弱。東徙，東遷。⓮秦始得列為諸侯　周幽王為犬戎所殺，平王東徙洛邑，秦襄公送平王至洛，故平王封襄公。秦，古部落名，嬴姓。西周孝王封非子於秦，故城在今甘肅天水。至秦襄公因救周有功，被周平王封為諸侯，並令其收復周之失地，地即歸秦，秦國從此逐漸強大。⓯共侯興　蔡共侯，名興，西元前七六一—前七六〇年在位。⓰戴侯十年卒事當西元前七五〇年。⓱宣侯措父立　蔡宣侯，名措父，西元前七四九—前七一五年在位。杭世駿曰：「《春秋》作『考父。』」⓲宣侯二十八年二句　當西元前七二二年。魯隱公，名息姑，魯惠公之長庶子。西元前七二二—前七一二年在位。惠公死後，太子尚幼，隱公攝政。⓳桓侯封人　蔡桓侯，名封人，西元前七一四—前六九五年在位。⓴桓侯三年　當西元前七一二年。㉑魯弒其君隱公　魯公子揮勸隱公殺太子，隱公不聽，且欲讓位，公子揮乃誘太子殺隱公。㉒哀侯獻舞　蔡哀侯，名獻舞，西元前六九四—前六七五年在位。㉓哀侯十一年　西元前六八四年。㉔息侯亦娶陳　息，古諸侯國名，故城當在今河南息縣。娶陳，娶陳侯的女兒為夫人。陳，古諸侯國名，開國君主為胡公滿，相傳為舜的後代，姓媯，都宛丘，故城在今河南淮陽。㉕息夫人將歸二句　歸，出嫁。過，經過。㉖蔡侯不敬　莊十年《左傳》曰：「蔡侯曰：『吾姨也。』止而見之，弗賓。」楊伯峻曰：「據十四年《傳》，息媯甚美，則此所謂弗賓，蓋有輕佻之行。」㉗楚文王　名貲，楚武王之子，西元前六八九—前六七七年在位。㉘我　指息國。㉙哀侯留九歲二句　梁玉繩曰：「〈楚世家〉言文王虜哀侯，已而釋之，則哀侯不死于楚也。與此異詞，莫知孰是。」㉚繆侯　名肸，西元前六七四—前六四六年在位。㉛繆侯以其女弟為齊桓公夫人　女弟，妹妹。齊桓公，名小白，西元前六八五—前六四三年在位，是春秋時期的首位霸主。㉜十八年　西元前六五七年。㉝蕩舟　蕩，搖晃。㉞公怒五句　歸蔡女，把蔡女送回娘家。不絕，未斷絕關係。嫁其弟，《索隱》曰：「弟，女弟，即蕩舟之姬。」㉟南至楚邵陵　僖四年《左傳》云：「齊侯以諸侯之師侵蔡。蔡潰，遂伐楚。」邵陵，一作「召陵」，故址在今河南郾城東。㊱謝齊　向齊謝罪。謝，道歉；認錯。㊲齊侯歸蔡侯　梁玉繩曰：「此在繆侯十九年，而書于十八年，與〈表〉同誤。又《春秋》三傳，無虜繆侯事，恐妄。」㊳莊侯甲午　蔡莊侯，名甲午，西元前六四五—前六一二年在位。㊴莊侯三年　西元前六四三年。㊵晉文公敗楚於城濮　即晉楚城濮之戰。晉文公，名重耳，晉獻公之子。因驪姬之亂流亡在外十九年，後在秦國幫助下回晉奪得政權，西元前六三六－前六二八年在位。城濮，衛國地名，在今山東鄄城西南一帶。(41)楚太子商臣弒其父成王代立　商臣，楚穆王也。成王，名頵。《公羊》、《穀梁》俱作「髡」，《漢書・古今人表》作「惲」，〈楚世家〉作「熊惲」。(42)秦穆公　嬴姓，西元前六五九－前六二一年在位。(43)楚莊王　名熊侶，楚穆王之子。西元前六一三－前五九一年在位，春秋五霸之一。(44)文侯十四年　當西元前五九八年。(45)楚莊王伐陳二句　陳靈公與夏徵舒母私通，魯宣公十年（西元前五九九年），夏徵舒射殺陳靈公，自立為陳侯，故楚伐陳。夏徵舒，陳國大夫。(46)楚圍鄭三句　楚以鄭貳於晉，故伐之。詳見〈楚世家〉、〈鄭世家〉。醳，通「釋」。釋放。(47)景侯元年　西元前五九一年。(48)四十九年　原作「三十九年」。依〈十二諸侯年表〉載，蔡景侯四十九年為太子所殺。今據改。(49)太子弒景侯而自立　事見襄三十年《左傳》。景侯被弒在此年，至其為太子娶婦並與之通姦，當在此前數年。(50)靈侯　名般，也作「班」，西元前五四二－前五三一年在位。(51)靈侯二年　西元前五四一年。(52)楚公子圍弒其王郟敖而自立二句　公子圍，楚共王之子，康王之弟，郟敖之叔父。郟敖，康王之子，名麇，西元前五四四年繼位。因被弒後葬於郟，故楚謂之「郟敖」。(53)陳司徒招弒其君哀公　昭八年《左傳》：「三月甲申，公子招、公子過殺悼太子偃師而立公子留。夏四月辛亥，哀公縊。」招，人名，哀公之弟。《索隱》曰：「『招』，或作『昭』，或作『韶』，並時遙反。」司徒，官名，掌管國家的土地和人民。(54)楚使公子弃疾滅陳而有之　公子弃疾，楚共王之子，靈王之弟，即日後之楚平王。有之，占為己有。(55)申　楚邑名，故城在今河南南陽北。(56)伏甲飲之二句　據《左傳》則先逮捕後殺害；〈世家〉彷彿直接殺之於席上，不妥。伏甲，埋伏士兵。甲，盔甲，引申指戰士。(57)使弃疾為蔡公　蔡公，《正義》曰：「蔡之大夫也。」即為蔡地的首領，公是封號。(58)楚滅蔡三歲　當西元前五二九年。(59)弃疾弒其君靈王代立二句　據〈楚世家〉，先是弃疾鼓動子比先殺了楚靈王的諸子，又逼死了楚靈王；而後弃疾又玩弄陰謀逼死子比、子皙，自立為王，故〈十二諸侯年表〉曰「弃疾作亂自立，靈王自殺」。此處直言「弃疾弒其君」雖不確，但更能揭示事實真相。(60)平王乃求蔡景侯少子廬三句　平侯，景侯曾孫，其父為隱太子。《史》以為景侯少子，誤。又有平侯遷都於新蔡之說。(61)是年　指楚復蔡之年，西元前五二九年。(62)楚亦復立陳　〈陳杞世家〉云：「楚靈王滅陳五年，楚公子弃疾弒靈王代立，是為平王。平王初立，欲得和諸侯，乃求故陳悼太子師之子吳，立為陳侯，是為惠公。」(63)平侯九年卒　西元前五二二年。(64)靈侯般之孫東國攻平侯子而自立　按：據《左傳》，東國賂費無極，故楚欲伐蔡，太子朱出奔，東國其禍首也。《史》書其攻立，討其首禍之罪，與書弃疾弒靈王同例。攻，攻擊，將其趕走。(65)悼侯　名東國，西元前五二一－前五一九年在位。(66)平侯立而殺隱太子二句　梁玉繩曰：「殺隱太子者楚靈王也，立平侯者楚平王也，平侯為東國兄，是亦隱太子之子，何得妄加平侯以殺父之大逆乎？平侯之太子朱出奔楚，實緣楚費無極取貨東國之故，亦不得言東國攻兄自立。蓋史公誤以平侯為景侯子，遂別生異端，造為世代相攻之事，而不知《經》、《傳》所載甚明，豈可誣哉！」(67)是為悼侯　中井積德曰：「『是為悼侯』是複文，當削。」(68)悼侯三年卒　西元前五一九年。(69)弟昭侯申　蔡昭侯，名申，一作甲，西元前五一八－前四九一年在位。(70)昭侯十年　西元前五〇九年。(71)楚昭王　名珍，平王之子，西元前五一五－前四八九年在位。(72)持美裘二　《左傳》蔡侯作兩佩兩裘。裘，皮衣。(73)子常　即楚令尹囊瓦。(74)留之楚三年　留蔡昭侯於楚三年。(75)言歸蔡侯　向有司發話放回蔡侯。(76)請與晉伐楚　蔡侯，以其子元與其大夫之子為質焉，而請晉伐楚。(77)與衛靈公會邵陵　邵陵，也作「召陵」，在今河南郾城東。邵陵之會是蔡昭侯為謀伐楚而發起。衛靈公，名元，衛襄公之子，西元前五三四－前四九三年在位。(78)蔡侯私於周萇弘以求長於衛　因蔡的始祖蔡叔度是衛的始祖康叔封之兄，故如是要求。私，私下；暗中活動。萇弘，周敬王之大夫。求長於衛，要求位次列於衛國之前。(79)衛使史鰌言康叔之功德　梁玉繩曰：「案祝佗亦誤作史鰌，蓋以二人俱字魚而誤。」史鰌，衛國史官，名鰌，字子魚。言康叔之功德，說康叔在成王時有功德。(80)為晉滅沈　定四年《左傳》：「沈人不會于召陵，晉人使蔡伐之。」沈，古諸侯小國名，故城在今河南平輿北。(81)蔡昭侯使其子為質於吳　定四年《左傳》云：「蔡侯以其子乾與其大夫之子為質於吳。」吳、楚為敵國，故蔡侯與吳結盟伐楚。(82)與吳王闔閭遂破楚入郢　此即伍子胥復仇破郢之役，過程詳見〈伍子胥列傳〉與〈吳太伯世家〉。吳王闔閭，即公子光，吳王僚堂兄，吳王僚十二年殺僚自立為王，改名闔閭，西元前五一四－前四九六年在位。郢，楚國都。即今湖北江陵西北紀南城。(83)吳去而楚昭王復國　吳兵進入郢都，昭王出逃，後至隨國。楚大夫申包胥到秦求救，秦出兵敗吳，吳師歸，楚昭王返國復為楚王。(84)楚令尹為其民泣以謀蔡　楚令尹，此時的楚令尹是子西。為其民泣，因楚國人民遭吳、蔡的屠殺而哭泣。以謀蔡，計劃報復蔡國。(85)約遷以自近　約蔡侯遷都以便與吳國靠近。(86)因遷蔡于州來　將蔡的都城遷到州來。州來，即下蔡，今安徽鳳台。州來原為楚邑，是時已為吳所有。(87)乃令賊利殺昭侯　殺昭侯者公孫翩，字利。(88)是為成侯　蔡成侯，名朔，西元前四九〇－前四七二年在位，《集解》引徐廣：「或作景侯。」(89)成侯四年　西元前四八七年。(90)宋滅曹　哀公八年《左傳》載：「八年春，宋公伐曹將還，褚師子肥殿。曹人詬之，不行。師待之。公聞之，怒，命反之，遂滅曹，執曹伯陽及司城彊以歸，殺之。」曹遂亡。(91)齊田常弒其君簡公　簡公，悼公之子，西元前四八四－前四八一年在位。田常，齊國大臣，又名陳恆，謚成，故又稱陳成子。(92)楚滅陳　哀十七年《左傳》載：「楚白公之亂，陳人恃其聚而侵楚。楚既寧，將取陳麥……陳人御之，敗，遂圍陳。秋七月己卯（八日），楚公孫朝帥師滅陳。」(93)聲侯產　蔡聲侯，名產，西元前四七一－前四五七年在位。(94)聲侯十五年卒　西元前四五七年。(95)元侯　西元前四五六－前四五一年在位。(96)元侯六年卒　西元前四五一年。

[97] 侯齊　蔡侯名齊，西元前四五〇—前四四七年在位。[98] 侯齊四年　西元前四四七年。[99] 亡　逃亡。[100] 後陳滅三十三年　《索隱》曰：「魯哀十七年，楚滅陳，其楚滅蔡又在滅陳之後三十三年，即在春秋後二十三年。」蔡自西元前一〇四五年建國，至此共歷時五九八年。

【語譯】蔡叔度被放逐後就死去了。他的兒子名叫胡，胡改變了品性，遵循道德順從良善。周公聽說後，就選拔胡做了魯卿士，魯國得到了很好的治理。於是周公向成王進言，重新將胡封到蔡國，來主持蔡叔的祭祀，這就是蔡仲。武王其餘的五兄弟都到了自己的封國，沒有做天子的官吏。

2 蔡仲去世，子蔡伯荒繼位。蔡伯荒去世，子宮侯繼位。宮侯去世，子厲侯繼位。厲侯去世，子武侯繼位。武侯時期，周厲王失去了王位，逃奔到彘，共和行政，不少諸侯背叛了周王室。

3 武侯去世，子夷侯繼位。夷侯十一年，周宣王即位。二十八年，夷侯去世，子釐侯所事繼位。

4 釐侯三十九年，周幽王被犬戎所殺，周王室衰落向東遷徙。秦開始列為諸侯。

5 四十八年，釐侯去世，子共侯興繼位。共侯二年去世，子戴侯繼位。戴侯十年去世，子宣侯措父繼位。

6 宣侯二十八年，魯隱公繼位。三十五年，宣侯去世，子桓侯封人繼位。桓侯三年，魯弒殺國君隱公。二十年，桓侯去世，弟哀侯獻舞繼位。

7 哀侯十一年，當初，哀侯娶陳國的女兒，息侯也娶了陳國的女兒。息夫人出嫁時，路過蔡國，蔡侯對她不禮貌。息侯發怒，請求楚文王：「你們來攻伐我，我就向蔡國求救，蔡國一定會來，楚國就趁機襲擊它，可以有收穫。」楚文王聽了他的話，俘虜了蔡哀侯回國。哀侯留在楚國九年，死在楚國。一共在位二十年去世。蔡人立他兒子肸為君，這就是繆侯。

8 繆侯把妹妹嫁給齊桓公做夫人。十八年，齊桓公與蔡女在船上玩，夫人把船亂晃，桓公讓她停下來，她不停，桓公生了氣，把蔡女送回娘家，但並沒有斷絕關係。蔡侯大怒，把她嫁給了別人。齊桓公也發了怒，討伐蔡國；蔡國大敗，於是就俘虜了繆侯，向南一直到楚國的邵陵。後來諸侯替蔡侯向齊國謝罪，齊侯才放了蔡侯。二十九年，繆侯去世，子莊侯甲午繼位。

9 莊侯三年，齊桓公去世。十四年，晉文公在城濮打敗了楚國。二十年，楚太子商臣弒殺他父親成王取代他為國君。二十五年，秦穆公去世。三十三年，楚莊王繼位。三十四年，莊侯去世，子文侯申繼位。

10 文侯十四年，楚莊王討伐陳國，殺死了夏徵舒。十五年，楚圍攻鄭，鄭投降楚國，楚又放棄了對鄭的占領。二十年，文侯去世，子景侯固繼位。

11 景侯元年，楚莊王去世。四十九年，景侯為太子般到楚國娶媳婦，而景侯與她通姦。太子般弒殺景侯而自立為君，這就是靈侯。

12 靈侯二年，楚公子圍弒殺楚王郟敖而自己繼位，這就是靈王。九年，陳司徒招弒殺國君哀公。楚派公子弃疾滅陳而占有它。十二年，楚靈王因為靈侯弒殺父親，把蔡靈侯誘騙到申，埋伏士卒請他飲酒，灌醉他後就把他殺掉，他的隨從士卒七十人也被殺。靈王讓公子弃疾圍攻蔡國。十一月，滅亡蔡國，讓弃疾做蔡公。

13 楚滅亡蔡國三年，楚公子弃疾弒殺國君靈王而繼位，這就是平王。平王尋求蔡景侯的小兒子廬，立為國君，這就是平侯。這一年，楚也重新恢復了陳國。楚平王剛繼位，想與諸侯親善，所以重新恢復陳、蔡的後代。

14 平侯九年去世，靈侯般的孫子東國攻擊平侯的兒子自己繼位，這就是悼侯。悼侯的父親叫隱太子友。隱太子友，是靈侯的太子。平侯繼位殺掉隱太子，所以平侯去世，隱太子的兒子東國攻擊平侯的兒子而繼位，這就是悼侯。悼侯三年去世，弟弟昭侯申繼位。

15 昭侯十年，朝見楚昭王，帶了兩件好皮衣，其中一件獻給昭王，自己穿了一件。楚相子常想要，沒給他。子常就說蔡侯的壞話，把他留在楚國三年。蔡侯明白了，就把皮衣獻給子常，子常接受了，就向有司說放回了蔡侯。蔡侯回國後就去了晉國，請求與晉國一起討伐楚國。

16 十三年，春天，與衛靈公在邵陵會盟。蔡侯私下結交周大夫萇弘要求位次排在衛前面；衛派史鰌講述康叔的功德，還是讓衛排在前面。夏天，為晉國滅了沈國，楚國發怒，攻打蔡國。蔡昭侯讓他的兒子到吳國做人質，一起伐楚。冬天，與吳王闔閭一起打敗楚國攻入郢都。蔡怨恨子常，子常害怕，逃奔鄭國。十四年，吳師退兵，楚昭王復位。十六年，楚令尹為楚國人民哭泣而計劃討伐蔡國，蔡昭侯害怕。二十六年，孔子到蔡國。楚昭王伐蔡，蔡害怕，向吳國告急。吳因為蔡太遠，約定蔡遷都靠近自己，容易相救。昭侯私下答應了，沒與大夫商討。吳人來援救蔡國，就把蔡都遷到州來。二十八年，昭侯要去吳國朝見，大夫怕他再遷都，就派賊利刺殺了昭侯。然後誅殺賊利來解脫罪責，立昭侯的兒子朔為君，這就是成侯。

17 成侯四年，宋滅曹。十年，齊田常弒國君簡公。十三年，楚滅陳。十九年，成侯去世，子聲侯產繼位。聲侯十五年去世，子元侯繼位。元侯六年去世，子侯齊繼位。

18 侯齊四年，楚惠王滅蔡，蔡侯齊逃亡國外，蔡國的祭祀就斷絕了。比陳晚滅亡三十三年。

1 伯邑考，其後不知所封❶。武王發，其後為周，有「本紀」言❷。管叔鮮作亂誅死，無後。周公旦，其後為魯，有「世家」言。蔡叔度，其後為蔡，有「世家」言。曹叔振鐸，其後為曹，有「世家」言。成叔武，其後世無所見❸。霍叔處，其後晉獻公時滅霍❹。康叔封，其後為衛，有「世家」言。冄季載，其後世無所見❺。

2 太史公曰：管、蔡作亂，無足載者。然周武王崩，成王少，天下既疑，賴同母之弟成叔、冄季之屬十人為輔拂❻，是以諸侯卒宗周，故附之「世家」言。

【章旨】以上為第三段，交代武王同母兄弟十人記入《史記》各部分的情況。

【注釋】❶伯邑考二句　中井積德曰：「伯邑考蓋無子也。」梁玉繩以為「伯邑考之後失傳，或謂早死無後，恐非」。❷有

本紀言　意為言在〈本紀〉中。董份曰：「『言』字不解，蓋太史公所自創者，如世家語也。」顧頡剛、趙生群以為這是因為正文為司馬談所作，而「太史公曰」是司馬遷後加的。❸成叔武二句　成，《左傳》作「郕」。曾見數次記載，只是不知名謚年世。❹其後晉獻公時滅霍　晉獻公十六年，即西元前六六一年，晉滅霍。❺冄季載二句　沈家本曰：「《周語》，富辰言『聃季之亡由鄭姬』，而列于鄶之後，息、鄧之前，鄶之亡在僖王之時，則聃之亡亦當在桓、莊時乎？」❻賴同母之弟句　十人，實為六人。時武王已死，伯邑考死於武王之前，管、蔡作亂亦不當計入。輔拂，輔助。拂，通「弼」。

【語譯】伯邑考，他的後代不知道分封在哪裡。武王發，後代是周天子，有〈周本紀〉記載。管叔鮮作亂被誅滅，沒有後代。周公旦，後代為魯國國君，有〈魯周公世家〉記載。蔡叔度，後代為蔡國國君，有〈管蔡世家〉記載。曹叔振鐸，後代為曹國國君，有〈管蔡世家〉記載。成叔武，後代不見記載。霍叔處，他的後代到晉獻公時被滅。康叔封，後代為衛國國君，有〈衛康叔世家〉記載。冄季載，後代不見記載。

2 太史公說：管、蔡作亂，沒有什麼值得記載的。但周武王去世，成王年少，天下都疑懼，依賴同母弟弟成叔、冄季等十人輔弼，因此諸侯最終都尊奉周王室，所以附在世家中。

1 曹叔振鐸者，周武王弟也。武王已克殷紂，封叔振鐸於曹。

2 叔振鐸卒，子太伯脾立。太伯卒，子仲君平立。仲君平卒，子宮伯侯立。宮伯侯卒，子孝伯雲立。孝伯雲卒，子夷伯喜立。

3 夷伯二十三年❶，周厲王奔于彘。

4 三十年卒，弟幽伯彊❷立。幽伯九年❸，弟蘇殺幽伯代立，是為戴伯❹。戴伯元年，周宣王已立三歲。三十年，戴伯卒，子惠伯兕立❺。

5 惠伯二十五年❻，周幽王為犬戎所殺，因東徙，益卑，諸侯畔之。秦始列為諸侯。

6 三十六年，惠伯卒，子石甫立，其弟武殺之代立，是為繆公❼。繆公三年❽卒，子桓公終生立❾。

7 桓公三十五年❿，魯隱公立。四十五年，魯弒其君隱公。四十六年⓫，宋華父督弒其君殤公及孔父⓬。五十五年，桓公卒，子莊公夕姑立⓭。

8 莊公二十三年⓮，齊桓公始霸。

9 三十一年，莊公卒，子釐公夷立⓯。釐公九年⓰卒，子昭公⓱班立。昭公六年⓲，齊桓公敗蔡，遂至楚召陵。九年，昭公卒，子共公襄⓳立。

10 共公十六年⓴，初，晉公子重耳其亡過曹，曹君無禮，欲觀其駢脅㉑。釐負羈諫，不聽，私善於重耳㉒。二十一年，晉文公重耳伐曹，虜共公以歸，令軍毋入釐負羈之宗族閭㉓。或說晉文公曰：「昔齊桓公會諸侯，復異姓㉔；今君囚曹君，滅同姓，何以令於諸侯㉕？」晉乃復歸共公。

11 二十五年，晉文公卒。三十五年，共公卒，子文公壽㉖立。文公二十三年㉗卒，子宣公彊立㉘。宣公十七年㉙卒，弟成公負芻立㉚。

12 成公三年，晉厲公伐曹[31]，虜成公以歸，已[32]復釋之。五年，晉欒書、中行偃使程滑弒其君厲公[33]。二十三年，成公卒，子武公勝立[34]。武公二十六年[35]，楚公子弃疾弒其君靈王代立[36]。二十七年，武公卒，子平公須立[37]。平公四年[38]卒，子悼公午立。是歲，宋、衛、陳、鄭皆火[39]。

13 悼公八年[40]，宋景公立。九年，悼公朝于宋，宋囚之。曹立其弟野，是為聲公。悼公死於宋，歸葬。

14 聲公五年，平公弟通弒聲公代立，是為隱公[41]。隱公四年，聲公弟露弒隱公代立，是為靖公[42]。靖公四年[43]卒，子伯陽立[44]。

15 伯陽三年[45]，國人有夢眾君子立于社宮[46]，謀欲亡曹，曹叔振鐸止之，請待公孫彊，許之。旦求之，曹無此人。夢者戒其子曰：「我亡[47]，爾聞公孫彊為政，必去曹，無離曹禍[48]。」及伯陽即位，好田弋[49]之事。六年，曹野人公孫彊亦好田弋，獲白鴈而獻之，且言田弋之說，因訪政事[50]。伯陽大說之，有寵，使為司城以聽政[51]。夢者之子乃亡去[52]。

16 公孫彊言霸說於曹伯。十四年，曹伯從之，乃背晉干宋[53]。宋景公伐之，晉人不救。十五年，宋滅曹，執曹伯陽及公孫彊以歸而殺之。曹遂絕其祀[54]。

17 太史公曰㊺：余尋曹共公之不用僖負羈，乃乘軒者三百人㊻，知唯德之不建㊼。及振鐸之夢，豈不欲引曹之祀者哉？如公孫彊不脩厥政，叔鐸之祀忽諸㊽！

【章　旨】以上為第四段，記述了曹國的歷史。

【注　釋】❶夷伯二十三年　西元前八四二年。❷幽伯彊　曹幽伯名彊，西元前八三四—前八二六年在位。❸幽伯九年　西元前八二六年。❹弟蘇殺幽伯代立二句　蘇，〈年表〉作「鮮」。曹戴伯在位的時間為西元前八二五—前七九六年。❺子惠伯兕立　《索隱》曰：「按〈年表〉作惠公伯雉。」惠伯在位的時間為西元前七九五—前七六〇年。❻惠伯二十五年　西元前七七一年。❼是為繆公　繆公在位的時間為西元前七五九—前七五七年。❽繆公三年　西元前七五七年。❾子桓公終生立　終生，一作「終湦」。桓公在位的時間為西元前七五六—前七〇二年。❿桓公三十五年　西元前七二二年。⓫四十六年　西元前七一一年。按：華父督弒殤公在魯桓公二年，當曹桓公四十七年。⓬宋華父督弒其君殤公及孔父　據桓公元年、二年《左傳》：「宋華父督見孔父之妻于路，目逆而送之，曰：『美而豔。』二年春，宋督攻孔氏，殺孔父而取其妻。公怒，督懼，遂弒殤公。君子以督為有無君之心，而後動於惡，故先書弒其君。」華父督，字華父，名督，任宋太宰，又稱太宰督。孔父，即孔父嘉，宋國司馬，孔子祖先。⓭子莊公夕姑立　夕姑，〈人表〉作「亦姑」，《春秋》引〈世家〉及〈史表〉並作「射姑」。⓮莊公二十三年　西元前六七九年。⓯子釐公夷立　莊二十四年《春秋》：「戎侵曹，曹羈出奔陳，赤歸于曹。」梁玉繩認為羈非曹之世子，釐公名夷或赤不能確定，但莊公死後釐公即即位，無曹羈為君之事。釐公在位的時間為西元前六七〇—前六六二年。⓰釐公九年　西元前六六二年。⓱昭公　名班，西元前六六一—前六五三年在位。⓲昭公六年　西元前六五六年。⓳共公襄　曹共公名襄，西元前六五二—前六一八年在位。⓴共公十六年　西元前六三七年。㉑曹君無禮二句　僖公二十三年《左傳》：「(重耳)及曹，曹共公聞其駢脅，欲觀其裸。浴，薄而觀之。」此即所謂「曹君無禮」。駢脅，腋下肋骨連成一片。㉒釐負羈諫三句　《左傳》只記釐負羈之妻勸其自結於重耳，釐負羈饋飧及璧事，無負羈諫共公事。釐負羈，也作僖負羈，曹國大夫。㉓令軍毋入釐負羈之宗族閭　毋，勿；不要。閭，里中大門。㉔復異姓　恢復異姓國家。㉕令於諸侯　向諸侯發號施令。㉖文公壽　曹文公名壽，西元前六一七—前五九五年在位。㉗文

公二十三年　西元前五九五年。㉘子宣公彊立　《索隱》曰：「按《左傳》，宣公名『廬』。」宣公在位的時間為西元前五九四—前五七八年在位。㉙宣公十七年　西元前五七八年。㉚弟成公負芻立　成十三年《左傳》，宣公死後，曹人使公子負芻守。秋，負芻弒宣公太子自立，〈世家〉不書此事。且杜預以負芻為宣公庶子，〈世家〉以為宣公弟，後人多以杜注近是。成公在位的時間為西元前五七七—前五五五年。㉛成公三年二句　事當西元前五七五年。陳仁錫曰：「事在曹成公二年。」晉厲公，名壽曼，晉景公之子，西元前五八〇—前五七三年在位。㉜已　已而；不久。㉝晉欒書中行偃使程滑弒其君厲公　晉厲公欲盡去諸大夫而立其左右。去年，命嬖臣胥童攻殺郤錡、郤犨、郤至三大夫。同年閏十二月，大臣欒書、中行偃懼禍及己，襲捕厲公，是年（即曹成公五年）正月殺厲公。事情詳見《左傳》成公十八年與〈晉世家〉。欒書，晉公族，姬姓，欒氏，景公時為晉正卿，死後謚武子，亦稱欒武子。中行偃，晉正卿，姬姓，荀氏，荀林父之後，故又以中行為氏。謚獻子。㉞子武公勝立　曹武公名勝，西元前五五四—前五二八年在位。㉟武公二十六年　西元前五二九年。㊱楚公子弃疾弒其君靈王代立　公子弃疾即日後之楚平王。㊲子平公須立　曹平公名須，西元前五二七—前五二四年在位。須，原作「頃」。依《春秋》昭公十八年：「春王三月，曹伯須卒。」〈十二諸侯年表〉亦載平公名「須」。今據改。㊳平公四年　西元前五二四年。㊴宋衛陳鄭皆火　是年《春秋》經及《左傳》均記四國發生大火，這是春秋時期最有名的大火災。火，用如動詞。㊵悼公八年　西元前五一六年。㊶是為隱公　《索隱》曰：「按譙周云：『《春秋》無其事。』今檢《系本》及《春秋》，悼伯卒，弟露立，謚靖公，實無聲公、隱公，蓋是彼文自疏也。」㊷隱公四年三句　瀧川曰：「靖公名露，與《春秋》合，〈年表〉作路。」梁玉繩曰：「此所說，《春秋》皆無其事，不知史公何據。」又於〈十二諸侯年表〉中辨曰：「考《春秋》昭二十七年書曹伯午卒，定八年書曹伯露卒，無聲、隱二世，然則悼公卒便接靖公，凡在位十三年，無悼公朝宋因死之事，并無世代相殺也。乃〈表〉與〈世家〉增聲公五年，隱公四年，而以靖公為四年，又謂隱公弒聲，靖公弒隱，《史》豈別有所據與？與《春秋》違，恐不可信。」㊸靖公四年　西元前五〇二年。㊹子伯陽立　梁玉繩曰：「伯者，曹伯，陽者，其名，蓋史公誤認『伯』亦是名，故連『陽』字呼之。」㊺伯陽三年　西元前四九九年。㊻眾君子立于社宮　《左傳》是年不記此事。楊伯峻曰：「社是曹之國社，宮乃社之圍墻。」㊼我亡　瀧川曰：「《左傳》，『亡』作『死』。」按：應作「死」。㊽必去曹二句　定要離開曹國，不要陷入曹國的災難。離，通「罹」，陷入；遭受。㊾田弋　射獵。㊿因訪政事　伯陽向公孫彊訪問政事。(51)使為司城以聽政　聽政，過問國家大政。竹添光鴻曰：「曹國近宋，故仿宋司城之名。其曰聽政，蓋正卿也。」(52)夢者之子乃亡去　亡去，逃到他國。梁玉繩曰：「事不知何歲，《左傳》在哀七年，乃是追敘，故曰『初』。〈世家〉書夢于陽三年，書彊為司城于陽六年，未確也。」53乃背晉干宋　《索隱》曰：「干，謂犯也。言曹因弃晉而犯宋，遂致滅也。裴氏引賈逵注云『以小加大』者，加，陵也。小，即曹也。大，謂晉及宋也。」54曹遂絕其祀　哀八年《左傳》曰：「八年春，宋公伐曹將還，褚師子肥殿。曹人詬之，不行。師待之。公聞之，怒，命反之，遂滅曹，執曹伯陽及司城彊以歸，殺之。」楊伯峻注以為曹後又別封曰：「《孟子・告子下》有曹交，趙岐注謂『曹交，曹君之弟』，似曹國猶存。」按：曹國自西周初年建國，至此滅亡，前後歷時五五八年。55太史公曰　《索隱》曰：「檢諸本，或無此論。」56余尋曹共公之不用僖負羈二句　此本僖二十八年《左傳》晉文公責曹共公「不用僖負羈而乘軒者三百人也」之語。大夫以上方可乘軒，郝敬《讀左日鈔》曰：「曹蕞爾國，舉群臣不能三百人，而況大夫？言三百者，極道其濫耳。」意謂共公遠君子而好近小人焉。57知唯德之不建　意謂可知治國唯德，而曹卻不立德。58如公孫彊不脩厥政二句　厥，其。忽諸，快速。諸，語助詞。王叔岷解「如」猶「奈」，認為此句意為「奈何公孫彊不修德政，致使曹國滅亡」。

【語　譯】曹叔振鐸，是周武王的弟弟。武王攻克殷紂，把叔振鐸封在曹。

2 叔振鐸去世，子太伯脾繼位。太伯去世，子仲君平繼位。仲君平去世，子宮伯侯繼位。宮伯侯去世，子孝伯雲繼位。孝伯雲去世，子夷伯喜繼位。

3 夷伯二十三年，周厲王逃奔到彘。

4 三十年，夷伯去世，弟弟幽伯彊繼位。幽伯九年，弟弟蘇殺幽伯代他為君，這就是戴伯。戴伯元年，周宣王已經繼位三年了。三十年，戴伯去世，子惠伯兕繼位。

5 惠伯二十五年，周幽王被犬戎殺死，周向東遷徙，更為衰落，諸侯背叛。秦開始列為諸侯。

6 三十六年，惠伯去世，子石甫繼位，他弟弟武殺害了他代為繼位，這就是繆公。繆公三年去世，子桓公終生繼位。

7 桓公三十五年，魯隱公繼位。四十五年，魯弒殺國君隱公。四十六年，宋華父督弒殺國君殤公以及孔父。五十五年，桓公去世，子莊公夕姑繼位。

8 莊公二十三年，齊桓公開始稱霸。

9 三十一年，莊公去世，子釐公夷繼位。釐公九年去世，子昭公班繼位。昭公六年，齊桓公擊敗蔡國，一直攻到楚國的召陵。九年，昭公去世，子共公襄繼位。

10 共公十六年，當初，晉公子重耳逃亡經過曹國，曹君沒有禮貌，想看看他的駢脅。釐負羈進諫，曹君不聽，釐負羈私下與重耳交好。二十一年，晉文公重耳討伐曹國，俘虜了曹共公回國，命令軍隊不許進入釐負羈的宗族里門。有人勸說晉文公說：「過去齊桓公與諸侯盟會，恢復異姓諸侯；如今您囚禁曹君，滅亡同姓諸侯，憑什麼命令諸侯？」晉這才放共公回國。

11 二十五年，晉文公去世。三十五年，共公去世，子文公壽繼位。文公二十三年去世，子宣公彊繼位。宣公十七年去世，弟弟成公負芻繼位。

12 成公三年，晉厲公討伐曹國，俘虜成公回國，不久又放了他。五年，晉欒書、中行偃讓程滑弒殺國君厲公。二十三年，成公去世，子武公勝繼位。武公二十六年，楚公子弃疾弒殺國君靈王代他為君。二十七年，武公去世，子平公須繼位。平公四年去世，子悼公午繼位。這一年，宋、衛、陳、鄭都發生了火災。

13 悼公八年，宋景公繼位。九年，悼公去宋國朝見，宋囚禁了他。曹立他弟弟野為君，這就是聲公。悼公死在宋國，回國安葬。

14 聲公五年，平公的弟弟通弒殺聲公代他為君，這就是隱公。隱公四年，聲公的弟弟露弒殺隱公代他為君，這就是靖公。靖公四年去世，子伯陽繼位。

15 伯陽三年，國中有個人夢見許多貴族站在曹國國社旁的圍牆，商量要滅亡曹國，曹叔振鐸阻止他們，請求等待公孫彊出現，眾人答應了他。早上醒來尋求，國中沒有這個人。做夢的人告誡他的兒子說：「我死後，你要是聽說公孫彊主持國政，一定要離開曹國，不要遭受曹國的禍患。」等伯陽即位，喜歡射獵。六年，曹國鄉下人公孫彊也喜歡射獵，射到白雁獻給伯陽，並談論射獵的道理，伯陽就向他詢問政事。伯陽非常高興，寵愛公孫彊，讓他做司城參與國政。做夢的人的兒子就逃走了。

16 公孫彊向曹伯大講稱霸的言論。十四年，曹伯聽了他的話，就背叛晉國侵犯宋國。宋景公討伐他，晉人不來援救。十五年，宋滅曹，逮捕了曹伯陽和公孫彊回去殺掉。曹國的祭祀就斷絕了。

17 太史公說：我探尋曹共公不用僖負羈，而有資格乘車的大夫卻有三百人，知道治國靠德政，而共公卻不建德。之後有夢見振鐸之事，難道不是想延長曹國的祭祀嗎？奈何公孫彊不修德政，而使得曹叔振鐸的祭祀這麼快就斷絕了呀！

【研析】本文的主要意義有以下幾點：

其一，指出「德政」對於國家興衰的重要性。〈管蔡世家〉主要記敘了蔡國和曹國的歷史。這兩個國家在春秋時已淪為三等小國，「國際地位」很低，只能依靠大國，而且，稍有不慎就會遭到侵伐，是受氣包和可憐蟲的角色。按理說它們應該奮發自強，但在〈世家〉中卻沒有這樣的記載，相反仍是充滿了荒淫和內亂。司馬遷通過這篇〈世家〉揭示了弱國之所以弱，雖有一定的客觀原因，但主要在於它們自己，不能修德政，不能發憤圖強。篇末的「太史公曰」雖是針對曹國，又何嘗不是針對春秋所有弱國呢？

其二，表現出司馬遷對於周初封建這一歷史事件的重視與認識。周初的大封建是國家形制的一次大變革，被王國維認為是殷周之際三大變革之一，周武王的同母兄弟在周初皆是重要諸侯，周初統治者希望通過分封兄弟，達到大家戮力同心，共同輔助周朝的目的。除周公旦和他的魯國、衛康叔和衛國、燕召公和燕國的史事各有〈世家〉外，其他兄弟和他們的封國的事都集中在這篇之中。這種安排表明司馬遷對周初封建的重視，對兄弟同心這一構想的欣賞，同時也流露出他對於兄弟不僅不能同心互助，共同富強，反而各自衰落，最終造成姬姓王國整體衰落的些微遺憾，並由此再次凸顯要團結，不要紛爭的主題。

其三，本文在結構安排上獨具匠心。起筆先敘武王十兄弟，接敘管蔡之亂，管叔死而國除，便專敘蔡事，蔡亡，又以十兄弟結，然後專敘曹事，以勸修德政結束全篇。十兄弟的始末敘述清晰，詳略有致，有條不紊，成為敘世系作品的典範。而且這種結構也體現出司馬遷呼籲兄弟同心的意圖，而結以修德，則將全文主題再一次提升，引人進一步深思。

卷三十六

陳杞世家第六

【題解】陳、杞是周初分封的兩個異姓小國，前者是虞舜的後裔，後者是夏禹的後裔。本篇記陳史較詳，大致譜列了自陳胡公受封建國，歷二十三世共五百多年，至陳湣公被楚國所滅的歷史。而於杞史則只是簡單的排列了世系。

1 陳❶胡公滿❷者，虞帝舜❸之後也。昔舜為庶人❹時，堯妻之二女❺，居于嬀汭❻，其後因為氏姓，姓嬀氏❼。舜已崩❽，傳禹❾天下，而舜子商均為封國❿。夏后⓫之時，或失或續⓬。至于周武王克殷紂⓭，乃復求舜後，得嬀滿，封之於陳⓮，以奉帝舜祀，是為胡公。

2 胡公卒，子申公犀侯立。申公卒，弟相公⓯皋羊立。相公卒，立申公子突，是為孝公。孝公卒，子慎公圉戎立。慎公當周厲王⓰時。慎公卒，子幽公寧立。

3 幽公十二年，周厲王奔于彘⓱。

4 二十三年，幽公卒，子釐公孝[18]立。釐公六年，周宣王即位[19]。三十六年，釐公卒，子武公靈[20]立。武公十五年卒，子夷公說立。是歲，周幽王即位[21]。夷公三年卒，弟平公燮[22]立。平公七年[23]，周幽王為犬戎[24]所殺，周東徙[25]。秦始列為諸侯[26]。

5 二十三年，平公卒，子文公圉[27]立。

6 文公元年，取蔡女，生子佗[28]。十年，文公卒，長子桓公鮑[29]立。

7 桓公二十三年[30]，魯隱公[31]初立。二十六年，衛殺其君州吁[32]。三十三年，魯弒其君隱公[33]。

8 三十八年，正月甲戌己丑，桓公鮑卒[34]。桓公弟佗，其母蔡女[35]，故蔡人為佗殺五父及桓公太子免而立佗[36]，是為厲公[37]。桓公病[38]而亂作，國人分散，故再赴[39]。

9 厲公二年[40]，生子敬仲完[41]。周太史[42]過陳，陳厲公使以周易筮之[43]，卦得觀之否[44]：「是為『觀國之光，利用賓于王[45]』。此其代陳有國乎[46]？不在此，其在異國[47]？非此其身，在其子孫[48]。若在異國，必姜姓[49]。姜姓，太嶽之後[50]。物莫能兩大，陳衰，此其昌乎[51]？」

10 厲公取蔡女，蔡女與蔡人亂，厲公數如蔡淫[52]。七年，厲公所殺桓公太子免之三弟，長曰躍，中曰林，少曰杵臼，共令蔡人誘厲公以好女，與蔡人共殺厲公而立躍，是為利公[53]。利公者，桓公子也。利公立五月卒，立中弟林，是為莊公[54]。

11 莊公七年卒，少弟杵臼立，是為宣公[55]。

宣公三年，楚武王[56]卒，楚始彊[57]。十七年，周惠王娶陳女為后[58]。

12 二十一年，宣公後有嬖姬生子款[59]，欲立之，乃殺其太子禦寇。禦寇素愛[60]厲公子完，完懼禍及己，乃奔齊。齊桓公[61]欲使陳完為卿[62]，完曰：「羈旅之臣[63]，幸得免負檐[64]，君之惠也，不敢當高位。」桓公使為工正[65]。齊懿仲欲妻陳敬仲，卜之[66]，占曰：「是謂鳳皇于飛，和鳴鏘鏘[67]。有嬀之後，將育于姜[68]。五世其昌，並于正卿[69]。八世之後，莫之與京[70]。」

13 三十七年，齊桓公伐蔡[71]，蔡敗；南侵楚[72]，至召陵[73]，還過陳。陳大夫轅濤塗惡[74]其過陳，詐[75]齊令出東道。東道惡[76]，桓公怒，執陳轅濤塗[77]。是歲，晉獻公[78]殺其太子申生[79]。

14 四十五年，宣公卒，子款立，是為穆公[80]。穆公五年，齊桓公卒。十六年[81]，晉文公敗楚師于城濮[82]。是歲，穆公卒，子共公朔[83]立。共公六年[84]，楚太子商臣[85]

弒其父成王[86]代立，是為穆王。十一年[87]，秦穆公[88]卒。十八年，共公卒，子靈公平國[89]立。

15 靈公元年[90]，楚莊王即位[91]。六年，楚伐陳[92]。十年，陳及楚平[93]。

16 十四年，靈公與其大夫孔寧、儀行父皆通於夏姬[94]，衷其衣[95]以戲於朝。泄冶[96]諫曰：「君臣淫亂，民何效[97]焉？」靈公以告二子[98]，二子請殺泄冶，公弗禁，遂殺泄冶[99]。十五年，靈公與二子飲於夏氏[100]。公戲[101]二子曰：「徵舒似汝[102]。」二子曰：「亦似公[103]。」徵舒怒。靈公罷酒[104]出，徵舒伏弩廄門[105]射殺靈公。孔寧、儀行父皆奔楚，靈公太子午奔晉。徵舒自立為陳侯[106]。徵舒，故陳大夫也。夏姬，御叔之妻，舒之母也。

17 成公元年，冬，楚莊王為夏徵舒殺靈公，率諸侯伐陳。謂陳曰：「無驚，吾誅徵舒而已。」已誅徵舒，因縣陳而有之[107]，羣臣畢賀。申叔時[108]使於齊，來還，獨不賀。莊王問其故，對曰：「鄙語[109]有之，牽牛徑[110]人田，田主奪之牛。徑則有罪矣，奪之牛，不亦甚乎？今王以徵舒為賊弒君，故徵兵諸侯，以義伐之，已而取之，以利其地，則後何以令於天下？是以不賀。」莊王曰：「善。」乃迎陳靈公太子午於晉而立之，復君陳如故[111]，是為成公[112]。孔子讀史記[113]至楚復陳，曰：

「賢哉楚莊王！輕千乘之國而重一言[114]。」

18 八年[115]，楚莊王卒。二十九年，陳倍楚盟[116]。三十年，楚共王[117]伐陳。是歲，成公卒，子哀公弱[118]立。楚以陳喪，罷兵去。

19 哀公三年[119]，楚圍陳，復釋之[120]。二十八年，楚公子圍[121]弒其君郟敖[122]自立，為靈王。

20 三十四年[123]，初，哀公娶鄭，長姬生悼太子師，少姬生偃[124]。二嬖妾，長妾生留，少妾生勝。留有寵哀公，哀公屬[125]之其弟司徒招[126]。哀公病，三月，招殺悼太子，立留為太子。哀公怒，欲誅招，招發兵圍守哀公，哀公自經殺[127]。招卒立留為陳君。四月，陳使使[128]赴楚。楚靈王聞陳亂，乃殺陳使者[129]，使公子弃疾[130]發兵伐陳，陳君留奔鄭。九月，楚圍陳。十一月，滅陳，使弃疾為陳公[131]。

21 招之殺悼太子也，太子之子名吳，出奔晉。晉平公[132]問太史趙曰：「陳遂亡乎？」對曰：「陳，顓頊之族[133]。陳氏得政於齊，乃卒亡[134]。自幕至于瞽瞍，無違命[135]。舜重之以明德[136]。至於遂[137]，世世守之[138]。及胡公，周賜之姓[139]，使祀虞帝。且盛德之後，必百世祀。虞之世未也，其在齊乎[140]？」

22 楚靈王滅陳五歲，楚公子弃疾弒靈王代立，是為平王。平王初立，欲得和諸侯，乃求故陳悼太子師之子吳，立為陳侯，是為惠公[141]。惠公立，探續哀公卒時年而為元[142]，空籍五歲矣[143]。

23 十年[144]，陳火[145]。十五年，吳王僚[146]使公子光[147]伐陳，取胡、沈[148]而去。二十八年，吳王闔閭與子胥[149]敗楚，入郢[150]。是年，惠公卒，子懷公柳[151]立。

24 懷公元年[152]，吳破楚，在郢，召陳侯。陳侯欲往，大夫曰：「吳新得意；楚王雖亡[153]，與陳有故[154]，不可倍。」懷公乃以疾謝吳[155]。四年[156]，吳復召懷公。懷公恐，如吳。吳怒其前不往，留之，因卒吳[157]。陳乃立懷公之子越，是為湣公[158]。

25 湣公六年[159]，孔子適陳[160]。吳王夫差伐陳，取三邑而去[161]。十三年，吳復來伐陳，陳告急楚，楚昭王來救，軍於城父[162]，吳師去。是年，楚昭王卒於城父。時孔子在陳[163]。十五年，宋滅曹。十六年，吳王夫差伐齊，敗之艾陵[164]，使人召陳侯[165]。陳侯恐，如吳。楚伐陳。二十一年，齊田常[166]弒其君簡公[167]。二十三年，楚之白公勝[168]殺令尹[169]子西[170]、子綦[171]，襲惠王。葉公[172]攻敗白公，白公自殺。

26 二十四年，楚惠王復國[173]，以兵北伐，殺陳湣公，遂滅陳而有之[174]。是歲，孔子卒[175]。

【章　旨】以上為第一段，是陳國的興亡史。

【注　釋】❶陳　西周初建立的諸侯國名，國都宛丘（今河南淮陽）。轄境約有今安徽的一部分和河南東部地區。據《中國文物地圖集》河南分冊，今淮陽縣城關鎮南有陳楚故城，故城呈方形，夯築城垣殘高二—五公尺，基寬二十餘公尺，周長四千五百餘公尺。❷胡公滿　陳國始封之君，姓嬀，名滿，胡字是謚，或曰字不淫，舜的後代。❸虞帝舜　傳說為上古的帝王，司馬遷所認為的「五帝」之一，姓姚，氏有虞，名重華，史稱虞舜。事跡詳見〈五帝本紀〉。❹庶人　平民。❺堯妻之二女　堯將自己的兩個女兒嫁給舜。相傳堯的兩個女兒名為娥皇、女英。堯，傳說為上古時的帝王，「五帝」之一，名放勳，史稱「唐堯」、「陶唐氏」。詳見〈五帝本紀〉。❻嬀汭　嬀水入黃河之處。嬀水源出歷山，在今山西永濟蒲州鎮南流入黃河。❼姓嬀氏　按：《左傳》昭公八年曰：「及胡公不淫，故周賜之姓，使祀虞帝。」孔穎達曰：「《世本》：『舜姓姚氏。』哀元年《傳》稱夏后少康奔虞，虞思妻之以二姚，虞思猶姓姚也。至胡公，周乃賜姓為『嬀』耳。〈陳世家〉謂胡公之前已姓嬀矣，是司馬遷之妄也。」❽崩　古代帝王或王后死稱「崩」。❾禹　夏朝的開國君主，姒姓，名文命，又稱「大禹」、「夏禹」等。❿舜子商均為封國　舜的兒子商均被禹封為諸侯，為夏朝的諸侯國。《索隱》曰：「按：商均所封虞，即今之梁國虞城是也。」⓫夏后　即指夏朝。⓬或失或續　《索隱》曰：「按：夏代猶封虞思、虞遂是也。」⓭周武王克殷紂　事在西元前一〇四六年。周武王，名發，文王太子，滅紂後建立周王朝，西元前一〇四六—前一〇四三年在位，事跡詳見〈周本紀〉。紂，商朝的亡國之君，帝乙之子，名辛，歷史上的著名暴君，西元前一〇七五—前一〇四六年在位。⓮乃復求舜後三句　《索隱》曰：「遏父為周陶正。遏父，遂之後。陶正，官名。生滿。」梁玉繩曰：「襄二十五年《傳》子產曰：『虞閼父為周陶正，以服事我先王，我先王庸以元女大姬配胡公而封諸陳。』則非『求』而得之矣。胡公是閼父之子，《唐書・世系表》謂『武王以元女妻遏父，生胡公』，妄也。又《大戴禮・少閒篇》謂『禹受命乃遷邑姚姓于陳』，下文《索隱》引宋忠謂『湯封虞遂于陳』，然則胡公其續封歟？恐未可信。」⓯相公　梁玉繩曰：「『相』或作『柏』。」⓰周厲王　名胡，夷王之子，西元前八七七—前八四一年在位。⓱幽公十二年二句　周厲王三十七年，因其殘虐不道被國人暴動所驅逐，奔逃流死於彘，事情詳見〈周本紀〉。彘，即今山西霍縣東北。梁玉繩曰：「事在〈幽公〉十三年。」按：〈十二諸侯年表〉乃繫周厲王奔彘於陳幽公十四年。又，史公敘陳國諸侯之世系必有漏誤，茅坤曰：「胡公四傳而為慎公，遂及周之厲王，其誤可知也。」⓲釐公孝　陳釐公，名孝，西元前八三一—前七九六年在位。梁玉繩曰：「釐之曾祖為孝公，而名『孝』，何也？」王叔岷曰：「案《詩》疏引釐作僖，作釐是故書。以曾祖謚為名，古人不拘。」⑲釐公六年二句　梁玉繩曰：「『六』當作『五』。」周宣王，名靜（一作靖），厲王之子，西元前八二七—前七八二年在位，事跡詳見〈周本紀〉。⑳武公靈　陳武公，名靈，西元前七九五—前七八一年在位。㉑子夷公說立三句　梁玉繩曰：「夷公立于幽王二年，此誤。」夷公說，陳夷公，名說，西元前七八〇—前七七八年在位。周幽王，西周最後一位君王，名宮涅，宣王之子，西元前七八一—前七七一年在位，事跡詳見〈周本紀〉。㉒平公燮　陳平公，名燮，西元前七七七—前七五五年在位。梁玉繩曰：「《詩・陳風譜》疏引〈世家〉名『燮』，與今本異。豈平公有二名，後人因見〈年表〉作『燮』遂改之歟？」㉓平公七年　西元前七七一年。㉔犬戎　古族名，戎人的一支，殷周時活動於今陝西彬縣、岐山一帶。㉕周東徙　西元前七七〇年，在晉文侯、秦襄公、鄭武公、衛武公護送下，周平王東遷雒邑（在今河南洛陽王城公園一帶）。東周始此。㉖秦始列為諸侯　按：秦襄公因護送周平王東遷有功，被封為諸侯。㉗文公圉　陳文公，名圉，西元前七五四—前七四五年在位。瀧川曰：「楓山、三條本『圉』作『圄』。」㉘文公元年三句　梁玉繩曰：「文不取于蔡，佗母未聞，說見後。」取，通「娶」。㉙桓公鮑　陳桓公，名鮑，西元前七四四—前七〇七年在位。㉚桓公二十三年　西元前七二二年。瀧川曰：「《春秋》始于此。」㉛魯隱公　名息，一作「息姑」，魯惠公之庶子，西元前七二二—前七一二年在位。㉜衛殺其君州吁　州吁，衛桓公之庶弟，弒其兄桓公而自立。後失敗逃陳，衛臣石碏請陳侯執州吁而殺之。劉操南曰：「衛州吁弒其君桓公，今略而不書，乃載『衛殺其君州吁』，疑『州吁』即『桓公』二字之誤。或曰：桓公應書『弒』不得云『殺』，然太史公于『弒』、『殺』二義，往往不為分晰。」㉝魯弒其君隱公　按：魯公子翬使人弒隱公事，詳見〈魯周公世家〉。㉞三十八年三句　三十八年，西元前七〇七年。按：陳桓公之卒為什麼會有兩個日期？《公羊傳》云：「甲戌之日亡，己丑之日死（尸）而得，君子疑焉，故以兩日卒之也。」《穀梁傳》云：「《春秋》之義，信以傳信，疑以傳疑。陳侯以甲戌之日出，己丑之日得，不知死之日，故舉二日以包也。」楊伯峻云：「推二《傳》之意，蓋以陳桓公患精神病，甲戌之日一人出走，經十六日而後得其尸，不知其氣絕之日，故《春秋》作者舉二日以包之。」然《左傳》卻認為是指兩次向外報喪的日子。《史記》沿用這一說法。甲戌，正月十六。己丑，正月二十一。㉟桓公弟佗二句　按：「佗」也作「他」，其母非蔡女。㊱故蔡人為佗殺五父及桓公太子免而立佗　按：此處關係混亂。《索隱》曰：「譙周曰『《春秋傳》謂他即五父，與此違』者，此以他為厲公，太子免弟躍為利公，而《左傳》以厲公名躍。他立未逾年，無謚，故『蔡人殺陳他』。又莊公二十二年《傳》云：『陳厲公，蔡出也，故蔡人殺五父而立之。』則他與五父俱為蔡人所殺，其事不異，是一人明矣。《史記》既以他為厲公，遂以躍為利公。尋『厲』、『利』聲相近，遂誤以他為厲公，五父為別人，是太史公錯耳。班固又以厲公躍為桓公弟，又誤。」郭嵩纛曰：「《公羊》、《穀梁》不言陳佗之亂，史公蓋依《左氏》之文；而《左氏傳》明言：『陳厲公，蔡出也，蔡人殺五父而立之。』則桓公六年蔡人殺陳佗為立厲公計也。而《公羊傳》謂：『陳佗淫于蔡，蔡人殺之。』史分佗與五父為二人，又合厲公與佗為一人，于是謂佗蔡出；又娶于蔡，又謂蔡女與蔡人亂；又謂蔡人誘厲公以好女，合《左傳》、《公羊傳》二說而繁為之詞以附益之，則亦好奇之過也。」㊲是為厲公　按：厲公非陳佗，而是陳躍，躍為陳桓公太子免之弟，西元前七〇六－前七〇〇年在位。劉操南云：「太史公即以陳佗為厲公，斯不然。《春秋》桓公六年，蔡人殺陳佗，陳佗之立踰年被殺，無在位七年之久之事。今〈陳世家〉別以躍為利公，而以《春秋》桓公六年被殺之陳佗為厲公，與經傳不合。」㊳病　病得沉重。㊴再赴　兩次向各國報喪，赴，通「訃」。此句乃解釋「正月甲戌己丑，桓公鮑卒」如此措詞之由。㊵厲公二年　西元前七〇五年。㊶敬仲完　名完，字敬仲，一說謚敬仲，又稱「陳完」、「田完」。西元前六七二年奔齊，齊桓公賜之邑於田，為田氏之祖。詳見〈田敬仲完世家〉。㊷太史　官名，掌曆法、祭祀、記事等事務。㊸周易筮之　周易，我國古代最古老的一部算卦書，又稱《易》、《易經》。筮，用蓍草占卜。㊹觀之否　意即由〈觀〉卦變而為〈否〉卦。〈觀〉、〈否〉，皆卦名。㊺觀國之光二句　二句為《周易・觀卦》六四之爻辭，其意謂觀見一國的盛德光輝，有利於做君王的上賓。㊻此其代陳有國乎　此人將替代陳國諸侯享有國家。㊼不在此二句　不是在本國，是在別的國家。㊽非此其身二句　不是在他本人，是在他的後代子孫。㊾若在異國二句　如果在別的國家，必然是在姜姓之國。《正義》曰：「六四變，此爻是辛未，〈觀〉上體巽，未為羊，〈巽〉為女，女乘羊，故為姜。姜，齊姓，故知在齊。」㊿姜姓二句　姜姓是帝堯時代四嶽的後人。太嶽，即四嶽（一作「四岳」，古時「嶽」、「岳」通用），相傳為共工後裔，因助禹治水有功，封於呂，賜姓姜。一說四嶽為堯臣羲和之四子，分掌四方諸侯。(51)陳衰二句　大概陳國衰亡之後，他就會昌盛起來了。按：以上有關陳完的神祕預言詳見《左傳》莊公二十二年與〈田敬仲完世家〉。(52)厲公取蔡女三句　厲公是蔡女所生，未聞又娶蔡女，史公誤讀《左傳》。亂，淫亂。如，往；到。(53)共殺厲公而立躍二句　史公將「陳佗」與「厲公」誤為一人，故稱蔡人殺陳佗曰殺「厲公」。陳國無「利公」其人，陳佗死後，陳國所立者即「厲公」；史公既以為「厲公」被蔡人所殺，故又造出一個「利公」。(54)立中弟林二句　莊公，名林，西元前六九九－前六九三年在位。梁玉繩曰：「〈田完世家〉云：『桓公之少子林怨厲公殺其父與兄，乃令蔡人誘厲公而殺之。林自立，是為莊公。』凡此皆《史》之大誤也。」(55)宣公　名杵臼，西元前六九二－前六四八年在位。梁玉繩曰：「厲公在位七年卒，弟莊公林立。莊公卒，弟宣公杵臼立。」(56)楚武王　名通，若敖之孫，敖冒之弟，西元前七四〇－前六九〇年在位。(57)楚始彊　按：楚開始強大當在楚文王時。劉操南云：「伐申、伐蔡、滅鄧皆在文王時，是楚始強也。」(58)十七年二句　按：《左傳》與〈年表〉均繫於周惠王元年即陳宣公十七年，西元前六七六年。周惠王，名閬，釐王之子，西元前六七六—前六五二年在位。(59)宣公後有嬖姬生子款　梁玉繩曰：「傳無嬖款之事，豈別有所據乎？」嬖姬，寵妾。(60)素愛　平素與之交好。(61)齊桓公　名小白，齊釐公之子，襄公之弟，西元前六八五—前六四三年在位，為春秋五霸之首。(62)卿　西周、春秋時期大諸侯國的執政大臣。(63)羈旅之臣　寄居國外的臣僕，敬仲自指。《集解》引賈逵曰：「羈，寄。旅，客也。」(64)免負檐　不用自己擔柴背米，意即不勞動，有官做。檐，負荷。(65)工正　官名，掌百工。(66)齊懿仲欲妻陳敬仲二句　《左傳》莊公二十二年作：「初，懿氏卜妻敬仲。」梁玉繩曰：「《左傳》作『懿氏』，杜注『陳大夫』。此云『仲』誤，云『齊』尤誤，當作『懿氏』，而改『齊』字為『初』字方合，蓋此追書前事也。」楊伯峻曰：「且後文云：『不在此，其在異國。』則敬仲成婚在陳。恐史太公誤解《左傳》。」(67)鳳皇于飛二句　鳳皇，也作「鳳凰」，傳說中的神鳥，雄稱「鳳」，雌稱「凰」。于，語助詞，無意義。一說是「往」的意思。和鳴，指雌雄鳴聲相和。鏘鏘，鳳鳴之聲。以喻夫妻關係美好。杜預曰：「鏘鏘然也，猶敬仲夫妻有聲譽。」竹添光鴻曰：「此二句亦卜書繇辭。」(68)有嬀之後二句　有嬀，指陳國。姜，指齊國。瀧川引龜井昱曰：「育，子孫蕃育也。卜妻之，故曰育。」(69)五世其昌二句　五世，指田完的五世孫田無宇。《集解》引服虔曰：「言完後五世與卿并列。」瀧川引龜井昱曰：「《左傳》疏云：『與卿并，為上大夫也。』」正卿，又稱「上卿」、「政卿」。按：田無宇受寵於齊莊公，但尚未為「正卿」。(70)八世之後二句　八世，田完的八代孫，指田常。莫之與京，沒人能比他更強大。按：以上陳敬仲奔齊事見《左傳》莊公二十二年。(71)齊桓公伐蔡　原因詳見〈齊太公世家〉與《左傳》。(72)南侵楚　齊桓公伐楚，責「苞茅不入」；楚派屈完見齊桓公事詳見〈齊太公世家〉與《左傳》。(73)召陵　也作「邵陵」，楚邑名，在今河南郾城東。齊桓公在召陵召集諸侯會盟，是春秋一大事，詳見〈齊太公世家〉與《左傳》。(74)惡　憎惡；討厭。(75)詐　欺騙。(76)東道惡　東邊的道路險難，不好走。(77)桓公怒二句　執，拘捕。以上陳與齊桓公發生矛盾事，見僖公四年《公羊傳》，與《左氏》稍異。(78)晉獻公　名詭諸，武公之子，西元前六七六—前六五一年在位。(79)殺其太子申生　晉獻公受驪姬蠱惑殺害太子申生事，詳見〈晉世家〉。(80)穆公　名款，西元前六四七—前六三二年在位。(81)十六年　西元前六三二年。(82)晉文公敗楚師于城濮　晉文公名重耳，獻公之子，西元前六三六—前六二八年在位，是繼齊桓公之後的第二個春秋霸主。城濮，衛邑名，在今山東鄄城西南。一說在今河南開封東南之陳留。城濮之戰是春秋時代晉、楚之間的第一場大戰，由於晉國的勝利扼制了楚國的北上中原，並奠定了此後幾十年的晉國的霸主地位。(83)共公朔　名朔，西元前六三一—前六一四年在位。(84)共公六年　西元前六二六年。(85)商臣　楚成王的太子，弒父自立，即楚穆王，西元前六二五—前六一四年在位。(86)成王　名惲，西元前六七一—前六二六年在位。(87)十一年　西元前六二一年。

88秦穆公　名任好，德公之子，成公之弟，稱霸西戎，西元前六五九—前六二一年在位。穆，也作「繆」。89靈公平國　陳靈公，名平國，西元前六一三—前五九九年在位。90靈公元年　西元前六一三年。91楚莊王即位　劉操南云：「下文『楚伐陳，陳及楚平』即在楚莊王之世，成公元年滅陳又復之者，亦楚莊王時也。故于〈陳世家〉特記楚莊即位及其卒年，以其為本國存亡之所繫也。」楚莊王，名侶（又作「呂」、「旅」），又稱「荊莊王」、「嚴王」，穆王之子，春秋霸主之一，西元前六一三—前五九一年在位。92楚伐陳　〈年表〉云：「伐宋、陳，以倍我服晉故。」93平　講和。94靈公與其大夫孔寧儀行父皆通於夏姬　通，通姦。夏姬，鄭穆公之女，初嫁陳大夫御叔，生夏徵舒。楚莊王克陳，將她給予連尹襄老。襄老死後，又嫁申公巫臣。《正義》曰：「《列女傳》云：『陳女夏姬者，陳大夫夏徵舒之母，御叔之妻也。三為王后，七為夫人，公侯爭之，莫不迷惑失意。』」95衷其衣　意即貼身穿著夏姬穿過的衣服。衷，原指貼身內衣，此處用作動詞，意指穿在裡面。96泄治　陳大夫。97效　仿效；效法。98二子　指孔寧與儀行父。99遂殺泄冶　《春秋》曰：「陳殺其大夫泄冶。」100夏氏　指夏姬家。101戲　開玩笑。102徵舒似汝　徵舒長得像你們。徵舒，夏姬之子，名南，時為陳大夫。103亦似公　也像是國君您。《集解》引杜預曰：「靈公即位十五年，徵舒已為卿，年大，無嫌是公子也。蓋以夏姬淫放，故謂其子多似以為戲也。」瀧川曰：「《正義》本『公』作『君』。」104罷酒　喝酒結束。罷，完；結束。105伏弩廄門　在馬棚門口埋伏弓弩。弩，弩弓，一種利用機械力量發箭的弓。106徵舒自立為陳侯　全祖望曰：「《史記》夏氏弒君自立，成公以太子奔晉，楚人迎而立之，而不見于《左傳》，是史之誣也。夏氏未嘗自立，成公已預辰陵之盟，何嘗以太子出奔乎？使夏氏自立，則辰陵之盟，孔子豈肯書為『陳侯』乎？可不辨而明已。」107因縣陳而有之　趁機遂將陳國變成了楚國的一個縣，占領了它。108申叔時　楚大夫。109鄙語　俗語。110徑　經過；橫過。111復君陳如故　仍讓其為陳國之君。112是為成公　瀧川曰：「宣十一年《左傳》云『陳侯在晉』，是成公既即位，奔竄在晉也。《左傳》下文又云『楚莊王復封陳』，是成公自晉歸陳也，與史文異。」成公，名午，西元前五九八—前五六九年在位。113史記　泛指史書。114輕千乘之國而重一言　不看重占有一個千乘的國家而重視申叔時的一片良言。115八年　原作「二十八年」。梁玉繩《史記志疑》卷十九：「《疏證》曰：『〈年表〉陳成公八年，楚莊王薨，此衍「二十」兩字』。」今據改。陳成公八年，即楚莊王二十三年，西元前五九一年。116陳倍楚盟　《左傳》襄公三年云：「楚子辛為令尹，欲侵於小國。陳成公使袁僑如會求成。秋，叔孫豹及諸侯之大夫及陳袁僑盟，陳請服也。」按：陳國先已歸附於楚，後又順服於晉，是對楚國的背叛。倍，通「背」。117楚共王　名審，莊王之子，西元前五九〇—前五六〇年在位。118哀公弱　陳哀公名弱，一作「溺」，成公之子，西元前五六八—前五三四年在位。119哀公三年　西元前五六六年。120復釋之　又解除了對陳國的圍困。釋，解圍；

放開。121楚公子圍　即日後的楚靈王，名圍，後改名虔。共王次子，康王之弟，西元前五四〇—前五二九年在位。122郟敖　也作「夾敖」，楚王，名員，康王之子，西元前五四四—前五四一年在位。123三十四年　梁玉繩曰：「『四』當作『五』。」陳哀公三十五年為西元前五三四年。124長姬生悼太子師二句　《索隱》曰：「昭八年經云：『陳侯之弟招殺陳世子偃師。』《左傳》：『陳哀公元妃鄭姬生悼太子偃師。』今此云兩姬，又分『偃』『師』為二人，亦恐此非。」125屬　通「囑」。囑託。126司徒招　司徒名招。司徒，官名，掌役徒。127哀公自經殺　自經殺，上吊自殺。《集解》引徐廣曰：「三十五年時。」瀧川曰：「《左傳》『自經』作『縊』，義同。」竹添光鴻曰：「哀公實無廢殺太子之心也，不然，招殺之而何為憤恚自經乎？其屬留於招者，恐留素有寵，太子或恚留，不能善保其弟耳。」128使使　派使者。上「使」字為動詞。129殺陳使者　《正義》曰：「《左傳》云：『昭八年，陳哀公縊，干徵師赴於楚。楚執陳行人干徵師殺之。』」梁玉繩曰：「使者為干徵師，《索隱》謂『即司徒招』，謬甚。」130公子弃疾　即日後之楚平王，楚共王之幼子，名弃疾，後改名居，西元前五二八—前五一六年在位。131使弃疾為陳公　陳公，陳縣的行政長官，即日後之「縣令」、「縣長」。此處蓋即滅陳後使其成為楚國的一個縣。梁玉繩曰：「案《左傳》，為陳公者穿封戌也。棄疾為蔡公，此誤。」132晉平公　名彪，悼公之子，西元前五五七—前五三二年在位。133陳二句　意謂陳國是顓頊的後代。《集解》引服虔曰：「陳祖虞舜，舜出顓頊，故為顓頊之族。」134陳氏得政於齊二句　陳氏在齊國奪得政權後，陳國才會最終滅亡。135自幕至于瞽瞍二句　幕，舜的先祖。瞽瞍又作「瞽叟」，傳說為舜的父親。無違命，沒有違背天命的行為。136舜重之以明德　舜又有更崇高的美德。137至於遂　《集解》引杜預曰：「遂，舜後。蓋殷之興，存舜之後而封遂，言舜德乃至于遂也。」138世世守之　世代保有著他的封土。139及胡公二句　《集解》引杜預曰：「胡公滿，遂之後。事周武王，賜姓曰媯，封之陳。」140虞之世未也二句　虞舜的世襲爵祿還不到斷絕的時候，大概要在齊國再度勃興吧！朱子認為太史之占，乃陳氏子孫設為之辭以欺世，蓋符命之類也。141惠公　名吳，西元前五三三—前五〇六年在位。142探續哀公卒時年而為元　向前追溯，以陳哀公的卒年為惠公的元年。143空籍五歲矣　《索隱》曰：「惠公探取哀公死楚，陳滅之後年為元年，故今空籍五歲矣。一云籍，借也，謂借失國之後年為五年。」空籍，年號空缺失記。144十年　西元前五二四年。145陳火　《春秋》昭公十八年云：「夏五月壬午，宋、衛、陳、鄭災。」146吳王僚　吳王餘眛之子，西元前五二六—前五一五年在位。147公子光　即日後之吳王闔閭，吳王諸樊之子。《世本》謂吳王餘眛之子，西元前五一四—前四九六年在位。148胡沈　陳之二邑名，胡邑，在今河南上蔡西南。沈邑，在今河南平輿北。149子胥　吳國大夫，名員。字子胥，事跡詳見〈伍子胥列傳〉。150敗楚二句　吳兵敗楚入郢事，詳見〈吳太伯世家〉、〈伍子胥列傳〉。151懷公柳　陳懷公，名柳，西元前五〇五—

前五〇二年在位。[152]懷公元年　西元前五〇五年。[153]楚王雖亡　楚王，指楚昭王，平王之子，名珍，也作「軫」，西元前五一五—前四八九年在位。亡，逃亡在外。西元前五〇六年，吳王闔閭與唐、蔡破楚入郢後，楚昭王先是逃入雲夢澤，後又奔隨，次年始得歸郢。[154]與陳有故　有舊交情。劉操南云：「上文惠公復入，楚之力也。」[155]懷公乃以疾謝吳　吳王入郢後召陳懷公入見，懷公對吳王稱己有病，不能往朝，與《左傳》載不同。[156]四年　西元前五〇二年。[157]吳怒其前不往三句　瀧川云：「定八年《春秋》止云：『秋七月，陳侯柳卒。』『九月，葬陳懷公。』三傳亦不記如吳留死之事。史公別有所據乎？」[158]湣公　名越，西元前五〇一—前四七九年在位。梁玉繩曰：「《孟子》曰：『主司城貞子為陳侯周臣。』趙岐注：『陳侯周，陳懷公子。』蓋湣公名『越』又名『周』也。或以『周臣』二字連讀，非。」[159]湣公六年　西元前四九六年。[160]孔子適陳　梁玉繩曰：「按〈孔子世家〉，是時孔子尚在衛，過陳在七年。」[161]吳王夫差伐陳二句　陳仁錫曰：「『吳』上當有『八年』二字。」陳湣公八年為西元前四九四年。梁玉繩曰：「考哀元年《春秋》經傳及〈年表〉，皆不言取三邑，疑此與〈孔子世家〉同誤。」吳王夫差，吳王闔閭之子，西元前四九五—前四七三年在位。事跡詳見〈吳太伯世家〉。[162]軍於城父　軍，駐紮。城父，陳邑名，即今安徽亳縣東南之城父集。[163]時孔子在陳　梁玉繩曰：「此謂湣公十三年也。考孔子至陳凡經五年，共二次。始則在定十五年，當陳湣七年。至哀二年而去，當湣九年。繼即在哀二年，至四年而去，當湣十一。〈孔子世家〉甚明。……定公十四年孔子在衛，尚未適陳；哀公六年孔子自楚返衛，久已去陳；哀公十年孔子猶居衛，安得如〈年表〉陳、衛世家之說。《索隱》未究其誤，妄疑孔子在陳何以有八年之久；《前編》亦未究其誤，反據〈陳世家〉以駮〈孔子世家〉，皆非也。」[164]十六年三句　梁玉繩曰：「艾陵之戰，在陳湣十八年，非十六年也。」陳湣公十八年為西元前四八四年。艾陵，齊邑名，在今山東萊蕪東北，一說在泰安東南。[165]使人召陳侯　梁玉繩曰：「是時陳已服吳，何煩再召？蓋又因吳召懷公事而誤。」[166]田常　齊國權臣，氏田，名恆，為避漢文帝劉恆諱，漢人稱之曰「田常」。[167]簡公　齊簡公，名壬，悼公之子（一說景公之子），西元前四八四—前四八一年在位。[168]白公勝　楚平王之孫，太子建之子，名勝，號白公，又稱「王孫勝」。[169]令尹　楚官名，春秋戰國時楚國的最高執政官，協助楚王治理全國軍政事務，職同他國之宰相。[170]子西　楚平王之庶弟。[171]子綦　又稱「公子結」，楚平王的第三子，昭公之弟，名結，字子綦（一作「子期」），時任楚國的大司馬。[172]葉公　葉縣（今河南葉縣西南）的行政長官，其人曰沈諸梁，字子高。[173]楚惠王復國　上年，白公勝殺子西、子綦，廢楚惠王而自立為王，後為葉公所敗，楚惠王遂得復位。[174]滅陳而有之　陳國自西周初胡公滿建國，至湣公二十四年（西元前四七九年）被楚所滅，共歷二十七代，歷時五百六十餘年。[175]是歲二句　梁玉繩曰：「楚惠復國及孔子之卒皆在湣公二十三年，此誤。」沈家本曰：「此五字疑在上文『白公自殺』下，方與《左傳》合。」

【語　譯】陳國的胡公滿是虞帝舜的後代。從前舜還是平民時，堯把兩個女兒嫁給他，居住在嬀汭，他的後代用地名作姓氏，姓嬀。舜逝世後，把天下傳給禹，舜的兒子商均被封為諸侯，建立了侯國。夏朝時期，侯位斷斷續續。到周武王推翻殷紂王統治的時候，才再次尋找舜的後代，找到嬀滿，把他封在陳地，來供奉帝舜的祭祀，這就是胡公。

2 胡公去世，兒子申公犀侯繼位。申公去世，弟弟相公皋羊繼位。相公去世，立申公子突為君，這就是孝公。孝公去世，兒子慎公圉戎繼位。慎公在位時，正值周厲王統治時期。慎公去世，兒子幽公寧繼位。

3 幽公十二年，周厲王逃奔到彘地。

4 二十三年，幽公去世，兒子釐公孝繼位。釐公六年，周宣王即位。三十六年，釐公去世，兒子武公靈繼位。武公在位十五年去世，兒子夷公說繼位。這一年，周幽王即位。夷公在位三年去世，弟弟平公燮繼位。平公七年，周幽王被犬戎殺死，周朝向東遷徙。秦國開始成為諸侯。

5 二十三年，平公去世，兒子文公圉繼位。

6 文公元年，娶蔡女，生下兒子佗。十年，文公去世，長子桓公鮑繼位。

7 桓公二十三年，魯隱公剛繼位。二十六年，衛國人殺死他們的國君州吁。三十三年，魯人弒殺他們的國君隱公。

8 三十八年，正月甲戌日，或己丑日，桓公鮑去世。桓公的弟弟佗，他的母親是蔡女，所以蔡人為了佗而殺死五父和桓公的太子免，擁立佗為君，這就是厲公。桓公病重，國內發生動亂，國人四處逃散，所以再次發布訃告。

9 厲公二年，兒子敬仲完出生。周太史經過陳國，陳厲公讓他用《周易》為兒子卜卦，得到的卦是由〈觀〉卦變成〈否〉卦，周太史解釋說：「爻辭的意思是：『觀見一國的盛德光輝，有利於做君王的上賓。』這表明他將替代陳君擁有陳國吧？不是在陳國，就是在其他國家吧？不是在他的身上應驗，而是在他的子孫身上應驗。如果在其他國家，那就一定是姜姓國家。姜姓是四嶽的後人。事物不能同時兩強，大概等到陳國衰亡後，他才會昌盛吧？」

10 厲公娶蔡女，蔡女與蔡國人淫亂，厲公也多次到蔡國淫樂。七年，厲公殺死的桓公太子免的三個弟弟，大的叫躍，中間的叫林，小的叫杵臼，他們合謀讓蔡國人用美女引誘厲公，並且與蔡國人共同殺死厲公，立躍為君，這就是利公。利公是桓公的兒子。利公在位五個月就去世了，又立中弟林為君，這就是莊公。莊公在位七年去世，少弟杵臼繼位，這就是宣公。

11 宣公三年，楚武王去世，楚國開始強大。十七年，周惠王娶陳國女子為王后。

12 二十一年，宣公後來有一個寵妃，生下兒子款，宣公想立他為太子，於是殺死太子禦寇。禦寇一向與厲公的兒子完交好，完害怕災禍殃及自身，就逃奔齊國。齊桓公想任命陳完為卿，陳完說：「我是寄居在外的小臣，僥倖免於勞役，已經享受國君的恩惠了，不敢再當大官。」桓公讓他當工正。齊國的懿仲想把女兒嫁給陳敬仲，事前占卜，卜辭說：「這是鳳凰雙飛，鳴聲和諧有力。媯姓的後代，將在姜姓的地方成長。五代之後就能昌盛，官職和正卿一樣高。八代之後，就無人與他爭強了。」

13 三十七年，齊桓公討伐蔡國，蔡國被打敗；再向南入侵楚國，到達召陵，返回時經過陳國。陳國大夫轅濤塗厭惡齊軍經過陳國，騙齊軍走東邊的道路。東邊的道路很難走，桓公惱怒，抓走陳國的轅濤塗。這一年，晉獻公殺死他的太子申生。

14 四十五年，宣公去世，兒子款繼位，這就是穆公。穆公五年，齊桓公去世。十六年，晉文公在城濮打敗楚軍。這一年，穆公去世，兒子共公朔繼位。共公六年，楚太子商臣殺死他的父親成王，代替成王自立為君，這就是穆王。十一年，秦穆公去世。十八年，共公去世，兒子靈公平國繼位。

15 靈公元年，楚莊王即位。六年，楚國討伐陳國。十年，陳國與楚國講和。

16 十四年，靈公和他的大夫孔寧、儀行父都與夏姬私通，他們貼身穿上夏姬的衣服，在朝廷上嬉戲。泄冶勸諫說：「君臣都淫亂好色，讓民眾效法誰呢？」靈公把泄冶的話告訴孔寧、儀行父，二人請求殺死泄冶，靈公沒有阻止，他們就殺了泄冶。十五年，靈公與二人在夏姬家飲酒。靈公對二人開玩笑說：「徵舒長得像你們。」二人說：「他長得也像國君。」徵舒很生氣。靈公喝完酒出來，徵舒在馬房門口射箭殺死靈公。孔寧、儀行父都逃奔楚國，靈公的太子午逃奔晉國。徵舒自立，號為陳侯。徵舒原為陳國的大夫。夏姬是御叔的妻子，徵舒的母親。

17 成公元年冬天，楚莊王因為夏徵舒殺死靈公，率領諸侯討伐陳國。楚莊王對陳國人說：「不要害怕，我只要殺夏徵舒而已。」殺了徵舒以後，卻趁機將陳國變成楚國的一個縣而據為己有。群臣都來祝賀。申叔時從齊國出使歸來，卻偏不去祝賀。莊王詢問其中的原因，他回答說：「俗話說：牽牛經過別人的田地，田地的主人把牛奪走。讓牛經過並踐踏田地固然有罪，但是田地主人卻因此把牛奪走，不是太過分了嗎？如今大王認為徵舒是殺君的亂臣，因此向諸侯徵兵，依據道義去討伐他，接著因為貪圖陳國的土地，將其據為己有，以後如何號令天下呢？所以我不道賀。」莊王曰：「說得好。」於是從晉國接回陳靈公的太子午，立他為陳國的國君，又讓他按照慣例統治陳國，這就是成公。孔子讀史書看到楚國恢復陳國的內容，說：「楚莊王真賢明啊！他不貪求一個有著一千輛兵車的國家，卻重視一句合乎道義的話。」

18 八年，楚莊王去世。二十九年，陳國背叛與楚國訂下的盟約。三十年，楚共王討伐陳國。這一年，成公去世，兒子哀公弱繼位。楚國因為陳國有喪事，撤兵離去。

19 哀公三年，楚國包圍陳國，後來又解除對陳國的包圍。二十八年，楚公子圍殺死他的國君郟敖，自立為君，這就是靈王。

20 三十四年，起初哀公娶了鄭國的女子，長姬生了悼太子師，少姬生了偃。還有兩個寵妾，長妾生了留，少妾生了勝。留受到哀公的寵愛，哀公把留託付給他的弟弟司徒招。哀公病重，三月，招殺了悼太子，立留為太子。哀公發怒，想殺了招，招發兵將哀公囚禁，哀公自縊而死。招最終把留立為陳國國君。四月，陳國派使者到楚國報喪。楚靈王聽說陳國有亂，就把陳國的使者殺死，派公子弃疾發兵討伐陳國，陳國國君留逃奔鄭國。九月，楚國包圍陳國。十一月，滅了陳國，任命弃疾為陳公。

21 招殺悼太子的時候，太子的兒子叫吳，出奔到晉國。晉平公問太史趙：「陳國要滅亡了嗎？」回答說：「陳國是顓頊的後代。陳氏在齊國掌握政權後，陳國才會最終滅亡。從幕一直到瞽瞍，沒有誰違背天命。舜又增加了盛德。一直到遂，世世代代遵守德政。到胡公時，周朝賜給他姓氏，讓他祭祀虞帝舜。而且有大德之人的後代，必定能延續百代的祭祀。帝舜的後代還不會斷絕，他們大概會在齊國興起吧？」

22 楚靈王滅亡陳國五年，楚公子弃疾殺死靈王篡奪王位，這就是平王。平王剛繼位的時候，想與各諸侯建立好關係，於是找到原先陳國悼太子師的兒子吳，把他立為陳侯，這就是惠公。惠公繼位，向前追溯至陳哀公的卒年，以該年為惠公的元年。陳國的君位已經空缺五年了。

23 十年，陳國發生火災。十五年，吳王僚派公子光討伐陳國，奪取胡、沈二地離去。二十八年，吳王闔閭與子胥打敗楚軍，進入郢都。這一年，惠公去世，兒子懷公柳繼位。

24 懷公元年，吳國擊敗楚國，要在郢都召見陳侯。陳侯想去，陳國大夫說：「吳國正在洋洋得意；楚王雖然逃亡了，但是他與陳國有舊誼，不能背叛他。」懷公於是以生病為由謝絕了吳國的請求。四年，吳又要召見懷公。懷公害怕，前往吳國。吳國為他上次沒來而惱怒，將他扣留，他因此死在吳國。陳國於是立懷公的兒子越，這就是湣公。

25 湣公六年，孔子到陳國。吳王夫差討伐陳國，奪取三座城邑離去。十三年，吳再次前來討伐陳國，陳國向楚國告急，楚昭王前來援救，軍隊駐紮在城父，吳師撤兵。這一年，楚昭王在城父去世。當時孔子正在陳國。十五年，宋國滅了曹國。十六年，吳王夫差討伐齊國，在艾陵打敗齊人，派人要求召見陳侯。陳侯害怕，到吳國。楚國討伐陳國。二十一年，齊國田常殺死他的國君簡公。二十三年，楚國的白公勝殺死令尹子西、子綦，襲擊惠王。葉公進攻打敗白公，白公自殺。

26 二十四年，楚惠王復位，率兵北伐，殺死陳湣公，於是滅了陳國，占有陳國的土地。這一年，孔子去世。

1 杞❶東樓公❷者，夏后禹之後苗裔也❸。殷時或封或絕。周武王克殷紂，求禹之後，得東樓公，封之於杞❹，以奉夏后氏祀。

2 東樓公生西樓公，西樓公生題公，題公生謀娶公❺。謀娶公當周厲王時❻。謀娶公生武公，武公立四十七年卒❼，子靖公立。靖公二十三年卒，子共公立。共公八年卒，子德公❽立。德公十八年卒，弟桓公姑容立❾。桓公十七年卒❿，子孝公匄⓫立。孝公十七年卒，弟文公益姑⓬立。文公十四年卒，弟平公鬱⓭立。平公十八年卒，子悼公成⓮立。悼公十二年卒，子隱公乞⓯立。七月，隱公弟遂弒隱公自立，是為釐公⓰。釐公十九年卒，子湣公維⓱立。湣公十五年，楚惠王滅陳⓲。十六年，湣公弟閼路弒湣公代立，是為哀公⓳。哀公立十年卒，湣公子敕立，是為出公⓴。出公十二年卒，子簡公春㉑立。立一年，楚惠王之四十四年㉒，滅杞。杞後陳亡三十四年㉓。

3 杞小微，其事不足稱述。

【章旨】以上為第二段，略序杞國的大體世系。

【注釋】❶杞　古國名，姒姓，都城即今河南杞縣。❷東樓公　杞國始封君，名失考，諡東樓公。❸夏后禹之後苗裔也　《索隱》曰：「〈地理志〉云『雍丘縣故杞國，周武王封禹後為東樓公』是也。蓋周封杞而居雍丘，至春秋時杞已遷東國，故

《左氏》隱四年云：「莒人伐杞，取牟婁。」牟婁，曹東邑也。」❹得東樓公二句　梁玉繩曰：「杞乃湯封之，非周武王始封也。下文言『武王封杞』並非。」❺西樓公生題公二句　《集解》引徐廣曰：「謀，一作『謨』。」陳子龍曰：「東樓、西樓，或所居地名；題、謀娶，或名字，必非謚也。」❻謀娶公當周厲王時　王觀國曰：「春秋始周平王四十九年，去厲王已六十年，則知杞武公在春秋前也。然春秋襄公六年三月壬午，杞伯姑容卒。姑容者，杞桓公也。自襄公六年去隱公元年，一百六十一年矣。以《史記．世家》考之，自武公至杞桓公卒之年，才一百一十有三年。是杞武公在春秋中也。然則〈世家〉謂周厲王時生武公，蓋誤也。」❼謀娶公生武公二句　梁玉繩曰：「《春秋》僖二十三年書『杞成公卒』，逆而推之，武公卒於魯桓八年，立於平王二十一年。自厲王流彘後至平王二十年尚有三十四年，則杞之四君必每君在位百餘年方能相及，其可信乎？知杞之世系必有脫誤也。」❽德公　梁玉繩曰：「《集解》、《索隱》引《世本》及譙周，並作『惠公』，則『德公』非也。」❾弟桓公姑容立　桓公，名姑容。《集解》引徐廣曰：「《世本》曰『惠公立十八年，生成公及桓公』。成公立十八年；桓公立十七年。」梁玉繩曰：「《春秋》僖二十三年書『杞子卒』，《左氏》以為成公。則推而上之至僖五年，《春秋》書『杞伯姬來朝其子』，適合十八年。是成公者，伯姬之子；而娶伯姬者，惠公也。〈世家〉既誤脫成公一代，而又以桓為德公弟，並謚號亦不同。故知〈世家〉於小國尤多疎舛。」❿桓公十七年卒　梁玉繩曰：「案《春秋》經傳，成公以僖二十三年卒，是桓公以僖二十四年即位，至襄六年桓公卒，則桓公在位七十年。此作『十七』，仍《世本》之誤。自古諸侯享國之久，未有如杞桓公者也。」⓫孝公匄　杞孝公，名匄。西元前五六六—前五五〇年在位。⓬文公益姑　杞文公，名益姑，西元前五四九—前五三六年在位。⓭平公鬱　杞平公，名鬱，西元前五三五—前五一八年在位。《索隱》曰：「一作『郁釐』，譙周云『名郁來』，蓋『鬱』、『郁』、『釐』、『來』並聲相近，遂不同耳。」⓮悼公成　杞悼公，名成，西元前五一七—前五〇六年在位。⓯隱公乞　杞隱公，名乞，西元前五〇六年即位，同年七月被殺。⓰釐公　名遂，西元前五〇六—前四八七年在位。梁玉繩曰：「案《春秋》哀八年，僖公名『過』。孔疏引〈世家〉同。則『遂』字是今本之譌。」⓱湣公維　杞湣公，名維。⓲湣公十五年二句　梁玉繩云：「楚惠王十一年滅陳，當陳湣公二十四年，魯哀公十七年，乃杞湣公之九年也，此作『十五年』，誤。」⓳哀公　名閼路。《索隱》曰：「哀公殺兄湣公而立，謚哀。譙周云謚『懿』也。」⓴出公　名敕。《集解》引徐廣曰：「敕一作『遬』。」㉑簡公春　杞簡公，名春，是杞國末代之君。㉒楚惠王之四十四年　西元前四四五年。瀧川曰：「楓山、三條本，『王』下『之』上有『殺』字。」㉓杞後陳亡三十四年　梁玉繩曰：「杞滅于楚惠王四十四年，陳滅于楚惠十一年，故云『杞後陳亡三十四年』。但陳滅之歲為杞湣九年，此言湣公十六年，哀公十年，出公十二年，簡公一年滅。自湣十年至滅凡三十載。則杞君之年必有誤。或謂簡公在位四年，非『一年』也。」

【語　譯】杞國東樓公是夏朝國君禹的後代子孫。殷朝時，禹的後代有時受封，有時未能封國。周武王滅了殷紂王以後，尋求禹的後代，找到東樓公，把他封在杞地，供奉夏禹的祭祀。

2 東樓公生西樓公，西樓公生題公，題公生謀娶公。謀娶公處於周厲王統治時期。謀娶公生武公，武公在位四十七年去世，兒子靖公繼位。靖公在位二十三年去世，兒子共公繼位。共公在位八年去世，兒子德公繼位。德公在位十八年去世，弟弟桓公姑容繼位。桓公在位十七年去世，兒子孝公匄繼位。孝公在位十七年去世，弟弟文公益姑繼位。文公在位十四年去世，弟弟平公鬱繼位。平公在位十八年去世，兒子悼公成繼位。悼公在位十二年去世，兒子隱公乞繼位。在位七個月，隱公的弟弟遂殺死隱公自立，這就是釐公。釐公在位十九年去世，兒子湣公維繼位。湣公十五年，楚惠王滅了陳國。十六年，湣公的弟弟閼路殺死湣公篡奪君位，這就是哀公。哀公在位十年去世，湣公的兒子敕繼位，這就是出公。出公在位十二年去世，兒子簡公春繼位。他在位一年之時，正值楚惠王四十四年，楚國滅亡杞國。杞國比陳國晚三十四年亡國。

3 杞國弱小，它的事跡不值得記載。

1 舜之後❶，周武王封之陳，至楚惠王滅之，有「世家」言❷。禹之後❸，周武王封之杞，楚惠王滅之，有「世家」言❹。契❺之後為殷，殷有「本紀」言❻。殷破，周封其後於宋❼，齊湣王❽滅之，有「世家」言❾。后稷❿之後為周，秦昭王⓫滅之，有「本紀」言⓬。皋陶⓭之後，或封英、六⓮，楚穆王⓯滅之，無譜⓰。伯夷之後，至周武王復封於齊，曰太公望⓱，陳氏滅之⓲，有「世家」言⓳。伯翳⓴

之後，至周平王時封為秦㉑，項羽滅之㉒，有「本紀」言㉓。垂、益、夔、龍㉔，其後不知所封，不見也。右十一人㉕者，皆唐虞之際名有功德臣也㉖。其五人之後皆至帝王㉗，餘乃為顯諸侯㉘。滕、薛、騶㉙，夏、殷、周之間封也㉚，小，不足齒列，弗論也。

2 周武王時，侯伯㉛尚千餘人。及幽、厲之後㉜，諸侯力攻相并。江、黃、胡、沈之屬㉝不可勝數㉞，故弗采著于傳云㉟。

【章旨】以上為第三段，交代虞、夏之際諸有功大臣之後裔在周代受封與其最後滅亡的大致情況。

【注釋】❶舜之後　即指本篇前文所說的胡公滿。❷有世家言　有專門的「世家」記述其事，即本篇的第一段文字。❸禹之後　即指本篇前文所說的杞東樓公。❹有世家言　有專門的「世家」記述其事，即本篇的第二段文字。❺契　傳說為上古舜時的大臣，協助舜教化百姓，商朝的始祖，事跡詳見〈五帝本紀〉與〈殷本紀〉。❻有本紀言　有專門的「本紀」記述其事，即指〈殷本紀〉。❼殷破二句　周武王滅殷後，封殷紂王之兄微子啟於宋，國都商丘。❽齊湣王　名地，宣王之子，西元前三〇〇—前二八四年在位。湣，也作「緡」、「閔」。齊湣王滅宋事，見〈田敬仲完世家〉。❾有世家言　此指〈宋微子世家〉。❿后稷　傳說為上古舜時的大臣，協助舜發展農業，周朝的始祖，事跡詳見〈五帝本紀〉與〈周本紀〉。⓫秦昭王　名「則」，西元前三〇六—前二五一年在位。⓬有本紀言　此即指〈周本紀〉。⓭皋陶　傳說為上古舜時的大臣，佐舜掌管刑法。⓮或封英六　《索隱》曰：「蓼、六，本或作英、六，皆通。然蓼、六皆咎繇之後也。」梁玉繩曰：「英即《春秋》僖十七年所稱『英氏』，《路史》云『六分為英』是已。此〈世家〉索隱及〈夏本紀〉、〈黥布傳〉正義言英後改蓼，謬甚。」英，其地不詳。《正義》曰：「英蓋蓼也。」蓼在今河南固始。六，古國名，偃姓，在今安徽六安東北。⓯楚穆王　名商臣，楚成王之子，西元前六二五—前六一四年在位。⓰無譜　沒有可參考的譜牒資料。⓱伯夷之後三句　梁玉繩曰：「史公作〈齊世家〉，四岳為其祖；而此與〈鄭世家〉以齊為伯夷後，則是齊有二祖矣。余謂帝咨四岳，僉舉伯夷，自非一人。而齊並稱為祖者，以同為炎帝之後，猶秦、趙同祖之比，不得硬斷其誤。況四岳乃官名，人得為之，安知作秩宗之伯夷，不又為四岳之官。譙周云『伯夷掌四岳』，必非無據。而其為秩宗也，似舜仍其舊職命之，未是改官，觀稷、契諸人非新命可見，何得斥佐堯為悖乎？」伯夷，舜之大臣，見〈五帝本紀〉。太公望，即呂尚，輔佐周武王推翻殷朝，後被封為齊國之君。⑱陳氏滅之　指齊國的權臣陳恆（也稱田常）與其子孫滅掉姜氏，改建田氏齊國。⑲有世家言　即指〈齊太公世家〉。⑳伯翳　即大費，嬴姓之先祖，嘗輔助舜、禹平治水土，調馴鳥獸，事見〈五帝本紀〉。㉑至周平王時封為秦　秦之先祖在西周時居住於西垂，至秦仲，為西垂大夫；秦仲之子秦襄公於犬戎破殺周幽王時，因破犬戎救周，並佐周平王東遷有功，被周平王賜以岐西之地，封以為諸侯。詳見〈秦本紀〉。周平王，名宜臼，東周的第一代帝王，幽王之子，西元前七七〇—前七二〇年在位。㉒項羽滅之　秦國至戰國時日益強大，至秦王政時吞併東方六國，建立秦王朝，稱始皇帝；傳至二世，因殘暴無道被劉邦、項羽所推翻，詳見〈項羽本紀〉、〈高祖本紀〉。㉓有本紀言　此指〈秦本紀〉與〈秦始皇本紀〉。趙生群曰：「文中用『本紀言』、『世家言』指稱〈殷本紀〉、〈秦本紀〉、〈秦始皇本紀〉、〈陳杞世家〉、〈宋微子世家〉、〈齊太公世家〉，這些『本紀言』、『世家言』是否也像〈周本紀〉、〈魯周公世家〉、〈管蔡世家〉一樣有可能是出於司馬談之手呢？由於缺乏其他直接的證據，這裡還不能斷然做出結論，只能提出問題存疑以備考。」㉔垂益夔龍　舜時的大臣。垂，又作「倕」，主管手工製作。益，即前所謂「伯翳」，梁玉繩以為此字當衍。崔適以為：「此『垂、益、夔、龍』當作『夔、龍、彭祖』。後人習見『垂、益』，不知『益』即『翳』，誤增『益』而去『彭祖』，以合『十一人』數耳。」夔，主管音樂歌舞。龍，主管接納進言者。㉕右十一人　梁玉繩曰：「當作『十人』。」依崔適說尚應有彭祖。㉖皆唐虞之際名有功德臣也　《史記評林》引董份曰：「按太史公重唐虞之際有功德之臣，故歷著其後裔，或為王，或為顯侯，見有功德者之不泯也。」㉗其五人之後皆至帝王　《索隱》曰：「舜、禹身為帝王，其稷、契及翳，則後代皆為帝王也。」㉘顯諸侯　顯耀、著名的大國諸侯。㉙滕薛騶　皆古國名。滕國的都城在今山東滕州西南，薛國的都城即今山東滕州城南之薛城，騶國的都城即今山東鄒縣。㉚夏殷周之間封也　《索隱》曰：「滕不知本封，蓋軒轅氏子有滕姓，是其祖也。後周封文王子錯叔繡於滕。薛，奚仲之後，任姓，蓋夏殷所封，故春秋有滕侯、薛侯。邾，曹姓之國，陸終氏之子會人之後。邾國，今魯國騶縣是也。然三國微小，春秋時亦預會盟，蓋史缺無可敘列也。」㉛侯伯　諸侯、方伯。方伯是一方諸侯之長。或曰，侯、伯皆封爵名，指侯爵、伯爵之諸侯。㉜幽厲之後　指春秋、戰國時代。幽、厲，周幽王、周厲王。周厲王於西元前八七七—前八四一年在位；周幽王於西元前七八一—前七七一年在位。司馬遷將從周厲王開始動亂到周幽王西周滅亡視為一個整個的動亂時期，故而對中間曾被人們視為「中興」的周宣王也評價不高。㉝江黃胡沈之屬　江，古國名，嬴姓，在今河南正陽西南，春秋時期被楚國所滅。黃，古國名，嬴姓，在今河南潢川西，春秋時期被楚國所滅。胡，古國名，姬姓，在今河南郾城西南，春秋初期被鄭國所滅。沈，古國名，在今河南平輿西，春秋時期被蔡國所滅。㉞不可勝數　指被吞併滅亡的小國不計其數。㉟故弗采著于傳云　「云」，原作「上」。本書卷一一七〈司馬相如列傳〉：「相如他所著，若〈遺平陵侯書〉、〈與五公子相難〉、〈草木書〉篇不采，采其尤著公卿者云。」有相似文例，據改。意即在《史記》中不再為這些國家立傳，不再專門敘述這些小國的事情。

【語　譯】舜的後代，周武王把他們封在陳國，到楚惠王時滅陳，有〈陳杞世家〉記載。禹的後代，周武王把他們封在杞國，楚惠王滅了杞國，有〈陳杞世家〉記載。契的後代是殷朝，殷朝有〈殷本紀〉記載。殷朝滅亡後，周朝把它的後代封在宋國，後來齊湣王滅了宋國，有〈宋微子世家〉記載。后稷的後代是周朝，秦昭王滅了周朝，有〈周本紀〉記載。皋陶的後代，有的封在英、六兩地，他們被楚穆王滅亡，沒有譜系留存。伯夷的後代，到周武王時又被封在齊國，叫太公望，陳氏滅了齊國，有〈齊太公世家〉記載。伯翳的後代，到周平王時被封為秦國，項羽滅亡秦國，有〈秦本紀〉記載。垂、益、夔、龍，他們的後代不知封在何處，未見有記載。右列十一人，都是唐虞時期有功德的名臣；其中五人的後代都做了帝王，其餘的也都是顯赫的諸侯。滕、薛、騶，是夏、殷、周之間受封的，它們很小，不值得與其他諸侯相提並論，所以就不加論述了。

2　周武王時期，侯伯還有一千多人。到周幽王、厲王以後，諸侯不斷攻伐，互相兼併。江、黃、胡、沈這樣的小國數量數不勝數，所以不在史傳中採錄。

太史公曰：舜之德可謂至矣。禪位於夏，而後世血食❶者歷三代。及楚滅陳，而田常得政於齊❷，卒為建國，百世不絕❸，苗裔茲茲❹，有土者不乏焉❺。至禹，於周則杞❻，微甚，不足數也。楚惠王滅杞，其後越王句踐興❼。

【章旨】以上為第四段，是作者的論贊，作者盛讚舜、禹功德無量，使子孫後代得以綿延長久。

【注釋】❶血食　指享受祭祀。古代祭祀要宰殺牲畜，故曰「血食」。❷及楚滅陳二句　楚滅陳在西元前四七九年；田常弒齊簡公在西元前四八一年，開始專齊國之政；至其重孫田和，遂滅姜氏之齊而自立為諸侯。❸百世不絕　古稱三十年為一「世」。戰國田氏之齊若從田和為侯算起，共一百八十多年；若從田常弒簡公算起，共二百六十餘年。❹茲茲　眾多貌。《說文》：「艸木多益。」《正義》曰：「茲，一作班。」❺有土者不乏焉　意即世代都有做封君的人。❻於周則杞　在周朝有杞國存在。❼楚惠王滅杞二句　梁玉繩曰：「句踐非禹後。」俞樾曰：「楚之滅杞，在周定王之二十四年；而周敬王時，句踐已即位。元王時句踐已滅吳矣。〈越世家〉言周元王使人賜句踐胙，命為伯，是句踐之霸在楚滅杞之前。太史公乃謂杞滅而句踐興，誤也。」按：楚惠王滅杞在西元前四四五年，句踐滅吳稱霸在西元前四七三年。蓋杞未滅時越已興起數十年。

【語譯】太史公說：舜的功德可說是最高的了。他禪位給夏禹，後代享受祭祀經歷了三個朝代。到楚國滅亡陳國後，田常在齊國掌握政權，終於又建立了國家，百代沒有斷絕，子孫繁多，有封土的不乏其人。至於禹的後代，在周朝有杞國，非常小，不值得稱道。楚惠王滅了杞國，禹的後代越王句踐興盛起來了。

【研析】〈陳杞世家〉只是敘陳史較詳，因為陳國在《左傳》裡還有一定篇幅的敘述，可以為司馬遷所取裁。〈陳杞世家〉敘述陳國史事有兩點應加以說明：

其一，司馬遷說陳厲公名佗，又說陳厲公是被蔡人所殺云云，這是錯誤的。實情應是陳厲公名躍，陳佗是陳躍之叔。陳桓公死後，桓公之弟陳佗殺太子免而自立，太子之母為蔡國之女，故蔡人殺陳佗，立太子免之弟陳躍，是為陳厲公。由於司馬遷將「陳佗」與「陳厲公」捏成了一個人，他又說田氏齊國的始祖陳完是「厲公佗」之子，這就難以分清究竟陳完是陳佗之子還是厲公陳躍之子了。此事涉及到〈田敬仲完世家〉也一同錯誤。

其二，作品寫了陳靈公君臣三人共同與夏徵舒之母私通，且當面侮辱夏徵舒，被夏徵舒所殺。這本是一件大快人心的事，但因為它觸犯了封建禮教，故而楚莊王出兵干涉，殺了夏徵舒，滅了陳國。後來申叔時出來勸告，楚莊王才又暫時饒過了陳國。這件事情孔子曾經加以讚賞，因為符合了他「興滅國，繼絕世」的主張，在《左傳》中也頗有一番描寫。不過在今天看來似乎無足輕重。

作品中的杞國只有一些諸侯世系，沒有任何史實，這是因為蕞爾小國在《左傳》中也沒有什麼記載的緣故。

文章最後還把舜、禹時代的名臣後世或自己建國、或受人分封的情況一一數了一遍，頗像是先人有「德」有「功」於世，子孫後代就一定不會寂寞似的，表現了司馬遷的一些觀念。

卷三十七

衛康叔世家第七

【題解】〈衛康叔世家〉記載了衛國自康叔受封到衛君角二十一年滅亡共八百三十七年間的歷史，其中主要記述了衛國的多次內亂，其故事性在先秦諸「世家」中是較強的。

1 衛康叔，名封❶，周武王同母少弟也❷。其次尚有冄季❸，冄季最少。

2 武王已克殷紂❹，復以殷餘民封紂子武庚祿父❺，比諸侯❻，以奉其先，祀勿絕。為武庚未集❼，恐其有賊心❽，武王乃令其弟管叔、蔡叔傅相武庚祿父❾，以和其民。武王既崩，成王少，周公旦代成王治，當國❿。管叔、蔡叔疑周公⓫，乃與武庚祿父作亂，欲攻成周⓬。周公旦以成王命興師伐殷，殺武庚祿父、管叔⓭，放蔡叔，以武庚殷餘民封康叔，為衛君，居河、淇間故商墟⓮。

3 周公旦懼康叔齒少，乃申告⓯康叔曰：「必求殷之賢人君子長者，問其先殷所以興，所以亡，而務愛民。」告以紂所以亡者以淫於酒，酒之失⓰，婦人是用⓱，故紂之亂自此始。為梓材，示君子可法則⑱。故謂之康誥、酒誥、梓材以命之⑲。

4 康叔之國，既以此命，能和集其民，民大說⑳。成王長，用事，舉康叔為周司寇㉑，賜衛寶祭器㉒，以章㉓有德。

【章旨】以上為第一段，寫康叔在管蔡之亂後被賦以重任，封為衛君，得到了衛地人民的擁護。

【注釋】❶衛康叔二句　衛康叔，西周初衛國的始封者，名封。康叔之稱「康」有二說，一說康為初封之地，但其地不詳，或說在今河南禹縣西北；一說「康叔」與「周公」、「召公」一樣，因食邑是「康」，故稱「康叔」。❷周武王同母少弟也　周武王，西周王朝的建立者，姓姬，名發。伐紂滅商，建立西周王朝，建都鎬（在今西安西南之灃水東岸）。事詳〈周本紀〉。❸冄季　冄季，衛康叔之弟，生平事跡不詳。冄，冉的本字。❹武王已克殷紂　事在西元前一〇四六年。殷紂，即商王紂。殷，商的都城，故城在今河南安陽西北，故商朝又稱殷。紂，商朝末代君王，歷史上有名的暴君，子姓，名受，一作「辛」，稱「帝辛」，在牧野之戰中被周武王打敗，自焚而死。❺武庚祿父　殷紂王之子，名武庚，字祿父。❻比諸侯　其待遇與其他諸侯相同。❼為武庚未集　因為武庚（及其部屬）尚未順服。集，通「輯」。輯睦；安定。❽賊心　作亂篡國和叛國之心。❾武王乃令其弟句　管叔，名鮮，一稱「關叔」，周滅商後，封於管，故城在今河南鄭州。蔡叔，名度，周克商後封於蔡，故城在今河南上蔡西南。商亡後，管叔、蔡叔、霍叔受命共同監視武庚，治殷遺民，史稱「三監」。管叔、蔡叔事跡詳見〈管蔡世家〉。❿周公旦代成王治二句　周公旦，亦稱「叔旦」，采邑在周（今陝西岐山東北），故稱周公。成王繼位時年尚幼，周公曾攝政，事跡詳見〈魯周公世家〉。成王，西周第二代國王，名誦，武王之子，西元前一〇四二—前一〇二一年在位，諡成。事跡詳見〈周本紀〉。⓫管叔蔡叔疑周公　管叔、蔡叔對周公不滿，並非僅是懷疑。⓬欲攻成周　成周，即洛邑。周成王七年由周公主持營建。按：據此文與〈周本紀〉所言，似史公誤以為成王在周初真的曾居於成周。⓭殺武庚祿父管叔　或曰周公未嘗殺管叔。《周書．作洛》云：管叔是知罪自經而死。⓮居河淇間故商墟　淇，淇水，在河南北部。墟，故城；遺址，商墟即朝歌，故址在今河南淇縣。這一地區可能本來是夏的同盟國韋國所在。周克殷後，封康叔於此，故稱其國號為衛，「衛」即「韋」也。周所以用「衛」代之，當是一方面表示它是夏、商的故國，另一方面表示現在已是周的屬國諸侯之一了。按：

康叔封衛，一般認為是成王之時，而梁玉繩以為在武王時，故下文對周公作〈康誥〉等事亦表懷疑。⑮申告　再三告誡。申，再三；反覆。梁玉繩曰：「告康叔疑非周公。」⑯紂所以亡者以淫於酒二句　淫於酒，過分貪酒。失，通「佚」。放縱；放任。⑰婦人是用　即聽信婦人之言。梁玉繩曰：「《瀍南集辨惑》曰：『〈酒誥〉之文，曷嘗有用婦人語？』」按：此是史公綜合數篇之意，未必皆本〈酒誥〉。⑱為梓材二句　梓材，《尚書》篇名，是周公對康叔的誥詞。孔安國以為本篇取名為「梓材」，意在「告康叔以為政之道，亦如梓人之治材也」。梓，泛指木材，梓人即木工。木工造器當依一定法則，故梓材意為君子應依的準則。可，當；應該。⑲故謂之康誥酒誥梓材以命之　誥，古代一種訓誡、勉勵的文告。康誥，《尚書》篇名，是康叔上任之前周公對他的訓誡之詞。其主要內容是要康叔施行德政，慎用刑罰，小心謹慎地治理好國家。酒誥，《尚書》篇名，也是周公對康叔的誥詞。周公怕年幼的康叔盡情飲酒作樂，特作〈酒誥〉以為告誡。⑳能和集其民二句　能使百姓順服、安定，百姓非常喜悅。集，通「輯」。安定。說，通「悅」。㉑司寇　官名，掌管刑獄、糾察等事。㉒賜衛寶祭器　即定公四年《左傳》所云「分康叔以大路、大旂、少帛、綪茷、旃旌、大呂」。㉓章　通「彰」。

【語譯】衛康叔，名叫封，是周武王同母小弟。比他小的還有冉季，冉季最小。

2 武王攻克殷紂，後來又把殷的餘民封給紂的兒子武庚祿父，其待遇與諸侯一樣，來事奉他的祖先，使祭祀不斷絕。因為武庚沒有歸順，怕他有作亂叛國之心，武王就派他的弟弟管叔、蔡叔來輔助武庚祿父，來使國民安定。武王去世後，成王年少，周公旦代成王治理國家，執掌政權。管叔、蔡叔懷疑周公，就與武庚祿父作亂，想攻打成周。周公旦用成王的命令起兵討伐殷，殺死武庚祿父、管叔，流放蔡叔，將武庚統治的剩餘的殷的遺民封給康叔，讓他做衛君，住在黃河、淇水之間原來的商的故地。

3 周公旦怕康叔年紀小，就再三告誡康叔說：「一定要尋求殷的賢人君子和長輩，詢問他們殷為什麼興，為什麼亡的道理，一定要愛護百姓。」告誡他紂亡國的原因是過度貪酒，飲酒放縱，寵信女人，所以紂亂國從此開始。周公做〈梓材〉，昭示君子的法則。這些因此被稱為〈康誥〉、〈酒誥〉、〈梓材〉用來教導康叔。康叔到了衛國，就運用這些教導，使百姓和睦安定，百姓非常高興。

4 成王長大後，掌管朝廷政事，舉用康叔做周司寇，賜給衛國寶器祭器，以表彰康叔能實行德政。

1 康叔卒，子康伯代立❶。康伯卒，子考伯立❷。考伯卒，子嗣伯立❸。嗣伯卒，子庲伯立❹。庲伯卒，子靖伯立。靖伯卒，子貞伯立❺。貞伯卒，子頃侯立。

2 頃侯厚賂周夷王，夷王命衛為侯❻。頃侯立十二年卒❼，子釐侯立。

3 釐侯十三年❽，周厲王出犇于彘❾，共和行政焉❿。二十八年，周宣王立⓫。

4 四十二年，釐侯卒，太子共伯餘立為君。共伯弟和有寵於釐侯，多予之賂。和以其賂賂士⓬，以襲攻共伯於墓上，共伯入釐侯羨⓭自殺。衛人因葬之釐侯旁，謚曰共伯，而立和為衛侯，是為武公⓮。

5 武公即位，修康叔之政，百姓和集⓯。四十二年⓰，犬戎殺周幽王⓱。武公將兵往佐周平戎，甚有功，周平王命武公為公⓲。五十五年，卒，子莊公揚立⓳。

【章　旨】以上為第二段，寫衛國在西周時期的史事。

【注　釋】❶子康伯代立　一說即《左傳》所稱王孫牟父。而梁玉繩以為康伯之「康」是采邑。❷子考伯立　梁玉繩曰：「案〈世表〉、〈人表〉，作孝伯。」❸子嗣伯立　梁玉繩曰：「嗣伯及其子疌伯皆〈謚法〉所無，豈其名歟？然則前之孝伯已有謚，不應二伯無謚，疑。」❹子庲伯立　梁玉繩曰：「『庲』乃『疌』字之譌。」❺子貞伯立　梁玉繩曰：「《索隱》引《世本》作『箕伯』。〈謚法〉無『箕』，或『箕』是貞伯之名歟？」瀧川曰：「楓山、三條本，『貞』作『真』，蓋誤。」❻頃侯厚賂周夷王二句　按：衛初封即為侯爵，無賂夷王始得封侯事。至於衛君稱「伯」，普遍認為並非爵號，一說為「方伯」之「伯」，余有丁曰：「按言方伯，亦未確，或伯仲之伯耳。」一說是以字為謚。周夷王，名燮，懿王之子，西元前八八五－前八七八年在位。❼頃侯立十二年卒　梁玉繩曰：「〈世家〉言『頃侯賂夷王』，頃侯十二年卒，子釐侯嗣立之十四年便及共和之元，何歟？將逆推其世，而釐侯立於厲王二十五年，頃侯立於厲王十三年，安得逮事夷王？蓋〈世家〉於頃侯之年有譌脫。」❽釐侯十三年　當周厲王二十年，西元前八四二年。❾周厲王出犇于彘　周厲王，名胡，周夷王之子，西元前八七七—前八四一年在位。期間橫徵暴斂，終於引起國人暴動，他逃奔到彘，共和十四年死於彘，諡厲。彘，在今山西霍縣東北。❿共和行政焉　周人驅逐厲王後，周公、召公共同執掌政權，史稱「共和行政」。焉，代詞，這裡是「於此時」的意思。「共和」也有認為是「共伯名和」，詳見〈周本紀〉。⓫周宣王立　周宣王，名靖（一作靜），厲王之子，西元前八二七—前七八二年在位。⓬和以其賂賂士　和把釐侯賜給他的財物分贈給武士們。⓭羨　通「埏」。墓道。⓮是為武公　武公殺兄篡國之事，前人皆以為非，《索隱》引《國語》、《詩經》以為是太史公採自雜說。唯孔安國《淇奧詩疏》同意武公篡國之說：「詩美武公之德，武公殺兄篡國，得為美者，美其逆取順守，德流于民。」梁玉繩以為孔氏過信《史記》，妄為之說。⓯百姓和集　凌稚隆曰：「武庚之叛以不能和集其民，而康叔之國則能和集之。故太史公次武公修康叔之政，乃曰『百姓和集』，是針線處。」⓰四十二年　西元前七七一年。⓱犬戎殺周幽王　周幽王寵褒姒廢太子宜臼，太子之舅申侯聯合犬戎攻殺幽王，致使西周滅亡，周室東遷事，詳見〈周本紀〉。犬戎，古代民族名，古戎人的一支。周幽王，名宮湦（或作涅），宣王之子，西元前七八一—前七七一年在位。⓲周平王命武公為公　梁玉繩曰：「案東遷以後，諸侯於其國皆稱公，從未有天子命諸侯為公者。武公蓋入為王卿士耳。」周平王，東周第一代君王，名宜臼，周幽王之子，西元前七七〇—前七二〇年在位。⓳子莊公揚立　梁玉繩曰：「〈表〉作『楊』，古通。」

【語譯】康叔去世，子康伯繼位。康伯去世，子考伯繼位。考伯去世，子嗣伯繼位。嗣伯去世，子庢伯繼位。庢伯去世，子靖伯繼位。靖伯去世，子貞伯繼位。貞伯去世，子頃侯繼位。

2 頃侯送給周夷王豐厚的賄賂，夷王封衛為侯爵。頃侯繼位十二年去世，子釐侯繼位。

3 釐侯十三年，周厲王逃亡到彘，周公和召公共同執掌政權。二十八年，周宣王繼位。

4 四十二年，釐侯去世，子共伯餘繼位為國君。共伯的弟弟和受釐侯寵愛，釐侯給他很多財物。和用這些財物賄賂士卒，在墓上襲擊共伯，共伯逃入釐侯的墓道自殺。衛人就把他葬在釐侯旁，諡號為共伯，而改立和為衛侯，這就是衛武公。

5 武公即位後，繼續執行康叔的政令，百姓和睦安定。四十二年，犬戎殺死了周幽王。武公率兵前去幫助周平定戎患，立了大功，周平王封武公為公爵。五十五年，武公去世，子莊公揚繼位。

1 莊公五年❶，取齊女為夫人，好而無子❷。又取陳女為夫人❸，生子，蚤死。陳女女弟❹亦幸於莊公，而生子完。完母死，莊公令夫人齊女子之，立為太子❺。莊公有寵妾，生子州吁。十八年❻，州吁長，好兵，莊公使將❼。石碏❽諫莊公曰：「庶子好兵，使將，亂自此起❾。」不聽。二十三年❿，莊公卒，太子完立，是為桓公⓫。

2 桓公二年，弟州吁驕奢，桓公絀之，州吁出犇⓬。十三年⓭，鄭伯弟段攻其兄，不勝，亡⓮，而州吁求與之友⓯。十六年，州吁收聚衛亡人以襲殺桓公⓰，州吁自立為衛君。為鄭伯弟段欲伐鄭⓱，請宋⓲、陳⓳、蔡⓴與俱，三國皆許州吁。州吁新立，好兵，弒桓公，衛人皆不愛。石碏乃因桓公母家於陳，詳㉑為善州吁。至鄭郊，石碏與陳侯共謀，使右宰醜進食，因殺州吁于濮㉒，而迎桓公弟晉於邢而立之，是為宣公㉓。

【章　旨】以上為第三段，寫衛國進入春秋後的州吁之亂。

【注　釋】❶莊公五年　當周平王十八年，西元前七五三年。❷好而無子　貌美而無兒子。❸又取陳女為夫人　孔穎達曰：

「禮，諸侯不再娶，且莊姜仍在，《左傳》惟言又取于陳，不言為夫人。」故娶陳女不一定是在此年，陳女未立為夫人。❹陳女女弟　女弟，妹妹，即戴嬀。❺完母死三句　孔穎達曰：「《左傳》惟言戴嬀生桓公，莊姜以為己子，不言其死。云完母死，非也。」梁玉繩曰：「余考〈小序〉、毛《傳》並言〈燕燕〉之詩，莊姜送歸妾戴嬀所作，在州吁殺桓公後，則史公之誤審矣。又隱三年《左傳》杜注雖為莊姜子，然太子之位未定。」❻十八年　當周平王三十一年，西元前七四〇年。❼莊公使將　莊公讓他率領軍隊。按：隱三年《左傳》僅言：「公子州吁，嬖人之子也，有寵而好兵，公弗禁。」隱三年乃衛桓公十五年。❽石碏　《索隱》引賈逵曰：「衛上卿。」❾亂自此起　隱三年《左傳》記石碏諫言如下：「臣聞愛子，教之以義方，弗納於邪。驕、奢、淫、佚，所自邪也。四者之來，寵祿過也。且夫賤妨貴，少陵長，遠間親，新間舊，小加大，淫破義，所謂六逆也；君義，臣行，父慈，子孝，兄愛，弟敬，所謂六順也。去順效逆，所以速禍也。君人者，將禍是務去，而速之，無乃不可乎？」❿二十三年　西元前七三五年。⓫桓公　名完，西元前七三四—前七一九年在位。⓬桓公絀之二句　絀，同「黜」。罷斥。州吁出犇，《左傳》無州吁出奔事。⓭十三年　當周平王四十九年，魯隱公元年，鄭莊公二十二年，西元前七二二年。⓮鄭伯弟段攻其兄三句　事本隱元年《左傳》。鄭莊公即位後，封其弟段於京（在今河南滎陽東南），號太叔。太叔與其母武姜合謀叛亂，莊公出兵鎮壓，將太叔擊敗於鄢（在今河南鄢陵西北），太叔段逃奔共。鄭，諸侯國名，姬姓。周宣王二十二年（西元前八〇六年）封母弟桓公友於鄭（在今陝西華縣西北）。周幽王時，鄭桓公東遷其民至東虢和鄶之間。周烈王元年（西元前三七五年）為韓所滅。鄭伯，即鄭莊公，鄭武公之子，名寤生。西元前七四三—前七〇一年在位，期間鄭國國力較強，史稱「莊公小霸」。段，鄭莊公同母弟，古本《竹書紀年》作「公子聖」。⓯州吁求與之友　瀧川曰：「楓山本『友』作『交』。」馬驌曰：「《左傳》無友段事。」⓰州吁收聚衛亡人以襲殺桓公　《左傳》只云，衛州吁弒君，無收聚亡人的記載。⓱為鄭伯弟段欲伐鄭　州吁伐鄭是為修衛鄭二國舊怨，並非為叔段伐鄭。⓲宋　諸侯國名，子姓，開國之君為商紂王庶兄微子啟（〈周本紀〉作「開」），周公平定武庚叛亂後所封。建都商丘，故址在今河南商丘南。戰國時遷都彭城，故址今江蘇徐州。西元前二八六年為齊國所滅。⓳陳　諸侯國名，嬀姓。開國君主為胡公滿，相傳為舜的後代。周武王滅商後封，建都宛丘，故址在今河南淮陽。周敬王四年（西元前四七九年）為楚國所滅。⓴蔡　諸侯國名，首封君為叔度。後因叔度參與武庚叛亂被放逐而死，改封其子蔡仲。初都上蔡，故址在今河南上蔡西南。平侯時遷都新蔡，故址在今河南新蔡。昭侯又遷州來，謂之下蔡，故址在今安徽壽縣。周貞定王二十二年（西元前四四七年）為楚所滅。㉑詳　通「佯」。假裝。㉒使右宰醜進食二句　梁玉繩曰：「案隱四年《傳》，州吁如陳，石碏使告於陳而執之，使右宰醜涖殺州吁，非陳桓公至鄭，碏與共謀殺之也，而又何進食之有？」右宰醜，衛國大夫。右宰，本為衛國官名，後以官為氏。濮，《集解》引服虔曰：「濮，陳地。」《索隱》以為在曹、魏之間。㉓而迎桓公弟晉於邢而立之二句　邢，諸侯國名，姬姓，故城在今河北邢台。梁玉繩曰：「以晉為桓弟，未的。而《詩疏》引〈世家〉及〈人表〉，又皆以宣公為桓公子，尤誤。」宣公，西元前七一八—前六九九年在位。

【語譯】莊公五年，娶齊國的宗女為夫人，齊女貌美而沒生兒子。他又娶陳國的宗女為夫人，生了兒子，很早就死了。陳女的妹妹也受莊公寵愛，生了兒子完。完的母親去世，莊公讓夫人齊女認做兒子撫養他，立他為太子。莊公有個寵愛的姬妾，生了兒子州吁。十八年，州吁長大了，喜歡打仗，莊公讓他統帥軍隊。石碏勸諫莊公說：「庶子喜歡用兵打仗，讓他統帥軍隊，禍亂將從此開始。」莊公不聽。二十三年，莊公去世，太子完繼位，這就是桓公。

2 桓公二年，弟弟州吁驕橫奢侈，桓公罷斥了他，州吁逃亡。十三年，鄭伯的弟弟段攻擊兄長，沒有取勝，逃跑了，而州吁尋求與他交好。十六年，州吁收攬聚集衛逃亡的人襲擊殺害了桓公，州吁自立為衛君。州吁為了鄭伯的弟弟段想要伐鄭，請宋、陳、蔡三國一起出兵，三國都答應了他。州吁剛繼位，喜歡用兵打仗，殺害了桓公，衛人都不喜歡他。石碏就利用桓公母親家住在陳國，假裝與州吁友好。到了鄭國郊外，石碏與陳侯共同密謀，讓右宰醜進食物，在濮趁機殺了州吁，從邢國迎接桓公的弟弟晉繼位，這就是宣公。

1 宣公七年❶，魯弒其君隱公❷。九年，宋督弒其君殤公及孔父❸。十年，晉曲沃莊伯弒其君哀侯❹。

2 十八年，初，宣公愛夫人夷姜❺，夷姜生子伋❻，以為太子，而令右公子傅之❼。右公子為太子取齊女，未入室❽，而宣公見所欲為太子婦者好❾，說而自取之，更為太子取他女。宣公得齊女，生子壽、子朔，令左公子傅之⑩。太子伋母死⑪，宣公正夫人⑫與朔共讒惡太子伋。宣公自以其奪太子妻也，心惡太子，欲廢之。及聞其惡，大怒，乃使太子伋於齊，而令盜遮界上殺之⑬。與太子白旄⑭，而告界盜見持白旄者殺之。且行，子朔之兄壽，太子異母弟也，知朔之惡太子而君欲殺之，乃謂太子曰：「界盜見太子白旄，即殺太子，太子可毋行⑮。」太子曰：「逆父命求生，不可。」遂行。壽見太子不止，乃盜其白旄而先馳至界，界盜見其驗⑯，即殺之。壽已死，而太子伋又至，謂盜曰：「所當殺乃我也。」盜并殺太子伋，以報宣公⑰。宣公乃以子朔為太子。十九年，宣公卒，太子朔立，是為惠公⑱。

3 左右公子不平朔之立也。惠公四年⑲，左右公子怨惠公之讒殺前太子伋而代立，乃作亂，攻惠公，立太子伋之弟黔牟為君⑳，惠公犇齊㉑。

4 衛君黔牟立八年㉒，齊襄公率諸侯奉王命共伐衛㉓，納衛惠公，誅左右公子。衛君黔牟犇于周，惠公復立。惠公立三年出亡㉔，亡八年復入，與前通年凡十三年矣㉕。

5 二十五年㉖，惠公怨周之容舍黔牟，與燕伐周㉗。周惠王犇溫，衛、燕立惠王弟穨為王㉘。二十九年，鄭復納惠王㉙。三十一年，惠公卒，子懿公赤㉚立。

6 懿公即位，好鶴，淫樂奢侈㉛。九年㉜，翟㉝伐衛，衛懿公欲發兵，兵或畔㉞。大臣言曰㉟：「君好鶴，鶴可令擊翟。」翟於是遂入，殺懿公。懿公之立也，百姓大臣皆不服。自懿公父惠公朔之讒殺太子伋代立至於懿公，常欲敗之，卒滅惠公之後，而更立黔牟之弟昭伯頑之子申為君，是為戴公。

7 戴公申元年卒㊱。齊桓公㊲以衛數亂，乃率諸侯伐翟，為衛築楚丘㊳，立戴公弟燬㊴為衛君，是為文公。文公以亂故犇齊，齊人入之。

8 初，翟殺懿公也，衛人憐之，思復立宣公前死太子伋之後㊵，伋子又死，而代伋死者子壽又無子。太子伋同母弟二人：其一曰黔牟，黔牟嘗代惠公為君，八年復去；其二曰昭伯，昭伯、黔牟皆已前死，故立昭伯子申為戴公。戴公卒，復立其弟燬為文公㊶。

9 文公初立，輕賦平罪㊷，身自勞，與百姓同苦，以收衛民㊸。

10 十六年㊹，晉公子重耳㊺過，無禮㊻。十七年，齊桓公卒㊼。二十五年，文公卒，子成公鄭㊽立。

【章　旨】以上為第四段，寫衛宣公因奪太子伋之婦，造成衛國的第二次大亂。

【注　釋】❶宣公七年　當魯隱公十一年，西元前七一二年。❷魯弒其君隱公　魯惠公死時太子允尚幼，由長庶子息姑攝政，是為隱公。十一年，太子允受公子翬挑唆殺死隱公。詳情見《左傳》隱公元年與〈魯周公世家〉。❸宋督弒其君殤公及孔父　宋督，宋太宰，亦稱華督、太宰督，宋國大夫。殺殤公後，立莊公，自任相，擅國政。宋湣公十年（西元前六八二年），大夫南宮萬反，攻殺湣公，他也被殺。殤公，名與夷，宋宣公之子，西元前七一九—前七一〇年在位。孔父，即孔父嘉。子姓，宋司馬。是孔子的祖先。❹晉曲沃莊伯弒其君哀侯　當是曲沃武公弒其君哀侯。被莊伯所殺的是孝侯，不是哀侯；此處記載有誤。哀侯八年（西元前七一〇年），曲沃武公侵犯晉國南部，九年，伐晉於汾水之旁，哀侯被虜。晉人乃立哀侯子步子為君，是為小子侯。小子侯元年（西元前七〇九年），曲沃武公殺哀侯。莊伯，春秋時晉國貴族，姓姬，名鱓，曲沃桓叔成師之子。哀侯，名光，鄂侯之子，西元前七一七—前七〇九年在位。❺宣公愛夫人夷姜　杜注云：「夷姜，宣公之庶母。」此謂之「夫人」，謬也。「夷姜」之「夷」或是國名，說見楊樹達《積微居金文說・卣跋》。❻伋　《左傳》作「急」。❼而令右公子傅之　右公子，據《左傳》，其名曰職。傅之，教導他。龜井昱曰：「此蓋宣公即位之後也。宣公元年，急當十四五歲。」按：夷姜之事，古人說法很多，洪邁以為自宣公即位至卒共十九年，不可能發生這麼多事，故事不實；陳霆以為「其烝夷姜當在桓公嗣位之後，而非其即位之初為始也」；而顧棟高〈夷姜辨〉則以為夷姜是宣公繼位前所娶之夫人，並無烝淫之事。諸說皆似有理，但都屬猜測，不若仍從《左傳》。❽未入室　尚未舉行婚禮。❾所欲為太子婦者好　將要成為太子媳婦的女子貌美。好，指貌美。❿令左公子傅之　據《左傳》，其名曰泄。杜預曰：「左右媵之子，因以為號。」孔疏謂：「此左右公子，蓋宣公之兄弟。」中井積德曰：「左右或以居室為稱也，必非左右媵之謂。」皆不知所據。⓫太子伋母死　杜預注：「失寵而自殺也。」⓬宣公正夫人　《左傳》作宣姜，杜注：「宣公所娶急子之妻也。」⓭而令盜遮界上殺之　遮，阻攔。《左傳》云：「衛宣公使太子伋之齊，使盜待諸莘，將殺之。」杜預注：「莘，衛地。」梁玉繩曰：「爭死之事，《左傳》附見於桓十六年，不知實在何歲。此記於十八年，為魯桓十一年，恐未確。」⓮白旄　指旗杆頭上用白色犛牛尾作的裝飾。⓯太子可毋行　此事桓十六年《左傳》作：「壽子告之，使行。」李笠曰：「《左傳》言『使行』者，欲令其亡去；此云『毋行』，欲令其毋使齊，欲其避界盜一也。語反而意不反。」⓰驗　應驗。這裡意為標誌。⓱以報宣公　以上伋子與壽被殺事，參見桓公十六年《左傳》。梁玉繩曰：「按《新序・節士》篇謂『壽母及朔使人與伋乘舟，將沉而殺之。壽因與同舟，不得殺』；又謂『伋見壽之死，載屍還境而自殺」，愈演愈殊，與經史俱乖，其可信乎？」⑱惠公　名朔，西元前六九九－前六九七年在位。⑲惠公四年　西元前六九六年。按：當是惠公三年，當周桓王二十三年，魯桓公十五年，西元前六九七年。⑳立太子伋之弟黔牟為君　楊伯峻曰：「《公羊傳》莊公三年何休注云：『衛朔背叛出奔，天子新立衛公子留。』」楊伯峻曰：「齊為其母舅家。」㉑惠公犇齊　桓十六年《左傳》：「十一月，左公子泄、右公子職立公子黔牟，惠公奔齊。」㉒衛君黔牟立八年　西元前六八八年。㉓齊襄公率諸侯奉王命共伐衛　按：據《春秋》，齊、魯等國伐衛未奉王命。馬驌曰：「《春秋》諸侯逆王命，此云奉王命，誤也。」齊襄公，名諸兒，釐公之子。西元前六九七－前六八六年在位。㉔惠公立三年出亡　陳仁錫曰：「三年乃四年之誤。」唯劉操南《史事輯證》認為是三年。㉕與前通年凡十三年矣　許應元曰：「《左傳》衛朔立四年出亡，八年復入，通年十二。」劉操南曰：「立三年出亡，亡八年復入，為十一年。此十三年云者，蓋欲率合〈年表〉立三年。」㉖二十五年　西元前六七五年。㉗與燕伐周　此燕為姞姓之南燕，故城在今河南延津東北，開國君主伯修，相傳為黃帝後裔。㉘周惠王犇溫二句　按：《左傳》原文為：「秋，五大夫奉子頹以伐王，不克，出奔溫。蘇子奉子頹以奔衛。衛師、燕師伐周。冬，立子頹。」梁玉繩曰：「則燕、衛其再伐也，非首伐也。奔溫，乃子頹也，非王也。」周惠王，名閬，周釐王之子，西元前六七六－前六五二年在位。溫，古邑名，在今河南溫縣西南。㉙鄭復納惠王　事見莊二十一年《左傳》，當衛惠公二十七年，與〈年表〉同。此作二十九年，誤。㉚懿公赤　名赤，西元前六六八－前六六一年在位。㉛懿公即位三句　閔公二年《左傳》云：「衛懿公好鶴，鶴有乘軒者。將戰，國人受甲者皆曰：『使鶴，鶴實有祿位，余焉能戰。』」㉜九年　西元前六六〇年。㉝翟　亦作「狄」，古族名，當時居住在今河北與山西交界的太行山中，在衛國之西。㉞兵或畔　有些兵士不聽命令。畔，通「叛」。㉟大臣言曰　梁玉繩曰：「《左傳》使鶴之誚，國人言之，非大臣也。」㊱戴公申元年卒　按劉操南說法，戴公之立與卒皆在懿公卒之同一年，仍是魯閔公二年，西元前六六〇年。㊲齊桓公　春秋時齊國國君，名小白，齊襄公之弟，春秋第一個霸主，西元前六八五－前六四三年在位。㊳為衛築楚丘　是年齊戍曹，二年後方封衛。楚丘，在今河南滑縣東。㊴戴公弟燬　《索隱》引賈誼書曰：「衛侯朝於周，周行人問其名，答曰『衛侯辟疆』，周行人還之曰：『啟疆、辟疆，天子之號，諸侯弗得用。』衛人更其名曰『燬』，然後受之。」㊵翟殺懿公也三句　梁玉繩曰：「憐懿公，則宜思立懿之後，何以思立伋後？」按：懿公似有愧改之意，故其戰死後衛人憐之；懿公死後，衛無君，故欲立伋之後。㊶復立其弟燬為文公　凌稚隆曰：「既敘立文公矣，復以『初』字喚起，復說所以不得立宣公、太子伋與壽之後而立其同母弟以及于文公之故，最是關鍵處。」㊷輕賦平罪　減輕賦役，公平地給犯人治罪。㊸以收衛民　收，籠絡；團結。閔二年《左傳》云：「衛文公大布之衣，大帛之冠，務材訓農，通商惠工，敬教勸學，授方任能，元年革車卅乘，季年乃三百乘。」㊹十六年　西元前六四四年。㊺晉公子重耳　即後來的晉文公，名重耳。晉獻公之子，西元前六三六－前六二八年在位，春秋五霸之一。㊻無禮　沒有按相應的禮節予以接待。㊼齊桓公卒　齊桓公之死甚為悲慘，詳情見《左傳》僖公十七年與〈齊太公世家〉。㊽成公鄭　名鄭，西元前六三四－前六○○年在位。

【語　譯】 宣公七年，魯人弒殺國君隱公。九年，宋督弒殺國君殤公以及孔父。十年，晉曲沃莊伯弒殺國君哀侯。

2 十八年，當初，宣公寵愛夫人夷姜，夷姜生了兒子伋，讓他做了太子，命右公子教導他。右公子為太子迎娶齊國的宗女，還沒成親，而宣公看到將要成為太子妃的女子貌美，喜歡就自己娶了她，另為太子娶了別的女子。宣公娶了齊女，生了兒子子壽、子朔，讓左公子教導他們。太子伋的母親死後，宣公立齊女為夫人，她與子朔一起說太子伋的壞話。宣公因為自己奪走了太子的妻子，心中嫌惡太子，想廢掉他。等聽到他的壞話，大怒，就讓太子伋出使齊國，而派刺客埋伏在邊界上想殺死他。宣公給太子白旄，而告訴埋伏在邊界上的刺客看見拿著白旄的人就殺掉。太子伋要出發時，子朔的哥哥子壽，是太子的異母兄弟，知道子朔說了太子的壞話而宣公要殺太子，就對太子說：「邊界上的刺客看見太子的白旄，就會殺死太子，太子不要去！」太子說：「違背父親的命令求得活命，不行。」就出發了。子壽見太子不肯停止，就偷了他的白旄先趕到國界，國界上的刺客看到標誌，就殺了他。壽死後，太子伋又到了，對刺客說：「應當殺的，是我。」刺客把太子伋一起殺了，向宣公報告。宣公就讓子朔做了太子。十九年，宣公去世，太子朔繼位，這就是惠公。

3 左右公子都對朔的繼位感到不平。惠公四年，左右公子怨恨惠公進讒殺害前太子伋而立為國君，就作亂，攻擊惠公，立太子伋的弟弟黔牟為國君，惠公逃亡到齊國。

4 衛君黔牟繼位八年，齊襄公率諸侯奉王命共同討伐衛國，送入衛惠公，誅殺左右公子。衛君黔牟逃到周，惠公再次即位。惠公繼位三年逃亡，逃亡八年再次回國，與前面加起來共十三年。

5 二十五年，惠公怨恨周接納收留黔牟，與燕一起伐周。周惠王逃到溫，衛、燕立惠王的弟弟穨為王。二十九年，鄭又送回惠王。三十一年，惠公去世，子懿公赤繼位。

6 懿公即位，喜歡鶴，淫樂奢侈。九年，翟伐衛，衛懿公想發兵，有些兵背叛了。大臣說：「您喜歡鶴，可以讓鶴來對付翟。」翟於是攻進衛都，殺了懿公。對於懿公的繼位，百姓大臣都不服。自從懿公的父親惠公朔進讒殺害太子伋傳位到懿公，人們常想推翻他們，最終滅掉惠公的後代，另立黔牟的弟弟昭伯頑的兒子申為國君，這就是戴公。

7 戴公申元年就去世了。齊桓公因為衛國數次動亂，就率諸侯伐翟，為衛修築楚丘城，立戴公的弟弟燬為衛君，這就是文公。文公因為國內動亂而逃到齊國，齊人送他回衛國為君。

8 當初，翟殺了懿公，衛人可憐他，想再立宣公前太子伋的後代為君，伋的兒子又死了，代替伋死的子壽又沒有兒子。太子伋有同母兄弟二人：一個叫黔牟，黔牟曾取代惠公為君，做了八年後出亡；第二個叫昭伯，昭伯、黔牟都已經死了，所以立昭伯的兒子申為戴公。戴公去世，又立他弟弟燬為文公。

9 文公初繼位，減輕賦稅公平決獄，親自操勞，與百姓一起受苦，來收聚衛民。

10 十六年，晉公子重耳逃亡路過，沒有以禮相待。十七年，齊桓公去世。二十五年，文公去世，子成公鄭繼位。

1 成公三年❶，晉欲假道於衛救宋❷，成公不許。晉更從南河度❸，救宋。徵師於衛，衛大夫欲許，成公不肯。大夫元咺攻成公，成公出犇❹。晉文公重耳伐衛❺，分其地予宋，討前過無禮及不救宋患也❻。衛成公遂出犇陳❼。二歲❽，如周求入，與晉文公會❾。晉使人鴆衛成公，成公私於周主鴆，令薄，得不死❿。已而，周為請晉文公⓫，卒入之衛，而誅元咺，衛君瑕出犇⓬。七年，晉文公卒。十二年，成公朝晉襄公⓭。十四年，秦穆公⓮卒。二十六年，齊邴歜弒其君懿公⓯。三十五年，成公卒⓰，子穆公遬⓱立。

2 穆公二年⓲，楚莊王伐陳，殺夏徵舒⓳。三年，楚莊王圍鄭，鄭降，復釋之⓴。十一年，孫良夫救魯伐齊，復得侵地㉑。穆公卒，子定公臧立。定公十二年卒㉒，子獻公衎㉓立。

3 獻公十三年㉔，公令師曹教宮妾鼓琴，妾不善，曹笞之。妾以幸，惡曹於公，公亦笞曹三百㉕。十八年，獻公戒孫文子、甯惠子食㉖，皆往。日旰不召㉗，而去射鴻於囿。二子從之㉘，公不釋射服與之言㉙。二子怒，如宿㉚。孫文子子㉛數侍公飲，使師曹歌巧言之卒章㉜。師曹又怒公之嘗笞三百，乃歌之，欲以怒孫文子，報㉝衛獻公。文子語蘧伯玉㉞，伯玉曰：「臣不知也。」遂攻，出獻公㉟。獻公犇齊，齊置衛獻公於聚邑㊱。孫文子、甯惠子共立定公弟秋為衛君㊲，是為殤公。

4 殤公秋立，封孫文子林父於宿㊳。十二年㊴，甯喜與孫林父爭寵，相惡，殤公使甯喜攻孫林父㊵。林父犇晉㊶，復求入故衛獻公。獻公在齊，齊景公聞之，與衛獻公如晉，求入㊷。晉為伐衛，誘與盟。衛殤公會晉平公，平公執殤公與甯喜㊸而復入衛獻公。獻公亡在外十二年而入。

5 獻公後元年㊹，誅甯喜㊺。

6 三年，吳延陵季子㊻使過衛，見蘧伯玉、史鰌㊼，曰：「衛多君子，其國無故。」過宿，孫林父為擊磬，曰：「不樂，音大悲，使衛亂乃此矣㊽。」是年，獻公卒，子襄公惡立㊾。

【章旨】以上為第五段，寫成公、穆公、獻公三代，主要寫衛獻公因不禮大臣而一度被國人所逐的內亂情景。

【注釋】❶成公三年　當周襄王二十一年，魯僖公二十八年，晉文公五年，宋成公五年，西元前六三二年。❷假道於衛救宋　梁玉繩曰：「案僖二十八年《傳》，假道伐曹，非為救宋也，此誤。」按：僖公二十七年《左傳》，楚圍宋，宋求救於晉，狐偃獻計先伐曹、衛以救宋。故次年晉假道於衛而伐曹，並藉口衛不假道復伐衛。蓋從本意看，《史記》無誤；從直接因果看，梁說亦不錯。❸晉更從南河度　古代稱黃河自今潼關以上北南流向河段為西河，潼關以下西東流向河段為南河。此處指河南汲縣一帶之黃河。❹大夫元咺攻成公二句　僖二十八年《左傳》：「晉侯、齊侯盟于斂盂，衛侯請盟，晉人弗許；衛侯欲與楚，國人不欲，故出其君以說于晉。」衛侯居襄牛，楚敗後，出奔楚，復奔陳。楊伯峻曰：「徵之《傳》下文『衛侯使元咺奉叔武以受盟』云云，則元咺無攻成公之舉。」此時成公只是出居襄牛，未出國境，不可稱「出犇」。❺晉文公重耳伐衛　據僖公二十八年《左傳》，晉伐曹，衛人出成公，晉未再伐衛。❻討前過無禮及不救宋患也　梁玉繩曰：「案《傳》，乃是討其前過無禮及不肯假道，非為不救宋也。」❼成公遂出犇陳　《索隱》曰：「按《左傳》：『衛侯聞楚師敗，懼，出奔楚，遂適陳』。」❽二歲　即此後二年，西元前六三〇年。❾如周求入二句　前往周王廷，請周襄王幫助其回國，結果遇上了晉文公。據僖公二十八年《左傳》，衛成公出奔後，元咺與叔武守國。六月，晉人復成公，成公入而殺叔武，元咺奔晉。繼而元咺與成公為叔武事訟於晉，成公敗，晉執成公，歸之於京師，元咺歸立公子瑕。❿成公私於周主鴆三句　私，賄賂。鴆，毒酒。凌稚隆曰：「一本『周主』作『晉主』。」⓫已而二句　為衛求情的是魯，非周。⓬衛君瑕出犇　衛君瑕，又稱公子適。《索隱》曰：「是元咺所立者，成公入而殺之。故僖三十年經云『衛殺其大夫元咺及公子瑕』，此言『奔』，非也。」⓭晉襄公　名歡，或作「驩」，晉文公之子，西元前六二七—前六二一年在位。⓮秦穆公　一作「秦繆公」，名任好，德公少子，成公之弟，繼成公為君，西元前六五九—前六二一年在位，是春秋時代秦國最有作為的國君。⓯齊邴歜弒其君懿公　邴歜之父生前與懿公爭田，懿公即位後掘屍而刖之，他懷恨在心。後邴歜為懿公趕車，與懿公之參乘閻職合謀，乘懿公出遊之際將其殺之，然後歸告祖廟，從容亡去。邴歜，《索隱》曰：「〈齊世家〉作『邴戎』，蓋邴歜掌御戎車，故號邴戎。」齊懿公，春秋時齊國國君，名商人，桓公之子。西元前六一二—前六〇九年在位。⓰成公卒　按：成公六年（魯僖公三十一年），衛國遷都帝丘。帝丘，在今河南濮陽西南。⓱遬　梁玉繩曰：「〈表〉作『速』。此作『遬』，從《公羊》也。」⓲穆公二年　西元前五九八年。⓳楚莊王伐陳二句　按：上年，陳靈公、大夫孔寧、儀行父因與夏徵舒之母私通，並汙辱夏徵舒，夏徵舒起兵攻殺靈公，自立為陳侯。孔寧、儀行父奔楚求救，故是年楚莊王率軍入陳，殺夏徵舒。楚莊王，春秋時楚國國君，名熊侶，穆王之子，西元前六一三—前五九一年在位。夏徵舒，春秋時陳國大夫，嬀姓，夏氏，名徵舒。⓴楚莊王圍鄭三句　楚晉之爭中，鄭首鼠兩端，故楚莊王圍鄭，鄭卑詞請盟，楚與盟而去。㉑孫良夫救魯伐齊二句　衛使孫良夫率軍侵齊，與齊戰於新築，衛軍大敗。孫良夫入晉求救，與晉師、魯師大敗齊軍於鞌，史稱「鞌之戰」。梁玉繩曰：「衛為齊所敗，如晉乞師伐齊，非為救魯也。」孫良夫，衛大夫，又稱「孫桓子」。㉒定公十二年卒　事在西元前五七七年。㉓獻公衎　名衎，西元前五七六—前五五九年在位。㉔獻公十三年　西元前五六四年。㉕妾以幸三句　劉操南曰：「《左傳》襄公十四年，當衛獻公十八年出亡之歲。追憶公有嬖妾，使師曹誨之琴，師曹鞭之。公怒鞭師曹三百。其年未詳也。此記於十三年，不知何據。」妾以幸惡曹於公，宮妾依仗受寵，在獻公面前說曹的壞話。曹，衛國宮廷樂師，名曹。㉖獻公戒孫文子甯惠子食　請二臣來吃午飯。戒，告。孫文子，即孫林父，孫良夫之子。甯惠子，即甯殖。㉗日旰不召　《集解》引服虔曰：「敕戒二子，欲共宴食，皆服朝衣待命。」旰，晚，時已過午。㉘二子從之　兩位大臣到射獵處去找他。㉙公不釋射服與之言　獻公不脫下打獵的裝束就與孫、甯二人談話。楊伯峻曰：「君見臣，臣若朝服，依當時儀節，應脫去皮冠。孫林父、甯殖著朝服，衛獻見之不脫皮冠，蓋故意辱之。」㉚二子怒二句　中井積德曰：「如宿，孫文子，非寧子亦往也，此似謬。」宿，衛邑國名，在今河南濮陽北，當時為孫文子采邑。《左傳》作「戚」。梁玉繩曰：「宿、戚，古字通用。」㉛孫文子子　即孫蒯。㉜使師曹歌巧言之卒章　據《左傳》，並非直接讓師曹歌之，而是師曹主動要求的。卒章，最後一章。獻公教唱這首詩，意在說孫文子將作亂，故意讓陪飲的孫蒯知道，以作警告。㉝報　報復。㉞蘧伯玉　衛大夫。姬姓，蘧氏，名瑗，字伯玉，諡成子，一個讓孔子很敬重的人。㉟遂攻二句　據襄公十四年《左傳》，衛公先使子蟜、子伯、子皮與孫林父盟，孫子皆殺之；公如鄄，又使子行請和，孫子又殺之。公出奔齊，孫氏追之，敗公徒於河澤。㊱齊置衛獻公於聚邑　杭世駿曰：「《左傳》『以郲寄衛侯』，此譌為聚。」郲，在今山東龍口。㊲孫文子甯惠子共立定公弟秋為衛君　襄十四年《左傳》：「衛人立公孫剽。」梁玉繩曰：「剽乃穆公子黑背之子，於定公為從子，於獻公為從父昆弟，此與〈年表〉俱云定公弟，謬。」㊳封孫文子林父於宿　梁玉繩曰：「宿為孫氏邑舊矣，奚待殤公封之，妄也。」㊴十二年　西元前五四七年。㊵殤公使甯喜攻孫林父　據襄公二十六年《左傳》，獻公使人與甯喜聯繫歸國，甯喜答允，遂伐孫氏，非兩家爭寵，殤公使伐也。㊶林父犇晉　據《左傳》，孫林父在奔晉同時還向晉獻上了戚（即宿）邑。㊷齊景公聞之三句　梁玉繩曰：「獻公初奔齊居郲，後晉納於夷儀，緣甯喜等納之，從夷儀入國。而獻公之入與殤公之弒皆在二月。獻公既入侵戚，晉為林父戍戚，獻公殺晉戍三百人，故六月晉會諸侯討衛，執獻公及喜，齊景公如晉請之。此誤以景公如晉為求入獻公，又誤以獻公被執為殤公事，是時殤公早已弒五月矣，尚安得與平公會而執之乎？」齊景公，名杵臼，齊莊公之異母弟，西元前五四七—前四九〇年在位。㊸衛殤公會晉平公二句　按《春秋》襄公二十六年：「二月辛卯，衛甯喜弒其君剽。秋，晉人執衛甯喜。」如此則晉持甯喜時殤公已被弒，此云與經傳俱不合。晉平公，名彪，晉悼公之子，西元前五五七—前五三二年在位。㊹獻公後元年　西元前五四六年。楊伯峻以上年為後元年，今年為後二年。㊺誅甯喜　據《左傳》，獻公歸國後，甯喜把持朝政，獻公與公孫免餘、公孫無地、公孫臣密謀攻殺甯喜，第一次失敗；當年夏天，公孫免餘復攻甯氏，殺死了甯喜。㊻延陵季子　名札，吳王壽夢少子，曾封於延陵，在今江蘇常州南淹池，後又封州來，在今安徽鳳台北，故史又稱「延州來季子」，當時號稱賢人。㊼史鰌　字子魚，也稱史魚，以正直著稱。鰌，「鰍」的異體字。㊽使衛亂乃此矣　據《左傳》，季札路過戚，聽到文子家的鐘聲，認為他不自愧懼，安於娛樂，故離開衛國，與此不同。㊾襄公惡立　衛襄公，名惡，西元前五四三—前五三五年在位。

【語　譯】成公三年，晉想向衛借路援救宋國，成公不同意。晉只好渡過南河，援救宋國。向衛徵集軍隊，衛大夫想答應，成公不肯。大夫元咺攻擊成公，成公逃亡。晉文公重耳討伐衛國，分割衛國把土地給了宋國，懲罰衛國在他以前經過時不以禮相待以及不援救宋國。衛成公逃到陳國。兩年後，衛成公到成周請求回國，會見晉文公。晉讓人毒死衛成公，成公私下裡賄賂周王室主管下毒的人，使毒性較小，得以不死。不久，周王為他向晉文公說情，最終讓他回了衛國，誅殺了元咺，衛君瑕逃往國外。七年，晉文公去世。十二年，成公朝見晉襄公。十四年，秦穆公去世。二十六年，齊邴歜弒殺國君懿公。三十五年，成公去世，子穆公遫繼位。

2 穆公二年，楚莊王伐陳，殺掉了夏徵舒。三年，楚莊王圍攻鄭，鄭投降，又放棄了占領。十一年，孫良夫援救魯國伐齊，重新獲得了被侵奪的土地。穆公去世，子定公臧繼位。定公十二年去世，子獻公衎繼位。

3 獻公十三年，獻公讓師曹教宮女鼓琴，宮女學不好，師曹鞭打了她。宮女憑藉寵幸，向獻公說師曹的壞話，獻公也打了師曹三百鞭子。十八年，獻公請孫文子、甯惠子一起進餐，孫文子、甯惠子都去了。時間很晚了獻公還不召見，而去囿中射鴻。兩個人去找他，獻公不脫下射獵的衣服就和他們說話。兩人發了怒，去了宿邑。孫文子的兒子多次隨侍獻公飲酒，獻公讓師曹唱〈巧言〉的最後一章。師曹又記恨獻公曾打了他三百鞭子，就唱了，想激怒孫文子，報復衛獻公。文子向蘧伯玉討教，伯玉說：「我不知道。」文子於是就發兵攻擊獻公，趕走了獻公。獻公逃到齊國，齊把他安置在聚邑。孫文子、甯惠子一起立定公的弟弟秋為衛君，這就是殤公。

4 殤公秋繼位，將宿邑封給孫文子林父。十二年，甯喜與孫林父爭寵，互相說壞話，殤公讓甯喜攻打孫林父。林父逃到晉國，請求讓衛獻公回國。獻公在齊國，齊景公聽說了，就與衛獻公到晉國請求回國。晉為獻公伐衛，誘衛殤公前來會盟。衛殤公會見晉平公，平公拘捕殤公與甯喜而又讓獻公回國為君。獻公逃亡在外十二年才回國。

5 獻公後元年，誅殺了甯喜。

6 獻公後元三年，吳延陵季子出使經過衛國，見到了蘧伯玉、史鰌，說：「衛國有這麼多君子，國家應該沒有事。」經過宿邑，孫林父為他擊磬，他說：「不歡樂，樂聲非常悲哀，使衛國混亂的就是這個。」這一年，獻公去世，子襄公惡繼位。

1 襄公六年❶，楚靈王會諸侯❷，襄公稱病不往❸。

2 九年，襄公卒。初，襄公有賤妾，幸之，有身，夢有人謂曰：「我，康叔也。令若子必有衛，名而子曰『元』。」妾怪之，問孔成子。成子曰：「康叔者，衛祖也。」及生子，男也，以告襄公。襄公曰：「天所置也。」名之曰元。襄公夫人無子，於是乃立元為嗣，是為靈公❹。

3 靈公五年❺，朝晉昭公❻。六年，楚公子弃疾弒靈王自立，為平王❼。十一年，火❽。

4 三十八年，孔子來，祿之如魯❾。後有隙，孔子去❿。後復來⓫。

5 三十九年，太子蒯聵與靈公夫人南子有惡⓬，欲殺南子。蒯聵與其徒戲陽遬謀，朝，使殺夫人⓭。戲陽後悔，不果⓮。蒯聵數目之，夫人覺之，懼，呼曰：「太子欲殺我！」靈公怒，太子蒯聵犇宋，已而之晉趙氏⓯。

6 四十二年，春，靈公游于郊⓰，令子郢僕⓱。郢，靈公少子也，字子南。靈公怨太子出犇，謂郢曰：「我將立若為後⓲。」郢對曰：「郢不足以辱社稷，君更圖之⓳。」夏，靈公卒，夫人命子郢為太子，曰：「此靈公命也⓴。」郢曰：「亡人太子蒯聵之子輒在也，不敢當㉑。」於是，衛乃以輒為君，是為出公㉒。

7 六月，乙酉㉓，趙簡子欲入蒯聵，乃令陽虎詐命衛十餘人衰絰歸㉔，簡子送蒯聵。衛人聞之，發兵擊蒯聵㉕。蒯聵不得入，入宿而保，衛人亦罷兵㉖。

8 出公輒四年㉗，齊田乞弒其君孺子㉘。八年，齊鮑子弒其君悼公㉙。

9 孔子自陳入衛㉚。九年，孔文子問兵於仲尼，仲尼不對㉛。其後，魯迎仲尼，仲尼反魯㉜。

10 十二年㉝，初，孔圉文子取太子蒯聵之姊，生悝。孔氏之豎渾良夫㉞美好，孔文子卒，良夫通於悝母。太子在宿，悝母使良夫於太子。太子與良夫言曰：「苟能入我國㉟，報子以乘軒，免子三死，毋所與㊱。」與之盟，許以悝母為妻。閏月㊲，良夫與太子入，舍孔氏之外圃㊳。昏，二人蒙衣而乘㊴，宦者羅御，如孔氏㊵。孔氏之老㊶欒甯問之，稱姻妾以告㊷。遂入，適伯姬氏㊸。既食，悝母杖戈而先㊹，太子與五人介，輿猳從之㊺。伯姬劫悝於廁㊻，彊盟之，遂劫以登臺㊼。欒甯將飲酒，炙未熟，聞亂，使告仲由㊽。召護駕乘車㊾，行爵食炙，奉出公輒奔魯㊿。

11 仲由將入，遇子羔將出(51)，曰：「門已閉矣。」子路曰：「吾姑至矣(52)。」子羔曰：「不及，莫踐其難(53)。」子路曰：「食焉不辟其難(54)。」子羔遂出。子路入，及門，公孫敢(55)闔門，曰：「毋入為也(56)！」子路曰：「是公孫也(57)？求利而逃其難[58]。由不然，利其祿必救其患。」有使者出，子路乃得入。曰：「太子焉用孔悝[59]？雖殺之，必或繼之[60]。」且曰：「太子無勇。若燔臺，必舍孔叔[61]。」太子聞之，懼，下石乞、盂黶敵子路[62]，以戈擊之，割纓。子路曰：「君子死，冠不免。」結纓而死[63]。孔子聞衛亂，曰：「嗟乎！柴也其來乎？由也其死矣[64]。」孔悝竟立太子蒯聵，是為莊公[65]。

12 莊公蒯聵者，出公父也。居外，怨大夫莫迎立。元年即位，欲盡誅大臣，曰：「寡人居外久矣，子亦嘗聞之乎？」羣臣欲作亂，乃止[66]。

13 二年[67]，魯孔丘卒[68]。

14 三年，莊公上城，見戎州[69]。曰：「戎虜何為是[70]？」戎州病之[71]。十月，戎州告趙簡子，簡子圍衛[72]。十一月，莊公出犇[73]，衛人立公子斑師[74]為衛君。齊伐衛，虜斑師，更立公子起[75]為衛君。

15 衛君起元年[76]，衛石曼尃逐其君起[77]，起犇齊。衛出公輒自齊復歸立。初，出公立十二年亡，亡在外四年復入。出公後元年[78]，賞從亡者。立二十一年卒[79]，出公季父黔攻出公子而自立，是為悼公[80]。

【章　旨】以上為第六段，寫衛莊公、出公父子爭位而導致的第四次國內之亂。

【注　釋】❶襄公六年　西元前五三八年。❷楚靈王會諸侯　即申之會。楚靈王，名圍，共王次子，康王之弟。殺其姪郟敖，自立為王，西元前五四〇－前五二九年在位。❸襄公稱病不往　據《左傳》，楚靈王會前曾問子產諸侯會不會來，子產認為衛因「逼于齊而親于晉」，所以不會與會。衛侯果稱疾不往。❹乃立元為嗣二句　此事蓋史公仿燕姞夢蘭事改寫。梁玉繩引《邵氏疑問》云：「昭七年《傳》，孔成子、史朝夢康叔，今云妾夢，與《傳》違。且閨中夢兆，先及外庭，宜男告語，始呈公聽，夫豈衛襄嬖幸之寵姬，不若鄭文燕姞之徵蘭哉？」❺靈公五年　西元前五三〇年。❻晉昭公　名夷，平公彪之子，西元前五三一－前五二六年在位。❼楚公子弃疾弒靈王自立二句　弃疾與公子比、公子晳作亂，殺靈王太子，靈王自殺。公子比立為王，弃疾又陰謀逼子比、子晳自殺，自立為王。此曰「弃疾弒靈王」，以其為主謀故也。弃疾，靈王之弟，共王幼子，西元前五二八－前五一六年在位。詳見〈楚世家〉。❽十一年二句　事當周景王二十一年，魯昭公十八年，西元前五二四年，是年宋、衛、陳、鄭都發生了火災。❾孔子來二句　據〈孔子世家〉，孔子在魯為司寇，齊懼，送女樂八十與文馬三十駟與魯，季桓子因而怠於政事，孔子遂適衛。衛靈公按照孔子在魯國的俸祿標準也給他粟六萬石的俸祿。❿後有隙二句　據〈孔子世家〉，有人對衛靈公進孔子的讒言，「靈公使公孫余假一出一入。孔子恐獲罪焉，居十月，去衛。」⓫後復來　據〈孔子世家〉，孔子離開衛都後，到過衛國的匡、蒲等地，月餘後返回衛，不久又回到衛都。是年為魯定公十五年，西元前四九五年。後受靈公及南子戲弄又去衛，過曹、宋、鄭、陳等國，又回衛。⓬太子蒯聵與靈公夫人南子有惡　據《左傳》，南子與子朝私通，蒯聵因此受到宋人嘲笑，於是怨恨南子。南子，靈公夫人，宋國貴族之女。有惡，有矛盾，發生了衝突。⓭朝二句　在朝見夫人的時候殺掉她。朝，此指朝見南子。⓮戲陽後悔二句　戲陽是不願殺南子，為太子作替罪羊，並非先已答應，後又反悔。⓯已而之晉趙氏　蒯聵奔宋在魯定公十四年，之晉趙氏在魯哀公二年（西元前四九三年）。趙氏，指趙簡子，晉國的權臣，事跡詳見〈趙世家〉。⓰春二句　梁玉繩曰：「游郊非當年事，《左傳》是『初』字，宜改『春』為『初』。」⓱令子郢僕　讓子郢給他趕車。《集解》引賈逵曰：「僕，御也。」子郢，靈公庶子，字南，故又叫子南。⓲我將立若為後　立你為繼承人。若，你。⓳郢不足以辱社稷二句　我不能擔負社稷重任，請您另考慮別人。辱，謙詞，意即不敢當，當不起。⓴此靈公命也　靈公剛卒，尚未有諡號，此不當稱「靈公」。㉑亡人太子蒯聵之子輒在也二句　輒，出逃的太子蒯聵之子，靈公之孫。子郢是認為自己能力不足為君，且靈公令其為君的命令也不是在正式場合，按正式程序宣布的，於禮不合，算不得正式命令；再加上論繼位順序輪不到他，所以辭不受命。㉒是為出公　梁玉繩曰：「朱子注《孟子》，疑衛孝公即出公輒。考輒在位前後凡二十年，不應無諡，衛孝公當是出公。」㉓六月二句　六月十七日。㉔乃令陽虎詐命衛十餘人衰絰歸　命令陽虎讓十多個衛國人穿上喪服，假裝是從衛國來迎接蒯聵回去參加喪禮的。陽虎，一作陽貨，本為魯國人。初為季孫氏家臣，平子死後，專魯國之政，後逃到晉為趙簡子家臣。衰絰，指喪服。衰是孝衣，穿之於身，有齊衰、斬衰之分；絰是孝帶，繫之於頭。㉕衛人聞之二句　梁玉繩曰：「《左傳》無衛發兵擊太子事。」㉖衛人亦罷兵　據哀二年《左傳》趙鞅只欲送蒯聵至戚，衛未發兵擊太子，亦非阻蒯聵於戚而罷兵。㉗出公輒四年　西元前四八九年。㉘齊田乞弒其君孺子　齊景公為寵黃姬而逐群公子，立其子荼。荼即位，用高昭子、國惠子為相，田乞攻殺高、國，迎立公子陽生（悼公），殺孺子荼，自立為相，專國政。田乞，齊國權臣，媯姓，田氏，一作陳氏。田桓子無宇之子，卒諡釐子。孺子，名荼，景公少子，西元前四八九年在位。㉙齊鮑子弒其君悼公　按：弒悼公者非鮑子，是陳恆（也稱田常）。梁玉繩曰：「悼公之弒，《左傳》但云『齊人』。齊人者，陳恆也。」鮑子，即鮑牧，齊正卿。於魯哀公八年（齊悼公二年）為悼公所殺。悼公，名陽生，景公之子，西元前四八八—前四八五年在位。㉚孔子自陳入衛　梁玉繩曰：「時孔子自楚入衛已五年矣，言自陳入衛，亦誤。」按：孔子返衛未必在是年。㉛孔文子問兵於仲尼二句　《左傳》云：「孔文子之將攻大叔也，訪於仲尼。仲尼曰：『胡簋之事，則嘗學之矣；甲兵之事，未之聞也。』」崔述曰：「按此文胡簋四句，與《論語》問陳章俎豆數語相類，其事亦相類，未必兩事適相符如此，而又皆適在衛，蓋本一事，而傳聞者異也。」孔文子，衛大夫，名圉。《論語》作「仲叔圉」，《禮記》作「文叔」。孔子稱他「敏而好學，不恥下問」。㉜仲尼反魯　反，同「返」。〈孔子世家〉：「季康子逐公華、公賓、公林，以幣迎孔子，孔子歸魯。」按：此時為西元前四八四年，孔子年六十八。㉝十二年　當魯哀公十四年，西元前四八一年。按：此事《左傳》記在哀公十五年，即出公十三年。梁玉繩曰：「此十三年之誤。」又曰：「出公奔魯，《春秋》書于哀十六年正月，從告也，當依《左傳》在十五年為是。此與〈表〉俱誤在十四年。」㉞孔氏之豎渾良夫　孔氏的男僕叫渾良夫。豎，奴僕。㉟苟能入我國　你們如果真能把我弄回都城，得即君位。㊱報子以乘軒三句　哀十五年《左傳》作：「服冕乘軒，三死無與。」瀧川曰：「言雖三次有死罪皆宥之。」《集解》引杜預曰：「軒，大夫車也。三死，死罪三。」㊲閏月　閏十二月。㊳外圃　家外之菜圃。㊴二人蒙衣而乘　《集解》引服虔曰：「二人，謂良夫和太子。」蒙衣，穿著婦人的服裝，以巾蒙頭共乘。㊵宦者羅御二句　宦者名羅，為之趕車，一直進入孔悝家。㊶孔氏之老　老，家臣；大管家。《集解》引服虔曰：「家臣稱老。」㊷稱姻妾以告　假稱是姻親告訴欒甯。姻妾，親戚家的女人。㊸遂入二句　《集解》引服虔曰：「入孔氏家，適伯姬所居。」瀧川曰：「伯姬，即悝母。」㊹悝母杖戈而先《集解》引服虔曰：「先至孔悝所。」㊺太子與五人介二句　《集解》引賈逵曰：「介，穿著甲冑。輿猳豚，欲以盟故也。」孔穎達曰：「盟當用牛，於時迫促，難得牲耳。」龜井昱曰：「輿牛掣牛，非謀也，此豈得以諸侯平常之盟論乎？」猳，豬。按：龜井所言是。孔氏之說太拘。㊻伯姬劫悝於廁　伯姬將孔悝逼到房屋的一角。廁，通「側」。竹添光鴻曰：「師古曰：『廁，岸之邊側也。』孔悝見眾至，必走避之，故迫之至邊側之處，使無可走避，乃得與之盟也。」㊼彊盟之二句　強迫孔悝與蒯聵盟誓，黜出公輒而立蒯聵。又挾持他登上孔氏家之高臺，因當時有衛軍來攻故也。㊽仲由　孔子弟子，字子路，又字季路，時為衛國大夫孔悝之邑宰。㊾召護駕乘車　《集解》引服虔曰：「召護，衛大夫。駕乘車，不駕兵車也，言無距父之意。」召護，《左傳》作召獲。㊿行爵食炙二句　行爵，即飲酒，見其從容之狀。爵，酒器。另，「爵」作「嚼」。行嚼食炙，尤見倉皇之狀。言出公輒與欒甯坐在車上一邊出逃一邊吃，極言其倉皇之狀。51子羔將出　子羔將出奔。子羔，衛國大夫高柴，孔子弟子。52吾姑至矣　我權且到（那裡看看）。姑至，權且到。53不及二句　鄭眾曰：「是時輒已出，不及事，不當踐其難。子羔言不及，以為季路欲死國也。」54食焉不辟其難　享用了孔氏的俸祿，就不該逃避危難。辟，通「避」。中井積德曰：「子路，孔悝之臣也，非衛侯之臣，孔悝見劫，故往救之耳，專為孔悝也，非為出公。」55公孫敢　服虔曰「衛大夫」，然針對以下子路言似有譴責，當為孔悝家臣。56毋入為也　不要進來做什麼了。服虔注以為子路是為出公輒而來。龜井昱曰：「子路欲救孔悝而至，然悝已見劫，孤身為敵所奪，入無益也，故止之。」57是公孫也　你是公孫般嗎？史公極力描摹黑夜中講話情景。58求利而逃其難　你不能平時向人家要好處，到人家有危難時就撒手不管。逃，避；躲開。59焉用孔悝　何必劫持孔悝呢？60雖殺之二句　即使你殺了他，一定會有別人接續他。按：此是子路對蒯聵所言。61若燔臺二句　這是子路對孔悝的家臣所言，是子路救孔悝的方案，即焚燒高臺，迫使蒯聵釋放孔悝。龜井昱曰：「言於太子，則稱孔悝；言於眾，則稱孔叔，禮也。」燔，用火燒。舍，釋放。孔叔，即孔悝。62下石乞盂黶敵子路　命石乞、盂黶下臺與子路戰。《集解》引服虔曰：「二子，蒯聵之臣。敵，當也。」63以戈擊之六句　割纓。子路曰：「君子死，冠不免。」此四句原無，據景祐本、武英殿本等本補。以戈擊之二句，沒有擊傷子路，而擊斷了子路的帽帶。君子死三句，「君子就算死，也不能讓帽子掉在地上的」，於是在繫帽子的時候讓人給殺死了。64柴也其來乎二句　高柴會回來的（他事出公，必然不肯改顏去事奉蒯聵）；仲由可能要死了（他食孔悝俸祿，必然為之戰死）。65孔悝竟立太子蒯聵二句　梁玉繩曰：「蒯聵之謚，《史》與《左傳》同，而〈人表〉作簡公，豈有二謚歟？」66羣臣欲作亂二句　據《左傳》，莊公並非欲盡誅群臣，欲作亂的也只是司徒瞞成與褚師比。67二年　梁玉繩以為應作「元年」，西元前四七九年。68魯孔丘卒　孔子卒當在去年。諸世家盡書「孔子生」、

「孔子卒」，見史公對孔子地位之重視。(69)戎州　衛都附近土著部落戎人聚居的村落，在今山東曹縣東南。州，古代的基層編制單位，二百五十家為一州。(70)戎虜何為是　戎虜為什麼住到這個地方！戎虜：「虜」字是罵人語，稱戎為「虜」表現了對戎人的蔑視。(71)戎州病之　戎州人為此憂慮。病，憂慮。按：《呂氏春秋・慎小》篇云：「莊公登臺以望，見戎州而問之曰：『是何為者也？』侍者曰：『戎州也。』公曰：『我姬姓也，戎人安敢居國？』使奪之宅，殘其州。」(72)簡子圍衛　據《左傳》，莊公本因趙氏而立，立而背晉，故晉伐之，與戎州事無關。(73)十一月二句　據《左傳》，十月，晉伐衛，衛人出莊公，晉立般師而退。十一月，莊公復入，般師出。此處《史記》有誤。(74)公子斑師　《左傳》作「般師」，襄公之孫。(75)公子起　靈公子。(76)衛君起元年　當齊平公四年，西元前四七七年。(77)衛石曼尃逐其君起　石曼尃，《左傳》作「石圃」，衛國大夫。先是莊公虐用工匠，長久不令其休息；莊公又想把石曼尃趕走，石曼尃便依靠工匠攻打莊公，莊公出逃，被戎州己氏殺死。在齊平公的支持下，衛人立公子起為君，他又逐走公子起。(78)出公後元年　當魯哀公十九年，西元前四七六年。(79)立二十一年卒　哀二十五年《左傳》，褚師比、公孫彌牟、公文要、司寇亥、司徒期因工匠與拳彌作亂，出公奔宋，後適越。梁玉繩曰：「出公以魯哀三年立，至哀十五年亡，在位十三年亡，三年復入，為哀十九年，在位七年復亡，為哀二十五年；明年，悼公立，當周元王七年（即〈表〉八年），出公復卒於越。左氏甚明，出公前後在位二十年，悼公之立，出公未卒，其卒不知何歲。」(80)出公季父黔攻出公子而自立二句　據哀二十六年《左傳》，出公不能復入，衛人立悼公，且以城鉏與越。公怒，以為夫人之弟司徒期之意。司徒期聘於越，出公奪之幣，期以眾奪回，出公怒而「殺期之甥之為太子者」。則出公自殺其太子，非黔攻太子而自立。

【語　譯】 襄公六年，楚靈王與諸侯會盟，襄公藉口生病不去。

2 九年，襄公去世。當初，襄公有個地位低下的小妾，襄公寵幸她，懷了孕，夢見有人對她說：「我，是康叔。讓你的兒子一定享有衛國，給你兒子起名叫『元』。」小妾很奇怪，問孔成子。孔成子說：「康叔是衛國的先祖。」等生了孩子，是個男孩兒，就告訴了襄公。襄公說：「這是上天的安排。」就給他起名叫「元」。襄公的夫人沒有兒子，於是就立元為繼承人，這就是靈公。

3 靈公五年，朝見晉昭公。六年，楚公子弃疾弒殺靈王自己繼位，即平王。十一年，衛國發生了火災。

4 三十八年，孔子來到衛國，給他和在魯國一樣的俸祿。後來有了矛盾，孔子離開了，後來又來了。

5 三十九年，太子蒯聵與靈公的夫人南子有矛盾，想殺南子。蒯聵和他的黨羽戲陽遬合謀，朝見時，讓他殺了夫人。戲陽後悔，不殺她。蒯聵幾次用眼睛示意，夫人察覺了，害怕，大叫說：「太子想殺我！」靈公大怒，太子蒯聵逃到宋國，不久逃到晉國依附趙氏。

6 四十二年春天，靈公在郊外遊玩，讓子郢駕車。子郢是靈公的小兒子，字子南。靈公怨恨太子逃走，對郢說：「我要立你為繼承人。」子郢回答說：「郢不足以主持國政，你另外考慮別人吧。」夏天，靈公去世，夫人讓子郢做太子，說：「這是靈公的命令。」子郢說：「逃亡的太子蒯聵的兒子輒還在，我不敢受命。」於是，衛國就立輒為國君，這就是出公。

7 六月，乙酉，趙簡子想送蒯聵回國，就命陽虎假派十多個衛國人穿著喪服來接太子回去，簡子陪同護送。衛人聽說後，出兵攻擊蒯聵。蒯聵不能入城，就進入宿邑自保，衛人也收了兵。

8 出公輒四年，齊田乞弒殺國君孺子。八年，齊鮑子弒殺國君悼公。

9 孔子從陳國來衛國。九年，孔文子向孔子請教有關軍事的問題，孔子沒回答。此後，魯接孔子回國，孔子回到了魯國。

10 十二年，當初，孔圉文子娶太子蒯聵的姐姐，生悝。孔氏的僮僕渾良夫長得漂亮，孔文子去世後，良夫與孔悝的母親私通。太子在宿邑，孔悝的母親派良夫到太子處。太子對良夫說：「如果你能讓我回國，我讓你做大夫，並免除你三次死罪。」與他訂立盟誓，答應把孔悝的母親給他做妻子。閏月，良夫與太子進了城，住在孔氏府外的園中。黃昏，兩人穿著婦女的衣服，用頭巾蒙著頭坐上車，宦官羅駕車，到孔家。孔家的老家臣欒甯盤問他們，他們自稱是姻親家的姬妾。於是就進了孔家，到了伯姬的住處。吃過飯，孔悝的母親拿著戈先行，太子與五個人穿著鎧甲，抬著豬跟著。伯姬把孔悝逼到房屋的一角，強迫他與他們結盟，於是就劫持他登上高臺。欒甯將要飲酒，肉還沒烤熟，聽說變亂發生，派人告訴仲由。召護駕著乘車，一邊敬酒一邊吃著烤肉，保護著出公輒逃奔魯國。

11 仲由將要進孔家，碰到子羔正要出門，說：「府門已經關上了。」子路說：「我姑且去看看。」子羔說：

「來不及了，不要去遭受災難。」子路說：「接受了人家的俸祿，不能躲避災難。」子羔就出了門。子路到了門口，公孫敢關門，說：「不要進去了。」子路說：「你是公孫敢嗎？竟然貪求利祿而逃避災難。我不這樣，接受人家的俸祿一定要挽救他的禍患。」有使者出門，子路才得以進去。向太子說：「太子哪裡用得著孔悝？即使殺掉他，也一定會有人接替他。」又吩咐孔悝的家臣：「太子沒有勇氣。如果焚燒高臺，一定會放了孔叔。」太子聽說就害怕，讓石乞、盂黶下臺來抵擋子路，用戈攻擊他，割斷了帽纓。子路說：「君子死，帽子不能掉。」繫上帽纓時被人殺死了。孔子聽說衛國動亂，就說：「哎！高柴會回來的，而子路一定會死的。」孔悝最終立太子蒯聵為國君，這就是莊公。

12 莊公蒯聵，是出公的父親。住在國外，怨恨大夫不迎立他。元年即位，想殺掉所有的大臣，說：「我在外住了很久了，你們也曾聽說過嗎？」群臣要作亂，才停了下來。

13 二年，魯國的孔子去世。

14 三年，莊公登上城樓，見到戎州，說：「戎虜怎麼能建築城邑？」戎州人為此擔憂。十月，戎州人告訴趙簡子，簡子包圍衛都。十一月，莊公出逃，衛人立公子斑師為衛君。齊伐衛，俘虜了斑師，另立公子起為衛君。

15 衛君起元年，衛石曼專驅逐了國君起，起逃奔齊國。衛出公輒從齊國又回來為君。當初，出公即位十二年出亡，出亡在外四年又回國。出公後元年，賞賜跟隨出亡的人。立二十一年去世，出公的叔父黔攻擊出公的兒子而自己繼位，這就是悼公。

1 悼公五年卒❶，子敬公弗立❷。敬公十九年卒，子昭公糾立❸。是時，三晉彊❹，衛如小侯，屬之❺。

2 昭公六年，公子亹弒之，代立，是為懷公❻。懷公十一年❼，公子穨弒懷公而代立，是為慎公。慎公父，公子適❽；適父，敬公也。慎公四十二年❾卒，子聲公訓立❿。聲公十一年⓫卒，子成侯遬立⓬。

3 成侯十一年，公孫鞅入秦⓭。十六年，衛更貶號曰侯⓮。

4 二十九年，成侯卒，子平侯立。平侯八年⓯卒，子嗣君立⓰。

5 嗣君五年⓱，更貶號曰君，獨有濮陽⓲。

6 四十二年卒，子懷君立。懷君三十一年⓳，朝魏，魏囚殺懷君。魏更立嗣君弟，是為元君。元君為魏壻⓴，故魏立之。元君十四年㉑，秦拔魏東地㉒，秦初置東郡㉓，更徙衛野王縣㉔，而并濮陽為東郡。二十五年，元君卒㉕，子君角立。

7 君角九年，秦并天下，立為始皇帝㉖。二十一年，二世廢君角為庶人㉗，衛絕祀㉘。

【章　旨】以上為第七段，寫衛國在春秋戰國之際，終於淪為魏的屬國。秦二世時徹底滅亡。

【注　釋】❶悼公五年卒　西元前四六五年。《索隱》曰：「按《紀年》云，四年卒于越。《系本》名虔。」❷子敬公弗立　敬公一名弗。西元前四六四－前四四六年在位。弗、費字通。❸子昭公糾立　在位之年為西元前四四五－前四四〇年。❹是時二句　三晉，春秋末年，晉國強族韓、趙、魏三家瓜分晉國，成為戰國時的韓、趙、魏三國，史稱「三晉」。❺衛如小侯二句　《正義》曰：「屬趙也。」❻公子亹弒之三句　梁玉繩曰：「亹前三世為悼公，後六世為懷君，此必有誤。」❼懷公十

一年　西元前四二九年。❽慎公父二句　梁玉繩曰：「適乃敬公庶子，《索隱》謂即悼公，非。」❾慎公四十二年　西元前三八七年。❿子聲公訓立　《世本》作「聖公馳」。⓫聲公十一年　西元前三七六年。⓬子成侯遬立　《索隱》曰：「遬音速。《系本》作「不逝」。按，上穆公已名遬，不可成侯更名，則《系本》是。」⓭成侯十一年二句　西元前三六五年。若按〈秦本紀〉，秦孝公元年商鞅入秦，則秦孝公元年是周顯王八年，衛成侯十五年，西元前三六一年。⓮衛更貶號曰侯　衛君再度貶爵位而稱侯。衛祖上曾由「侯」而「公」，故如此說。⓯平侯八年　當周顯王三十年，秦孝公二十三年，西元前三三九年。⓰子嗣君立　《索隱》曰：「樂資據《紀年》以嗣君即孝襄侯。」⓱嗣君五年　當周顯王三十五年，秦惠文王四年，西元前三三四年。⓲濮陽　在今河南濮陽西南。⓳懷君三十一年　西元前二六六年。⓴魏壻　魏國君主的女婿。㉑元君十四年　西元前二五二年。㉒秦拔魏東地　《正義》曰：「東地，謂濮陽、黎陽等地也。」㉓秦初置東郡　《索隱》曰：「魏都大梁，濮陽、黎陽，並是魏之東地，故立郡名東郡也。」㉔更徙衛野王縣　讓魏國的小君主遷到野王去住。野王，秦縣名，在今河南沁陽。按：〈秦始皇本紀〉，秦王政五年「初置東郡」，在西元前二四二年；據〈年表〉，衛徙野王在秦王政六年，西元前二四一年；這是衛元君二十四、二十五年的事。㉕二十五年二句　梁玉繩曰：「元君在位二十五年，〈表〉誤在二十三年也。秦拔魏地置東郡，在始皇五年，當元君二十四年，此元君下脫「二」字。明年，衛徙野王，此亦誤，應移「二十五年」四字於「更徙衛野王」上。而「元君卒」之上，再補「是年」二字。」㉖君角九年三句　君角九年，當秦王政十五年，西元前二三二年。此年秦未併六國，統一天下是在秦王政二十六年，西元前二二一年，當在君角二十年。㉗二十一年二句　按：衛君角之二十一年，當秦王政稱始皇帝之第二年，西元前二二〇年，不當秦二世；廢衛君角為庶人在秦二世元年，西元前二〇九年，當君角三十二年。㉘衛絕祀　衛斷絕祭祀，即國家滅亡。按：衛自西元前一〇四五年受封，自此共歷八三七年。

【語　譯】悼公五年去世，子敬公弗繼位。敬公十九年去世，子昭公糾繼位。這時，趙、魏、韓三晉強大，衛如小諸侯，從屬於趙氏。

2　昭公六年，公子亹弒殺了昭公，代他為君，這就是懷公。懷公十一年，公子穨弒殺懷公而代他為君，這就是慎公。慎公的父親是公子適，適的父親是敬公。慎公四十二年去世，子聲公訓繼位。聲公十一年去世，子成侯遬繼位。

3　成侯十一年，公孫鞅到了秦國。十六年，衛再度貶爵號為侯。

4 二十九年，成侯去世，子平侯繼位。平侯八年去世，子嗣君繼位。

5 嗣君五年，再貶爵號稱為君，屬地只剩下了濮陽。

6 四十二年嗣君去世，子懷君繼位。懷君三十一年，朝見魏，魏人囚禁殺害了懷君。魏另立嗣君的弟弟，這就是元君。元君是魏的女婿，所以魏立他為君。元君十四年，秦攻下魏國東地，秦初次設置了東郡，把衛遷移到野王縣，而把濮陽併入東郡。二十五年，元君去世，子君角繼位。

7 君角九年，秦吞併了天下，登基稱為始皇帝。二十一年，秦二世廢君角的爵位為平民，衛國滅亡。

太史公曰：余讀世家言❶，至於宣公之太子以婦見誅，弟壽爭死以相讓，此與晉太子申生不敢明驪姬之過❷同，俱惡傷父之志。然卒死亡，何其悲也！或父子相殺，兄弟相滅，亦獨何哉？

【章　旨】以上為第八段，是作者的論贊。司馬遷譴責衛國父子相殺，兄弟相滅，指出這是使衛亡國的根本原因。

【注　釋】❶余讀世家言　朱東潤：「世家既別無其書，史遷亦不至自述而自讀之，津津然見於文字。故梁玉繩《史記志疑》曰：『案世家言即史公所作也，而曰余讀何哉！豈〈衛世家〉是司馬談作而遷補論之歟？』梁氏明指世家本篇及贊文不出一人，語至精確。然史公〈自序〉，述司馬談之言，一則曰：『余為太史而弗論載。』再則曰：『余死，汝必為太史，為太史，無忘余所欲論著矣。』是則太史談作〈衛世家〉之說，無從證實。竊意世家之言為史遷所作，而其贊文則不必盡出史遷之手，以故前後矛盾雜亂，不可盡詰。」趙生群曰：「俞正燮云：『〈衛世家〉贊云：太史公曰：余讀世家言，則《史記》世家談所造，遷持作贊，自稱太史公也。』俞氏的斷語，至為精確。既然是『讀世家言』，那麼，司馬遷作贊語之前，就應當有『世家言』存在。正因為〈衛康叔世家〉正文是『談所造』，司馬遷才能說『讀』；如果這裡所稱『世家言』是司馬遷自己所作，那

『讀』字就無法講通了。討論至此，我們可以斷言，〈衛康叔世家〉原文為司馬談所作，而贊語則出自司馬遷之手（這當是司馬遷刪去原有的贊語而另寫的）。」❷晉太子申生不敢明驪姬之過　晉獻公寵愛驪姬，驪姬為讓自己的兒子奚齊做太子，遂誣陷太子申生欲弒獻公。申生怕父親老年無歡，又不願負惡名逃亡，遂自殺。太子申生，晉獻公之太子。驪姬，晉獻公的寵妃。以上事件詳見《國語・晉語》、《左傳》僖公四年與〈晉世家〉。

【語　譯】太史公說：我讀〈衛康叔〉所述世家，讀到宣公的太子因為婦人之故被殺，弟弟壽爭著死，這與晉太子申生不敢挑明驪姬的罪過相同，都是怕傷了父親的心。但最終都死去了，多麼悲哀啊！至於父子互相殘殺，兄弟互相毀滅，又是為了什麼呢？

【研　析】本文的主要意義在以下幾點：

其一，對荒淫無道的國君給予了無情的批判。在《史記》所有世家中，衛國的國君是最荒淫無道的。懿公好鶴輕人，使臣民盡叛，幾乎因鶴亡國；獻公驕慢大臣，被逐出國；而引發衛國數代之亂的宣公上烝庶母，下奪子婦，其荒淫程度在列國各國君中更是絕無僅有。對他們，作者都從正面給予了無情地揭露與批判。同時，在文章開頭，康叔受封時作者不厭其煩地引述周公三誥，點明一個合格的國君應該具有的素質，更是反襯出後世衛國國君之不堪。

其二，批判了統治者爭國爭利的貪婪醜行。衛國的內亂在春秋諸國中是最多的，衛國的春秋史幾乎就是由大大小小的內亂構成的。究其原因，除了國君的荒淫外，統治集團內部的爭權奪利是另一個主要原因。蘇轍曰：「衛之大亂者再，皆起于父子夫婦之際。」衛國第一次內亂就是州吁弒殺異母兄桓公以奪君位；宣公雖然荒淫，但促成衛國數世之亂的直接原因是惠公（子朔）想取代異母兄長太子伋而最終登上國君寶座；最離奇的是莊公奪兒子出公的君位。作者在記敘這些「父子相殺，兄弟相滅」的內亂時，內心應是既憎恨又沉痛的。衛國作為周初重要諸侯國，康叔作為武王的同母弟，被寄予了深切希望，但衛國昏君輩出，亂臣賊子不斷，使其雖國祚未絕而實際上早已喪失獨立地位了。

其三，在寫法上，本文抓住衛國內亂這一中心，有條不紊地安排材料，將每一次內亂的前因後果交代得脈絡清晰，而寫法筆意又各不相同。如宣惠之亂，主要寫伋壽爭死，筆筆痛惜，反襯惠公的貪婪不仁；而莊公與出公爭位，則大寫伯姬與渾良夫通姦，莊公收買渾良夫以及借趙氏兵力入國等陰謀，充滿了諷刺與不屑。另外，文章開端寫周公三誥與康叔善政，統罩全篇，以後曰「武公即位，修康叔之政，百姓和集」，曰「我康叔也，令若子必有衛」，曰「康叔者，衛祖也」，皆與篇首照應，迴環有法，無形中使衛國前後情形形成了鮮明對比，使康叔的形象更加輝煌，也使後世君主更顯卑鄙委瑣，增強了批判力度。

卷三十八

宋微子世家第八

【題　解】《宋微子世家》主要有兩部分內容，前一部分是寫殷之「三仁」即箕子、比干、微子三位殷末賢臣的事跡，其中寫箕子時全文引入了箕子對武王所講的治國方略，這就是《尚書》中的《洪範》。後一部分譜寫了自宋微子受封建國，歷三十一世共七百多年，至宋君偃被齊湣王所滅的宋國歷史。

1 微子開❶者，殷帝乙❷之首子而帝紂❸之庶兄❹也。紂既立，不明，淫亂於政，微子數諫，紂不聽。及祖伊❺以周西伯昌❻之修德，滅阢❼國，懼禍至，以告紂。紂曰：「我生不有命在天乎？是何能為❽！」於是微子度紂終不可諫，欲死之，及去，未能自決，乃問於太師、少師❾曰：「殷不有治政，不治四方❿，我祖遂陳於上⓫，紂沉湎⓬於酒，婦人是用，亂敗湯德於下⓭。殷既小大好草竊姦宄⓮。卿士師師非度⓯，皆有罪辜⓰，乃無維獲⓱。小民乃並興，相為敵讎⓲。今殷其典喪⓳！若涉水無津涯⓴。殷遂㉑喪，越至于今㉒。」曰：「太師、少師㉓，我其發出往？吾家保于喪㉔？今女無故告予㉕，顛躋，如之何其㉖？」太師若曰㉗：「王子，天篤下菑亡殷國㉘，乃毋畏畏，不用老長㉙。今殷民乃陋淫神祇之祀㉚。今誠得治國，國治，身死不恨㉛。為死，終不得治，不如去㉜。」遂亡。

2 箕子者，紂親戚也㉝。紂始為象箸㉞，箕子歎曰：「彼為象箸，必為玉桮；為桮，則必思遠方珍怪之物而御㉟之矣。輿馬宮室之漸自此始，不可振也㊱。」紂為淫泆㊲，箕子諫，不聽。人或曰：「可以去矣。」箕子曰：「為人臣諫不聽而去，是彰君之惡而自說於民㊳，吾不忍為也。」乃被髮詳狂而為奴㊴。遂隱而鼓琴以自悲，故傳之曰箕子操㊵。

3 王子比干者，亦紂之親戚也。見箕子諫不聽而為奴，則曰：「君有過而不以死爭㊶，則百姓何辜㊷？」乃直言諫紂。紂怒曰：「吾聞聖人之心有七竅，信有諸乎㊸？」乃遂殺王子比干，刳㊹視其心。

4 微子曰：「父子有骨肉㊺，而臣主以義屬㊻。故父有過，子三諫不聽，則隨而號之㊼；人臣三諫不聽，則其義可以去矣。」於是太師、少師乃勸微子去，遂行㊽。

5 周武王㊾伐紂克殷㊿，微子乃持其祭器(51)造(52)於軍門，肉袒面縛(53)，左牽羊，

6 右把茅54，膝行而前以告。於是武王乃釋微子，復其位如故55。

武王封紂子武庚祿父56以續殷祀57，使管叔、蔡叔傅相之58。

【章旨】以上為第一段，記述殷末「三仁」微子、箕子、比干的事跡。

【注釋】❶微子開　原名「啟」，因避漢景帝劉啟之諱，漢人改稱之曰「開」。微，殷封國名，在今山西潞城東北。《集解》引孔安國云：「微，畿內國名。子，爵也，為紂卿士。」❷帝乙　商朝帝王，盤庚遷殷後第十一代王，文丁之子，西元前一一〇一－前一〇七六年在位。詳見〈殷本紀〉。❸紂　商朝亡國之君，帝乙之子，名辛，歷史上著名的暴君，西元前一〇七五－前一〇四六年在位。❹庶兄　其父姬妾所生之兄。❺祖伊　殷紂王的大臣。❻周西伯昌　即日後之周文王，周國國君，姬姓，名昌，商紂時為西伯，故又稱「西伯昌」。事跡詳見〈周本紀〉。❼阢　殷時方國，又作「黎」、「嘰」、「耆」。《索隱》引孔安國云：「黎在上黨東北，即今之黎亭是也。」按：在今山西長治西南。❽是何能為　按：「祖伊」以下，見《尚書．西伯戡黎》。❾太師少師　太師指箕子，少師指比干。❿殷不有治政二句　殷朝沒有清明的政治，不能治理四方百姓。⓫我祖遂陳於上　我們的祖先成湯過去成就了許多偉大的事業。⓬沉湎　沉溺；沉醉。⓭亂敗湯德於下　湯德，湯的德政。《集解》引馬融曰：「下，下世也。」⓮殷既小大好草竊姦宄　殷朝的大小臣民已經無不搶奪偷盜，犯法作亂。小，指百姓。大，指群臣。草，通「鈔」。搶掠。姦宄，亂於內者曰姦，亂於外者曰宄。⓯卿士師師非度　王室的卿士相互效仿，不遵守法度。師師，轉相仿效。度，法度。⓰皆有罪辜　每個人都有罪惡。辜，罪。⓱乃無維獲　誰都覺得沒有得到自己應得的東西。⓲小民乃並興二句　《集解》引孔安國曰：「卿士既亂，而小民各起，共為敵讎。」⓳今殷其典喪　殷朝喪失了國家的典章制度。典，國典。又，錢大昕曰：「『典』讀如『殄』，典喪者殄喪也。」⓴津涯　津，渡口。涯，岸。㉑遂　竟然。㉒越至于今　以致弄成了今天這種樣子。越，句首發語詞。㉓太師少師　《集解》引馬融曰：「重呼告之。」㉔我其發出往二句　我是出走逃亡呢，還是留在家裡以死殉國？㉕今女無故告予　現在你們不指點我。無故，無意。㉖顛躋二句　顛躋，墜落。指陷入不義。其，語助詞。㉗若曰　「若」字語助詞，《尚書》常在「曰」字前加用。㉘王子二句　孔安國曰：「微子，帝乙子，故曰『王子』。天生紂為亂，是下菑也。」篤，厚；嚴重。菑，同「災」。㉙乃毋畏畏二句　意謂紂王竟然既不畏懼天威，又不聽從年長者的勸告。畏畏，畏懼天威。第二個「畏」字通「威」。老長，老年人。㉚今殷民乃陋淫神祇之祀　今殷朝百姓竟敢褻瀆神祇的祭祀。陋淫，即今所謂「褻瀆」。神祇，天神與地神。㉛今誠得治國三句　崔適曰：「『國治』二字與上句意複，必是衍文。」㉜為死終不得治三句　王念孫曰：「『為』，猶『如』也，言如身死而國終不治，則不如去也。」按：以上微子與太師、少師問答事，本《尚書‧微子》。㉝箕子者二句　馬融、王肅以箕子為紂之諸父。服虔、杜預以為紂之庶兄。按：所謂「箕子」，當是此人在商時受封於箕。至於箕邑的具體位置，據常征《古燕國史探微》以為即今山西祁縣之箕城鎮，亦即《左傳》僖公三十三年「晉人敗狄于箕」之「箕」，其說可信。㉞象箸　象牙筷子。㉟御　使用；占有。㊱輿馬宮室之漸自此始二句　輿，車。振，挽救。按：「紂始為象箸」以下，本《韓非子》之〈喻老篇〉、〈說林篇〉。㊲淫泆　恣縱逸樂。㊳自說於民　自己向百姓討好。說，同「悅」。㊴乃被髮詳狂而為奴　被，通「披」。詳，通「佯」。假裝。意即裝瘋賣傻，混跡於奴隸之中。㊵箕子操　琴曲名。「操」猶言「曲」。㊶爭　通「諍」。規勸。㊷百姓何辜　百姓何罪而遭其荼毒？百姓，原意為百官，這裡似指黎民、眾民。㊸信有諸乎　果真是這樣嗎？諸，同「之」。指「七竅」。㊹剖　剖開。㊺有骨肉　有骨肉之情。㊻臣主以義屬　君臣之間以義相連，意思是要講究一個「義」字。屬，連接；結合。㊼隨而號之　繼之以痛哭。號，號哭。㊽於是太師少師乃勸微子去二句　張文虎曰：「『微子曰』至『遂行』五十二字，疑當在上文『不如去』下。『遂行』二字，即『遂亡』之衍。」㊾周武王　西周王朝的建立者，文王之次子，名發，西元前一〇四六－前一〇四三年在位，事跡詳見〈周本紀〉。㊿伐紂克殷　事在西元前一〇四六年，詳情見〈周本紀〉。(51)祭器　祭祀天地與宗廟之器。(52)造　前往。(53)肉袒面縛　去衣露體，縛手於背，以示降服順從。(54)右把茅　把，持；握。茅，通「旄」。竿頂用犛牛尾裝飾的旗。(55)於是武王乃釋微子二句　梁玉繩曰：「武王非討微子，微子非亡國之子，何為其然？《前編》據王柏之說，云：『面縛銜璧，必武庚也，後世失其傳也。』斯論真不可易。然則《傳》云『使復其所』，《史》云『復其位如故』，是仍其太子之故，將封為殷後也。使以為微子，則所復者為何位？將復其卿士之位歟？而君亡國破，何忍立人之朝。將復其微國之位歟？而登即封宋，不得言如故。」(56)武庚祿父　名武庚，殷紂王之子，字祿父。(57)以續殷祀　封武庚祿父為殷國國君，繼續其對殷國祖先的祭祀。(58)管叔蔡叔傅相之　管叔名鮮，蔡叔名度，皆武王之弟，武王令二人駐於武庚附近以監督看管之。傅相，輔佐。這裡實即監督。

【語　譯】微子開是殷帝乙的長子，紂王的庶兄。紂王即位後，昏昧無能，荒淫無道，微子多次進諫，殷紂不聽。等到祖伊得知周西伯昌推行德政，滅了阢國，害怕災禍降臨，把這件事告訴紂王。紂王說：「我降生在世，不是有天命嗎？西伯昌能把我怎麼樣呢！」於是微子料定紂王無論如何也不會接受勸告，打算以死報國。當他離開紂王後，又猶豫不決，就去問太師箕子與少師比干說：「殷朝沒有清明的政治，不能治理四方的百姓，我們的祖先成湯過去成就了許多偉大的事業，但紂王卻沉溺於酒，聽信婦人的話，如今已經敗壞了成湯的德業。殷朝的大小臣民已經無所不搶，犯法作亂。王室的卿士相互效仿，不守法度，人人都有罪過，他們都覺得沒有得到自己應得的東西。百姓看到卿士如此胡來，也群起效仿，互為仇敵。如今殷朝喪失了國家的典章制度呀！就好像渡河沒有橋，渡海看不到岸。殷朝一定會滅亡，滅亡就在當今。」又說：「太師、少師，我是出走逃亡呢？還是留下來以死殉國呢？現在你們不指點我，如果我陷入不義，那該怎麼辦呢？」太師說：「王子，上天重重地降下災難，要滅亡殷朝，紂王竟然不畏懼天威，又不聽從年長者的勸告。而今殷朝百姓竟敢褻瀆天地神祇的祭祀。如果留下來能夠把國家治理好，使天下太平，即使死了也沒有什麼遺憾。如果自己死了，國家卻仍舊得不到太平，那就不如遠遠離開。」於是微子就出國逃亡了。

2 箕子是紂王的親戚。紂王開始使用象牙筷子時，箕子歎道：「他使用了象牙筷子，就必然會使用玉杯；用了玉杯，就必然想得到遠方珍貴奇異的食品，供自己享用。就會開始追求車馬宮室的奢華，國家就將無法挽救。」結果紂王真的恣縱逸樂起來，箕子勸諫不聽。有人勸箕子說：「可以離開了。」箕子說：「做臣子的勸諫君王而君王不採納，如果因此離開，這就是彰顯君王的過失，讓自己取悅於民，我不忍心這麼做。」於是便披頭散髮地裝瘋，混跡於奴隸之中。隱居不出，彈琴抒發自己內心的憂傷，所以後世就把他彈奏的曲子稱作〈箕子操〉。

3 王子比干也是紂王的親戚，他見箕子勸諫紂王不聽，自己卻混跡於奴，就說：「君王有過失我們如不拚死規勸，那讓百姓怎麼辦呢？」於是就去勸諫紂王。紂王惱怒的說：「我聽說聖人的心有七個洞竅，真有這回事嗎？」於是就殺了王子比干，剖開胸腔，驗看他的心臟。

4 微子說：「父子有骨肉之情，君臣以義結合。所以父親有過失，兒子再三勸諫不被採納，就以號哭繼之；身為臣子再三勸諫君王而不採納，臣子就可以離開他了。」於是太師、少師就勸微子離去，微子就走了。

5 周武王伐紂，滅了殷朝，微子就帶著殷朝祭祀天地與宗廟之器前往周武王的營門，去衣露體，縛手於背，左邊的侍從人員牽著羊，右邊的拿著用犛牛尾裝飾竿頂的旗子，跪著前行，求告武王。武王就給微子解開了繩索，恢復了他原來的爵位。

6 武王封紂王的兒子武庚祿父，讓他承繼殷朝的祭祀，派管叔、蔡叔輔佐他。

1 武王既克殷❶，訪問箕子❷。

2 武王曰：「於乎❸！維天陰定下民❹，相和其居❺，我不知其常倫所序❻。」

3 箕子對曰：「在昔鯀陻鴻水，汨陳其五行❼，帝乃震怒，不從鴻範九等，常倫所斁❽。鯀則殛死，禹乃嗣興❾。天乃錫禹鴻範九等，常倫所序❿。

4 「初一曰五行⓫；二曰五事⓬；三曰八政⓭；四曰五紀⓮；五曰皇極⓯；六曰三德⓰；七曰稽疑⓱；八曰庶徵⓲；九曰嚮用五福⓳，畏用六極⓴。

5 「五行：一曰水，二曰火，三曰木，四曰金，五曰土㉑。水曰潤下，火曰炎上㉒，木曰曲直㉓，金曰從革㉔，土曰稼穡㉕。潤下作鹹㉖，炎上作苦㉗，曲直作酸㉘，從革作辛㉙，稼穡作甘㉚。

6 「五事：一曰貌㉛，二曰言，三曰視㉜，四曰聽，五曰思。貌曰恭㉝，言曰從㉞，視曰明㉟，聽曰聰㊱，思曰睿㊲。恭作肅㊳，從作治㊴，明作智㊵，聰作謀㊶，睿作聖(42)。

7 「八政：一曰食(43)，二曰貨(44)，三曰祀(45)，四曰司空(46)，五曰司徒(47)，六曰司寇(48)，七曰賓(49)，八曰師(50)。」

8 「五紀：一曰歲，二曰月，三曰日，四曰星辰(51)，五曰曆數(52)。」

9 「皇極(53)：皇建其有極(54)，斂時五福，用傅錫其庶民(55)，維時其庶民于女極，錫女保極(56)。凡厥庶民，毋有淫朋，人毋有比德，維皇作極(57)。凡厥庶民，有猷有為有守，女則念之(58)。不協于極，不離于咎，皇則受之(59)。而安而色，曰：『予所好德。』女則錫之福(60)。時人斯其維皇之極(61)。毋侮鰥寡而畏高明(62)。人之有能有為，使羞其行，而國其昌(63)。凡厥正人，既富方穀(64)。女不能使有好于而家，時人斯其辜(65)。于其毋好，女雖錫之福，其作女用咎(66)。毋偏毋頗，遵王之義(67)。毋有作好(68)，遵王之道。毋有作惡(69)，遵王之路。毋偏毋黨，王道蕩蕩(70)。毋黨毋偏，王道平平(71)。毋反毋側(72)，王道正直。會其有極(73)，歸其有極(74)。曰王極之傅言(75)，是夷是訓，于帝其順(76)。凡厥庶民，極之傅言，是順是行(77)，以近天子之光(78)。曰天子作民父母，以為天下王(79)。」

10 「三德：一曰正直(80)，二曰剛克(81)，三曰柔克(82)。平康正直(83)，彊不友剛克(84)，內友柔克[85]，沉漸剛克[86]，高明柔克[87]。維辟作福，維辟作威，維辟玉食[88]。臣無有作福作威玉食[89]。臣有作福作威玉食，其害于而家，凶于而國[90]，人用側頗辟[91]，民用僭忒[92]。

11 「稽疑：擇建立卜筮人[93]。乃命卜筮，曰雨，曰濟，曰涕，曰霧，曰克，曰貞，曰悔[94]，凡七。卜五，占之用二，衍貣[95]。立時人為卜筮[96]，三人占則從二人之言[97]。女則有大疑，謀及女心，謀及卿士，謀及庶人，謀及卜筮[98]。女則從[99]，龜從，筮從，卿士從，庶民從[100]，是之謂大同[101]，而身其康彊，而子孫其逢吉[102]。女則從，龜從，筮從，卿士逆，庶民逆，吉[103]。卿士從，龜從，筮從，女則逆，庶民逆，吉。庶民從，龜從，筮從，女則逆，卿士逆，吉[104]。女則從，龜從，筮逆，卿士逆，庶民逆，作內吉[105]，作外凶[106]。龜筮共違于人，用靜吉，用作凶[107]。

12 「庶徵：曰雨，曰陽，曰奧，曰寒，曰風[108]，曰時五者來備，各以其序，庶草繁廡[109]。一極備，凶[110]。一極亡，凶[111]。曰休徵[112]：曰肅，時雨若[113]；曰治，時暘若[114]；曰知，時奧若[115]；曰謀，時寒若[116]；曰聖，時風若[117]。曰咎徵[118]：曰狂，常雨若[119]；曰僭，常暘若[120]；曰舒，常奧若[121]；曰急，常寒若[122]；曰霧，常風若[123]。王眚維歲[124]，卿士維月[125]，師尹維日[126]。歲月日時毋易，百穀用成，治用明[127]，畯民用章，家用平康[128]。日月歲時既易，百穀用不成，治用昏不明[129]，畯民用微[130]，家用不寧[131]。庶民維星[132]，星有好風，星有好雨[133]。日月之行，有冬有夏[134]。月之從星，則以風雨[135]。

13 「五福：一曰壽，二曰富，三曰康寧，四曰攸好德[136]，五曰考終命[137]。六極：一曰凶短折[138]，二曰疾，三曰憂，四曰貧，五曰惡[139]，六曰弱[140]。」

14 於是武王乃封箕子於朝鮮[141]而不臣也。

15 其後箕子朝周[142]，過故殷虛[143]，感宮室毀壞，生禾黍，箕子傷之，欲哭則不可，欲泣為其近婦人，乃作麥秀之詩以歌詠之[144]。其詩曰：「麥秀漸漸兮，禾黍油油[145]。彼狡僮[146]兮，不與我好兮！」所謂狡童者，紂也。殷民聞之，皆為流涕[147]。

【章旨】以上為第二段，寫箕子向周武王闡述治國方略，並記箕子於周初被封以及感念故國的悲傷。

【注釋】❶武王既克殷　按：該句以下至「六曰弱」，錄《尚書・洪範》，文字稍有改易。洪範，意即大法。文件的開頭首先編造了一個神話，說〈洪範〉這篇大法是上帝傳授給禹的，現在由箕子傳授給周武王。❷訪問箕子　梁玉繩曰：「〈周紀〉言克殷後二年訪〈洪範〉，因武王克殷在十一年，而〈洪範〉稱十三祀故耳。與《大傳》稱武王封箕子朝鮮於十三祀來朝而問〈洪範〉正合。」❸於乎　同「嗚呼」，感歎詞。❹維天陰定下民　維，句首語氣詞。陰定，暗中穩定。陰，也可通「蔭」，意即「庇蔭安定」。❺相和其居　使大家和睦地住在一起。❻我不知其常倫所序　常倫，常理。序，秩序；條理。❼鯀陻鴻水二句　鯀，禹的父親。陻，堵塞。鴻，同「洪」。大。汩，亂。陳，列；安排。五行，指金、木、水、火、土五種供人利用的物質。《集解》引孔安國曰：「治水失道，是亂陳五行。」❽帝乃震怒三句　帝，上帝，即所謂「天」。不從，不給。鴻範九等，大法九類，即下文所述。常倫所斁，章程敗壞。斁，敗壞；亂套。❾鯀則殛死二句　殛，誅殺。嗣，繼承，指繼承鯀的事業。興，振興；興起。《集解》引鄭玄曰：「《春秋傳》曰：『舜之誅也殛鯀，其舉也興禹。』」❿天乃錫禹鴻範九等二句　錫，賜；給予。鴻範九等，《尚書》作「洪範九疇」。《集解》引孔安國曰：「天與禹，洛出書也。神龜負文而出，列於背，有數至于九，禹遂因而第之，以成九類。」⓫初一曰五行　首先要懂得五行。初一，猶言「第一」。⓬二曰五事　《尚書》作「次二曰敬用五事」，對五件事要嚴肅對待。五事，五件事，下文有述。⓭三曰八政　《尚書》作「次三曰農用八政」。八政，八項政務，下文有述。⓮四曰五紀　《尚書》作「次四曰協用五紀」。五紀，五種記時方法，下文有述。⓯五曰皇極　《尚書》作「次五曰建用皇極」。皇極，帝王的法則。皇，帝王。極，法則。⓰六曰三德　《尚書》作「次六曰乂用三德」。三德，帝王的三種德性，亦即治理百姓的三種方式，下文有述。⓱七曰稽疑　《尚書》作「次七曰明用稽疑」。稽疑，指考察疑難的方法。稽，考察。⓲八曰庶徵　《尚書》作「次八曰念用庶徵」。庶徵，各種徵兆。庶，眾。⓳九曰嚮用五福　嚮用五福，使人享受五種幸福。嚮，通「饗」、「享」。⓴畏用六極　運用六種災難以示威嚴。畏，《尚書》作「威」。六極，六種災難。極，通「殛」。按：以上概述〈洪範〉九疇的綱目，《尚書》共六十五字。㉑一曰水五句　《集解》引鄭玄曰：「此數本諸陰陽所生之次也。」㉒水曰潤下二句　潤下，向下潤溼。炎上，向上燃燒。㉓木曰曲直　木的特性可曲可直。㉔金曰從革　金屬的特性可以順從人的意願改變形狀。從，順。革，改變。王先謙曰：「『曲直』有二義，則『從』與『革』亦當分訓。言金可從順，又可變革。」意思亦可。㉕土曰稼穡　《集解》引王肅曰：「種之曰稼，斂之曰穡。」意即土可以使人播種與收穫。㉖潤下作鹹　向下潤溼的水產生鹹味。作，造；形成。㉗炎上作苦　向上燃燒的火產生苦味。《集解》引孔安國曰：「焦氣之味。」㉘曲直作酸　可曲可直的木頭產生酸味。《集解》引孔安國曰：「木實之性。」㉙從革作辛　可改變形狀的金屬產生辣味。《集解》引孔安國曰：「金氣之味。」㉚稼穡作甘　種植收穫的莊稼產生甜味。《集解》引孔安國曰：「甘味生於百穀。」㉛貌　指態度。㉜視　觀察。㉝貌曰恭　態度要恭敬。㉞言曰從　言語要合乎道理。從，順。㉟視曰明　觀察事物要清醒明晰。㊱聽曰聰　聽取意見要聰敏。㊲思曰睿　思考問題要通達於事理。睿，通達。㊳恭作肅　態度恭敬就能嚴肅。作，則；就。㊴從作治　帝王的言語合乎道理，國家就能得到治理。《集解》引馬融曰：「出令而從，所以為治也。」㊵明作智　觀察問題清醒明晰就能辨別善惡。智，有智慧，此處意指不受蒙蔽，能辨別善惡。㊶聰作謀　聽取意見聰敏就能善於謀斷。㊷睿作聖　思考問題通達就能成為事無不通的聖人。㊸食　指農業生產。㊹貨　指手工業生產和商業貿易。㊺祀　指宗廟祭祀。㊻司空　掌內務民政。馬融曰：「司空掌營城郭，主空土以居民。」㊼司徒　掌文化教育。孔安國曰：「主徒眾，教以禮義。」㊽司

寇　掌公共安全與司法。馬融曰：「主誅寇害。」㊾賓　掌禮賓、外務。鄭玄曰：「掌諸侯朝覲之官。」㊿師　指軍事活動。鄭玄曰：「掌軍旅之官。」51星辰　馬融曰：「星，二十八宿。辰，日月之所會也。」52曆數　曆法，推算四時節候的方法。53皇極　帝王的最高法則。54皇建其有極　帝王要建立至高無上的法則。55斂時五福二句　聚集五種幸福，以遍賜於庶民。斂，聚集；集中。時，這。傳，《尚書》作「敷」，普遍。錫，施予。《集解》引馬融曰：「當斂是五福之道，用布與眾民。」56維時其庶民于女極二句　民眾對帝王建立的準則就會擁護，君王也可以要求民眾遵守準則。女，通「汝」。保，遵守。57凡厥庶民四句　淫朋，邪黨。比德，私相比附，朋比為奸。維皇作極，一心遵守帝王建立的準則。《集解》引孔安國曰：「民有善則無淫過朋黨之惡、比周之德，維天下皆大為中正也。」58凡厥庶民三句　猷，謀略。為，作為。守，操守。念，思；想到。《集解》引馬融曰：「凡其眾民有謀、有為，有所執守，當思念其行有所趣舍也。」59不協于極三句　協，合；符合。離，遭受；陷入。咎，罪惡。受，容納，此處意為容忍。三句意為凡吏民之行為雖不合於中正，但也尚未陷於罪惡，那麼做帝王的就要寬容他們。60而安而色四句　前「而」字虛詞，無義。安，和悅。《尚書》作「康」。色，和顏悅色。後「而」字，當「你」講。所，《尚書》作「攸」，通「由」。遵行。女，你，指君主。《集解》引孔安國曰：「女當安女顏色，以謙下人。人曰我所好者德也，女則與之爵祿。」61時人斯其維皇之極　時，此；這。斯，就。意謂這樣一來人們就會惟你的法則是遵了。62毋侮鰥寡而畏高明　意謂不要欺壓鰥寡孤獨、無依無靠的人，不要只是敬畏高明顯貴的人。《集解》引馬融曰：「高明顯寵者，不枉法畏之。」侮，欺壓。63人之有能有為三句　羞，進；貢獻。三句意謂讓那些有才能的人都把才能貢獻出來，那你的國家就昌盛了。64凡厥正人二句　正人，正直之人，也有說指官員。方，並。穀，善，也有說指祿位。65女不能使有好于而家二句　而，你。家，此處指王室。辜，罪。兩句意謂如果你不能使百官為你的王室作出貢獻，那麼這些人就是有罪的。66于其毋好三句　作，使。女，通「汝」。用，施行。咎，惡。三句意謂對於那些沒有好德行的人，你即使賜給他們爵祿，他們也會作惡，使你取怨於民。67毋偏毋頗二句　辦事不能有任何偏頗，要遵守先王的法規。68毋有作好　不要有私心偏好。好，愛好。69毋有作惡　不要片面的討厭什麼。惡，討厭；厭惡。70毋偏毋黨二句　不要有偏私，不要結朋黨，帝王的道路就會寬廣起來。黨，朋黨，不是出以公心的拉幫結派。蕩蕩，寬廣的樣子。王道，帝王之道。這裡即指國家政事，下同。71王道平平　《集解》引孔安國曰：「言辨治也。」72毋反毋側　不要逆王道而行，也不要偏離王道。《集解》引馬融曰：「反，反道也。側，傾側也。」73會其有極　大家都會合在掌握準則的帝王之下。會，會合。74歸其有極　這樣，整個國家的事情也就能歸於法則化了。75曰王極之傳言　帝王依據法則發布的言論。傳，《尚書》作「敷」，布；發布。76是夷是訓二句　這些就是常法，是對人們的訓示，它們是符合上帝意旨的。夷，《尚書》作「彝」，常；常法。帝，上帝。順，順從；符合。(77)凡厥庶民三句　所有臣民，對帝王依據法則發布的言論，都要服從，都要遵照執行。(78)以近天子之光　以接近天子的光輝。(79)曰天子作民父母二句　天子是臣民百姓的父母，是普天下人們的帝王。(80)正直　以正直的態度進行統治。(81)剛克　以強硬的手段取得效果。克，勝。(82)柔克　以柔和的方式取得效果。(83)平康正直　對中正平和的人就以正直的態度來對待。《集解》引孔安國曰：「世平安，用正直治之。」(84)彊不友剛克　對倔強不服從的人就要以嚴厲的手段來對待。《集解》引孔安國曰：「友，順也。世彊禦不順，以剛能治之。」(85)內友柔克　對和順可親的人就要用柔和的方式來對待。《集解》引孔安國曰：「世和順，以柔能治之。」內，《尚書》作「燮」，和。(86)沉漸剛克　對那些陰謀作亂的暗藏分子要採取嚴厲措施。沉漸，《尚書》作「沉潛」。(87)高明柔克　對高尚者、明智者要溫和的以禮相待。《集解》引馬融曰：「高明君子，亦以德懷也。」按：以上數句也有其他理解，如朱熹曰：「言人資質沉潛者，當以剛治之；資質高明者，當以柔治之。」(88)維辟作福三句　只有帝王才有賜人以福的權柄，只有帝王才有治人以罪的威嚴，只有帝王才有權享用美食。維，通「唯」。只有。辟，指帝王。《集解》引鄭玄曰：「作福，專爵賞也。作威，專刑罰也。玉食，備美珍也。」(89)臣無有作福作威玉食　做臣子的無權給人以福與治人以罪，也無權享用美食。(90)凶于而國　給你的國家造成危害。而，你，指帝王。(91)人用側頗辟　百官將從此邪惡不走正道。用，因。側、頗、辟，都是偏頗、邪惡的意思。(92)民用僭忒　百姓也會因此不守本分，犯上作亂。僭，越軌。忒，作惡。(93)擇建立卜筮人　要選用善於卜筮的人。古人為預測吉凶，用火灼燒龜甲，根據裂紋判斷吉凶，稱「卜」；排列蓍草，根據所呈狀況以判斷吉凶，稱「筮」。(94)曰雨七句　雨，指兆形像雨。濟，通「霽」。指兆形像雨後的雲氣。涕，《說文》：「《尚書》曰圛。圛，升雲半有半無，讀若驛。」《索隱》曰：「孔安國云：『氣駱驛亦連續。』今此文作『涕』，是涕泣亦相連之狀也。」霧，指兆形像霧氣濛濛。克，指兆形像陰陽之氣相侵犯。貞，內卦。悔，外卦。(95)卜五三句　用龜甲卜卦五項，用蓍草占卦兩項，對兆卦的變化，都要加以推演研究。衍貣，《尚書》作「衍忒」。衍，同「演」。推演；研究。貣，變化。(96)立時人為卜筮　任用這些人為帝王進行卜筮。《集解》引鄭玄曰：「立是能分別兆卦之名者，以為卜筮人。」(97)三人占則從二人之言　讓三個人占卜，如果有兩個人的結果相同，就信從這兩個人的。(98)女則有大疑五句　你倘若遇到重大疑難問題，你先要自己考慮，再與大臣商量，再與庶民商量，最後再看卜筮的結果。則，如果；倘若。卿士，王室執政官。(99)女則從　如果你自己本想這麼辦。從，贊同；同意。(100)龜從四句　龜甲、蓍草、卿士、庶民也都贊同這樣辦。(101)大同　完全一致。這樣的結果是最吉利的。(102)而身其康彊二句　你的身體一定會安康強健，你的子孫後代也會大吉大利。(103)卿士逆三句　逆，反對；不同意。

按：卿士、庶民反對而仍曰「吉」者，因前面三者一致，仍占多數也。(104)庶民從六句　《集解》引鄭玄曰：「此三者皆從，多故為吉。」(105)作內吉　處理國內的事情吉利，處理國外的事情不吉利。(106)作外凶　《集解》引鄭玄曰：「此逆者多，以故舉事於境內則吉，境外則凶。」(107)龜筮共違于人三句　如果龜卜、蓍筮都不吉利，而你自己、大臣及庶民都贊同，那就是安靜不動吉利，有所舉動不吉利。(108)曰雨五句　《集解》引孔安國曰：「雨以潤物，陽以乾物，煖以長物，寒以成物，風以動物，五者各以時，所以為眾驗。」陽，《尚書》作「暘」，日出，此處指晴天。奧，《尚書》作「燠」，暖；炎熱。(109)曰時五者來備三句　時，是；此。《集解》引孔安國曰：「言五者備至，各以次序，則眾草木繁廡滋豐也。」庶，眾。廡，同「蕪」。茂盛。(110)一極備二句　其中一項過多，就會年成不好。一，指雨、陽、奧、寒、風五種之一。極備，過多。凶，年景不好。(111)一極亡二句　其中一項過少，年成也會不好。《集解》引孔安國曰：「一者備極過甚則凶，一者無極不至亦凶，謂其不時失敘之謂也。」極亡，過少。亡，通「無」。(112)曰休徵　說到好的徵象。休，美好。(113)曰肅二句　帝王將相表現肅敬，雨水就會按時降下。《集解》引孔安國曰：「君行敬，則時雨順之。」若，順也；應也。(114)曰治二句　帝王能管好政事，太陽就按時普照大地。(115)曰知二句　帝王辦事明智，氣候就按時溫暖。知，通「智」。明智。奧，通「燠」。溫暖。(116)曰謀二句　帝王能深謀遠慮，天氣就按時轉寒。(117)曰聖二句　帝王聖明，風就按時而至。《集解》引孔安國曰：「君能通理，則時風順之。」聖，英明至極。(118)曰咎徵　說到壞的徵兆。咎，壞；凶。(119)曰狂二句　帝王表現狂妄，雨就下個不停。《集解》引孔安國曰：「君行狂妄，則常雨順之。」(120)曰僭二句　帝王辦事有差錯，日光照射就過長過強。僭，差錯。(121)曰舒二句　帝王貪圖逸樂，氣候就過暖。舒，《尚書》作「豫」，安逸。奧，《尚書》作「燠」，暖氣過盛。(122)曰急二句　帝王執法峻急，氣候就要偏寒。急，嚴峻；急切。(123)曰霧二句　帝王的見識愚昧，就會連日颳風。霧，昏暗；愚昧。(124)王眚維歲　帝王的過失，要影響五者的變化一年。眚，過失。(125)卿士維月　執政大臣的過失，要影響五者的變化一個月。(126)師尹維日　普通百官的過失，要影響五者變化一天。師尹，指卿士下面的官吏。(127)歲月日時毋易三句　年、月、日、四時倘若都能按照正常不變，那麼五穀就會豐收，政治也會清明。毋易，按照正常不變。成，豐收。(128)畯民用章二句　有才能的人被重用，國家就會太平安康。畯民，同「俊民」，有才能的人。用，因。章，顯，此處指被提拔重用。(129)治用昏不明　國家的政治因此昏暗不清明。(130)微　隱；不顯，此指被淹沒、被壓抑。(131)家用不寧　國家也將因此不安寧。(132)庶民維星　百姓好比眾星。《集解》引孔安國曰：「星，民象，故眾民惟若星也。」(133)星有好風二句　有的星喜愛風，有的星喜愛雨。《集解》引馬融曰：「箕星好風，畢星好雨。」瀧川曰：「是言庶民之心各異，馬說拘于『好風』『好雨』四字。」(134)日月之行二句　《集解》引孔安國曰：「日月之行，冬夏各有常度。」郭嵩燾說：「冬夏者，天之所以成歲功也，而日月之行循乎黃道以佐成歲功，以喻臣奉君命而布之民。」135 月之從星二句 《集解》引孔安國曰：「月經于箕則多風，離于畢則多雨。政教失常，以從民欲，亦所以亂。」136 攸好德 遵行美德。《集解》引孔安國曰：「所好者德，福之道。」攸，通「由」。遵行。137 考終命 長壽善終。考，老；長壽。終命，善終。138 凶短折 皆指早死。《集解》引鄭玄曰：「未齔曰凶，未冠曰短，未婚曰折。」意謂沒到換牙的時候就死叫凶，沒到二十歲就死叫短，沒有結婚就死叫折。139 惡 相貌醜陋。《集解》引孔安國曰：「惡，醜陋也。」140 弱 體弱；不健康。《集解》引鄭玄有所謂「愚懦不壯毅曰弱」，似非。141 武王乃封箕子於朝鮮 朝鮮，古國名，都城王險，即今朝鮮平壤市。142 朝周 到鎬京朝見周王。《尚書・大傳》曰：「箕子既受周之封，不得無臣禮，于十三祀來。」143 殷虛 殷都的舊墟，指今河南淇縣之朝歌鎮。虛，通「墟」。廢墟。144 乃作麥秀之詩以歌詠之 麥秀，指麥子秀穗而尚未實。秀，穀物吐穗開花。按：《淮南王傳》謂作此詩者為「微子」，與《尚書・大傳》同，與此異。145 麥秀漸漸兮二句 漸漸，麥子吐穗貌。油油，莊稼茂密而潤澤貌。146 狡僮 即嬌童，嬌美的少年。狡，通「嬌」。箕子用以指稱殷紂。147 皆為流涕 常征《古燕國史探微》言及朝鮮時事云：「言朝鮮史者莫不競指今朝鮮平壤城為箕子封國都城，十五世紀朝鮮王朝且在其地營建箕子墓以坐實其說。」

【語譯】武王滅了殷朝以後，就去訪問箕子。

2 武王說：「哎呀！上天庇蔭安定世間百姓，使大家和睦地住在一起，我不知道管理百姓的常理是如何制訂出來的。」

3 箕子回答說：「從前，鯀堵塞洪水，攪亂了五行的次序，天帝大怒，不給他治國安民的九類大法，常理法度被敗壞。鯀因此被處死，禹繼承鯀的事業而興起。上天就賜給他九類治國大法，常理法度得以制訂。

4 「第一是五行；第二是五件事；第三是八項政務；第四是五種記時方法；第五是君王的法則；第六是治理百姓的三種方式；第七是考察疑難的方法；第八是各種徵兆；第九是要運用五種幸福的事以賜福，運用六種災難以布威。

5 「五行：一是水，二是火，三是木，四是金，五是土。水是向下潤溼，火是向上燃燒，木的特性可曲可直，金屬的特性是可以順從人的意願改變形狀，土壤可以播種和收穫莊稼。向下潤溼的水產生鹹味，向上燃燒的火產生苦味，可曲可直的木產生酸味，可改變形狀的金屬產生辣味，種植收穫的莊稼產生甜味。

6 「五件事：一是態度，二是言語，三是觀察，四是傾聽，五是思考。態度要恭敬，言語要合乎道理，觀察事物要清醒明晰，聽取意見要聰敏，思考問題要通達於事理。態度恭敬就能嚴肅；言語合乎道理，國家就能得到治理；觀察問題清醒明晰，就能辨別善惡；聽取意見聰敏，就能善於謀斷；思考問題通達，就能成為事無不通的聖人。

7 「八項政務：第一是農業生產，第二是手工業生產和商業貿易，第三是宗廟祭祀，第四是內務民政，第五是文化教育，第六是公共安全與司法，第七是禮賓外務，第八是軍事活動。

8 「五種記時方法：一是年，二是月，三是日，四是星辰，五是曆法。

9 「君王的法則：君主要建立至高無上的法則，聚集五種幸福的事情，普遍地賜予其民眾。民眾對於君王所建立起來的法則就會表示擁護，君王也可以要求民眾遵守法則。凡是屬於你的百姓，不許結黨營私，不許私相比附，朋比為奸，遵守君主建立的準則。在你的臣民中，那些有計謀有作為有操守的人，你要想到他們，加以錄用。那些行為不合法規，但卻沒有達到犯罪的地步，君王就應該以寬容的態度對待他們。你應當和顏悅色待人，如果有人說：『我愛好美德。』你就應該賜給他爵祿。這樣一來人們就會知道遵守君主的準則。不要欺負鰥寡孤獨、無依無靠的人，不要只是敬畏於高明顯貴的人。有才能有作為的人，讓他們施展才能，國家就能昌盛。凡是正直的人，就應該給他爵祿，使他富貴。如果你不能使臣民為你的王室作出貢獻，這些人就是有罪的。那些沒有好德行的人，你即使賜給他們爵祿，他們也會作惡，使你取怨於民。不要有任何的偏頗，遵守先王的法規。不要有任何的私心偏好，遵守正道。不要片面的討厭什麼，遵守正路。不要有偏私，不要結朋黨，君王的道路就會是寬廣的。不要結朋黨，不要有偏私，君王的道路就會是平坦的。不要逆行，也不要走偏，君王的道路就會是正直的。大家要會合在掌握準則的帝王之下，這樣整個國家的事情也就能歸於法則化了。帝王依法發布的言論就是常法，這些對人們的訓示是符合上帝的意旨。凡是臣民，都要遵守君主宣布的準則，大家要順從準則，奉行準則，以接近天子的光輝。所以說，天子作為臣民的父母，是天下的君王。

10 「治理百姓的三種方式：一是用正直的方式進行統治，第二是以強硬的方式取得效果，第三是以柔和的方式取得效果。對中正平和的人就以正直的方式來對待，對倔強不親附的人就以嚴厲的方式來對待，對和順可親的人就用柔和的方式來對待，對陰謀作亂的群眾也要用嚴厲的方式來統治，對資質高明的人要用溫和以禮相待的方式相拉攏。只有君王才有權賜予人們以幸福，只有君王才能給人以懲罰，只有君王才有權享用美食。臣下無權給人以幸福和懲罰，也無權享用美食。臣下有權給人以幸福和懲罰，以及享用美食，就會危害王室的家族，給你的國家造成危害。百官因此走上邪路而背離王道，百姓會因此而犯上作亂。

11 「考察疑難的方法：擇用善於卜筮的人。命令他們卜筮，兆形有的像雨，有的像雨後的雲氣，有的像雲氣連綿，有的像霧氣濛濛，有的像陰陽之氣相侵犯，有的是內卦，有的是外卦，龜兆和卦象總共有七種。其中用龜甲卜卦五項，用蓍草占卦兩項，對兆卦的變化，都要加以推演研究。任用這些人進行卜筮，三個人占卜，如果有兩個人的結果相同，就信從這兩個人的。你倘若遇到重大疑難問題，你先要自己考慮，再與大臣商量，再與民眾商量，最後才看卜筮的結果。你贊成，龜卜贊成，占筮贊成，大臣贊成，民眾贊成，這就叫完全一致，是最吉利的結果。你的身體一定會安康強健，你的子孫後代也會大吉大利。你贊成，龜卜贊成，占筮贊成，大臣反對，民眾反對，這是吉利。大臣贊成，龜卜贊成，占筮贊成，你反對，民眾反對，這是吉利。民眾贊成，龜卜贊成，占筮贊成，你反對，大臣反對，這是吉利。你贊成，龜卜贊成，占筮反對，大臣反對，民眾反對，做國內的事吉利，做國外的事則不吉利。如果龜卜和蓍筮都反對，你自己、大臣及民眾卻都贊同，那就要安靜下來，不可有所舉動，這才會吉利，有所舉動就不吉利。

12 「各種徵兆：它們是下雨、天晴、暖和、寒冷、颳風，這五種氣象具備，各自遵循其次序出現，各種草木就會生長繁盛。其中一種徵象過多，就會年成不好。一種徵象過少，年成也會不好。好的徵象是：君王表現肅敬，雨水就會及時降下；君王能治理好政事，太陽就能按時普照大地；君王辦事明智，氣候就會準時溫暖；君王能深謀遠慮，天氣就會適時轉寒；君王能明識通達，風就會按時而至。壞的徵象是：君王行為狂妄，就會下雨不停；君王犯了錯誤，就會久晴不雨；君王安於逸樂，就會過暖；君王執法峻急，就會偏寒；君王昏昧不明，就會颳風不止。君王決策有誤，就會影響一年。執政大臣管理有誤，就會影響一月。官吏辦事有誤，就會影響一日。歲、月、日的時令都不顛倒錯亂，百穀會因此豐收，政治會因此修明，有才能的人會因此被重用，國家也因此就會太平安康。日、月、歲的時令顛倒錯亂，百穀就會因此沒有收成，政治會因此昏暗不明，有才能的人會因此被埋沒，國家會因此動盪不安。百姓好比眾星，有的星喜愛風，有的星喜愛雨。政治修明，像日月運行，冬夏各有常度。政教失常，像月亮追隨星星運行，就會颳風下雨。

13 「運用五種幸福的事以賜福：一是長壽，二是富裕，三是健康安寧，四是遵行美德，五是長壽善終。運用六種災難以布威：一是早死，二是疾病，三是憂愁，四是貧窮，五是相貌醜惡，六是體弱，不健康。」

14 於是武王就將箕子封在朝鮮，不將他視為周室的臣子。

15 以後箕子朝見周王，經過殷朝的廢墟，感慨於宮室毀壞，禾黍叢生。箕子為之傷心，想放聲大哭又覺得不合適，想低聲哭泣又覺得像愛哭的婦人，於是創作了〈麥秀之詩〉，用歌詠來抒發內心的傷感。這首詩說：「麥子吐穗啊，禾黍繁茂。那個嬌美的少年啊，不跟我好啊！」所說的嬌美少年，指的是紂王。殷朝的遺民聽了，都為之傷心流淚。

1 武王崩，成王❶少，周公旦❷代行政當國❸。管、蔡疑之，乃與武庚作亂，欲襲成王、周公❹。周公既承成王命，誅武庚，殺管叔，放❺蔡叔，乃命微子開代殷後，奉其先祀，作微子之命以申之，國于宋❻。微子故能仁賢，乃代武庚，故殷之餘民甚戴愛之❼。

2 微子開卒，立其弟衍，是為微仲❽。微仲卒，子宋公稽❾立。宋公稽卒，子丁公申立。丁公申卒，子湣公共立。湣公共卒，弟煬公熙立。煬公即位，湣公子鮒祀❿弒煬公而自立，曰：「我當立。」是為厲公。厲公卒，子釐公舉立。

3 釐公十七年⓫，周厲王出奔彘⓬。

4 二十八年，釐公卒，子惠公覸⓭立。惠公四年⓮，周宣王⓯即位。三十年，惠公卒，子哀公立⓰。哀公元年卒，子戴公立⓱。

5 戴公二十九年⓲，周幽王⓳為犬戎⓴所殺，秦始列為諸侯。

6 三十四年，戴公卒，子武公㉑司空立。武公生女為魯惠公㉒夫人，生魯桓公㉓。十八年，武公卒，子宣公力㉔立。

7 宣公有太子與夷。十九年㉕，宣公病，讓㉖其弟和，曰：「父死子繼，兄死弟及，天下通義也。我其立和。」和亦三讓而受之。宣公卒，弟和立，是為穆公㉗。

8 穆公九年㉘，病，召大司馬孔父㉙，謂曰：「先君宣公舍太子與夷而立我，我不敢忘。我死，必立與夷也。」孔父曰：「羣臣皆願立公子馮。」穆公曰：「毋立馮，吾不可以負宣公。」於是穆公使馮出居于鄭。八月庚辰，穆公卒，兄宣公子與夷立，是為殤公㉚。君子聞之，曰：「宋宣公可謂知人矣，立其弟以成義，然卒其子復亨之[31]。」

9 殤公元年，衛公子州吁[32]弒其君完[33]自立，欲得諸侯，使告於宋曰：「馮在鄭，必為亂，可與我伐之。」宋許之，與伐鄭，至東門而還[34]。二年[35]，鄭伐宋，以報[36]東門之役。其後諸侯數來侵伐。

10 九年，大司馬孔父嘉妻好，出，道遇太宰華督[37]，督說[38]，目而觀之[39]。督利[40]孔父妻，乃使人宣言國中[41]曰：「殤公即位十年耳[42]，而十一戰[43]，民苦不堪，皆孔父為之，我且殺孔父以寧民。」是歲，魯弒其君隱公[44]。十年，華督攻殺孔父，取其妻。殤公怒，遂弒殤公，而迎穆公子馮於鄭而立之，是為莊公[45]。

11 莊公元年，華督為相[46]。九年[47]，執鄭之祭仲[48]，要以立突[49]為鄭君。祭仲許，竟立突[50]。十九年，莊公卒，子湣公捷[51]立。

12 湣公七年[52]，齊桓公[53]即位。九年，宋水，魯使臧文仲[54]往弔水[55]。湣公自罪曰：「寡人以不能事鬼神，政不脩，故水[56]。」臧文仲善此言。此言乃公子子魚教湣公也[57]。

13 十年，夏，宋伐魯，戰於乘丘[58]，魯生虜宋南宮萬[59]。宋人請萬，萬歸宋。十一年[60]，秋，湣公與南宮萬獵，因博爭行[61]，湣公怒，辱之，曰：「始吾敬若；

今若，魯虜也。」萬有力，病此言(62)，遂以局殺湣公于蒙澤(63)。大夫仇牧(64)聞之，以兵造公門(65)。萬搏(66)牧，牧齒著門闔(67)，死。因殺太宰華督，乃更立公子游為君。諸公子(68)犇蕭(69)，公子御說犇亳(70)。萬弟南宮牛將兵圍亳。冬，蕭及宋之諸公子共擊殺南宮牛，弒宋新君游而立湣公弟御說，是為桓公。宋萬犇陳(71)。宋人請以賂陳(72)。陳人使婦人飲之醇酒(73)，以革裹之(74)，歸宋。宋人醢(75)萬也。

14 桓公二年(76)，諸侯伐宋，至郊而去。三年，齊桓公始霸(77)。二十三年，迎衛公子燬(78)於齊，立之，是為衛文公。文公女弟(79)為桓公夫人(80)。秦穆公(81)即位。三十年，桓公病，太子茲甫(82)讓其庶兄目夷(83)為嗣。桓公義太子意，竟不聽。三十一年，春，桓公卒，太子茲甫立，是為襄公。以其庶兄目夷為相。未葬，而齊桓公會諸侯于葵丘(84)，襄公往會。

15 襄公七年(85)，宋地霣星如雨，與雨偕下(86)；六鶂退蜚(87)，風疾也(88)。

16 八年，齊桓公卒，宋欲為盟會(89)。十二年，春，宋襄公為鹿上之盟(90)，以求諸侯於楚(91)，楚人許之。公子目夷諫曰：「小國爭盟，禍也。」不聽。秋，諸侯會宋公盟于盂(92)。目夷曰：「禍其在此乎？君欲已甚，何以堪之！」於是楚執宋襄公以伐宋。冬，會于亳，以釋宋公。子魚(93)曰：「禍猶未也。」十三年，夏，宋伐鄭[94]。子魚曰：「禍在此矣。」秋，楚伐宋以救鄭。襄公將戰，子魚諫曰：「天之弃商久矣[95]，不可。」冬，十一月，襄公與楚成王[96]戰于泓[97]。楚人未濟[98]，目夷曰：「彼眾我寡，及其未濟擊之。」公不聽。已濟未陳[99]，又曰：「可擊。」公曰：「待其已陳。」陳成，宋人擊之。宋師大敗，襄公傷股。國人皆怨公。公曰：「君子不困人於阸[100]，不鼓不成列[101]。」子魚曰：「兵以勝為功，何常言與[102]！必如公言，即奴事[103]之耳，又何戰為[104]？」

17 楚成王已救鄭，鄭享[105]之，去而取鄭二姬以歸[106]。叔瞻[107]曰：「成王無禮[108]，其不沒[109]乎？為禮卒於無別[110]，有以知其不遂霸也[111]。」

18 是年，晉公子重耳過宋[112]，襄公以傷於楚，欲得晉援，厚禮重耳以馬二十乘[113]。

19 十四年，夏，襄公病傷於泓而竟卒，子成公王臣[114]立。

20 成公元年，晉文公即位。三年[115]，倍楚盟[116]，親晉，以有德[117]於文公也。四年，楚成王伐宋，宋告急於晉。五年，晉文公救宋，楚兵去[118]。九年，晉文公卒。十一年，楚太子商臣[119]弒其父成王，代立。十六年，秦穆公卒。

21 十七年，成公卒[120]。成公弟禦殺太子[121]及大司馬公孫固[122]，而自立為君。宋人共殺君禦而立成公少子杵臼[123]，是為昭公[124]。

22 昭公四年[125]，宋敗長翟緣斯於長丘[126]。七年，楚莊王[127]即位。

23 九年，昭公無道，國人不附。昭公弟鮑革[128]賢而下士。先，襄公夫人欲通於公子鮑，不可[129]，乃助之施於國[130]，因大夫華元為右師[131]。昭公出獵，夫人王姬使衛伯攻殺昭公杵臼[132]。弟鮑革立，是為文公[133]。

24 文公元年，晉率諸侯伐宋，責以弒君。聞文公定立，乃去。二年[134]，昭公子因文公母弟須與武、繆、戴、莊、桓之族為亂，文公盡誅之，出武、繆之族[135]。

25 四年，春，楚命鄭伐宋[136]。宋使華元將，鄭敗宋，囚華元。華元之將戰，殺羊以食士[137]，其御羊羹不及[138]，故怨，馳入鄭軍，故宋師敗，得囚華元。宋以兵車百乘、文馬四百匹[139]贖華元。未盡入，華元亡歸宋。

26 十四年，楚莊王圍鄭。鄭伯降楚[140]，楚復釋之。

27 十六年，楚使過宋[141]，宋有前仇[142]，執楚使[143]。九月，楚莊王圍宋。十七年，楚以圍宋五月，不解[144]，宋城中急，無食，華元乃夜私見楚將子反[145]。子反告莊王。王問：「城中何如？」曰：「析骨而炊，易子而食[146]。」莊王曰：「誠哉言！我軍亦有二日糧[147]。」以信故，遂罷兵去[148]。

28 二十二年，文公卒，子共公瑕[149]立。始厚葬。君子譏華元不臣[150]矣。

29 共公十年[151]，華元善楚將子重[152]，又善晉將欒書[153]，兩盟晉、楚[154]。十三年，華元共公卒。華元為右師，魚石[155]為左師[156]。司馬唐山攻殺太子肥[157]，欲殺華元，華元犇晉[158]，魚石止之[159]，至河乃還[160]，誅唐山。乃立共公少子成，是為平公[161]。

30 平公三年[162]，楚共王[163]拔宋之彭城[164]，以封宋左師魚石[165]。四年，諸侯共誅魚石，而歸彭城於宋[166]。三十五年，楚公子圍弒其君自立，為靈王[167]。四十四年，平公卒，子元公佐[168]立。

31 元公三年[169]，楚公子弃疾弒靈王，自立為平王[170]。八年，宋火。十年，元公毋信，詐殺諸公子，大夫華、向氏作亂[171]。楚平王太子建來犇[172]，見諸華氏相攻亂，建去如鄭[173]。十五年，元公為魯昭公[174]避季氏居外[175]，為之求入魯[176]，行道卒[177]，子景公頭曼[178]立。

32 景公十六年[179]，魯陽虎[180]來犇，已復去[181]。二十五年，孔子[182]過宋，宋司馬桓魋[183]惡之，欲殺孔子，孔子微服[184]去。三十年，曹[185]倍宋，又倍晉，宋伐曹，晉不救，遂滅曹有之[186]。三十六年，齊田常弒簡公[187]。

33 三十七年，楚惠王滅陳[188]。熒惑守心[189]。心，宋之分野也[190]。景公憂之。司星[191]子韋曰：「可移於相[192]。」景公曰：「相，吾之股肱[193]。」曰：「可移於民。」

景公曰：「君者待民[194]。」曰：「可移於歲[195]。」景公曰：「歲饑民困，吾誰為君？」子韋曰：「天高聽卑[196]。君有君人之言三[197]，熒惑宜有動。」於是候[198]之，果徙三度[199]。

34 六十四年，景公卒[200]。宋公子特攻殺太子而自立，是為昭公[201]。昭公者，元公之曾庶孫也。昭公父公孫糾[202]，糾父公子褍秦，褍秦即元公少子也。景公殺昭公父糾，故昭公怨，殺太子而自立。

35 昭公四十七年卒[203]，子悼公購由[204]立。悼公八年卒[205]，子休公田[206]立。休公田二十三年[207]卒，子辟公辟兵[208]立。辟公三年[209]卒，子剔成立[210]。剔成四十一年[211]，剔成弟偃[212]攻襲剔成，剔成敗，奔齊。偃自立為宋君。

36 君偃十一年[213]，自立為王[214]。東敗齊，取五城；南敗楚，取地三百里；西敗魏軍，乃與齊、魏為敵國[215]。盛血以韋囊[216]，縣[217]而射之，命曰「射天」[218]。淫於酒、婦人。羣臣諫者輒射之[219]。於是諸侯皆曰「桀宋[220]」，「宋其復為紂所為[221]，不可不誅」。告齊伐宋[222]。王偃立四十七年[223]，齊湣王與魏、楚伐宋，殺王偃，遂滅宋而三分其地[224]。

【章　旨】以上為第三段，記述宋國自建國至亡國的史實。

【注　釋】❶成王　名誦，武王之子，西元前一〇四二－前一〇二一年在位。事跡詳見〈周本紀〉。❷周公旦　文王的第四子，名旦，因食采於周（今陝西岐山東北），故稱「周公」。事跡詳見〈魯周公世家〉。❸代行政當國　代替成王行使職權，主持國政。❹欲襲成王周公　《集解》引徐廣曰：「一云：『欲襲成周。』」當時周都於鎬，徐說不可取。❺放　流放。❻作微子之命以申之二句　〈微子之命〉，是周成王分封微子的命令。古文《尚書》有此篇，文中申告微子必須恪盡職守，管束臣民，擁戴周王室。宋，古國名，國都商丘（今河南商丘南側）。❼微子故能仁賢三句　前「故」字通「固」。陳子龍曰：「殷之頑民，率在紂故都；宋之遺民，非頑民也。」❽立其弟衍二句　《索隱》曰：「按《家語》，微子弟名衍，一名泄，嗣微子為宋公。」方苞曰：「微子微仲，雖受周封，猶稱殷號，周家之忠厚也。」❾宋公稽　《集解》引譙周云：「未諡，故名之。」❿鮒祀　《集解》引徐廣曰：「鮒，一作『魴』。」《索隱》曰：「徐云一本作『魴』，譙周亦作『魴祀』，據《左氏》，即湣公庶子也。弒煬公，欲立太子弗父何，何讓不受。」⓫釐公十七年　西元前八四二年。⓬周厲王出奔彘　周厲王名胡，夷王之子，西元前八七七－前八四一年在位。國人不堪其暴政將其驅逐，流死於彘。事跡詳見〈周本紀〉。彘，即今山西霍縣東北。⓭惠公覸　宋惠公，名覸，西元前八三〇－前八〇〇年在位。⓮惠公四年　西元前八二七年。⓯周宣王　名靜，一作靖，厲王之子，西元前八二七－前七八二年在位。事跡詳見〈周本紀〉。⓰三十年三句　錢大昕曰：「〈表〉三十一年惠公薨。次年即為戴公元年，少哀公一年。」⓱哀公元年卒二句　事在西元前八〇〇年。戴公，西元前七九九－前七六六年在位。⓲戴公二十九年　西元前七七一年。⓳周幽王　西周的最後一位君王，名宮湦，宣王之子，西元前七八一－前七七一年在位。事跡詳見〈周本紀〉。⓴犬戎　古族名，古戎人的一支，殷周時活動於今陝西彬縣、岐山一帶。㉑武公　西元前七六五－前七四八年在位。㉒魯惠公　魯國國君，名弗湟（一作弗湦），孝公之子，西元前七六八－前七二三年在位。㉓魯桓公　名允，惠公之子，西元前七一一－前六九四年在位。㉔宣公力　宣公，名力，西元前七四七－前七二九年在位。㉕十九年　西元前七二九年。㉖讓　讓位。㉗穆公　西元前七二八－前七二〇年在位。㉘穆公九年　西元前七二〇年。㉙大司馬孔父　大司馬，宋國官名，掌管全國軍事。孔父，名嘉，字孔父，宋國公室貴族，時任大司馬。㉚殤公　西元前七一九－前七一〇年在位。㉛然卒其子復享之　以上所記宋穆公囑立殤公一事，本於《左傳》隱三年。㉜州吁　衛莊公之子，衛桓公之弟，後襲殺桓公，自立為君。不久被衛上卿石碏派人殺死於濮地。㉝完　即衛桓公，名完，西元前七三四－前七一九年在位。㉞至東門而還　事見隱公四年《左傳》。㉟二年　西元前七一八年。㊱報　報復。㊲太宰華督　太宰，總管國家事務，猶如後世之丞相。華督，宋國公族，戴公之孫。㊳說　通「悅」。喜愛。㊴目而觀之　《左傳》桓元年作：「目逆而送之。」《集解》引服虔曰：「目者，極視精不轉也。」㊵利　貪。㊶使人宣言國中　按：華督宣言當在次年，即宋殤公十年。㊷殤公即位十年耳　梁玉繩曰：「『殤』字誤，當省。」㊸十一戰　《集解》引賈逵曰：「一戰，伐鄭，圍其東門；二戰，取其禾；三戰，取邾田；四戰，邾鄭伐宋，入其郛；五戰，伐鄭，圍長葛；六戰，鄭以王命伐宋；七戰，魯敗宋師于菅；八戰，宋、衛入鄭；九戰，伐戴；十戰，鄭入宋；十一戰，鄭伯以虢師大敗宋。」㊹是歲二句　杭世駿曰：「隱公弒于宋殤公八年，此敘在九年誤。」隱公，魯國國君，名息，一作「息姑」，西元前七二二—前七一二年在位。㊺莊公　名馮，西元前七一〇—前六九二年在位。㊻相　猶如後世之宰相、丞相。㊼九年　西元前七〇二年。據《左傳》，宋執祭仲在宋莊公十年，西元前七〇一年，〈年表〉與《左傳》合。㊽祭仲　鄭國大夫。㊾要以立突　要，要挾。突，公子突，鄭莊公之子，即日後的鄭厲公，西元前七〇〇—前六九七年在位。㊿竟立突　終於擁立了公子突。(51)湣公捷　宋湣公，名捷，西元前六九一—前六八二年在位。(52)湣公七年　西元前六八五年。(53)齊桓公　齊國國君，名小白，春秋霸主之一，西元前六八五—前六四三年在位。事跡詳見〈齊太公世家〉。(54)臧文仲　魯國大夫。(55)弔水　慰問水災。《集解》引賈逵曰：「問凶曰弔。」(56)寡人以不能事鬼神三句　《左傳》莊十一年作：「（湣公）對曰：『孤實不敬，天降之災，又以為君憂，拜命之辱。』」楊伯峻說：「是司馬遷以『不能事鬼神』與『政不脩』釋『不敬』，蓋古《左氏》義。」(57)乃公子子魚教湣公也　按：《左傳》「子魚」作「禦說」。禦說所教者為宋桓公，乃宋莊公之子，湣公之弟。梁玉繩曰：「此史公改莊十一年《左傳》文而誤者，未必所見本異也。」(58)乘丘　魯邑名，在今山東巨野西南。(59)南宮萬　又稱宋萬。《集解》引賈逵曰：「南宮，氏；萬，名。宋卿。」(60)十一年　據《春秋》，南宮萬弒宋湣公在湣公十年，西元前六八二年。(61)因博爭行　因下棋該誰走而發生爭執。博，古代的一種棋戲。(62)病此言　討厭聽這種話。病，痛恨，以此為病。(63)遂以局殺湣公于蒙澤　局，棋盤。蒙澤，宋邑名，在今河南商丘東北。(64)仇牧　宋國大夫。(65)以兵造公門　以兵，率兵。造，往；到達。公門，宋國諸侯的宮門。(66)搏　抽；以掌擊人之臉。(67)闔　門扇。(68)諸公子　諸侯太子以外的其他兒子。(69)蕭　宋國的附庸國名，子姓，在今安徽蕭縣西北。(70)亳　宋邑名，又作「薄」，在今山東曹縣東南。(71)宋萬犇陳　據《春秋》，宋萬奔陳一事亦當繫於宋湣公十年。(72)宋人請以賂陳　瀧川曰：「楓山、三條本，無『陳』字，義長。」「請以賂」應作「以賂請」更為明暢，即花錢求其引渡該逆回宋。(73)陳人使婦人飲之醇酒　因宋萬多力，勇不可執，故先使婦人誘而飲之酒，醉而縛之。醇酒，濃酒。(74)以革裹之　《左傳》作「以犀革裹之，比及宋，手足皆見」，以言其「多力」之狀。(75)醢把人剁成肉醬。《集解》引服虔曰：「醢，肉醬。」[76]桓公二年　西元前六八〇年。[77]齊桓公始霸　齊桓公七年會諸侯於鄄，始稱霸主，見〈齊太公世家〉。[78]公子燬　名燬，戴公之弟，即日後之衛文公，西元前六五九－前六三五年在位。[79]女弟　即妹。[80]為桓公夫人　為齊桓公之夫人。當時諸侯之正妻稱「夫人」。[81]秦穆公　秦國國君，姓嬴，名任好，秦德公之第三子，西元前六五九－前六二一年在位，在當時稱霸西戎。[82]太子茲甫　名茲甫，也作「茲父」，即日後之宋襄公，西元前六五〇－前六三七年在位。[83]目夷　字子魚，桓公之子，姬妾所生，故稱太子之「庶兄」。[84]齊桓公會諸侯于葵丘　這是春秋時期的一次重大事件，周天子派使者在此會上策命齊桓公為方伯。葵丘，宋邑名，在今河南蘭考東。[85]襄公七年　西元前六四四年。[86]宋地霣星如雨二句　霣，通「隕」。偕下，一起落下。李笠曰：「『與雨偕下』四字，疑後人旁注溷入。」[87]六鶂退蜚　鶂，鳥名，一種像鷺鷥能高飛的水鳥。蜚，通「飛」。[88]風疾也　由於風大，鳥飛不進，反而隨風後退。[89]宋欲為盟會　謂宋襄公欲為盟主。[90]為鹿上之盟　在鹿上召集諸侯會盟。鹿上，宋邑名，在今安徽阜陽南。一說在今山東巨野西南。[91]求諸侯於楚　請求楚國承認他是諸侯盟主。[92]盂　宋邑名，在今河南睢縣西北。[93]子魚　即前文所謂「目夷」，字子魚，時任大司馬。[94]宋伐鄭　時為鄭文公三十五年。[95]天之弃商久矣　天早已不保佑我們啦。按：宋為殷商後裔，故云。[96]楚成王　芈姓，名惲，文王之子，西元前六七一－前六二六年在位。[97]戰于泓　泓，水名，故道約在今河南柘城西北。[98]濟　渡河。[99]陳　同「陣」。排列戰鬥隊形。[100]不困人於阸　不在艱難的環境下使敵軍受困。阸，同「厄」。險難之地。[101]不鼓不成列　不向尚未排好戰鬥隊形的敵方發動攻擊。不鼓，不擂鼓進兵，即不攻擊。[102]何常言與　哪能講這種迂腐的話。常言，常談；迂腐、庸俗之言。[103]奴事　像奴隸一樣侍奉對方。[104]又何戰為　還打什麼仗呢？楚、宋泓水之戰的規模雖不是很大，在政治上，它使得宋國從此一蹶不振，楚國勢力進一步向中原擴展，春秋爭霸戰爭進入了新的階段，在軍事上，它標誌著西周以來以「成列成鼓」為主要特色的「禮義之兵」行將壽終正寢，新型的以「詭詐奇謀」為主導的作戰方式正在崛起。按：瀧川於此云：「(襄公)雖曰未知戰，亦不嗜殺者。」劉操南評點司馬遷對泓之戰的敘述說：「其言較《左氏》為簡，而爽利過之，此太史公之特長也。《韓非子・外儲說》敘此事，則覺柔弱矣。」[105]享　通「饗」。用酒食款待。[106]去而取鄭二姬以歸　二姬，兩個姬姓女子，即鄭文公夫人芈氏和姜氏所生的兩個女兒。《索隱》曰：「謂鄭夫人芈氏、姜氏之女。既是鄭女，故云『二姬』。」瀧川引中井積德曰：「據《左傳》，芈氏、姜氏並鄭伯之夫人勞楚子者。楚子所取二姬，是芈氏所生之女。」[107]叔瞻　鄭國大夫。[108]成王無禮　梁玉繩曰：「當曰『楚王無禮』。」[109]不沒　猶今所謂「不得好死」。沒，沒世；死。[110]為禮卒於無別　兩國諸侯相見而最後以無禮收場。無別，男女無別。指楚成王敗宋於泓後，接受鄭國的女人前來慰問，還讓她們觀看戰俘，事見《左傳》

僖二十二年。(111)有以知其不遂霸也　從這件事情上可以知道楚王是成不了霸主的。遂，成功；完成。(112)是年二句　重耳，獻公之子，即日後之晉文公。重耳因其國內政治動盪而外逃周遊諸國事，見《左傳》僖二十四年與〈晉世家〉。(113)乘　一車四馬為一乘。(114)成公王臣　宋成公，名王臣（一作壬臣），西元前六三六－前六二〇年在位。(115)三年　宋成公三年，西元前六三四年。(116)倍楚盟　背叛與楚國的盟約。倍，通「背」。背叛。(117)有德　有恩。(118)晉文公救宋二句　按：此即城濮之戰，是使重耳成為霸主，使晉國從此長期處於霸主地位的關鍵一戰。(119)太子商臣　名商臣，楚成王之太子，即日後之楚穆王，西元前六二五－前六一四年在位。詳見〈楚世家〉。(120)十七年二句　十七年，事在西元前六二〇年。《正義》曰：「〈年表〉云『公孫固殺成公』。」(121)成公弟禦殺太子　梁玉繩曰：「《經》、《傳》無禦作亂事。」(122)公孫固　名固，宋莊公之孫，時為大司馬。(123)成公少子杵臼　有說杵臼為襄公之子。(124)昭公　西元前六一九－前六一一年在位。(125)昭公四年　西元前六一六年。(126)宋敗長翟緣斯於長丘　長翟，又作「長狄」，古族名，春秋時狄族的一支，活動於西起今山西臨汾、長治，東至山東省邊境的山谷間。傳說他們身材較高，故稱。緣斯，長翟的首領。長丘，宋邑名，在今河南封丘西南。《集解》曰：「〈魯世家〉云『宋武公之世，獲緣斯于長丘』。今云此時，未詳。」(127)楚莊王　名侶（又作呂、旅），西元前六一三－前五九一年在位。詳見〈楚世家〉。(128)昭公弟鮑革　昭公弟名「鮑」，「革」，為衍文。(129)襄公夫人欲通於公子鮑二句　通，私通。《集解》引服虔曰：「襄公夫人，周襄王之姊王姬也。不可，鮑不肯也。」(130)乃助之施於國　《正義》曰：「襄夫人助公子鮑布施恩惠於國人也。」(131)因大夫華元為右師　《正義》曰：「公子鮑因華元請，得為右師。華元，戴公五代孫，華督之曾孫也。」右師，春秋時戰國官名，職掌教導國君。(132)夫人王姬使衛伯攻殺昭公杵臼　按：《左傳》文十六年作：「夫人王姬使師甸攻而殺之。」(133)文公　名鮑，西元前六一〇－前五八九年在位。(134)二年　西元前六〇九年。(135)昭公子三句　梁玉繩曰：「文十八年傳：『武氏之族道昭公子將奉司城須作亂，宋公殺須及昭公子，使戴、莊、桓之族攻武氏，遂出武、穆之族。』然則始亂者武族，非昭公子因須為亂也。黨於武者為穆族，而戴、莊、桓三族乃攻武族者。此謂戴、莊、桓亦偕亂被誅，誤矣。」出，逐出國外。(136)楚命鄭伐宋　原作「鄭命楚伐宋」。梁玉繩《史記志疑》卷二十：「《左傳》云鄭受命於楚伐宋，則此是楚命鄭伐宋，傳寫倒耳。」今據改。鄭大夫公子歸生受命於楚以伐宋。(137)食士　犒賞士兵。食，通「飼」。(138)其御羊羹不及　華元的車夫羊羹沒有受到犒賞。御，僕，車夫。羊羹，車夫的名字，〈楚世家〉作「羊斟」，《左傳》亦作「羊斟」。按：此處之「羊羹」若解作羊肉湯亦可。(139)文馬四百匹　《集解》曰：「賈逵曰：『文，貍文也。』王肅曰：『文馬，畫馬也。』」《正義》曰：「文馬者，裝飾其馬。四百匹，用牽車百乘，遣鄭贖華元也。又云『文馬赤鬣縞身，目如黃金。』」(140)鄭伯降楚　鄭伯，指鄭襄公，名堅，鄭靈公之庶弟，西元前六〇四－前五八六年在位。《左傳》寫楚莊王攻入鄭都後，「鄭伯肉袒牽羊以逆（迎）」。(141)楚使過宋　楚派大夫申舟出使齊國，中間要經過宋國，楚王還故意不讓申舟事先向宋國打招呼。(142)宋有前仇　楚大夫申舟前為侮辱宋昭公，曾笞打宋昭公的御者，並將其在全軍示眾。(143)執楚使　應依《左傳》作「殺楚使」，即申舟。(144)楚以圍宋五月二句　以，通「已」。梁玉繩曰：「『五月』乃『九月』之誤。」(145)夜私見楚將子反　暗自出城入楚營以見子反。子反時為楚令尹，統領楚軍。(146)析骨而炊二句　把骨頭劈開當柴燒，相互交換孩子殺來吃他們的肉。析，分，劈開。(147)誠哉言二句　梁玉繩曰：「二日，《公羊傳》作七日，又《公羊》作子反告華元，此謂莊公喜華元之誠，而自發斯言，亦異。」(148)遂罷兵去　按：以上楚圍宋事，見《左傳》宣十五年、《公羊傳》，《左傳》敘事較此生動真切，氣勢感人。(149)共公瑕　宋共公，名瑕，西元前五八八－前五七六年在位。(150)不臣　失為臣之道，指葬君奢侈。(151)共公十年　西元前五七九年。「十年」，原作「元年」。梁玉繩《史記志疑》卷二十：「『元年』當作『十年』，即成十二年《傳》所云「華元合晉、楚之成會於瑣澤」也。」今據改。(152)子重　莊王之弟，名嬰齊，字子重，時為楚令尹。(153)欒書　晉國之卿，時掌晉政。(154)兩盟晉楚　意即說合晉、楚兩國結盟罷兵。據《左傳》成十二年，在華元撮合下，晉、楚盟於宋西門之外。(155)魚石　公子目夷的曾孫。(156)左師　春秋時官名，掌教導國君。(157)司馬唐山攻殺太子肥　《左傳》作：「蕩澤弱公室，殺公子肥。」楊伯峻曰：「似肥為宋共公太子，應嗣位而尚未即位。」唐山，即「蕩澤」，宋國公族，公孫壽之孫。(158)欲殺華元二句　據《左傳》，華元奔晉是由於他感到未能盡職。(159)魚石止之　《左傳》作「魚石奔楚」。(160)至河乃還　河，指黃河，由宋去晉須過黃河。(161)平公　名成，西元前五七五－前五三二年在位。梁玉繩曰：「《史》誤以公子肥為共公太子，故以成為少子。」(162)平公三年　西元前五七三年。(163)楚共王　名審，莊王之子，西元前五九〇－前五六〇年在位。(164)彭城　宋邑名，即今江蘇徐州。(165)以封宋左師魚石　瀧川曰：「成十八年《春秋》云：『楚子、鄭伯伐宋，宋魚石復入于彭城。』《左傳》亦云：『楚子辛、鄭皇辰同伐彭城，納宋魚石、向為人、鱗朱、向帶、魚府焉，以三百乘戍之而還。』不云封魚石。」(166)諸侯共誅魚石二句　《左傳》襄公元年作「彭城降晉，晉人以宋五大夫在彭城者歸，置諸瓠丘。」梁玉繩曰：「晉未嘗誅魚石，說見〈表〉。又平公三十年，向戌善於晉、楚，因為宋之盟，以弭兵為名，而《史》皆略之。」(167)靈王　楚靈王，名圍，後改名虔，共王次子，西元前五四〇－前五二九年在位。(168)元公佐　宋元公，名佐，西元前五三一－前五一七年在位。(169)元公三年　西元前五二九年。(170)自立為平王　楚平王，名弃疾，後改名居，西元前五二八－前五一六年在位。(171)元公毋信三句　梁玉繩曰：「華、向詐殺諸公子，非元公殺之。」(172)楚平王太子建來犇　楚平王太子名建，楚平王受奸臣費無忌挑動欲殺太子建，太子建聞訊外逃至宋，過程詳見〈楚世家〉、〈伍子胥列傳〉。(173)見諸華氏相攻亂

二句　梁玉繩曰：「楚建黨於元公，故偕公子城等七人奔鄭，非見亂之故也。」去如鄭，離宋去鄭。174魯昭公　魯國國君，名稠，襄公庶子，西元前五四一—前五一〇年在位。175避季氏居外　被魯國權臣季氏驅逐在外，詳情見〈魯周公世家〉。176求入魯　求大國諸侯援助魯昭公歸位於魯。177行道卒　謂宋元公死於為助魯昭公而奔走的途中。178景公頭曼　宋景公，名頭曼，西元前五一六—前四六九年在位。179景公十六年　西元前五〇一年。180陽虎　魯國權臣季平子的家臣，又名「陽貨」，先是在魯國掌權、作亂，失敗奔齊，又由齊奔宋。181已復去　後來陽虎又離宋去了晉國，為趙鞅家臣。182孔子　名丘，字仲尼，生於西元前五五一年，卒於西元前四七九年。事跡詳見〈孔子世家〉。183桓魋　宋國的權臣，宋景公時任司馬。184微服　為避人耳目而改換服裝。185曹　古國名，姬姓，周初封國，建都陶丘（今山東定陶西北）。186遂滅曹有之　據《左傳》，宋自上年伐曹，今春將還師，曹人詬之，宋景公怒，遂滅曹，執曹伯殺之。見《左傳》哀公八年與〈管蔡世家〉。187齊田常弒簡公　田常也稱「陳常」、「陳恆」，齊國的權臣。田常弒齊簡公，進一步把持齊政，是田氏篡奪姜姓政權的重要步驟之一。188三十七年二句　梁玉繩曰：「陳滅於魯哀十七年，為宋景三十九年，此誤。」按：宋景公三十九年為西元前四七八年。楚惠王，名章，昭王之子，西元前四八八—前四三二年在位。楚惠王派其將公孫朝率師滅陳事，詳見《左傳》哀公十七年與〈陳杞世家〉。189熒惑守心　熒惑星運行到心宿的位置。陳奇猷《呂氏春秋校釋》曰：「此熒惑當非五星之一的火星。火星之公轉周期約為一年三百六十二日，其與心宿相遇有一定的周期，則熒惑在心不足為奇。此熒惑乃妖星。」守，挨近一星侵犯另一星的正常位置。心，二十八宿之一，又名商星。190心二句　古代占星學將地面上的各國、各州郡與星空的二十八宿相互比對，稱作「分野」，與宋國對應的即心宿；古代占星家又根據自然界的奇異現象預言人世間的吉凶禍福，現在他們看到心宿出現異常，故預言宋國將有災難。191司星　掌管占測天文星象的官，漢代的太史令亦管此事。192可移於相　可通過祭祀、禱告將國君應受的災禍轉移到宰相身上。193股肱　大腿與胳膊，古代常用以比喻帝王的左右重臣。194君者待民　君主要靠百姓來養活。待，依靠。195可移於歲　可以轉變為年景不好。歲，年成；收成。196天高聽卑　上天雖然高遠，但能周知人世間的事情。卑，低。197君有君人之言三　你說了可以稱得上是好統治者的三句話，即「相，吾之股肱」；「君者待民」；「歲饑民困，吾誰為君」。198候　觀察。199果徙三度　火星移動了三度，不到心宿的位置去了。梁玉繩曰：「此事《左傳》不載，出於諸子，如《呂氏春秋·制樂》、《淮南子·道應訓》。」200六十四年二句　梁玉繩云：「景公在位四十八年，無六十四也。」景公四十八年為西元前四六九年。201宋公子特攻殺太子而自立二句　《索隱》曰：「按《左傳》，景公無子，取元公庶曾孫公孫周之子德及啟畜于公宮。及景公卒，先立啟；後立德，是為昭公。與此全乖，未知太史公據何而為此說。」梁玉繩曰：「『特』乃『得』之誤。」昭公，名特，《左傳》作「德」，西元前四五一—前四〇四年在位。202公孫糾　《左傳》作「公孫周」。203昭公四十七年卒　四十七年，西元前四〇四年。梁玉繩曰：「《韓詩外傳》六、《賈子・先醒》篇言：『昔者宋昭公出亡，嘆曰：吾內外不聞吾過，是以至此。革心易行。二年，宋人迎而復之。』宋有兩昭公，所言必是昭公得，《史》失書，蓋宋之賢君也。」204悼公購由　宋悼公，名購由，西元前四〇三—前三九六年在位。205悼公八年卒　悼公八年，西元前三九六年。《索隱》曰：「按《紀年》為十八年。」206休公田　宋休公，名田，西元前三九五—前三七三年在位。207休公田二十三年　西元前三七三年。208辟公辟兵　宋辟公，名辟兵，西元前三七二—前三七〇年在位。《索隱》曰：「按：《紀年》作『桓侯璧兵』，則璧兵謚桓也。」209辟公三年　西元前三七〇年。210子剔成立　剔成，即歷史所稱之「剔成君」，西元前三六九—前三二九年在位。《索隱》引王劭曰：「《紀年》云『宋易城盰廢其君辟而自立也』。」梁玉繩曰：「『剔成』者『易城』之誤，盰其名，盰封於易城之地，因以為號。失其謚。」「又據《索隱》引王劭按《紀年》云『宋易城盰廢其君璧而自立』，則剔成非辟兵之子明矣。」211剔成四十一年　西元前三二九年。212偃　宋國亡國之君，西元前三二八—前二八五年在位。《索隱》曰：「《戰國策》、《呂氏春秋》皆以偃謚曰『康王』也。」213君偃十一年　西元前三一八年。214自立為王　時各國諸侯皆已先後稱王，故宋雖弱，亦自稱王。215東敗齊六句　梁玉繩曰：「〈年表〉、〈世家〉皆無宋取齊、楚地及敗魏軍之事，惟〈田完世家〉湣王七年（其實是齊宣王二十六年）有『與宋攻魏，敗之觀澤』語，然考〈年表〉、〈魏〉、〈趙世家〉並言『齊敗魏、趙于觀津』，非止敗魏，並不言與宋攻之。且宋方與齊為敵國，無緣共宋出兵，則〈田完世家〉固非，而此亦虛說也。」216韋囊　皮口袋。韋，經過加工的熟牛皮。217縣　通「懸」。218命曰射天　郭嵩燾曰：「案〈殷本紀〉，武乙亦有射天事，此當為傳聞附會之誤。」219羣臣諫者輒射之　崔適曰：「此事亦見《呂氏春秋》。然〈殷本紀〉：『帝武乙為偶人，謂之天神，與之博，令人為行。天神不勝，乃僇辱之。為革囊盛血，仰而射之，命曰射天。』與此事相似，疑是一事，傳者誤分為二事爾。」220桀宋　同夏桀一樣殘暴的宋君。221宋其復為紂所為　瀧川曰：「桀、紂同惡，宋，殷之後，故曰『復為紂所為』。」222告齊伐宋　梁玉繩曰：「《國策》、〈田完世家〉，齊湣王因蘇代之謀以伐宋，非諸侯告齊伐之也。」223王偃立四十七年　依〈年表〉，王偃共立四十三年。王偃四十三年，西元前二八五年。224遂滅宋而三分其地　梁玉繩曰：「湣王滅宋，未嘗與楚、魏共伐而三分其地。〈六國表〉及各〈世家〉皆不書，惟此有之。」

【語　譯】武王去世，成王年幼，周公旦代替周成王執政，主持國事。管叔和蔡叔懷疑他有貳心，就與武庚一起作亂，想襲擊成王、周公。周公奉了成王之命，誅武庚，殺管叔，流放蔡叔，於是命微子開代替武庚，為殷朝的後裔，供奉殷朝祖先的祭祀。作〈微子之命〉加以申述，立國於宋。微子原本就仁義賢能，於是代替武庚，所以殷朝的遺民非常愛戴他。

2 微子開去世，立其弟衍為宋君，這就是微仲。微仲去世，兒子宋公稽繼位。宋公稽去世，兒子丁公申繼位。丁公申去世，兒子湣公共繼位。湣公共去世，其弟煬公熙繼位。煬公即位後，湣公的兒子鮒祀弒殺煬公而自立為君，說：「應當立我為君。」這就是厲公。厲公去世，兒子釐公舉繼位。

3 釐公十七年，周厲王出逃於彘。

4 二十八年，釐公去世，兒子惠公覸繼位。惠公四年，周宣王即位。三十年，惠公去世，兒子哀公繼位。哀公元年去世，子戴公繼位。

5 戴公二十九年，周幽王被犬戎殺死，秦國在這一年開始被封為諸侯。

6 三十四年，戴公去世，兒子武公司空繼位。武公生的一個女兒，為魯惠公夫人，生了魯桓公。十八年，武公去世，兒子宣公力繼位。

7 宣公的太子名叫與夷。十九年，宣公病重，把君位讓給他的弟弟和，說：「父親死了兒子繼位，哥哥死了弟弟接續，這是天下的通義。我要把和立為國君。」和再三推辭才接受。宣公去世，弟弟和繼位，這就是穆公。

8 穆公九年，病重，召見大司馬孔父，對他說：「先君宣公捨棄太子與夷，立我為君，我不敢忘記。我死後，一定要立與夷為君。」孔父說：「群臣都希望立公子馮為君。」穆公說：「不要立馮，我不可以辜負宣公。」於是穆公讓公子馮離開宋國，到鄭國居住。八月庚辰日，穆公去世，哥哥宣公的兒子與夷繼位，這就是殤公。君子聽說這件事，說：「宋宣公可算是知人呀，立他的弟弟來實施道義，然而他的兒子最終重新享有了君位。」

9 殤公元年，衛公子州吁弒殺他的國君完，自立為衛君，希望獲得諸侯的支持，遣使告訴宋國說：「公子馮在鄭國，將來一定會作亂，可以與我國共同討伐他。」宋君答應了，與衛國討伐鄭國，到鄭國東門就退兵了。二年，鄭討伐宋國，來報復東門那次戰役。那以後諸侯多次侵伐宋國。

10 九年，大司馬孔父嘉漂亮的妻子外出，路上遇見太宰華督，華督喜歡她，目不轉睛地盯著她看。華督想霸占孔父的妻子，就派人在都城揚言說：「殤公即位不過十年罷了，卻發動了十一次戰爭，民眾苦不堪言，這都是孔父造成的，我將殺死孔父，使民眾得到安寧。」這一年，魯國人弒殺他們的國君隱公。十年，華督進攻殺死孔父，奪取他的妻子。殤公發怒，華督就弒殺殤公，從鄭國迎回穆公的兒子公子馮，立他為君，這就是莊公。

11 莊公元年，華督為相。九年，逮捕鄭國的祭仲，要挾他擁立公子突為鄭國國君。祭仲答應，終於立公子突為君。十九年，莊公去世，兒子湣公捷繼位。

12 湣公七年，齊桓公即位。九年，宋國發生水災，魯國派臧文仲來宋國慰問水災。湣公自責說：「因為我不能侍奉鬼神，政治不修明，所以發生水災。」臧文仲對他的話很讚賞。這些話原來實際上是公子子魚教湣公說的。

13 十年，夏天，宋國攻打魯國，戰於乘丘，魯國活捉宋國的南宮萬。宋人請求釋放南宮萬，南宮萬回歸宋國。十一年，秋天，湣公與南宮萬一同狩獵，因為下棋爭執，湣公發怒，侮辱他說：「原來我敬重你；而今你不過是魯國人的俘虜。」南宮萬有力氣，對這些話很忌恨，就在蒙澤用棋盤砸死湣公。大夫仇牧聽到消息，帶著士兵來到湣公的宮門。南宮萬擊打仇牧，仇牧的牙齒都被打飛附著在門板上，死去。南宮萬趁機殺死太宰華督，於是改立公子游為國君。諸位公子逃奔蕭邑，公子禦說逃奔亳邑。南宮萬的弟弟南宮牛率兵包圍亳邑。冬天，蕭邑大夫和宋國的諸公子聯合擊殺了南宮牛，弒殺宋國的新君游，改立湣公的弟弟禦說，這就是桓公。南宮萬逃奔陳國。宋人以重金賄賂陳國，提出請求。陳國人派婦人用醇酒灌醉南宮萬，以皮革把他包裹起來，送回宋國。宋人把南宮萬剁成肉醬。

14 桓公二年，諸侯討伐宋國，攻到宋國的郊外而退兵離去。三年，齊桓公開始稱霸。二十三年，宋桓公從齊國迎回衛公子燬，立他為衛君，這就是衛文公。衛文公的妹妹是宋桓公的夫人。秦穆公即位。三十年，桓公病重，太子茲甫把嗣君的地位讓給他的庶兄目夷。桓公認為太子的想法符合道義，但最終卻沒有聽從。三十一年，春天，桓公去世，太子茲甫繼位，這就是襄公。讓他的庶兄目夷為相。桓公沒有下葬，齊桓公在葵丘會合諸侯，襄公前往赴會。

15 襄公七年，宋國的上空流星如雨，與雨一同隕落；六隻鶂鳥倒退飛行，這是因為風速太急的緣故。

16 八年，齊桓公去世，宋國想主持諸侯盟會。十二年，春天，宋襄公在鹿上召集諸侯會盟，請求楚國出面邀請諸侯，楚國人答應了。公子目夷勸諫襄公道：「小國爭做盟主是禍患呀。」襄公不採納。秋天，諸侯與宋襄公在盂地會盟。目夷說：「大禍恐怕會在這件事情上出現吧？國君的欲望太過分，大國怎麼會容忍他呢！」果然在這次盟會上楚國扣押宋襄公，討伐宋國。冬天，諸侯在亳地會盟，楚國人因此釋放了宋襄公。子魚說：「大禍還沒有結束。」十三年，夏天，宋國討伐鄭國。子魚說：「大禍就在這裡了。」秋天，楚國討伐宋國來援救鄭國。宋襄公將要和楚國交戰，子魚勸諫道：「上天遺棄殷商已經很久了，不可開戰。」冬天，十一月，襄公與楚成王戰於泓地。楚人還沒渡完泓水，目夷說：「敵眾我寡，趁他們還沒登岸，趕緊發動攻擊。」襄公不採納。楚軍已經渡完河，還沒有擺好陣勢，目夷又說：「現在可以出擊。」襄公說：「等他們擺好陣勢再打。」楚軍擺好陣勢，宋人才開始攻擊。宋軍大敗，襄公傷了大腿。宋國人都埋怨襄公。襄公說：「君子不在敵軍處在險隘之地使人受困，不能向未擺好陣勢的敵軍發動攻擊。」子魚說：「打仗以取勝為功績，怎能講這種迂腐的話呢！一定按你說的做，還不如乾脆當他們的奴隸算了，又何必交戰呢？」

17 楚成王已經解救了鄭國，鄭國人設禮宴款待他；他離開鄭國前，娶了鄭君的兩個女兒，將她們帶回楚國。叔瞻說：「楚成王如此無禮，恐怕沒有好下場吧？接受禮宴最終卻不講男女之別，我因此知道他最終不能完成霸業。」

18 這一年，晉公子重耳經過宋國，宋襄公因為被楚軍打傷，想得到晉國的援助，所以用厚禮款待重耳，送給他八十匹馬。

19 十四年，夏天，襄公因為在泓之戰中受傷，終於病重去世，他的兒子成公王臣繼位。

20 成公元年，晉文公即位。三年，宋國背叛與楚國訂下的盟約，與晉親善，因為宋襄公曾有恩於晉文公。四年，楚成王討伐宋國，宋國向晉國告急。五年，晉文公援救宋國，楚軍退兵。九年，晉文公去世。十一年，楚太子商臣弒殺他的父親楚成王，取而代之，自立為王。十六年，秦穆公去世。

21 十七年，成公去世。成公的弟弟禦殺死太子和大司馬公孫固，自立為君。宋人共同殺死君禦，立成公的少子杵臼為君，這就是昭公。

22 昭公四年，宋國在長丘打敗長翟緣斯。七年，楚莊王即位。

23 九年，昭公荒淫無道，國人不擁戴他。昭公的弟弟鮑革賢明，善待士人。原先，襄公夫人想與公子鮑私通，遭到拒絕。襄公夫人就幫助他在國內實施善事，利用大夫華元的關係讓公子鮑擔任右師一職。昭公出外打獵，夫人王姬派衛伯攻擊殺死昭公杵臼。弟弟鮑革繼位，這就是文公。

24 文公元年，晉國率領諸侯討伐宋國，責問弒殺國君一事。聽說宋文公已經穩定政局，即位為君，就退兵了。二年，昭公的兒子借助文公的同母弟弟須的關係，聯合武公、繆公、戴公、莊公、桓公的後代作亂，文公把他們全部殺死，放逐了武公、繆公的後代。

25 四年，春天，楚國命令鄭國討伐宋國。宋國讓華元率兵，鄭國打敗宋國，俘虜了華元。起初，華元將要出戰時，宰殺羊隻犒勞士兵，他的車夫羊羹沒有受到犒賞，所以心懷怨恨，交戰時駕車衝入鄭軍軍中，宋軍因此戰敗，鄭軍才得以俘虜華元。宋國用一百乘兵車、四百匹良馬贖回華元。兵車、良馬還沒有全部交給鄭人，華元就逃回宋國。

26 十四年，楚莊王包圍鄭國。鄭伯向楚人投降，後來楚人又釋放了他。

27 十六年，楚國使者經過宋國，宋國與楚國之前結下仇怨，因此扣押了楚國的使者。九月，楚莊王包圍宋國。十七年，楚人圍宋已有五個月，仍不撤兵，宋國都城形勢危急，沒有糧食，華元就在夜裡私下會見楚國將領子反。子反把情況報告莊王。莊王問：「城中形勢怎麼樣？」子反回答：「宋國人把屍骨拆開來，用作燃料燒飯；交換孩子殺了吃掉。」莊王說：「這是真話啊！我軍也只有兩天的糧食了。」因為講求信義的緣故，楚國於是撤兵離去。

28 二十二年，文公去世，兒子共公瑕繼位。宋國開始厚葬。君子譏諷華元做事不合大臣的規矩。

29 共公十年，華元與楚將子重的關係很好，與晉將欒書的關係也很好，乃說合晉、楚兩國結盟罷兵。十三年，共公去世。華元擔任右師一職，魚石擔任左師一職。司馬唐山攻殺太子肥，想殺華元，華元逃奔晉國，魚石阻止他，走到黃河就又返回宋國，殺了唐山。於是立共公的少子成，這就是平公。

30 平公三年，楚共王攻下宋國的彭城，把它封給宋國的左師魚石。四年，諸侯合力誅殺魚石，將彭城歸還宋國。三十五年，楚公子圍弒殺他的國君，自立為君，這就是靈王。四十四年，平公去世，兒子元公佐繼位。

31 元公三年，楚公子弃疾弒殺靈王，自立為平王。八年，宋國發生火災。十年，元公不講信用，用狡詐的手段誅殺諸公子，大夫華氏、向氏謀反作亂。楚平王太子建前來投奔，見到華氏族人相互攻殺作亂，太子建離開宋國到鄭國。十五年，因為魯昭公避開季氏出居在外，所以元公為了能讓魯昭公進入魯國而四處求情奔走，病死在半路，他的兒子景公頭曼繼位。

32 景公十六年，魯陽虎前來投奔，不久又離去。二十五年，孔子經過宋國，宋司馬桓魋討厭他，想殺孔子，孔子變易服裝離去。三十年，曹國背叛宋國，又背叛晉國，宋國討伐曹國，晉國坐視不救，宋國於是滅掉曹國，占有其國土。三十六年，齊國田常弒殺齊簡公。

33 三十七年，楚惠王滅了陳國。熒惑星侵犯了心宿的正常位置。心宿屬於宋國的分野。景公為此事擔憂。掌管星象的子韋說：「可以把災禍轉嫁給丞相。」景公說：「丞相有如我的大腿和胳膊。」子韋說：「可以把災禍轉嫁給百姓。」景公說：「國君要依靠的就是百姓。」子韋說：「可以把災禍轉嫁到年成上。」景公說：「年歲饑荒，百姓貧困，誰會支持我當國君？」子韋說：「上天高明，能察知人間卑小之事。國君說了三句身為國君當說的話，熒惑星當會移動。」於是觀察了一段時間，熒惑果然移動了三度。

34 六十四年，景公去世。宋公子特攻殺太子，自立為君，這就是昭公。昭公是元公的曾庶孫。昭公的父親是公孫糾，公孫糾的父親是公子褍秦，褍秦就是元公的少子。景公殺了昭公的父親公孫糾，所以昭公心懷怨恨，殺死太子篡奪了君位。

35 昭公在位四十七年去世，兒子悼公購由繼位。悼公在位八年去世，兒子休公田繼位。休公田在位二十三年去世，兒子辟公辟兵繼位。辟公在位三年去世，兒子剔成繼位。剔成在位四十一年，弟弟偃乘其不備攻擊剔成，剔成戰敗，逃奔齊國。偃自立為宋君。

36 君偃在位十一年，自號為王。在東邊打敗齊國，獲取五座城邑；在南邊打敗楚國，奪取三百里土地；在西邊打敗魏軍，於是與齊國、魏國成了敵國。君偃用皮袋裝血，高高懸掛起來，朝它射箭，稱之為「射天」。他還沉溺於醇酒、美色。群臣當中有誰勸諫他，總是被他射死。於是諸侯都叫他「桀宋」，說「宋君重新犯下其先祖殷紂王的罪行，不可不誅殺他」。諸侯告知齊國，一起討伐宋國。王偃在位的四十七年，齊湣王與魏國、楚國討伐宋國，殺死王偃，滅了宋國，三國將宋國的土地瓜分。

太史公曰：孔子稱：「微子去之，箕子為之奴，比干諫而死，殷有三仁焉❶。」春秋譏宋之亂自宣公廢太子而立弟，國以不寧者十世❷。襄公之時，修行仁義❸，欲為盟主。其大夫正考父❹美之，故追道契、湯、高宗，殷所以興，作商頌❺。襄公既敗於泓，而君子或以為多❻，傷中國闕禮義，褒之也，宋襄之有禮讓也❼。

【章　旨】以上為第四段，是作者的論贊，表現了史公對「三仁」及宋襄公的讚賞。

【注　釋】❶殷有三仁焉　以上孔子語見《論語・微子》。焦循曰：「商紂時天下不安甚矣，而微、箕、比干能憂亂安民，故孔子嘆之。謂商之末，有憂亂安民者三人，而紂莫能用，令其去，令其奴，令其死，非指去、奴、死為仁也。」❷春秋譏宋之亂二句　春秋，原指據說是孔子所寫的《春秋經》，但《史記》中常用「《春秋》」以指《公羊傳》。此「《春秋》」語見《公羊傳》隱公三年，其敘宋之亂後，曰：「君子大居正，宋之禍宣公為之也。」梁玉繩曰：「宣之舍子而立弟，蓋知殤之不肖也；穆舍其子而復與宣之子，不忘德也，君子美之。乃此謂宋亂始宣公，本於《公羊》之謬說，猶下文之褒襄公也，前賢論之詳矣。『十世不寧』，尤非。」❸修行仁義　瀧川曰：「楓山、三條本作『修仁行義』。」王叔岷曰：「景佑本亦作『修仁行義』。」❹正考父　孔子的祖先，西周末、東周初時人，仕於宋戴公、武公、宣公時期，以行為恭謹著稱，詳見〈孔子世家〉。此處史公說正考父是襄公之大夫，並說他為讚美襄公而作〈商頌〉，皆非。❺追道契湯高宗三句　按：《韓詩．商頌章句》也說〈商頌〉是讚美宋襄公的作品；但《毛詩》則說是「正考父于周太師得〈商頌〉十二篇，以〈那〉為首」。則〈商頌〉非正考父所作，尤與宋襄公無關。❻君子或以為多　多，讚美；稱道。《公羊傳》僖公二十二年曰：「君子大其不鼓不成列，臨大事而不忘大禮，有君而無臣，以為雖文王之戰，亦不過此也。」❼傷中國闕禮義三句　闕，通「缺」。褒，誇獎。梁玉繩曰：「此本《公羊》說，即上文所云『襄公修行仁義』也。泓之役以迂致敗，得死為幸，又多乎哉？執滕子、戕鄫子，行仁義不忘大禮者如是耶？何褒乎耳？史公採摭極博，於《尚書》兼今古文，於《詩》兼齊、魯、韓，於《春秋》兼三傳，然未免擇而不精之誚。」按：此史公藉《公羊》之說以發揮自己之憤世嫉俗，蓋春秋已禮崩樂壞，漢代更人心險惡，故與其讚乖巧不如讚迂拙，魯之二儒生（見〈劉敬叔孫通列傳〉）受史公同情，可與此彷彿。又，此處「褒之也」三字應連末句讀，屬倒裝句。

【語　譯】太史公說：孔子說：「微子離去，箕子當了奴隸，比干因勸諫而死，殷朝有三位仁人呀。」《春秋》譏諷宋國的混亂是從宣公廢太子而立他弟弟開始的，國家因此連續長達十代不得安寧。襄公的時候，修行仁義，想當盟主。他的大夫正考父讚美他，所以追述契、湯、高宗的功績以及殷朝興盛的原因，創作了〈商頌〉。襄公在泓之戰失敗後，仍有君子認為他值得讚美，這是因為他們傷感於中原地區禮義淪喪，所以才褒獎他，表揚宋襄公的禮讓之舉。

【研　析】殷末的箕子、微子、比干都是殷紂王的親戚，都是有才幹而又忠心耿耿的國之良臣。他們見到殷紂王荒淫殘暴，殷朝將亡，都苦口婆心的對殷紂王提出勸告，殷紂王不僅不聽，反而對他們進行了殘酷的迫害。其中尤以比干最為慘烈，被剖心而死。司馬遷對此感慨萬分，人生有幸有不幸，這三個人如果生活在一個開明的時代，他們的才幹、忠心如果能被一位明主理解，他們將對國家、社會做出何等的貢獻呢？司馬遷不由地為之灑下了同情的淚水。在這段文字的最後，司馬遷引出了〈麥秀〉之詩：「麥秀漸漸兮，禾黍油油。彼狡僮兮，不與我好兮！」真可謂興寄遙深，繞梁三日。

在這前一段裡，司馬遷全文引進了《尚書》中的〈洪範〉，文字艱澀，篇幅又長，令讀者枯燥心煩。其目的是什麼呢？我想主要是為了突出箕子的思想與才幹，而《尚書》中正好有這篇作品傳說是箕子之所為，故雖未必妥貼，還是引入為上。近人李景星說：「〈宋微子世家〉入後人手中，必上及武庚反誅而已。是篇開端敘三仁事，幾占全篇之半；而于三仁中敘箕子事，又幾占三仁之過半。譬如白頭父老談故家世系，至其所以零落，與其重器之沉淪草莽及流落他家者，則必縷縷述之；甚或傷心之極，淚隨語下，而有不能自知者。〈微子世家〉之詳敘三仁等事，亦猶是也。」（《四史評議》）

〈宋微子世家〉的後一部分簡單羅列史事，其特別不為人所理解的是宋襄公的泓之戰，由於宋襄公強調「道德」，說什麼「不鼓不成列」，結果軍破身傷，不久即死。《左傳》批評他不懂戰爭，現代人更罵他是「蠢豬」。相反《公羊傳》僖公二十二年卻大加表揚說：「君子大其不鼓不成列，臨大事而不忘大禮，有君而無臣，以為雖文王之戰，亦不過此也。」這反映了兩種時代觀念的不同。《禮記・檀弓下》稱：「古之侵伐者，不斬祀，不殺厲，不獲二毛。」《淮南子・氾論》也說：「古之伐國，不殺黃口，不獲二毛。于古為義，于今為笑。」徐中舒認為：「這些大約是古代原始村社之間戰爭的公共規則，宋國保留古代禮制較多，江淮流域也是古代發展緩慢的地區。但春秋時代國際形勢已經劇烈變化，戰爭性質根本不同了，宋襄公還在堅持古代習俗，當然是自取敗亡。」

近人顧立三曰：「宋國于春秋時代雖未能強如晉、楚，但終春秋之世，宋國在各事件中，悉為相當重要之配角。考宋國于春秋時代有三事為必須記載者，一為宋襄公之圖霸，二為華元之弭兵，三為向戌之弭兵大會。三者中向戌弭兵大會稍有成就，使晉、楚二國息兵多年。其他二者，宋襄公雖圖霸未成，未有重大成就，但仍影響春秋之局勢相當大，到今日仍將其列為春秋五霸之一。」（《左傳與國語之比較研究》）按：向戌弭兵確為春秋時期一大事，〈宋微子世家〉棄而未載，不能不說是一大疏漏。

卷三十九

晉世家第九

【題解】〈晉世家〉記述了上起叔虞封唐，歷三十八世共六百多年，最後被趙、魏、韓三家所瓜分消滅的史事。其中記晉文公的事跡獨詳，幾乎占到了整篇作品的三分之一，這是因為晉文公是春秋時代功業最輝煌的霸主，而且由於他的這個開頭使晉國維持霸主地位八十多年。司馬遷欣賞晉文公這位由逆境中奮發進取，終於獲得成功的英雄人物，以及他在處理內政、外交、軍事等諸問題上所表現出的既重視「道德仁義」的鼓吹，又嫻熟地運用權謀奸詐的文韜武略。晉文公是春秋時代最成功的政治家之一。

1 晉唐叔虞❶者，周武王❷子而成王❸弟。初，武王與叔虞母❹會時，夢天謂武王曰❺：「余命女❻生子，名虞，余與之唐。」及生子，文在其手曰「虞」❼，故遂因命之曰虞。

2 武王崩，成王立，唐❽有亂，周公❾誅滅唐。成王與叔虞戲，削桐❿葉為珪⓫，以與叔虞，曰：「以此封若⓬。」史佚⓭因請擇日立叔虞。成王曰：「吾與之戲耳。」史佚曰：「天子無戲言。言則史書之，禮成之，樂歌之。」於是遂封叔虞於唐⑭。唐在河、汾之東⑮，方百里，故曰唐叔虞。姓姬氏，字子于⑯。

3 唐叔子燮，是為晉侯⑰。晉侯子寧族⑱，是為武侯。武侯之子服人，是為成侯。成侯子福⑲，是為厲侯。厲侯之子宜臼，是為靖侯。靖侯已來，年紀可推⑳。自唐叔至靖侯五世，無其年數。

4 靖侯十七年㉑，周厲王㉒迷惑暴虐，國人作亂，厲王出奔于彘㉓，大臣行政，故曰「共和」㉔。

5 十八年，靖侯卒，子釐侯司徒㉕立。釐侯十四年㉖，周宣王㉗初立。十八年，釐侯卒，子獻侯籍㉘立。獻侯十一年㉙卒，子穆侯費王㉚立。

6 穆侯四年㉛，取㉜齊女姜氏為夫人。七年，伐條㉝。生太子仇。十年，伐千畝㉞，有功。生少子，名曰成師㉟。晉人師服㊱曰：「異哉，君之命子也！太子曰仇，仇者，讎也。少子曰成師，成師大號，成之者也。名，自命也；物，自定也。今適㊲庶名反逆，此後晉其能毋亂乎㊳？」

7 二十七年，穆侯卒，弟殤叔㊴自立，太子仇出奔。殤叔三年㊵，周宣王崩。四年，穆侯太子仇率其徒襲殤叔而立，是為文侯㊶。

8 文侯十年㊷，周幽王㊸無道，犬戎㊹殺幽王，周東徙㊺。而秦襄公㊻始列為諸侯。三十五年，文侯仇卒，子昭侯伯[47]立。

9 昭侯元年[48]，封文侯弟成師于曲沃[49]。曲沃邑大於翼。翼，晉君都邑也[50]。成師封曲沃，號為桓叔。靖侯庶孫欒賓[51]相[52]桓叔。桓叔是時年五十八矣，好德，晉國之眾皆附焉[53]。君子曰：「晉之亂，其在曲沃矣。末大於本[54]而得民心，不亂何待！」

10 七年，晉大臣潘父[55]弒其君昭侯而迎曲沃桓叔。桓叔欲入晉，晉人發兵攻桓叔。桓叔敗，還歸曲沃。晉人共立昭侯子平為君，是為孝侯[56]。誅潘父。

11 孝侯八年[57]，曲沃桓叔卒，子鱓代桓叔[58]，是為曲沃莊伯。孝侯十五年[59]，曲沃莊伯弒其君晉孝侯于翼。晉人攻曲沃莊伯，莊伯復入曲沃。晉人復立孝侯子郄[60]為君，是為鄂侯[61]。

12 鄂侯二年[62]，魯隱公[63]初立。

13 鄂侯六年卒。曲沃莊伯聞晉鄂侯卒[64]，乃興兵伐晉。周平王使虢公將兵伐曲沃莊伯[65]，莊伯走保曲沃。晉人共立鄂侯子光，是為哀侯[66]。

14 哀侯二年，曲沃莊伯卒，子稱代莊伯立，是為曲沃武公。哀侯六年，魯弒其君隱公。哀侯八年[67]，晉侵陘廷[68]。陘廷與曲沃武公謀，九年，伐晉于汾旁[69]，虜哀侯。晉人乃立哀侯子小子為君，是為小子侯[70]。

15 小子元年[71]，曲沃武公使韓萬[72]殺所虜晉哀侯。曲沃益彊，晉無如之何[73]。

16 晉小子之四年，曲沃武公誘召晉小子，殺之。周桓王[74]使虢仲[75]伐曲沃武公，武公入于曲沃，乃立晉哀侯弟緡為晉侯[76]。

17 晉侯緡四年[77]，宋執鄭祭仲而立突為鄭君[78]。晉侯十九年[79]，齊人管至父弒其君襄公[80]。

18 晉侯二十八年，齊桓公始霸[81]。曲沃武公伐晉侯緡，滅之，盡以其寶器賂獻于周釐王[82]。釐王命曲沃武公為晉君[83]，列為諸侯，於是盡併晉地而有之[84]。曲沃武公已即位三十七年矣[85]，更號曰晉武公[86]。晉武公始都晉國[87]，前即位曲沃，通年三十八年[88]。武公稱者，先晉穆侯[89]曾孫也，曲沃桓叔孫也。桓叔者，始封曲沃。武公，莊伯子也。自桓叔初封曲沃以至武公滅晉也，凡六十七歲，而卒代晉為諸侯。武公代晉二歲，卒[90]。與曲沃通年，即位凡三十九年而卒。子獻公詭諸[91]立。

【章旨】以上為第一段，寫晉國自建國至曲沃武公篡晉的經過，著重描述了曲沃代翼期間晉國從分裂走向統一的過程。

【注　釋】❶晉唐叔虞　即周成王之弟姬虞，晉國的始祖。❷周武王　名發，文王之子，西元前一〇四六—前一〇四三年在位。❸成王　名誦，武王之子，西元前一〇四二—前一〇二一年在位。❹叔虞母　即邑姜，武王之正妻，姜尚之女。❺夢天謂武王曰　孔穎達曰：「《左傳》云『邑姜方震而夢』，明是邑姜夢矣，安得以為武王夢也，是馬遷之妄。」天，天帝；天神。❻女　通「汝」。❼文在其手曰虞　手上帶著一個「虞」字。文，字。❽唐　古邑名，舊址在今山西翼城、曲沃兩縣交界處。❾周公　文王之子，名旦。❿桐　即梧桐。⓫珪　玉製禮器名，形狀如笏，上圓下方。⓬若　你。⓭史佚　《呂氏春秋．重言》作「周公」。⓮於是遂封叔虞於唐　故事荒誕不可信，柳宗元曾著文以辨其妄。⓯河汾之東　河，黃河。汾，汾水。「河汾之東」即指今山西侯馬、曲沃、翼城一帶。⓰姓姬氏二句　王引之曰：「古人名、字相應，『于』同『迂』，廣也；『虞』同『吳』，大也。」⓱唐叔子燮二句　叔虞的兒子名「燮」，又稱「燮父」，從燮父始改「唐」稱「晉」。⓲寧族　《索隱》曰：「《系本》作『曼期』，譙周作『曼旗』也。」⓳福　《索隱》曰：「《系本》作『輻』字。」⓴靖侯已來二句　按：中國歷史自西元前八四一年始有確切紀年，該年即靖侯十八年，因此晉國從靖侯開始，年代可以推算。㉑靖侯十七年　西元前八四〇年。㉒周厲王　名胡，西元前八七七—前八四一年在位。㉓彘　邑名，在今山西霍縣東北。㉔共和　有兩說：一據《竹書紀年》等指共伯和受諸侯擁戴，代行王政；一據《史記．周本紀》指周、召二公共同執政，號曰「共和」。㉕釐侯司徒　名司徒，西元前八四〇—前八二三年在位。㉖釐侯十四年　西元前八二七年。㉗周宣王　名靜，厲王之子，西元前八二七—前七八二年在位。㉘獻侯籍　名籍，西元前八二二—前八一二年在位。㉙獻侯十一年　西元前八一二年。㉚穆侯費王　名費王，依《索隱》應作「費生」，也作「弗生」，西元前八一一—前七八五年在位。㉛穆侯四年　西元前八〇八年。㉜取　通「娶」。㉝伐條　條，即「條戎」，古部族名，活動於今山西運城中條山的鳴條岡一帶。㉞伐千畝　千畝，晉地名，在今山西安澤北。一說在今山西介休。㉟成師　中井曰：「師有成功，故命以『成師』也。」㊱師服　晉大夫。㊲適　通「嫡」。㊳此後晉其能毋亂乎　以上本於桓二年《左傳》。其，通「豈」。㊴殤叔　西元前七八四—前七八一年在位。㊵殤叔三年　西元前七八二年。㊶文侯　名仇，穆侯長子，西元前七八〇—前七四六年在位。㊷文侯十年　西元前七七一年。㊸周幽王　西周亡國之君，名宮湦，宣王之子，西元前七八一—前七七一年在位。㊹犬戎　古部族名，殷、周時活動於今陝西彬縣、岐山一帶。㊺周東徙　指西元前七七〇年周平王由鎬京東遷都至雒邑。㊻秦襄公　秦國首位受封為諸侯的國君，莊公之子，西元前七七七—前七六六年在位。㊼昭侯伯　名伯，西元前七四五—前七四〇年在位。㊽昭侯元年　西元前七四五年。㊾曲沃　晉邑名，又稱「下都」、「新城」，在今山西聞喜東北。㊿翼二句　翼即「絳」，當時晉君的都城，在今山西翼城東南。(51)欒賓　又稱「欒叔賓父」，為桓叔之叔祖。52相　輔佐。53晉國之眾皆附焉　瀧川曰：「『晉國之眾皆附焉』，不唯失事實，又與下文相乖。」54末大於本　指桓叔封邑曲沃的勢力大於晉君的都城翼。55潘父　晉臣之親曲沃者。56孝侯　名平，西元前七三九—前七二四年在位。57八年　〈十二諸侯年表〉作「九年」。58鱓代桓叔　代其父為曲沃之君。59十五年　〈年表〉作「十六年」。60孝侯子郄　也有作「都」。61鄂侯　孝侯之子，一說孝侯之弟，西元前七二三—前七一八年在位。62鄂侯二年　西元前七二二年。63魯隱公　名息姑，魯桓公之庶兄，西元前七二二—前七一二年在位。64曲沃莊伯聞晉鄂侯卒　時曲沃莊伯伐翼，鄂侯奔隨；曰「鄂侯卒」，非。65周平王使虢公將兵伐曲沃莊伯　此處「平王」應作「桓王」，西元前七一九—前六九七年在位。虢公，虢國國君，名忌父，時為周王朝卿士。66晉人共立鄂侯子光二句　梁玉繩曰：「哀侯之立，據《左傳》，實出王命。此以為晉人立之，亦非。」哀侯，西元前七一七—前七〇九年在位。67哀侯八年　西元前七一〇年。68陘廷　晉邑名，在今山西曲沃東北。69汾旁　汾水之側。70小子侯　西元前七〇九—前七〇六年在位。幼弱而無謚，遂稱「小子侯」。71小子元年　西元前七〇九年。72韓萬　曲沃桓叔之子，受封於韓（在今山西河津稍東），為戰國韓國之祖。73無如之何　猶言「無可奈何」。74周桓王　名林，周平王太子泄父之子，西元前七一九—前六九七年在位。75虢仲　即上文「虢公」之後，時為桓王卿士。76乃立晉哀侯弟緡為晉侯　晉侯緡，名緡，西元前七〇六—前六七九年在位。晉侯緡之元年即小子之四年。77晉侯緡四年　西元前七〇三年。78宋執鄭祭仲而立突為鄭君　祭仲，鄭國卿士，名足。突，即鄭厲公，鄭莊公之次子，西元前七〇〇—前六九七年在位。79晉侯十九年　西元前六八八年。80齊人管至父弒其君襄公　襄公，名諸兒，齊釐公之子，西元前六九七—前六八六年在位。81晉侯二十八年二句　梁玉繩以為實二十六年。齊桓公，名小白，齊釐公之子，襄公之弟，西元前六八五—前六四三年在位。82周釐王　名胡齊，莊王之子，西元前六八一—前六七七年在位。83釐王命曲沃武公為晉君　梁玉繩曰：「王命為君，當書於武公三十九年，此連敘其事，不依年為紀也。」84於是盡併晉地而有之　瀧川曰：「莊十六年《左傳》但云『王使虢公命曲沃莊伯以一軍為晉侯』，不敘曲沃伐晉之詳。」85曲沃武公已即位三十七年矣　梁玉繩曰：「『三十七』當作『三十八』，下文『通年三十八年』當作『三十九』，『通年即位凡三十九年而卒』當作『四十』，說見〈表〉。」86更號曰晉武公　中井曰：「生時稱謚，世家之常，然至『更號曰晉武公』，則亦太甚。」87晉武公始都晉國　開始以晉國的都城翼為自己的都城。88前即位曲沃二句　指晉武公從做曲沃武公至為晉侯，總年數已為三十八年。時當西元前六七八年。89先晉穆侯　即桓叔之父名「費生」者。90武公代晉二歲二句　事在西元前六七七年。張文虎《札記》：「此『卒』字似衍。」91獻公詭諸　晉獻公，名詭諸，西元前六七六—前六五一年在位。

【語 譯】晉唐叔虞是周武王的兒子，成王的弟弟。當初，武王與叔虞的母親結合時，叔虞的母親夢見天神對武王說：「我讓你生兒子，叫虞，我把唐地封給他。」等她生下兒子，發現在他的手心有「虞」的字樣，所以就給他取名叫虞。

2 武王去世，成王繼位，唐國有禍亂，周公滅了唐。成王與叔虞開玩笑，將桐葉削成珪形送給叔虞，說：「把這個封給你。」史佚因此請求選擇吉日以立叔虞。成王曰：「我跟他開玩笑罷了。」史佚說：「天子沒有玩笑話。一說話史官就會記載下來，禮儀實現它，樂章歌唱它。」於是就把叔虞封到唐國。唐國在黃河與汾水的東邊，縱橫一百里，所以叫唐叔虞。姓姬，字子于。

3 唐叔的兒子燮，這就是晉侯。晉侯的兒子寧族，這就是武侯。武侯的兒子服人，這就是成侯。成侯的兒子福，這就是厲侯。厲侯的兒子宜臼，這就是靖侯。晉國從靖侯開始，年代可以推算。自唐叔到靖侯經歷了五代，沒有記載他們的在位年數。

4 靖侯十七年，周厲王迷惑暴虐，國人叛亂，厲王出逃到彘地，大臣處理朝政，所以稱為「共和」。

5 十八年，靖侯去世，兒子釐侯司徒繼位。釐侯十四年，周宣王剛剛即位。十八年，釐侯去世，兒子獻侯籍繼位。獻侯十一年去世，兒子穆侯費王繼位。

6 穆侯四年，娶齊國女子姜氏為夫人。七年，攻打條。姜氏生太子仇。十年，攻打千畝，取得戰績。姜氏生小兒子，名叫成師。晉人師服說：「國君給兒子取名真是奇怪呀！太子叫仇，仇就是仇敵的意思。小兒子叫成師，成師是大號，是能成就事業的意思。名號是根據自身的特點命名的，事情的實質是由其性質確定的。現在嫡子與庶子的名字相背逆，從此以後晉國能不出現禍亂嗎？」

7 二十七年，穆侯去世，弟弟殤叔自立為君，太子仇出奔。殤叔三年，周宣王去世。四年，穆侯的太子仇率領他的黨徒襲擊殤叔，自立為君，這就是文侯。

8 文侯十年，周幽王不行君道，犬戎殺死幽王，周室向東遷徙。秦襄公開始被封為諸侯。三十五年，文侯仇去世，兒子昭侯伯繼位。

9 昭侯元年，把文侯的弟弟成師封到曲沃。曲沃城邑比翼城還大。翼城是晉君的都邑。成師封在曲沃，號稱桓叔。靖侯的庶孫欒賓輔佐桓叔。桓叔這時已經五十八歲了，喜歡施恩，晉國的民眾都歸附他。君子說：「晉國的禍亂大概會來自於曲沃呀。末枝大於本幹，還得民心，此時不作亂還待何時！」

10 七年，晉國的大臣潘父殺死他的國君昭侯，迎接曲沃桓叔。桓叔想進入晉國都城，晉人發兵攻打桓叔。桓叔戰敗，退歸曲沃。晉人共立昭侯的兒子平為國君，這就是孝侯。晉人殺死潘父。

11 孝侯八年，曲沃桓叔去世，兒子鱓接替桓叔，這就是曲沃莊伯。孝侯十五年，曲沃莊伯在翼殺死他的國君晉孝侯。晉人攻打曲沃莊伯，莊伯重新退回曲沃。晉人又立孝侯的兒子郄為君，這就是鄂侯。

12 鄂侯二年，魯隱公剛剛繼位。

13 鄂侯六年去世。曲沃莊伯聽說晉鄂侯去世，就發兵討伐晉國。周平王派虢公率兵討伐曲沃莊伯，莊伯逃走守衛曲沃。晉人共立鄂侯的兒子光，這就是哀侯。

14 哀侯二年，曲沃莊伯去世，兒子稱接替莊伯繼位，這就是曲沃武公。哀侯六年，魯國人殺死他們的國君隱公。哀侯八年，晉人侵陘廷。陘廷與曲沃武公合謀，九年，在汾水旁攻打晉國，俘獲哀侯。晉人於是立哀侯的兒子小子為君，這就是小子侯。

15 小子元年，曲沃武公派韓萬殺死被俘虜的晉哀侯。曲沃的實力日益強大，晉國對此無可奈何。

16 晉小子四年，曲沃武公誘騙晉小子，會面他時把他殺了。周桓王派虢仲討伐曲沃武公，武公退回曲沃。就立晉哀侯的弟弟緡為晉侯。

17 晉侯緡四年，宋國抓住鄭人祭仲，要挾他立突為鄭國國君。晉侯十九年，齊人管至父殺死他的國君襄公。

18 晉侯二十八年，齊桓公開始稱霸。曲沃武公討伐晉侯緡，滅了他，把他的寶器全部拿去賄賂周釐王。釐王命令曲沃武公為晉君，封他為諸侯，他於是把晉國的土地全部吞併，據為己有。曲沃武公已經即位三十七年了，改號叫晉武公。晉武公開始把晉國的都城作為都城，之前在曲沃即位，其在位年數總計為三十八年。武公稱是從前晉穆侯的曾孫，曲沃桓叔的孫子。桓叔開始被封在曲沃。武公，是莊伯的兒子。從桓叔剛剛被封在曲沃，到武公滅亡晉國，一共六十七年，終於取代晉國為諸侯。武公取代晉國二年去世。算上他在曲沃統治的時間，在位總計為三十九年才去世。兒子獻公詭諸繼位。

1 獻公元年❶，周惠王弟穨攻惠王❷，惠王出奔，居鄭之櫟邑❸。

2 五年，伐驪戎❹，得驪姬、驪姬弟❺，俱愛幸之。

3 八年，士蔿❻說公曰：「故晉之羣公子❼多，不誅，亂且起。」乃使盡殺諸公子，而城聚都之，命曰絳，始都絳❽。九年，晉羣公子既亡奔虢，虢以其故再伐晉，弗克❾。十年，晉欲伐虢，士蔿曰：「且待其亂。」

4 十二年，驪姬生奚齊。獻公有意廢太子，乃曰：「曲沃吾先祖宗廟所在，而蒲邊秦❿，屈邊翟⓫，不使諸子居之，我懼焉⓬。」於是使太子申生居曲沃，公子重耳⓭居蒲，公子夷吾⓮居屈。獻公與驪姬子奚齊居絳。晉國以此知太子不立也。太子申生，其母齊桓公女⓯也，曰齊姜，早死。申生同母女弟為秦穆公夫人⓰。重耳母，翟之狐氏女也。夷吾母，重耳母女弟也⓱。獻公子八人⓲，而太子申生、重耳、夷吾皆有賢行⓳。及得驪姬，乃遠此三子。

5 十六年，晉獻公作二軍⓴。公將上軍，太子申生將下軍，趙夙㉑御戎㉒，畢萬㉓

為右㉔，伐滅霍㉕，滅魏㉖，滅耿㉗。還，為太子城曲沃，賜趙夙耿，賜畢萬魏，以為大夫。士蔿曰：「太子不得立矣。分之都城㉘，而位以卿㉙，先為之極，又安得立㉚！不如逃之，無使罪至。為吳太伯㉛，不亦可乎？猶有令名㉜。」太子不從。卜偃㉝曰：「畢萬之後必大㉞。萬，盈數也；魏，大名也㉟。以是始賞，天開之矣㊱。天子曰兆民，諸侯曰萬民，今命之大，以從盈數，其必有眾㊲。」初，畢萬卜仕於晉國，遇屯之比㊳。辛廖㊴占之，曰：「吉。屯固比入㊵，吉孰大焉？其後必蕃㊶昌。」

6 十七年，晉侯使太子申生伐東山㊷。里克㊸諫獻公曰：「太子奉冢祀㊹社稷㊺之粢盛㊻，以朝夕視君膳者也，故曰冢子。君行則守，有守則從㊼，從曰撫軍㊽，守曰監國，古之制也。夫率師，專行謀㊾也；誓軍旅㊿，君與國政(51)之所圖也，非太子之事也。師在制命(52)而已，稟命(53)則不威，專命(54)則不孝，故君之嗣適(55)不可以帥師。君失其官(56)，率師不威(57)，將安用之？」公曰：「寡人(58)有子，未知其太子誰立(59)。」里克不對而退，見太子。太子曰：「吾其廢乎？」里克曰：「太子勉之！教以軍旅(60)，不共是懼(61)，何故廢乎？且子懼不孝，毋懼不得立(62)。修己而不責人，則免於難(63)。」太子帥師，公衣之偏衣(64)，佩之金玦(65)。里克謝病(66)，不從太子。太子遂伐東山。

7 十九年，獻公曰：「始吾先君莊伯、武公之誅晉亂，而虢常助晉伐我[67]，又
匿晉亡公子，果為亂。弗誅，後遺子孫憂。」乃使荀息[68]以屈產之乘[69]假道[70]於虞[71]。
虞假道，遂伐虢，取其下陽[72]以歸。

8 獻公私謂驪姬曰：「吾欲廢太子，以奚齊代之。」驪姬泣曰：「太子之立，
諸侯皆已知之，而數將兵，百姓附之，柰何以賤妾之故廢適立庶？君必行之，妾
自殺也。」驪姬詳譽[73]太子，而陰令人譖惡[74]太子，而欲立其子。

9 二十一年，驪姬謂太子曰：「君夢見齊姜，太子速祭曲沃[75]，歸釐[76]於君。」
太子於是祭其母齊姜於曲沃，上其薦胙[77]於獻公。獻公時出獵，置胙於宮中。驪
姬使人置毒藥胙中。居二日[78]，獻公從獵來還，宰人[79]上胙獻公，獻公欲饗[80]之。
驪姬從旁止之，曰：「胙所從來遠，宜試之。」祭地，地墳[81]；與犬，犬死；與
小臣[82]，小臣死。驪姬泣曰：「太子何忍[83]也！其父而欲弒代之，況他人[84]乎？且
君老矣，旦暮之人，曾不能待而欲弒之[85]！」謂獻公曰：「太子所以然者，不過
以妾及奚齊之故。妾願子母辟之[86]他國，若[87]早自殺，毋徒[88]使母子為太子所魚肉
也。始君欲廢之，妾猶恨[89]之；至於今，妾殊自失於此[90]。」太子聞之，奔新城[91]。

獻公怒，乃誅其傅[92]杜原款。或謂太子曰：「為此藥者，乃驪姬也。太子何不自辭明之？」太子曰：「吾君老矣，非驪姬，寢不安，食不甘。即辭之[93]，君且怒之[94]。不可。」或謂太子曰：「可奔他國。」太子曰：「被[95]此惡名以出，人誰內[96]我？我自殺耳。」十二月戊申，申生自殺於新城[97]。

10 此時重耳、夷吾來朝。人或告驪姬曰：「二公子怨驪姬譖殺太子。」驪姬恐，因譖二公子：「申生之藥胙，二公子知之。」二子聞之，恐，重耳走蒲，夷吾走屈，保其城，自備守。初，獻公使士蔿為二公子築蒲、屈城，弗就[98]。夷吾以告公，公怒士蔿。士蔿謝曰：「邊城少寇，安用之？」退而歌曰：「狐裘蒙茸，一國三公，吾誰適從[99]！」卒就城。及申生死，二子亦歸保其城。

11 二十二年，獻公怒二子不辭而去，果有謀矣，乃使兵伐蒲。蒲人之宦者勃鞮[100]命重耳促[101]自殺。重耳踰垣，宦者追斬其衣袪[102]，重耳遂奔翟。使人伐屈，屈城守，不可下。

12 是歲也，晉復假道於虞以伐虢。虞之大夫宮之奇諫虞君曰：「晉不可假道也，是且滅虞。」虞君曰：「晉我同姓[103]，不宜伐我。」宮之奇曰：「太伯、虞仲[104]，太王之子也，太伯亡去，是以不嗣[105]。虢仲、虢叔[106]，王季[107]之子也，為文王卿士[108]，其記勳在王室，藏於盟府[109]。將虢是滅，何愛於虞？且虞之親能親於桓、莊之族[110]乎？桓、莊之族何罪，盡滅之[111]。虞之與虢，脣之與齒，脣亡則齒寒。」虞公不聽，遂許晉。宮之奇以其族去虞。其冬，晉滅虢，虢公醜奔周[112]。還，襲滅虞，虜虞公及其大夫井伯百里奚[113]以媵秦穆姬[114]，而修虞祀[115]。荀息牽曩[116]所遺虞屈產之乘馬奉之獻公，獻公笑曰：「馬則吾馬，齒亦老矣[117]！」

13 二十三年，獻公遂發賈華[118]等伐屈，屈潰[119]。夷吾將奔翟。冀芮[120]曰：「不可。重耳已在矣，今往，晉必移兵伐翟，翟畏晉，禍且及。不如走梁[121]，梁近於秦，秦彊，吾君百歲後[122]可以求入焉。」遂奔梁。二十五年，晉伐翟，翟以重耳故，亦擊晉於齧桑[123]，晉兵解而去。

14 當此時，晉彊，西有河西[124]，與秦接境，北邊翟，東至河內[125]。

15 驪姬弟生悼子[126]。

16 二十六年，夏，齊桓公大會諸侯於葵丘[127]。晉獻公病，行後，未至，逢周之宰孔[128]。宰孔曰：「齊桓公益驕，不務德而務遠略[129]，諸侯弗平。君弟毋會[130]，毋如晉何。」獻公亦病，復還歸。病甚，乃謂荀息曰：「吾以奚齊為後，年少，諸大臣不服，恐亂起，子能立之乎？」荀息曰：「能。」獻公曰：「何以為驗[131]？」

對曰：「使死者復生，生者不慚[132]，為之驗。」於是遂屬[133]奚齊於荀息。荀息為相[134]，主國政。秋，九月，獻公卒。里克、邳鄭[135]欲內重耳，以三公子[136]之徒作亂，謂荀息曰：「三怨[137]將起，秦、晉輔之，子將何如？」荀息曰：「吾不可負先君言。」十月，里克殺奚齊於喪次[138]，獻公未葬也。荀息將死之，或曰：「不如立奚齊弟悼子而傅之。」荀息立悼子而葬獻公。十一月，里克弒悼子於朝[139]，荀息死之。君子曰：「詩所謂『白珪之玷，猶可磨也。斯言之玷，不可為也[140]』，其荀息之謂乎！不負其言。」初，獻公將伐驪戎，卜曰「齒牙為禍[141]」。及破驪戎，獲驪姬，愛之，竟以亂晉。

17 里克等已殺奚齊、悼子，使人迎公子重耳於翟[142]，欲立之。重耳謝曰：「負父之命出奔，父死不得脩人子之禮侍喪，重耳何敢入！大夫其更立他子。」還報里克，里克使迎夷吾於梁。夷吾欲往，呂省[143]、郤芮[144]曰：「內猶有公子可立者而外求，難信。計非之秦，輔彊國之威以入，恐危。」乃使郤芮厚賂秦，約曰：「即得入，請以晉河西之地與秦[145]。」及遺里克書曰：「誠得立，請遂封子於汾陽[146]之邑。」秦繆公乃發兵送夷吾於晉。齊桓公聞晉內亂，亦率諸侯如晉。秦兵與夷吾亦至晉，齊乃使隰朋[147]會秦俱入夷吾，立為晉君，是為惠公。齊桓公至晉之高梁[148]而還歸。

18 惠公夷吾元年[149]，使邳鄭謝秦曰：「始夷吾以河西地許君，今幸得入立。大臣曰：『地者，先君之地。君亡在外，何以得擅許秦者？』寡人爭之，弗能得，故謝秦。」亦不與里克汾陽邑，而奪之權。四月，周襄王[150]使周公忌父[151]會齊、秦大夫共禮晉惠公[152]。惠公以重耳在外，畏里克為變，賜里克死[153]。謂曰：「微[154]里子，寡人不得立。雖然，子亦殺二君一大夫[155]，為子君者，不亦難乎？」里克對曰：「不有所廢，君何以興？欲誅之，其無辭乎？乃言為此！臣聞命矣。」遂伏劍而死[156]。於是邳鄭使謝秦未還，故不及難。

19 晉君改葬恭太子申生[157]。秋，狐突[158]之下國[159]，遇申生，申生與載而告之曰[160]：「夷吾無禮[161]，余得請於帝[162]，將以晉與秦，秦將祀余。」狐突對曰：「臣聞神不食非其宗，君其祀毋乃絕乎？君其圖之。」申生曰：「諾，吾將復請帝。後十日，新城西偏將有巫者見我焉[163]。」許之，遂不見[164]。及期而往，復見，申生告之曰：「帝許罰有罪矣，弊於韓[165]。」兒乃謠曰：「恭太子更葬[166]矣，後十四年，晉亦不昌[167]，昌乃在兄[168]。」

20 邳鄭使秦，聞里克誅，乃說秦繆公曰：「呂省、郤稱[169]、冀芮實為不從[170]。

若重賂與謀，出晉君，入重耳，事必就。」秦繆公許之。使人與歸報晉[171]，厚賂三子[172]。三子曰：「幣厚言甘，此必邳鄭賣我於秦。」遂殺邳鄭及里克、邳鄭之黨七輿大夫[173]。邳鄭子豹奔秦，言伐晉，繆公弗聽。

21 惠公之立，倍秦地[174]及里克，誅七輿大夫，國人不附。二年[175]，周使召公過[176]禮晉惠公[177]，惠公禮倨[178]，召公譏之[179]。

22 四年，晉饑，乞糴[180]於秦。繆公問百里奚[181]，百里奚曰：「天菑流行，國家代有，救菑恤鄰，國之道也。與之。」邳鄭子豹曰：「伐之。」繆公曰：「其君是惡，其民何罪！」卒與粟，自雍屬絳[182]。

23 五年，秦饑，請糴於晉。晉君謀之，慶鄭[183]曰：「以秦得立，已而倍其地約。晉饑而秦貸我，今秦饑請糴，與之何疑？而謀之！」虢射[184]曰：「往年天以晉賜秦，秦弗知取而貸我。今天以秦賜晉，晉其可以逆天乎？遂伐之。」惠公用虢射謀，不與秦粟，而發兵且伐秦。秦大怒，亦發兵伐晉[185]。

24 六年，春，秦繆公將兵伐晉[186]。晉惠公謂慶鄭曰：「秦師深[187]矣，柰何？」鄭曰：「秦內君，君倍其賂；晉饑，秦輸粟；秦饑，而晉倍之。乃欲因其饑伐之，其深不亦宜乎！」晉卜御右[188]，慶鄭皆吉。公曰：「鄭不孫[189]。」乃更令步陽[190]御戎，家僕徒[191]為右，進兵。九月壬戌[192]，秦繆公、晉惠公合戰韓原。惠公馬鷙不行[193]，秦兵至，公窘，召慶鄭為御。鄭曰：「不用卜，敗不亦當乎！」遂去。更令梁繇靡[194]御，虢射為右，輅秦繆公[195]。繆公壯士[196]冒敗[197]晉軍，晉軍敗，遂失秦繆公，反獲晉公以歸。秦將以祀上帝。晉君姊為繆公夫人，衰絰涕泣[198]。公曰：「得晉侯將以為樂[199]，今乃如此。且吾聞箕子[200]見唐叔之初封，曰『其後必當大矣』，晉庸可滅[201]乎！」乃與晉侯盟王城[202]而許之歸。晉侯亦使呂省等報國人曰：「孤雖得歸，毋面目見社稷，卜日立子圉。」晉人聞之，皆哭。秦繆公問呂省：「晉國和乎？」對曰：「不和。小人懼[203]失君亡親，不憚[204]立子圉，曰『必報讎，寧事戎、狄』[205]。其君子則愛君而知罪，以待秦命[206]，曰『必報德』。有此二故，不和。」於是秦繆公更舍[207]晉惠公，餽之七牢[208]。十一月，歸晉侯。晉侯至國，誅慶鄭，修政教。謀曰：「重耳在外，諸侯多利內之[209]。」欲使人殺重耳於狄。重耳聞之，如齊[210]。

25 八年，使太子圉質秦[211]。初，惠公亡在梁，梁伯以其女妻之，生一男一女。梁伯卜之，男為人臣，女為人妾，故名男為圉，女為妾[212]。

26 十年，秦滅梁。梁伯好土功[213]，治城溝[214]，民力罷[215]怨，其眾數相驚，曰「秦寇至」[216]，民恐惑，秦竟滅之。

27 十三年，晉惠公病，內有數子。太子圉曰：「吾母家在梁，梁今秦滅之，我外輕於秦而內無援於國。君即不起[217]，病大夫輕更立他公子[218]。」乃謀與其妻[219]俱亡歸。秦女曰：「子一國太子，辱在此。秦使婢子[220]侍，以固子之心。子亡矣，我不從子，亦不敢言。」子圉遂亡歸晉。十四年，九月，惠公卒，太子圉立，是為懷公[221]。

28 子圉之亡，秦怨之，乃求公子重耳，欲內之。子圉之立，畏秦之伐也。乃令國中諸從重耳亡者與期[222]，期盡不到者盡滅其家。狐突之子毛及偃[223]從重耳在秦，弗肯召。懷公怒，囚狐突。突曰：「臣子事重耳有年數矣，今召之，是教之反君也。何以教之？」懷公卒殺狐突。秦繆公乃發兵送內重耳，使人告欒、郤之黨[224]為內應，殺懷公於高梁，入重耳。重耳立，是為文公[225]。

29 晉文公重耳，晉獻公之子也。自少好士，年十七，有賢士五人，曰趙衰[226]；狐偃咎犯，文公舅也[227]；賈佗[228]；先軫[229]；魏武子[230]。自獻公為太子時，重耳固已成人矣。獻公即位，重耳年二十一[231]。獻公十三年[232]，以驪姬故，重耳備蒲城守秦[233]。獻公二十一年，獻公殺太子申生，驪姬譖之，恐，不辭獻公而守蒲城。獻公二十二年，獻公使宦者履鞮趣殺重耳[234]。重耳遂奔狄。狄，其母國也。是時重耳年四十三。從此五士[235]，其餘不名者數十人，至狄。

30 狄伐咎如[236]，得二女。以長女妻重耳[237]，生伯鯈、叔劉；以少女妻趙衰，生盾[238]。居狄五歲而晉獻公卒，里克已殺奚齊、悼子，乃使人迎，欲立重耳。重耳畏殺，因固謝，不敢入[239]。已而，晉更迎其弟夷吾立之，是為惠公。惠公七年，畏重耳，乃使宦者履鞮與壯士欲殺重耳。重耳聞之，乃謀趙衰等曰：「始吾奔狄，非以為可用與[240]，以近易通[241]，故且休足[242]。休足久矣，固願徙之大國。夫齊桓公好善，志在霸王[243]，收恤諸侯。今聞管仲、隰朋[244]死，此亦欲得賢佐，盍[245]往乎？」於是遂行。重耳謂其妻曰：「待我二十五年，不來乃嫁。」其妻笑曰：「犂[246]二十五年，吾冢上柏大矣[247]。雖然，妾待子。」重耳居狄凡十二年而去。

31 過衛[248]，衛文公不禮[249]，去。過五鹿[250]，飢而從野人[251]乞食，野人盛土器中進之。重耳怒。趙衰[252]曰：「土者，有土也。君其拜受之。」

32 至齊，齊桓公厚禮，而以宗女妻之[253]，有馬二十乘，重耳安之。重耳至齊二歲而桓公卒，會豎刀[254]等為內亂，齊孝公[255]之立，諸侯兵數至。留齊凡五歲[256]。重耳愛齊女，毋去心。趙衰、咎犯乃於桑下謀行。齊女侍者[257]在桑上聞之，以告其主[258]。其主乃殺侍者[259]，勸重耳趣行。重耳曰：「人生安樂，孰知其他！必死於此[260]，不能去。」齊女曰：「子一國公子，窮而來此，數士者以子為命。子不疾反國，報勞臣，而懷女德[261]，竊為子羞之。且不求，何時得功？」乃與趙衰等謀，醉重耳，載以行。行遠而覺，重耳大怒，引戈欲殺咎犯。咎犯曰：「殺臣成子，偃之願也。」重耳曰：「事不成，我食舅氏之肉。」咎犯曰：「事不成，犯肉腥臊，何足食！」乃止，遂行。

33 過曹[262]，曹共公[263]不禮，欲觀重耳駢脅[264]。曹大夫釐負羈曰：「晉公子賢，又同姓，窮來過我，柰何不禮！」共公不從其謀。負羈乃私遺重耳食，置璧其下。重耳受其食，還其璧，去。

34 過宋。宋襄公[265]新困兵於楚，傷於泓[266]，聞重耳賢，乃以國禮[267]禮於重耳。宋司馬公孫固[268]善於咎犯，曰：「宋小國新困，不足以求入，更之大國[269]。」乃去。

35 過鄭，鄭文公[270]弗禮。鄭叔瞻[271]諫其君曰：「晉公子賢，而其從者皆國相[272]，且又同姓。鄭之出自厲王[273]，而晉之出自武王[274]。」鄭君曰：「諸侯亡公子過此者眾，安可盡禮[275]！」叔瞻曰：「君不禮，不如殺之，且後為國患。」鄭君不聽。

36 重耳去之楚，楚成王以適諸侯[276]禮待之，重耳謝不敢當。趙衰曰：「子亡在外十餘年，小國輕子，況大國乎？今楚大國而固遇子[277]，子其毋讓，此天開[278]子也。」遂以客禮見之。成王厚遇重耳，重耳甚卑[279]。成王曰：「子即[280]反國，何以報寡人？」重耳曰：「羽毛齒角玉帛，君王所餘，未知所以報。」王曰：「雖然，何以報不穀[281]？」重耳曰：「即不得已，與君王以兵車會平原廣澤，請辟王三舍[282]。」楚將子玉怒[283]曰：「王遇晉公子至厚，今重耳言不孫[284]，請殺之。」成王曰：「晉公子賢而困於外久，從者皆國器[285]，此天所置，庸可殺乎？且言何以易之[286]！」居楚數月，而晉太子圉亡秦，秦怨之；聞重耳在楚，乃召之。成王曰：「楚遠，更數國乃至晉。秦、晉接境，秦君賢，子其勉行[287]！」厚送重耳。

37 重耳至秦，繆公以宗女五人妻重耳[288]，故子圉妻與往。重耳不欲受，司空季子[289]曰：「其國且伐[290]，況其故妻乎！且受以結秦親而求入，子乃拘小禮，忘大醜[291]乎！」遂受[292]。繆公大歡，與重耳飲。趙衰歌黍苗詩[293]。繆公曰：「知子欲急反國矣[294]。」趙衰與重耳下，再拜，曰：「孤臣之仰君，如百穀之望時雨[295]。」是時晉惠公十四年秋。惠公以九月卒，子圉立。十一月，葬惠公[296]。十二月，晉國大夫欒、郤等聞重耳在秦，皆陰來勸重耳、趙衰等反國，為內應甚眾。於是秦繆公乃發兵與重耳歸晉。晉聞秦兵來，亦發兵拒之。然皆陰知公子重耳入也[297]。唯惠公之故貴臣呂、郤之屬[298]不欲立重耳。重耳出亡凡十九歲而得入，時年六十二矣。晉人多附焉[299]。

38 文公元年，春，秦送重耳至河。咎犯曰：「臣從君周旋天下[300]，過亦多矣。臣猶知之，況於君乎？請從此去矣。」重耳曰：「若反國，所不與子犯共者，河伯視之[301]！」乃投璧河中，以與子犯盟[302]。是時介子推[303]從，在船中，乃笑曰：「天實開公子，而子犯以為己功而要市[304]於君，固足羞也。吾不忍與同位[305]。」乃自隱渡河。秦兵圍令狐[306]，晉軍於廬柳[307]。二月辛丑，咎犯與秦、晉大夫盟於郇[308]。壬寅，重耳入於晉師。丙午，入於曲沃。丁未，朝於武宮[309]，即位為晉君，是為文公。羣臣皆往。懷公圉奔高梁。戊申，使人殺懷公。

39 懷公故大臣呂省、郤芮本不附文公，文公立，恐誅，乃欲與其徒謀燒公宮，殺文公。文公不知。始嘗欲殺文公宦者履鞮知其謀，欲以告文公，解前罪。求見文公，文公不見，使人讓[310]曰：「蒲城之事，女斬予祛。其後我從狄君獵，女為惠公來求殺我。惠公與女期[311]三日至，而女一日至，何速也？女其念之。」宦者曰：「臣刀鋸之餘[312]，不敢以二心事君倍主，故得罪於君。君已反國，其毋蒲、翟乎[313]？且管仲射鉤，桓公以霸[314]。今刑餘之人以事告而君不見，禍又且及[315]矣。」於是見之，遂以呂、郤等告文公[316]。文公欲召呂、郤，呂、郤等黨多，文公恐初入國，國人賣[317]己，乃為微行[318]，會秦繆公於王城，國人莫知。三月己丑，呂、郤等果反，焚公宮，不得文公。文公之衛徒與戰[319]，呂、郤等引兵欲奔，秦繆公誘呂、郤等，殺之河上，晉國復而文公得歸。夏，迎夫人於秦[320]，秦所與文公妻者卒為夫人。秦送三千人為衛，以備晉亂。

40

文公修政，施惠百姓。賞從亡者及功臣，大者封邑，小者尊爵。未盡行賞，周襄王以弟帶難出居鄭地[321]，來告急晉。晉初定，欲發兵，恐他亂起，是以賞從亡未至隱者介子推。推亦不言祿，祿亦不及。推曰：「獻公子九人，唯君在矣。惠、懷無親，外內棄之；天未絕晉，必將有主，主晉祀者[322]，非君而誰？天實開之，二三子[323]以為己力，不亦誣[324]乎？竊人之財，猶曰是盜，況貪天之功以為己力乎？下冒其罪，上賞其姦[325]，上下相蒙[326]，難與處矣！」其母曰：「盍亦求之，以死誰懟[327]？」推曰：「尤而效之，罪有甚焉[328]。且出怨言，不食其祿。」母曰：「亦使知之，若何？」對曰：「言，身之文也[329]。身欲隱，安用文之？文之，是求顯[330]也。」其母曰：「能如此乎？與女偕隱。」至死不復見[331]。

41 介子推從者憐[332]之，乃懸書宮門曰：「龍欲上天，五蛇為輔[333]。龍已升雲，四蛇各入其宇，一蛇獨怨，終不見處所。」文公出，見其書，曰：「此介子推也。吾方憂王室[334]，未圖其功。」使人召之，則亡[335]。遂求所在，聞其入緜上[336]山中，於是文公環緜上山中而封之，以為介推田[337]，號曰介山，「以記吾過，且旌[338]善人」。

42 從亡賤臣壺叔[339]曰：「君三行賞，賞不及臣，敢請罪。」文公報曰：「夫導我以仁義，防我以德惠[340]，此受上賞；輔我以行，卒以成立[341]，此受次賞；矢石之難，汗馬之勞[342]，此復受次賞；若以力事我，而無補吾缺[343]者，此復受次賞[344]。三賞之後，故且及子。」晉人聞之，皆說[345]。

43 二年[346]，春，秦軍河上[347]，將入王[348]。趙衰[349]曰：「求霸莫如入王尊周。周、晉同姓，晉不先入王，後秦入之[350]，毋以令于天下。方今尊王，晉之資也[351]。」三月甲辰，晉乃發兵至陽樊[352]，圍溫[353]，入襄王于周。四月，殺王弟帶。周襄王賜晉河內陽樊之地[354]。

44 四年，楚成王及諸侯圍宋，宋公孫固如晉告急。先軫曰：「報施定霸[355]，於今在矣。」狐偃曰：「楚新得曹而初婚於衛，若伐曹、衛，楚必救之，則宋免矣。」於是晉作三軍[356]。趙衰舉郤縠[357]將中軍[358]，郤臻[359]佐之；使狐偃將上軍，狐毛佐之，命趙衰為卿[360]；欒枝[361]將下軍，先軫佐之；荀林父[362]御戎，魏犨[363]為右，往伐。冬，十二月，晉兵先下山東[364]，而以原封趙衰[365]。

45 五年，春，晉文公欲伐曹，假道於衛，衛人弗許。還自河南度[366]，侵曹，伐衛。正月，取五鹿。二月，晉侯、齊侯[367]盟於斂盂[368]。衛侯[369]請盟晉，晉人不許。衛侯欲與楚，國人不欲，故出其君以說晉。衛侯居襄牛[370]，公子買守衛[371]。楚救衛，不卒[372]。晉侯圍曹。三月丙午，晉師入曹，數[373]之以其不用釐負羈言，而用美女乘軒者三百人也[374]。令軍毋入僖負羈宗家[375]以報德。楚圍宋，宋復告急晉。文公欲救則攻楚，為楚嘗有德，不欲伐也。欲釋宋[376]，宋又嘗有德於晉，患之[377]。先軫曰：「執曹伯，分曹、衛地以與宋。楚急曹、衛，其勢宜釋宋[378]。」於是文公從之，而楚成王乃引兵歸。

46 楚將子玉曰：「王遇晉至厚，今知楚急曹、衛而故伐之，是輕王。」王曰：「晉侯亡在外十九年，困日久矣。果得反國，險阨盡知之，能用其民，天之所開，不可當。」子玉請曰：「非敢必有功，願以間執讒慝之口[379]也。」楚王怒，少與之兵。於是子玉使宛春[380]告晉：「請復衛侯而封曹，臣亦釋宋。」咎犯曰：「子玉無禮矣，君取一，臣取二[381]，勿許。」先軫曰：「定人之謂禮[382]。楚一言定三國，子一言而亡之，我則毋禮。不許楚，是棄宋也。不如私許曹、衛以誘之，執宛春以怒楚[383]，既戰而後圖之。」晉侯乃囚宛春於衛，且私許復曹、衛。曹、衛告絕於楚。楚得臣怒，擊晉師，晉師退。軍吏曰：「為何退？」文公曰：「昔在楚，約退三舍，可倍乎[384]？」楚師欲去，得臣不肯。四月戊辰，宋公[385]、齊將[386]、秦將[387]與晉侯次城濮[388]。己巳，與楚兵合戰，楚兵敗，得臣收餘兵去。甲午，晉師還至衡雍[389]，作王宮于踐土[390]。

47 初，鄭助楚[391]，楚敗，懼，使人請盟晉侯。晉侯與鄭伯[392]盟。

48 五月丁未，獻楚俘於周，駟介[393]百乘，徒兵[394]千。天子使王子虎命晉侯為伯[395]，賜大輅，彤弓矢百，玈弓矢千[396]，秬鬯[397]一卣[398]，珪瓚[399]，虎賁[400]三百人。晉侯三辭，然后稽首[401]受之。周作晉文侯命[402]：「王若曰[403]：父義和[404]，丕顯文、武，能慎明德[405]，昭登於上，布聞在下[406]，維時上帝集厥命于文、武[407]。恤朕身[408]，繼予一人永其在位[409]。」於是晉文公稱伯。癸亥，王子虎盟諸侯於王庭[410]。

49 晉焚楚軍，火數日不息，文公歎。左右曰：「勝楚而君猶憂，何？」文公曰：「吾聞能戰勝安者唯聖人，是以懼[411]。且子玉猶在，庸可喜乎[412]！」子玉之敗而歸，楚成王怒其不用其言，貪與晉戰，讓責子玉，子玉自殺。晉文公曰：「我擊其外，楚誅其內，內外相應。」於是乃喜。

50 六月，晉人復入衞侯。壬午，晉侯度河北歸國。行賞，狐偃為首[413]。或曰：「城濮之事，先軫之謀。」文公曰：「城濮之事，偃說我毋失信。先軫曰『軍事勝為右[414]』，吾用之以勝。然此一時之說，偃言萬世之功，柰何以一時之利而加萬世功乎？是以先之。」

51 冬，晉侯會諸侯於溫，欲率之朝周。力未能，恐其有畔者，乃使人言周襄王狩于河陽[415]。壬申，遂率諸侯朝王於踐土[416]。孔子讀史記[417]至文公，曰「諸侯無召王」、「王狩河陽」者，春秋諱之也[418]。

52 丁丑，諸侯圍許[419]。曹伯臣[420]或說晉侯曰：「齊桓公合諸侯而國異姓[421]，今君為會而滅同姓。曹，叔振鐸[422]之後；晉，唐叔之後。合諸侯而滅兄弟，非禮。」晉侯說，復曹伯[423]。

53 於是晉始作三行[424]。荀林父將中行，先縠[425]將右行，先蔑[426]將左行。

54 七年，晉文公、秦繆公共圍鄭，以其無禮於文公亡過時，及城濮時鄭助楚也。圍鄭，欲得叔瞻。叔瞻聞之，自殺[427]。鄭持叔瞻告晉[428]。晉曰：「必得鄭君而甘心焉。」鄭恐，乃間令使[429]謂秦繆公曰：「亡鄭厚晉，於晉得矣，而秦未為利[430]。」

君何不解鄭[431]，得為東道交[432]？」秦伯說，罷兵。晉亦罷兵。

55 九年，冬，晉文公卒，子襄公歡[433]立。是歲，鄭伯[434]亦卒。

【章　旨】以上為第二段，寫自獻公始至文公終之間晉國的史事，著重記述了晉文公從一個流亡公子成為一代春秋霸主的歷程。

【注　釋】❶獻公元年　西元前六七六年。❷周惠王弟積攻惠王　梁玉繩曰：「事在二年，非元年也。」周惠王，名閬，釐王之子，西元前六七六—前六五二年在位。積，又稱「王子積」。❸櫟邑　鄭邑名，即今河南禹縣。❹驪戎　古戎族的一支，當時活動於今山西南部。❺驪姬弟　驪姬之妹。❻士蔿　晉國大夫，字子輿，又稱「士輿」。❼羣公子　指桓叔、莊伯支庶的後代，武公代晉後，他們成為顯族，形成一股威脅君權的勢力。❽而城聚都之三句　聚，晉邑名，在今山西襄汾城西南。梁玉繩曰：「莊二十五年《傳》，『士蔿使群公子盡殺游氏之族，乃城聚而處之。晉侯圍聚，盡殺群公子。』則聚以處公子，非晉都聚也。聚與絳是二地，非命『聚』為『絳』也。而都絳亦非始獻公。」❾晉羣公子既亡奔虢三句　按：《左傳》莊公二十六年未記群公子奔虢事，僅曰「冬，虢人又侵晉」。虢，指北虢，古國名，在今山西平陸及河南陝縣一帶。❿蒲邊秦　蒲，晉邑名，在今山西隰縣西北。邊秦，靠近秦國。⓫屈邊翟　屈，晉邑名，在今山西吉縣北。邊翟，靠近翟族。翟，通「狄」。⓬不使諸子居之二句　梁玉繩曰：「三公子居鄙在十一年，此誤書於十二年。」⓭公子重耳　即日後之晉文公。⓮公子夷吾　即日後之晉惠公。⓯其母齊桓公女　陳仁錫曰：「《左傳》，『獻公烝於齊姜，生秦穆夫人及太子申生』，則齊姜是武公之妾。武公末年，齊桓始立，不得為齊桓女也。」⓰秦穆公夫人　申生之姐。秦穆公，名任好，西元前六五九—前六二一年在位。⓱重耳母四句　仲達于僖十五年疏云：「虢射，惠公之舅；狐偃，文公之舅，二母不得為姊妹，馬遷之妄。」⓲獻公子八人　按：「八」當作「九」。⓳太子申生重耳夷吾皆有賢行　梁玉繩曰：「惠公之失德，內外棄之；乃以為『有賢行』，與申生、重耳並稱，毋乃非乎？」⓴晉獻公作二軍　二軍，指上軍、下軍。㉑趙夙　時為晉國大夫。㉒御戎　指為晉獻公駕馭戰車。㉓畢萬　晉國大夫。㉔右　即車右，又稱驂乘，掌護衛。古制，君王或主帥的車乘，御者在左，君王或主帥在中，驂乘在右。㉕霍　古國名，國都在今山西霍縣西南。㉖魏　古國名，國都在今山西芮城北。㉗耿　古國名，國都在今山西河津南之下汾水南岸。㉘都城　指曲沃，為晉國公室之宗廟所在。㉙位以卿　賈逵曰：「謂將下軍也。」卿，官名，西周、春秋時期諸侯國的執政官。㉚先為之極二句　意謂身為儲君而今位極人臣，則難以嗣君位矣。㉛為吳太伯　仿效吳太伯讓位之事。吳太伯，周太王之長子，詳見〈吳太伯世家〉。㉜令名　美名。㉝卜偃　晉國掌管占卜的大夫，姓郭，名偃，為輔助晉文公成就霸業的功臣。㉞大　光大；昌盛。㉟萬四句　盈數，滿數。魏，通「巍」。高大的意思。㊱以是始賞二句　服虔曰：「以魏賞畢萬，是為天開其福。」㊲今命之大三句　你把一個至大無比的名義賞給他，那他就將得到眾多百姓的擁護。㊳遇屯之比　遇到由〈屯〉卦變為〈比〉卦。㊴辛廖　周國大夫。㊵屯固比入　〈屯〉卦象徵堅固，〈比〉卦象徵進入。㊶蕃　茂盛；繁盛。㊷東山　即東山皐落氏，為赤狄之一支，約在今山西垣曲東南之皐落鎮。㊸里克　晉國大夫。㊹冢祀　指宗廟之祭祀。冢，大。㊺社稷　古代天子、諸侯所祭祀的土神和穀神。㊻粢盛　祭祀用的供物。㊼有守則從　有代太子守國者，則太子從君出征。㊽從曰撫軍　《集解》引服虔曰：「助君撫循軍士。」㊾專行謀　主管謀略決斷。㊿誓軍旅　號令軍隊。(51)國政　國之正卿，首輔大臣。(52)制命　掌管發號施令。(53)稟命　指遇事向國君請示。(54)專命　擅自發令，專制命之權。(55)嗣適　嫡長子，即太子。適，通「嫡」。(56)君失其官　國君違背了任命授官的原則。(57)率師不威　杜預曰：「專命則不孝，是為師必不威也。」(58)寡人　寡德之人，國君的自我謙稱。(59)未知其太子誰立　是時申生已為太子，而獻公乃曰「未知誰立」，其欲廢申生之意可知。(60)教以軍旅　命令你統帥軍隊。(61)不共是懼　害怕的是不能完成任務。共，通「供」。供職；盡職。一說通「恭」。(62)不得立　不得嗣立為君。(63)修己而不責人二句　竹添光鴻曰：「修己，言使身無釁以遠讒謗也，人暗指驪姬、奚齊也。本是安慰之言，而『免難』二字，不覺脫之於口。」(64)偏衣　杜預曰：「左右異色，其半似公服。」(65)金玦　以青銅為材料的玦。玦，古代佩身之物，環形，有缺口。(66)謝病　推說有病。(67)虢常助晉伐我　常助晉伐曲沃。(68)荀息　晉國執政大臣。(69)屈產之乘　屈地所產的良馬。屈，晉邑名，在今山西吉縣北。乘，古稱一車四馬曰乘，這裡即指馬。(70)假道　借路。(71)虞　古國名，姓姬，在今山西平陸東北。(72)下陽　也作「夏陽」，虢邑名，在大陽東北三十里，為虞、虢間之塞邑。(73)詳譽　假裝讚美。詳，通「佯」。(74)譖惡　說人壞話。(75)太子速祭曲沃　服虔曰：「齊姜廟所在。」(76)釐　胙肉，祭鬼神後的福食。(77)薦胙　祭祀用過的肉。薦，進獻；進獻鬼神。(78)居二日　過了兩天。(79)宰人　廚夫。(80)饗　通「享」。享用；食用。(81)地墳　地面隆起。(82)小臣　宮中侍御之閹人。(83)忍　殘忍。(84)他人　謂己及奚齊。(85)且君老矣三句　旦暮，從早晨到傍晚，形容時間短促。曾，竟；居然。(86)辟之　躲避到。(87)若　或者。(88)毋徒　不要白白地。(89)恨　遺憾，以那樣作為不好。(90)妾殊自失於此　後悔當時有那樣的想法。自失，後悔。(91)新城　即「曲沃」，晉獻公於西元前六一六年建曲沃城池，故名「新城」。(92)傅　官名，君主或太子的輔導官。93即辭之　如果我去辨明情況。即，若。94君且怒之　國君就會生她的氣。95被　蒙受；接受。96內　通「納」。接納。97申生自殺於新城　《索隱》曰：「申生乃雉經于新城廟。」98弗就　沒有修完。99狐裘蒙茸三句　狐裘，狐皮袍，大夫的冬裝。蒙茸，蓬亂貌。一國三公，猶言「政出多門」。三，泛指多。吾誰適從，意謂我該聽從哪一個呢？100勃鞮　晉獻公的宦官，即《左傳》之所謂「寺人披」。101促　趕快。102衣袪　袖口。103晉我同姓　晉與虞都是姬姓國。104虞仲　即仲雍，周太王次子，虞國遠祖。105太伯亡去二句　意謂吳太伯逃亡荊蠻，所以沒能在周國繼承王位。106虢仲虢叔　分別為周季歷的次子、三子，周文王之弟，西虢、東虢的始封君。107王季　指季歷，周文王之父。108卿士　周國的執政大臣。109盟府　保存盟書的府庫。110桓莊之族　指曲沃桓叔與曲沃莊伯的支庶子孫，即晉獻公的從祖兄弟。111盡滅之　指晉獻公八年盡殺諸公子事。112虢公醜奔周　虢國的君主名醜，逃到周都洛陽。113井伯百里奚　或稱「井伯」與「百里奚」為兩人，或說井伯、百里奚為一人。114以媵秦穆姬　為秦穆姬作陪嫁的奴隸。媵，陪嫁。秦穆姬，晉獻公女，出嫁為秦穆公夫人。115修虞祀　接替虞君對虞國境內的山川之神進行祭祀。116曩　以往；從前。117馬則吾馬二句　馬還是我的馬，就是牙口老了點。這是晉獻公在嘲弄虞君的貪婪愚蠢。118賈華　晉國大夫。119潰　民逃其上曰潰。120冀芮　即郤芮，字子公，後為晉惠公夷吾的重臣。121梁　古國名，嬴姓，在今陝西韓城南。122百歲後　人死的委婉說法。123齧桑　在今山西鄉寧西。124河西　指今山西、陝西兩省間黃河南段以西地區。125東至河內　河內，指今河南境內的古黃河以北地區。126悼子　《左傳》作「卓子」。《志疑》：「〈秦紀〉、年表、〈齊世家〉皆作『卓』。徐廣於〈秦紀〉云一作『倬』，古通。」127葵丘　宋邑名，在今河南蘭考東。128宰孔　即「太宰孔」，周國太宰，因食邑於「周」，故又稱「周公」。129務遠略　只想向遠處擴展。略，攻取；攻占。130君弟毋會　你儘管不必前去與他會盟。弟，通「第」。但；儘管。131何以為驗　以什麼作憑據？驗，憑證。132使死者復生二句　意指晉獻公過世後即使死而復活，也不會為託付荀息以大任而感到後悔；而活著的荀息也決不會為自己的實際作為感到慚愧。133屬　通「囑」。囑託；託付。134相　即日後的所謂宰相，朝廷的首輔大臣。135邳鄭　晉國大夫，重耳一黨。136三公子　指申生、重耳、夷吾。137三怨　指三公子的黨羽，三股勢力都怨恨驪姬、荀息等人。138喪次　守喪之處。次，處所。139里克弒悼子於朝　《集解》引《列女傳》曰：「鞭殺驪姬于市。」140白珪之玷四句　見《詩經．大雅．抑》，意謂白玉上面的汙點，還可以把它磨去；話要一旦說出，可就不好更改了。141齒牙為禍　意即禍害源自小人的讒言。142使人迎公子重耳於翟　《正義》引《國語》曰：「里克及邳鄭使屠岸夷告公子重耳於翟曰：『國亂民擾，得國在亂，治民在擾，子盍入乎？』」143呂省　晉國大夫，為晉惠公及晉懷公的重臣，蓋為晉侯之外甥，故又稱呂甥。食采邑於瑕、陰二地，故又稱「瑕甥」、「陰飴甥」。144郤芮　即冀芮。145即

得入二句　《左傳》僖十五年作：「賂秦伯以河外列城五，東盡虢略，南及華山，內及解梁城。」(146)汾陽　晉邑名，在今山西靜樂西。(147)隰朋　齊國大夫，為輔佐齊桓公稱霸的重臣。(148)高梁　晉邑名，在今山西臨汾東北。(149)惠公夷吾元年　西元前六五○年。(150)周襄王　名鄭，惠王之子，西元前六五二—前六一九年在位。(151)周公忌父　周國卿士，疑即宰孔。(152)共禮晉惠公　共同為晉惠公即位舉行正式的典禮。(153)賜里克死　茅坤曰：「夷吾背義，內失功臣，外倍與國，能無亡乎？」(154)微　無；沒有。(155)二君一大夫　指奚齊、悼子、荀息。(156)伏劍而死　瀧川曰：「惠公之入，呂甥召之，郤芮勸之；而里克之意，實在文公，是所以有汾陽之賂。惠公既君，里克仍執政，呂、郤不得逞意，伏劍之事不得已也。」(157)晉君改葬恭太子申生　韋昭曰：「獻公時申生葬不如禮，故改葬之。」「恭」同「共」，為申生的謚號。(158)狐突　晉文公的外祖父，氏狐，姬姓，名突，字伯行。(159)下國　即曲沃。曲沃為晉國舊都，先君宗廟所在，故稱「下國」，猶言「下都」、「陪都」。(160)申生與載而告之曰　杜預曰：「忽如夢而相見。狐突本為申生御，故復使登車。」(161)夷吾無禮　指晉惠公與賈君通姦事。賈君為申生之妃，一說為晉獻公之次妃。(162)余得請於帝　帝，天帝。請罰有罪。(163)後十日二句　意謂新城西側將有一個巫師會顯現我的靈魂。見，顯現。(164)許之二句　狐突許其言，申生之象亦沒。(165)弊於韓　指晉惠公會在韓原戰敗。弊，敗。韓，晉地名，即韓原，在今山西河津、萬泉兩縣之間。(166)更葬　改葬。(167)後十四年二句　指晉惠公死，懷公被殺。(168)昌乃在兄　指重耳入為晉君，使晉稱霸。(169)郤稱　晉國大夫，擁立晉惠公的重臣。(170)不從　不順從秦國，背棄與秦國的盟約。(171)報晉　回訪晉國。(172)厚賂三子　厚賂呂省、郤稱、冀芮三人。(173)七輿大夫　申生下軍之眾大夫，共華、賈華、叔堅、騅歂、纍虎、特宮、山祁。(174)倍秦地　背約不與秦地。倍，通「背」。(175)二年　西元前六四九年。(176)召公過　周王室卿士，召公奭之後，名過。(177)禮晉惠公　指周襄王依照禮制賜命晉惠公以示榮寵。(178)倨　倨傲；傲慢。(179)召公譏之　僖十一年《左傳》：「天王使召武公、內史過賜晉侯命，受玉惰。過歸，告王曰：『晉侯無後。』」(180)糴　買糧食。(181)百里奚　原虞國之臣，此時已為秦大夫。(182)自雍屬絳　運送粟米的船隊從秦國都城雍到晉國都城絳連接不斷。雍，此時的秦國都城，在今陝西鳳翔南。屬，連接。(183)慶鄭　晉大夫。(184)虢射　晉大夫。(185)秦大怒二句　瀧川曰：「僖十四年《左傳》、《國語・晉語》亦載虢射之語，與此異。且二書止言晉不與秦粟，而不言晉、秦相伐，此疑誤。」(186)六年春三句　梁玉繩曰：「秦伐晉，《左傳》在九月，此言春誤。」(187)深　指秦軍入境。(188)卜御右　占卜使誰為晉侯御戎車，使誰為右。(189)不孫　無禮。孫，通「遜」。恭順。(190)步陽　晉大夫，郤氏之後，食邑於步，因以為氏。(191)家僕徒　晉大夫。(192)九月壬戌　九月十三。(193)馬騺不行　謂馬車陷之於泥。騺，原指馬腿被絆，此處指陷入泥塘。(194)梁繇靡　晉大夫。(195)輅秦繆公　驅車向秦繆公衝了過去。輅，車，這裡用如動詞，驅車衝向。(196)繆公壯士指當初偷吃了秦繆公好馬的三百名岐下野人。參見〈秦本紀〉。197冒敗　迎頭衝擊，使敵潰敗。198衰絰涕泣　身穿喪服哭泣哀求。衰，守喪者所穿之衣，有齊衰、斬衰之別。絰，孝帶，有繫於腰與繫於頭者之別。199得晉侯將以為樂　瀧川曰：「《左傳》云：『獲晉侯，以厚歸也。』史公易以『將以為樂』四字，未切。」200箕子　名胥餘，紂王諸父（一說紂王庶兄），任太師，封國於箕（在今山西太谷東北）。201庸可滅　怎麼能將其滅掉呢？202王城　秦邑名，在今陝西大荔東。203懼　「懼」字當作「悼」。204不憚　不惜；不顧。205必報讎二句　寧可向戎狄投降也要借兵向秦國報仇。206其君子則愛君而知罪二句　君子之人愛惠公，知是惠公過去對不起秦國，於是願意聽憑秦國的吩咐。207更舍　更換館舍。據《左傳》，晉惠公原被拘留於秦都郊外的靈臺。208餽之七牢　以待諸侯之禮對待晉侯。牛羊豕各一頭曰一牢。古禮，天子九牢，諸侯七牢。209諸侯多利內之　很多國家都認為讓重耳回國為君對大家有利。210重耳聞之二句　梁玉繩曰：「如齊求入，非為惠公欲殺之故也。又事在惠公七年，此書於六年，亦非。」211質秦　到秦國做人質。質，人質。212故名男為圉二句　圉，養馬者。妾，婢女。213好土功　喜好土木建築。214治城溝　修築城牆與挖掘護城河。215罷　通「疲」。疲憊；困乏。216曰秦寇至　中井積德曰：「據《左傳》，『秦寇至』者，梁伯脅民之言，此謬用也。」217君即不起　國君如果病情好不了。即，如果。218病大夫輕更立他公子　擔心國內的大夫們會很容易地改立其他公子為君。病，擔心；憂慮。輕更立，很容易地廢棄我而改立他人。219其妻　即懷嬴，秦穆公之女。220婢子　懷嬴謙稱自己。221懷公　西元前六三七年即位，西元前六三六年被重耳所殺。222與期　與之定下期限，令其按規定時間返回晉國。223毛及偃　狐毛、狐偃，皆重耳之舅。狐偃字子犯，又稱「舅犯」，或作「臼犯」、「咎犯」，是狐毛之弟。224欒郤之黨　指欒枝、郤縠等晉國國內親重耳的一派勢力。225文公　西元前六三六—前六二八年在位。226趙衰　字子餘，諡成，排行季，故稱「趙成季」。227狐偃咎犯二句　梁玉繩曰：「『咎犯文公舅也』六字，是後人之注，錯入本文。」228賈佗　晉國公族。229先軫　晉國大夫，食邑於原，故又稱「原軫」。230魏武子　晉國大夫，名犨，氏魏，諡武。231重耳年二十一　應作「年二十二」。232獻公十三年　應作「獻公十一年」。233重耳備蒲城守秦　張文虎曰：「『備』、『守』疑當互易。」言守蒲城以備秦。234趣殺重耳　前文作「命重耳促自殺」。趣，通「促」。235從此五士　《左傳》所載之「五士」為狐偃、趙衰、顛頡、魏武子、司空季子；《索隱》謂狐偃、趙衰、魏武子、司空季子、介之推，均與本篇有異。236咎如　赤狄別種，又作「廧咎如」，隗姓，活動在今河南安陽西，或說在今山西太原東北。237以長女妻重耳　《左傳》與〈趙世家〉皆云以少女妻重耳，以長女妻趙衰。238盾　即趙盾，日後為晉襄公、晉靈公、晉成公三朝重臣，諡宣，行孟，故又稱「宣子」、「宣孟」、「趙孟」。239重耳畏殺三句　固謝，堅決謝絕。史珥曰：「重耳非不貪得國者，亦非深自引咎者，內猶有諸公子可立，外求難信，呂、郤猶慮之，則重耳之不就召，意概可知。二語提掇分明。」(240)非以為可用與　《索隱》曰：「『與』諸本或為『興』。興，起也。非翟可用興起，故奔之也。」(241)通　達；至。(242)休足　停下休息。(243)志在霸王　意即想當霸主。瀧川曰：「『霸王』非當時語。」(244)管仲隰朋　皆齊桓公的佐命大臣。(245)盍　何不。(246)犁　比及。(247)吾冢上柏大矣　意即久死多時。(248)過衛　重耳過衛的時間，各篇說法不一。據本篇及〈衛康叔世家〉，在衛文公十六年，西元前六四四年，〈十二諸侯年表〉在衛文公二十三年，西元前六三七年。(249)衛文公不禮　衛文公，名燬，戴公之弟，西元前六五九—前六三五年在位。(250)五鹿　衛邑名，在今河南濮陽東。(251)野人　與「國人」相對，此處即指農夫。(252)趙衰　《左傳》、《國語》作「子犯」。(253)以宗女妻之　梁玉繩曰：「《傳》言『桓公妻之』，是桓公之女，非宗女也。」(254)豎刀　也作「豎刁」、「豎貂」，齊桓公的寵臣。(255)齊孝公　名昭，桓公之子，西元前六四二—前六三三年在位。(256)凡五歲　《志疑》云「五」乃「三」之誤。(257)齊女侍者　《左傳》、〈晉語〉作「蠶妾」。(258)主　主人，指齊女。(259)其主乃殺侍者　中井曰：「恐未去而事泄，故殺之。」(260)必死於此　徐廣曰：「一云『一生一世，必死於此』。」(261)懷女德　留戀女色。(262)過曹　〈十二諸侯年表〉將重耳過曹繫於曹共公十六年，西元前六三七年。曹，周初封國，始封君為武王之弟叔振鐸，都陶丘（今山東定陶西北）。(263)曹共公　名襄，西元前六五二—前六一八年在位。(264)駢脅　腋下肋骨相連如一骨。(265)宋襄公　名茲甫，西元前六五〇—前六三七年在位。(266)泓　古水名，為古渙水支流，故道約在今河南柘城西北。(267)國禮　招待諸侯國君之禮。(268)公孫固　宋國大夫，宋莊公之孫。(269)更之大國　梁玉繩曰：「〈晉語〉公子與固善，固言於襄公而禮之，非固善於犯使更之大國也。」(270)鄭文公　名捷，西元前六七二—前六二八年在位。(271)叔瞻　鄭國大夫，有賢名。(272)國相　猶言「國佐」，國君的輔佐。(273)鄭之出自厲王　鄭國的始封君鄭桓公是周厲王的小兒子。厲王，名胡，西元前八七七—八四一年在位。(274)晉之出自武王　晉國始封君唐叔虞是周武王的小兒子。(275)諸侯亡公子過此者眾二句　梁玉繩曰：「此史公約《國語》文，而以曹共公之言為鄭君，舛矣。」(276)適諸侯　相對等的諸侯。適，通「敵」。相當；對等。(277)固遇子　一定要用諸侯之禮接待你。固，堅決；一定。遇，接待；款待。(278)開　誘導；幫助。(279)卑　謙恭。(280)即如果；倘若。(281)不穀　不善，猶如「寡人」之為「寡德之人」，古代諸侯的自我謙稱。(282)辟王三舍　退避大王三舍之地。辟，同「避」。舍，古時行軍三十里為一舍。(283)楚將子玉怒　瀧川曰：「是畏之，非怒之也。」子玉，名得臣，字子玉，氏成，楚國的執政。(284)孫　同「遜」。(285)國器　猶言國家的棟梁之材。(286)且言何以易之　崔適曰：「易，乃變易之易，謂晉公子不為此言，更當作何言也?」(287)子其勉行　瀧川曰：「內外傳皆不載此語，蓋史公以意補。」(288)以宗女五人妻重耳　瀧川曰：「內外傳無『宗』字。」(289)司空季子　晉國大夫，即「臼季」，名胥臣，重耳即位後，曾任司空。(290)其國且伐　瀧川曰：「楓山、三條本，「伐」作「代」，義長。」(291)忘大醜　忘記大的恥辱。醜，恥辱。(292)遂受　柳宗元曰：「重耳之受懷嬴，不得已也。秦伯以大國行仁義而交諸侯，而乃行非禮以強乎人，豈習西戎之遺風歟？」(293)趙衰歌黍苗詩　〈晉語〉曰：「子余使公子賦〈黍苗〉。」黍苗，《詩經．小雅》篇名，其詩中有所謂「芃芃黍苗，陰雨膏之」。(294)知子欲急反國矣　瀧川曰：「《左》、《國》無此語。」(295)孤臣之仰君二句　皆用〈黍苗〉詩意。(296)十一月二句　梁玉繩曰：「此語不知何據，《春秋》三傳無之。」(297)然皆陰知公子重耳入也　中井曰：「謂知其謀也。」(298)呂郤之屬　指擁立晉惠公的呂省、郤芮等一派勢力。(299)晉人多附焉　方苞曰：「文公少而得士紀年，其出也紀年，入而得位紀年，因以為章法。『晉人多附』與惠公之立『國人不附』相應。」(300)周旋天下　指輾轉流亡於諸侯各國。(301)所不與子犯共者二句　我如果不與你榮辱與共，河神可以作證。河伯，黃河水神。(302)投璧河中二句　古人宣誓、結盟，常有類似的語言及行動。(303)介子推　重耳的微臣，姓介，名推，又作「介之推」。(304)要市　要脅；做交易。市，交易。(305)吾不忍與同位　同位，同列共事。(306)令狐　晉邑名，在今山西臨猗西。(307)廬柳　晉邑名，在今山西臨猗西北。(308)郇　晉邑名，在今山西臨猗西南。(309)武宮　曲沃之武公廟。(310)讓　責備。(311)與女期　給你的限期。女，通「汝」。你。(312)臣刀鋸之餘　意謂我是刑餘之人。履鞮是宦官，故如此云。(313)其毋蒲翟乎　難道你就沒有蒲、翟一類的敵人了嗎？(314)管仲射鉤二句　齊桓公不計較管仲曾射中自己的帶鉤，任其為相，故得以稱霸天下。(315)且及　且，將。及，降臨。(316)遂以呂郤等告文公　「等」下應有「謀」字。(317)賣　哄騙。這裡指加害。(318)微行　祕密出行。(319)文公之衛徒與戰　瀧川曰：「《左》、《國》皆不言，亦史公以意補。」(320)夏二句　梁玉繩曰：「《內》、《外傳》文公迎夫人即在元年春三月，非夏也。」夫人，即懷嬴。(321)周襄王以弟帶難出居鄭地　指西元前六三六年太叔帶勾結狄人攻周，周襄王出奔鄭國，求救於諸侯事。帶，又稱「太叔」、「叔帶」、「王子帶」、「甘昭公」，惠王之子，襄王之弟。(322)主晉祀者　主持晉國祭祀的人，即晉國國君。(323)二三子　指從亡者。(324)誣　欺騙。(325)下冒其罪二句　在下的從亡者掩飾他們的罪過，在上的君主獎賞他們的奸邪。冒，遮蓋；掩飾。(326)上下相蒙　上下互相蒙蔽欺騙。(327)盍亦求之二句　你何不也去向晉侯請求封賞呢？如果你就這樣死去，又能埋怨誰呢？懟，怨恨。(328)尤而效之二句　明明知道那些人的罪惡，還要去效法他們，那我的罪過就更大了。尤，罪。效，仿效。有，通「又」。(329)言二句　言辭是人的一種文飾。(330)求顯　追求顯達，追求為人所知。(331)至死不復見　按：前文已經讓介子推說了一段，而且已經說他「乃自隱渡河」，前後重複，應歸併為一。(332)憐　同情。(333)龍欲上天二句　龍喻重耳，五蛇即狐偃、趙衰、魏武子、司空季子及介子推。(334)方憂王室　正忙於解決周天子的事情。(335)使人召之二句　瀧川曰：「介子推一節，史公概采諸《左氏》；龍欲上天歌詞，以他書補之。」(336)緜上　晉地名，在今山西介休南、沁源西北的介山之下。(337)以為介推田　梁玉繩曰：「《左傳》言推與母偕隱而死，晉侯求之不獲，以緜上為之田，非入『緜上山中』。若隱在『緜上山中』，則求之即得，何不獲之有？」[338]旌　表揚。[339]壺叔　梁玉繩曰：「《呂子・當賞篇》作『陶狐』，《韓詩外傳》三及《說苑・復恩》作『陶叔狐』，古字通借也。」[340]夫導我以仁義二句　意謂用仁義來引導我，用德惠來防範我的過失。防，防範。[341]輔我以行二句　用善行輔佐我，終於使我成就功業。[342]矢石之難二句　喻指在戰場上不畏艱險、英勇拼殺，立下戰功。矢石，指箭和礧石，皆為作戰所用。汗馬，指馬在作戰時累得出汗。[343]無補吾缺　對補救我的缺失沒有作用。[344]此復受次賞　原作「此受次賞」。王念孫《雜志》：「無『復』字則文義不明，《御覽・治道部》引此作『復受次賞』。」今據補。[345]晉人聞之二句　瀧川曰：「『從亡賤臣』以下，據《呂氏春秋・當賞篇》。」[346]二年　西元前六三五年。[347]河上　此指今山西、陝西交界的黃河邊上。[348]將入王　準備送被逐出的周天子回周都。[349]趙衰　〈十二諸侯年表〉作「咎犯」，與《左傳》、《國語》同。[350]後秦入之　晉國在送周天子回國的行動上落在秦國後面。[351]晉之資也　這是晉國應該取的政治資本。[352]陽樊　周邑名，即今河南濟源。[353]溫　周邑名，在今河南溫縣西，時太叔帶占領此地。[354]周襄王賜晉河內陽樊之地　陽樊諸邑在今河南濟源、獲嘉一帶，因其地在黃河以北，故稱「河內」，又因其地在太行山以南，故又稱「南陽」。[355]報施定霸　報答宋襄公贈馬之恩，並使晉國的霸業確立起來。[356]於是晉作三軍　晉國擴大軍隊，將原來的上、下二軍擴展為上、中、下三軍。[357]郤穀　晉國大夫。[358]將中軍　統領中軍，中軍的主將為最高統帥。[359]郤臻　晉國大夫，或作「郤溱」。[360]趙衰為卿　瀧川曰：「《左傳》云：『命趙衰為卿，讓于欒枝、先軫。使欒枝將下軍，先軫佐之。』愚按：左氏所謂為卿，將使將下軍也。趙衰不受，以讓于欒枝、先軫。衰是時未為卿也。」[361]欒枝　晉國大夫，又稱「欒貞子」，為晉公族欒賓之孫，欒成之子。[362]荀林父　晉國大夫，名林父，氏荀，諡桓。[363]魏犨　晉國大夫，名犨，諡武。[364]山東　此指太行山之東。[365]而以原封趙衰　本篇繫於晉文公四年，誤。當依《左傳》、《國語》，繫於晉文公二年，西元前六三五年。原，西周初所封諸侯國名，姬姓，初在今山西沁水，後遷於今河南濟源西北。[366]還自河南度河南，〈衛康叔世家〉及《左傳》作「南河」，津名，又稱「棘津」、「濟津」、「石濟津」，在今河南淇南之黃河故道上。[367]齊侯指齊昭公，西元前六三二—前六一三年在位。[368]斂盂　衛邑名，在今河南濮陽東南。[369]衛侯　指衛成公，西元前六三四—前六〇〇年在位。[370]襄牛　衛國東部邊邑名，其地說法不一。臧勵龢《中國古今地名大辭典》以為即《水經・濟水注》之襄丘，在今河南濮陽東。[371]公子買守衛　「公子」上當補「魯使」二字。公子買，魯國大夫，字子叢，因當時魯國追隨楚國，而楚、衛關係親睦，所以魯國派公子買戍守衛地。[372]不卒　沒有成功。「卒」字《左傳》作「克」。[373]數　責；列舉罪過以譴責之。[374]而用美女乘軒者三百人也　「用美女」三字衍文。郝敬曰：「曹茸爾國，舉群臣不能三百人，而況大夫乎？言『三百』者，極道其濫耳。」375令軍毋入僖負羈宗家　《左傳》記有魏武子犯令燒僖負羈家幾被重耳所殺事。376釋宋　放棄宋國的危急不管。377宋又嘗有德於晉二句　《索隱》曰：「晉若攻楚，則傷楚子送其入秦之德；若釋宋不救，乃虧宋公贈馬之惠。進退有難，是以患之。」378其勢宜釋宋　《索隱》曰：「楚初得曹，又新婚於衛，今晉執曹伯而分曹、衛之地與宋，則楚急曹、衛，其勢宜釋宋。」379願以間執讒慝之口　我想以此堵住那個進讒者的嘴。按：進讒者指楚大夫蔿賈。間，借機。執，塞。讒慝，說人壞話。380宛春　楚國大夫。381君取一二句　指子玉要求晉文公答應「復衛侯」、「封曹」兩事，而他自己僅許諾「釋宋」一事。382定人之謂禮　安定別的國家叫做有禮。383執宛春以怒楚　激之使戰。384可倍乎　難道可以說話不算嗎？倍，通「背」。385宋公　宋成公，西元前六三六－前六二〇年在位。386齊將　齊軍將領國歸父和崔夭。387秦將　秦軍將領小子慭。388城濮　衛邑名，在今山東鄄城西南。一說在今河南開封東南之陳留。389衡雍　鄭邑名，在今河南原陽西南。390作王宮于踐土　王宮，此指天子出巡在外接見諸侯朝拜的行宮。踐土，鄭邑名，在今河南原陽西南。391鄭助楚　《左傳》僖公二十八年云：「公役之三月，鄭伯如楚致其師。」392鄭伯　此指鄭文公。393駟介　由四匹披甲的馬所拉的戰車。394徒兵　步兵。395天子使王子虎命晉侯為伯　王子虎，周王卿士。命，策命；書面任命。伯，方伯，諸侯之長。396賜大輅三句　《集解》引賈逵曰：「大輅，金輅。彤弓，赤；玈弓，黑也。諸侯賜弓矢，然後征伐。」大輅，又作「大路」，天子的車乘。397秬鬯　黑黍和鬱金香草釀成的香酒，用以降神。398卣　酒器名，罈罐之屬。399珪瓚　玉製印信。400虎賁　勇士，指天子的侍衛。401稽首　叩頭。402晉文侯命　《尚書》文章篇名。本篇及〈周本紀〉都認為作於周襄王時，文侯即晉文公，實乃大誤。《索隱》曰：「《尚書．文侯之命》是平王命晉文侯仇之語，今此文乃襄王命文公重耳之事，代數懸隔，勛策全乖。」403王若曰　《尚書》用語多如此。王，指周平王。若，如此；這般。404父義和　你老人家能以仁義團聚諸侯。父，周天子對同姓諸侯中長者的稱呼。義和，馬融曰：「以義和我諸侯。」或謂「義和」是晉文侯之字。405丕顯文武二句　偉大光明的文王和武王，能夠謹慎地修養美德。丕，大。406昭登於上二句　明德升到上天，名聲傳播在下土。407維時上帝集厥命于文武　於是上帝降下福命給文王、武王。維時，為此。408恤朕身　關懷著我這個後代子孫。恤，憂慮；關懷。409繼予一人永其在位　使我繼承祖業永居王位。予一人，天子自稱。其，語助詞。410王庭　指踐土行宮。411能戰勝安者唯聖人二句　《說苑》曰：「文公退而有憂色。侍者曰：『君大勝楚，今有憂色，何也？』文公曰：『吾聞能以戰勝而安者，其唯聖人乎？若夫詐勝之徒，未嘗不危也，吾是以憂。』」412庸可喜乎　怎麼能高興得起來呢！413行賞二句　瀧川曰：「《韓非子．難一》、《呂氏春秋．當賞篇》、《淮南子．人間訓》及《說苑．權謀篇》亦載文公行賞事。而『狐偃』作『雍季』，『先軫』作『舅犯』，與此異。」414軍事勝為右　戰爭以打勝為目的。

(415)乃使人言周襄王狩于河陽　中井曰：「文公口中元無『狩』字，只是召王至河陽也已，『狩』是《春秋》書法之權衡矣，《史記》失點檢。」狩，冬季打獵。河陽，晉邑名，在今河南孟縣西。(416)遂率諸侯朝王於踐土　瀧川曰：「僖二十八年《春秋》，『踐土』作『王所』，即晉之溫，非鄭之踐土也。」(417)史記　指當時各諸侯國官修的史書，如魯《春秋》、晉《乘》之類。(418)曰諸侯無召王王狩河陽者二句　《左傳》僖公二十八年載孔子言曰：「以臣召君，不可以訓，故書曰『天王狩于河陽』。」(419)諸侯圍許　許，姜姓小國，在今河南許昌東，春秋後屢次遷居。(420)曹伯臣　曹伯的小臣侯獳。(421)國異姓　救助異姓之國，使之存活。指西元前六五九年齊桓公率諸侯助刑遷於夷儀（今山東聊城西南），次年又率諸侯助衛遷於楚丘（今河南滑縣東）事。刑、衛均姬姓國，與齊異姓。(422)叔振鐸　曹國的始封之君，為周武王之弟。(423)復曹伯　按：《左傳》僖公二十八年云：「晉侯有疾，曹伯之豎侯獳貨筮史，使曰以曹為解。」結果筮史一番話說得晉侯高興，遂恢復了曹國。(424)三行　指中行、右行、左行三支步兵軍隊。晉原已置上、中、下三軍，又置三行，以避天子用六軍之意。(425)先縠　晉國大夫，先軫之子，又稱「彘子」。(426)先蔑　晉國大夫，又稱「士伯」。(427)叔瞻聞之二句　〈晉語〉曰：「文公圍鄭，曰：『予我詹而師還。』鄭以詹與晉。詹有辭，乃弗殺，禮而歸之，鄭以詹為將軍。」與此處所云大異。(428)鄭持叔瞻告晉　「叔瞻」下應依〈鄭世家〉增「尸」字，其文乃順。(429)乃間令使　間，暗中。使，據《左傳》，鄭國使者為燭之武。(430)亡鄭厚晉三句　《左傳》僖公三十年作「焉用亡鄭以陪鄰，鄰之厚，君之薄也」。(431)解鄭　解除對鄭國的圍困。(432)東道交　東方道路上的朋友。《左傳》作「東道主」。(433)襄公歡　名歡，西元前六二七—前六二一年在位。(434)鄭伯　鄭文公，西元前六七二—前六二八年在位。

【語　譯】獻公元年，周惠王弟穨攻打惠王，惠王出奔，居住在鄭國的櫟邑。

2　五年，攻打驪戎，得到驪姬與驪姬的妹妹，她們都受到獻公的寵幸。

3　八年，士蔿勸說獻公道：「原先晉國的群公子人數很多，不殺他們，將會發生禍亂。」就派人將諸位公子全部殺死，在聚地建都，起名叫絳，開始建都在絳。九年，晉國群公子已經逃亡到虢國，虢因此再次討伐晉國，沒有取勝。十年，晉國想討伐虢國，士蔿說：「暫且等待它發生禍亂。」

4　十二年，驪姬生了奚齊。獻公有廢太子的想法，就說：「曲沃是我先祖宗廟所在之地，蒲邑鄰近秦國，屈邑鄰近翟地，不派諸位兒子鎮守這些地方，我很懼怕。」於是派太子申生住在曲沃，公子重耳住在蒲邑，公子夷吾居在屈邑。獻公與驪姬的兒子奚齊住在絳。晉國人因此知道太子將被廢掉。太子申生，他的母親是齊桓公的女兒，叫齊姜，很早就死了。申生同母妹妹是秦穆公的夫人。重耳的母親是翟族狐氏的女兒。夷吾的母親是重耳母親的妹妹。獻公有八個兒子，太子申生、重耳、夷吾都有賢能德行。等他得到驪姬，就疏遠了這三個兒子。

5 十六年，晉獻公建立二軍。獻公率領上軍，太子申生率領下軍，趙夙為獻公駕車，畢萬擔任車右，討伐滅亡了霍國，還滅了魏國與耿國。班師會朝，為太子在曲沃築城，把耿地賜給趙夙，把魏地賜給畢萬，封他們為大夫。士蔿分析說：「太子不會被立為國君了。分給他公室宗廟所在的都城，處於卿的地位，先讓他接受人臣最高的祿位，又怎能被立為國君！不如逃走，不要讓罪禍降臨。當吳太伯那樣的人，不也是很好嗎？況且還能有美名。」太子沒有那麼做。卜偃說：「畢萬的後代一定會昌盛。萬，是滿數；魏，是大的意思。獻公把魏地賞給他，是上天賜給他的福祉。天子號稱擁有兆民，諸侯號稱擁有萬民，如今把一個至大無比的名義賞賜給他，他就將得到眾多百姓的擁護。」起初，畢萬在晉國占卜仕途的吉凶，遇到由〈屯〉卦變為〈比〉卦。辛廖解釋卦兆，說：「吉利。〈屯〉卦象徵堅固，〈比〉卦象徵進入，還有比這更吉利的嗎？他的後代一定會繁盛。」

6 十七年，晉侯派太子申生討伐東山。里克勸諫獻公說：「太子是供奉宗廟祭祀、社稷祭品和早晚照看國君飲食的人，所以叫冢子。君外出就守護國家，如果有人代太子守國的話，他就跟隨國君，跟隨在外叫做撫軍，守護在內叫監國，這是古代的制度。率領軍隊要對各種策略作出決斷；對軍隊發號施令，是國君與正卿應該策劃的，不是太子的事情。率領軍隊在於控制命令，如果遇見事情都要向國君請示就會失去威嚴，擅自下令就是不孝，所以國君的嫡子不能率領軍隊。國君違背了任命職務的準則，太子率領軍隊沒有威嚴，將來他怎麼能指揮好軍隊呢？」獻公說：「我有幾個兒子，還不知道立誰為太子。」里克不回答，退了下去，進見太子。太子說：「我恐怕要被廢了吧？」里克說：「太子好好地自我勉勵吧！命令你統帥軍隊，害怕的應是沒完成任務。為什麼會被廢呢？而且做兒子的應該害怕不孝，不應該害怕不能立為嗣君。修養自己而不責備別人，就可以免於禍難。」太子率領軍隊，獻公讓他穿左右異色的衣服，配帶金玦。里克告病，沒有跟隨太子出征。太子於是就去討伐東山。

7 十九年，獻公說：「從前我的先君莊伯、武公平定晉亂的時候，虢國常常幫助晉國攻打我們，還藏匿晉國流亡的公子，後來果真作亂。不去討伐，以後會給子孫留下憂患。」於是派荀息用屈邑產的名馬去向虞國借路。虞國借給晉國道路，晉國就攻打虢國，奪取下陽後才回國。

8 獻公私下對驪姬說：「我想廢掉太子，讓奚齊代替他。」驪姬哭泣著說：「申生被立為太子，諸侯都已經知道，他數次領兵，百姓歸附他，為什麼因為賤妾的緣故廢嫡子立庶子？國君如果一定這麼做，那我寧可自殺。」驪姬表面上假裝誇獎太子，暗地裡則指使人說太子的壞話。恨不得早點改立她所生的兒子奚齊。

9 二十一年，驪姬對太子說：「國君昨晚夢到了你的母親齊姜，你趕快到曲沃去祭奠她，回來將祭肉獻給國君。」太子於是到曲沃祭祀他的母親齊姜，回來後將祭肉送給獻公。當時獻公正出外打獵未回，申生遂把祭肉留在宮中。驪姬就派人在祭肉裡下了毒藥。兩天後，獻公打獵回來，廚師獻上祭肉，獻公剛要吃，驪姬在一旁阻攔說：「祭肉是遠方送來的，應該進行檢測。」於是先把肉湯潑在地上祭地，地面立刻鼓了起來；再拿肉給狗吃，狗死；又拿肉給太監吃，太監死。於是驪姬哭著說：「太子怎麼忍心這樣做！對於生身父親都想謀殺而取代，更何況他人？再說國君已經老了，已經是有早晨沒晚上的人，居然就不能等一等，而非要殺掉他！」接著對獻公說：「太子所以這樣，就是因為我和奚齊的緣故。我們母子願意逃避到別的國家去，或及早自殺，不要讓我們母子日後被太子作魚肉宰割。當初您說要廢掉他，我還覺得遺憾；事到如今，我才知道我錯了。」太子聽說此事，隻身逃往新城。獻公大怒，立刻殺了太子的師傅杜原款。有人對太子說：「這分明是驪姬下的藥，太子為什麼不到國君面前去說清呢？」太子說：「我們的國君老了，沒有驪姬，他就睡不好覺，吃不下飯。如果我說出其中的真相，君父就會因此生驪姬的氣，不能說。」有人對太子說：「那就逃到別國。」太子說：「背著這樣的惡名逃亡，哪個國家會收留我呢？我只有自殺了。」十二月戊申，申生自殺於新城。

10 這時重耳、夷吾來朝見獻公。有人告訴驪姬說：「二位公子怨恨你進讒言害死太子。」驪姬害怕，就讒毀二位公子說：「太子申生往祭肉裡放毒藥，二位公子都知道這件事。」二位公子聽到讒言，很害怕，重耳逃往蒲邑，夷吾逃往屈邑，各據城池，親自防衛。起初，獻公派士蒍替二位公子建築蒲城與屈城，沒有修完。夷吾把情況告訴獻公，獻公怒責士蒍。士蒍謝罪說：「邊地城邑少有寇盜，何必修得如此堅固？」退朝以後作歌道：「狐皮衣服的毛蓬蓬鬆鬆，一個國家三個首領，我究竟該聽哪一個呀？」最後還是將城牆修好。等申生死後，二位公子就各自退歸，保衛他們的城池。

11 二十二年，獻公對兩個兒子不辭而別很惱怒，認為他們果真有陰謀，就派兵攻打蒲邑。蒲邑人宦官勃鞮命令重耳趕快自殺。重耳翻牆逃走，宦官追趕砍斷了重耳的袖子，重耳就逃奔翟國。獻公還派人攻打屈邑，屈邑堅守，攻不下來。

12 這一年，晉國再次向虞國借路去攻打虢國。虞國的大夫宮之奇勸諫虞君說：「不能把路借給晉國人，借給晉國，它將會滅了虞國。」虞君說：「晉國與我是同姓，不應該攻打我。」宮之奇說：「太伯、虞仲，是太王的兒子，太伯逃走，所以沒有嗣位。虢仲、虢叔，是王季的兒子，做過文王的卿士，功勳記載於王室，紀錄藏在盟府。晉國準備滅掉虢國，對虞國又有什麼愛惜的？而且虞國能比桓叔、莊伯的親族更加親近嗎？桓叔、莊伯的親族有什麼罪過，但是卻全部被殺戮。虞國與虢國的關係，就像脣與齒的關係一樣，脣亡就會齒寒。」虞公不採信，於是答應了晉國。宮之奇率領他的族人離開虞國。冬天，晉國滅亡虢國，虢公醜出奔京城。晉國軍隊回國，趁機襲擊虞國，滅亡了它，抓住了虞公及其大夫井伯與百里奚，把他們作為獻公女兒嫁給秦穆公的陪嫁奴隸，並重修虞國的祭祀。荀息牽回以前送給虞國的屈邑出產的名馬，將牠們奉還獻公，獻公笑著說：「馬還是我的馬，只是牙口也老了啦！」

13 二十三年，獻公就派賈華等人攻打屈邑，屈邑潰敗。夷吾將出奔翟國。冀芮說：「不可以。重耳已經在那裡了，現在去，晉國必定移兵攻打翟國，翟國害怕晉國，大禍將會降臨。不如逃到梁國，梁國靠近秦國，秦國強大，等我國國君去世後，可以請求秦國幫助你回國。」於是逃奔梁國。二十五年，晉國討伐翟國，翟國因為重耳的緣故，就在齧桑反擊晉國，晉兵停止進攻而離去。

14 就在這個時候，晉國強大，西邊擁有河西之地，與秦國接壤，北邊與翟國為鄰，東邊到達河內地區。

15 驪姬的妹妹生下悼子。

16 二十六年，夏天，齊桓公在葵丘大會諸侯。晉獻公病重，動身晚了，還沒有到達盟會的地點時，遇見周王室的宰孔。宰孔說：「齊桓公更加驕橫，不致力於德行而忙於遠征，諸侯們心中不平。君王還是不要去會盟吧，齊桓公不會把晉國怎麼樣。」獻公也因病重，返回晉國。他病得很厲害，就對荀息說：「我想立奚齊為繼承人，他年紀小，諸位大臣都不服，恐怕會有禍亂發生，你能擁立他嗎？」荀息說：「能。」獻公問：「用什麼來證明呢？」回答說：「您即使死而復活，也不會為託付荀息以大任而感到後悔；活著的荀息也不會為自己的行為感到慚愧。用這個可以作為證明。」獻公於是把奚齊託付給荀息。荀息當上輔佐大臣，主持國政。秋天，九月，獻公去世。里克、邳鄭想接重耳回國，利用三公子的黨徒作亂，並對荀息說：「三方的怨恨將要發作了，秦國和晉國都贊助他們，你打算怎麼辦？」荀息說：「我不能背棄先君的遺言。」十月，里克在守喪之處殺死奚齊，當時獻公還未下葬。荀息準備自殺，有人說：「不如立奚齊的弟弟悼子而輔佐他。」荀息立悼子為君，安葬了獻公。十一月，里克又在朝廷上殺了悼子，荀息就自殺了。君子說：「《詩》所說的『白玉上面的汙點，還可以把它磨去，言論若有了錯誤，可就不好辦了』，說的就是荀息吧！不違背自己的諾言。」起初，獻公即將攻打驪戎，卜卦說「禍害源自小人的讒言」。等到攻破驪戎，得到驪姬，獻公寵愛她，竟然因此擾亂了晉國。

17 里克等人已經殺了奚齊、悼子，派人到翟國迎接公子重耳，想立他為君。重耳推辭說：「違背父親的命令出奔在外，父親死了不能盡兒子之禮守喪，重耳怎麼敢回國！大夫們還是改立其他的公子吧。」使者回報里克，里克派人到梁國迎接夷吾。夷吾想回國，呂省、郤芮說：「國內還有公子可立為君，他們卻在國外找人，讓人難以信任。如果不到秦國尋求幫助，借助強國的威力回國，恐怕會有危險。」就派郤芮以厚禮賄賂秦國，並約定：「如果能回國即位，願意把晉國河西的土地割給秦國。」又致書里克說：「如果能立為君，就願意把汾陽的城邑封給你。」秦繆公就發兵護送夷吾回晉國。齊桓公聽說晉國發生內亂，就率領諸侯到晉國。秦兵與夷吾也到了晉國，齊國就派隰朋和秦國一起把夷吾送回國，立他為晉君，這就是惠公。齊桓公到達晉國的高梁就撤兵回國了。

18 惠公夷吾元年，派邳鄭向秦國道歉說：「夷吾開始答應把河西的土地送給秦君，現在僥倖得以回國即位。大臣們說：『土地是先君的土地。君王逃亡在外，怎能擅自答應送給秦國呢？』我極力爭取，卻不能得到大臣們的支持，所以來向秦國道歉。」也不給里克汾陽城邑，並奪了他的權。四月，周襄王派周公忌父和齊國、秦國的大夫，共同為晉惠公即位舉行正式的典禮。惠公因為重耳在國外，害怕里克叛變，所以賜里克死。對他說：「如果沒有先生，我就不可能被立為國君。儘管如此，先生畢竟也殺了兩位國君一位大夫，當先生的國君不是太難了嗎？」里克回答說：「沒有奚齊、悼子的被廢，君王怎麼能興起？想殺掉一個人，怕沒有話說嗎？居然說出這種話出來！下臣聽到命令了。」就用劍自殺。這時邳鄭出使秦國向秦君致歉還沒有返回，所以沒有碰上這場禍難。

19 晉君改葬恭太子申生。秋天，狐突到陪都曲沃，遇見申生的魂靈，申生讓狐突上車並告訴他說：「夷吾無禮，我已經請求天帝，準備把晉國給予秦國，秦國將會祭祀我。」狐突回答說：「我聽說神靈不享受別族的祭品，您的祭祀恐怕會斷絕吧？您好好考慮一下。」申生說：「好，我打算重新請求。十天後，新城的西邊將要有一位巫人表達我的意思。」狐突答應了，申生就不見了。狐突按時前往，申生重新現身，告訴他說：「天帝允許我懲罰有罪的人了，他將在韓大敗。」兒童於是傳唱歌謠說：「恭太子改葬了，過十四年，晉君也不會昌盛，昌盛是在他的哥哥身上。」

20 邳鄭出使秦國，聽說里克被殺，就遊說秦繆公說：「呂省、郤稱、冀芮是不同意給秦國土地的。如果用重禮賄賂他們，與他們商量，趕走晉國國君，讓重耳回國即位，事情必然成功。」秦繆公答應了他。派人與他到晉國回聘，用厚禮賄賂這三個人。三個人說：「財物重而說話甜，這一定是邳鄭在秦國出賣我們了。」於是就殺了邳鄭以及里克、邳鄭的黨羽七輿大夫等人。邳鄭的兒子邳豹投奔秦國，請求秦國討伐晉國，秦繆公不採納。

21 惠公即位後，背棄了先前跟秦國及里克許下的諾言，誅殺七輿大夫，國人不歸附他。二年，周室派召公過依照禮制賜命晉惠公，惠公倨傲無禮，召公譏笑他。

22 四年，晉國發生饑荒，向秦國購買糧食。繆公就此事諮詢百里奚，百里奚說：「天災流行，總會在各國交替發生的，支援災荒，周濟鄰國，這是國家的正道。給他們。」邳鄭的兒子邳豹說：「攻打他們。」繆公說：「雖然厭惡他們的國君，但是他們的老百姓有什麼罪！」最終將糧食賣給晉國，運送粟米的船隊從秦國都城雍到晉國都城絳連接不斷。

23 五年，秦發生饑荒，到晉國請求購買糧食。晉君和大臣們討論這件事，慶鄭說：「國君借助秦國的力量得以即位，不久卻背叛了送給他們土地的約定。晉國有饑荒，秦國賣給我們糧食，現在秦國發生饑荒請求買糧食，賣給他們還有什麼疑問嗎？討論什麼呀！」虢射說：「往年上天把晉國賜給秦國，秦國不知道奪取，反而賣給我們糧食。如今上天把秦國賜給晉國，晉國難道可以違背上天的意圖嗎？不如趁機攻打他們。」惠公採用了虢射的計策，不但不給秦國糧食，還發兵攻打秦國。秦國大怒，也發兵攻打晉國。

24 六年，春天，秦繆公率兵攻打晉國。晉惠公對慶鄭說：「秦軍深入了，怎麼辦？」慶鄭回答：「秦國幫助國君回國，國君卻背叛了割地的諾言；晉國發生饑荒，秦國給我們輸送糧食；到了秦國發生饑荒的時候，晉國卻背叛了它。既然想利用秦國的饑荒去攻打它，秦軍深入我國不也是應該的嗎！」晉侯占卜御者與車右的人選，慶鄭得的都是吉卦。惠公說：「慶鄭無禮。」就改令步陽駕馭戰車，家僕徒作為車右，軍隊前進。九月壬戌日，秦繆公、晉惠公在韓原交戰。惠公馬陷在泥裡出不來，秦兵追到，惠公困窘，召喚慶鄭為他駕車。慶鄭說：「不聽占卜，失敗不也是應該的嗎！」就離他而去。改令梁繇靡駕車，虢射為車右，迎上秦繆公的戰車。繆公的壯士迎頭衝擊晉軍，晉軍大敗，於是失去了俘獲秦繆公的良機，秦軍反而俘獲晉公歸國。秦國準備用晉惠公祭祀上帝。晉君的姐姐是繆公夫人，身穿喪服哭泣哀求。秦繆公說：「俘獲晉侯原本應該是一件樂事，現在卻出現這種局面。況且我聽說箕子在唐叔剛受封時，說『他的後代一定會昌盛』，晉國怎可能滅亡呢！」就與晉侯在王城結盟，答應讓他歸國。晉侯也派呂省等人向國人報告說：「我即使能回國，但卻沒有臉面重見社稷，占卜選了吉日立子圉為君。」晉人聽了這些話，都哭了。秦繆公問呂省：「晉國和睦嗎？」回答說：「不和睦。小人懼怕國君失去、雙親死亡，不惜一切立子圉為國君，說『寧可事奉戎、狄，也一定向秦國報仇』。君子愛護國君而知道他的罪過，等待著秦國的命令，說『一定要報答恩德』。有這兩種意見，所以說不和睦。」於是秦繆公為晉惠公更換館舍，並依諸侯之禮饋贈他七牢。十一月，讓晉侯歸國。晉侯回國後，誅殺慶鄭，重修政教。惠公和大臣們謀劃說：「重耳在國外，諸侯大多想送重耳回國，以為會對大家有利。」想派人到狄國殺死重耳。重耳聽說後，逃到齊國。

25 八年，派太子圉到秦國當人質。起初，惠公逃亡在梁國，梁伯把女兒嫁給他，生下一男一女。梁伯為他們占卜，結果是男孩將為臣僕，女孩將做人的妾，所以給男孩取名圉，給女孩取名妾。

26 十年，秦國滅亡梁國。梁伯喜好土木建築，修建城郭溝池，百姓疲憊，怨聲載道，他們的民眾時常互相驚嚇，說「秦國強盜來了」，百姓恐懼迷惑，秦國終於滅了它。

27 十三年，晉惠公病重，國內有幾個兒子。太子圉說：「我母親的娘家是梁國，梁國如今被秦國滅了，我在國外受秦國輕視，在國內也無人做內援。國君如果病重不起，擔心國內大夫們輕視我，改立其他的公子為君。」就謀劃與他的妻子一起逃走歸國。妻子秦女說：「你是一國的太子，受辱待在這裡。秦君派我這個婢女侍奉你，是要安固你的心。你逃走吧，我不跟隨你，但也不敢洩漏。」子圉於是逃走歸晉。十四年九月，惠公去世，太子圉繼位，這就是懷公。

28 子圉逃走後，秦國怨恨他，就尋找公子重耳，想送他回國即位為君。子圉即位後，懼怕秦國討伐。就與國內諸多跟隨重耳逃亡的人預先約定期限，命令他們歸國，期滿不到的將殺掉他全家人。狐突的兒子狐毛與狐偃追隨重耳在秦，狐突不肯召他們歸國。懷公惱怒，囚禁狐突。狐突說：「我的兒子事奉重耳有好多年了，現在召他們回國，這是教他們背叛主子。我用什麼道理來教導說服他們呢？」懷公最終殺了狐突。秦繆公就發兵護送重耳回國，派人告訴欒枝、郤穀的黨徒為內應，在高梁殺死懷公，使重耳歸國。重耳繼位，這就是文公。

29 晉文公重耳是晉獻公的兒子。年少時就喜好結交賢士，十七歲時，身邊就有五名賢士，他們是趙衰；狐偃咎犯，是文公的舅舅；賈佗；先軫；魏武子。當獻公還是太子時，重耳就已經是成人了。獻公即位時，重耳二十一歲。獻公十三年，因為驪姬的緣故，重耳守衛蒲城防備秦國。獻公二十一年，獻公殺太子申生，驪姬讒害重耳，他恐懼，未向獻公告辭就去駐守蒲城。獻公二十二年，獻公命宦官履鞮趕緊殺了重耳。重耳翻牆逃走，宦官追趕砍斷了他的衣袖。重耳於是出奔狄國。狄國是他母親的國家。這時重耳四十三歲。追隨他的有這五名士人，其餘不知名字的還有數十人，到達狄國。

30 狄國討伐咎如，俘獲兩位女子。把長女嫁給重耳，生下伯儵、叔劉；把少女嫁給趙衰，生下盾。重耳在狄國住了五年，晉獻公去世，里克殺死奚齊、悼子之後，就派人迎接他們，想立重耳為君。重耳害怕被殺，因此堅決辭謝，不敢回國。不久，晉國改迎他的弟弟夷吾，立他為君，這就是惠公。惠公七年，畏懼重耳，就派宦官履鞮與壯士準備殺了重耳。重耳聽說後，就和趙衰等人商量說：「開始我出奔狄國，並沒有認為此地可利用來成就事業，因為它距離晉國很近，容易往來，所以暫且在此休息。休息的時間已經很久了，本來就願意遷徙到大國。齊桓公喜歡做善事，志在稱霸，收留撫恤諸侯。如今聽說管仲、隰朋死了，齊桓公或許也想得到賢人輔佐，何不前往齊國？」於是就出發了。重耳對他的妻子說：「等我二十五年，我如果還不回來你就嫁人吧。」他的妻子笑著說：「等到二十五年，我墳墓上的柏樹已經長大了。雖然如此，我還是等著你。」重耳在狄國一共住了十二年才離去。

31 他們經過衛國時，衛文公不以禮相待，離開衛國。經過五鹿，他們飢餓難耐，向住在郊野的人要飯吃，住在郊野的人把土塊裝在器皿中送給他們。重耳發怒。趙衰說：「土塊意味著將來你將擁有土地。你應該拜謝接受它。」

32 到齊國，齊桓公以厚禮相待，並把宗室的女兒嫁給他，送給他八十匹馬，重耳安於現狀。重耳到齊國兩年後桓公去世，遇上豎刀等人發動內亂，齊孝公繼位之時，諸侯的軍隊多次侵犯齊國。重耳等人在齊國一共停留了五年。重耳喜愛他的夫人，沒有離開齊國的意思。趙衰、咎犯於是就在桑樹下商量行動計畫。齊國的女侍者在桑樹上聽見他們的談話，把內容告訴夫人。夫人就殺了侍者，勸重耳趕快離開齊國。重耳說：「人活在世上要安於享樂，誰知道其他的事情！我要老死在這裡，不願意離開。」夫人說：「你是一國的公子，因為窮困才來這裡，數位賢士聽命於你。你不是趕快返國，報答辛苦的臣下，而是留戀女色，我為你感到羞愧。如果不謀求回國，什麼時候才能成功？」就與趙衰等人謀劃，灌醉重耳，車子載著他離開齊國。走了很遠才醒來，重耳大怒，拿起戈想殺咎犯。咎犯說：「殺了臣下，能成就你的事業，這是狐偃的意願。」重耳說：「如果大事不成，我就吃舅舅的肉。」咎犯說：「如果大事不成，咎犯的肉腥臊，哪值得吃呢！」於是就不再追究，繼續趕路。

33 經過曹國，曹共公不以禮相待，想看重耳並生的肋骨。曹大夫釐負羈說：「晉公子有賢德，又與我國同姓，窮困前來拜訪我們，為什麼不能以禮相待呢！」共公不聽他的建議。負羈於是私下送給重耳食物，並將璧玉藏放在食物下面。重耳接受食物，送還璧玉，離開曹國。

34 經過宋國。宋襄公新近與楚國用兵失敗，在泓之戰中受傷，聽說重耳有賢德，就以對待諸侯的禮節招待重耳。宋國司馬公孫固與咎犯關係友善，他說：「宋是小國，最近出兵失敗，沒有能力幫助你們回國，應該改往大國。」於是他們離開宋國。

35 經過鄭國，鄭文公不以禮相待。鄭叔瞻勸諫他的國君說：「晉公子有賢能，那些跟從他的人都是國君的輔佐，況且他與我國同姓。鄭國的祖先是厲王，晉國的祖先是武王。」鄭君說：「諸侯國的流亡公子經過這裡的人有很多，怎能全都以禮相待呢！」叔瞻說：「國君如果不能以禮相待，就不如殺了他，以免日後成為我國的禍患。」鄭君不採納。

36 重耳離開鄭國到達楚國，楚成王以相當於諸侯的禮節招待他，重耳辭謝不敢承當。趙衰說：「你出亡在外十幾年，小國尚且輕視你，更何況大國呢？如今大國楚國堅決用諸侯之禮接待你，你不要辭讓，這是上天在保佑你。」於是以諸侯賓客的禮節相會。成王以厚禮招待重耳，重耳十分謙恭。成王說：「如果你能返國即位，要用什麼來報答我？」重耳說：「羽毛齒角玉帛等物品，都是君王多得過剩的東西，我不知道用什麼來報答你。」成王說：「雖然這樣，還是說說到底用什麼來報答我？」重耳說：「如果萬不得已，與君王在平原大澤以兵車交戰，請允許我退避君王三舍之地。」楚將子玉發怒說：「君王用最隆重的禮節接待晉公子，如今重耳出言不遜，請允許我殺了他。」成王說：「晉公子賢能，長久在國外過著困窘的生活，追隨他的人都是國家的棟梁之材，這是上天安排好的，哪能殺了他呢？況且他不這麼說，又能說什麼呢！」在楚住了幾個月，晉國太子圉逃離秦國，秦國怨恨他；聽說重耳在楚國，就邀請他到秦國。成王說：「楚國位置遙遠，經過幾個國家才能到達晉國。秦國與晉國接壤，秦君賢明，你還是盡力投奔秦國去吧！」用厚禮送走重耳。

37 重耳到秦國，繆公把五名宗室女子嫁給重耳，原先子圉的妻子也在其中。重耳不想接受，司空季子說：「將要攻打他的國家，更何況他原來的妻子呢！況且接受她而與秦國結親，就能請求秦國幫助你回國，你居然拘泥小禮，忘記大恥啊！」於是接受下來。繆公非常高興與重耳飲酒。趙衰歌頌〈黍苗〉一詩。繆公說：「我知道你們急著想回國。」趙衰與重耳離開座位，再拜，說：「孤臣仰望君主，就像百穀盼望及時雨一樣。」這時是晉惠公十四年秋天。惠公在九月去世，兒子圉繼位。十一月，安葬惠公。十二月，晉國大夫欒枝、郤縠等人聽說重耳在秦國，都暗中來勸重耳、趙衰等人返國，做內應的人有很多。於是秦繆公就發兵護送重耳回歸晉國。晉國聽說秦兵來了，也發兵抵禦秦軍。但是私下都知道公子重耳要回國了。只有惠公寵信的老臣呂甥、郤芮這些人不想立重耳為君。重耳流亡在外一共十九年才回國，這時的年齡已經有六十二歲了，晉國人大多歸附於他。

38 文公元年，春天，秦國護送重耳到黃河。咎犯說：「我跟隨君王輾轉流亡於諸侯各國，犯下的錯誤也有很多。我自己都知道，何況國君呢？請允許我從此離開你吧。」重耳說：「如果能返國，我保證與子犯同心共事，若您不相信，有河神為證！」就將玉璧投入河中，以此與子犯盟誓。這時介子推隨他們一起在船中，就笑著說：「上天的確在保佑公子，但子犯卻把這作為自己的功勞向君王邀功請賞，真可恥呀。我不願意與他共事。」於是將自己藏起來，渡過黃河。秦兵包圍令狐，晉國在廬柳駐軍。二月辛丑日，咎犯與秦、晉大夫郇城盟會。王寅日，重耳進入晉軍。丙午日，進入曲沃。丁未日，朝拜武公之廟，即位為晉君，這就是文公。群臣都前往曲沃。懷公圉逃奔高梁。戊申日，文公派人殺了懷公。

39 懷公原先的大臣呂省、郤芮本來不歸附文公，文公繼位後，害怕被殺，就想與他的黨徒密謀焚燒公室，殺死文公。文公不知道此事。以前曾想殺死文公的宦官履鞮知道他們的陰謀，想把此事告訴文公，以解脫以往的罪過。前去求見文公，文公不接見他，讓人責備他說：「當初我在蒲城的時候，你砍斷了我的袖口。之後我跟隨狄君打獵，你替惠公前來謀殺我。惠公與你約定三天趕到，但是你一天就趕到了，速度為什麼這麼快呢？你好好想想這些吧。」宦官說：「我是刑餘之人，不敢用二心事奉君主、背叛君主，所以得罪於您。您現在回國即位，將來難道就沒有像在蒲、翟一類的敵人了嗎？況且管仲射中桓公的帶鉤，桓公不加計較，因此成就了霸業。現在刑餘之人有事情向君王報告，君王卻不接見，禍患又將降臨呀。」桓公於是接見他，他就把呂、郤等人的陰謀告訴文公。文公想召見呂、郤，呂、郤等人黨羽很多，文公害怕剛剛回國，國人出賣自己，就換裝出行，在王城會見秦繆公，國人沒有人知道。三月己丑日，呂、郤等人果真謀反，焚燒公室，卻沒有抓住文公。文公的衛士與叛黨作戰，呂、郤等人領兵想逃，秦繆公誘騙呂、郤等人，把他們殺死在黃河邊上，晉國恢復平靜，文公才歸國。夏天，到秦國迎接夫人，秦國嫁給文公的妻子最終都被封為夫人。秦贈送三千人為衛士，以防備晉國再次出現動亂。

40 文公推行善政，施恩惠給百姓。犒賞跟隨自己流亡的人以及功臣，功大的封給城邑，功小的賜給爵位。還沒有全部犒賞完，周襄王因為弟弟帶的發難，出逃住在鄭地，來向晉國告急。晉國局勢剛剛穩定，準備發兵，懼怕出現其他的禍亂，所以犒賞追隨文公逃亡的人時因而遺忘了隱士介子推。介子推也不要求俸祿，因此俸祿也沒有給他。介子推說：「獻公有九位公子，只有國君還健在。惠公、懷公無人親附，國外國內都離棄他們；上天沒有絕滅晉國，必定將有領導者，主持晉國祭祀的人，不是國君又是誰？上天的確在保佑他，那些追隨國君逃亡的人卻認為是自己的力量所致，難道不是在騙人嗎？偷竊別人的財物，還被叫做是強盜，更何況貪圖上天之功，以此作為自己的功勞呢？在下的從亡者掩飾他們的罪過，在上的君主獎賞他們的奸邪，上下相互欺騙，我很難與這些人相處呀！」他的母親說：「你為什麼不也去向晉侯請求封賞呢？如果你就這樣死去，又能埋怨誰呢？」介子推回答說：「既已譴責那些人的行徑，卻反而去效法他們，罪過就更大了。況且我已口出怨言，不會去享受他的俸祿。」母親說：「也要讓他知道真相，怎麼樣？」回答說：「言辭是身體外表的花紋。身體準備隱藏起來，要花紋幹什麼？如果文飾自己，這就是想讓別人知道自己。」他的母親說：「真是這樣嗎？讓我與你一起歸隱吧。」一直到死都不再出現。

41 介子推的隨從憐憫他，就在宮門上懸掛了一幅字，上面寫道：「龍想登天，五條蛇輔佐他。龍已升上雲霄，四條蛇各入其屋室，一條蛇獨自哀怨，終究不見牠的處所。」文公出宮，見到這幅字，說：「這些話說的是介子推。我正為王室憂慮，還沒有來得及考慮他的功勞。」派人召請他，他已經逃走了。於是就尋找他的行蹤，聽說他躲進緜上山中，於是文公把緜上山圈起來，把裡面的土地封給他，作為介子推的封田，號稱介山，並說「以此記載我的過失，並且表揚善人」。

42 跟隨文公出亡的僕人壺叔說：「君王三次行賞，每次賞賜都沒有我，請問我有什麼罪過？」文公回答說：「用仁義來引導我，用德惠來防範我的過失，這種人接受上等賞賜；用善行輔佐我，終於使我得以成就功業，這種人接受次一等的賞賜；在戰場上不畏艱險、英勇拚殺，立下戰功，這種人再受次一等的賞賜；如果以力氣事奉我，不能彌補我的過失的，這種人受更次一等的賞賜。三次行賞之後才輪到你的原因就在這裡。」晉人聽說後，都心悅誠服。

43 二年，春天，秦國駐軍在黃河岸邊，準備送周襄王回京。趙衰說：「追求霸業成功，沒有比送周襄王回京、尊崇周室更重要的了。周室與晉國是同姓，晉不首先護送周襄王回京，而是落在秦國的後面，就無法號令天下。如今尊崇王室，是晉國稱霸的資本。」三月甲辰日，晉國就發兵到陽樊，包圍溫邑，送周襄王回周。四月，殺襄王的弟弟帶。周襄王將河內陽樊的土地賜給晉國。

44 四年，楚成王及諸侯包圍宋國，宋國的公孫固到晉國告急。先軫說：「報答宋襄公贈馬之恩，並使晉國的霸業穩固下來，就在現在這場戰役了。」狐偃說：「楚國新近與曹國結盟，剛與衛國通婚，如果我們討伐曹國、衛國，楚國必定援救他們，那麼宋國就能因此免於禍難。」於是晉國建立三軍。趙衰推舉郤縠率領中軍，郤臻輔佐他；派狐偃率領上軍，狐毛輔佐他，任命趙衰為卿；欒枝率領下軍，先軫輔佐他；荀林父駕馭戰車，魏犨為車右，前往討伐。冬天，十二月，晉兵先攻下太行山以東地區，並把原邑封給趙衰。

45 五年，春天，晉文公準備討伐曹國，向衛國借路，衛國人不答應。只好迂迴從河南渡河，入侵曹國，攻打衛國。正月，奪取五鹿。二月，晉侯、齊侯在斂盂會盟。衛侯請求與晉國結盟，晉國人沒有答應。衛侯想與楚國結盟，國人不願意，所以驅逐國君以討好晉國。衛侯住在襄牛，公子買戍守衛國。楚國援救衛國，沒有成功。晉侯包圍曹國。三月丙午日，晉國軍隊攻入曹國，列舉曹君的罪過，指責他不聽釐負羈的話，重用大量無能的小人，讓他們乘坐豪華的車子。下令軍隊不許進入僖負羈宗族的住地，以報答他的恩德。楚國包圍宋國，宋國再次向晉國告急。文公如果準備援救宋國就必須攻打楚國，但因為楚國曾有恩於他，文公不想攻打它。如果打算放棄宋國不管，但又考慮到宋國也曾有恩於晉。文公進退兩難，所以為此事而發愁。先軫說：「抓住曹伯，把曹、衛的土地分給宋國。楚國急於援助曹國、衛國，這種情勢之下楚國應當會解除對宋國的包圍。」文公於是接受了這一建議，楚成王果然領兵回國。

46 楚國將領子玉說：「君王當年用最隆重的禮節招待晉君，現在他知道楚國急於援救曹國、衛國但卻故意攻打他們，這是輕視君王。」楚王說：「晉侯在外流亡十九年，困苦的日子已經過得很久了。果真得以返國，他對世間的困難險阻完全了解，能運用他的民眾，這是上天對他的保佑，勢力不可阻擋。」子玉請求說：「不敢說一定能取得成功，願意藉發兵的機會堵住進讒之人的嘴。」楚王發怒，只給他少量兵力。於是子玉派宛春通告晉國：「請求恢復衛侯的君位，同時把土地退還曹國，我也解除對宋國的包圍。」咎犯說：「子玉真無禮。給君王的只是解除對宋國的包圍一項，而要求君王的卻是兩項。不能答應。」先軫說：「安定別人的國家叫做有禮。楚國一句話而安定三國，你一句話卻使它們喪失安定，這是我們無禮。不答應楚國的要求，這是拋棄宋國。不如私下答應恢復曹國和衛國來引誘它們，抓捕宛春來激怒楚國，戰爭開始以後再圖謀良策。」晉侯於是在衛國囚禁宛春，並且在私下裡答應恢復曹國與衛國。曹、衛兩國宣布與楚國絕交。楚將得臣惱怒，攻擊晉軍，晉軍撤退。晉國軍吏問：「為什麼撤退？」文公說：「以前我流亡在楚國，約定兩軍交戰我軍退兵三舍，怎能背叛諾言呢？」楚軍想撤退，得臣不肯。四月戊辰日，宋公、齊將、秦將與晉侯駐紮城濮。己巳日，與楚兵交戰，楚兵失敗，得臣收拾殘兵離去。甲午日，晉師回師到達衡雍，在踐土修建天子的行宮。

47 起初，鄭國援助楚國，楚國戰敗後，鄭國懼怕，派人請求與晉侯結盟。晉侯與鄭伯訂立盟約。

48 五月丁未日，把楚國的俘虜獻給周天子，駟馬披甲的戰車一百輛，步兵一千人。天子派王子虎任命晉侯為諸侯之長，賜給他大輅車、紅色的弓一把、箭一百枝、黑色的弓和箭一千枝、用黑黍和鬱金香草釀成的香酒一罈、玉製的印信，以及三百名勇士。晉侯辭謝三次，然後叩頭接受。周天子作了〈晉文侯命〉：「王這樣說：您老人能以仁義團聚諸侯，偉大光明的文王和武王，能夠謹慎地修養美德。明德升到上天，名聲傳播在下土。於是上帝降下那福命給文王、武王。你要關懷我，使我繼承祖業，永安王位。」於是晉文公稱霸。癸亥日，王子虎在踐土行宮與諸侯結盟。

49 晉國焚燒楚軍，大火幾天沒有停息，文公歎息。左右隨從問道：「戰勝楚國君王仍然憂愁，為什麼呢？」文公說：「我聽說取得戰爭勝利而能心安的人只有聖人，所以我內心恐懼。況且子玉還活著，怎麼可以高興呢！」子玉戰敗回國，楚成王惱恨他不聽自己的話，貪圖與晉國作戰，責備子玉，子玉自殺。晉文公說：「我在外部攻擊，楚君在內部誅殺，內外交相呼應。」於是才高興起來。

50 六月，晉人又恢復了衛侯的地位。壬午日，晉侯渡過黃河，北歸回國。封賞有功人員，狐偃的功勞最大。有人說：「城濮之戰，用的是先軫的計謀。」文公說：「城濮之戰，狐偃勸說我不要失信。先軫說『軍事戰爭以打勝為上』，我採用他的建議，取得戰爭勝利。然而這只是取勝於一時的良言，狐偃說的是建立千秋萬世的功業，怎能把一時的利益看得比千秋萬世的功業還重要呢？所以我認為狐偃的功勞最大。」

51 冬天，晉侯在溫邑與諸侯會盟，準備率領諸侯朝見周天子。由於力有未及，恐怕有人背叛，就派人告訴周襄王，讓他在河陽狩獵。壬申日，就率領諸侯在踐土行宮朝見周襄王。孔子讀史書，讀到記載文公的內容時，說《春秋》有「諸侯無權召喚天子」、「天子在河陽狩獵」之語，之所以這樣記載，是想故意隱諱此事。

52 丁丑日，諸侯包圍許國。曹伯的大臣有人勸說晉侯：「齊桓公會合諸侯而扶植異姓國家，現在君王會集諸侯卻滅亡同姓國家。曹國是叔振鐸的後代；晉國是唐叔的後代。會合諸侯而滅亡兄弟之國，是不合禮的。」晉侯聽完很高興，恢復了曹伯的地位。

53 這時晉國開始建立中行、右行、左行三支步兵軍隊。荀林父率領中行，先縠率領右行，先蔑率領左行。

54 七年，晉文公、秦繆公聯合包圍鄭國，因為它在文公流亡經過時曾對文公無禮，等到城濮之戰時鄭國又幫助楚國。包圍鄭國，想抓獲叔瞻。叔瞻聽說後，自殺了。鄭國帶著叔瞻的屍首告訴晉君。晉君說：「一定要得到鄭君才甘心。」鄭國恐懼，就暗中派人對秦繆公說：「滅亡鄭國等於增強了晉國的力量，對於晉國來說是獲利的，但對秦國來說卻沒法得到好處。君王為什麼不放棄進攻鄭國，使鄭國得以成為東方道路上的朋友呢？」秦伯很高興，停止進攻。晉國也停止進攻。

55 九年，冬天，晉文公去世，兒子襄公歡繼位。這一年，鄭伯也去世了。

1 鄭人或賣其國於秦❶，秦繆公發兵往襲鄭。十二月，秦兵過我郊。襄公元年，春，秦師過周，無禮❷，王孫滿譏之❸。兵至滑❹，鄭賈人❺弦高將市于周❻，遇之，以十二牛勞秦師。秦師驚而還，滅滑而去。

2 晉先軫曰：「秦伯不用蹇叔❼，反其眾心，此可擊。」欒枝曰：「未報先君❽施於秦，擊之，不可。」先軫曰：「秦侮吾孤❾，伐吾同姓，何德之報？」遂擊之。襄公墨衰絰❿。四月，敗秦師于殽⓫，虜秦三將孟明視⓬、西乞秫、白乙丙⓭以歸。遂墨⓮以葬文公。文公夫人⓯秦女，謂襄公曰：「秦欲得其三將戮之。」

公許，遣之。先軫聞之，謂襄公曰：「患生矣。」軫乃追秦將。秦將渡河，已在船中，頓首謝，卒不反。

3 後三年，秦果使孟明伐晉，報殽之敗，取晉汪以歸⑯。四年，秦繆公大興兵伐我，度河，取王官⑰，封殽尸⑱而去。晉恐，不敢出，遂城守。五年，晉伐秦，取新城⑲，報王官役也。

4 六年，趙衰成子、欒貞子、咎季子犯、霍伯⑳皆卒。趙盾代趙衰執政。

5 七年，八月，襄公卒。太子夷皋㉑少，晉人以難故㉒，欲立長君㉓。趙盾曰：「立襄公弟雍㉔。好善而長，先君愛之。且近於秦㉕，秦故好也。立善則固，事長則順，奉愛則孝，結舊好㉖則安。」賈季㉗曰：「不如其弟樂㉘。辰嬴嬖於二君㉙，立其子，民必安之。」趙盾曰：「辰嬴賤，班在九人下㉚，其子何震㉛之有！且為二君嬖，淫也。為先君子，不能求大，而出在小國㉜，僻也。母淫子僻，無威㉝；陳小而遠，無援。將何可乎！」使士會㉞如秦迎公子雍。賈季亦使人召公子樂於陳。趙盾廢賈季，以其殺陽處父㉟。十月，葬襄公。十一月，賈季奔翟。是歲，秦繆公亦卒。

6 靈公元年，四月，秦康公㊱曰：「昔文公之入也無衛，故有呂、郤之患。」

乃多與公子雍衛。太子母繆嬴[37]日夜抱太子以號泣於朝，曰：「先君何罪？其嗣亦何罪？舍適[38]而外求君，將安置此[39]？」出朝則抱以適趙盾所，頓首曰：「先君奉此子而屬[40]之子，曰『此子材，吾受其賜；不材，吾怨子[41]』。今君卒，言猶在耳[42]，而弃之，若何？」趙盾與諸大夫皆患繆嬴，且畏誅，乃背所迎而立太子夷皋，是為靈公。發兵以距[43]秦送公子雍者，趙盾為將，往擊秦，敗之令狐[44]。先蔑、隨會亡奔秦。秋，齊、宋、衛、鄭、曹、許君皆會趙盾，盟於扈[45]，以靈公初立故也。

7 四年[46]，伐秦，取少梁[47]。秦亦取晉之鄗[48]。六年，秦康公伐晉，取羈馬[49]。晉侯怒，使趙盾、趙穿[50]、郤缺[51]擊秦，大戰河曲[52]，趙穿最有功。七年，晉六卿[53]患隨會之在秦，常為晉亂，乃詳[54]令魏壽餘[55]反晉降秦。秦使隨會之魏，因執會以歸晉[56]。

8 八年，周頃王[57]崩，公卿爭權[58]，故不赴[59]。晉使趙盾以車八百乘平周亂而立匡王[60]。是年，楚莊王[61]初即位。十二年，齊人弒其君懿公[62]。

9 十四年，靈公壯，侈，厚斂[63]以彫牆[64]。從臺上彈人，觀其避丸[65]也。宰夫胹熊蹯不熟[66]，靈公怒，殺宰夫，使婦人持其屍出弃之，過朝。趙盾、隨會前數諫，不聽。已又見死人手，二人前諫。隨會先諫，不聽。靈公患之，使鉏麑[67]刺趙盾。盾閨門開，居處節[68]，鉏麑退，歎曰：「殺忠臣，弃君命，罪一也。」遂觸樹而死[69]。

10 初，盾常田首山[70]，見桑下有餓人。餓人，示眯明也[71]。盾與之食，食其半。問其故，曰：「宦[72]三年，未知母之存不，願遺母。」盾義之，益與之飯肉。已而為晉宰夫，趙盾弗復知也。九月，晉靈公飲趙盾酒，伏甲將攻盾。公宰示眯明[73]知之，恐盾醉不能起，而進曰：「君賜臣，觴三行[74]可以罷。」欲以去趙盾，令先，毋及難。盾既去，靈公伏士未會，先縱齧狗名敖[75]。明為盾搏殺狗。盾曰：「弃人用狗，雖猛何為。」然不知明之為陰德也。已而靈公縱伏士出逐趙盾，示眯明反擊靈公之伏士，伏士不能進，而竟脫盾。盾問其故，曰：「我桑下餓人。」問其名，弗告[76]。明亦因亡去。

11 盾遂奔，未出晉境。乙丑，盾昆弟將軍趙穿[77]襲殺靈公於桃園而迎趙盾。趙盾素貴，得民和。靈公少，侈，民不附，故為弒易。盾復位。晉太史董狐書曰「趙盾弒其君[78]」，以視於朝。盾曰：「弒者趙穿，我無罪。」太史曰：「子為正卿[79]，而亡不出境，反不誅[80]國亂，非子而誰？」孔子聞之，曰：「董狐，古之良史也，書法不隱[81]。宣子，良大夫也，為法受惡[82]。惜也，出疆乃免[83]。」

12 趙盾使趙穿迎襄公弟黑臀于周而立之，是為成公[84]。成公者，文公少子，其母周女也。壬申，朝于武宮。

13 成公元年[85]，賜趙氏為公族[86]。伐鄭，鄭倍晉故也。三年，鄭伯[87]初立，附晉而弃楚。楚怒，伐鄭，晉往救之。六年，伐秦，虜秦將赤[88]。七年，成公與楚莊王爭彊，會諸侯于扈。陳畏楚，不會。晉使中行桓子伐陳，因救鄭，與楚戰，敗楚師[89]。是年，成公卒，子景公據[90]立。

14 景公元年[91]，春，陳大夫夏徵舒[92]弒其君靈公[93]。二年，楚莊王伐陳，誅徵舒。

15 三年，楚莊王圍鄭，鄭告急晉。晉使荀林父將中軍，隨會將上軍，趙朔[94]將下軍，郤克、欒書、先穀、韓厥、鞏朔佐之[95]。六月，至河。聞楚已服鄭，鄭伯肉袒[96]與盟而去，荀林父欲還。先穀曰：「凡來救鄭，不至不可，將率離心。」卒度河[97]。楚已服鄭，欲飲馬于河為名而去。楚與晉軍大戰。鄭新附楚，畏之，反助楚攻晉。晉軍敗，走河，爭度，船中人指甚眾[98]。楚虜我將智罃[99]。歸而林父曰：「臣為督將，軍敗當誅，請死。」景公欲許之。隨會曰[100]：「昔文公之與楚戰城濮，成王歸殺子玉，而文公乃喜。今楚已敗我師，又誅其將，是助楚殺仇也。」乃止。

16 四年，先穀以首計[101]而敗晉軍河上，恐誅，乃奔翟，與翟謀伐晉。晉覺，乃族穀[102]。穀，先軫子也[103]。

17 五年，伐鄭，為助楚故也。是時，楚莊王彊，以挫晉兵河上也。

18 六年，楚伐宋，宋來告急晉。晉欲救之，伯宗[104]謀曰：「楚，天方開之，不可當。」乃使解揚[105]紿為救宋[106]。鄭人執與楚，楚厚賜，使反其言，令宋急下。解揚紿許之，卒致晉君言。楚欲殺之，或諫，乃歸解揚。

19 七年，晉使隨會滅赤狄[107]。

20 八年，使郤克於齊。齊頃公母[108]從樓上觀而笑之。所以然者，郤克僂[109]，而魯使蹇[110]，衛使眇[111]，故齊亦令人如之以導客[112]。郤克怒，歸至河上，曰：「不報齊者，河伯視之！」至國，請君，欲伐齊。景公問知其故，曰：「子之怨，安足以煩國！」弗聽。魏文子[113]請老休，辟郤克[114]，克執政。

21 九年，楚莊王卒。晉伐齊，齊使太子彊[115]為質於晉，晉兵罷。

22 十一年，春，齊伐魯，取隆[116]。魯告急衛，衛與魯皆因郤克告急於晉[117]。晉乃使郤克、欒書、韓厥以兵車八百乘與魯、衛共伐齊。夏，與頃公戰於鞌[118]，傷困頃公[119]。頃公乃與其右[120]易位，下取飲，以得脫去。齊師敗走，晉追北至齊。頃公獻寶器以求平，不聽。郤克曰：「必得蕭桐姪子為質[121]。」齊使曰：「蕭桐姪子，頃公母[122]。頃公母猶晉君母，奈何必得之？不義，請復戰。」晉乃許與平[123]而去。

23 楚申公巫臣盜夏姬以奔晉[124]，晉以巫臣為邢大夫[125]。

24 十二年，冬，齊頃公如晉，欲上尊晉景公為王[126]，景公讓不敢。晉始作六軍[127]，韓厥、鞏朔、趙穿[128]、荀騅[129]、趙括[130]、趙旃[131]皆為卿。智罃自楚歸[132]。

25 十三年，魯成公[133]朝晉，晉弗敬，魯怒去，倍晉。晉伐鄭，取氾[134]。

26 十四年，梁山[135]崩。問伯宗，伯宗以為不足怪也[136]。

27 十六年，楚將子反怨巫臣[137]，滅其族。巫臣怒，遺子反書曰：「必令子罷於奔命[138]！」乃請使吳，令其子[139]為吳行人[140]，教吳乘車用兵。吳、晉始通，約伐楚。

28 十七年，誅趙同、趙括，族滅之[141]。韓厥曰：「趙衰、趙盾之功，豈可忘乎？奈何絕祀！」乃復令趙庶子武[142]為趙後，復與之邑[143]。

29 十九年，夏，景公病，立其太子壽曼為君[144]，是為厲公。後月餘，景公卒。

30 厲公元年，初立，欲和諸侯，與秦桓公夾河而盟[145]。歸而秦倍盟，與翟謀伐

晉。三年[146]，使呂相[147]讓秦[148]，因與諸侯伐秦。至涇[149]，敗秦於麻隧[150]，虜其將成
差。

31 五年，三郤[151]讒伯宗，殺之。伯宗以好直諫得此禍，國人以是不附厲公。

32 六年，春，鄭倍晉與楚盟，晉怒。欒書曰：「不可以當吾世而失諸侯。」乃
發兵。厲公自將，五月度河。聞楚兵來救，范文子請公欲還。郤至曰：「發兵誅
逆，見彊辟之，無以令諸侯。」遂與戰。癸巳，射中楚共王[152]目，楚兵敗於鄢陵[153]。
子反收餘兵，拊循[154]欲復戰，晉患之。共王召子反，其侍者豎陽穀[155]進酒，子反
醉，不能見。王怒，讓子反，子反死。王遂引兵歸。晉由此威諸侯，欲以令天下
求霸。

33 厲公多外嬖姬[156]，歸，欲盡去羣大夫而立諸姬兄弟。寵姬兄曰胥童[157]，嘗與
郤至有怨[158]，及欒書又怨郤至不用其計而遂敗楚[159]，乃使人間謝楚[160]。楚來詐[161]厲
公曰：「鄢陵之戰，實至召楚，欲作亂，內子周立之[162]。會與國不具[163]，是以事
不成。」厲公告欒書。欒書曰：「其殆有矣[164]！願公試使人之周微考之[165]。」果
使郤至於周。欒書又使公子周見郤至，郤至不知見賣[166]也。厲公驗之，信然，遂
怨郤至，欲殺之。八年，厲公獵[167]，與姬飲，郤至殺豕奉進，宦者奪之。郤至射

殺宦者。公怒，曰：「季子欺予[168]！」將誅三郤，未發也。郤錡欲攻公，曰：「我雖死，公亦病矣[169]。」郤至曰：「信不反君，智不害民，勇不作亂。失此三者，誰與我[170]？我死耳！」十二月壬午，公令胥童以兵八百人襲攻殺三郤。胥童因以劫欒書、中行偃于朝，曰：「不殺二子，患必及公。」公曰：「一旦殺三卿，寡人不忍益[171]也。」對曰：「人將忍君[172]。」公弗聽。謝欒書等以誅郤氏罪：「大夫復位。」二子頓首，曰：「幸甚幸甚！」公使胥童為卿。閏月乙卯[173]，厲公游匠驪氏[174]，欒書、中行偃以其黨襲捕厲公，囚之，殺胥童，而使人迎公子周于周而立之，是為悼公[175]。

34 悼公元年[176]，正月庚申，欒書、中行偃弒厲公[177]，葬之以一乘車[178]。厲公囚六日死[179]，死十日庚午，智罃迎公子周來，至絳，刑雞與大夫盟而立之，是為悼公[180]。辛巳，朝武宮。二月乙酉，即位。

35 悼公周者，其大父[181]捷，晉襄公少子也，不得立，號為桓叔，桓叔最愛[182]。桓叔生惠伯談，談生悼公周。周之立，年十四矣。悼公曰：「大父、父皆不得立而辟難於周，客死焉。寡人自以疏遠，毋幾為君[183]。今大夫不忘文、襄之意而惠立桓叔之後，賴宗廟大夫[184]之靈，得奉晉祀，豈敢不戰戰[185]乎？大夫其亦佐寡人[186]！」於是逐不臣者[187]七人，修舊功，施德惠，收文公入時功臣後。秋，伐鄭[188]。鄭師敗，遂至陳。

36 三年[189]，晉會諸侯[190]。悼公問羣臣可用者[191]，祁傒舉解狐。解狐，傒之仇。復問，舉其子祁午。君子曰：「祁傒可謂不黨[192]矣！外舉不隱仇，內舉不隱子[193]。」方會諸侯，悼公弟楊干亂行[194]，魏絳戮其僕[195]。悼公怒，或諫公，公卒賢絳，任之政，使和戎[196]，戎大親附。十一年，悼公曰：「自吾用魏絳，九合諸侯[197]，和戎、翟，魏子之力也。」賜之樂，三讓乃受之。冬，秦取我櫟[198]。

37 十四年，晉使六卿率諸侯伐秦，度涇，大敗秦軍[199]，至棫林[200]而去。

38 十五年，悼公問治國於師曠[201]。師曠曰：「惟仁義為本[202]。」冬，悼公卒，子平公彪[203]立。

39 平公元年[204]，伐齊[205]。齊靈公與戰靡下[206]，齊師敗走。晏嬰[207]曰：「君亦毋勇，何不止戰？」遂去。晉追，遂圍臨菑[208]，盡燒屠其郭中。東至膠[209]，南至沂[210]，齊皆城守，晉乃引兵歸。

40 六年，魯襄公[211]朝晉。晉欒逞有罪，奔齊[212]。八年，齊莊公[213]微遣欒逞於曲沃[214]，以兵隨之。齊兵上太行[215]，欒逞從曲沃中反，襲入絳。絳不戒，平公欲自殺，范獻子止公[216]，以其徒擊逞，逞敗走曲沃。曲沃攻逞，逞死，遂滅欒氏宗。逞者，欒書孫也。其入絳，與魏氏[217]謀。齊莊公聞逞敗，乃還，取晉之朝歌[218]去，以報臨菑之役[219]也。

41 十年，齊崔杼弒其君莊公[220]。晉因齊亂，伐敗齊於高唐去，報太行之役也[221]。

42 十四年，吳延陵季子[222]來使，與趙文子、韓宣子[223]、魏獻子[224]語，曰：「晉國之政，卒歸此三家矣[225]。」

43 十九年，齊使晏嬰如晉，與叔嚮[226]語。叔嚮曰：「晉，季世也。公厚賦為臺池而不恤政，政在私門[227]，其可久乎！」晏子然之。

44 二十二年，伐燕[228]。二十六年，平公卒，子昭公夷[229]立。

【章　旨】以上為第三段，寫文公後的晉國霸業及逐漸衰落的情形。

【注　釋】❶鄭人或賣其國於秦　據《左傳》，前年，秦、晉伐鄭，燭之武說秦，秦師罷，令杞子、逢孫、楊孫戍鄭。此年，杞子自鄭使告於秦曰：「鄭人使我掌其北門之管，若潛師以來，國可得也。」❷秦師過周二句　據《左傳》僖公三十三年，「秦師過周北門，左右免冑而下，超乘者三百乘。」❸王孫滿譏之　《左傳》記王孫滿之言曰：「秦師輕而無禮，必敗。輕則寡謀，無禮則脫。入險而脫，又不能謀，能不敗乎？」王孫滿，周王宗室，周共王的兒子圉的曾孫。❹滑　姬姓小國名，始建都於滑（今河南睢縣西北），後遷都於費（今河南偃師之緱氏鎮），故又稱「費滑」。❺賈人　商人。❻市于周　到周國的都城去做生意。市，交易；做生意。❼秦伯不用蹇叔　秦繆公不聽蹇叔的勸阻。蹇叔，秦國大夫。秦伐鄭前，蹇叔竭力勸諫，秦繆公不聽。❽先君　指晉文公。❾秦侮吾孤　當時晉文公去世不久，晉襄公尚在守孝，故云。孤，失父者曰孤。❿墨衰絰因出兵征討穿喪服不吉利，故將喪服染黑。衰，喪服。絰，孝布帶。⑪敗秦師于殽　殽，山名，在今河南洛寧西北，西北接陝縣，東接澠池。⑫孟明視　秦國賢臣百里奚之子，氏百里，名視，字孟明。⑬西乞秫白乙丙　皆秦國將領。西乞秫，或作「西乞術」。⑭墨　穿著黑色喪服。⑮文公夫人　指文嬴，秦繆公的女兒，晉襄公的嫡母。⑯取晉汪以歸　按：此說誤。《左傳》云：「冬，晉先且居、宋公子成、陳轅選、鄭公子歸生伐秦，取汪及彭衙而還。」〈十二諸侯年表〉、〈鄭世家〉均載晉敗秦於汪。汪，秦邑名，在今陝西澄城西南。⑰王官　晉邑名，在今山西聞喜西。⑱封殽尸　到殽山為死亡的將士掩埋屍骨。⑲新城　秦邑名，在今陝西澄城東北二十里。⑳霍伯　即「先且居」，又稱「蒲城伯」，先軫之子。㉑太子夷皋　即日後之晉靈公，西元前六二〇—前六〇七年在位。㉒晉人以難故　顧炎武《補正》云：「謂連年有秦、狄之師，楚伐與國。」㉓欲立長君　欲立一個年齡較大的人為君。㉔雍　即公子雍，文公之子，襄公之庶弟。㉕近於秦　當時公子雍仕於秦，故云。㉖舊好　同上文「故好」，指秦國。㉗賈季　即狐射姑，狐偃之子。㉘其弟樂　即公子樂，文公之子，襄公之庶弟，其母為辰嬴。㉙辰嬴嬖於二君　指辰嬴先嫁晉懷公，後嫁晉文公。嬖，幸；寵愛。㉚班在九人下　辰嬴的位次在晉文公的九位妃妾之下。㉛震　威；權威。㉜小國　指陳國，當時公子樂出居於陳。陳為媯姓小國，國都即今河南淮陽。㉝母淫子僻二句　《正義》曰：「言樂僻隱在陳，而無遠援也。」僻，陋也；鄙陋。㉞士會　晉國大夫，士蔿之孫，又稱「士季」、「隨會」、「隨武子」、「范武子」等。㉟陽處父　晉國大夫，時為太傅。㊱秦康公　名罃，穆公之太子，西元前六二〇—前六〇九年在位。㊲繆嬴　繆公之女，晉襄公之夫人，靈公之母。㊳適　通「嫡」。㊴將安置此　如何安置我這個孩子？㊵屬　通「囑」。囑託。㊶此子材四句　意謂這個孩子如果能成材，那我將感謝你的恩德；如果不成材，那就是你沒有盡到責任，我就要怨恨你。㊷言猶在耳　聲音還在你耳邊響著。㊸距　通「拒」。抵抗。㊹令狐　晉邑名，在今山西臨猗西。㊺扈　鄭邑名，在今河南原陽西。㊻四年　西元前六一七年。㊼少梁　即古梁國，西元前六四九年被秦所滅，成為秦邑，在今陝西韓城南二十里。㊽取晉之鄀　按：「鄀」誤，應作「北徵」。北徵，晉邑名，在今陝西澄城西南。㊾羈馬　晉邑名，在今山西永濟南三十六里。㊿趙穿　晉卿，趙盾之從父昆弟，晉襄公之婿。(51)郤缺　晉國大夫，諡成，又稱「郤成子」、「冀缺」。(52)河曲　晉地名，在今山西永濟南，黃河至此由北南流向轉為向東，故云。(53)六卿　指當時晉國三軍的六位將佐，即：趙盾、荀林父、郤缺、臾駢、欒盾、胥甲。(54)詳　通「佯」。假裝。(55)魏壽餘　晉國大夫，畢萬之後。(56)因執會以歸晉　按：《左傳》稱「晉人患秦之用士會」，此不當言「常為晉亂」。(57)周頃王　名壬臣，襄王之子，西元前六一八—前六一三年在位。(58)公卿爭權　指周王室卿士周公閱與王孫蘇爭奪政權。(59)不赴　不向別國報喪。赴，通「訃」。報喪。(60)晉使趙盾以車八百乘平周亂而立匡王　《左傳》於此稱「周公閱與王孫蘇訟于晉，趙宣子平王室而復之」；又稱「晉趙盾以諸侯之師八百乘納捷菑于邾，不克，乃還」。而史公則張冠李戴，將「以車八百乘」加到了「平周亂」頭上，可謂大誤。程一枝曰：「〈年表〉『八百乘』下，有『納捷菑』三字，與《左傳》合，〈世家〉缺也。」匡王，名班，頃王之子，西元前六一二—前六〇七年在位。[61]楚莊王　名旅，或作「侶」，穆王之子，春秋五霸之一，西元前六一三—前五九一年在位。[62]懿公　名商人，桓公之子，昭公之弟。西元前六一二—前六〇九年在位。[63]厚斂　重斂。[64]彫牆　指裝璜宮室。彫，繪飾。[65]丸　彈丸。[66]宰夫胹熊蹯不熟　宰夫，廚師。胹，煮；燉。熊蹯，熊掌。[67]鉏麑　或作「鉏麛」，晉國力士。[68]盾閨門開二句　閨，內室；寢室。節，節儉；節制。[69]遂觸樹而死　杜預曰：「趙盾庭樹也。」[70]常田首山　常，通「嘗」。曾。田，通「畋」。打獵。首山，即「首陽山」，亦稱「雷首山」，在今山西永濟東南。[71]餓人二句　按：此說有誤。王若虛曰：「《左傳》稱晉靈公欲攻趙盾，其右提彌明死之。又謂初盾田于首山，舍于翳桑，見靈輒餓而食之。後輒為公介，禦公徒而免盾，問其名居，不告而亡。夫言其職，則明為右而輒為介；言其所終，則明死輒亡，其為二人明矣。而《史記》云桑下餓人即提彌明，且又為宰夫，何耶？」[72]宦　遊宦；周遊在外找事做。[73]公宰示眯明　「宰」下應有「夫」。[74]觴三行　酒過三巡。觴，酒杯，這裡用作動詞，即舉杯飲酒。[75]縱齧狗名敖　縱，放出；嗾使。齧狗，咬人的惡狗。敖，通「獒」。大猛犬。[76]問其名二句　服虔曰：「不望報。」[77]盾昆弟將軍趙穿　昆弟，兄弟，趙穿是趙盾的從兄弟。[78]晉太史董狐書曰趙盾弒其君　按：此述靈公被殺始末本於《左傳》，晉靈公急欲除掉趙盾，是為了奪回旁落的君權，無奈趙氏家族羽翼豐滿，靈公雖作種種努力，仍以失敗告終。[79]子為正卿　當時趙盾任晉中軍元帥，居六卿之首。[80]誅　討。[81]書法不隱　不為當權者曲意回護。[82]為法受惡　為了尊重史官的職責而蒙受弒君罪名。按：殺死晉靈公對誰有利？趙盾有何「委屈」可言？從其「歸不討賊」一項可知其心。[83]出疆乃免　杜預曰：「越境則君臣之義絕，可以不討賊也。」[84]成公　西元前六〇六—前六〇〇年在位。[85]成公元年　西元前六〇六年。[86]賜趙氏為公族　公族，國君的家族，與後世皇帝家族稱「皇族」的意思相同，其首領即公族大夫。[87]鄭伯　此指鄭襄公，靈公庶弟，西元前六〇四—前五八七年在位。[88]虜秦將赤　《索隱》曰：「赤，即斥，謂斥候之人也。」依史公文意，蓋謂所虜之秦將名赤。[89]晉使中行桓子伐陳四句　梁玉繩曰：「救鄭者是郤缺，非桓子；伐陳、救鄭乃兩事；鄭敗楚師，亦非晉也。」中行桓子，即荀林父，晉國正卿。[90]景公據　景公名據，西元前五九九—前五八一年在位。[91]景公元年　西元前五九九年。[92]夏徵舒　陳國大夫，又稱「夏南」，母為鄭穆公之女夏姬。[93]靈公　陳靈公，共公之子，西元前六一三—前五九九年在位。[94]趙朔　晉卿，趙盾之子。[95]郤克欒書先穀韓厥鞏朔佐之　郤克，晉卿，諡「獻」，又稱「郤獻子」，郤缺之子。欒書，晉卿，諡「武」，又稱「欒武子」，欒枝之孫。韓厥，晉國大夫，諡「獻」，又稱「韓獻子」。鞏朔，晉國大夫，又稱「鞏伯」、「士莊伯」。(96)肉袒　脫去上衣，赤裸肩背，表示服罪，願接受懲罰。(97)卒度河　終於還是向南渡過了黃河。卒，終於。度，通「渡」。(98)船中人指甚眾　因船隻不足，先上船的士兵恐船過重下沉，就用刀亂砍那些攀附船舷以求登船的士兵的手，致使船上有很多手指。(99)智罃　「智」字或作「知」，名罃，又稱「智武子」、「智伯」、「荀罃」，荀首之子，後為晉國重臣。(100)隨會曰　《左傳》作「士貞子諫曰」。(101)首計　首先建議。(102)乃族縠　滅了先縠的宗族。(103)縠二句　按：先軫子為先且居，先且居子為先克；至於先縠不詳所出。此以為先軫之子，未必然。(104)伯宗　晉國大夫，字尊，又稱伯尊。(105)解揚　晉國大夫，字子虎，名揚。(106)紿為救宋　瀧川曰：「《左傳》云：『使解揚如宋，使無降楚，曰：「晉師悉起，將至。」』不言紿。」紿，欺騙。(107)晉使隨會滅赤狄　按：《春秋》宣公十六年作「晉人滅赤狄甲氏及留吁」。甲氏與留吁均為赤狄別種，前者或在今山西屯留北百里左右，後者在今山西屯留南十里。(108)齊頃公母　即蕭同姪子，或作「蕭同叔子」。齊頃公，名無野，惠公之子，西元前五九八—前五八二年在位。(109)僂　駝背。(110)蹇　跛足；瘸子。(111)眇　瞎一隻眼。(112)故齊亦令人如之以導客　按：郤克使齊受辱事，《史記》及《春秋》三傳皆有記述，而細節有出入。(113)魏文子　據《左傳》及〈晉語五〉當為「范武子」，即士會。「魏文子」是魏顗，乃悼公時人。(114)辟郤克　為郤克讓位。辟，通「避」。(115)太子彊　當作「公子彊」，此人非太子。(116)隆　《左傳》作「龍」，魯邑名，在今山東泰安東南。(117)皆因郤克告急於晉　因郤克掌晉政，且又同在齊國受過辱，故而都找他。(118)牽　齊地名，在今山東濟南西。(119)傷困頃公　瀧川曰：「公右乘逢丑父傷肱，此誤合為一。」(120)右　車右，為逢丑父。(121)必得蕭桐姪子為質　按：《公羊》、《穀梁》併作「蕭同姪子」；《左傳》作「蕭同叔子」。何休曰：「蕭同，國名。姪子者，蕭同君姪娣之子。」(122)蕭桐姪子二句　陳仁錫曰：「頃公，當作『寡君』。」(123)平　講和結盟。(124)楚申公巫臣盜夏姬以奔晉　夏姬之子夏徵舒弒陳靈公後，楚莊王率兵討陳，誅夏徵舒，俘夏姬，將其賜予楚大夫連尹襄老。夏姬在連尹襄老死後，先是與連尹襄老之子黑要私通，後與早就貪戀其美色的申公巫臣私奔晉國。申公巫臣，楚國大夫，因任申縣（在今河南南陽北）的行政長官，故稱「申公」。(125)邢大夫　邢縣縣令。邢，晉邑名，也稱邢丘，在今河南溫縣東北。一說即古邢國，今河北邢台。(126)欲上尊晉景公為王　梁玉繩曰：「《史》誤會《左傳》以『玉』作『王』；以『未敢任來朝』為『不敢受王』。蓋古字『玉』皆作『王』。」(127)晉始作六軍　晉國原有上、中、下三軍，現又增設新上、中、下三軍，共六軍。(128)趙穿　《左傳》作「韓穿」。(129)荀騅　諡文子。(130)趙括　趙衰之子，趙盾之異母弟，又稱「屏括」、「屏季」。(131)趙旃　趙括之子。(132)智罃自楚歸　智罃在邲之戰中被楚國所虜，今年交換戰俘，智罃被換回。(133)魯成公　名黑肱，宣公之子，西元前五九〇—前五七三年在位。(134)氾　鄭邑名，在今河南滎陽西北，鞏縣之東北。(135)梁山　原屬古梁國，後入秦，今又入晉，為晉國所祭之名山，在今陝西韓城西北。136伯宗以為不足怪也　伯宗於進京途中遇一載重車夫，教之以使國君齋戒以祭。伯宗至則彷彿出之以己意，孔子以伯宗此行為攘人之善，而史公乃簡單化為「不足怪」，失其原意。137楚將子反怨巫臣　楚伐陳獲夏姬後，先是子反想娶夏姬，被巫臣以巧言勸阻；而巫臣卻暗中乘隙攜夏姬私奔晉，故子反怨之。子反，名側，時為楚國令尹。138罷於奔命　罷，通「疲」。139其子　巫臣之子狐庸，又稱「屈狐庸」、「刑侯」、「刑伯」。140為吳行人　給吳國去當外交官。行人，官名，執掌外交事務。141誅趙同趙括二句　按：此即晉國公室討趙氏前弒靈公之罪，向晉國大族發動的反奪權。趙同，趙衰之子，趙盾的同父異母弟，趙括之兄，又稱「原同」、「原叔」。142趙庶子武　趙武，後又稱「趙文子」、「趙孟」。庶子，非正妻所生之子。按：趙武乃趙盾之孫，趙朔之子，不得言「庶」。143復與之邑　又將趙氏領地歸還給趙氏。144立其太子壽曼為君　《左傳》云：「晉侯有疾五月，晉立太子州蒲以為君，而會諸侯伐鄭。」壽曼，即晉厲公，西元前五八〇－前五七三年在位。145與秦桓公夾河而盟　瀧川曰：「《左傳》云：『秦晉為成，將會于令狐，晉侯先至，秦伯不肯涉河，使史顆盟晉侯于河東，晉郤犫盟秦伯于河西。《史》所謂「夾河而盟」者，即此。』」秦桓公，名榮，共公之子，西元前六〇三－前五七七年在位。146三年　西元前五七八年。147呂相　晉國大夫，魏犫之孫，魏錡之子，又稱「魏相」、「呂宣子」。148讓秦　譴責秦國。149涇　河水名，源於今寧夏之六盤山，在咸陽東北匯入渭水。150麻隧　秦邑名，在今陝西涇陽北。151三郤　指晉卿郤錡、郤犫、郤至。郤至是郤克的族姪，又稱「溫季」、「季子」。152楚共王　莊王之子，西元前五九〇－前五六〇年在位。153楚兵敗於鄢陵　此即有名的鄢陵之戰。鄢陵，鄭邑名，或作「焉陵」，在今河南鄢陵西北。154拊循　慰問；鼓勵。155豎陽穀　或作「豎穀陽」、「穀陽豎」，「豎」字是對男傭的賤稱。156外嬖姬　「姬」字似衍文。外嬖，指男寵，如胥童、陽夷五等。157寵姬兄曰胥童　按：此處言胥童為寵姬兄，不詳所本，疑有誤。胥童，晉厲公的寵臣，胥甲之孫，胥克之子。158嘗與郤至有怨　據《左傳》，郤至之父郤缺當政後撤去胥童之父胥克的下軍佐一職，胥童之怨即源於此。159及欒書又怨郤至不用其計而遂敗楚　在鄢陵之戰中，欒書建議晉軍堅守三日以避楚軍銳氣，郤至則主張速戰速決。晉厲公用郤至之謀獲勝，欒書因此怨郤至。160間謝楚　暗中與楚國通謀。謝，告。161詐　欺騙。162內子周立之　立子周以取代晉厲公。子周，公子周，即日後之晉悼公，當時在周國。163與國不具　盟國未到齊。與國，盟國。具，齊備。164其殆有矣　看來真有其事。殆，幾乎；大概。165之周微考之　到周都洛陽去暗中調查一下。166見賣　被騙；中圈套。167八年二句　梁玉繩云：「《左傳》此事在魯成公十七年，為晉厲公七年（西元前五七四年），《史》誤為八年耳。『八年』二字當書於後『正月庚申』上。」168季子欺予　季子，以稱郤至。欺，謾也。謂輕侮之。169公亦病矣　意謂厲公也將會遭受損失。170誰與我　誰會親附我們？

與，親附；親近。171不忍益　不忍心再多殺。益，加。172人將忍君　人家將對你不客氣。忍，敢於下手。173閏月乙卯　梁玉繩曰：「《傳》閏月乙卯殺胥童，非因厲公之日也，因公在己卯前。」174匠驪氏　指晉厲公寵臣匠驪氏之家，位於翼，在今山西翼城東南。175悼公　西元前五七二—前五五八年在位。176悼公元年　西元前五七二年。177正月庚申二句　《左傳》成公十八年云：「十八年春王正月庚申，晉欒書、中行偃使程滑弒厲公。」178葬之以一乘車　杜預曰：「言不以君禮葬也，諸侯葬車七乘。」179厲公因六日死　按：厲公死於西元前五七三年。180是為悼公　張文虎曰：「四字衍。」181大父　祖父。182桓叔最愛　最受其父晉襄公的喜愛。183毋幾為君　並未希望當這個國君。幾，通「冀」。期望。184賴宗廟大夫　瀧川曰：「『宗廟』下『大夫』二字疑衍。」185戰戰　恐懼顫抖，謹慎小心的樣子。186大夫其亦佐寡人　希望你們也都幫著我。187不臣者　楊伯峻曰：「『不臣者』有二解。一是引導厲公為惡，而不依當時道德盡臣責者；一是厲公死黨，不臣屬新君者。」188秋二句　據《左傳》及〈十二諸侯年表〉，晉伐鄭事當在晉悼公二年，西元前五七一年。189三年　西元前五七〇年。190晉會諸侯　《索隱》曰：「于雞澤也。」191悼公問羣臣可用者　據《左傳》，祁傒舉人才事當繫於晉悼公四年。祁傒，晉國公族，字黃羊，為晉獻公之後裔。祁，或作「祈」。傒，或作「奚」。解狐，晉國大夫。192黨　偏私；偏袒。193外舉不隱仇二句　《左傳》謂叔向稱之曰：「祁大夫外舉不棄仇，內舉不失親。」194亂行　馳車擾亂軍陣。195魏絳戮其僕　魏絳，魏犨之孫，或說魏犨之子，諡莊子。僕，車夫。196和戎　與山戎建立友好關係。戎，山戎，又稱「無終」。197九合諸侯　九次召集諸侯盟會。《集解》引服虔曰：「九合：一謂會于戚，二會城棣救陳，三會于鄬，四會于邢丘，五同盟于戲，六會于相，七戍鄭虎牢，八同盟于亳城北，九會于蕭魚。」198冬二句　按：〈年表〉「取」作「敗」。櫟，晉邑名，在今山西永濟西南。199度涇二句　史珥曰：「按《左傳》，是謂『遷延之役』，秦人毒涇上流，師人多死，至棫林而不獲成，欒鍼以馳秦師而死，恐未可云『大敗秦軍』也。」200棫林　秦邑名，在今陝西涇陽之涇水西南。201師曠　晉國樂師，名曠，字子野。202惟仁義為本　梁玉繩曰：「三《傳》、《國語》皆無此事，疑即《左氏》晉侯問衛人出君一篇，《史》改約之也，事在十四年。」203平公彪　晉平公，名彪，西元前五五七—前五三二年在位。204平公元年　西元前五五七年。205伐齊　晉伐齊在晉平公三年。206齊靈公與戰靡下　齊靈公，名環，西元前五八一—前五五四年在位。靡下，即歷下，齊邑名，在今山東濟南西。207晏嬰　齊國政治家，名嬰，字平仲。208臨菑　齊國都城，或作「臨淄」、「臨甾」，在今山東淄博之臨淄城北。209膠　古水名，東源出膠縣西南膠山，西源出諸城，合而東北流，至掖縣入海。210南至沂　沂，即今山東南部之沂河。按：以上所說即齊晉平陰之戰。211魯襄公　名午，西元前五七二—前五四二年在位。212晉欒逞有罪二句　欒逞，即欒盈，欒書之孫，欒黶之子。梁玉繩曰：「欒懷子之奔齊在平公七年，此書於六年，誤，蓋其奔楚在六年也。」213齊莊公　名光，靈公之子，西元前五五三—前五四八年在位。214微遣欒逞於曲沃　暗中派其人晉為內應。215太行　山名，即今山西、河北、河南三省交界處的太行山。216范獻子止公　梁玉繩曰：「此無其事，《內》、《外傳》但言『范宣子奉公如固宮』而已。」范獻子，晉卿，名鞅，諡獻，又稱「范鞅」、「士鞅」。217魏氏　指魏獻子，即魏舒，魏絳之子。218朝歌　晉邑名，即今河南淇縣。219以報臨菑之役　梁玉繩曰：「襄二十三年《傳》『遣欒盈』與『伐晉登太行』判然兩事，此誤併為一也。下文言『莊公聞逞敗乃還』亦非。」220齊崔杼弒其君莊公　事情詳見〈齊太公世家〉。崔杼，齊國大夫，又稱「崔武子」。221伐敗齊於高唐去二句　瀧川曰：「事見襄二十五年《左傳》，但不言敗齊於高唐，〈年表〉同誤。」高唐，齊邑名，在今山東高唐東北。222延陵季子　吳王壽夢之少子，名札，又稱「公子札」、「季札」。223韓宣子　晉卿，名起，諡宣，韓厥之子。224魏獻子　晉卿，名舒，諡獻。225卒歸此三家矣　季札使齊事見《左傳》襄公二十九年。226叔嚮　晉國公族，即羊舌肸，羊舌職之子，晉靖侯（或說晉武公）之後，因封邑在楊，又稱「楊肸」。227政在私門　諸侯國政被卿大夫所控制。228伐燕　據昭六年《左傳》，乃齊侯向晉國請求伐北燕，非晉伐燕，此與〈年表〉同誤。229昭公夷　名夷，西元前五三一—前五二六年在位。

【語譯】鄭國有人向秦國出賣自己的國家，秦繆公發兵前往襲擊鄭國。十二月，秦兵經過我晉國城郊。襄公元年，春天，秦軍經過周京師，驕橫無禮，王孫滿譏諷他們。軍隊到達滑國，鄭國商人弦高將要到周京師做買賣，遇見秦軍，用十二頭牛犒勞秦軍。秦師驚慌而退，滅了滑國就返回了。

2 晉國先軫說：「秦伯不聽蹇叔的勸阻，違反他的民眾的心意，此時可以出擊。」欒枝說：「沒有報答秦國對先君的施恩，攻擊它是不可以的。」先軫說：「秦國欺負我們國君孤弱，攻打我們的同姓，有什麼恩德可報？」於是就攻擊它。襄公將白色的喪服塗黑。四月，在殽山打敗秦軍，俘獲秦軍三位將領孟明視、西乞秫、白乙丙歸國。晉人穿著黑色喪服安葬文公。文公夫人是秦國女子，對襄公說：「秦國想得到三位將領，殺死他們。」襄公答應了，遣送他們回國。先軫聽說此事，對襄公說：「禍患從此產生了。」先軫就去追趕秦將。秦將渡過黃河，已經在船中，叩頭辭謝，最終沒有追回。

3 三年以後，秦國果然派孟明討伐晉國，報復殽之戰的失敗，奪取晉國的汪邑才撤回。四年，秦繆公大肆興兵攻打我國，渡過黃河，奪取王官，在殺地為死亡的將士築土臺埋其屍骨以作標識，然後才離去。晉人恐懼，不敢出戰，就據城堅守。五年，晉國討伐秦國，奪取新城，報復王官之役。

4　六年，趙衰成子、欒貞子、咎季子犯、霍伯都去世了。趙盾代替趙衰執政。

5　七年，八月，襄公去世。太子夷皋年幼，晉人因為多次經歷禍難的緣故，欲立一位年紀較大的人為君。趙盾說：「立襄公的弟弟雍。他喜好善行而年長，先君喜愛他。並且他與秦國親近，秦國原本就是我國的友好之邦。立善人為君，國家就能穩固，事奉年長者就能和順，事奉先君喜愛的人就是孝順，與秦國結交就能安定。」賈季說：「不如他的弟弟樂。辰嬴受懷公、文公寵幸，立他的兒子為君，民眾必定安附。」趙盾說：「辰嬴低賤，她的位次在晉文公的九位妃妾之下，他的兒子哪有什麼威嚴！況且被兩位國君寵幸，這是淫亂。作為先君的兒子，不能求助大國，卻出居小國，這是鄙陋。母親淫亂兒子鄙陋，沒有威嚴；陳國是小國，而且距離遠，沒有後援。怎麼可以呢！」派士會到秦國迎接公子雍。賈季也派人從陳國召回公子樂。趙盾廢除賈季的官位，因為他殺了陽處父。十月，安葬襄公。十一月，賈季逃奔翟國。這一年，秦繆公也去世了。

6　靈公元年，四月，秦康公說：「從前文公回國時沒有護衛，所以才會有呂、郤發動的禍患。」就給公子雍許多衛士。太子的母親繆嬴日夜抱太子在朝廷哭泣，說：「先君有什麼罪？他的嗣子又有什麼罪？捨棄嫡子而在國外尋找國君，將怎麼安置這個孩子？」從朝廷出來，就抱著太子來到趙盾的住所，叩頭說：「先君捧著這個孩子託付給你，說『這個孩子如果能成材，我就是受了你的恩德；如果不成材，我就要怨恨你』。現在國君去世了，話語還在耳邊，你卻拋棄了他的囑託，為什麼？」趙盾與諸位大夫都為繆嬴的質問而憂慮，而且擔心被殺，就背棄所迎接的公子雍而另立太子夷皋為君，這就是靈公。發兵抵禦秦國護送公子雍的秦軍。趙盾為將領，前往攻擊秦軍，在令狐打敗他們。先蔑、隨會逃奔秦國。秋天，齊國、宋國、衛國、鄭國、曹國、許國的國君都和趙盾相會，在扈邑結盟，因為靈公剛剛即位的緣故。

7　四年，討伐秦國，攻取少梁。秦國也奪取晉國的郩邑。六年，秦康公攻打晉國，奪取羈馬。晉侯發怒，派趙盾、趙穿、郤缺攻擊秦國，大戰於河曲，趙穿功勞最大。七年，晉國六卿憂慮隨會在秦國，常常給晉國製造禍亂，就讓魏壽餘假裝背叛晉國投降秦國。等秦國派隨會到魏國，他趁機抓住隨會回到晉國。

8 八年，周頃王去世，公卿們爭權奪勢，所以沒有向諸侯報喪。晉國派趙盾率領八百輛兵車去平定周室禍亂，擁立匡王。這一年，楚莊王剛剛繼位。十二年，齊人殺死他們的國君懿公。

9 十四年，靈公長大，生活奢侈，徵收重稅來雕飾宮牆。從臺子上用彈丸彈人，觀看他們驚慌躲避的樣子。宰夫煮熊掌沒有煮熟，靈公發怒，殺死宰夫，派婦人把他的屍體抬出去丟棄，從朝廷經過。趙盾、隨會先前多次勸諫，靈公不採納。不久又看見死人的手，兩人上前勸諫。隨會先去勸說，靈公不採納。靈公害怕他們，派鉏麑刺殺趙盾。趙盾家中居室的門開著，居處十分節儉，鉏麑退出，歎息說：「殺死忠臣或放棄國君的命令，罪過是一樣的。」於是就撞樹而死。

10 起初，趙盾經常在首山打獵，看見桑樹下有一個飢餓的人。這個飢餓的人就是示眯明。趙盾給他食物，他只吃了一半。詢問其中的原因，他說：「我在外宦游三年了，不知道母親還是否活著，希望把剩下的食物留給母親。」趙盾認為他是一個義士，就多給了他一些飯和肉。不久他做了晉君的廚師後，趙盾就不知道了。九月，晉靈公請趙盾飲酒，埋伏兵士準備暗殺趙盾。靈公的廚師示眯明知道這個陰謀，擔心趙盾喝醉不能起身，就進言說：「國君賜宴臣下，進酒三遍就可以結束了。」想讓趙盾離開，趕在國君暗殺令的前面，不至於罹難。趙盾離去以後，靈公的伏兵還沒有會合，就放出咬人的惡狗。示眯明為趙盾擊殺惡狗。趙盾說：「不用人而用狗，即使兇猛有什麼用。」卻不知道示眯明在暗中報答恩德。不久靈公命令伏兵出外追趕趙盾，示眯明反擊靈公伏兵，伏兵不能前進，最終使趙盾免於禍難。趙盾問他這樣做的原因，他說：「我就是那位桑樹下的餓人。」趙盾詢問他的名字，他不說。示眯明也因此逃走了。

11 趙盾於是出逃，沒有逃出晉國國境。乙丑日，趙盾的族弟、將軍趙穿在桃園襲擊殺死靈公，接回趙盾。趙盾一向被人敬重，得到民眾親附。靈公年少，生活奢侈，民眾不歸附他，所以謀殺他較為容易。趙盾恢復官位。晉國的太史董狐寫道「趙盾殺死了他的國君」。在朝廷上讓大家看。趙盾說：「殺人者是趙穿，我沒有罪。」太史說：「你是正卿，逃亡卻不出國境，返回了也不殺擾亂國事的人，不是你是誰？」孔子聽說這件事，說：「董狐是古代的好史官，據法直書而不加隱諱。趙宣子是好大夫，為了尊重史官的職責而蒙受惡名。可惜啊，走出國境就可以免於弒君之名了。」

12 趙盾派趙穿在成周迎接襄公的弟弟黑臀，立他為國君，這就是成公。成公是文公的小兒子，他的母親是周室女兒。壬申日，到武宮朝拜。

13 成公元年，賜趙氏為公族大夫。討伐鄭國，是由於鄭國背叛晉國的緣故。三年，鄭伯剛剛繼位，歸附晉國而背棄楚國。楚國發怒，討伐鄭國，晉國前去援救鄭國。六年，討伐秦國，俘虜秦國將領赤。七年，成公與楚莊王爭強，在扈邑與諸侯盟會。陳國畏懼楚國，沒去赴會。晉君派中行桓子討伐陳國，趁機援救鄭國，與楚國交戰，打敗楚軍。這一年，成公去世，兒子景公據繼位。

14 景公元年，春天，陳國大夫夏徵舒殺死他的國君靈公。二年，楚莊王討伐陳國，誅殺夏徵舒。

15 三年，楚莊王包圍鄭國，鄭國向晉國告急。晉國派荀林父率領中軍，隨會率領上軍，趙朔率領下軍，郤克、欒書、先縠、韓厥、鞏朔輔佐他們。六月，他們到達黃河。聽說楚國已經使鄭國屈服，鄭伯脫去上衣，表示服罪，與楚國結成盟國楚國才撤兵，荀林父想回國。先縠說：「我們此行的目的是來援救鄭國，不到鄭國不行，以免將帥離心。」於是渡過黃河。楚國已經使鄭國屈服，想讓馬匹在黃河飲水來顯示威名，然後再撤軍。楚國與晉軍大戰。鄭國新近歸附楚國，畏懼楚國，反而幫助楚國攻打晉國。晉軍戰敗，逃到黃河邊，爭奪渡船，因船隻不足，先上船的士兵恐船過重下沉，就用刀亂砍那些攀附船舷以求登船逃命的士兵的手，致使船上有很多手指。楚國俘虜我晉國的將領智罃。歸國後林父說：「我作為統帥，打敗仗應當處死，請允許我自殺。」景公想答應他。隨會說：「往昔文公與楚國在城濮交戰，成王歸國殺了子玉，文公才高興起來。如今楚國已經打敗我軍，我們又誅殺自己的將領，這是幫助楚國殺掉仇敵呀。」景公才阻止林父自殺。

16 四年，先縠因為首先提出與楚軍會戰的建議，使晉軍在黃河打了敗仗，擔心被殺，就逃奔翟國，與翟國謀劃討伐晉國。晉國發覺後，就滅了先縠的宗族。先縠是先軫的兒子。

17 五年，討伐鄭國，因為它援助楚國的緣故。這時，楚莊王強盛，他在黃河挫敗了晉軍。

18 六年，楚國討伐宋國，宋國前來向晉國告急。晉國想去援救宋國，伯宗建議說：「上天正在保佑楚國，勢頭不可阻擋。」就派解揚謊稱要救宋國。鄭人抓住解揚，把他送給楚國，楚國用重金賄賂他，讓他到宋國說反話，命令宋國趕快投降。解揚假裝答應，最後卻說了晉君讓他說的話。楚國想殺他，有人勸諫，才放解揚歸國。

19 七年，晉國派隨會滅了赤狄。

20 八年，派郤克出使齊國。齊頃公的母親從樓上看見使者們後嘲笑他們。之所以這樣，是因為郤克駝背，魯國的使者是瘸子，衛國的使者瞎了一隻眼，所以齊國就讓駝背、瘸子、瞎了一隻眼的人當使者的先導。郤克發怒，回國走到黃河邊上，發誓說：「不報復齊國誓不罷休，有河神作證！」回國後，向國君請求，想討伐齊國。景公問明原因，說：「你個人的仇怨，怎麼值得麻煩國家！」沒有採納他的意見。魏文子請求告老退休，為郤克而讓位，郤克因此執政。

21 九年，楚莊王去世。晉國討伐齊國，齊國讓太子彊到晉國當人質，晉軍才撤兵。

22 十一年，春天，齊國討伐魯國，奪取隆邑。魯國向衛國告急，衛國與魯國都通過郤克向晉國告急求援。晉國就派郤克、欒書、韓厥率領八百輛兵車，與魯、衛共同討伐齊國。夏天，與齊頃公在鞌地交戰，頃公受傷，被圍困。頃公就與他的車右交換座位，下車取水，得以逃脫。齊軍敗逃，晉軍向北追擊到齊國。頃公獻出寶器請求講和，晉軍不聽。郤克說：「必定要得到蕭桐姪子作為人質。」齊國使者說：「蕭桐姪子是頃公的母親。頃公的母親就好像是晉君的母親，為什麼一定要得到她？你們不講道義，我們請求重新開戰。」晉國於是答應與齊國講和，從齊國撤兵離去。

23 楚國的申公巫臣偷娶夏姬，逃奔晉國，晉國封巫臣為邢大夫。

24 十二年，冬天，齊頃公到晉國，想尊晉景公為王，景公推辭不敢。晉國開始建立六軍，韓厥、鞏朔、趙穿、荀騅、趙括、趙旃都被封為卿。智罃從楚國歸來。

25 十三年，魯成公朝見晉君，晉君對他不敬，魯成公發怒離去，背棄晉國。晉國討伐鄭國，奪取氾邑。

26 十四年，梁山崩塌。晉君問伯宗，伯宗認為不值得奇怪。

27 十六年，楚國將領子反怨恨巫臣，滅了他的宗族。巫臣惱怒，就致信子反說：「我一定要讓你疲於奔命！」就請求出使吳國，讓他的兒子去當吳國的外交官，教導吳國車隊車戰和用兵的方法。吳國與晉國開始交往，約定討伐楚國。

28 十七年，誅殺趙同、趙括，滅掉他們的宗族。韓厥說：「趙衰、趙盾的功德，怎麼可以忘記呢？為什麼要斷絕他們的祭祀！」於是就又讓趙氏的庶子趙武為趙氏的後代，重新給他田邑。

29 十九年，夏天，景公病重，立他的太子壽曼為國君，這就是厲公。一個多月以後，景公去世。

30 厲公元年，剛剛繼位，想與諸侯和好，與秦桓公夾著黃河會盟。歸國後秦國背叛盟約，與翟人合謀討伐晉國。三年，派呂相譴責秦國，因此與諸侯討伐秦國。到達涇水，在麻隧打敗秦國，俘虜秦將成差。

31 五年，郤錡、郤犨、郤至讒害伯宗，厲公聽信讒言殺死了他。伯宗以善於直諫而遭遇禍害，國人因此不歸附厲公。

32 六年，春天，鄭國背叛晉國與楚國結盟，晉人惱怒。欒書說：「不可以在我們執政的時代失去諸侯。」就發兵攻打鄭國。厲公親自率兵，在五月渡過黃河。聽說楚兵前來援救鄭國，范文子向厲公請求，想撤兵回國。郤至說：「發兵誅殺叛逆，遇見強敵就躲避，以後無法號令諸侯。」於是與楚軍交戰。癸巳日，射中楚共王的眼睛，楚兵在鄢陵被打敗。子反收拾殘兵，慰問了七日之後還想重新開戰，晉人為此憂慮。共王召喚子反，他的侍者豎陽穀進酒，子反喝醉酒，不能前去拜見。共王發怒，譴責子反，子反自殺。楚共王就領兵回國了。晉國從此威震諸侯，想號令天下，求得霸主地位。

33 厲公有很多男寵倖，歸國後，想全部將大夫們免職，任用身邊這些寵姬的兄弟。有一個寵姬的兄長叫胥童，曾與郤至有仇怨，加上欒書又怨恨郤至不用他的計謀，但卻居然打敗了楚人，就派人與楚國暗中勾結。楚王派人前來詐騙厲公說：「鄢陵之戰，實際上是郤至把楚人召來的，想在國內作亂，接公子周回國繼位。碰巧盟國沒有到齊，所以事情沒有成功。」厲公告訴欒書。欒書說：「看來真有這件事！希望國君試著派人到周京師暗中考察一番。」果然派郤至到周京師。欒書又讓公子周拜見郤至，郤至不知道自己被人出賣。厲公暗中查驗，發現確實如此，於是怨恨郤至，想殺了他。八年，厲公出外打獵，與妾姬喝酒，郤至殺豬奉獻，宦官將豬奪走。郤至射殺宦官。厲公發怒，說：「季子欺負我！」將要誅殺三郤，還沒有付諸行動。郤錡想攻殺厲公，說：「我即使死了，厲公也將會遭受損失。」郤至說：「講究信用就不能背叛國君，追求明智就不能殘害百姓，要想勇敢就不能作亂。失去這三條，誰會親附我們？我死了算了！」十二月壬午日，厲公命令胥童率領八百名士兵襲擊攻殺三郤。胥童趁機在朝廷劫持欒書、中行偃，說：「不殺這兩個人，患害必定殃及國君。」厲公說：「一個早晨已經殺死三名國卿，我不忍心再多殺人了。」胥童回答說：「別人將對您不客氣。」厲公不採納他的話。向欒書等人道歉說只是懲罰郤氏的罪過，並說：「請大夫們還職復位。」兩個人叩頭，說：「幸甚！幸甚！」厲公派胥童做卿。閏月乙卯日，厲公在匠驪氏那裡遊玩，欒書、中行偃率領他們的黨羽襲擊捕獲厲公，將他囚禁，殺了胥童，派人從周京師迎接公子周回國，立他為國君，這就是悼公。

34 悼公元年，正月庚申日，欒書、中行偃弒殺厲公，用一輛車送葬。厲公被囚禁六天後遭害，死後十天是庚午日，智罃迎接公子周回國，到達絳城，殺雞與大夫盟誓，立公子周為君，這就是悼公。辛巳日，到武宮朝拜。二月乙酉日，正式繼位。

35 悼公周的祖父叫捷，是晉襄公的小兒子，不能被立為君，號稱桓叔，桓叔最受晉襄公寵愛。桓叔生惠伯談，談生悼公周。周繼位的時候，年齡只有十四歲。悼公說：「祖父和父親都不能立為君，避難在周，客死在那裡。我知道自己被疏遠，並未希望當這個國君。現在大夫們不忘文公、襄公的意圖，好意立桓叔的後代，依賴宗廟與各大夫的威靈，得以奉事晉國的宗廟祭祀，怎敢不戰戰兢兢呢？希望大夫們也輔佐我！」於是驅逐不盡臣職的七人，重修祖宗舊業，施恩惠於民，尋找並重用那些當年追隨文公入晉的功臣的後代。秋天，攻打鄭國。鄭國軍隊戰敗，就入侵陳國。

36 三年，晉國與諸侯盟會。悼公向群臣詢問可被重用的人，祁傒推舉解狐。解狐是祁傒的仇人。再問，他推舉自己的兒子祁午。君子說：「祁傒可說是不偏私了！推舉外人不避仇敵，推舉家人不避自己的兒子。」正與諸侯盟會時，悼公的弟弟楊干擾亂軍陣，魏絳殺了他的僕御。悼公惱怒，有人勸諫悼公，悼公終於認為魏絳有賢德，讓他擔當重任，派他安撫戎人，戎人親近歸附的程度得到大幅度的提高。十一年，悼公說：「自我重用魏絳以後，九次會合諸侯，安撫戎、翟，這些都是魏絳的功勞。」賜給他女樂，推讓了三次才接受。冬天，秦國攻取我晉國的櫟邑。

37 十四年，晉國派六卿率領諸侯討伐秦國，渡涇水，大敗秦軍，攻到棫林才撤兵。

38 十五年，悼公向師曠詢問治國之術。師曠說：「只有以仁義為本。」冬天，悼公去世，兒子平公彪繼位。

39 平公元年，攻打齊國。齊靈公與晉軍在靡下交戰，齊軍戰敗逃跑。晏嬰說：「君王也沒有勇氣，為什麼不停止戰鬥？」終於離去。晉軍追趕，包圍了臨淄，將外城全部燒毀，屠殺人民。東到膠水，南到沂水，齊國人都據城防守，晉軍才率軍返回。

40 六年，魯襄公朝見晉君。晉國的欒逞犯罪，逃奔齊國。八年，齊莊公暗中派遣欒逞到曲沃，還派軍隊跟隨他。齊國進軍太行，欒逞從曲沃內部謀反，偷襲攻入絳城。絳城沒有戒備，平公打算自殺，范獻子勸阻平公，率領他的黨徒攻擊欒逞，欒逞戰敗逃回曲沃。曲沃人攻擊欒逞，殺死欒逞，結果滅了欒氏宗族。欒逞是欒書的孫子。他進入絳城後，曾與魏獻子陰謀勾結。齊莊公聽說欒逞失敗，就令齊軍歸國，奪取晉國的朝歌離去，來報復臨淄那次戰役。

41 十年，齊國的崔杼殺死他的國君莊公。晉國利用齊國的內亂，討伐齊國，在高唐打敗齊軍才離去，以此報復太行那次戰役。

42 十四年，吳國延陵季子出使來到晉國，與趙文子、韓宣子、魏獻子交談，說：「晉國的政權最終將歸此三家所有。」

43 十九年，齊國派晏嬰出使晉國，他與叔嚮交談。叔嚮說：「晉國已經到了衰世。國君收取重稅，建築樓臺池塘，不顧念國政，國政被卿大夫控制，怎能長久維持統治！」晏子認為他說得對。

44 二十二年，討伐燕國。二十六年，平公去世，兒子昭公夷繼位。

1 昭公六年❶卒，六卿❷彊，公室卑❸。子頃公去疾❹立。

2 頃公六年❺，周景王❻崩，王子爭立❼。晉六卿平王室亂，立敬王❽。

3 九年，魯季氏逐其君昭公，昭公居乾侯❾。十一年，衛、宋使使請晉納魯君。季平子私賂范獻子，獻子受之，乃謂晉君曰：「季氏無罪。」不果入魯君。

4 十二年，晉之宗家祁傒孫、叔嚮子，相惡於君❿。六卿欲弱公室，乃遂以法盡滅其族，而分其邑為十縣，各令其子為大夫⓫。晉益弱，六卿皆大⓬。

5 十四年，頃公卒，子定公午⓭立。

6 定公十一年⓮，魯陽虎⓯奔晉，趙鞅簡子⓰舍之⓱。十二年，孔子相魯⓲。

7 十五年，趙鞅使邯鄲大夫午，不信，欲殺午⓳，午與中行寅、范吉射親，攻趙鞅，鞅走保晉陽⓴。定公圍晉陽。荀櫟㉑、韓不信㉒、魏侈㉓與范、中行為仇，乃移兵伐范、中行。范、中行反，晉君擊之，敗范、中行。范、中行走朝歌，保之。韓、魏為趙鞅謝晉君，乃赦趙鞅，復位。二十二年，晉敗范、中行氏，二子㉔奔齊。

8 三十年，定公與吳王夫差[25]會黃池[26]，爭長[27]，趙鞅時從，卒長吳[28]。

9 三十一年，齊田常[29]弒其君簡公[30]，而立簡公弟驁為平公[31]。三十三年，孔子卒。

10 三十七年，定公卒，子出公鑿[32]立。

11 出公十七年[33]，知伯與趙、韓、魏共分范、中行地以為邑。出公怒，告齊、魯，欲以伐四卿[34]。四卿恐，遂反，攻出公。出公奔齊，道死。故知伯乃立昭公曾孫驕為晉君，是為哀公[35]。

12 哀公大父雍，晉昭公少子也，號為戴子[36]。戴子生忌。忌善知伯，蚤死，故知伯欲盡并晉，未敢，乃立忌子驕為君。當是時，晉國政皆決知伯，晉哀公不得有所制。知伯遂有范、中行地，最彊。

13 哀公四年[37]，趙襄子、韓康子、魏桓子共殺知伯，盡并其地[38]。

14 十八年，哀公卒，子幽公柳[39]立。

15 幽公之時，晉畏，反朝韓、趙、魏之君[40]。獨有絳、曲沃，餘皆入三晉。

16 十五年，魏文侯初立[41]。十八年，幽公淫婦人，夜竊出邑中，盜殺幽公[42]。魏文侯以兵誅晉亂，立幽公子止，是為烈公[43]。

17 列公十九年㊹，周威烈王賜趙、韓、魏，皆命為諸侯。

18 二十七年，列公卒，子孝公頎立㊺。孝公九年㊻，魏武侯初立㊼，襲邯鄲㊽，不勝而去。十七年，孝公卒，子靜公俱酒㊾立。是歲，齊威王㊿元年也。

19 靜公二年(51)，魏武侯、韓哀侯、趙敬侯滅晉後而三分其地(52)。靜公遷為家人，晉絕不祀(53)。

【章　旨】以上為第四段，寫晉國公室逐漸衰落，最後被三家瓜分的情景。

【注　釋】❶昭公六年　西元前五二六年。❷六卿　指韓氏、趙氏、魏氏、范氏、中行氏、智氏六個家族。❸公室卑　諸侯本族的勢力微弱。❹頃公去疾　頃公名棄疾，西元前五二五—前五一二年在位。❺頃公六年　西元前五二〇年。❻周景王　名貴，靈王之子，西元前五四四—前五二〇年在位。❼王子爭立　指周景王之子王子朝、王子猛等與太子爭奪王位。❽敬王　名丐，周景王之太子，西元前五一九—前四七六年在位。❾魯季氏逐其君昭公二句　季氏，指季平子，即季孫意如，魯卿。昭公，名稠，西元前五四一—前五一〇年在位。乾侯，晉邑名，在今河北成安東南。梁玉繩曰：「晉頃公九年昭公遜於齊，至頃公十二年乃居乾侯，此誤。」❿祁傒孫二句　祁傒孫，名盈，晉國大夫。叔嚮子，羊舌我，晉公族大夫。據《左傳》，祁盈乃因執其家臣而被殺，羊舌我以黨於祁盈而被殺，非二人「相惡」。⓫分其邑為十縣二句　梁玉繩曰：「二氏之滅，由於祁勝賂荀躒，非關六卿之故。十縣大夫，除趙朝、韓固、魏戊、知徐吾四姓外，其六人者皆以賢舉，豈盡六卿之子姓族屬乎？《史》誤。」⓬晉益弱二句　以上祁氏、羊舌氏二族被滅事，見《左傳》昭公二十八年。⓭定公午　定公名午，西元前五一一—前四七五年在位。⓮定公十一年　西元前五〇一年。⓯陽虎　一稱「陽貨」，魯國季孫氏的家臣。⓰趙鞅簡子　晉卿，趙武之孫，名鞅，諡簡，又稱「趙孟」。⓱舍之　招待陽虎住下來。⓲孔子相魯　孔子曾為魯定公做儐相，非宰相，史公誤說。⓳趙鞅使邯鄲大夫午三句　據《左傳》：「晉趙鞅謂邯鄲午曰：『歸我衛貢五百家，吾舍諸晉陽。』午許諾。歸告其父兄，父兄皆曰：『不可。衛是以為邯鄲，而置諸晉陽，絕衛之道也。不如侵齊而謀之。』乃如之，而歸之于晉陽。趙孟怒，召午，而因諸晉陽。」邯鄲，晉邑名，即今河北邯鄲。邯鄲午，即趙午，趙穿曾孫，趙旃之孫，趙勝之子，為邯鄲大夫，故稱「邯鄲午」。⑳午與中行寅范吉射親三句　中行寅，晉卿，即荀寅，謚文，又稱「中行文子」，荀偃之孫，荀吳之子。范吉射，晉卿，謚昭，又稱「士吉射」、「范昭子」，范鞅之子。其女嫁與荀寅之子。晉陽，趙鞅封邑，在今山西太原之西南部。㉑荀櫟　晉卿，或作「荀躒」，謚文，又稱「知櫟」、「知文子」、「知伯文子」，荀盈之子。㉒韓不信　晉卿，或作「韓不佞」，謚簡，又稱「韓簡子」，韓起之孫。㉓魏侈　晉卿，謚襄，又稱「魏襄子」，魏舒之孫，或謂魏舒之子。㉔二子　指中行寅、范吉射。㉕吳王夫差　吳王闔閭之子，西元前四九五—前四七三年在位。㉖黃池　宋邑名，在今河南封丘西南。㉗爭長　爭為盟主。㉘卒長吳　按：晉、吳爭長，最終誰是盟主，典籍所記不一。㉙田常　齊國權臣，又稱「田恆」、「陳恆」、「陳成子」。㉚簡公　名任，悼公之子，西元前四八四—前四八一年在位。㉛平公　名驁，西元前四八〇—前四五六年在位。㉜出公鑿　名鑿，或作「錯」，西元前四七四—前四五二年在位。㉝出公十七年　西元前四五八年。按：出公在位年數，此篇云十七年，〈年表〉作十八年，《竹書紀年》作二十三年。㉞欲以伐四卿　四卿指趙氏、魏氏、韓氏、智氏。㉟知伯乃立昭公曾孫驕為晉君二句　知伯，即荀瑤，謚襄，知櫟之孫，知甲之子。按：關於晉出公的承繼者，說法相當混亂。史公認為是「哀公」，名「驕」。哀公元年為西元前四五六年。㊱戴子　《集解》引徐廣曰：「《世本》作『相子雍』，注云『戴子』。」㊲哀公四年　西元前四五三年。㊳趙襄子韓康子魏桓子共殺知伯二句　韓康子，晉卿，名虎，謚康，韓簡子之孫，韓莊子之子。魏桓子，晉卿，名駒，謚桓。韓、趙、魏滅智伯而三分其地，從此晉國的領地已幾乎盡入三家，晉國至此已名存實亡。㊴幽公柳　名柳，哀公之子，依〈六國年表〉其在位時間為西元前四三七—前四二〇年。依楊寬認為幽公為敬公之後，其在位時間為西元前四三三—前四一六年。㊵晉畏三句　《索隱》曰：「畏，懼也。為衰弱故，反朝韓、趙、魏也。」「畏」字或應作「衰」。㊶魏文侯初立　魏文侯初立之年有多種說法，此處說在晉幽公十五年；〈六國年表〉說在晉幽公十四年，西元前四二四年；楊寬《戰國史》以為在晉敬公七年，西元前四四五年。今人多取楊寬說。魏文侯，名斯，魏桓子之子，或說魏桓子之孫，西元前四四五—前三九六年在位。㊷盜殺幽公　〈六國年表〉繫此事於幽公十八年（西元前四二〇年）。按：楊寬認為幽公被殺於西元前四一六年。㊸烈公　名止，西元前四一九—前三九三年在位。㊹烈公十九年　西元前四〇一年。㊺烈公卒二句　孝公頎，〈六國年表〉作「孝公傾」，西元前三九二—前三七八年在位。《竹書紀年》與楊寬均認為無「孝公」，以為繼烈公而立者為桓公，西元前三八八—前三六九年在位。㊻孝公九年　西元前三八三年。㊼魏武侯初立　魏武侯，名擊，文侯之子，西元前三九五—前三七〇年在位。㊽邯鄲　趙城，即今河北邯鄲。㊾靜公俱酒　晉靜公，名俱酒。㊿齊威王　名因齊，戰國田氏齊國的桓公之子，西元前三五六—前三二〇年在位。(51)靜公二年　西元前三七五年。(52)魏武侯韓哀侯趙敬侯滅晉後而三分其地　趙敬侯，名章，趙烈侯之子，西元前三八六—前三七五年在位。(53)靜公遷為家人二句　遷為家人，降為平民。家人，平民。按：晉國自唐叔虞於西周初受封建國，至靜公二年被滅，享國共約六百九十餘年。

【語譯】昭公六年去世。六卿強大，公室卑弱。兒子頃公去疾繼位。

2 頃公六年，周景王逝世，王子們爭奪王位。晉國六卿平定王室禍亂，擁立敬王。

3 九年，魯國季氏驅逐他的國君昭公，昭公居住在乾侯。十一年，衛國與宋國派使者請求晉國幫助魯君歸國執政。季平子暗中賄賂范獻子，范獻子接受賄賂，就對晉君說：「季氏是無罪的。」結果晉國沒有幫助魯君回國。

4 十二年，晉國宗室祁傒的孫子、叔嚮的兒子，在國君那裡相互詆毀。六卿意欲削弱公室，於是就依據法令將他們的家族全部滅了。把他們的封邑分為十縣，各令自己的兒子為大夫。晉公室愈加衰弱，六卿都很強大。

5 十四年，頃公去世，兒子定公午繼位。

6 定公十一年，魯國的陽虎投奔晉國，趙鞅簡子收留了他。十二年，孔子擔任魯儐相。

7 十五年，趙鞅讓邯鄲大夫午將衛國進貢的五百戶歸還他以後遷居晉陽。大夫午答應後，又不講信用，趙鞅想殺了大夫午，大夫午與中行寅、范吉射關係親密，聯合起來攻打趙鞅，鞅逃入晉陽，堅守城池。定公包圍晉陽。荀櫟、韓不信、魏侈與范、中行有仇，就移兵攻打范、中行。范、中行反叛，晉君攻打他們，打敗范、中行。范、中行後退逃至朝歌，保衛城邑。韓、魏替趙鞅向晉君謝罪，晉君於是赦免了趙鞅，恢復了他的職位。二十二年，晉國打敗范、中行氏，二人逃奔齊國。

8 三十年，定公與吳王夫差在黃池盟會，爭奪盟主，趙鞅當時跟隨晉君，吳國最終成為盟主。

9 三十一年，齊國的田常殺死他的國君簡公，立簡公的弟弟驁為平公。三十三年，孔子去世。

10 三十七年，定公去世，兒子出公鑿繼位。

11 出公十七年，智伯與趙、韓、魏共同瓜分范、中行的土地作為自己的城邑。出公發怒，告訴齊國、魯國，想借助他們的力量討伐四卿。四卿恐懼，就反攻出公。出公出奔齊國，在路上死去。智伯因此就立昭公的曾孫驕為晉君，這就是哀公。

12 哀公的祖父雍是晉昭公的少子，號稱戴子。戴子生了忌。忌與智伯友善，他死得早，所以智伯雖然想吞併晉國，但還不敢，就立忌的兒子驕為君。在這個時候，晉國的政令完全由智伯裁決，晉國的哀公無法限制他的行為。智伯於是占有范、中行的土地，勢力最強大。

13 哀公四年，趙襄子、韓康子、魏桓子聯合殺死智伯，吞併了他全部的土地。

14 十八年，哀公去世，兒子幽公柳繼位。

15 幽公時期，晉君出於畏懼，反而朝見韓、趙、魏的君主。晉室只有絳城與曲沃，其餘土地都歸三晉所有。

16 十五年，魏文侯剛剛繼位。十八年，幽公姦淫婦女，夜晚私自離開城邑，強盜殺了幽公。魏文侯率兵平定晉國的禍亂，立幽公的兒子止為君，這就是烈公。

17 烈公十九年，周威烈王賜封趙、韓、魏，都被命為諸侯。

18 二十七年，烈公去世，兒子孝公頎繼位。孝公九年，魏武侯剛繼位，襲擊邯鄲，未能獲勝就離開。十七年，孝公去世，兒子靜公俱酒繼位。這一年是齊威王元年。

19 靜公二年，魏武侯、韓哀侯、趙敬侯滅亡晉國以後將土地分成三塊。靜公被貶為普通人，晉祀從此斷絕。

太史公曰：晉文公，古所謂明君也。亡居外十九年，至困約❶，及即位而行賞，尚忘介子推，況驕主乎？靈公既弒，其後成、景致嚴❷。至厲，大刻❸，大夫懼誅，禍作。悼公以後日衰❹，六卿專權。故君道❺之御其臣下，固不易哉！

【章　旨】以上為第五段，是作者的論贊，作者以晉國君臣關係為例，說明君主如何對待臣下，將在很大程度上決定國家的前途命運。

【注　釋】❶至困約　極其艱難困苦。❷致嚴　指對待臣下嚴厲。❸大刻　過於苛刻。❹悼公以後日衰　黃震曰：「悼公十四歲得國，一旦轉危為安，功業赫然，漢昭帝流亞也。太史公例言『悼公以後日衰』，語焉不詳，悼公稱屈九原矣。」❺君道　為君之道，指君主的自身素質與駕馭群臣、統治國家的手段。

【語　譯】太史公說：晉文公是古人所說的賢明君主，逃亡居住國外十九年，生活極其艱難困苦，等他即位後對臣下論功行賞，尚且遺忘介子推，更何況驕橫的君主呢？靈公被殺以後，成公、景公對待臣下十分嚴厲，到厲公時，更加苛刻，大夫們懼怕被殺，禍亂發生。悼公以後日益衰微，六卿專政。所以說國君駕馭他的臣下，本來就不容易啊！

【研　析】〈晉世家〉是《史記》中最長的篇章，〈秦始皇本紀〉比這篇還長幾百字，那是因為它的後面附了賈誼的〈過秦論〉三篇與一篇〈秦紀〉的結果。單就文章敘事而言，沒有比〈晉世家〉更長的了。〈晉世家〉所以敘晉事如此詳盡，是因為司馬遷寫春秋時代的各國歷史主要是依據《左傳》，而《左傳》的敘述春秋史事，唯晉國最詳細，占篇幅是最大的。所以人們懷疑《左傳》的作者是晉國人或由晉國分出的魏國人或者趙國人。《左傳》共約二十萬字，寫晉國的字數約占四分之一以上，司馬遷是做了大幅度刪繁就簡的，因此熟悉《左傳》的人讀〈晉世家〉總是不會滿意，因為它不可能像《左傳》那樣曲折委婉，清晰具體。但〈晉世家〉中也有司馬遷的許多發揮創造，如驪姬讒害申生一段，《史記》就比《左傳》細緻生動得多。

〈晉世家〉敘晉國史事分兩條線，一方面是寫它的外向活動，諸如外交、兼併、抗楚、爭霸等等。另一方面是寫它的內部矛盾，這裡邊首先是公室骨肉之間的篡奪仇殺，這在文公重耳以前占主要地位；其二是公室與卿族之間的反覆奪權，這在平公以前占主要地位，靈公與厲公都是為打擊卿族、強化公室不成而犧牲了性命的；其三是公室已成傀儡，卿族之間的爭權遂占據主要地位，這就是平公以後由「六卿」到「四卿」，再到「三家分晉」的最後結局。

《左傳》也算是儒家的「經典」之一，但《左傳》的思想與孔子頗不統一。孔子主張存滅國，繼絕世，反對弒君作亂；《左傳》卻站在卿族強權的立場，支持晉國的弒君作亂者。司馬遷使用《左傳》的材料，也採取《左傳》的觀點，故而對卿族採取同情讚許的態度。晉文公被孔子稱作「譎而不正」，是個曹操一類的人物。他有心機，有手段，善於把握時機，也善於駕馭人才，但道德卻不怎麼崇高。也就是這樣一個人，他掌權的時間雖然不長，但卻使晉國的地位達到了登峰造極的地步，並給晉國留下了日後八十年的霸主餘勁。司馬遷讚美晉文公，其敘述晉文公事跡的篇幅幾乎占到了〈晉世家〉的三分之一。司馬遷不守孔子的舊教條，敢於衝破儒家的牢籠，充分表現了其嶄新的講民主、講實效的思想境界。

〈晉世家〉還寫了介子推的「不言祿，祿亦不及」，借以諷喻後代君主功成之後的忘恩負義；寫了祁傒的「外舉不隱仇，內舉不隱子」，表現了作者天下為公的思想；寫了董狐敢於直書「趙盾弒其君」的良史氣概，與〈齊太公世家〉中齊太史的直書「崔杼弒其君」交相輝映。這些雖然也都是源於《左傳》，但一到司馬遷筆下，自然也就又有了司馬遷自己的思想寄託。

卷四十

楚世家第十

【題解】《楚世家》記載了上自顓頊高陽氏，下迄戰國之末的楚國史事，是《史記》中時間跨度最大的一篇「世家」。在《楚世家》中，司馬遷敘述了楚國由小到大，由弱到強，又由強而弱，直至滅亡的全部過程，從正反兩方面總結了楚國興衰的經驗教訓，指出是否施行德政是關鍵。從文中我們也可以感受到司馬遷對楚國的態度是複雜的，他既對這個「蠻夷之國」的日益壯大、威脅中原表示不安與警惕，又對其最後不能統一全國有著深深的遺憾。

1 楚之先祖出自帝顓頊高陽❶。高陽者，黃帝之孫，昌意之子也。高陽生稱，稱生卷章，卷章生重黎❷。重黎為帝嚳高辛❸居火正❹，甚有功，能光融天下，帝嚳命曰祝融❺。共工氏❻作亂，帝嚳使重黎誅之而不盡。帝乃以庚寅日❼誅重黎，而以其弟吳回為重黎後，復居火正，為祝融。

2 吳回生陸終。陸終生子六人，坼剖而產❽焉。其長一曰昆吾❾；二曰參胡❿；三曰彭祖⓫；四曰會人⓬；五曰曹姓⓭；六曰季連⓮，羋姓，楚其後也。昆吾氏⓯，夏⑯之時嘗為侯伯，桀⑰之時湯⑱滅之。彭祖氏，殷⑲之時嘗為侯伯，殷之末世滅彭祖氏。季連生附沮，附沮生穴熊。其後中微，或在中國，或在蠻夷，弗能紀其世。

【章　旨】以上為第一段，寫楚之先世來歷，以及與其在西周前的發展狀況。

【注　釋】❶顓頊高陽　五帝之一，名顓頊，號高陽氏，居於帝丘，故城在今河南濮陽境內。參見〈五帝本紀〉。❷重黎　傳說中重、黎有分為兩人與合為一人兩種說法，筆者贊同重和黎是兩個人的意見。《索隱》曰：「卷章名老童，故《系本》云：『老童生重黎。』重氏、黎氏二官，代司天地，重為木正，黎為火正。」❸帝嚳高辛　五帝之一，名嚳，號高辛氏，居於亳，故城在今河南偃師。參見〈五帝本紀〉。❹火正　古官名，職掌祭祀和觀察火星，行火政。❺祝融　火官的封號。祝，大。融，明。❻共工氏　神話傳說中的人物，炎帝後裔，亦名康回，顓頊世衰，共工欲霸九州，因而作亂，怒觸不周之山，天柱折，地維絕。（《淮南子・天人》）一說為古代水官名，因以為氏。❼庚寅日　這是干支記日法。庚，天干。寅，地支。❽坼剖而產　剖開腹部而生。坼，裂開；分裂。❾昆吾　名樊，己姓，封於昆吾。後為部落名。今河南濮陽西。夏時為侯伯，後被湯所滅。❿參胡　名惠連，斟姓，後為部落名。在今河南宜陽西。⓫彭祖　名鏗。虞翻曰：「名翦，為彭姓，封於大彭。」後為部落名。《世本》曰：「彭祖者，彭城是。」即在今江蘇徐州。殷時為侯伯，殷末滅亡。⓬會人　名求言，妘姓，後為部落名。相當於後來鄭國所在地，在今河南新鄭東北。為鄭武公所滅。⓭曹姓　名安，後為部落名。《世本》曰：「曹姓，邾是。」古邾國，在今湖北黃岡東南。⓮季連　芈姓，楚之始祖。陸終六子之說本自《帝繫》，其實皆古族傳說。⓯昆吾氏　夏商之間部落名，己姓。初封於濮陽（今河南濮陽），夏衰，昆吾為夏伯，遷於舊許（今河南許昌東），後為商湯所滅。⓰夏　我國歷史上第一個朝代，西元前二〇七〇－前一六〇〇年，相傳為禹所建，曾先後都陽城（今河南登封東）、斟鄩（今登封西北）、安邑（今山西夏縣）等地，最後被湯所滅。⓱桀　夏朝末代君主，暴虐無道，被商湯敗於鳴條（今山西夏縣北，一說在夏縣西），流放於南巢（今安徽巢縣）而死。以上夏朝事，詳見〈夏本紀〉。⓲湯　商代開國君主，又名成湯，建都亳，故城有說在今河南商丘南，有說即今鄭州之商城遺址。詳見〈殷本紀〉。⓳殷　朝代名，即商朝，西元前一六〇〇－前一〇四六年，湯所建。

商王盤庚從奄（今山東曲阜）遷都到殷（今河南安陽西北），故商也稱殷。

【語　譯】楚的先祖是帝顓頊高陽的後代。高陽是黃帝的孫子，昌意的兒子。高陽生稱，稱生卷章，卷章生重黎。重黎為帝嚳高辛氏做火正，非常有功勞，能夠讓天下光明和樂，帝嚳命名他為祝融。共工氏作亂，帝嚳命重黎誅滅他們，重黎沒能將他們誅滅乾淨，帝嚳就在庚寅這一天殺了重黎，讓其弟吳回作為重黎的繼承者，還是做火正，為祝融。

2　吳回生陸終。陸終生了六個兒子，這六個孩子是通過剖開腹部出生的。最大的叫昆吾，老二叫參胡，老三叫彭祖，老四叫會人，老五叫曹姓，老六叫季連，羋姓，楚人就是他的後代。昆吾氏，夏時曾是侯伯，桀時被湯所滅。彭祖氏，殷時曾是侯伯，殷的末世滅了彭祖氏。季連生附沮，附沮生穴熊。後來季連的後人衰落了，有些在中國，有些在蠻夷，記不清世系了。

1　周文王❶之時，季連之苗裔曰鬻熊❷。鬻熊子事文王，蚤卒。其子曰熊麗。熊麗生熊狂，熊狂生熊繹。

2　熊繹當周成王❸之時，舉文、武勤勞之後嗣❹，而封熊繹於楚蠻❺，封以子男❻之田，姓羋氏，居丹陽❼。楚子熊繹與魯公伯禽❽、衛❾康叔子牟❿、晉侯燮⓫、齊太公子呂伋⓬俱事成王⓭。

3　熊繹生熊艾，熊艾生熊䵣⓮，熊䵣生熊勝。熊勝以弟熊楊為後。熊楊生熊渠。

4　熊渠生子三人。當周夷王⓯之時，王室微，諸侯或不朝，相伐。熊渠甚得江、漢⑯間民和，乃興兵伐庸、楊粵，至于鄂⑰。熊渠曰：「我蠻夷也，不與中國之號謚。」乃立其長子康為句亶⑱王，中子紅為鄂⑲王，少子執疵為越章⑳王，皆在江上楚蠻之地。及周厲王㉑之時，暴虐，熊渠畏其伐楚，亦去其王。

5 後為熊毋康，毋康蚤死。熊渠卒，子熊摯紅立㉒。摯紅卒，其弟弒而代立㉓，曰熊延。熊延生熊勇。

6 熊勇六年㉔，而周人作亂，攻厲王，厲王出奔彘㉕。熊勇十年卒，弟熊嚴為後。

7 熊嚴十年㉖卒。有子四人：長子伯霜，中子仲雪，次子叔堪，少子季徇。熊嚴卒，長子伯霜代立，是為熊霜。

8 熊霜元年，周宣王㉗初立。熊霜六年㉘卒，三弟爭立。仲雪死；叔堪亡，避難於濮㉙；而少弟季徇立，是為熊徇。熊徇十六年㉚，鄭桓公㉛初封於鄭。二十二年，熊徇卒，子熊咢立。熊咢九年㉜卒，子熊儀立，是為若敖。

9 若敖二十年㉝，周幽王為犬戎所弒㉞，周東徙㉟，而秦襄公始列為諸侯㊱。

10 二十七年，若敖卒，子熊坎立，是為霄敖。霄敖六年㊲卒，子熊眴立，是為蚡冒㊳。蚡冒十三年㊴，晉始亂，以曲沃之故㊵。蚡冒十七年卒。蚡冒弟熊通㊶弒蚡冒子而代立，是為楚武王㊷。

【章　旨】以上為第二段，寫楚在西周時期的發展情況。

【注　釋】❶周文王　姓姬名昌，商代末年周族領袖，商紂時封為西伯，建都豐邑，故城在今陝西西安西南灃水西側之鄠縣以西，在位五十年（一說五十五年），奠定了武王滅商的基礎。詳見〈周本紀〉。❷鬻熊　《漢書・藝文志》道家有「《鬻子》二十二篇，名熊，為周師，自文王以下問焉。周封為楚祖。」❸周成王　名誦，武王之子，西元前一〇四二—前一〇二一年在位。初繼位時，由叔父周公旦輔政。❹文武勤勞之後嗣　即幫助周文王、周武王伐滅商朝的功臣的後代。武，指周武王，名發，文王之子。文王死後，他繼承父業滅商，建立西周王朝，定都於鎬，故城在今陝西西安西之灃水東岸，現有豐鎬遺址。西元前一〇四六—前一〇四三年在位。❺楚蠻　泛指南方蠻荒之地。❻子男　爵位名，在公、侯、伯、子、男五等爵位中，排在最後。❼丹陽　故城在今河南淅川。一說其邑在湖北秭歸東。又稱楚王城，稱西楚；楚文王遷都新邑，亦稱丹陽，在湖北枝江西，又稱南楚。❽魯公伯禽　周公旦長子，周公封於魯而實未離開宗周，伯禽是魯國第一位國君。魯，古諸侯國名，故城在今山東曲阜。❾衛　古諸侯國名。武庚之亂後，周公旦把武庚遺民封給康叔，讓他作衛國國君。❿牟　康叔子名。康叔封於衛而未到國，由子牟出任第一任國君。⓫晉侯燮　成王封弟叔虞於唐，虞子燮改國號為晉。⓬齊太公子呂伋　姜尚五世孫。齊，古諸侯國名，姜姓。初都營丘，故城在今山東青州臨淄北，獻公時遷都臨淄，今山東淄博之臨淄西北。齊太公，姓姜，名尚，字子牙，其先封於呂，故城在今河南南陽西，故又稱呂尚，因輔佐武王滅商有功，封於齊。⓭俱事成王　按：此事記載有誤。據〈齊世家〉：「太公之卒百有餘年，子丁公呂伋立。」則此時非成王之時，呂伋也不可能是齊太公子，一般認為他是齊太公五世孫，熊繹不可能與他同時共事成王。⓮熊黮　黮，亦作黮。⓯周夷王　名燮，懿王之子，孝王之姪，在位時王權漸衰。⓰江漢　長江、漢水。⓱興兵伐庸楊粵二句　庸，在今湖北竹山東南。楊粵，同「揚越」。指當時荊州境內的越族人。浙江一帶古亦稱「揚粵」。一說此鄂當是楚西鄂，在今河南鄧縣，非今湖北鄂城之東鄂。楊粵，即西越，在今陝南、豫西南一帶。鄂，在今湖北鄂城一帶。⓲句亶　在今湖北江陵。⓳鄂　此鄂即今武昌，與上文「鄂」非一地。⓴越章　其地不詳。㉑周厲王　夷王之子，名胡，西元前八七七年即位，貪利暴虐，西元前八四一年引起國人暴動，逃到彘（今山西霍縣東北），十四年後（西元前八二八年）死去。詳見〈周本紀〉。㉒子熊摯紅立　瀧川曰：「摯字當衍，熊紅即上鄂王也。」㉓摯

紅卒二句　所弒者當是熊摯。但《左傳》僖公二十六年記熊摯是自竄於夔；《國語・鄭語》孔晁注說其是被楚人所廢。㉔熊勇六年　西元前八四一年，共和元年。㉕厲王出奔彘　西元前八四一年，周國人因厲王殘虐而暴動，厲王出奔彘，國政由周公與召公共同執掌。人稱「周召共和」。彘，今山西霍縣東北。㉖熊嚴十年　西元前八二八年。㉗周宣王　厲王之子，名靜，西元前八二七—前七八二年在位。是西周「中興」之王。㉘熊霜六年　西元前八二二年。㉙濮　古代部族名，又稱百濮，居住在今湖北西南部和湖南西北部。㉚熊徇十六年　西元前八〇六年。㉛鄭桓公　名友，鄭始封祖，周厲王之子，宣王庶弟，被封於鄭（今陝西華縣）。申侯聯合犬戎攻滅西周時，桓公與幽王同時被殺。㉜熊咢九年　西元前七九一年。㉝若敖二十年　西元前七七一年。㉞周幽王為犬戎所弒　周幽王寵愛褒姒，廢申后及太子宜臼，後申侯聯合繒國、犬戎攻打西周，殺幽王於驪山之下。詳見〈周本紀〉。周幽王，名宮湦（一作涅），宣王之子，西元前七八一—前七七一年在位。犬戎，西戎部族名，居住在今陝西彬縣，岐山縣一帶。㉟周東徙　指幽王子平王東遷至洛邑（今河南洛陽城東），是為東周。㊱秦襄公始列為諸侯　西周滅亡時，秦襄公率兵救周，護送周平王東遷，周平王遂賜以岐（今陝西岐山東北）西之地，秦從此升為諸侯。秦襄公，秦莊公之子，居於西犬丘（今甘肅天水西南），為西垂大夫。西元前七七七—前七六六年在位。㊲霄敖六年　西元前七五八年。㊳蚡冒　蚡冒謚厲王。㊴蚡冒十三年　當周平王二十六年，晉昭侯元年，西元前七四五年。㊵晉始亂二句　西元前七四五年，晉昭侯封其叔成師於曲沃，是為曲沃桓叔。曲沃大於晉都翼，是以內亂不已。曲沃，在今山西聞喜東北。㊶蚡冒弟熊通　文公十六年《左傳》注云：「蚡冒是楚武王父。」與此不同。㊷楚武王　武王之名，今各本《史記》皆作熊通，實為熊達。

【語　譯】周文王的時候，季連的後代叫鬻熊。鬻熊以弟子之禮事奉文王，他去世得很早。他的兒子叫熊麗。熊麗生熊狂，熊狂生熊繹。

2 熊繹正當周成王的時期，周成王選拔文王、武王時功臣的後人，把熊繹封在楚蠻，分封給他子男爵位的土地，姓羋氏，住在丹陽。楚子熊繹與魯公伯禽、衛康叔子牟、晉侯燮、齊太公子呂伋都是成王的臣子。

3 熊繹生熊艾，熊艾生熊䵣，熊䵣生熊勝。熊勝讓弟弟熊楊做繼承者。熊楊生熊渠。

4 熊渠生了三個兒子。此時正當周夷王時，王室衰落，有些諸侯不朝見周王，還互相征伐。熊渠很得江漢間的民心，就發兵征伐庸、楊粵，直到鄂。熊渠說：「我是蠻夷，和中國的謚號不相干。」於是就立他的長子康為句亶王，中子紅為鄂王，少子執疵為越章王，都在江邊的楚蠻之地。到周厲王時，周厲王暴虐，熊渠怕他征伐楚國，去除了王號。

5 熊渠立熊毋康為繼承人，毋康早死。熊渠死後，他的兒子摯紅繼位。摯紅死後，他的弟弟殺了繼位者代立，叫熊延。熊延生熊勇。

6 熊勇六年，周國人作亂，攻擊厲王，厲王逃奔到彘。熊勇十年去世，弟熊嚴繼位。

7 熊嚴十年去世。他有四個兒子，長子伯霜，中子仲雪，次子叔堪，少子季徇。熊嚴死後，長子伯霜繼位，就是熊霜。

8 熊霜元年，周宣王繼位。熊霜六年去世，三個弟弟爭立。仲雪死，叔堪出亡，到濮避難；小弟季徇繼位，就是熊徇。熊徇十六年，鄭桓公初封於鄭。二十二年，熊徇去世，子熊咢繼位。熊咢九年去世，子熊儀繼位，就是若敖。

9 若敖二十年，周幽王為犬戎殺死，周東遷，秦襄公開始被列為諸侯。

10 二十七年，若敖去世，子熊坎繼位，就是霄敖。霄敖六年去世，子熊眴立，就是蚡冒。蚡冒十三年，晉國開始發生了內亂，是因為封文侯弟成師於曲沃的緣故。蚡冒十七年去世。蚡冒的弟弟熊通殺了蚡冒的兒子代立，這就是楚武王。

1 武王十七年❶，晉之曲沃莊伯弒主國晉孝侯❷。十九年，鄭伯弟段作亂❸。二
十一年，鄭侵天子之田❹。二十三年，衛弒其君桓公❺。二十九年，魯弒其君隱
公❻。三十一年，宋太宰華督弒其君殤公❼。

2 三十五年，楚伐隨❽。隨曰：「我無罪。」楚曰：「我蠻夷也。今諸侯皆為

叛相侵，或相殺。我有敝甲，欲以觀中國之政，請王室尊吾號。」隨人為之周，請尊楚，王室不聽，還報楚。三十七年，楚熊通怒，曰：「吾先鬻熊，文王之師也，蚤終。成王舉我先公，乃以子男田令居楚，蠻夷皆率服❾，而王不加位，我自尊耳。」乃自立為武王，與隨人盟而去。於是，始開濮❿地而有之。

3 五十一年，周召隨侯，數以立楚為王。楚怒，以隨背己，伐隨⓫。武王卒師中而兵罷⓬。子文王熊貲立，始都郢⓭。

4 文王二年⓮，伐申，過鄧⓯，鄧人曰，「楚王易取」，鄧侯不許也。六年，伐蔡⓰，虜蔡哀侯以歸，已而釋之⓱。楚彊，陵江、漢間小國⓲，小國皆畏之。十一年，齊桓公始霸⓳，楚亦始大。

5 十二年，伐鄧，滅之⓴。十三年卒，子熊囏立，是為莊敖㉑。莊敖五年㉒，欲殺其弟熊惲，惲奔隨，與隨襲弒莊敖，代立，是為成王。

【章旨】以上為第三段，寫楚武王至成王間的楚國史事，此時楚已成為南方大國。

【注釋】❶武王十七年　西元前七二四年。❷晉之曲沃莊伯弒主國晉孝侯　曲沃莊伯，名鱓，曲沃桓叔之子。主國，宗主國。因為曲沃是由晉國分封的，故稱晉為主國。晉孝侯，名平，晉昭侯子，西元前七三九—前七二四年在位。❸鄭伯弟段作亂　鄭莊公的母親武姜不喜歡莊公，而喜歡共叔段，段與武姜合謀篡奪君位，被莊公挫敗。參見〈鄭世家〉及隱公元年《左傳》。鄭伯，鄭莊公，名寤生，西元前七四三—前七〇一年在位，是春秋初期最有作為的國君。段，鄭莊公的弟弟共叔段，封於京，又稱京城太叔。❹鄭侵天子之田　隱公三年《左傳》載鄭莊公命祭足帶兵搶收了周天子的麥和稻。事又見〈鄭世家〉。❺衛弒其君桓公　衛桓公的弟弟州吁驕奢放蕩，逃亡在外，糾集黨羽石厚等襲殺衛桓公。事見〈衛康叔世家〉及隱公五年《左傳》。桓公，名完，西元前七三四—前七一九年在位。❻魯弒其君隱公　隱公，名息姑（一作息），惠公庶子。惠公卒，因太子允年幼，由他當政，西元前七二二—前七一二年在位。隱公庶弟公子翬勸隱公殺太子允，隱公不聽，公子翬反過來唆使太子允殺死隱公。事見隱公十一年《左傳》與〈魯周公世家〉。❼宋太宰華督弒其君殤公　華督殺大夫孔父嘉，奪其妻，又殺殤公，並迎立公子馮（即宋莊公）。事見桓公二年《左傳》。宋，古諸侯國名，子姓，開國之君為紂王庶兄微子啟，周公平定武庚叛亂後所封，建都商丘，故城在今河南商丘城南。太宰，官名，為天官之長，在國君左右主持政務。華督，一作華父督，宋國太宰。閔公時，被大夫南宮萬所殺。殤公，名與夷，西元前七一九—前七一〇年在位。❽隨　古諸侯國名，姬姓，故城在今湖北隨縣南。按：據《左傳》，楚於魯桓公八年伐隨，此年無伐隨要隨為其請周尊其號之事。❾率服　遵循臣職。❿濮　地域名，在今湖北漢水之南。⓫以隨背己二句　按：《左傳》只記楚伐隨，未說明原因。⓬武王卒師中而兵罷　莊公四年《左傳》記武王卒於樠木之下。令尹鬬祁、莫敖屈重祕不發喪，與隨人行成，濟漢而後發喪。⓭文王熊貲立二句　梁玉繩認為居郢並不始於武王，疑數世經營，至武文始定。郢，故城在今湖北江陵北紀南城。⓮文王二年　西元前六八八年。⓯伐申二句　申，古諸侯國名，故城在今河南南陽北三十里。鄧，古諸侯國名，曼姓，故城在今湖北襄陽北。鄧侯，即鄧祁侯。⓰伐蔡　息侯夫人回國省親，路過蔡國，蔡侯不敬，息侯怒，謂楚文王曰：「伐我，我求救于蔡而伐之。」楚遂伐蔡。蔡，古諸侯國名，姬姓，故城在今河南上蔡。見〈管蔡世家〉。⓱已而釋之　《史記・管蔡世家》云「哀侯留九歲，死於楚」，與此異。蔡哀侯，名獻舞，一名季，西元前六九四—前六七五年在位。⓲陵江漢間小國　陵，通「淩」。江漢間小國，指長江、漢水流域的隨、絞、州、蓼、隕、羅等國。⓳齊桓公始霸　是年，齊桓公會宋桓公、陳宣公、衛惠公、鄭厲公於鄄，確立起霸主地位。齊桓公，名小白。春秋五霸之首，西元前六八五—前六四三年在位。事跡詳見〈齊太公世家〉。⓴伐鄧二句　莊公六年《左傳》楚文王伐申過鄧，鄧人勸鄧侯殺之，鄧侯不聽。文王伐申還即伐鄧，是年又伐鄧，滅之。㉑是為莊敖　王叔岷以為「莊敖」本作「杜敖」，又作「堵敖」，〈年表〉作「堵敖」。楚國從武王稱王立謚以後，對無謚號的君主稱「敖」，不稱王，與以前的若敖、霄敖的情況不同。㉒莊敖五年　按：《史記》以莊敖立在魯莊公十八年，魯莊二十二年正是五年，是年當周惠王五年，為西元前六七二年；若據《左傳》，文王卒於魯莊十九年，莊敖立於魯莊二十年，則是年當為莊敖三年。

【語譯】武王十七年，晉國的曲沃莊伯殺死宗主國君晉孝侯。十九年，鄭莊公的弟弟段作亂。二十一年，鄭侵周天子的田地。二十三年，衛弒殺國君桓公。二十九年，魯弒殺國君隱公。三十一年，宋太宰華督弒殺國君殤公。

2 三十五年，楚伐隨。隨人說：「我沒有罪。」楚人說：「我是蠻夷。現在諸侯都叛亂互相侵伐，有的還互相殘殺。我有軍隊，想憑這參與中國的政事，請周王室尊封我的封號。」隨人為他到周的京城去，請周王加封，周王不採納，隨人回來向楚人報告。三十七年，楚熊通發怒說：「我的祖先鬻熊，是周文王的老師，他去世得早。成王提拔我的祖先，封給我們子男的爵位和田地讓我們居住在楚地，蠻夷都服從，周王不加封，我自己加封。」於是自立為武王，與隨人結盟後撤回。從此楚開發濮地並占有了它。

3 五十一年，周召見隨侯，責備他立楚為王。楚王大怒，以為隨背叛了自己，討伐隨國。楚武王死在軍中，楚國罷了兵。子文王熊貲繼位，開始以郢為都城。

4 文王二年，討伐申國路過鄧國，鄧國人說「楚王容易拿下」，鄧侯不允許。六年，楚文王伐蔡，俘虜了蔡哀侯回來，不久又放了他。楚國強橫，欺凌江漢間的小國，小國都害怕它。十一年，齊桓公開始稱霸，楚國也開始強大起來。

5 十二年，楚文王伐鄧，滅了鄧。十三年，楚文王去世，子熊囏繼位，這就是莊敖。莊敖五年，想殺弟弟熊惲，熊惲逃到隨國，與隨襲擊並殺死莊敖而繼位，這就是楚成王。

1 成王惲元年❶，初即位，布德施惠，結舊好於諸侯。使人獻天子❷，天子賜胙❸，曰：「鎮爾南方夷、越之亂，無侵中國。」於是，楚地千里。

2 十六年，齊桓公以兵侵楚，至陘山❹。楚成王使將軍屈完以兵禦之❺，與桓公盟。桓公數以周之賦⑥不入王室，楚許之，乃去。

3 十八年，成王以兵北伐許⑦，許君肉袒謝⑧，乃釋之。二十二年，伐黃⑨。二十六年，滅英⑩。

4 三十三年，宋襄公欲為盟會⑪，召楚。楚王怒，曰：「召我，我將好往⑫襲辱之。」遂行，至盂⑬，遂執辱宋公⑭，已而歸之⑮。三十四年，鄭文公⑯南朝楚。楚成王北伐宋，敗之泓，射傷宋襄公，襄公遂病創死⑰。

5 三十五年，晉公子重耳⑱過楚，成王以諸侯客禮饗，而厚送之於秦。

6 三十九年，魯僖公來請兵以伐齊⑲，楚使申侯將兵伐齊，取穀，置齊桓公子雍焉⑳。齊桓公七子皆奔楚，楚盡以為上大夫㉑。滅夔㉒，夔不祀祝融、鬻熊故也。

7 夏，伐宋㉓，宋告急於晉，晉救宋㉔，成王罷歸㉕。將軍子玉㉖請戰，成王曰：「重耳亡居外久，卒得反㉗國，天之所開㉘，不可當。」子玉固請，乃與之少師㉙而去。晉果敗子玉於城濮㉚。成王怒，誅子玉㉛。

8 四十六年，初，成王將以商臣為太子，語令尹㉜子上。子上曰：「君之齒未也㉝，而又多內寵，絀乃亂也㉞。楚國之舉㉟，常在少者。且商臣蠭目而豺聲㊱，忍人㊲也，不可立也。」王不聽，立之。後又欲立子職㊳而絀太子商臣。商臣聞而未審也，告其傅潘崇曰：「何以得其實？」崇曰：「饗王之寵姬江芈而勿敬也[39]。」商臣從之。江芈怒曰：「宜乎王之欲殺若而立職也[40]。」商臣告潘崇曰：「信矣。」崇曰：「能事之乎[41]？」曰：「不能。」「能亡去乎[42]？」曰：「不能。」「能行大事乎[43]？」曰：「能。」冬，十月，商臣以宮衛兵圍成王。成王請食熊蹯而死[44]，不聽。丁未[45]，成王自絞殺。商臣代立，是為穆王。

9 穆王立，以其太子宮[46]予潘崇，使為太師[47]，掌國事。穆王三年[48]，滅江[49]。四年，滅六、蓼。六、蓼，皋陶之後[50]。八年，伐陳[51]。十二年卒。子莊王侶立。

【章　旨】以上為第四段，寫楚國在成王時期的爭霸活動。

【注　釋】❶成王惲元年　西元前六七一年。❷獻天子　向周天子進貢。❸賜胙　周天子向楚賜文武胙，即祭祀文王、武王的胙肉給楚王，這是一種對霸者的殊禮。意即承認其霸主地位，這就大大提高了楚在諸夏國家中的聲望。楚得到征伐南方諸國的權力，儼然以南方霸主的身分出現在江漢流域。❹齊桓公以兵侵楚二句　齊桓公怒蔡姬，遣之回蔡，蔡嫁之，齊桓公藉口伐蔡，遂伐楚。陘山，古邑名，楚地，在今河南漯河東。詳見〈齊太公世家〉。❺楚成王使將軍屈完以兵禦之　據《左傳》，屈完此去是求盟，與史異。屈完，楚大夫。❻周之賦　指向周交納的苞茅之類的貢品。❼北伐許　僖公五年，鄭國投靠楚國，諸侯伐鄭，故六年楚國圍許以救鄭。許，古諸侯國名，姜姓，故城在今河南許昌東。❽肉袒謝　肉袒，脫去上衣，表示服罪。❾黃　古國名，嬴姓，在河南潢川西北，伐黃之役，《左傳》、〈年表〉均在二十三年，二十四年滅之。❿英　古國名，在安徽英山。滅英，此乃是滅黃之誤，原屬二十四年事，錯書於二十六年耳。⓫宋襄公欲為盟會　宋襄公想做霸主，故召集齊孝公、楚成王在鹿上會盟。宋襄公，名茲父，西元前六五〇－前六三七年在位。⓬好往　假裝和好與會。⓭盂　即今河南睢縣盂亭。⓮執辱宋公　盂之會，楚成王拘留了宋襄公。⓯已而歸之　是年冬，宋楚會於薄而釋宋襄公。⓰鄭文公　名捷，西元前六七二－前六二八年在位。⑰楚成王北伐宋四句　此即泓水之戰。泓水之戰是自召陵之盟後楚第一次與中原國家交戰，自此至城濮之戰的近十年間，中原再無國家與楚抗衡，楚國勢力又向中原迅速發展。泓，河水名，在今河南柘城西北。⑱重耳　晉獻公之子，即日後的晉文公，春秋五霸之一，西元前六三六－前六二八年在位。⑲魯僖公來請兵以伐齊　此事《左傳》在僖公二十六年，楚成王三十八年。魯僖公，名申，西元前六五九－前六二七年在位。⑳取穀二句　穀，在今山東東阿舊治東阿鎮。置，放置，指把公子雍送回國。雍，齊桓公之子，與其兄爭權被趕出。㉑齊桓公七子皆奔楚二句　《左傳》此事在僖公二十六年。可見此時楚國勢力已影響到了齊國，對中原造成極大威脅。㉒夔　古國名，楚熊摯之後，在湖北秭歸東。㉓夏二句　楚、陳、蔡、許、鄭圍宋，這是城濮之戰的導火線。㉔晉救宋　楚與諸侯圍宋，宋求救於晉，晉伐曹、衛以救之。㉕成王罷歸　《左傳》作「楚子入居于申，使申叔去穀，使子玉去宋」。命令各路全部撤退。㉖子玉　即成得臣，因伐陳有功，被子文薦為令尹。㉗反　通「返」。㉘開　啟；誘導。㉙與之少師　楚成王不想與晉作戰，子玉不聽，成王怒，只給他少量軍隊，即西廣、東宮及若敖之六卒。㉚晉果敗子玉於城濮　子玉挑戰，晉退避三舍，夏四月戊辰，次於城濮，大敗楚軍。城濮，在今山東鄄城西南。㉛成王怒二句　城濮戰敗後，成王命子玉自殺，後又命其毋死，但命令傳到時，子玉已經自殺。晉文公聽到子玉死訊後，高興地說：「莫余毒也已。」城濮之戰是北方國家抵禦楚國北進的一次決定性戰役，從此北方國家形成以晉為核心的軍事集團，從此春秋霸主長期的在晉國。而楚國則收縮力量，減輕了對中原的威脅。㉜令尹　楚國官名，相當於中原國家的宰相。㉝君之齒未也　君王您年歲還未老。㉞絀乃亂也　廢黜太子將會惹出亂子。絀，通「黜」。廢棄；貶退。㉟舉　指立太子。㊱蠭目而豺聲　蜜蜂一樣凸出的眼睛，豺狼一樣的聲音。㊲忍人　殘忍的人。㊳職　商臣庶弟。㊴饗王之寵姬江芈而勿敬也　宴請王的寵姬江芈而不尊重她，以此激怒她使泄真言。江芈，成王之妹，非寵姬。㊵宜乎王之欲殺若而立職也　王引之認為「殺」當作「廢」。陳樹華《考證》云：「江芈怒，故甚其辭，讀者正不必泥也。」㊶能事之乎　《集解》引服虔曰：「若立職，子能事之？」能做職的臣子事奉他嗎？㊷能亡去乎　能逃亡到其他國家去嗎？㊸能行大事乎　能發動大事嗎？暗示弒成王奪位。㊹成王請食熊蹯而死　熊蹯，熊掌。杜預曰：「熊掌難熟，冀久將有外救之也。」成王想借此拖延時間，以待救援。㊺丁未　十月十八日。㊻宮　即室、家資，包括土地、奴隸、甲兵。㊼太師　官名，位列三公（太師、太傅、太保）之首，穆王特設此官，名位比令尹高。㊽穆王三年　西元前六二三年。㊾江　古諸侯國名，今河南信陽羅山有江國故城。㊿六蓼二句　六，古諸侯國名，故城在今安徽六安北。蓼，古諸侯國名，故城在今河南固始東。皋陶，傳說中東夷的首領，曾被舜任命為掌刑法之官，後被禹選為繼承人，因早死，未繼位。(51)陳　古諸侯國名，嬀姓，周武王滅商後所封，開國君主胡公相傳是舜的後代，故城在今河南淮陽。

【語譯】楚成王惲元年，初即位，廣布恩德施加恩惠，與諸侯重修舊好，派人向周天子進貢，天子賜給他胙肉，說：「平定你南方諸夷百越的叛亂，不要侵犯中國。」從此楚國地域達到千里。

2 十六年，齊桓公率兵侵伐楚國，直到陘山。楚成王派將軍屈完率兵抵禦，與齊桓公結盟。齊桓公責備楚不向周王室進貢，楚答應日後進貢，齊桓公才退去。

3 十八年，楚成王率兵北伐許，許君肉袒謝罪，才放過他們。二十二年，伐黃。二十六年，滅了英國。

4 三十三年，宋襄公想召集結盟大會，召喚楚王。楚王發怒說：「召喚我，我將假裝友好前往趁機襲擊羞辱他。」於是前去，到了盂地，就俘虜羞辱了宋襄公，不久放他回國。三十四年，鄭文公到南方朝見楚王。楚成王北伐宋，在泓大敗宋國，射傷宋襄公，襄公受傷發病而死。

5 三十五年，晉公子重耳路過楚國，成王用諸侯的禮節招待他，贈給他很多禮物送他到秦國。

6 三十九年，魯僖公來借兵討伐齊國，楚王派申侯率兵伐齊，取了穀，把齊桓公的兒子雍安置在那裡。齊桓公的七個兒子都逃到楚國，楚王都封他們做上大夫。楚滅夔，因為夔不祭祀祝融、鬻熊。

7 夏，楚伐宋，宋向晉告急，晉援救宋，成王罷兵撤回。將軍子玉請求接戰，成王說：「重耳流亡居住在外國很久了，最終得以返國，這是上天佑助的人，不可以對抗。」子玉堅決請戰，成王只給了他少量軍隊就回國了。晉果然在城濮打敗了子玉。成王大怒，殺了子玉。

8 四十六年，起初，成王想立商臣為太子，和令尹子上商量。子上說：「您的年紀不大，又有許多寵愛的姬妾，立了太子後再廢黜就會出亂子。楚國立太子，常是小兒子。而且商臣眼睛像蜜蜂一樣凸出，聲音像豺狼，是殘忍的人，不能立。」成王不採納，立商臣為太子。後來成王又想立兒子職而廢黜商臣。商臣聽說了但不能確信，就與他的師傅潘崇商量：「怎樣才能得知真相呢？」潘崇說：「宴請大王的寵姬江芈但不尊敬她。」商臣聽從他的建議。江芈果然發怒說：「怪不得大王想殺了你而立職為太子。」商臣報告潘崇說：「消息確實是真的。」潘崇說：「你能俯首稱臣嗎？」商臣說：「不能。」「能流亡離開嗎？」商臣說：「不能。」「能發動政變，殺王自立嗎？」商臣說：「能。」冬十月，商臣用太子宮中的軍隊包圍成王。成王請求吃過熊掌再死，商臣不答應。丁未日，楚成王自縊而死。商臣繼位，這就是楚穆王。

9 穆王繼位，把他做太子時的家資給了潘崇，讓他做太師，掌管國家大事。穆王三年，滅亡江國。四年，滅亡六、蓼兩國。六國和蓼國，都是皋陶的後代。八年，討伐陳國。十二年，穆王去世。子莊王侶繼位。

1 莊王即位，三年不出號令❶，日夜為樂，令國中曰：「有敢諫者死，無赦！」伍舉❷入諫。莊王左抱鄭姬，右抱越女，坐鍾鼓之間。伍舉曰：「願有進。隱❸曰，有鳥在於阜❹，三年不蜚不鳴❺，是何鳥也？」莊王曰：「三年不蜚，蜚將沖天；三年不鳴，鳴將驚人。舉退矣，吾知之矣。」居數月，淫益甚。大夫蘇從❻乃入諫。王曰：「若不聞令乎？」對曰：「殺身以明君❼，臣之願也。」於是，乃罷淫樂，聽政，所誅者數百人，所進者數百人。任伍舉、蘇從以政，國人大說。是歲，滅庸❽。六年❾，伐宋❿，獲五百乘。

2 八年，伐陸渾戎⓫，遂至洛⓬，觀兵於周郊⓭。周定王⓮使王孫滿⓯勞楚王。楚王問鼎小大輕重⓰，對曰：「在德不在鼎。」莊王曰：「子無阻九鼎⓱！楚國折鉤之喙，足以為九鼎⓲。」王孫滿曰：「嗚呼！君王其忘之乎？昔虞、夏之盛⓳，遠方皆至，貢金九牧⑳，鑄鼎象物㉑，百物而為之備，使民知神姦㉒。桀有亂德，鼎遷於殷，載祀六百㉓。殷紂暴虐，鼎遷於周。德之休明，雖小必重㉔；其姦回昏亂，雖大必輕㉕。昔成王定鼎于郟鄏㉖，卜世三十，卜年七百㉗，天所命也。周德雖衰，天命未改。鼎之輕重，未可問也。」楚王乃歸。

3 九年，相若敖氏㉘。人或讒之王，恐誅，反攻王，王擊滅若敖氏之族㉙。十三年，滅舒㉚。

4 十六年，伐陳，殺夏徵舒㉛。徵舒弒其君，故誅之也。已破陳，即縣之。羣臣皆賀，申叔時㉜使齊來，不賀。王問，對曰：「鄙語㉝曰，『牽牛徑人田㉞，田主取其牛』。徑者則不直矣，取之牛不亦甚乎？且王以陳之亂而率諸侯伐之，以義伐之而貪其縣，亦何以復令於天下？」莊王乃復國陳後㉟。

5 十七年，春，楚莊王圍鄭㊱，三月克之。入自皇門㊲，鄭伯肉袒牽羊以逆㊳，曰：「孤不天㊴，不能事君，君用㊵懷怒，以及敝邑，孤之罪也。敢不惟命是聽？賓㊶之南海，若以臣妾賜諸侯㊷，亦惟命是聽。若君不忘厲、宣、桓、武㊸，不絕其社稷，使改事君，孤之願也，非所敢望也。敢布腹心。」楚羣臣曰：「王勿許㊹。」莊王曰：「其君能下人，必能信用㊺其民，庸可絕乎㊻？」莊王自手旗，左右麾軍㊼，引兵去三十里而舍㊽，遂許之平㊾。潘尪入盟，子良出質㊿。夏，六月，晉救鄭，與楚戰，大敗晉師河上(51)，遂至衡雍(52)而歸。

6 二十年，圍宋，以殺楚使也(53)。圍宋五月，城中食盡，易子而食，析骨而炊。宋華元出告以情，莊王曰：「君子哉！」遂罷兵去(54)。

7 二十三年，莊王卒，子共王審立。

8 共王十六年(55)，晉伐鄭(56)。鄭告急，共王救鄭。與晉兵戰鄢陵，晉敗楚，射中共王目(57)。共王召將軍子反，子反嗜酒，從者豎陽穀進酒(58)，醉。王怒，射殺子反，遂罷兵歸(59)。

9 三十一年，共王卒，子康王招立。康王立十五年卒(60)，子員立，是為郟敖。

【章旨】以上為第五段，寫楚莊王稱霸的過程與其霸業在共王時由於鄢陵之戰失敗而喪失。

【注釋】❶莊王即位二句　梁玉繩曰：「文十六年《左傳》，莊王二年，嘗乘馹會師而滅庸矣，何言三年無令乎？」❷伍舉　封在椒邑，又名椒舉。❸隱　隱辭；謎語。❹阜　土山。❺三年不蜚不鳴　蜚，同「飛」。按：此事又見於〈滑稽列傳〉，謂淳于髡說齊威王。司馬遷蓋取自民間故事，大眾之口頭創作，焉能追根究底？❻蘇從　楚大夫，周司寇蘇忿生之後。❼殺身以明君　自己死了而能使國君醒悟。明，使動用法。《韓非子》等先秦文獻無蘇從進諫事。❽是歲二句　是歲，楚莊王三年，西元前六一一年。❾六年　西元前六〇八年。❿伐宋　此事《左傳》在宣公二年，即莊王七年。⓫陸渾戎　居於陸渾的戎人，允姓。陸渾，在今河南嵩縣西北，一說在嵩縣東北。⓬洛　水名，即今流經河南西北部的洛河。⓭觀兵於周郊　在周都之郊向周天子炫耀武力。觀兵，炫耀武力。⓮周定王　名瑜，西元前六〇六—前五八六年在位。⓯王孫滿　周王朝的大夫，姬姓，名滿，一說是周共王的後裔。⑯楚王問鼎小大輕重　杜預曰：「示欲偪周取天下。」⑰子無阻九鼎　你不要依恃九鼎。阻，依仗；憑恃。九鼎，天子的象徵，相傳為禹所鑄，為三代傳國之寶。⑱折鉤之喙二句　言楚國長戟之鉤口尖有折者，足以為鼎，言鼎之易得也。鉤之喙，兵器的尖端。⑲昔虞夏之盛　虞，相傳為舜受堯禪後建立的國家，都於蒲坂，故城在今山西永濟東南。此指舜。夏，禹建立的國家。此指夏禹。⑳貢金九牧　九州的首領皆貢獻青銅。牧，統治一方的諸侯霸主。㉑鑄鼎象物　賈逵曰：「象所圖物著之於鼎。」鑄成寶鼎，畫上物形。㉒使民知神姦　杜預曰：「圖鬼神百物之形，使民逆備之也。」神姦，天神與鬼怪。㉓載祀六百　可以享國六百年。載，發語詞。祀，年享受祭祀。過去殷代享年有三說，《三統曆》記載為六百二十九年，《竹書紀年》載四百九十六年，《殷曆》載四百五十八年；今〈夏商周年表〉認為商自西元前一六〇〇－前一〇四六年，共五百五十四年。㉔德之休明二句　意即如果政治清明美善，鼎雖小而國祚長久，不會覆滅。休，美善。明，清明。㉕其姦回昏亂二句　意即如果政治奸邪惡劣，鼎雖大而國祚必短，容易滅亡。姦，邪惡狡詐。回，奸邪。㉖郟鄏　地名，在今河南洛陽西部之王城公園一帶。周公旦為周成王所築之都城。㉗卜世三十二句　王孫滿乃周大夫，不可能自云國家滅亡的時間，類似的話顯然是後人編造的。此事見宣公三年《左傳》。㉘若敖氏　楚王族旁支，常為執政大臣。㉙王擊滅若敖氏之族　宣公四年《左傳》越椒先後讒殺子揚、蔿賈，又想攻莊王，拒絕了王以三王之子為質的和解條件。七月戊戌，莊王與若敖氏戰於皋滸，終滅若敖蔿賈氏。㉚舒　古國名，故城在今安徽舒城。㉛伐陳二句　事在魯宣公十年，西元前五九九年。夏徵舒，陳國大夫。陳靈公與孔寧、儀行父通其母夏姬，辱徵舒，徵舒遂弒靈公，自立。孔寧、儀行父奔楚，楚借此伐陳。㉜申叔時　申公之後，世居於申（今河南南陽北），莊王、共王的大臣。㉝鄙語　俗語。㉞徑人田　踐踏別人的農田。徑，經過；橫過。㉟復國陳後　重新立陳太子為國君。國，用為動詞。㊱楚莊王圍鄭　鄭與楚盟於辰陵，又徼事於晉，故楚於是年圍鄭。㊲皇門　鄭城門。㊳鄭伯肉袒牽羊以逆　袒衣露肉示臣服，牽羊示為臣僕。從此這種行動便成了後代帝王向人投降的儀式。鄭伯，鄭襄公，姓姬名堅，西元前六〇四－前五八七年在位。逆，迎。㊴孤不天　我不被上天所佑。㊵用　因；以。㊶賓同「擯」。擯，擯棄；流放。㊷若以臣妾賜諸侯　或者作為奴僕賞賜給其他諸侯。意即滅亡鄭國。若，或者。㊸若君不忘厲宣桓武　意即看在鄭國祖先及賢君面上。厲，周厲王。宣，周宣王。桓，鄭桓公。武，鄭武公。鄭始祖桓公友，乃周厲王少子，周宣王庶弟，為宣王所封。桓公之子為鄭武公。㊹王勿許　《左傳》曰：「不可許也。得國無赦。」㊺信用　猶「任用」。㊻庸可絕乎　這樣的國家難道可以滅亡嗎？庸，豈；難道。㊼莊王自手旗二句　此十二字以《公羊傳》補。手，用為動詞。手舉。麾，通「揮」。指揮。㊽引兵去三十里而舍　退兵三十里駐紮下來，這是尊重鄭國的表現，表示不與鄭結城下之盟。舍，駐紮。

㊾平　講和。㊿潘尫入盟二句　潘尫，楚大夫。子良，鄭伯之弟。51大敗晉師河上　此即春秋時著名的邲之戰。這是晉楚雙方自城濮之戰以來的又一次大戰，楚以壓倒性優勢戰勝晉國，成為霸主。河上，黃河邊上，指邲邑。邲邑，故城在今鄭州圃田鄉之古城村、東周村一帶。52衡雍　在今河南原陽西南。53以殺楚使也　據宣公十四年《左傳》載：楚莊王派與宋有隙的申舟使齊，命他在經過宋境時不用向宋借道。宋華元認為「過我而不假道，鄙我也。鄙我，亡也；殺其使者必伐我，伐我，亦亡也。亡一也。」因而執殺使者，楚遂大舉攻宋。實際是楚為攻宋製造事端。54遂罷兵去　按：楚伐宋事，跨魯宣十四、十五兩年。楚於十四年九月出兵，十五年春與宋盟。《史記》都記於十五年。55共王十六年　西元前五七五年。56晉伐鄭　楚賂鄭以汝陰之田，鄭叛晉，故晉伐鄭。此即鄢陵之戰的前奏。57射中共王目　在鄢陵之戰中，呂錡射中楚共王目。晉楚鄢陵之戰古戰場，在今河南鄢陵彭店鄉古城村西北。58從者豎陽穀進酒　豎陽穀是出於阿諛巴結，投其所好，還是被晉人收買，故意將其灌醉，史無明載。59王怒三句　據成公十六年《左傳》，子反乃自殺，非共王射殺。子反，即公子側，楚司馬。晉楚鄢陵之戰，是晉楚間爭霸的又一場大戰，楚國戰敗，國力受到很大損失，從此再無力北進，中原一些小國又重新靠攏晉國。60康王立十五年卒　西元前五四五年。

【語　譯】楚莊王即位後，三年不發布政令，日夜尋歡作樂，警告臣民說：「誰敢進諫，我一定殺了他，絕不饒恕！」伍舉前往進諫。此時莊王正左手抱著鄭姬，右手摟著越女，坐在鐘鼓之間。伍舉說：「我有話想對您說。有個謎語說，高坡上面有隻鳥，三年不飛也不叫，這是什麼鳥呢？」莊王說：「三年不飛，飛起來就直衝雲天；三年不叫，叫起來就震驚人間。你退下吧，我明白。」過了幾個月，莊王享樂更加無節制了。於是大夫蘇從進諫。莊王說：「你沒聽到警告嗎？」蘇從回答說：「自己死去而能讓您醒悟，這是我的願望。」於是楚莊王停止淫樂，聽政理事，誅殺了奸邪之臣數百人，提拔了忠貞之臣數百人，任用伍舉、蘇從掌管國政，楚國人民非常歡喜。此年楚滅了庸國。莊王六年，討伐宋國，繳獲兵車五百乘。

2　八年，楚討伐陸渾戎，於是到了洛邑附近，在周都郊外炫耀武力。周定王派王孫滿慰勞楚莊王。楚莊王問周鼎的大小輕重，王孫滿回答說：「一個王朝的興衰，在於德業，不在於鼎的大小輕重。」莊王說：「你們不要憑恃九鼎！楚國用長戟折斷的鉤嘴就足可以鑄成九鼎。」王孫滿說：「唉！君王忘了嗎？當初虞夏強盛之時，遠方的諸侯都來朝見，九州的首領各貢獻了青銅，將自己地區的出產以及本地區所有奇特之物都鑄在鼎上。因此天地間任何物類鼎上都有，人們從鼎上就能識別一切天神與鬼怪。夏桀道德敗壞，九鼎遷到了殷都，殷享國六百年。殷紂暴虐，九鼎遷到了周都。如果一個王朝政治措施美好清明，鼎即使小也重而難移；如果奸邪昏亂，鼎即使大也輕而易失。當初成王把九鼎安放在郟鄏時，占卜得知周應當傳國三十代，享國七百年，這是天命。現在周的德業雖然衰敗，天命還沒改變。鼎的輕重，不是你能問的。」於是楚莊王撤回了楚國。

3 九年，任用若敖氏為相。有人對楚王進讒言，若敖氏怕被楚王誅殺，反而攻擊楚王，莊王打敗並誅滅了若敖氏一族。十三年，滅亡舒國。

4 十六年，討伐陳國，殺夏徵舒。夏徵舒殺了陳國國君，所以莊王要誅殺他。莊王攻破陳國，就把它設為一個縣。大臣們都表示祝賀，惟獨申叔時出使齊國回來，沒表示祝賀。莊王詢問他，他回答說：「俗話說，牽著牛踩了別人的莊稼，田主就奪走了牛。踩了人家莊稼當然理虧，奪了他的牛不也太過分了嗎？況且大王因為陳國內亂才率諸侯討伐它，利用仁義的名義來討伐它卻又貪圖利益把它設為自己的縣，又怎能再號令天下呢！」莊王於是恢復陳國，重新立陳太子為國君。

5 十七年春，楚莊王圍鄭，三個月後攻克鄭都。莊王從皇門入城，鄭伯袒露著肩膀牽著羊迎接莊王，說：「我不受上天保佑，不能事奉您，您因而發怒，以致攻打我們，這都是我的罪過。我怎麼敢不聽從您的命令呢！您把我放逐到南海，或者賜給其他諸侯做奴隸，也聽從您的吩咐。如果您看在厲王、宣王和我們的祖先桓公、武公的分上，不斷絕他們的香火，讓我能改過來侍奉您，這是我最大的願望。我斗膽把真心話說給您聽。」楚國群臣都說：「大王不要聽他的。」莊王說：「鄭君既然能屈居下人，一定能取信任用他的人民，怎麼能消滅它呢？」莊王親自手揮旗幟，左右指揮軍隊，領兵後退三十里駐紮，於是答應鄭國請和。潘尫入城與鄭人結盟，鄭襄公的弟弟子良到楚國做人質。夏六月，晉救鄭，與楚軍交戰，楚在黃河南岸的邲大敗晉師，順勢北進到衡雍才返回。

6 二十年，楚圍宋，因為宋殺了楚的使者。楚圍困宋都五個月，城中糧食吃盡，人們只能交換孩子來吃，把人的骸骨拆開來當柴燒。宋華元出城將城裡的真實情況告訴楚人，莊王說：「真是君子啊！」於是罷兵解圍。

7 二十三年，莊王去世，子共王審繼位。

8 共王十六年，晉伐鄭。鄭向楚告急，共王救鄭。楚軍與晉軍在鄢陵交戰，晉軍打敗了楚軍，射中了共王的眼睛。共王召喚將軍子反。子反好酒，他的隨從豎陽穀進酒給他，子反喝醉了。共王大怒，射死了子反。於是退兵回國。

9 三十一年，共王去世，子康王招繼位。康王立十五年去世，子員繼位，這就是郟敖。

1 康王寵弟公子圍、子比、子晳、弃疾❶。郟敖三年❷，以其季父康王弟公子圍為令尹❸，主兵事。四年，圍使鄭，道聞王疾而還。十二月己酉❹，圍入問王疾，絞而弒之❺，遂殺其子莫及平夏。使使赴❻於鄭。伍舉問曰：「誰為後❼？」對曰：「寡大夫圍。」伍舉更曰：「共王之子圍為長。」❽子比奔晉而圍立，是為靈王。

2 靈王三年❾，六月，楚使使告晉，欲會諸侯。諸侯皆會楚于申❿。伍舉曰：「昔夏啓有鈞臺之饗⓫，商湯有景亳之命⓬，周武王有盟津之誓⓭，成王有岐陽之蒐⓮，康王有豐宮之朝⓯，穆王有塗山之會⓰，齊桓有召陵之師⓱，晉文有踐土之盟[18]，君其何用？」靈王曰：「用桓公[19]。」時鄭子產在焉[20]。於是，晉、宋、魯、衛不往[21]。靈王已盟，有驕色。伍舉曰：「桀為有仍[22]之會，有緡[23]叛之；紂為黎山[24]之會，東夷[25]叛之；幽王為太室[26]之盟，戎、翟[27]叛之。君其慎終[28]。」

3 七月，楚以諸侯兵伐吳[29]，圍朱方[30]。八月，克之，囚慶封，滅其族。以封徇[31]，曰：「無效齊慶封弒其君而弱其孤，以盟諸大夫[32]！」封反曰：「莫如楚共王庶子圍弒其君兄之子員而代之立[33]。」於是，靈王使疾殺之[34]。

4 七年，就章華臺[35]，下令內亡人實之[36]。

5 八年，使公子弃疾將兵滅陳[37]。十年，召蔡侯[38]，醉而殺之[39]。使弃疾定蔡，因為陳蔡公[40]。

6 十一年，伐徐以恐吳[41]。靈王次於乾谿以待之[42]。王曰：「齊、晉、魯、衛，其封皆受寶器，我獨不[43]。今吾使使周求鼎以為分，其予我乎[44]？」析父[45]對曰：「其予君王哉！昔我先王熊繹，辟在荊山[46]，蓽露藍蔞[47]以處草莽，跋涉山林[48]以事天子，唯是桃弧棘矢以共王事[49]。齊，王舅也[50]。晉及魯、衛，王母弟也[51]。楚是以無分而彼皆有。周今與四國服事君王，將惟命是從，豈敢愛鼎？」靈王曰：「昔我皇祖伯父昆吾舊許是宅[52]，今鄭人貪其田，不我予，今我求之，其予我乎？」

對曰：「周不愛鼎，鄭安敢愛田？」靈王曰：「昔諸侯遠我而畏晉[53]，今吾大城陳、蔡、不羹[54]，賦皆千乘[55]，諸侯畏我乎？」對曰：「畏哉！」靈王喜曰：「析父善言古事焉[56]。」

7 十二年，春，楚靈王樂乾谿，不能去也，國人苦役。初，靈王會兵於申，僇越大夫常壽過[57]，殺蔡大夫觀起。起子從亡在吳，乃勸吳王伐楚，為間越大夫常壽過而作亂[58]，為吳間[59]。使矯[60]公子弃疾命召公子比於晉，至蔡，與吳、越兵欲襲蔡[61]。令公子比見弃疾，與盟於鄧[62]。遂入殺靈王太子祿，立子比為王，公子子皙為令尹，弃疾為司馬[63]。先除王宮[64]，觀從[65]從師于乾谿，令楚眾曰：「國有王矣。先歸，復爵邑田室。後者遷之。」楚眾皆潰，去靈王而歸。

8 靈王聞太子祿之死也，自投車下[66]而曰：「人之愛子亦如是乎？」侍者曰：「甚是。」王曰：「余殺人之子多矣，能無及此乎？」右尹[67]曰：「請待於郊，以聽國人[68]。」王曰：「眾怒不可犯。」曰：「且入大縣而乞師於諸侯。」王曰：「皆叛矣。」又曰：「且奔諸侯以聽大國之慮。」王曰：「大福不再，衹取辱耳。」於是，王乘舟將欲入鄢[69]。右尹度王不用其計，懼俱死，亦去王亡。

9 靈王於是獨傍偟山中，野人莫敢入王。王行遇其故鋗人[70]，謂曰：「為我求食，我已不食三日矣。」鋗人曰：「新王下法，有敢饟王、從王者，罪及三族71，且又無所得食。」王因枕其股而臥。鋗人又以土自代，逃去。王覺而弗見，遂飢，弗能起。芋尹申無宇72之子申亥曰：「吾父再犯王命73，王弗誅，恩孰大焉？」乃求王。遇王飢於釐澤74，奉之以歸。夏，五月癸丑75，王死申亥家76，申亥以二女從死，并葬之。

是時，楚國雖已立比為王，畏靈王復來，又不聞靈王死，故觀從謂初王比77曰：「不殺弃疾，雖得國，猶受禍。」王曰：「余不忍。」從曰：「人將忍王。」王不聽，乃去。弃疾歸78。國人每夜驚，曰：「靈王入矣。」乙卯夜，弃疾使船人從江上走呼曰79：「靈王至矣！」國人愈驚。又使曼成然告初王比及令尹子皙曰：「王至矣。國人將殺君，司馬將至矣80。君蚤自圖，無取辱焉。眾怒如水火，不可救也。」初王及子皙遂自殺。丙辰81，弃疾即位為王，改名熊居，是為平王。

【章　旨】以上為第六段，寫楚國在靈王、平王時期的連續篡亂與動盪。

【注　釋】❶子比子皙弃疾　子比，共王之子，又叫子干。子皙，共王之子，又叫黑肱。弃疾，共王少子，後為楚平王。❷郟敖三年　西元前五四二年。❸公子圍為令尹　梁玉繩曰：「圍為令尹在元年，此與〈年表〉誤在三年。」❹十二月己酉　《左傳》為十一月己酉，即十一月四日。❺絞而弒之　據《左傳》，用冠纓絞殺，並葬王於郟，謂之郟敖。❻赴　通「訃」。告喪。❼誰為後　誰為繼位者？❽伍舉更曰二句　伍舉改訃詞「寡大夫圍」為「共王之子圍為長」，使圍之繼位合於宗法，而非篡弒。

❾靈王三年　西元前五三八年。❿諸侯皆會楚于申　杜預曰：「楚靈王始合諸侯也。」梁玉繩曰：「申，楚地，〈表〉云『合諸侯於宋地』，誤。」⓫夏啓有鈞臺之饗　夏啓，禹的兒子。鈞臺，即夏臺，在今河南禹縣南。饗，以隆重的禮儀宴請賓客。⓬商湯有景亳之命　商湯，商朝的開國君主。景亳，湯王會盟諸侯處，在今河南商丘北五十里。⓭周武王有盟津之誓　盟津，即孟津。古黃河渡口，故址在今河南孟津東。誓，誓師典禮。⓮成王有岐陽之蒐　岐陽，陝西岐山之南，在今陝西岐山東北一帶。蒐，檢閱軍隊。⓯康王有豐宮之朝　康王，名釗，在位時繼承父親成王的政策，加強了統治，史稱「成康之治」，見〈周本紀〉。豐，文王所建的都城，在今陝西西安西南灃水以西側，與鎬隔水相望。⓰穆王有塗山之會　穆王，名滿，曾西擊犬戎，東伐徐戎。塗山，在今安徽懷遠東南。⓱齊桓有召陵之師　召陵，楚邑名，故城在今河南偃城東。齊桓公率領諸侯軍隊打敗蔡國後，在召陵脅迫楚國接受盟約。⓲晉文有踐土之盟　踐土，鄭地名，在今河南原陽西南。晉文公城濮之戰後與諸侯在這裡會盟，確立霸權，成為霸主。⓳用桓公　用齊桓公召陵之盟的禮儀會諸侯於申。⓴鄭子產在焉　據《左傳》，靈王會諸侯的禮儀是子產幫助制訂的。子產，即鄭大夫公孫僑，春秋後期著名的政治家。㉑於是二句　據《左傳》中之會不往者是曹、邾、魯、衛四國。《史記・十二諸侯年表》改四國為三，此改曹、邾為晉、宋，誤。㉒有仍　古國名，在今山東濟寧。㉓有緡　古國名，在今山東金鄉南。有仍、有緡之「有」字均為詞頭。㉔黎山　東夷國名，在今山東鄆城西。㉕東夷　泛指東方各部族。㉖為太室　即中嶽嵩山。㉗戎翟　泛指西北地區各部族。㉘君其慎終　慎終，事情一開始就考慮後果，表示謹慎從事。㉙吳　古國名，也稱句吳，相傳為周太王之子太伯、雍仲所建，姬姓。初都蕃籬（今江蘇無錫東南梅里），傳至十九世孫壽夢，國勢漸強，開始稱王。此時的吳國諸侯是夷末，西元前五四四－前五二七年在位。㉚朱方　吳邑，在江蘇丹徒東南。㉛徇　當眾展示。㉜無效齊慶封弒其君而弱其孤二句　無效，不要學習（慶封）。弒其君而弱其孤，弒了老國君，又欺壓、挾制年幼的小君主。盟諸大夫，強迫齊大夫與之定盟，支持他們的所作所為。齊莊公六年（西元前五四八年）慶封黨同崔杼弒齊君，立景公。慶封，字子家，齊大夫，景公二年，慶封趁崔氏內亂，攻滅崔氏，於是當國。次年（西元前五四五年），以好獵嗜酒，令其子慶舍為政。慶氏內亂，鮑、陳、欒、高四族合謀攻慶氏，慶封遂奔魯，後奔吳，吳與之朱方，他在此聚族而居。㉝莫如楚共王庶子圍弒其君兄之子員而代之立　楚靈王以「弒君」之罪責慶封，慶封遂以楚靈王弒君篡位的事情相回敬，故《穀梁傳》曰：「軍人粲然皆笑。」㉞使疾殺之　原作「使弃疾殺之」。梁玉繩以為《左傳》不言使弃疾殺慶封。《左傳・昭公四年》作「使速殺之」。錢大昕認為此處「疾」字作「速」解。今據刪「弃」字。㉟章華臺　楚行宮，在湖北監利西北。㊱內亡人實之　內，通「納」。收容。亡人，逃亡在外的人；流浪漢。據《左傳》，事在楚靈王六年。㊲使公子弃疾將兵滅陳　據《左傳》，

此事在楚靈王七年，當魯昭公八年。此年九月，弃疾奉陳悼太子偃師之子吳圍陳，十月滅之。靈王遂改陳為縣，使穿封戌為陳公（陳縣縣令）。㊳蔡侯　蔡靈侯姬般，西元前五四二—前五三一年在位。㊴醉而殺之　昭十一年《左傳》云：「三月丙申，醉而執之，夏四月丁巳殺之。」並非乘其醉而殺之。㊵因為陳蔡公　此當依《左傳》削「陳」字，按：弃疾只是蔡公，沒做過陳公，當時陳公是穿封戌。㊶伐徐以恐吳　徐，是吳的與國，故圍之以偪吳伐之。徐，古國名，在今江蘇泗洪南。㊷靈王次於乾谿以待之　《左傳》曰：「楚子次於乾谿以為之援。」乾谿，在今安徽亳縣東南。㊸不　沒有。㊹今吾使使周求鼎以為分二句　意即欲求周鼎以為分器。以為分，作為分器。分，指分器，古代帝王分賜諸侯世代保存的宗廟寶器。服虔曰：「有功德，受分器。」㊺析父　楚大夫。《索隱》曰：「據《左氏》，此是右尹子革之詞，史蓋誤也。」㊻辟在荊山　處在偏僻的荊山。荊山，在今湖北南漳西。㊼華露藍蔞　駕著打柴的車，穿著破衣。徐廣曰：「華，一作暴。」《集解》按：「服虔曰：『華露，柴車，素木輅也。藍蔞，言衣敝壞，其蔞藍藍然也。』」㊽跋涉山林　服虔曰：「草行曰跋，水行曰涉。」㊾唯是桃弧棘矢以共王事　桃弧，桃木做的弓。棘矢，棘木做的箭。共，通「供」。㊿齊二句　齊丁公呂伋為成王之舅。齊與周通婚，為甥舅之國。51晉及魯衛二句　晉唐叔虞是成王之弟；魯周公、衛康叔都是武王之弟。52昔我皇祖伯父昆吾舊許是宅　昆吾是陸終氏之長子，楚始祖季連之兄，故靈王稱伯父。舊許是宅，昆吾始居許地。孔穎達曰：「許既南遷，故曰舊許。」53昔諸侯遠我而畏晉　龜井昱曰：「遠我，以我為僻遠也。」54大城陳蔡不羹　大城，擴建加固城池。陳，指原陳故都宛丘，故城在今河南淮陽。蔡，蔡都即今河南新蔡。不羹，分兩城。東不羹故城在今河南漯河郾城章化鄉前、後古城村。西不羹國原為西周分封子國，楚滅不羹，擴大其域，是楚北上中原的軍事要地。故城在今河南襄城西南范湖鄉堯城宋村西。55賦皆千乘　賦，軍隊。古代按田賦出士兵，所以稱軍隊為賦。56析父善言古事焉　《正義》曰：「此對王言是子革之辭，太史公云析父，誤也。析父時為王僕，見子革對，故歎也。」57僇越大夫常壽過　僇，辱。常壽過，姓常，名壽過。58為間越大夫常壽過而作亂　間，挑撥。瀧川曰：「『為』字疑衍。《左傳》『間』作『啟』。啟，開也，導也。『間』疑『開』之訛。」59間　間諜。60矯　假託；詐稱。61與吳越兵欲襲蔡　吳越未與弒靈王事。62鄧　春秋蔡邑，後屬楚，在今河南郾城東南。63司馬　官名，掌握軍政和軍賦。64先除王宮　先清除王宮，即逐殺王宮舊人。65觀從　觀起之子，字子玉。時為楚大夫。66自投車下　龜井昱曰：「自投於車下，顛墜而不自覺也。」投，跌倒。67右尹　《左傳》作右相子革。68請待於郊二句　服虔曰：「聽國人欲為誰。」69鄢　楚別都，即今湖北宜城。70鋗人　秦漢時稱中涓，貼身內侍。據《國語》，靈王所遇故涓人名疇。71罪及三族　三族，有幾種說法：一指父母、兄弟、妻子；一指父族、母族、妻族；一指父、子、孫。瀧川曰：「是時疑無三族之刑。」(72)芋尹申無宇　芋邑之大夫。申無宇，楚大夫。(73)再犯王命　兩次犯王法。即《左傳》昭公七年所記楚靈王為令尹時為王旌以田，芋尹斷其旌；靈王繼位後為章華之臺，芋尹曾闖入章臺抓捕逃犯之事。(74)遇王飢於釐澤　釐澤，《左傳》作棘闈，杜注為里門。靈王飢困山中，釐澤、棘闈，應為野外地名，杜注恐非。(75)癸丑　《左傳》作「癸亥」，癸亥，五月二十五。(76)王死申亥家　《左傳》載，靈王自縊於申亥家。(77)初王比　此時公子比自立為王，因後來弃疾又設計趁亂奪位，終為楚王，故此處稱公子比為初王。(78)弃疾歸　中井積德曰：「弃疾歸，三字無所屬，疑衍文。」(79)乙卯夜二句　這是公子弃疾的陰謀。乙卯，六月十七日。江上，即江邊。(80)國人將殺君二句　《左傳》曰：「國人將殺君司馬，將來矣。」杜預曰：「言司馬見殺，以恐子干。」按：子干即子比。則「國人將殺司馬」為一句。本文以「國人將殺君」為一句，意為司馬將率國人殺子比，與《左傳》不同，然兩說皆可通。杜預曰：「司馬謂弃疾。」曼成然，任郊尹，弃疾的得力助手。(81)丙辰　六月十八。

【語　譯】康王有幾個寵愛的弟弟：公子圍、子比、子皙、弃疾。郟敖三年，郟敖讓他的叔父，康王的弟弟公子圍為令尹，主管軍事。四年，公子圍出使鄭國，半路聽說楚王生病就回來了。十二月己酉，公子圍入宮問候楚王病況，趁機勒死了他，同時殺了他的兒子莫和平夏。公子圍派使者去鄭國報喪。伍舉問：「怎麼說誰是繼位者呢？」公子圍說：「就說是大夫圍。」伍舉變更了說法，報告說：「共王的兒子，公子圍最年長，繼位。」子比奔晉，公子圍繼位，這就是楚靈王。

2　靈王三年六月，楚派人告訴晉國，想與諸侯舉行盟會。諸侯都在申與楚會盟。伍舉說：「過去夏啓有鈞臺的宴饗之禮，商湯有景亳的冊命之禮，周武王有盟津的誓師之禮，成王有岐陽的田獵之禮，康王有豐宮的朝見之禮，穆王有塗山的會盟之禮，齊桓公有召陵的會盟之禮，晉文公有踐土的盟會之禮，您用哪一種？」靈王說：「用齊桓公的禮儀。」當時鄭國的子產在楚國。這次盟會晉、宋、魯、衛幾國沒有參加。靈王在盟會之後，有驕傲的神色。伍舉說：「桀舉行有仍的會盟，有緡反叛了他。紂舉行黎山的會盟，東夷反叛了他。幽王舉行太室的會盟，戎、翟反叛了他。您一定要善始善終。」

3　七月，楚國率領諸侯的軍隊討伐吳國，圍攻朱方。八月，攻克朱方，囚禁了慶封，屠滅他的宗族。將慶封示眾，說：「不要效仿齊國的慶封殺害國君削弱他的後代，與諸大夫結盟。」慶封反唇相譏：「不要像楚共王的庶子圍殺害他的國君兄長的兒子員而代立！」於是楚靈王讓人趕緊殺了慶封。

4 七年，築成章華臺，下令招納逃亡的奴隸充實它。

5 八年，楚靈王派公子弃疾率軍滅陳。十年，召喚蔡侯，灌醉並殺害了他。派弃疾安定蔡國，就封弃疾為陳蔡公。

6 十一年，楚靈王討伐徐國以此來恐嚇吳國。靈王駐紮在乾谿等待戰果。靈王說：「齊、晉、魯、衛，受封時都接受有寶器，單單我們沒有。現在派人去周求鼎作為分封的寶器，會給我們嗎？」析父回答說：「一定會給君王的！過去我們先王熊繹分封在偏僻的荊山，趕著柴車，穿著破衣，住在蠻荒之地，在山林中跋涉事奉天子，因此只能用桃木弓棘刺箭進供王室。齊，是周王的舅父；晉和魯、衛，都是周王的同母弟弟。楚因此沒有分封的寶器而他們都有。周王現在與四國都服事君王您，一定會惟命是從，怎麼敢吝惜鼎呢？」靈王說：「過去我們皇祖伯父昆吾擁有許國之地，如今鄭人貪圖那裡的田地，不給我們，現在我們要求他們歸還，會給我們嗎？」析父回答說：「周不敢愛惜鼎，鄭哪敢愛惜田？」靈王說：「過去諸侯疏遠我們而畏懼晉國，現在我們大規模修築陳、蔡、不羹的城池，都有千乘的軍賦，諸侯該畏懼我們了吧？」析父回答說：「畏懼我們。」靈王高興地說：「析父真善於說古代的事。」

7 十二年春，楚靈王在乾谿玩樂，不願離開。楚國民眾苦於勞役。當初，楚靈王在申會兵，侮辱了越大夫常壽過，殺了蔡大夫觀起。觀起的兒子觀從逃亡在吳國，就勸吳王伐楚，挑撥越大夫常壽過作亂，為吳國做間諜。觀從假託公子弃疾的命令從晉國召喚公子比，到蔡國，與吳、越的軍隊準備襲擊蔡國。又讓公子比見弃疾，與他在鄧結盟。於是他們攻入楚都殺死靈王的太子祿，立子比為王，公子子晳為令尹，弃疾為司馬。先清理王宮，觀從到乾谿追尋楚師，對楚軍將士說：「國家已有了新王。先回去的，恢復他的爵邑田室，後回去的就要遷往他處。」楚軍全都潰散了，離開靈王回去了。

8 靈王聽說太子祿的死訊，自己掉到了車下，說：「別人愛兒子也是這樣嗎？」侍者說：「超過這樣。」靈王說：「我殺別人的兒子太多了，能不落到這個地步嗎？」右尹說：「請君王您在郊外等待，聽憑國人的選擇。」靈王說：「眾人的憤怒無法冒犯。」右尹又說：「姑且進入大縣向諸侯乞求救兵。」靈王說：「諸侯都背叛了。」右尹又說：「姑且逃往其他國，聽從大國的安排。」靈王說：「為君之福不會再有，只自取侮辱罷了。」於是靈王乘舟想進入鄢城。右尹估計靈王不會用他的計策，害怕和靈王一起死去，也離開靈王逃走了。

9 靈王於是獨自彷徨在山中，鄉村裡的人不敢接納靈王。靈王在路上遇到過去貼身內侍，對他說：「為我找點吃的，我已經三天沒吃東西了。」貼身內侍說：「新王頒下法令，有敢給大王飯吃跟隨大王的，三族都要獲罪。況且又沒處找吃的。」靈王就枕著他的大腿睡著了。貼身內侍又用土塊代替自己，逃走了。靈王醒後不見貼身內侍，餓得起不來了。芋尹申無宇的兒子申亥說：「我父親兩次違反了大王的命令，大王沒殺他，還有比這更大的恩情嗎？」於是尋找靈王，在釐澤遇到飢餓的靈王，就把他迎回家。夏五月癸丑，靈王死在申亥家，申亥把兩個女兒陪他殉葬，埋在一起。

10 這時楚國已立子比為王，害怕靈王回來，又沒聽到靈王的死訊，因此觀從對初王比說：「不殺弃疾，即使得到了國家還要有禍患。」王比說：「我不忍心。」觀從說：「別人可忍心殺大王。」王比不採納，觀從就離開了。弃疾回來，國都內的人常常在夜間受驚，說：「靈王入城了！」乙卯夜，弃疾讓船夫從江上邊走邊喊說：「靈王來了！」國內人更加驚慌。他又派曼成然告訴初王比和令尹子皙說：「靈王來了。國內的人將要殺了您，司馬就要來了。您自己早做打算，不要自取侮辱。眾人的憤怒如同水火，是不能救止的。」初王比和子皙於是就自殺了。丙辰，弃疾即位為王，改名熊居，這就是楚平王。

1 平王以詐弒兩王而自立，恐國人及諸侯叛之，乃施惠百姓。復陳、蔡之地而立其後如故❶，歸鄭之侵地❷。存恤國中，修政教❸。吳以楚亂故，獲五率以歸❹。

平王謂觀從：「恣爾所欲。」欲為卜尹❺，王許之。

2 初，共王有寵子五人，無適立❻，乃望祭❼羣神，請神決之，使主社稷❽，而陰與巴姬埋璧於室內❾，召五公子齋而入。康王跨之❿，靈王肘加之⓫，子比、子晳皆遠之。平王幼，抱其上而拜，壓紐⓬。故康王以長立，至其子失之；圍為靈王，及身而弒；子比為王十餘日，子晳不得立，又俱誅。四子皆絕無後。唯獨弃疾後立，為平王，竟續楚祀，如其神符。

3 初，子比自晉歸，韓宣子⓭問叔向⓮曰：「子比其濟乎？」對曰：「不就。」宣子曰：「同惡相求，如市賈焉⓯，何為不就？」對曰：「無與同好，誰與同惡⓰？取國有五難：有寵無人⓱，一也；有人無主⓲，二也；有主無謀⓳，三也；有謀而無民⓴，四也；有民而無德㉑，五也。子比在晉十三年矣，晉、楚之從不聞通者㉒，可謂無人矣；族盡親叛㉓，可謂無主矣；無釁而動㉔，可謂無謀矣；為羈終世㉕，可謂無民矣；亡無愛徵㉖，可謂無德矣。王虐而不忌㉗，子比涉五難以弒君，誰能濟之！有楚國者，其弃疾乎？君陳、蔡，方城外屬焉㉘。苛慝不作㉙，盜賊伏隱，私欲不違㉚，民無怨心。先神命之㉛，國民信之。芈姓有亂，必季實立，楚之常也㉜。子比之官，則右尹也㉝；數其貴寵，則庶子也；以神所命，則又遠之；

民無懷焉，將何以立？」宣子曰：「齊桓、晉文不亦是乎[34]？」對曰：「齊桓，衛姬之子也，有寵於釐公[35]。有鮑叔牙、賓須無、隰朋以為輔，有莒、衛以為外主[36]，有高、國以為內主[37]。從善如流，施惠不倦。有國，不亦宜乎？昔我文公，狐季姬之子也，有寵於獻公[38]，好學不倦，生十七年有士五人[39]，有先大夫子餘、子犯[40]以為腹心，有魏犨、賈佗[41]以為股肱，有齊、宋、秦、楚以為外主[42]，有欒、郤、狐、先以為內主[43]。亡十九年，守志彌篤。惠、懷棄民[44]，民從而與之[45]。故文公有國，不亦宜乎？子比無施於民，無援於外，去晉，晉不送；歸楚，楚不迎。何以有國？」子比果不終焉，卒立者弃疾[46]，如叔向言也。

4 平王二年[47]，使費無忌如秦，為太子建取婦[48]。婦好，來，未至，無忌先歸，說平王曰：「秦女好，可自娶，為太子更求。」平王聽之，卒自娶秦女，生熊珍[49]。更為太子娶。是時，伍奢為太子太傅，無忌為少傅[50]。無忌無寵於太子，常讒惡太子建。建時年十五矣[51]，其母蔡女也，無寵於王，王稍益疏外建也[52]。

5 六年，使太子建居城父[53]，守邊。無忌又日夜讒太子建於王，曰：「自無忌入秦女，太子怨，亦不能無望於王，王少自備焉。且太子居城父，擅兵，外交諸侯，且欲入矣。」平王召其傅伍奢責之。伍奢知無忌讒，乃曰：「王柰何以小臣疏骨肉？」無忌曰：「今不制，後悔也。」於是，王遂囚伍奢(54)。乃令司馬奮揚召太子建(55)，欲誅之。太子聞之(56)，亡奔宋。無忌曰：「伍奢有二子，不殺者為楚國患。盍以免其父召之，必至。」於是，王使使謂奢：「能致二子則生，不能將死。」奢曰：「尚至，胥不至(57)。」王曰：「何也？」奢曰：「尚之為人，廉，死節，慈孝而仁，聞召而免父，必至，不顧其死。胥之為人，智而好謀，勇而矜(58)功，知來必死，必不來。然為楚國憂者，必此子(59)。」於是，王使人召之，曰：「來，吾免爾父。」伍尚謂伍胥曰：「聞父免而莫奔，不孝也；父戮莫報，無謀也；度能任事(60)，知也。子其行矣，我其歸死。」伍尚遂歸。伍胥彎弓屬矢，出見使者(61)，曰：「父有罪，何以召其子為？」將射，使者還走，遂出奔吳。伍奢聞之，曰：「胥亡，楚國危哉。」楚人遂殺伍奢及尚。

6 十年，楚太子建母在居巢，開吳(62)。吳使公子光伐楚(63)，遂敗陳、蔡，取太子建母而去(64)。楚恐，城郢(65)。初，吳之邊邑卑梁與楚邊邑鍾離小童爭桑(66)，兩家交怒相攻，滅卑梁人。卑梁大夫怒，發邑兵攻鍾離。楚王聞之怒，發國兵滅卑梁。吳王聞之大怒，亦發兵，使公子光因建母家攻楚，遂滅鍾離、居巢。楚乃恐，而城郢(67)。

7 十三年，平王卒。將軍子常[68]曰：「太子珍[69]少，且其母乃前太子建所當娶也。」欲立令尹子西[70]。子西，平王之庶弟也[71]，有義。子西曰：「國有常法，更立則亂，言之則致誅。」乃立太子珍，是為昭王。

8 昭王元年[72]，楚眾不說費無忌，以其讒亡太子建，殺伍奢子父與郤宛[73]。宛之宗姓伯氏子嚭[74]及子胥皆奔吳。吳兵數侵楚，楚人怨無忌甚。楚令尹子常誅無忌以說眾，眾乃喜。

9 四年，吳三公子奔楚[75]，楚封之以扞吳。五年，吳伐取楚之六、潛[76]。七年，楚使子常伐吳，吳大敗楚於豫章[77]。

10 十年，冬，吳王闔閭、伍子胥、伯嚭與唐、蔡俱伐楚[78]，楚大敗，吳兵遂入郢，辱平王之墓[79]，以伍子胥故也。吳兵之來，楚使子常以兵迎之，夾漢水陣。吳伐敗子常，子常亡奔鄭[80]。楚兵走，吳乘勝逐之，五戰及郢[81]。己卯[82]，昭王出奔。庚辰[83]，吳人入郢。

11 昭王亡也至雲夢。雲夢不知其王也，射傷王[84]。王走鄖[85]。鄖公[86]之弟懷曰：「平王殺吾父[87]，今我殺其子，不亦可乎？」鄖公止之，然恐其弒昭王，乃與王出奔隨。吳王聞昭王往，即進擊隨，謂隨人曰：「周之子孫封於江、漢之間者，楚盡滅之[88]。」欲殺昭王。王從臣子綦乃深匿王，自以為王[89]，謂隨人曰：「以我予吳。」隨人卜予吳，不吉，乃謝吳王曰：「昭王亡，不在隨[90]。」吳請入自索之[91]，隨不聽，吳亦罷去。

12 昭王之出郢也，使申鮑胥請救於秦[92]。秦以車五百乘救楚，楚亦收餘散兵，與秦擊吳。十一年，六月，敗吳於稷[93]。會吳王弟夫概見吳王兵傷敗，乃亡歸，自立為王。闔閭聞之，引兵去楚，歸擊夫概。夫概敗，奔楚，楚封之堂谿[94]，號為堂谿氏。

13 楚昭王滅唐[95]。九月，歸入郢[96]。十二年，吳復伐楚，取番[97]。楚恐，去郢，北徙都鄀[98]。

14 十六年，孔子相魯[99]。二十年，楚滅頓，滅胡[100]。二十一年，吳王闔閭伐越[101]。越王句踐射傷吳王，遂死。吳由此怨越，而不西伐楚。

15 二十七年，春，吳伐陳[102]，楚昭王救之，軍城父。十月，昭王病於軍中，有赤雲如鳥，夾日而蜚[103]。昭王問周太史[104]，太史曰：「是害於楚王[105]，然可移於將相[106]。」將相聞是言，乃請自以身禱於神[107]。昭王曰：「將相，孤之股肱也。今移禍，庸去是身乎[108]？」弗聽。卜而河為祟[109]，大夫請禱河[110]。昭王曰：「自吾先

王受封，望不過江、漢[111]，而河非所獲罪也[112]。」止不許。孔子在陳，聞是言，
曰：「楚昭王通大道矣。其不失國，宜哉。」

16 昭王病甚，乃召諸公子大夫曰：「孤不佞，再辱楚國之師[113]，今乃得以天壽
終，孤之幸也。」讓其弟公子申為王，不可。又讓次弟公子結，亦不可。乃又讓
次弟公子閭，五讓，乃後許為王。將戰，庚寅[114]，昭王卒於軍中。子閭曰：「王
病甚，舍其子讓羣臣，臣所以許王，以廣王意也[115]。今君王卒，臣豈敢忘君王之
意乎？」乃與子西、子綦謀，伏師閉塗[116]，迎越女[117]之子章立之，是為惠王。然
後罷兵歸，葬昭王。

17 惠王二年[118]，子西召故平王太子建之子勝於吳，以為巢大夫，號曰白公[119]。
白公好兵而下士，欲報仇。六年，白公請兵令尹子西伐鄭[120]。初，白公父建亡在
鄭，鄭殺之[121]，白公亡走吳，子西復召之，故以此怨鄭，欲伐之。子西許而未為
發兵。八年，晉伐鄭，鄭告急楚，楚使子西救鄭，受賂而去[122]。白公勝怒，乃遂
與勇力死士石乞等襲殺令尹子西、子綦於朝，因劫惠王，置之高府[123]，欲弒之。
惠王從者屈固負王亡走昭王夫人宮[124]。白公自立為王[125]。月餘，會葉公[126]來救楚，
楚惠王之徒與共攻白公，殺之。惠王乃復位。是歲也[127]，滅陳而縣之。

18 十三年，吳王夫差[128]彊，陵齊、晉[129]，來伐楚[130]。十六年，越滅吳[131]。四十二年，楚滅蔡。四十四年，楚滅杞[132]。與秦平。是時，越已滅吳，而不能正[133]江、淮北。楚東侵，廣地至泗上[134]。

19 五十七年，惠王卒，子簡王中立。

【章旨】以上為第七段，寫楚與吳在南方的爭奪。

【注釋】❶復陳蔡之地而立其後如故　《左傳》作「封陳蔡，復遷邑」，意即許人、方城人與城父人都遷回故鄉。❷歸鄭之侵地　歸還侵略鄭國時得到的土地。昭公十三年《左傳》楚並未歸鄭侵地。❸存恤國中二句　《左傳》作「施舍寬民，宥罪舉職」。❹獲五率以歸　《左傳》：「楚師還自徐，吳人敗諸豫章，獲其五帥。」前年，靈王命五帥圍徐以恐吳，適值國內大亂，吳遂敗楚，俘獲其五率。五率，即蕩侯、潘子、司馬督、囂尹午、陵尹喜。❺卜尹　掌管卜筮的官，相當於大夫的職位。楚人重視祭祀，卜尹是相當重要的官職。❻無適立　沒有嫡子可立為太子。適，通「嫡」。❼望祭　也單稱望，遙望而祭祀。❽使主社稷　《左傳》云：「祈曰：請神擇于五人者，使主社稷，當璧而拜者，神所立也。」❾陰與巴姬埋璧於室內　巴姬，共王寵妾。室內，指祖廟內。❿康王跨之　兩足各在璧一邊。杜預曰：「過其上。」⓫靈王肘加之　跪拜時手臂壓在玉璧上。⓬壓紐　壓在璧把上。紐，璧把。⓭韓宣子　韓起，晉國的執政大臣。⓮叔向　羊舌肸，晉國大夫，博學多識，是春秋時期的著名政治家。⓯同惡相求二句　服虔曰：「謂國人共惡靈王者，如市賈之人求利也。」傳遜曰：「同惡相求，指當時同心造亂之人，薳成然等。」⓰無與同好二句　意即國內沒有同黨，一旦有難，也沒有人與他同患難。⓱有寵無人　受當權者寵愛而無賢人扶助。瀧川曰：「寵，寵貴也。」⓲有人無主　有賢人扶助，國內卻無有勢力的人接應。⓳有主無謀　有人接應卻無謀略。謀，策謀也。⓴有謀而無民　有謀略卻得不到民眾支持。㉑有民而無德　有民眾支持，自己卻無德行。㉒晉楚之從不聞通者　從，指那些與子比交往的人。通者，通達之人。㉓族盡親叛　杜預曰：「無親族在楚。」中井積德曰：「族盡親叛，言相離叛，或死亡，無同心者也。」㉔無釁而動　服虔曰：「言靈王尚在，而妄動取國，故謂無謀。」釁，間隙；可乘之機。㉕為羈終世　杜預曰：「終身羈客在於晉，是無民。」㉖亡無愛徵　杜預曰：「楚人無愛念者。」㉗王虐而不忌　中井積德曰：「以靈王之虐，而無所忌惡於子干，則其人不足畏也可知矣，非語靈王將亡。」㉘君陳蔡二句　弃疾時為蔡公，控治陳、蔡，方城以外都是他的勢力範圍。方城，山名，在今河南方城東北，其地是原來楚國的北境；後來楚向北方、東北方擴張，陳、蔡、許等都成了楚國方城以外的新範疇。有大關口楚長城遺址，楚方城（長城）遺址在方城山西麓大關口兩側。㉙苛慝不作　煩擾邪惡的事沒有發生。㉚私欲不違　服虔曰：「不以私欲違民心。」㉛先神命之　祖先之神早已有命在先，指弃疾壓紐事。龜井道載曰：「先神，祖先之神也。」㉜羋姓有亂三句　從楚國內亂的歷史看，最後登上王位的總是最小的兒子。季，少子。㉝子比之官二句　意謂右尹不如陳蔡公有勢力。㉞齊桓晉文不亦是乎　服虔曰：「皆庶子而出奔。」㉟釐公　齊釐公，名祿甫，桓公之父，西元前七三〇—前六九八年在位。㊱有莒衛以為外主　賈逵曰：「齊桓出奔莒，自莒先入，衛人助之。」莒，古諸侯國名，故城在今山東莒縣。齊桓公的母親是莒人，他曾在這裡避難。㊲有高國以為內主　高、國，齊國地位最高的兩個家族，世為上卿。㊳獻公　晉獻公，名詭諸，西元前六七六—前六五一年在位。先後滅耿、霍、魏、虢、虞等國，晉漸強大，晚年因寵幸驪姬，死後引起內亂。㊴有士五人　指趙衰、狐偃、賈佗、先軫、魏犨。㊵子餘子犯　子餘，名趙衰，謚成，曾隨重耳出亡，是其重要輔臣。後為晉上卿。因封地在原，又名原季。子犯，名狐偃，為公子重耳之舅，亦稱舅犯、咎犯，曾隨重耳流亡，是其重要輔臣。㊶魏犨賈佗　魏犨，即魏武子，有勇力，從重耳流亡，後食邑於魏，為大夫。賈佗，重耳重要輔臣，曾從重耳流亡。㊷有齊宋秦楚以為外主　賈逵曰：「齊以女妻之，宋贈之馬，楚享以九獻，秦送內之。」㊸有欒郤狐先以為內主　杜預曰：「謂欒枝、郤穀、狐突、先軫也。」賈逵曰：「四姓，晉大夫。」㊹惠懷弃民　惠、懷，晉惠公、晉懷公。晉惠公，名夷吾，獻公之子，重耳之弟，西元前六五〇—前六三七年在位。晉懷公，名圉，惠公之子，惠公八年被派到秦國做人質，十三年逃回，十四年繼位。重耳入國後，他出奔高梁（今山西臨汾東北），不久被殺，在位僅五個月。弃民，服虔曰：「皆棄民而不恤。」㊺民從而與之　《正義》曰：「以惠、懷棄民，故民相從而歸心於文公。」㊻卒立者弃疾　《正義》曰：「《左傳》云：『獲神，一也；有民，二也；令德，三也；寵貴，四也；居常，五也。有五利以去五難，誰能害之！』杜預云：『獲神，當璧拜也；有民，民信也；令德，無苛慝也；寵貴，妃子也；居常，棄疾季也。』」㊼平王二年　西元前五二七年。梁玉繩曰：「事在六年。」瀧川曰：「二年當作六年。下文『六年』當刪。」㊽使費無忌如秦二句　費無忌，楚大夫，時為太子少師。《左傳》作「費無極」。太子建，平王為大夫時聘蔡，陽封人之女奔之，生子建。㊾生熊珍　熊珍，《春秋》「珍」作「軫」；〈伍子胥列傳〉亦作「軫」。㊿伍奢為太子太傅二句　伍奢，伍舉的兒子，楚大夫。太子太傅、少傅，都是教導、輔佐太子的官。51建時年十五矣　杜預以楚子十一年為蔡公，十三年而即位，若在蔡生建，只一二歲，未堪立師傅；至此七年，不得云建可室。故疑建為大夫聘蔡時所生。52王稍益疏外建也　稍益，逐漸；越來越。疏外，疏遠。53城父　楚北境邊邑，今河南平頂山寶豐李庄鄉翟集村南有城父故城。54王遂囚伍奢　此句下原有「而召其二子，而告以免父死」二句，與下文矛盾，今據張文虎《札記》卷四刪。55乃令司馬奮揚召太子建　司馬奮揚，據《左傳》，奮揚是城父司馬，太子建的屬官，不是楚國司馬。56太子聞之　奮揚知道費無忌讒害太子，所以故意向太子建透露消息。此事在平王七年。57尚至二句　尚，伍尚，時為棠君，楚大夫。胥，伍子胥，名員。伍奢次子，事跡詳見〈伍子胥列傳〉。58矜崇尚。59然為楚國憂者二句　茅瓚曰：「伍奢之料二子，頗與陶朱公之智同。」瀧川曰：「『於是王使使謂奢』以下，史公以意補。《左傳》少異。」按：《左傳》無伍奢評其二子語，只有伍尚選擇從死及勸伍員逃走一段話。60度能任事　估計能承擔責任。61伍胥彎弓屬矢二句　彎弓屬矢，拉滿弓，搭上箭。屬，連。瀧川曰：「《左傳》無此事。」以上費無忌讒害太子建，又讒殺伍奢、伍尚，逼走伍子胥事，詳見《左傳》昭公二十年與〈伍子胥列傳〉。62太子建母在居巢二句　居巢，在今安徽巢縣東北。梁玉繩曰：「昭二十三年《傳》，建母在郹，此與〈吳世家〉同誤。」開吳，引導吳國伐楚。63吳使公子光伐楚　公子光即日後之吳王闔閭，用專諸刺殺吳王僚而登位，西元前五一四—前四九六年在位。吳王諸樊之子，吳王僚之堂兄弟。64取太子建母而去　梁玉繩曰：「《左傳》，吳取建母在冬十月，敗陳、蔡乃雞父之役，在秋七月，史公誤合為一；又吳敗頓、胡、沈、蔡、陳、許，并楚為七，故公子光曰『七國同役』，此與〈吳世家〉止言陳、蔡，亦疏。」65楚恐二句　加固郢都的城牆。《正義》曰：「按《傳》，城郢在昭公二十三年，下重言『城郢』。杜預云：『楚用子囊遺言，以築郢城矣；今畏吳，復修以自固也。』」66小童爭桑　《左傳》、〈吳太伯世家〉、〈伍子胥列傳〉均記為兩國女子爭桑。梁玉繩曰：「諸處皆言是女子，獨此改稱小童，恐非。」卑梁，吳邊邑。鍾離，楚邊邑。兩邑緊鄰，均在安徽鳳陽東北。67楚乃恐二句　張照曰：「是申上文城郢之故，非此復城郢也。」68子常　名囊瓦，時為楚國令尹。性貪。楚昭王七年，率軍伐吳，敗於豫章，同年，為求美裘不得而讒蔡昭侯，十年，蔡聯吳伐楚，子常迎擊兵敗，奔鄭。69太子珍　張照曰：「太子珍，《左傳》作太子壬。《國語》及〈越世家〉又作軫。」瀧川曰：「《春秋》及〈伍子胥列傳〉亦作軫。」70令尹子西　中井積德曰：「是時子常為令尹，而子西非令尹，蓋史之誤耳。」下文令尹子常是矣。凡令尹司馬之類，《史記》則稱將軍，是後世之語，非當時之稱，皆非。71子西二句　按：子西是平王之子，昭王庶兄。72昭王元年　西元前五一五年。73郤宛　即子惡，楚國左尹。74宛之宗姓伯氏子嚭　又稱伯嚭，逃到吳國後，受吳王夫差寵幸，任太宰。受賄勸夫差放句踐，句踐滅吳後將他處死。75吳三公子奔楚　〈吳太伯世家〉載吳王僚之弟燭庸、蓋餘二公子伐楚，聞吳王僚被公子光所弒而降楚。昭公三十年《左傳》亦載二公子奔楚，此云三公子，「三」字誤。(76)吳伐取楚之六潛　六，在今安徽六安北。潛，在今安徽霍山東。(77)豫章　漢水以東，長江以北之地區名，今地不能確指。(78)與唐蔡俱伐楚　唐、蔡兩國國君朝見楚王，不肯獻玉佩和寶馬與子常，曾被拘禁，所以與吳國一道聯合進攻楚國。唐，古諸侯國名，故城在今湖北隨縣西北九十里。(79)辱平王之墓　據〈伍子胥列傳〉載，伍子胥掘平王墓，鞭屍三百。《左傳》不載。(80)吳伐敗子常二句　此即柏舉之戰。(81)五戰及郢　定四年《左傳》，柏舉之戰後，吳從楚師及清發水，半濟而擊，又敗之。「楚人為食，吳人及之。奔，食而從之，敗諸雍澨，五戰及郢」。(82)己卯　十一月二十七日。梁玉繩曰：「此上缺書『十一月』。」(83)庚辰　十一月二十八日。(84)雲夢不知其王也二句　據《左傳》，乃以戈擊王，王孫由於以背受之，中肩。非射傷王。雲夢，澤名，跨大江南北，此為江北雲夢，在鄖邑東南。(85)鄖　即今湖北安陸。(86)鄖公　鄖縣令。楚稱縣令為公。鄖公名鬬辛，楚大夫曼成然之子。(87)平王殺吾父　魯昭公十四年，楚平王殺曼成然。(88)周之子孫封於江漢之間者二句　瀧川曰：「吳、隨皆與周同姓，故云。」(89)自以為王　子綦冒充昭王。子綦，《左傳》、《國語》均作「子期」。(90)昭王亡二句　陳仁錫曰：「昭王當作楚王。」(91)吳請入自索之　梁玉繩曰：「《左傳》無此語，恐妄。」索，搜查。(92)使申鮑胥請救於秦　申鮑胥入秦求救，秦哀公先是不肯，他依廷牆而哭，日夜不絕聲，勺飲不入口七日，感動了哀公，發兵救楚。申鮑胥，武王兄蚡冒之後，楚之公族，食邑於申，因以為氏。《戰國策》作「棼冒勃蘇」，棼冒即蚡冒；勃蘇即鮑胥。(93)稷　楚邑，在今河南桐柏境。(94)堂谿　在今河南遂平西北。今遂平縣有吳房故城，因吳王闔閭弟夫概奔楚封於此，故稱吳房。(95)楚昭王滅唐　定五年《左傳》云：「秋七月，子期、子蒲滅唐。」杜預曰：「從吳伐楚故。」(96)九月二句　據《左傳》昭王歸郢在十月。(97)吳復伐楚二句　番，當時楚東境邊邑，即今江西鄱陽。一說吳楚當時不可能在鄱陽交兵，其地當在今安徽鳳臺西北。(98)鄀　在今湖北宜城東南九十里。(99)孔子相魯　《史記》在敘各國史事時，常插有類似的語句，表示對孔子的推崇。史公以「相魯」為任魯相，今學者多以為孔子只為魯定公充任過司禮之儐相，無為魯相事，說見〈孔子世家〉注。(100)楚滅頓二句　頓，古諸侯國名，姬姓。故城即今河南項城北五十里之南頓故城。《正義》引《括地志》曰：「陳州南頓縣，故頓子國。應劭云古頓子國，姬姓也，逼於陳，後南徙，故曰南頓也。」胡，古諸侯國名，故城在今安徽阜陽西北二里。按：滅胡在二十一年。(101)吳王闔閭伐越　此即檇李之戰，越王句踐使死士挑戰，大敗吳軍，闔閭重傷而死。詳見〈吳太伯世家〉及〈越王句踐世家〉。(102)吳伐陳　吳入楚之年，召陳懷公，懷公不至。魯哀元年，吳侵陳以修舊怨，未得志。故是年又伐陳。楚與陳為盟國，故救之。(103)十月四句　十月，《左傳》作「七月」。《春秋》記曰：「秋七月庚寅，楚子卒。」則作「七月」是。蜚，同

「飛」。104太史　西周、春秋時，太史掌管起草文書、策命諸侯卿大夫、記載史事、編寫史書，兼管國家典籍、天文曆法、祭祀等，為朝廷大臣。105是害於楚王　《左傳》作「其當王身乎」。106然可移於將相　《左傳》作「可移於令尹、司馬」。107乃請自以身禱於神　謂以身相代。按：《左傳》無是言。108庸去是身乎　《左傳》作「除腹心之疾而置諸股肱，何益？」庸，焉。109卜而河為祟　占卜的結果是黃河水神為祟。110禱河　祭祀黃河水神。111望不過江漢　楚國的祭祀範圍不超出長江、漢水。望，遙祭山川之神。112而河非所獲罪也　我們得罪不到黃河水神。113再辱楚國之師　指昭王七年吳軍大敗楚軍於豫章，十年吳軍入郢兩件事。114庚寅　七月十六日。115以廣王意也　用此安慰大王。廣，開，意為安慰。116伏師閉塗　祕密派遣軍隊，阻斷道路。主要防備吳兵趁喪伐楚，以及鄰國內的諸公子之變。117越女　昭王之妾。118惠王二年　西元前四八七年。119以為巢大夫二句　巢，故城在今安徽巢縣東北。白，邑名。120白公請兵令尹子西伐鄭　此事《左傳》在哀十六年，為楚惠十年，蓋追敘；此與〈年表〉俱在六年，不知何據。121白公父建亡在鄭二句　太子建因受費無忌讒害，奔宋，又避華氏之亂於鄭，鄭人善之，太子建卻與晉勾結陰謀襲鄭，鄭遂殺之。122楚使子西救鄭二句　梁玉繩曰：「晉伐鄭，為魯哀十五年，在惠王九年，此誤八年也。《傳》云『救鄭與之盟』，不得言受賂。」123高府　府庫之名。杜預曰：「楚別府。」124惠王從者屈固負王亡走昭王夫人宮　昭王夫人，惠王之母，即越女。負王者《左傳》作圉公陽。125白公自立為王　據哀公十六年《左傳》和〈伍子胥列傳〉，白公未嘗為王。126葉公　即子高，名沈諸梁，封於葉，故稱「葉公」。葉縣，在今河南葉縣西南。127是歲也　這一年應是西元前四七九年。按：〈世家〉將白公之亂與滅陳俱記於惠王八年，實則白公之亂在惠王十年，滅陳在惠王十一年，西元前四七八年。128吳王夫差　闔閭之子，西元前四九五—前四七三年在位。事跡詳見〈吳太伯世家〉及《左傳》。129陵齊晉　指魯哀公十一年夫差在艾陵（今山東萊蕪東北）大敗齊軍，魯哀公十三年又在黃池大會諸侯，與晉爭為霸主之事。130來伐楚　梁玉繩曰：「《左傳》哀十九年，止有越侵楚，此以為吳事，與〈年表〉並誤。」131越滅吳　夫椒之戰後，越被迫事吳，句踐臥薪嘗膽，勵精圖治，趁吳北上爭霸之機伐吳，終於在西元前四七三年滅吳。事詳見〈吳太伯世家〉、〈越王句踐世家〉、《左傳》哀公二十二年及《國語》之〈越語〉、〈吳語〉、《國語・越語》、《國語・吳語》。132杞　諸侯國名，夏禹的後代，商時或封或絕，武王滅商後，封禹後東樓公於杞，即今河南杞縣。自西元前一〇四六年始封至此滅，共歷六百零二年。133正　平定。134泗上　泗水之濱，指今山東泗水到江蘇徐州一帶。

【語　譯】楚平王靠陰謀殺了兩位楚王自己繼位，害怕國人和諸侯背叛他，就向百姓施惠。他恢復了陳國和蔡國，像以前一樣重新立他們的後人為君，歸還了侵占自鄭國的土地。平王還慰問救濟國內百姓，整頓政治教化。吳國因為楚國的內亂，俘虜了楚國五位將軍。平王對觀從說：「你想要什麼獎賞都可以。」觀從想做卜尹，平王答應了他。

2 當初，楚共王有五個寵愛的兒子，沒有嫡子來繼承王位，於是祭祀山川百神，請神來決定，看誰來主持社稷，他私下與巴姬在房中埋下璧玉，召喚五位公子齋戒後進去。康王兩腳跨在璧上，靈王的手肘壓在璧上，子比、子皙都離璧很遠。平王當時年幼，被人抱著參拜，壓在璧把上。因此康王憑年長而繼位，到他的兒子就失去了王位；圍後來是靈王，自身就被殺死；子比為王十餘天，子皙沒做過王，又都被殺。這四個人都沒有後代。唯獨弃疾最後繼位，做平王，最終接續了楚國，就像符合神的意志。

3 當初，子比從晉國回去，韓宣子問叔向：「子比能成功嗎？」叔向回答說：「成不了。」宣子說：「他們因為共同憎惡靈王而如同市場上做買賣一樣，怎麼成不了呢？」叔向回答說：「沒有同黨，一旦有難，也沒有人與他同患難。獲取國家政權有五個難處：有寵於國君卻沒有能輔助他的賢人，是其一；有賢人而沒有靠山，是其二；有靠山而沒有計謀，是其三；有計謀而不得民心，是其四；得民心而沒有德行，是其五。子比在晉國十三年了，晉國和楚國跟隨他的人沒聽說誰是有本事的，可以說是沒有輔助他的人；族人被滅，親人背叛，可以說是沒有靠山；沒有機會而妄自行動，可以說是沒有計謀；終身在外流亡，可以說是不得民心；流亡在外而沒有被別人惦記的徵兆，可以說是沒有德行。靈王雖然暴虐卻對他不忌惡，子比有五大難處而想殺掉國君，怎麼能成功！據有楚國的，大概是弃疾吧，他掌握陳、蔡，方城以外都歸屬他。繁瑣邪惡的事不發生，盜賊都隱藏，不因私欲而違禮，百姓沒有怨恨。祖先神靈授命給他，國民信任他。羋姓有內亂，總是最小的孩子最終得立，這是楚國的常事。子比論官職，是右尹；論權勢與寵愛，只是庶子；論神命，又離璧很遠；百姓又不想念他，憑什麼繼位？」宣子說：「齊桓公、晉文公不也是這樣嗎？」叔向說：「齊桓公，是衛姬的兒子，受釐公寵愛。有鮑叔牙、賓須無、隰朋為輔助，有莒、衛在國外做靠山，有高、國兩大家族在國內做靠山。他從善如流，施惠不倦。他能有齊國，難道不應該嗎？過去我們文公，是狐季姬的兒子，受獻公的寵愛，好學不倦，他十七歲就有五位能人輔助他，有先大夫子餘、子犯為心腹，有魏犨、賈佗為股肱，有齊、宋、秦、楚在外做靠山，有欒、郤、狐、先在國內為靠山。出亡十九年，堅持自己的志向更為專一。惠公、懷公放棄百姓，百姓都跟從歡迎他。因此文公擁有晉國，難道不應該嗎？子比沒施惠給百姓，在外沒有援助，離開晉國時，晉國不送他；回楚國，楚國不迎接他。他憑什麼擁有楚國？」子比果然最終沒做成楚王，最終繼位的是弃疾，和叔向說的一樣。

4 平王二年，派費無忌去秦，為太子建娶媳婦。太子的媳婦很漂亮，來楚國時，還沒到達，無忌先回來，遊說平王說：「秦國的姑娘很漂亮，您可以自己迎娶，另為太子求親。」平王採納了他的話，自己娶了秦國的姑娘，生了熊珍。另外為太子娶了媳婦。這時，伍奢是太子太傅，無忌是少傅。無忌不受太子寵信，常說太子建的壞話。太子建當時十五歲，他母親是蔡國人，不受平王寵愛，平王漸漸疏遠了太子建。

5 六年，平王讓太子建住到城父去，守衛邊疆。費無忌又日夜對平王說太子建的壞話，說：「從無忌我迎入秦國的姑娘後，太子心懷怨恨，也不能不怨恨大王，您應自己稍稍做點防備。況且太子在城父，掌握兵權，對外交結諸侯，就要打進來了。」平王召太子太傅伍奢來責備。伍奢知道無忌進了讒言，就說：「大王怎麼能因為小臣就疏遠了骨肉呢？」無忌說：「現在再不制止，今後要後悔的。」於是，平王囚禁了伍奢。讓司馬奮揚召太子建，想殺掉他。太子聽到消息，逃亡到了宋國。無忌說：「伍奢有兩個兒子，不殺掉他們就會是楚國的禍患。不如藉口赦免他們的父親召來他們，他們一定會來。」於是，平王派人對伍奢說：「你能叫你兩個兒子來，就能活，不然就得死。」伍奢說：「伍尚會來，伍胥不會來。」平王說：「為什麼？」伍奢說：「伍尚為人，廉潔、能為節操而死，慈善孝順而仁厚，聽到聽從召喚就能赦免父親，一定會來，不顧自己的生死。胥為人，聰明有謀略，勇敢而喜好功勞，知道來了一定會死，一定不會來。但給楚國帶來憂患的，一定是這個孩子。」於是，平王派人去召喚他們，說：「你們來，我就赦免你們的父親。」伍尚對伍胥說：「聽說能赦免父親而不去，是不孝；父親被害而不能報仇，是無謀；考慮能力擔當責任，是智慧。你走吧，我回去領死。」伍尚於是就回來了。伍胥拉滿弓搭上箭，出來見使者，說：「父親有罪，為什麼要召喚兒子？」

說著就要射箭，使者轉身就跑，伍胥就逃到吳國。伍奢聽說後說：「胥逃走了，楚國危險了。」楚人殺害了伍奢和伍尚。

6 十年，楚太子建的母親在居巢，引導吳國伐楚。吳派公子光伐楚，打敗了陳、蔡的軍隊，接走了太子建的母親才撤兵。楚國害怕，修築郢都的城牆。當初，吳的邊邑卑梁與楚的邊邑鍾離的小孩爭搶桑樹，兩家發怒互相攻擊，滅了卑梁人。卑梁的長官大怒，發邑兵攻擊鍾離。楚王聽說後大怒，發楚國之兵滅了卑梁。吳王聽說後也大怒也發吳國軍隊，派公子光依靠太子建母家攻打楚國，滅了鍾離、居巢。楚國因為害怕，而修築郢都的城牆。

7 十三年，楚平王去世。將軍子常說：「太子珍年紀小，而且他的母親是以前的太子建應當娶的。」想立令尹子西。子西是平王的庶弟，有仁義。子西說：「國家有常行的法度，更換繼承人就會招致禍亂，說這樣的話就應招來殺身之罪。」於是還是立太子珍為王，這就是楚昭王。

8 昭王元年，楚國民眾討厭費無忌，因為他進讒言逼走了太子建，殺害了伍奢父子和郤宛。宛的宗姓伯氏之子嚭及伍子胥都逃奔到吳國。吳軍幾次侵犯楚國，楚國人非常怨恨費無忌。楚令尹子常殺死無忌取悅民眾，民眾才高興。

9 四年，吳國的三位公子逃到楚國，楚分封他們來抵禦吳國。五年，吳伐楚，攻取楚的六、潛兩邑。七年，楚派子常伐吳，吳在豫章大敗楚軍。

10 十年，冬天，吳王闔閭、伍子胥、伯嚭與唐、蔡一起討伐楚國，楚大敗，吳兵攻入郢都，侮辱了平王的墳墓，那是因為伍子胥要報殺父之仇。吳兵來時，楚派子常率兵迎敵，兩軍夾漢水列陣。吳兵打敗子常，子常逃奔鄭國。楚兵敗退，吳軍乘勝追擊，連續打了五仗就攻到了郢都。己卯，昭王出逃。庚辰，吳人攻入郢都。

11 楚昭王逃到雲夢。雲夢人不知道他是楚王，射傷了他。昭王逃到鄖，鄖公的弟弟懷說：「平王殺了我們的父親，如今我們殺掉他的兒子，難道不可以嗎？」鄖公制止了他，但怕他殺害昭王，就與昭王逃奔到隨。

吳王聽說昭王逃到了隨，就進兵攻擊隨，對隨人說：「周封在江漢之間的子孫，楚都要把他們滅掉。」想殺死昭王。跟隨昭王的大臣子綦於是深藏起昭王，自己冒充昭王，對隨人說：「把我交給吳人吧。」隨人占卜把他交給吳，不吉利，就謝絕吳王說：「昭王逃走了，不在隨。」吳請求進城自己搜索，隨不答應，吳也罷兵離去了。

12 昭王逃出郢都的時候，派申鮑胥到秦國請求援救。秦派車五百乘救楚，楚也收拾剩餘的散兵，與秦軍一起攻擊吳軍。十一年，六月，在稷打敗吳軍。正好吳王的弟弟夫概見吳王兵敗，就逃回吳國，自立為王。闔閭聽說，領兵離開楚國，回去攻擊夫概。夫概打敗了，逃到楚國，楚把他封在堂谿，稱為堂谿氏。

13 楚昭王滅掉了唐國。九月，回到郢都。十二年，吳又伐楚，取番。楚王害怕所以離開郢都，向北遷都到鄀。

14 十六年，孔子做了魯國的儐相。二十年，楚滅了頓國、胡國。二十一年，吳王闔閭伐越，越王句踐射傷吳王，吳王因此而死。吳從此怨恨越，不向西征伐楚國。

15 二十七年，春天，吳伐陳，楚昭王救陳，駐軍城父。十月，昭王在軍中病重，有鳥一樣的紅雲夾著太陽飛。昭王問周太史，太史說：「這是對楚王有害，但可移給將相。」將相聽到這話，就請求用自己為犧牲向神祈禱。昭王說：「將相，就像是我的大腿和胳膊。如今把禍移給他們，難道禍害就離開了嗎？」不採納。占卜結果是河神作祟，大夫請求向黃河之神祈禱。昭王說：「自從我們先王接受分封，祭祀山川不過江、漢，不會從黃河之神獲得罪過。」制止他們，不許祭黃河之神。孔子在陳國，聽到昭王這些話，說：「楚昭王通曉大道啊。他是應該不失去國家啊。」

16 昭王病重，就召來各位公子和大夫，說：「我不成材，兩次打了敗仗，如今能夠享受天年而壽終正寢，這是我的幸運。」讓他弟弟公子申為王，申不同意。又讓次弟公子結為王，也不同意。於是又讓次弟公子閭為王，推讓了五次，子閭才答應為王。即將與吳軍開戰，庚寅，昭王在軍中病逝。子閭說：「大王病重，捨棄兒子而把王位讓給群臣，我所以答應大王，是以此安慰大王。現在大王去世了，我怎麼敢忘卻大王的意志呢？」於是與子西、子綦商量，祕密派遣軍隊，封鎖道路，迎接越國女子的兒子章立為王，這就是惠王。然後罷兵回國，埋葬了昭王。

17 惠王二年，子西從吳國召來過去平王的太子建的兒子勝，讓他做巢大夫，號稱白公。白公喜歡軍事而且禮賢下士，想報殺父之仇。六年，白公向令尹子西請兵伐鄭。當初，白公的父親太子建逃亡在鄭國，鄭人殺了他，白公逃到了吳國，子西又召回了他，因此怨恨鄭國，想討伐它。子西答應了他還沒為他發兵。八年，晉討伐鄭國，鄭向楚告急求救，楚派子西救鄭，事後子西接受賄賂離開了鄭國。白公勝為此大怒，於是就與勇猛有力的敢死之士石乞等在朝堂上襲擊殺死了令尹子西、子綦，順勢劫持了惠王，把他安置在高府，想殺害他。惠王的隨從屈固背著惠王逃到昭王夫人的宮中。白公自立為王。過了一個多月，正好葉公來救楚，楚惠王的兵士與葉公的軍隊一起攻打白公，殺死了他。惠王於是復位。這一年，楚滅陳，把它作為一個縣。

18 十三年，吳王夫差強大起來，欺凌齊、晉，來伐楚。十六年，越滅吳。四十二年，楚滅蔡。四十四年，楚滅杞。與秦講和。這時，越已經滅了吳國，但不能平定江、淮以北的地區；楚於是東侵，領土一直擴展到泗水之濱。

19 五十七年，惠王去世，子簡王中繼位。

1 簡王元年❶，北伐滅莒。八年，魏文侯、韓武子、趙桓子始列為諸侯❷。

2 二十四年，簡王卒，子聲王當立❸。聲王六年❹，盜殺聲王，子悼王熊疑❺立。

3 悼王二年❻，三晉來伐楚，至乘丘❼而還。四年，楚伐周❽。鄭殺子陽❾。九年，伐韓，取負黍❿。十一年，三晉伐楚，敗我大梁、榆關⓫。楚厚賂秦，與之平⑫。二十一年，悼王卒，子肅王臧立。

4 肅王四年⑬，蜀伐楚，取茲方⑭。於是，楚為扞關⑮以距之。十年，魏取我魯陽⑯。十一年，肅王卒，無子，立其弟熊良夫，是為宣王。

5 宣王六年⑰，周天子賀秦獻公⑱。秦始復彊，而三晉益大，魏惠王⑲、齊威王⑳尤彊。三十年，秦封衛鞅於商㉑，南侵楚。是年，宣王卒，子威王熊商立。

6 威王六年㉒，周顯王致文、武胙於秦惠王㉓。

7 七年，齊孟嘗君父田嬰欺楚㉔，楚威王伐齊，敗之於徐州，而令齊必逐田嬰。田嬰恐，張丑㉕偽謂楚王曰：「王所以戰勝於徐州者，田盼子㉖不用也。盼子者，有功於國㉗而百姓為之用。嬰子弗善而用申紀㉘。申紀者，大臣不附，百姓不為用，故王勝之也。今王逐嬰子，嬰子逐，盼子必用矣。復搏其士卒以與王遇㉙，必不便於王矣。」楚王因弗逐也。

8 十一年，威王卒，子懷王熊槐立。魏聞楚喪，伐楚，取我陘山㉚。

【章旨】以上為第八段，寫楚在戰國初期的史事。

【注釋】❶簡王元年　西元前四三一年。❷魏文侯韓武子趙桓子始列為諸侯　中井曰：「三晉列為諸侯者，魏文侯、韓景侯、趙烈侯是也。武子、桓子並其先世，此史之誤耳。」魏文侯，名斯，魏桓公之子，西元前四四五—前三九六年在位。魏文侯二十二年（西元前四〇三年），周威烈王命魏、韓、趙三家列為諸侯。韓武子，名啟章，西元前四二四—前四〇九年在位。趙桓子，名嘉，西元前四二四年在位。❸子聲王當立　當，聲王之名。❹聲王六年　西元前四〇二年。❺悼王熊疑　年表作「熊類」，西元前四〇一—前三八一年在位。❻悼王二年　西元前四〇〇年。❼乘丘　故城在今山東兗州西。❽楚伐周　瀧川曰：「〈年表〉『周』作『鄭』，此誤。」❾子陽　鄭國相。❿負黍　韓邑名，故城在今河南登封西南。⓫敗我大梁榆關　《正義》曰：「〈年表〉云：『悼王三年，歸榆關于鄭。』按榆關，當鄭之南，大梁之西也。榆關在大梁之境，此時屬楚，故云『敗我大梁榆關』也。」大梁，即今河南開封。⓬楚厚賂秦二句　梁玉繩曰：「不言秦伐楚，但言楚賂秦，與上文書『與秦平』同為疏也。」⓭肅王四年　西元前三七七年。⓮茲方　今地不詳。⓯扞關　在今湖北宜昌西。⓰魯陽　故城即今河南魯山。⓱宣王六年　西元前三六四年。⓲周天子賀秦獻公　周天子，即周顯王，名扁，周烈王之弟，西元前三六八—前三二一年在位。秦獻公，名師隰，秦靈公之子，西元前三八四—前三六二年在位。其間勵精圖治，秦始復振。詳見〈秦本紀〉。⓳魏惠王　姬姓，魏氏，名罃，魏武侯之子，西元前三六九—前三一九年在位，二十六年（西元前三四四年）稱王。⓴齊威王　姓田，名因齊，一作嬰齊，西元前三五六—前三二〇年在位。其間實行改革，整頓吏治，選拔人才，因而國力富強，威震諸侯。㉑秦封衛鞅於商　衛鞅，戰國時政治家，衛國人，公孫氏，後入秦輔佐孝公，實行變法，奠定了秦國富強的基礎。因封於商，又名商鞅。事跡詳見〈商君列傳〉。商，在今陝西商縣東南商洛鎮。㉒威王六年　西元前三三四年。㉓秦惠王　即秦惠文王，名駟，孝公之子，西元前三三七—前三一一年在位。㉔齊孟嘗君父田嬰欺楚　指田嬰誘越侵楚事。孟嘗君，田文，齊國人，以好養士聞名，為戰國四公子之一，齊湣王時為相。詳見〈孟嘗君列傳〉。田嬰，孟嘗君之父，封於薛，又稱薛公。㉕張丑　田嬰門客。㉖田盼子　亦稱田盼，齊將，齊威王晚年，田嬰為相，他與田嬰不和而受排擠。《索隱》曰：「盼子，嬰之同族。」㉗盼子者二句　指西元前三四一年，田盼在馬陵之戰中大敗魏軍。㉘申紀　齊將名。瀧川曰：「〈齊策〉、〈秦策〉，申紀作申縛。」㉙復搏其士卒以與王遇　王念孫曰：「搏，當作摶，通『專』。統率。」按：此段記事據《戰國策・齊策》。㉚取我陘山　梁玉繩曰：「『取』當作『敗』，〈六國表〉、〈魏世家〉可證。」陘山，在今河南郾城東。

【語譯】簡王元年，北伐滅莒。八年，魏文侯、韓武子、趙桓子開始被列為諸侯。

2 二十四年，簡王去世，子聲王當繼位。聲王六年，盜賊殺了聲王，子悼王熊疑繼位。

3 悼王二年，三晉來伐楚，到乘丘才回去。四年，楚伐周。鄭國人殺了相國子陽。九年，楚伐韓，攻取負黍。十一年，三晉伐楚，在大梁、榆關打敗了楚軍。楚厚賂秦國，與秦講和。二十一年，悼王去世，子肅王臧繼位。

4 肅王四年，蜀伐楚，攻取了茲方。於是，楚築扞關來抵禦他們。十年，魏攻取了魯陽。十一年，肅王去世，沒有兒子，立他的弟弟熊良夫為王，這就是楚宣王。

5 宣王六年，周天子向秦獻公祝賀秦軍獲勝。秦開始再次強大起來，而趙、魏、韓三國更為強大，魏惠王、齊威王尤其強大。三十年，秦把商地封給衛鞅，向南侵犯楚國。這一年，宣王去世，子威王熊商繼位。

6 威王六年，周顯王將祭文、武之胙贈給秦惠王。

7 七年，齊國孟嘗君的父親田嬰欺騙了楚國，楚威王伐齊，在徐州打敗齊軍，命令齊國一定要趕走田嬰。田嬰害怕了，他的門客張丑假裝獻策而對楚王說：「大王之所以能取得徐州的勝利，是因為齊國不用田盼子。盼子對國家立了功而且百姓願意為他所用。嬰子與他不合而用申紀。申紀，大臣不親附他，百姓也不願為他效力，所以大王能戰勝他。如今大王驅逐嬰子，嬰子被逐，盼子就一定要被任用了。如果再重整士卒與大王相遇，一定會對大王不利。」楚王於是沒驅逐田嬰。

8 十一年，威王去世，子懷王熊槐繼位。魏國聽說楚國有喪事，伐楚，攻取了楚國的陘山。

1 懷王元年❶，張儀❷始相秦惠王。四年，秦惠王初稱王❸。

2 六年，楚使柱國❹昭陽將兵而攻魏，破之於襄陵❺，得八邑。又移兵而攻齊❻，齊王❼患之。陳軫❽適為秦使齊，齊王曰：「為之柰何？」陳軫曰：「王勿憂，請令罷之。」即往見昭陽軍中，曰：「願聞楚國之法，破軍殺將者何以貴之？」

昭陽曰：「其官為上柱國，封上爵執珪❾。」陳軫曰：「其有貴於此者乎？」昭陽曰：「令尹。」陳軫曰：「今君已為令尹矣，此國冠之上❿。臣請得譬之。人有遺其舍人一卮酒者，舍人相謂曰：『數人飲此，不足以徧，請遂畫地為蛇，蛇先成者獨飲之。』一人曰：『吾蛇先成。』舉酒而起，曰：『吾能為之足。』及其為之足，而後成人奪之酒而飲之，曰：『蛇固無足，今為之足，是非蛇也。』今君相楚而攻魏，破軍殺將，功莫大焉，冠之上，不可以加矣。今又移兵而攻齊，攻齊勝之，官爵不加於此；攻之不勝，身死爵奪，有毀於楚：此為蛇為足之說也。不若引兵而去以德齊，此持滿之術⓫也。」昭陽曰：「善。」引兵而去。

3 燕、韓君初稱王⓬。秦使張儀與楚、齊、魏相會，盟齧桑⓭。

4 十一年，蘇秦約從山東六國，共攻秦，楚懷王為從長⓮。至函谷關⓯，秦出兵擊六國，六國兵皆引而歸，齊獨後⓰。十二年，齊湣王伐敗趙、魏軍，秦亦伐敗韓⓱，與齊爭長。

5 十六年，秦欲伐齊，而楚與齊從親，秦惠王患之，乃宣言張儀免相，使張儀南見楚王，謂楚王曰：「敝邑之王所甚說⓲者，無先大王。雖儀之所甚願為門闌之廝⓳者，亦無先大王。敝邑之王所甚憎者，無先齊王。雖儀之所甚憎者，亦無先齊王。而大王和之⑳，是以敝邑之王不得事王，而令儀亦不得為門闌之廝也。王為儀閉關而絕齊，今使使者從儀西取故秦所分楚商、於之地㉑方六百里，如是則齊弱矣。是北弱齊，西德於秦，私商、於以為富，此一計而三利俱至也。」懷王大悅，乃置相璽於張儀，日與置酒，宣言：「吾復得吾商、於之地。」羣臣皆賀，而陳軫獨弔。懷王曰：「何故？」陳軫對曰：「秦之所為重王者，以王之有齊也。今地未可得而齊交先絕，是楚孤也。夫秦又何重孤國哉？必輕楚矣。且先出地而後絕齊，則秦計不為；先絕齊而後責地，則必見欺於張儀。見欺於張儀，則王必怨之。怨之，是西起秦患，北絕齊交。西起秦患，北絕齊交，則兩國之兵必至㉒。臣故弔。」楚王弗聽，因使一將軍西受封地。

6 張儀至秦，詳醉墜車，稱病不出三月，地不可得。楚王曰：「儀以吾絕齊為尚薄邪？」乃使勇士宋遺北辱齊王㉓。齊王大怒，折楚符而合於秦。秦、齊交合，張儀乃起朝，謂楚將軍曰：「子何不受地？從某至某，廣袤六里㉔。」楚將軍曰：「臣之所以見命者六百里，不聞六里。」即以歸報懷王。懷王大怒，興師將伐秦。陳軫又曰：「伐秦非計也。不如因賂之一名都，與之伐齊，是我亡於秦，取償於齊也，吾國尚可全。今王已絕於齊而責欺於秦，是吾合秦、齊之交而來天下之兵也，國必大傷矣。」楚王不聽，遂絕和於秦，發兵西攻秦。秦亦發兵擊之。

7 十七年，春，與秦戰丹陽㉕。秦大敗我軍，斬甲士八萬，虜我大將軍屈匄、裨將軍逢侯丑等七十餘人，遂取漢中之郡㉖。楚懷王大怒，乃悉國兵復襲秦，戰於藍田㉗，大敗楚軍。韓、魏聞楚之困，乃南襲楚，至於鄧㉘。楚聞，乃引兵歸。

8 十八年，秦使使約復與楚親，分漢中之半以和楚。楚王曰：「願得張儀，不願得地。」張儀聞之，請之楚。秦王曰：「楚且甘心㉙於子，柰何？」張儀曰：「臣善其左右靳尚，靳尚又能得事於楚王幸姬鄭袖㉚，袖所言，無不從者。且儀以前使負楚以商、於之約，今秦、楚大戰，有惡，臣非面自謝楚，不解。且大王在，楚不宜敢取儀。誠殺儀以便國，臣之願也。」儀遂使楚。

9 至，懷王不見，因而囚張儀，欲殺之。儀私於靳尚，靳尚為請懷王曰：「拘張儀，秦王必怒。天下見楚無秦，必輕王矣。」又謂夫人鄭袖曰：「秦王甚愛張儀，而王欲殺之，今將以上庸之地六縣賂楚，以美人聘楚王，以宮中善歌者為之媵。楚王重地，秦女必貴，而夫人必斥矣。夫人不若言而出之。」鄭袖卒言張儀於王而出之。儀出，懷王因善遇儀，儀因說楚王以叛從約而與秦合親，約婚姻。張儀已去，屈原使從齊來㉛，諫王曰：「何不誅張儀？」懷王悔，使人追儀，弗及。是歲，秦惠王卒。

10 二十年㉜，齊湣王欲為從長㉝，惡楚之與秦合，乃使使遺楚王書曰：「寡人患楚之不察於尊名也㉞。今秦惠王死，武王立，張儀走魏㉟，樗里疾、公孫衍用，而楚事秦。夫樗里疾善乎韓㊱，而公孫衍善乎魏㊲；楚必事秦，韓、魏恐，必因二人求合於秦，則燕、趙亦宜事秦。四國爭事秦，則楚為郡縣矣。王何不與寡人并力收韓、魏、燕、趙，與為從而尊周室，以案兵息民，令於天下？莫敢不樂聽，則王名成矣。王率諸侯並伐，破秦必矣。王取武關、蜀、漢㊳之地，私吳、越之富而擅江海之利，韓、魏割上黨，西薄函谷㊴，則楚之彊百萬也。且王欺於張儀，亡地漢中，兵銼藍田，天下莫不代王懷怒。今乃欲先事秦，願大王孰計之。」

11 楚王業已欲和於秦，見齊王書，猶豫不決，下其議羣臣。羣臣或言和秦，或曰聽齊。昭雎曰：「王雖東取地於越，不足以刷恥；必且取地於秦，而後足以刷恥於諸侯。王不如深善齊、韓以重樗里疾。如是，則王得韓、齊之重以求地矣。秦破韓宜陽㊵，而韓猶復事秦者，以先王墓在平陽㊶，而秦之武遂㊷去之七十里，以故尤畏秦。不然，秦攻三川㊸，趙攻上黨，楚攻河外㊹，韓必亡。楚之救韓，不能使韓不亡，然存韓者楚也。韓已得武遂於秦，以河山㊺為塞，所報德莫如楚厚，臣以為其事王必疾。齊之所信於韓者，以韓公子眛為齊相也。韓已得武遂於秦[46]，王甚善之，使之以齊、韓重樗里疾，疾得齊、韓之重，其主弗敢弃疾也。今又益之以楚之重，樗里子必言秦，復與楚之侵地矣。」於是，懷王許之。竟不合秦，而合齊以善韓[47]。

12 二十四年，倍齊而合秦。秦昭王初立，乃厚賂於楚。楚往迎婦[48]。二十五年，懷王入與秦昭王[49]盟，約於黃棘[50]。秦復與楚上庸[51]。二十六年，齊、韓、魏為楚負其從親而合於秦，三國共伐楚。楚使太子[52]入質於秦而請救。秦乃遣客卿通[53]將兵救楚，三國引兵去。

13 二十七年，秦大夫有私與楚太子鬬，楚太子殺之而亡歸。二十八年，秦乃與齊、韓、魏共攻楚，殺楚將唐眛[54]，取我重丘[55]而去。二十九年，秦復攻楚，大破楚，楚軍死者二萬，殺我將軍景缺[56]。懷王恐，乃使太子為質於齊以求平。三十年，秦復伐楚，取八城。秦昭王遺楚王書曰：「始寡人與王約為弟兄，盟于黃棘，太子為質，至驩也。太子陵殺寡人之重臣，不謝而亡去，寡人誠不勝怒，使兵侵君王之邊。今聞君王乃令太子質於齊以求平。寡人與楚接境壤界[57]，故為婚姻，所從相親久矣。而今秦、楚不驩，則無以令諸侯。寡人願與君王會武關，面相約，結盟而去，寡人之願也。敢以聞下執事58。」楚懷王見秦王書，患之。欲往，恐見欺；無往，恐秦怒。昭睢曰：「王毋行，而發兵自守耳。秦虎狼，不可信，有并諸侯之心59。」懷王子子蘭勸王行，曰：「奈何絕秦之驩心？」於是，往會秦昭王。昭王詐令一將軍伏兵武關，號為秦王。楚王至，則閉武關，遂與西至咸陽60，朝章臺61，如蕃臣62，不與亢禮63。楚懷王大怒，悔不用昭子言。秦因留楚王，要以割巫、黔中64之郡。楚王欲盟，秦欲先得地。楚王怒曰：「秦詐我而又彊要我以地。」不復許秦。秦因留之。

14 楚大臣患之，乃相與謀曰：「吾王在秦不得還，要以割地，而太子為質於齊，齊、秦合謀，則楚無國矣。」乃欲立懷王子在國者。昭睢曰：「王與太子俱困於諸侯，而今又倍王命而立其庶子，不宜。」乃詐赴於齊65。齊湣王謂其相曰：「不若留太子以求楚之淮北66。」相曰：「不可。郢中67立王，是吾抱空質而行不義於天下也。」或曰：「不然。郢中立王，因與其新王市68曰：『予我下東國69，吾為王殺太子；不然，將與三國70共立之。』然則東國必可得矣。」齊王卒用其相計而歸楚太子。太子橫至，立為王，是為頃襄王。乃告于秦曰：「賴社稷神靈，國有王矣。」

【章　旨】以上為第九段，寫楚在懷王時期的連續受挫，從此一蹶不振。

【注　釋】❶懷王元年　西元前三二八年。❷張儀　戰國時著名的縱橫家，魏國人。事跡詳見〈張儀列傳〉。❸秦惠王初稱王　王韋曰：「惠王稱王而曰『初』，見秦之始強也。其強在相儀之後，儀之功著矣。此太史公敘事之次第也。」❹柱國　楚官名，為最高武官，也稱上柱國，地位僅次於令尹。❺襄陵　在今河南睢縣西。❻移兵而攻齊　《集解》引徐廣曰：「懷王六年，昭陽移和而攻齊。軍門曰和。」「移和」即「移兵」。❼齊王　齊威王，名因齊，前三五六—前三二〇年在位。❽陳軫　戰國時遊說之士，與張儀俱事秦惠王。張儀為相後，陳軫奔楚。❾封上爵執珪　封最高之爵，執珪。珪，古代封爵授土時，賜珪以為信，後代指官位。❿此國冠之上　即國家的最高官階。⓫持滿之術　保持最高爵祿的方法。⓬燕韓君初稱王　此年，燕易王、韓宣惠王相繼稱王。燕君即燕易王，西元前三三二—前三二一年在位；韓君即韓宣惠王，西元前三三二—前三一二年在位。⓭齧桑　魏邑名，在今江蘇沛縣西南。⓮蘇秦約從山東六國三句　據《國策》約六國攻秦的是李兌，時蘇秦已死。蘇秦，戰國時著名縱橫家，東周洛陽人，主張山東六國合縱攻秦，事跡見〈蘇秦列傳〉。從長，合縱國的領袖。從，通「縱」。⓯函谷關　在河南靈寶東北。⓰六國兵皆引而歸二句　梁玉繩曰：「與秦戰者，惟韓、趙，韓、趙破而四國不戰引歸。此非事實。」⓱秦亦伐敗韓　梁玉繩曰：「敗韓、趙也，此缺趙字。」⓲說　通「悅」。尊崇；欽服。⓳門闌之廝　看門的差役。瀧川曰：「『闌』與『欄』同，門遮也。廝，走卒也。」⓴而大王和之　《索隱》曰：「『和』，謂楚與齊相和親。」㉑秦所分楚商於之地　商，在今陝西商縣東南。於，在今河南內鄉東。兩邑原為楚地，為秦所占。㉒兩國之兵必至　《索隱》曰：「兩國，韓、魏也。」㉓乃使勇士宋遺北辱齊王　據《國策》，當是使勇士從宋國遺齊王書。㉔廣袤六里　東西曰廣，南北曰袤。㉕丹陽　丹水之陽。丹水，在河南省，漢水支流。㉖漢中之郡　楚之漢中，當今陝西洵縣到湖北竹山一帶。㉗藍田　在今陝西藍田西。㉘鄧　古邑名。㉙甘心　解恨。㉚靳尚又能得事於楚王幸姬鄭袖　靳尚，楚懷王之侍寵臣。鄭袖，楚懷王夫人，有說即南后。㉛屈原使從齊來　瀧川曰：「屈原始見於此，先秦諸書，絕不見屈原事，但《史記》有之。」㉜二十年　按：黃本、金陵本原文作「二十六年」。司馬貞、王念孫皆以為應作「二十年」。㉝齊湣王欲為從長　按：齊湣王應作「齊宣王」，因而此年為齊宣王十一年。按：《史記》寫戰國時期魏國、齊國的君主世系錯誤極多，詳見諸國世家與〈六國年表〉注。㉞寡人患楚之不察於尊名也　我對於楚不注意名位的尊貴而感到憂慮。㉟惠王死三句　張儀於惠王死後，在秦受排擠，故自請去魏。事見〈張儀列傳〉。㊱樗里疾善乎韓　瀧川曰：「樗里疾母，韓女。」㊲公孫衍善乎魏　公孫衍，魏人。㊳武關蜀漢武關，秦關塞名，在今陝西丹鳳東南。蜀，戰國時秦蜀郡。漢，漢中郡，當時屬秦。㊴韓魏割上黨二句　上黨，韓郡名，在今山西長治一帶。薄，迫；逼近。函谷，秦國東邊的關塞，函谷關。在今河南靈寶東北。㊵宜陽　韓國西部禦秦的軍事重鎮，在今河南宜陽西。㊶平陽　在今山西臨汾西南。㊷武遂　在今山西陽城西南。㊸三川　指今河南西北部的洛河、伊河、黃河交匯之地。屬韓境。㊹河外　韓黃河以南之地。㊺河山　《正義》曰：「河，蒲州西黃河也。山，韓西境也。」㊻韓已得武遂於秦　瀧川曰：「『韓得武遂於秦』錯簡，當移於後文『三國引兵去』句之下。」㊼合齊以善韓　《集解》引徐廣曰：「懷王之二十二年，秦拔宜陽，取武遂；二十三年，秦復歸韓武遂，然則已非二十年事矣。」㊽楚往迎婦　當是秦往楚迎婦。梁玉繩曰：「〈六國表〉云『秦來迎婦』，〈屈原傳〉云『秦昭王與楚婚』，則是秦迎婦于楚，非楚迎婦于秦也，此誤楚迎女秦。前有楚宣十三年，後有頃襄王七年，非懷王二十四年事也。」王叔岷曰：「『楚往』蓋『往楚』之誤倒。」㊾秦昭王　名則，西元前三〇六—前二五一年在位。㊿黃棘　在今河南新野東北，當時已屬秦。(51)上庸　在今湖北竹山西南。(52)太子　名橫。即後來的楚頃襄王。(53)客卿通　戰國時，他國之人在此國任高級參謀，享受「卿」的待遇，叫客卿。通，客卿之名。(54)唐眛　又作唐蔑，詳見〈韓世家〉、〈樂毅列傳〉。(55)重丘　在今河南泌陽東北。(56)殺我將軍景缺　〈年表〉云：「秦取我襄城，殺景缺。」(57)接境壤界　猶今所謂「接壤」。(58)下執事　您手下的辦事人員。翟灝曰：「執事本謂從列與事之人，致書者謙不斥尊，若云陳達其左右耳。」(59)有并諸侯之心　梁玉繩曰：「〈屈原傳〉作原語，《索隱》謂二人同諫，故彼此隨錄之。」(60)咸陽　在今陝西咸陽東北。(61)章臺　秦行宮，在渭南。(62)蕃臣　屬臣。(63)亢禮　平等的禮節。(64)巫黔中　巫，巫郡。黔中，黔中郡。(65)乃詐赴於齊　胡三省曰：「詐言楚王薨，而請太子還王楚。」(66)不若留太子以求楚之淮北　《戰國策・齊策》「楚王死，太子在齊質章」，齊王作蘇秦，其相作薛公，淮北作下東邑。高誘注：「薛公，田嬰。下東邑，楚東邑，近齊也。」(67)郢中　即指楚都。(68)市　做生意；講條件。(69)下東國　即上文所謂上東邑。《正義》曰：「楚之下國最在東，故云下東國，即楚淮北。」(70)三國　謂齊、韓、魏。

【語　譯】楚懷王元年，張儀開始做秦惠王的國相。四年，秦惠王開始稱王。

2 六年，楚派柱國昭陽率兵攻打魏國，在襄陵打敗魏軍，取得了八個城邑。楚又轉移軍隊攻打齊國，齊王為此而憂慮。陳軫正好為秦出使齊國，齊王說：「怎麼辦呢？」陳軫說：「大王不用憂慮，請讓我去勸他們退兵。」隨即就到昭陽軍中去見他，說：「我想聽聽按照楚國的規定，怎樣獎賞打敗敵軍殺死敵將的人？」

昭陽說：「他官居上柱國，爵位為上爵執珪。」陳軫說：「有比這更尊貴的嗎？」昭陽說：「是令尹。」陳軫說：「現在您已經是令尹了，是最高的官爵了。請讓我打個比方。有人給他的舍人們一卮酒，舍人們商量說：『幾個人喝這點酒，還輪不到一遍，我們就在地上畫蛇，先畫成的獨自喝。』一個人說：『我的蛇先畫完了。』舉起酒，說：『我能為牠畫上腳。』當他畫腳時，後畫完的人奪下他的酒喝了，說：『蛇本來就沒有腳，現在畫上腳，不是蛇。』現在您做楚相而進攻魏國，打敗敵軍殺死敵將，再沒有比這大的功勞了，官位到了頂沒法再升了。現在又轉移軍隊攻打齊國，勝了，官爵也不比這高；如果不勝，自己死了官爵被削奪，楚國也遭受損失。這是畫蛇添足的意思啊。不如領兵回去施德於齊，這是保持最高爵祿的技巧啊。」昭陽說：「對。」領兵回國了。

3 燕、韓的國君開始稱王。秦派張儀與楚、齊、魏相會，在齧桑結盟。

4 十一年，蘇秦約會山東六國合縱共同進攻秦國，楚懷王為從長。到了函谷關，秦出兵攻擊六國，六國都領兵回去，齊國單獨留在後面。十二年，齊湣王打敗趙、魏的軍隊，秦亦打敗韓軍，與齊爭當諸侯之長。

5 十六年，秦想討伐齊國，而楚國與齊合縱友好，秦惠王對此擔憂，就揚言免去張儀的相位，派張儀南行見楚王，對楚王說：「敝國君主最尊崇的人沒有勝過大王您的，而能讓我非常願意為他看門的人也沒有勝過大王您。敝國的君主最憎恨的沒有勝過齊王的，即使張儀最憎恨的也沒有勝過齊王的。而大王與齊和親，因此敝國君主不能事奉大王，讓張儀也不能為您效勞。大王為張儀關閉邊關與齊絕交，現在派使者跟張儀取回過去秦國從楚分去的楚國商、於六百里土地，這樣齊就削弱了。這樣北面削弱齊國，西面施德於秦，擁有商、於作為自己的財富，這一計就能得到三方面的好處。」懷王非常高興，就把相璽交給張儀，每天給他擺酒，揚言「我又得到了我們商、於的土地」。群臣都向他祝賀，而陳軫獨自表示悲哀。懷王說：「為什麼？」陳軫回答說：「秦之所以看重大王，是因為大王與齊合縱。如今土地沒得到而先與齊絕交，這樣楚國就孤立了。秦又為什麼重視一個孤立的國家呢？一定會輕視楚國了。而且先讓秦獻出土地而後與齊絕交，秦國的詭計就不得成功了。先與齊絕交而後求地，一定會被張儀欺騙。被張儀欺騙，大王一定會怨恨。怨恨，就會西面惹起秦國的禍患，北面與齊絕交。西面惹起秦國的禍患，北面與齊絕交，兩國的軍隊一定會來。臣因此而悲哀。」楚王不採信，就派一個將軍向西去接受封地。

6 張儀到了秦國，裝作喝醉掉到車下，三個月稱病不出門，楚國因此也得不到之前秦國答應贈與的封地。楚王說：「張儀認為我與齊絕交還不夠徹底嗎？」就派勇士宋遺北上侮辱齊王。齊王大怒，毀掉楚國的信符而與秦聯合。秦、齊交合，張儀才出來上朝，對楚將軍說：「你為什麼不接受土地？從那到那，長寬各六里。」楚將軍說：「臣所接受的使命是六百里，沒聽說是六里。」當即把這事回去報告給懷王。懷王大怒，就要出兵討伐秦國。陳軫又說：「討伐秦國不是好計策。不如順勢賄賂給秦一個較大的城邑，與它共同伐齊，這樣我們亡失給秦國，還能從齊得到補償，我國還可以保全。如今大王已經與齊絕交而責備被騙之責於秦，這是我們讓秦、齊交好而招來天下的軍隊，國家一定會有大損失。」楚王不採納，於是與秦絕交，發兵向西攻打秦國。秦國也發兵迎擊。

7 十七年，春天，與秦在丹陽大戰。秦大敗我軍，斬殺戰士八萬，俘虜了我大將軍屈匄、裨將軍逢侯丑等七十餘人，攻取了漢中郡。楚懷王大怒，就徵發全國軍隊再次襲擊秦國，在藍田大戰，秦再次大敗楚軍。韓、魏聽說楚國陷入危機，就向南襲擊楚國，直到鄧。楚聽說，就引兵回來。

8 十八年，秦派使者相約恢復與楚國的友好關係，分漢中的一半與楚講和。楚王說：「只想得到張儀，不想要土地。」張儀聽說後，請求到楚國去。秦王說：「楚國要拿你來洩恨，你怎麼辦？」張儀說：「臣與楚王近臣靳尚關係好，靳尚又能得楚王的寵姬鄭袖的歡心，鄭袖所說，楚王沒有不聽的。況且張儀以前出使違背了給楚國商、於之地的約定，如今秦、楚大戰，有仇，臣不當面向楚謝罪，就不能消解。而且有大王在，楚應該不敢殺我。即使真的殺了我而便於國家，也是我的願望。」張儀於是就出使楚國。

9 到了楚國，懷王不見他，把他關押起來，想殺掉他。張儀與靳尚有私交，靳尚為張儀請求懷王說：「拘押張儀，秦王一定會發怒。天下見楚沒有秦國的支持，一定會輕視大王。」又對夫人鄭袖說：「秦王特別喜愛張儀，而大王想殺了他，現在秦國要用上庸的六個縣賄賂楚國，把美女許配給楚王，以宮中善於歌唱的女子做陪嫁。楚王看重土地，秦國的女子一定尊貴，而夫人一定會被排斥了。夫人不如向大王進言放了張儀。」鄭袖最終向楚王為張儀說話放他出來。張儀出了獄，懷王且以禮對待張儀，張儀於是遊說楚王背叛縱約而與秦合親，約定婚姻。張儀走後，屈原從齊國出使回來，進諫說：「為什麼不殺張儀？」懷王後悔，派人追張儀，沒追上。這一年，秦惠王去世了。

10 二十年，齊湣王想做合縱之長，害怕楚與秦聯合，就派使者帶給楚王一封信說：「我對楚國不注意名位的尊貴而感到憂慮。現在秦惠王死了，武王繼位，張儀出走魏國，樗里疾、公孫衍當政，而楚事奉秦國。樗里疾與韓國友好，公孫衍與魏國友好；楚如果一定要事奉秦，韓、魏害怕，一定會通過這兩個人向秦求和，那麼燕、趙也會事奉秦。四國爭相事奉秦國，那麼楚就成為秦的郡縣了。大王為什麼不與我合力收服韓、魏、燕、趙，合縱尊奉周王室，以此平息戰爭休養百姓，命令天下？各國沒有不樂意聽從的，這樣大王的功名就成就了。大王率領諸侯合力討伐，一定會打敗秦國。大王取得武關、蜀、漢的土地，擁有吳、越的財富，掌握江海的利益，韓、魏割讓上黨，向西迫近函谷關，那麼楚國將百萬倍的強大。況且大王曾受張儀的欺騙，丟了漢中的土地，在藍田打了敗仗，天下人沒有不替大王惱怒的。如今卻想先事奉秦，希望大王仔細考慮。」

11 楚王已經想與秦講和了，見到齊王的來信，猶豫不決，與群臣商議。群臣有的說與秦講和，有的說採納齊國的意見。昭雎說：「大王即使向東從越取得土地，也不足以洗刷恥辱；一定要從秦國取得土地才能在諸侯面前洗刷恥辱。大王不如與齊、韓深交，讓樗里疾在秦國受重視。如果這樣，那麼大王能夠憑韓、齊的威重來要求土地了。秦攻破韓的宜陽，而韓仍舊事奉秦國，是因為先王的墳墓在平陽，而秦國的武遂離平陽只有七十里，因此特別怕秦國。不然的話，秦攻三川，趙攻上黨，楚攻河外，韓一定會滅亡。楚救韓，不能使韓不亡國，但使韓繼續存在的還是楚國。韓從秦國取得武遂，以河山為要塞，要報的恩德沒有比楚國更深厚的，臣認為它事奉楚國一定賣力。齊之所以信任韓國，是因為韓公子眛做齊相。韓從秦國取得武遂，大王對它很友好，使得能以齊、韓的力量加強樗里疾的地位，樗里疾得到齊、韓做靠山，秦王就不敢拋棄他。如今又加上楚國為靠山，樗里疾一定會在秦國為楚說話，把侵奪的楚國土地交還楚國。」於是，懷王讚許昭雎的意見。終究沒有與秦聯合，而與齊聯合與韓國友好。

12 二十四年，楚背叛了齊國與秦合好。秦昭王初繼位，於是給了楚國很優厚的賄賂。楚前去迎親。二十五年，懷王入秦與秦昭王結盟，在黃棘約會。秦還給楚上庸。二十六年，齊、韓、魏因為楚背叛合縱而與秦聯合，三國一起伐楚。楚派太子到秦國做人質而請求救援。秦就派客卿通領兵救楚，三國引兵撤退了。

13 二十七年，秦國大夫為私事與楚太子爭鬥，楚太子殺了秦大夫逃回了楚國。二十八年，秦與齊、韓、魏一起進攻楚國，殺死了楚將唐昧，取了重丘才撤回。二十九年，秦又攻楚，大敗楚軍，楚軍死亡有兩萬，殺死將軍景缺。懷王害怕了，就讓太子到齊國做人質來求和。三十年，秦又伐楚，攻取了八座城邑。秦昭王給楚王一封信說：「當初我與大王相約為兄弟，在黃棘結盟，太子做人質，雙方都很高興。太子欺凌殺死了我的重臣，沒謝罪就逃走了，我實在怒不可遏，派兵侵略君王的邊境。現在聽說君王讓太子到齊國做人質來請求和解。我與楚接壤，原已結為姻親，互相親近已經很久了。如今秦、楚不和，就無法統帥諸侯。我想與君王到武關，當面定約，結盟而去，這是我的心願。斗膽把這個想法告訴您的手下。」楚懷王見到秦王的信，很發愁。想要去，怕受騙；不去，怕秦發怒。昭睢說：「大王不要去，發兵加強自我防衛就行。秦像虎狼一樣，不可相信，而且它有吞併諸侯的野心。」懷王之子子蘭勸懷王去，說：「怎能斷絕秦王的歡心呢？」於是，懷王去會見秦昭王。昭王讓一個將軍在武關埋伏下一支軍隊，假裝是秦王。楚王到後，就關閉武關，與他西行到咸陽，在章臺朝見，像屬國的臣子一樣，不以平等的禮節相待。楚懷王大怒，後悔不聽昭睢的話。秦扣留楚懷王，要脅要楚割讓巫、黔中的郡縣。楚王想先結盟，秦要先得地。楚王大怒說：「秦欺騙我又強行用土地要脅我。」不答應秦的要求。秦就扣留了楚懷王。

14 楚大臣很擔憂，於是相互商量說：「我們大王在秦不能回來，秦用割讓土地來要脅我們，而太子又在齊國做人質，齊、秦合起來對付我們，那麼楚就要亡國了。」於是想讓懷王在國內的兒子繼位。昭睢說：「大王和太子都被困在其他諸侯國，如今又背棄大王的命令改立庶子，不合適。」於是派使者到齊國假裝報告國喪。齊湣王對他的相國說：「不如扣留楚太子來要楚的淮北。」齊相說：「不行。楚國內若立了王，那麼我們就是守著沒用的人質而讓天下人都知道我們做了不義的事。」有人說：「不對。楚國內如果立了新王，我們就可以趁機與新王做交易說：『給我們下東國，我們就為大王殺了太子；不然，我們齊、韓、魏三國就一起擁立他。』這樣下東國一定能得到。」齊王最終還是聽了齊相的計謀，讓楚太子回了國。太子橫回到楚國，繼位為王，這就是頃襄王。於是楚向秦報告說：「依賴楚國社稷神靈的保佑，楚國有了新王了。」

1 頃襄王橫元年❶，秦要懷王不可得地，楚立王以應秦。秦昭王怒，發兵出武關攻楚，大敗楚軍，斬首五萬，取析❷十五城而去。二年，楚懷王亡逃歸，秦覺之，遮楚道❸。懷王恐，乃從間道走趙以求歸。趙主父在代❹，其子惠王❺初立，行王事，恐，不敢入楚王。楚王欲走魏，秦追至，遂與秦使復之秦。懷王遂發病。頃襄王三年❻，懷王卒于秦，秦歸其喪于楚。楚人皆憐之，如悲親戚。諸侯由是不直秦。秦、楚絕。

2 六年，秦使白起伐韓於伊闕❼，大勝，斬首二十四萬。秦乃遺楚王書曰：「楚倍秦，秦且率諸侯伐楚，爭一旦之命。願王之飭士卒，得一樂戰❽。」楚頃襄王患之，乃謀復與秦平。七年，楚迎婦於秦，秦、楚復平。

3 十一年，齊、秦各自稱為帝；月餘，復歸帝為王❾。

4 十四年，楚頃襄王與秦昭王好會于宛❿，結和親。十五年，楚王與秦、三晉、燕共伐齊，取淮北⑪。十六年，與秦昭王好會於鄢⑫。其秋，復與秦王會穰⑬。

十八年，楚人有好以弱弓微繳加歸鴈之上⑭者，頃襄王聞，召而問之。對曰：「小臣之好射鶀鴈、羅鸗⑮，小矢之發也，何足為大王道也？且稱楚之大⑯，因大王之賢，所弋非直此也⑰。昔者，三王以弋道德，五霸以弋戰國。故秦、魏、燕、趙者，鶀鴈也；齊、魯、韓、衛者，青首⑱也；騶⑲、費⑳、郯㉑、邳㉒者，羅鸗也。外其餘則不足射者。見鳥六雙㉓，以王何取？王何不以聖人為弓，以勇士為繳，時張而射之？此六雙者，可得而囊載也。其樂非特朝昔之樂也，其獲非特鳧鴈之實也。王朝張弓而射魏之大梁㉔之南，加其右臂而徑屬之於韓，則中國之路絕，而上蔡㉕之郡壞矣。還射圉之東㉖，解魏左肘而外擊定陶㉗，則魏之東外弃而大宋、方與二郡者舉矣㉘。且魏斷二臂，顛越矣；膺擊㉙郯國，大梁可得而有也。王綪繳蘭臺㉚，飲馬西河，定魏大梁，此一發之樂也。若王之於弋誠好而不厭，則出寶弓，碆新繳㉛，射噣鳥於東海，還蓋長城以為防㉜，朝射東莒㉝，夕發浿丘㉞，夜加即墨㉟，顧據午道㊱，則長城之東收而太山之北舉矣㊲。西結境㊳於趙而北達於燕，三國布翅㊴，則從不待約而可成也。北遊目於燕之遼東而南登望於越之會稽，此再發之樂也。若夫泗上十二諸侯，左縈而右拂之，可一日而盡也。今秦破韓以為長憂㊵，得列城而不敢守也；伐魏而無功，擊趙而顧病㊶，則秦、魏之勇力屈矣，楚之故地漢中、析、酈㊷可得而復有也。王出寶弓，碆新繳，涉鄳塞㊸，而待秦之倦也，山東、河內可得而一也。勞民休眾，南面稱王矣。故曰秦為大鳥，負海內而處，東面而立，左臂據趙之西南，右臂傅楚鄢、郢，膺擊韓、魏㊹，垂頭中國㊺，處既形便，勢有地利，奮翼鼓翅，方三千里，則秦未可得獨招㊻而夜射也。」欲以激怒襄王，故對以此言。襄王因召與語，遂言曰：「夫先王為秦所欺而客死於外，怨莫大焉。今以匹夫有怨，尚有報萬乘，白公、子胥是也。今楚之地方五千里，帶甲百萬，猶足以踊躍中野也，而坐受困，臣竊為大王弗取也。」於是，頃襄王遣使於諸侯，復為從，欲以伐秦。秦聞之，發兵來伐楚。

6 楚欲與齊、韓連和伐秦㊼，因欲圖周。周王赧使武公㊽謂楚相昭子曰：「三國以兵割周郊地以便輸，而南器㊾以尊楚，臣以為不然。夫弒共主，臣世君㊿，大國不親；以眾脅寡，小國不附。大國不親，小國不附，不可以致名實。名實不得，不足以傷民(51)。夫有圖周之聲，非所以為號也。」昭子曰：「乃圖周則無之。雖然，周何故不可圖也？」對曰：「軍不五不攻，城不十不圍。夫一周為二十晉(52)，公之所知也。韓嘗以二十萬之眾辱於晉之城下，銳士死，中士傷，而晉不拔[53]。公之無百韓以圖周[54]，此天下之所知也。夫怨結於兩周以塞騶魯之心，交絕於齊，聲[55]失天下，其為事危矣。夫危兩周以厚三川[56]，方城之外[57]必為韓弱矣。何以知其然也？西周之地，絕長補短，不過百里。名為天下共主，裂其地不足以肥國，得其眾不足以勁兵。雖無攻之，名為弒君[58]。然而好事之君，喜攻之臣，發號用兵，未嘗不以周為終始。是何也？見祭器在焉，欲器之至而忘弒君之亂。今韓以器之在楚，臣恐天下以器讎楚也。臣請譬之。夫虎肉臊，其兵利身[59]，人猶攻之也。若使澤中之麋蒙虎之皮，人之攻之必萬於虎矣。裂楚之地，足以肥國；詘楚之名[60]，足以尊主。今子將以欲誅殘天下之共主，居三代之傳器，吞三翮六翼[61]，以高世主，非貪而何？周書曰『欲起無先[62]』，故器南則兵至矣。」於是，楚計輟，不行。

7 十九年，秦伐楚，楚軍敗，割上庸、漢北[63]地予秦。二十年，秦將白起拔我西陵[64]。二十一年，秦將白起遂拔我郢，燒先王墓夷陵[65]。楚襄王兵散，遂不復戰，東北保於陳城[66]。二十二年，秦復拔我巫、黔中郡[67]。

8 二十三年，襄王乃收東地[68]兵，得十餘萬，復西取秦所拔我江旁十五邑以為郡，距秦。二十七年，使三萬人助三晉伐燕(69)。復與秦平，而入太子為質於秦。楚使左徒(70)侍太子於秦。

9 三十六年，頃襄王病，太子亡歸。秋，頃襄王卒，太子熊元代立，是為考烈王。考烈王以左徒為令尹，封以吳，號春申君(71)。

【章旨】以上為第十段，寫頃襄王攻秦再敗，自此楚國益弱。

【注釋】❶頃襄王橫元年　西元前二九八年。❷析　即今河南南陽西峽。❸遮楚道　胡三省曰：「遮其歸楚之路也。」遮，攔截；封鎖。❹趙主父在代　趙主父，即趙武靈王，名雍，西元前三二五—前二九九年在位。代，在今河北蔚縣東北。❺惠王　趙惠王，名何，諡惠文，西元前二九八—前二六六年在位。❻頃襄王三年　西元前二九六年。❼秦使白起伐韓於伊闕　白起，秦國名將，事跡詳見〈白起王翦列傳〉。伊闕，山名，在今河南洛陽西，是當時韓國的重要關隘。❽樂戰　痛快地打一仗。❾復歸帝為王　周赧王二十七年，秦使魏冉約齊、秦並稱為帝，兩國相約伐趙而分其地，後齊湣王在蘇秦的勸說下認清了這樣做對齊無利，且「與秦為帝，而天下獨尊秦而輕齊；齊釋帝，則天下愛齊而憎秦」的利害關係，釋帝號而復稱王。不久，秦也不敢獨自稱帝，也放棄稱帝而復稱王。❿宛　即今河南南陽。⓫楚王與秦三晉燕共伐齊二句　按：此次樂毅率五國之兵破齊之事，楚國並未參與。淮北，今江蘇北部至山東南部，原來屬齊。⓬鄢　在今湖北宜城東南。⓭穰　即今河南鄧縣。⓮以弱弓微繳加歸鴈之上　《正義》曰：「弱，小也。微，細也。加歸鴈之上，射中北歸之鴈的背部。繳，弋射也。歸雁，北向也。言小弓細弋，射北歸之雁，其矢加於背上。」瀧川曰：「歸雁難射，所以為名手。」繳，繫於箭尾的細絲繩。加，射。⓯鶀鴈羅鸗　鶀，小雁。羅鸗，野鳥。中井曰：「羅，疑亦鳥名。」⓰且稱楚之大　方苞曰：「稱，去聲，衡量楚之強大也。」稱，猶今所謂「論」。⓱所弋非直此也　應該獲得的東西應該不只這些。非直，不只。瀧川曰：「直，特也。」⓲青首　鳥名，小於雁。《索隱》曰：「亦小鳧有青首者。」中井積德曰：「青首是大鳧，非小鳧，然小于雁。」⓳騶　古諸侯國名，故城在今山東鄒縣南。⓴費　古諸侯國名，故城在今山東費縣西北。㉑郯　古諸侯國名，故城在今山東郯城東北。㉒邳古諸侯國名，故城在今山東徐州東南。㉓見鳥六雙　指上文秦、趙等十二國。㉔大梁　魏國都，即今河南開封。㉕上蔡　在今河南上蔡西南。㉖還射圉之東　還，繞。圉，在今河南杞縣西南。㉗定陶　在今山東定陶西北。㉘大宋方與二郡者舉矣　宋，在今河南商丘城南。方與，在今山東魚台西。《正義》曰：「言王朝張弓射魏大梁、汴州之南，即加大梁之右臂；連韓、郯，則河北中國之路向東南斷絕，則韓上蔡之郡自破壞矣；復繞射雍丘圉城之東，便解散魏左肘宋州；而外擊曹定陶及魏東之外解棄，則宋、方與兩都並舉。」㉙膺擊　以胸脯撞擊。膺，胸前也，蓋郯當大梁前。王叔岷曰：「『膺』猶『當』也。」㉚王績繳蘭臺　績，收繩索。按：繳，絲繩，系弋射鳥也。若膺擊郯，圍大梁已了，乃收弋繳於蘭臺。蘭臺，桓山之別名。㉛碆新繳　用石頭著於絲繩上以射飛鳥。㉜射噣鳥於東海二句　《索隱》曰：「噣，謂大鳥之有鉤喙者，以比齊也。還音患，謂遶也。蓋者，覆也。言射者還遶蓋覆，使無飛走之路，因以長城為防也。」㉝東莒　在今山東莒縣。㉞涓丘　亦作貝丘，沛丘，在今山東博興東南。㉟即墨　今山東即墨西北。㊱午道　《索隱》曰：「當在齊西界。一縱一橫為午道。」㊲則長城之東收而太山之北舉矣　意即齊國全部被占據。㊳結境　猶接境也。㊴三國布㹜　《索隱》曰：「亦作『翅』。三國，指齊、趙、燕也。」布㹜，猶言「並翅」，意即聯合比翼而飛。㊵秦破韓以為長憂　橫田曰：「秦雖破韓而不能有之，徒頓兵罷士，故曰為長憂。」㊶顧病　自己反而受病。顧，反。㊷鄳　在今河南南陽西北。㊸鄳塞　在今河南信陽南，在河南與湖北之交界處。「涉鄳塞」即由信陽一帶出兵向北打。㊹膺擊韓魏　《索隱》曰：「謂韓、魏當秦之前，故云『膺擊』。」㊺垂頭中國　《索隱》曰：「垂頭，猶伸頸也，言欲吞山東。」㊻招　即靶子。㊼楚欲與齊韓連和伐秦　此時齊止餘兩城，為燕所困，何暇與楚連和伐秦，記載有誤。㊽武公　周定王曾孫，西周惠公之子。㊾器　宗器，九鼎之類。㊿弒共主二句　共主、世君都指周。共主，言周為天下共所宗主也。世君，言周室代代君於天下。(51)傷民　即出兵。(52)一周為二十晉　《正義》曰：「言周王之國，其地雖小，諸侯尊之，故敵二十晉也。」晉即指戰國時之魏國。王念孫曰：「三國分晉，魏得晉之故都，故魏人自稱晉國。」(53)銳士死三句　按：此句意在說明魏之強悍。(54)公之無百韓以圖周　瀧川曰：「軍不五不攻，周既為二十晉，非百韓以攻之則無功矣，而楚無其兵也。」(55)聲　即上文圖周之聲。(56)三川　韓之地。(57)方城之外　指楚國北方地區。(58)雖無攻之二句　王叔岷曰：「『雖』猶『惟』也。言『惟無攻之，攻之則名為弒君』也。」(59)虎肉臊二句　《索隱》曰：「謂虎以爪牙為兵，而自利於防身也。」瀧川曰：「肉臊，喻不足肥國勁兵。兵利，喻名為天下共主。」(60)詘楚之名　胡三省曰：「詘讀為黜，言黜其譖主之名也。」(61)三翮六翼　亦即九鼎。翮。曲足鼎。翼，指鼎，即耳。(62)欲起無先　瀧川曰：「《周書》佚文。」朱右曾曰：「不為物先之意。」(63)漢北　漢水以北。(64)西陵　在今湖北宜昌。(65)夷陵　在今湖北宜昌東南。(66)陳城即今河南淮陽。(67)秦復拔我巫黔中郡　瀧川曰：「秦於是初置黔中郡。」(68)東地　楚國東部地區，即今安徽、江蘇之淮河以北地區。(69)助三晉伐燕　據《戰國策》，齊、韓、魏共攻燕，燕使太子請救於楚，楚王使景陽救之。此云助三晉伐燕，與〈楚策〉異。(70)左徒　官名，此時黃歇為左徒。(71)春申君　即黃歇，戰國四公子之一，事跡詳見〈春申君列傳〉。

【語　譯】頃襄王橫元年，秦要脅懷王得不到土地，楚國立王對抗秦國。秦昭王發怒，發兵出武關攻打楚國，大敗楚軍，斬殺五萬楚軍，奪取析邑十五座城才撤回。二年，楚懷王逃出來想回國，秦國發現了，封鎖了通往楚國的道路。懷王害怕，就從小路逃到趙國謀求回國。趙武靈王在代，他兒子惠王剛繼位行使王權，害怕秦國，所以不敢護送楚懷王回國。楚王想去魏國，秦國追上了他，於是只好和秦使又回到秦國。懷王於是生了病，頃襄王三年，懷王死在秦國，秦將他的靈柩送還了楚國。楚人都可憐他，像失去了自己的親人一樣悲痛。諸侯因此都認為秦國不對。秦、楚斷絕了關係。

2　六年，秦派白起討伐韓國直到伊闕，取得了很大的勝利，斬殺韓軍二十四萬。秦於是給楚王一封信說：「楚背叛了秦，秦將率諸侯討伐楚國，決一死戰。希望大王整頓士卒，我們痛快地打一仗。」楚頃襄王非常憂慮，於是又與秦講和。七年，楚從秦迎來王后，秦楚又和好了。

3　十一年，齊、秦各自稱帝；過了一個多月，又放棄了帝號稱王。

4　十四年，楚頃襄王與秦昭王在宛舉行友好會見，結為婚姻。十五年，楚王與秦、三晉、燕一起討伐齊國，取得淮北。十六年，與秦昭王在鄢舉行友好會見。這年秋天，又在穰與秦王會面。

5　十八年，楚國有個用力量很弱的弓和繳射中歸雁的人，頃襄王聽說了，就召見詢問他。他回答說：「小臣善於射鶀鴈、羅鸗，只是射箭這樣一小事，有什麼值得向大王說的？況且衡量楚國的廣大，憑藉大王的賢能，所能射的不只這些啊。從前，夏、商、周三代聖主所獵的是道德，五霸所獵的是爭鬥的諸侯。因此秦、魏、燕、趙是鶀鴈，齊、魯、韓、衛是青首；騶、費、郯、邳是羅鸗。除此之外其餘的就不值得射獵了。現在的鳥還有六雙，大王用什麼來獵取呢？大王為什麼不把聖人當弓，把勇士做繳，看準時機張弓而射？這六雙鳥可以獲得而用袋子裝，用車子載。這種樂趣不僅僅是一朝一夕的，收穫也不僅僅是野鴨大雁之類啊。大王早上張弓搭箭去射取魏國大梁的南部，再射取魏國的西部而連帶上韓國，那麼韓國通向中原的道路就被切斷，上蔡也就不攻自破了。環繞而下射取圉邑之東，瓦解魏國東部，從而向外攻擊齊國的定陶，那麼魏國東部之外的地方就會被放棄，同時大宋、方與兩郡就可以獲得了。況且魏國喪失東、西兩部，就一蹶不振了；再正面攻擊郯，大梁就可以得到占有了。大王在蘭臺收起弓箭絲繩，到魏國的西河飲馬，平定魏都大梁，這是第一次射獵的快樂。倘若大王對射獵實在喜好而不覺厭倦，就取出寶弓，繫上新繳，到東海去射長著鉤嘴的大鳥，環繞山河加築長城作為防線，早上射東莒，晚上獲浿丘，夜裡得即墨，回過頭占領午道，那麼就收取長城的東部太山的北部了。西面連接趙國的邊境，北面到達燕國，齊、趙、燕三國地形如同張開的翅膀，合縱不用約定就可以形成了。向北望燕國的遼東，向南望越國的會稽，這是第二次射獵的快樂。至於泗上十二個小諸侯，左右開弓，可以一個早上就全得到。如今秦國打敗韓國成了長久的憂患，取得許多城邑卻不敢據有；攻伐魏國卻沒有功績，出擊趙國反而自己受困，秦國、魏國的勇氣力量消耗盡了，楚國的故土漢中、析、酈可以重新獲得了。大王拿出寶弓，繫上新繳，涉足鄳塞，坐待秦國的疲乏困倦，山東、河內廣大地域可以得到而統一了。慰勞百姓休養民眾，便可以坐北朝南稱王天下了。所以說秦國是隻大鳥，背靠內陸居住，面朝東方站立，左臂挎著趙國的西南部，右臂攬著楚國的鄢、郢，正面搏擊韓國、魏國，低頭俯視中原，居處優越，地勢有利，高舉羽翼，方圓三千里，秦國是無法單獨設靶、在夜裡射取的。」那人想激怒頃襄王，因此這樣對答。頃襄王就召他來與他談話，他於是說：「先王被秦國欺騙客死在國外，仇怨沒有比這更大的了，現在老百姓有仇怨，還要向國君復仇，白公、伍子胥就是這樣。如今楚國的土地方圓五千里，戰士有百萬，還足可在中原施展，但我們卻坐以待斃，臣私下裡認為大王不應該。」於是，頃襄王派使者到各諸侯國，再次合縱，想伐秦。秦聽說了，發兵來討伐楚國。

6 楚想和齊國、韓國聯合伐秦，趁機準備圖謀滅周。周王赧派武公對楚相昭子說：「三國靠軍隊分割周郊外的土地以便於運輸，南遷九鼎來尊崇楚國，臣認為不對。殺害共同的君主，把世代尊奉的君主作為臣子，大國就不來親近；憑人多勢眾要脅勢孤力單，小國就不依附。大國不親近，小國不依附，就不能得到名聲和實惠。名聲實惠都得不到，就不足以出兵打仗。有圖謀滅周的名聲，是不能號令諸侯的。」昭子說：「沒有圖謀滅周這回事。即使這樣，周為什麼不能滅？」武公回答說：「軍隊不五倍於敵人就不去進攻，沒有十倍於敵人的兵力就不圍城。一周等於二十個晉，這是您知道的。韓國曾以二十萬軍隊在晉國城下受挫，精銳的士卒死了，中等的士卒受傷，但晉沒攻下來。您沒有百倍於韓國的力量來圖謀周，這是天下人都知道的。和兩周結怨來傷害騶魯人民的心，與齊國絕交，在天下喪失名聲，這是很危險的事。危害兩周來加強韓的三川郡，方城之外的楚地一定會被韓國削弱。憑什麼知道會是這樣呢？西周的地盤，截長補短，不過百里。名義上雖是天下人共同的君主，割裂它的土地不足以使國家得利，得到它的民眾不足以使兵力更強勁。不攻擊周王室便罷，攻擊的話便是弒君。但是好事的國君，喜好功績的大臣，發布號令出兵，沒有不以周王室為最終目標的。這是為什麼呢？因為祭器在那裡，光想得到祭器而忘了弒君的罪名。現在韓將周之祭器交到楚國，臣害怕天下都會因為祭器而仇視楚國了。請讓臣打個比方。虎的肉腥臊，有爪牙可以自衛，人還要獵殺牠。如果讓沼澤中的麋鹿蒙上虎皮，人們獵殺牠一定會比獵虎多上萬倍。分割楚的土地足以使國家得利，貶低楚的名聲，足以使自己的主子尊貴。現在您想誅殺天下人共同的君主，據有三代相傳的重器，獨吞九鼎，顯高名於諸侯，不是貪是什麼？《周書》說『想要舉事，不可占先』，因此九鼎南歸於楚，討伐的軍隊也就到了。」於是，楚國的計謀就停止，不再進行了。

7　十九年，秦伐楚，楚軍戰敗，割讓上庸、漢北的土地給秦國。二十年，秦將白起攻下我國的西陵。二十一年，秦將白起攻下我國的郢都，燒了先王在夷陵的墳墓。楚襄王的士兵敗散，不能再交戰，就向東北退卻在陳城自保。二十二年，秦攻下我國的巫、黔中郡。

8　二十三年，襄王收拾東地的士卒，得兵十多萬，又向西取回秦攻下的我國江邊的十五個城邑為郡，抵禦秦國。二十七年，派三萬人幫助三晉伐燕。再次與秦講和，讓太子進入秦國做人質。楚派左徒到秦國服侍太子。

9　三十六年，頃襄王病重，太子逃了回來。這年秋天，頃襄王去世，太子熊元繼位，這就是考烈王。考烈王讓左徒做令尹，把吳地封給他，號稱春申君。

1 考烈王元年❶，納州❷于秦以平。是時，楚益弱。

2 六年，秦圍邯鄲，趙告急楚，楚遣將軍景陽救趙❸。七年，至新中❹。秦兵去。十二年，秦昭王卒，楚王使春申君弔祠于秦。十六年，秦莊襄王❺卒，秦王趙政❻立。二十二年，與諸侯共伐秦，不利而去。楚東徙都壽春❼，命曰郢。

3 二十五年，考烈王卒，子幽王悍立。李園殺春申君❽。幽王三年❾，秦、魏伐楚。秦相呂不韋❿卒。九年，秦滅韓⓫。十年，幽王卒，同母弟猶⓬代立，是為哀王。哀王立二月餘，哀王庶兄負芻⓭之徒襲殺哀王而立負芻為王。是歲，秦虜趙王遷⓮。

4 王負芻元年⓯，燕太子丹使荊軻刺秦王⓰。二年，秦使將軍伐楚⓱，大破楚軍，亡十餘城。三年，秦滅魏。四年，秦將王翦破我軍於蘄，而殺將軍項燕⓲。

5 五年，秦將王翦、蒙武遂破楚國，虜楚王負芻，滅楚，名為郡云⓳。

【章　旨】以上為第十一段，寫考烈王之後，楚國遷都壽春，最終被秦所滅。

【注　釋】❶考烈王元年　西元前二六二年。❷州　楚邑名，在今湖北咸寧西北。❸楚遣將軍景陽救趙　此年救趙的是春申君。邯鄲，趙國都城，即今河北邯鄲。❹新中　當為寧新中。在今河南安陽西南。此事在考烈王六年。❺秦莊襄王　孝文王子，名異人，西元前二四九—前二四七年在位。❻秦王趙政　即秦始皇，西元前二四六—前二一〇年在位，西元前二二一年統一全國，稱始皇帝。❼壽春　即今安徽壽縣。❽李園殺春申君　此事詳見〈春申君列傳〉。❾幽王三年　西元前二三五年。❿呂不韋　衛國濮陽（今河南濮陽西南）人。原為陽翟（今河南禹縣）大賈，力助莊襄王上臺，被任命為相，封文信侯。秦王政繼位後，被尊為「仲父」。秦王政十年（西元前二三七年）親政後，他被免職，不久憂懼自殺。⓫秦滅韓　張照曰：「〈韓世家〉正義曰：『韓亡在秦始皇帝十七年。』是年在楚幽之八年。」⓬猶　〈六國年表〉作「郝」。⓭負芻　《越絕書》作「楚王成」。⓮秦虜趙王遷　趙王遷是趙悼襄王之子，西元前二三五—前二二八年在位。秦滅趙，虜趙王遷事，見〈趙世家〉。⓯負芻元年　西元前二二七年。⓰燕太子丹使荊軻刺秦王　事詳見〈刺客列傳〉。⓱秦使將軍伐楚　據〈秦始皇本紀〉，此伐楚的秦將為王賁。⓲秦將王翦破我軍於蘄二句　王翦，秦頻陽（今陝西富平東北）人，事跡見〈白起王翦列傳〉及〈秦始皇本紀〉。蘄，在今安徽宿州東南。項燕，下相（今江蘇西南）人，項羽的祖父。項氏世代為將，封於項。⓳名為郡云　《集解》引孫檢曰：「秦虜楚王負芻，滅去楚名，以楚地為三郡。」本句各本作「名為楚郡云」，然秦三十六郡無楚郡，錢大昕、王鳴盛等人認為「楚」字當為衍文，今據刪。

【語　譯】考烈王元年，把州邑獻給秦求和。這時，楚更衰弱了。

2 六年，秦圍困邯鄲，趙向楚告急，楚派將軍景陽救趙。七年，楚軍到了新中，秦兵退去了。十二年，秦昭王去世，楚王派春申君到秦國弔唁。十六年，秦莊襄王去世，秦王趙政繼位。二十二年，楚與諸侯一起討伐秦國，沒有勝利就撤退了。楚向東遷都到壽春，還是稱為郢。

3 二十五年，考烈王去世，子幽王悍繼位。李園殺害了春申君。幽王三年，秦、魏伐楚。秦相呂不韋去世，九年，秦滅韓。十年，幽王去世，同母弟弟猶繼位，這就是哀王。哀王繼位兩個多月，他的庶出哥哥負芻的手下襲擊殺害了他而立負芻為王。這一年，秦俘虜了趙王遷。

4 楚王負芻元年，燕太子丹派荊軻刺殺秦王。二年，秦派將軍伐楚，大敗楚軍，楚丟失了十多個城邑。三年，秦滅魏。四年，秦將王翦在蘄打敗了我軍，殺死了將軍項燕。

5 五年，秦將王翦、蒙武攻破楚國都城，俘楚王負芻，滅掉楚國，在其地設立郡縣。

太史公曰：楚靈王方會諸侯於申，誅齊慶封，作章華臺，求周九鼎之時，志小天下。及餓死于申亥之家❶，為天下笑。操行之不得，悲夫！勢之於人也，可不慎與？棄疾以亂立，嬖淫秦女，甚乎哉，幾再亡國！

【章旨】以上為第十二段，是作者的論贊。司馬遷批判楚靈王、楚平王的暴虐荒淫，認為這是導致楚國滅亡的根本原因。

【注釋】❶餓死于申亥之家　《左傳》曰「縊」，不曰「餓」。

【語譯】太史公說：當楚靈王在申聚會諸侯，誅殺慶封，築章華臺，向周求九鼎的時候，有奪取天下之志。當他餓死在申亥家時，被天下人恥笑。不守操行，是多麼可悲啊！權勢對於人來說，能不謹慎對待嗎？棄疾憑作亂而登上王位，寵愛秦國女子到淫亂的程度，太過分了，幾乎再次使國家滅亡。

【研析】本文的意義主要有以下幾點：

其一，指出「德政」是國家興衰的關鍵。楚國君臣由於實行德政，能把楚國從一個偏僻小邦發展成烜赫大國；同樣，春秋末期和戰國時代，由於德衰，楚國發生種種內憂外患，及至任人宰割，備受屈辱，以至終於滅亡。在論贊中，司馬遷著意以靈、平二王為例，講恃勢而亡的道理，再次把楚國的興衰納入道德操行的範疇。但是作者由於個人經歷、思想觀念等方面的原因，尚未充分注意到楚國衰亡的根本原因是由於楚國貴族勢力的干擾而未能徹底地實行變法，而這恰恰是不講德治卻日益強大的秦國崛起的根本原因。

其二，對於楚國的歷史地位和作用給予了正確的認識和定位。楚國一直被貶低為「蠻夷之國」，而本文客觀地審視記述了楚國吞併諸小國，統一江漢流域、江淮流域、沅湘流域等南方廣大地區的過程，並間接透露了楚國促進了南方各民族的融合，同時具有楚地巫文化風格與華夏禮文化特徵的楚文化漸漸形成的信息，而這與齊、燕、晉等華夏諸侯國各自實現的區域統一是一樣的，都為秦漢創立偉大帝國提供了重要條件。正是在這個意義上，范文瀾先生說「七國中秦楚應是對歷史貢獻最大的兩個國家」。

其三，本文在藝術上也頗有特色。首先，司馬遷有選擇地塑造了楚莊王、靈王、平王、懷王等君主的形象。讀過本文，莊王的雄才、靈王的驕奢、平王的狡詐、懷王的昏庸無一不給人以深刻的印象。其次，在行文布局上，入戰國前力求簡約，雖有對莊王、靈王、平王等重點人物的刻劃，但總體上敘述多而描寫少，類似「白描」；後半部則多錄《國策》全文，不吝筆墨，筆意跌宕，如述懷王則集中寫受張儀之欺一事，與前面寫莊王等用排比法有很大不同。正是在簡約與鋪陳的對比中，全文顯現出一種變化多姿的審美效果。

卷四十一

越王句踐世家第十一

【題解】〈越王句踐世家〉是春秋末期在今浙江地區崛起的越族國家的興衰史。越國的歷史是從句踐之父允常開始，允常被早些興起的吳國打敗殺害；其子句踐為父報仇打敗了吳王闔廬，闔廬負傷而死；闔廬之子吳王夫差又立志為父報仇打敗了越國；本文的中心就是描寫越王句踐被吳王夫差打敗後，在國破家亡的情況下，靠著范蠡、文種等人輔佐，臥薪嘗膽二十年，終至復國滅吳的歷史過程。突出的讚揚了他們君臣的那種團結合作、忍辱負重、發憤圖強的頑強精神，其歷史經驗是極其深刻的；但對於句踐那種只能與人共患難，不能與人共處樂，勝利之後就濫殺功臣的惡劣行徑，進行了尖銳的批判。本文的後段加寫了范蠡後半生的活動，可以視為范蠡其人的附傳。

1 越王句踐，其先禹之苗裔，而夏后帝少康之庶子也❶。封於會稽❷，以奉守禹之祀❸。文身斷髮❹，披草萊而邑❺焉。後二十餘世，至於允常❻。允常之時，與吳王闔廬❼戰而相怨伐❽。允常卒，子句踐立，是為越王。

2 元年❾，吳王闔廬聞允常死，乃興師伐越。越王句踐使死士挑戰，三行，至吳陳，呼而自剄⑩。吳師觀之，越因襲擊吳師，吳師敗於檇李⑪，射傷吳王闔廬⑫。闔廬且死，告其子夫差曰：「必毋忘越⑬。」

3 三年，句踐聞吳王夫差日夜勒兵⑭，且以報越，越欲先吳未發往伐之。范蠡諫曰：「不可。臣聞兵者凶器也，戰者逆德也，爭者事之末也⑮。陰謀逆德，好用凶器，試身於所末⑯，上帝禁之，行者不利⑰。」越王曰：「吾已決之矣。」遂興師。吳王聞之，悉發精兵擊越，敗之夫椒⑱。越王乃以餘兵五千人保棲於會稽⑲，吳王追而圍之。

4 越王謂范蠡曰：「以不聽子，故至於此，為之柰何？」蠡對曰：「持滿者與天，定傾者與人，節事者以地⑳。卑辭厚禮以遺之，不許，而身與之市㉑。」句踐曰：「諾。」乃令大夫種㉒行成㉓於吳，膝行頓首曰：「君王亡臣㉔句踐，使陪臣㉕種敢告下執事㉖：句踐請為臣，妻為妾㉗。」吳王將許之。子胥㉘言於吳王曰：「天以越賜吳，勿許也。」種還，以報句踐。句踐欲殺妻子，燔寶器，觸戰㉙以死。種止句踐曰：「夫吳太宰嚭㉚貪，可誘以利，請間行㉛言之。」於是句踐乃以美女、寶器，令種間獻吳太宰嚭。嚭受，乃見㉜大夫種於吳王。種頓首言曰：「願大王赦句踐之罪，盡入㉝其寶器。不幸不赦㉞，句踐將盡殺其妻子，燔其寶器，悉五千人觸戰，必有當也[35]。」嚭因說吳王曰：「越以[36]服為臣，若將赦之，此國之利也。」吳王將許之。子胥進諫曰：「今不滅越，後必悔之。句踐賢君，種、蠡良臣，若反國，將為亂。」吳王弗聽，卒赦越，罷兵而歸。

5 句踐之困會稽也，喟然嘆曰：「吾終於此乎？」種曰：「湯繫夏臺[37]，文王囚羑里[38]，晉重耳犇翟[39]，齊小白犇莒[40]，其卒王霸[41]。由是觀之，何遽不為福乎[42]？」

6 吳既赦越，越王句踐反國[43]。乃苦身焦思，置膽於坐，坐臥即仰膽，飲食亦嘗膽也[44]。曰：「女忘會稽之恥邪[45]？」身自耕作，夫人自織，食不加肉，衣不重采[46]，折節下賢人[47]，厚遇賓客，振貧弔死[48]，與百姓同其勞。欲使范蠡治國政[49]，蠡對曰：「兵甲之事，種不如蠡；填撫國家[50]，親附百姓，蠡不如種。」於是舉國政屬大夫種，而使范蠡與大夫柘稽行成，為質於吳[51]。二歲而吳歸蠡[52]。

7 句踐自會稽歸七年[53]，拊循[54]其士民，欲用以報吳。大夫逢同[55]諫曰：「國新流亡，今乃復殷給[56]，繕飾備利[57]，吳必懼，懼則難必至[58]。且鷙鳥之擊也，必匿其形[59]。今夫吳兵加齊、晉[60]，怨深於楚、越[61]，名高天下，實害周室[62]，德少而功多，必淫自矜[63]。為越計，莫若結齊、親楚、附晉[64]，以厚吳[65]。吳之志廣，必輕戰(66)。是我連其權，三國伐之，越承其弊，可克也。」句踐曰：「善(67)。」

8 居二年(68)，吳王將伐齊(69)。子胥諫曰：「未可。臣聞句踐食不重味(70)，與百姓同苦樂。此人不死，必為國患。吳有越，腹心之疾；齊與(71)吳，疥癬也。願王釋齊先越(72)。」吳王弗聽。遂伐齊，敗之艾陵(73)，虜齊高、國以歸(74)。讓子胥(75)，子胥曰：「王毋喜(76)！」王怒，子胥欲自殺，王聞而止之(77)。越大夫種曰：「臣觀吳王政驕矣，請試嘗之貸粟，以卜(78)其事。」請貸，吳王欲與，子胥諫勿與，王遂與之，越乃私喜。子胥言曰：「王不聽諫，後三年吳其墟乎(79)！」太宰嚭聞之，乃數與子胥爭越議(80)，因讒子胥曰：「伍員貌忠而實忍人(81)，其父兄不顧(82)，安能顧王？王前欲伐齊，員彊諫；已而有功，用是(83)反怨王。王不備伍員，員必為亂。」與逢同共謀(84)，讒之王。王始不從，乃使子胥於齊，聞其託子於鮑氏(85)，王乃大怒，曰：「伍員果欺寡人！」役反(86)，使人賜子胥屬鏤劍以自殺(87)。子胥大笑，曰：「我令而父霸(88)，我又立若(89)，若初欲分吳國半予我，我不受。已(90)，今若反以讒誅我。嗟乎，嗟乎，一人固不能獨立(91)！」報使者曰：「必取吾眼置吳東門，以觀越兵入也。」於是吳任嚭政(92)。

9 居三年(93)，句踐召范蠡曰：「吳已殺子胥，導諛(94)者眾，可乎？」對曰：「未可[95]。」

10 至明年春[96]，吳王北會諸侯於黃池[97]，吳國精兵從王，惟獨老弱與太子[98]留守。句踐復問范蠡，蠡曰：「可矣。」乃發習流[99]二千人，教士[100]四萬人，君子[101]六千人，諸御[102]千人，伐吳。吳師敗，遂殺吳太子[103]。吳告急於王，王方會諸侯於黃池，懼天下聞之，乃祕之[104]。吳王已盟黃池[105]，乃使人厚禮以請成越[106]。越自度亦未能滅吳，乃與吳平[107]。

11 其後四年[108]，越復伐吳。吳士民罷弊[109]，輕銳[110]盡死於齊、晉。而越大破吳，因而留圍之三年，吳師敗，越遂復棲吳王於姑蘇之山[111]。吳王使公孫雄[112]肉袒膝行[113]而前，請成越王曰：「孤臣[114]夫差敢布腹心，異日嘗得罪於會稽[115]，夫差不敢逆命[116]，得與君王成以歸。今君王舉玉趾而誅孤臣[117]，孤臣惟命是聽，意者亦欲如會稽之赦孤臣之罪乎[118]？」句踐不忍，欲許之。范蠡曰：「會稽之事，天以越賜吳，吳不取。今天以吳賜越，越其可逆天乎？且夫君王蚤朝晏罷[119]，非為吳邪？謀之二十二年[120]，一旦而弃之，可乎？且夫天與弗取，反受其咎[121]。『伐柯者其則不遠[122]』，君忘會稽之厄[123]乎？」句踐曰：「吾欲聽子言，吾不忍其使者。」范蠡乃鼓，進兵，曰：「王已屬政於執事[124]，使者去，不者且得罪[125]。」吳使者泣而去。句踐憐之，乃使人謂吳王曰：「吾置王甬東，君百家[126]。」吳王謝曰：「吾老矣，不能事君王。」遂自殺。乃蔽其面，曰：「吾無面以見子胥也[127]！」越王乃葬吳王而誅太宰嚭[128]。

12 句踐已平吳，乃以兵北渡淮，與齊、晉諸侯會於徐州[129]，致貢於周。周元王使人賜句踐胙，命為伯[130]。句踐已去[131]，渡淮南[132]，以淮上地與楚[133]，歸吳所侵宋[134]地於宋，與魯泗東方百里[135]。當是時，越兵橫行於江、淮東[136]，諸侯畢賀，號稱霸王[137]。

【章旨】以上為第一段，寫句踐忍辱發憤，終滅強吳、稱霸於天下事。

【注釋】❶其先禹之苗裔二句　按：史公謂句踐為禹之苗裔，不知何據，然參照〈匈奴列傳〉、〈東越列傳〉、〈楚世家〉，各族的祖先皆可上推至軒轅黃帝，其說固荒誕無稽，但由此可見戰國以來人們的願望如此。天下一家，種無貴賤。❷會稽　古邑名，即今之浙江紹興。❸奉守禹之祀　守護禹的陵墓，世代奉行對禹的祭祀。❹文身斷髮　南方某些民族的習俗，在身上畫以文飾，不蓄長髮。❺披草萊而邑　意即開闢荒原，建立城郭。披，開闢；開拓。草萊，荒原；荒蕪未墾的土地。❻後二十餘世二句　《輿地志》云：「越侯傳國三十餘葉，歷殷至周敬王時，有越侯夫譚，子曰允常，拓土始大，稱王，《春秋》貶為子，號為於越。」按：越王允常即越王句踐之父，西元前五一〇—前四九七年在位。❼吳王闔廬　春秋末期吳國國君，西元前五一四—前四九六年在位，被後人稱為「春秋五霸」之一。❽怨伐　王念孫《志疑》：「怨伐二字義不相屬，諸書亦無以怨伐連文者，伐字蓋因下文而誤衍也。」❾元年　西元前四九六年。❿使死士挑戰四句　按：據《左傳》，句踐乃先使敢死之勇士衝擊吳陣，擒其前排之卒，企圖使其軍陣混亂，結果吳軍不為所動；於是句踐遂又派出三行罪人，到吳軍前自殺，以分散吳軍的注意力。死士，敢死隊。陳，通「陣」。⓫檇李　在今浙江嘉興西南，當時屬越。⓬射傷吳王闔廬　《左傳》作越人靈姑浮「以戈擊闔廬，闔廬傷將指」。將指，此指大腳趾。⑬闔廬且死三句　《左傳》定公十四年謂闔廬受傷死於歸途之中，「夫差使人立於庭，苟出入，必謂己曰：『夫差！而忘越王之殺而父乎？』則對曰：『唯，不敢忘。』三年乃報越。」⑭勒兵　練兵。勒，操練；統領。⑮兵者凶器也三句　《老子》曰：「兵者不祥之器，非君子之器，不得已而用之。」逆德，壞德行，與大道相背而馳。⑯試身於所末　把性命押到不該重視的問題上去。⑰上帝禁之二句　《國語》於此作「上帝之禁也，先行此者不利」。⑱夫椒　山名，在今蘇州西南的太湖中，有人說即今之洞庭西山。⑲保棲於會稽　保，據守。棲，如猿鳥之棲止於高險之處。會稽，此指會稽山，在今浙江紹興東南。⑳持滿者與天三句　此處「與天」、「與人」之「與」，似應解釋為助。言能持滿者天助之，能定傾者人助之，能節儉者地助之。以，同「與」。㉑身與之市　拿自己的人身去和他打交道，意即做奴做僕亦在所不惜。市，交易；周旋。㉒大夫種　《吳越春秋》謂「大夫種姓文名種，字子禽，荊平王時為宛令」，並載其往訪范蠡事。㉓行成　求和。成，平也，指談判結約。㉔亡臣　逃竄了的奴僕，這裡是謙詞。㉕陪臣　諸侯國的臣子對其宗主國的國君自稱「陪臣」，此稱呼屢見於《左傳》，此處文種用以自稱亦表示對吳王的謙卑。㉖下執事　下屬的辦事人員，此用以敬稱對方，意謂不敢直接與對方言講，只能對著對方手下的工作人員們說。「敢告下執事」與「敢告左右」意同。㉗妾　此指婢女。㉘子胥　伍子胥，原楚人，後逃入吳，佐吳王闔廬破楚稱霸，又佐吳王夫差破越。㉙觸戰　拚死一戰。㉚太宰嚭　太宰伯嚭。太宰，古官名，即後來的「宰相」、「丞相」。伯嚭，原楚人，其祖父伯州犁被楚平王所殺，伯嚭逃到吳國，先任大夫，後至太宰。㉛間行　潛行，化妝祕密而行。㉜見　引見；推薦。㉝入　接受；收取。㉞不幸不赦　意即如果你堅持不放過我們。㉟必有當也　意即必定會讓你付出相應的代價。按：以上數語，剛柔相濟，深得使臣之體。㊱以　通「已」。㊲湯繫夏臺　《史記·夏本紀》：「桀不務德而武傷百姓，百姓弗堪。乃召湯而囚之夏臺，已而釋之。」夏臺，一名「鈞臺」，在今河南禹縣南。㊳文王囚羑里　《史記·周本紀》：「崇侯虎譖西伯於殷紂曰：『西伯積善累德，諸侯皆嚮之，將不利於帝。』帝紂乃囚西伯於羑里。」後來周國群臣用美女、寶馬等將其贖回。羑里，古城名，在今河南湯陰北。㊴晉重耳犇翟　重耳即晉文公，即位前晉國內亂，重耳為逃避迫害，曾奔匿於狄。翟，通「狄」。㊵齊小白犇莒　小白即齊桓公，即位前齊君昏亂，小白曾避居於莒。莒，小國名，即今山東莒縣。㊶其卒王霸　最後都成了帝王或霸主。㊷何遽不為福乎　又怎麼能斷定這不是一件大好事呢？遽，即；就。㊸反國　指由會稽山回到越國京城，今浙江紹興。㊹置膽於坐三句　按：置膽、嘗膽事《左傳》、《國語》皆無。㊺女忘會稽之恥邪　史珥曰：「置膽坐側作用，恰是『使人立於庭』對手。」㊻食不加肉二句　飯桌上沒有第二盤肉菜，衣服上沒有第二種顏色，意即沒有任何花紋、任何裝飾。㊼折節下賢人　放下架子，禮賢下士。㊽振貧弔

死　振，通「賑」。救濟。弔，弔唁。49治國政　治理國家政事，意即當宰相。50填撫國家　亦即「治國政」。填撫，即鎮撫，主持；管理。填，通「鎮」。51使范蠡與大夫柘稽行成二句　柘稽，人名，《國語》與《吳越春秋》皆作「諸稽郢」。按：《吳越春秋》大肆鋪張描寫句踐之入事吳王，為吳王「駕車養馬」，甚至說句踐曾親自為吳王嘗糞。52二歲而吳歸蠡　梁玉繩曰：「按《國語》、《韓子》、《越絕》、《吳越春秋》皆言句踐與范蠡親身入臣于吳，三年遣歸，《史》誤也。」53句踐自會稽歸七年　此「會稽」指會稽山，前句踐所「保棲」之處。依本篇文意，句踐於其三年伐吳兵敗，棲於會稽山；吳王接受其請降後，遂自會稽山返回越都；復經七年，蓋即句踐即位之第十年（西元前四八七年）。然《國語》、《吳越春秋》皆謂句踐於其三年兵敗後，乃與范蠡入事吳王；在吳三年，亦即句踐六年而歸越，故所載拊同、范蠡等為越王設謀事乃在句踐即位之第七年，兩處不同。54拊循　撫慰；撫恤。55逢同　姓逢名同。或作「馮同」、「扶同」。56殷給　充實；富裕。57繕飾備利　指修整軍備。利，指兵器。58懼則難必至　吳國警懼則將攻我，災難就要降臨。59鷙鳥之擊也二句　《六韜》曰：「鷙鳥將擊，卑飛斂翼。」60今夫吳兵加齊晉　據〈十二諸侯年表〉，西元前四八九年，吳伐陳；西元前四八七年，吳伐魯；西元前四八五年，吳伐齊；西元前四八四年，吳又伐齊，敗齊師於艾陵；西元前四八二年，夫差與晉定公爭長於黃池。61怨深於楚越　吳王闔廬屢與楚戰，並於闔廬九年（西元前五〇六年）聯唐、蔡破楚入郢。62名高天下二句　周為天下之宗主，吳國強梁於東南，北侵中原，危害及於周天子的統治秩序，故云「實害周室」。當時周國之在位者為周敬王。63必淫自矜　淫，放縱。自矜，自大；自誇。64附晉　親附晉國，意即與晉聯合。當時晉國之在位者為晉定公。65以厚吳　故意讓吳國顯得雄厚、強大。66吳之志廣二句　志廣，野心膨脹。輕戰，樂戰；好戰。67句踐曰二句　按：以上逢同為句踐設謀事，《左傳》、《國語》皆不載，《吳越春秋》有扶同、范蠡、苦成、大夫浩為句踐設謀事，蓋就此逢同事而發揮之。68居二年　依本篇文意，即西元前四八五年。69吳王將伐齊　據《左傳》與〈十二諸侯年表〉，此年吳王夫差聯合魯國一道伐齊，值齊國政變，吳王退兵。70食不重味　即前文之「食不加肉」。71與　對於。72釋齊先越　放下齊國，先集中力量收拾越國。73敗之艾陵　事在西元前四八四年。艾陵，春秋時齊邑名，在今山東萊蕪東北。74虜齊高國以歸　高、國，齊國的兩家大貴族，其首領世掌齊政，此時的「高、國」指高無丕、國書。75讓子胥　讓，責備。《國語・吳語》吳王還自伐齊，乃訊（即所謂「讓」）子胥曰：「今大夫老，而又不自安恬逸，而處以惡，出則罪吾眾，撓亂百度，以妖孽吳國。今天降衷於吳，齊師受服，孤豈敢自多，先王之鍾鼓實式靈之，敢告於大夫。」76子胥曰二句　〈吳語〉：「申胥曰：『天之所棄，必驟近其小喜，而遠其大憂。王若不得志於齊，而以覺悟王心，而吳國猶世；今王無以（言『無政德』）取之，而天祿亟至，是吳命之短也。員不忍稱疾辟易，以見王之親為越之擒也，員請先死。』」(77)子胥欲自殺二句　據《國語》，伍員即自殺於此時；據《左傳》，吳王於艾陵之戰前即將伍員殺害，無吳王勝齊後之與伍員對語。(78)卜　測試；試探。(79)後三年吳其墟乎　墟，成為廢墟，指國家滅亡。據《左傳》，吳王伐齊前，伍員諫吳王之大段說理中有所謂「越不為沼，吳其泯矣」。(80)數與子胥爭越議　數，屢屢。爭越議，在討論對越政策時與伍員唱反調。(81)忍人　殘忍而無恩義的人。(82)父兄不顧　指伍員之父伍奢被楚平王拘捕，楚以奢命召二子前去，伍員之兄伍尚聞命即回，而伍員毅然不顧，突圍以奔吳事。顧，憐念。(83)用是　因此。(84)與逢同共謀　梁玉繩曰：「事詳《越絕》，然逢乃越臣，何以在吳與伯嚭為友而譖伍胥耶？徐孚遠疑范蠡既歸，而遣逢事吳，或當然也。」(85)託子於鮑氏　〈伍子胥列傳〉云：「子胥臨行，謂其子曰：『吾數諫王，王不用，吾今見吳之亡矣。汝與吳俱亡，無益也。』乃屬其子於齊鮑牧，而還報吳。」鮑氏，齊國之大貴族。(86)役反　指吳王由艾陵前線回來。(87)賜子胥屬鏤劍以自殺　章炳麟以為「屬鏤」即「獨鹿」，山名，在涿郡，其地出劍，因以為劍名。(88)我令而父霸　謂佐闔廬破楚稱霸事。而，你；你的。(89)我又立若　若，你，指夫差。按：夫差繼位前與其他公子爭立事，《左傳》、《國語》皆不載；然《左傳》載「夫差使人立於庭，苟出入，必謂己曰：『夫差，而忘句踐之殺而父乎！』」，則夫差為闔廬之子，史公所敘與之同。(90)已　事後；後來。(91)一人固不能獨立　猶言「獨夫的統治必不能久長」。瀧川曰：「一人，謂夫差也。」(92)於是吳任嚭政　按：前文已云伯嚭為吳「太宰」，即執吳國政事矣，此處只可言「吳獨任伯嚭政」。(93)居三年　應作「其明年」，即西元前四八三年，子胥被殺之第二年。史公書「居三年」誤。(94)導諛　王念孫曰：「即諂諛也，或作『道諛』。」(95)對曰二句　據《國語．越語下》，句踐曾連續四年問范蠡以伐吳事，范蠡皆對曰「未可」，小說性很強。(96)明年春　西元前四八二年之春。(97)吳王北會諸侯於黃池　按：此次與夫差會於黃池的諸侯有魯哀公、晉定公、以及周天子的代表單平公。黃池，宋邑名，在今河南封丘西南。(98)太子　據《左傳》，夫差的太子名友。(99)習流　顧炎武曰：「謂士之善泅者。」即習水戰之兵。(100)教士　素有訓練之士。(101)君子　按：《國語》謂「越王乃中分其師以為左右軍，以其私卒君子六千人為中軍」。高誘注：「私卒君子，王所親近有志行者，猶吳所謂賢良，齊所謂士。」(102)諸御　《索隱》曰：「謂諸理事之官在軍有職掌者。」中井曰：「謂御士也，掌侍從門御者，如周之虎賁、漢之郎官也。御士之類非一，故曰『諸御』也。」(103)吳師敗二句　《左傳》曰：「大敗吳師，獲太子友、王孫彌庸、壽於姚。」(104)懼天下聞之二句　《左傳》曰：「王惡其聞也，自剄七人于幕下。」(105)吳王已盟黃池　此次黃池之盟究竟以吳為長，抑或以晉為長，各書說法不一。(106)請成越　向越國求和。王念孫《雜志》：「《文選．答蘇武書》注，引此作『請成於越』，今脫『於』字。」(107)平　訂約講和。(108)其後四年　西元前四七八年。(109)罷弊　通「疲憊」。(110)輕銳　猶言「精銳」。(111)棲吳王於姑蘇之山　依本文，其事應在西元前四七六年。姑蘇之山，即今蘇州西南之靈岩山，山上有吳王宮殿，今其遺址尚存。(112)公孫雄　有書作「王孫雒」。(113)肉袒膝行　向人請罪求饒的樣子。肉袒，裸露上身。(114)孤臣　孤獨無靠之小臣，謙稱自己，蓋尊對方為君主。(115)異日嘗得罪於會稽　婉指當年敗越，圍句踐於會稽山事。(116)夫差不敢逆命　指答應了句踐的派人求和。(117)舉玉趾而誅孤臣　舉玉趾，猶言「勞動您的大駕」。誅，討伐。(118)意者亦欲如會稽之赦孤臣之罪乎　瀧川曰：「『欲』字衍，『赦』上奪『事』字。」意者，指測之詞。莫非；能不能。(119)蚤朝晏罷　意即起早貪黑。晏，晚；遲。(120)謀之二十二年　自句踐三年至二十四年，首尾共二十二年。據《左傳》，句踐十五年，越乘黃池之會襲破吳；十九年，越又敗吳；二十二年，越圍吳；二十四年十一月，越遂滅吳。(121)天與弗取二句　按：《逸周書》：「天與弗取，反受其咎；當斷弗斷，反招其亂。」蓋當時諺語。咎，罪；禍。(122)伐柯者其則不遠　伐木作斧柄，其手持之斧上就有斧柄，可以取樣。柯，斧柄。則，榜樣；模型。(123)戹　災難。(124)王已屬政於執事　意謂越王已將處置此事之權交給了我。屬，託付。執事，辦事人。范蠡自指。(125)使者去二句　請你趕緊走，否則就要對不起了。且，將。(126)吾置王甬東二句　甬東，即今浙江寧波東之舟山島。君，統管；擁有。(127)乃蔽其面三句　按：子胥臨終曰：「抉吾眼懸吳東門之上，以觀越寇之入滅吳也。」夫差臨終又痛悔如此，皆千古殷鑒，史公感慨出之。(128)乃葬吳王而誅太宰嚭　葬吳王，謂對吳王以禮相葬。誅太宰嚭，《史記・吳太伯世家》亦云：「越王滅吳，誅太宰嚭，以為不忠，而歸。」按：史公痛疾賣主、賣友之輩，故著伯嚭之誅於此。(129)與齊晉諸侯會於徐州　按：句踐會齊、晉諸侯在徐州事，《史記》中僅此一提，今人楊寬認為在西元前四七三年，即越滅吳之同一年。徐州，亦作「舒州」，也稱「薛邑」，在今山東滕州東南。(130)周元王使人賜句踐胙二句　周元王，名仁，敬王之子，西元前四七五—前四六九年在位。賜句踐胙，「胙」是祭肉，周天子將其祭天地祖先的供肉分賜諸侯，是對霸主的一種禮遇。伯，方伯，諸侯之長，即霸主。(131)句踐已去　謂離開徐州南歸。(132)渡淮南　渡過淮水南行。(133)以淮上地與楚　淮上地，今安徽、江蘇的淮河以北地區。(134)宋　西周初年建立的諸侯國名，國都商丘（今河南商丘西南）。(135)與魯泗東方百里　魯，西周初年建立的諸侯國名，國都即今山東曲阜。泗東，約當今之山東、江蘇鄰近的泗水以東地區。(136)越兵橫行於江淮東　意即橫行於長江、淮河下游的東南一帶。(137)諸侯畢賀二句　〈吳語〉云：「越滅吳，北征上國，宋、鄭、魯、衛、陳、蔡執玉之君皆入朝。」楊寬曰：「越王句踐打敗吳王夫差之後，就兼併吳國，接著遷都琅邪（今山東膠南西南琅邪臺），北上爭霸中原，西元前四六八年越王遣使到魯國，約定魯、邾兩國之間的疆界，越王句踐就成為春秋時代的最後一個霸主。」

【語　譯】越王句踐，他的先祖是夏禹的後代，是夏朝的帝王少康的妃妾所生的兒子。被封在會稽，要他在那裡祭祀和守護夏禹的墳墓。於是他就入鄉隨俗地在身上刺上花紋，剪斷了長髮，在那裡開荒種地興建城郭居住下來了。一直傳了二十多代，傳到了允常，他因和吳王闔廬作戰而結下了怨仇。允常死後，他的兒子句踐繼立當了越王。

2 句踐元年，吳王闔廬得知允常去世的消息，於是趁機興兵伐越。越王句踐組織了一支敢死隊，讓他們排成三行一直走到吳軍的陣前，而後大呼一聲一齊自刎了。吳國軍隊看到這種異常奇特的行動驚呆了，而越軍則乘著吳軍的愣神而突然發起了猛攻，結果吳軍在檇李慘敗，吳王闔廬也被射傷了。闔廬臨死前，告誡他的兒子夫差說：「一定不要忘了向越國報仇！」

3 句踐三年，他得知吳王夫差日夜練兵，準備復仇的消息，他就想搶在吳國沒有動手之前主動出擊。范蠡勸阻說：「不能輕舉妄動。微臣聽說戰爭是一種不吉祥的東西，發動戰爭是破壞德行的，到戰場上去爭勝負也是解決矛盾的最下策。暗中策劃破壞德行的行動，喜好動用殺人兇器，把性命壓在不該重視的問題上，這些都是上天所絕對禁止的，誰做這種事情誰倒霉。」句踐說：「我已經下定決心了。」於是就出了兵。吳王聽到消息後，調集了全國的精銳部隊迎擊越軍，在夫椒一戰把越軍打得大敗。句踐領著殘兵五千人退到了會稽山上，吳王夫差派兵把會稽山團團圍住了。

4 越王對范蠡說：「當初由於沒採納你的勸告，所以落到這種處境，今天可怎麼辦呢？」范蠡說：「能夠謙卑不自滿的人，上天會幫助他；能夠安定傾危的人，人們會幫助他；能夠節儉從事的人，大地會幫助他。我們目前只能用謙恭的話語和豐厚的禮品去向人家求饒，如果他還不答應，那就只有用我們自己的人身去和他周旋，去給他做奴隸。」句踐說：「好。」於是就派了大夫文種去向吳國求和。文種到吳國後跪行到吳王跟前，叩頭說：「您的敗軍之臣句踐，派他的僕從文種來向您稟告：句踐現在情願做您的奴隸，他的妻子情願做您的婢女。」吳王要答應他們的請求。伍子胥勸阻吳王說：「現在是老天爺把越國給了我們，我們不能允許它存留。」文種失望地回到會稽，把經過報告了句踐。句踐憤怒地準備殺死妻兒，燒毀珍寶，和吳國決一死戰。文種勸阻句踐說：「吳國的太宰伯嚭很貪婪，我們可以想辦法收買他，請讓我祕密地去和他交涉。」於是句踐就讓文種把美女、寶物，偷偷地給伯嚭送了去。伯嚭接受了並很快地領著文種去見了吳王。文種叩頭對吳王求情說：「希望大王寬赦句踐的罪過，收下句踐向您獻出的全部財寶；如果您不寬赦，那麼句踐將殺掉妻兒，燒毀寶器，率領五千人和您決一死戰，那時您肯定要付出相應代價的。」這時伯嚭從旁接話勸吳王說：「句踐既然願意降服給我們當臣民，看來還是饒恕他，對我們的國家有利。」吳王見此情景，就想答應越國的請求。伍子胥又進前勸阻說：「今天如果不把越國滅掉，將來肯定是要後悔的。句踐是一個有才幹的國君，文種、范蠡也都是有才幹的大臣，如果一朝放他們回了國，必將成為我們的大禍害。」吳王不採信，終於寬赦了越國，撤兵回國。

5 當句踐被困在會稽山的時候，他傷心地歎息說：「難道我就在這裡完蛋了嗎？」文種說：「商湯曾被關押在夏臺，周文王曾被囚禁在羑里，晉公子重耳曾逃奔到翟，齊公子小白也曾逃難到莒國，但他們後來全都成王稱霸。由這些人的例子看來，誰能說我們這一次不是一件好事呢？」

6 等到吳國寬赦了越國，句踐回到國都之後。便吃苦耐勞，冥思苦想地準備著報仇雪恥。他把一個苦膽吊在座席旁，使自己坐著躺著都能看到它，在每次吃飯喝水的時候也都要嘗嘗它的苦味。他不時地提醒自己說：「你忘記在會稽山遭到的凌辱了嗎？」他親身耕地做工，他的夫人也親自紡紗織布，他們吃飯沒有第二盤肉菜，穿的衣服沒有第二種顏色，放下架子尊重賢人，對賓客優禮相待，救濟貧困，撫恤死傷，跟普通百姓一樣的從事勞動。句踐想把治理國家的大政交給范蠡，范蠡說：「練兵作戰的事情，文種不如我；安定國家，鎮撫百姓的事情，我不如文種。」於是句踐就把國家大政交給了文種，而讓范蠡跟大夫柘稽去同吳國求和，並留在那裡當人質。兩年後，吳國放心地讓范蠡回來了。

7 句踐從會稽回國的第七年，他認為對百姓的安撫教育工作已經差不多了，就準備徵兵對吳國作戰。這時大夫逢同勸阻道：「國家遭受破敗，現在才剛剛富裕一點，如果馬上就整軍備戰，吳國立刻就會警覺起來，吳國一警覺我們越國就要大禍臨頭了。一隻猛禽在牠馳行將襲擊小鳥時，一定要把牠的身體隱藏好。現在吳國向北對齊國、晉國用兵，在南方又與楚國、越國結怨，它的威名至高無上，這就又危害到了周天子的權威，一個人的仁德少而武功多，他就必定要驕傲自大。為越國著想，不如結好齊國、親近楚國、親附晉國，故意讓吳國顯得雄厚、強大。隨著吳國野心的不斷擴大，它也就必然愈來愈好戰。到那時我們就掌握了主動權，當齊、晉、楚聯合起來伐吳時，我們就可以趁著它的幾面受敵而一舉消滅它了。」句踐說：「太好了。」

8 又過了兩年，吳王準備北伐齊國，伍子胥勸阻說：「不行。我聽說句踐現在吃飯都沒有第二盤菜，一心同百姓們共甘苦。這個人不死，一定會成為吳國的禍患。越國的存在，對吳國是心腹之疾，至於齊國那只不過是皮膚上的疥癬而已。懇請大王放棄齊國，先收拾越國。」吳王不採信。於是起兵攻齊，敗齊軍於艾陵，虜獲了齊國的高無丕和國書兩個大貴族。回來後，吳王得意地斥責伍子胥。伍子胥說：「大王不要高興得太早！」吳王很生氣，伍子胥見況想要自殺，吳王聽說後制止了他。這時越國的文種對句踐說：「我看吳王的辦事現在已經相當傲慢了，咱們再用向他借糧的辦法來試探一下。」於是越國向吳國借糧食，吳王想要借給他們，伍子胥勸說不要給，吳王最終還是給了，越國人心中暗暗高興。伍子胥私下對人說：「大王總不採納我的勸告，恐怕三年之後吳國就要成為一片廢墟了！」太宰伯嚭在對待越國的政策上過去就多次與伍子胥爭執不下，這回他聽到了伍子胥的埋怨就在吳王面前挑撥煽動說：「伍子胥貌似忠厚實際上是一個很殘忍的人，他連他父兄的生死都不顧了，他哪還會關心大王呢？大王上次伐齊之前，他就竭力反對，後來您伐齊勝利了，他還因此怨恨您。您要是不好好防備他，他一定會造反的。」接著伯嚭又伙同越國的奸細逢同一起密謀，輪番地在吳王面前說伍子胥的壞話。吳王開始還不聽，後來他派伍子胥去齊國，聽說伍子胥把他的兒子帶到齊國去託付給鮑氏照看了，於是才大怒說：「伍子胥果然是在欺騙我，想造反！」吳王就派人給伍子胥送去一把屬鏤劍讓他自殺。伍子胥接過寶劍大笑說：「我曾經輔佐你的父親成為了霸主，又立你當了吳王。想當初你曾經要把吳國的一半分給我，我不要。可是到了今天你卻聽信小人的誣陷來殺我。唉！我看你夫差一個人能撐多久！」他對吳王派來的使者說：「我死後你們要把我的眼睛挖出來放在吳國都城的東門上，讓它看著越兵進城。」伍子胥死後吳王把國家的一切大政都交給了伯嚭。

9 又過了三年，句踐問范蠡說：「吳國已經把伍子胥殺了，現今吳王周圍大都是一些諂媚討好的人了，可以出兵打他了嗎？」范蠡說：「不行。」

10 又到了第二年春天，吳王北上與諸侯在黃池會盟，吳國的精銳部隊都跟隨吳王走了，在國內跟著太子留守的只有老弱殘兵。這時句踐又問范蠡現在的時機如何，范蠡說：「可以了。」於是就調集了熟悉水性的二千人，經過專門訓練的四萬人，有節行享受特殊待遇的六千人，近衛侍從一千人，大舉偷襲吳國。結果吳軍潰敗，吳國太子被殺。當吳國派人到黃池向夫差告急時，夫差正好與諸侯們在黃池開會，他怕消息傳出會對吳國不利，於是就祕而不宣。直到盟約簽訂，夫差才派人帶著厚禮去向越國求和。越王估量著暫時也還沒有消滅吳國的條件，便答應與吳國講和了。

11 又過了四年，越國又出兵伐吳。這時吳國的軍民已經非常疲憊，因為它的精銳部隊都在與齊、晉兩國的作戰中消耗光了，因而越國這回很輕易地把吳軍打得大敗，而且包圍了吳國的首都，一圍三年。後來軍隊又被打敗，吳王夫差逃上了姑蘇山。夫差派公孫雄脫衣露體代替吳王去向句踐哀求說：「您孤獨無依的外臣夫差斗膽地向您請求，過去我曾經得罪過您把您弄到會稽山上去了。後來您一向我提出要求，我二話沒說立即就同您講和，讓您回了國。今天勞動您來討伐我們，我們現在一切都聽您的。您是不是也能夠像會稽之例那樣，今天也饒了我們的罪過呢？」句踐聽著於心不忍，也想答應他的要求。這時范蠡攔阻說：「過去我們被困在會稽那是老天爺要把越國送給吳國，可是吳國不要。今天老天爺又把吳國送給我們了，我們怎麼能違背天命呢？再說大王您每天起早貪黑地奮鬥，不就是為了消滅吳國嗎？我們花費了二十二年的心血才獲得了今天的成功，我們怎能一下子把它扔掉呢？老天爺給您的東西您不要，日後是要倒霉的。《詩經》裡曾說：『拿著斧子去砍取一個新的斧子柄，就按照你手裡那個舊柄的樣子就行。』您難道忘了我們當初在會稽受的罪了嗎？」句踐說：「你的話是對的，我只是不忍心駁回他們的哀求。」於是范蠡就擂鼓進兵，他高聲宣布說：「大王已把事情交給我處理了，吳國使者趕快回去，如果再不走，就休怪我們不客氣了。」吳國使者見已無法，只好流著眼淚離去了。句踐覺得太可憐於是又派人去對吳王說：「我可以把您安置在甬東，讓您統領百戶人家。」吳王謝絕說：「我已經老了，不能再侍候您。」於是就自殺了。死前他用衣服遮上了自己的臉說：「我沒有臉面去見伍子胥啊！」句踐安葬完了吳王夫差，跟著就把吳國的太宰伯嚭也殺掉了。

12 句踐平定吳國後，接著率軍北渡淮河，與齊國、晉國的諸侯會盟於徐州，並給周天子送去了貢品。周元王也派人給句踐送來了祭祀的肉，封他作為方伯，也就是諸侯的盟主。句踐離開徐州南渡淮河後，就把淮河上游的地盤分給楚國，又把吳國過去侵占的宋國的領土還給了宋國，把泗水以東的縱橫百里地方給了魯國。這時候，越國的軍隊在長江、淮河以東強大無敵，各國的諸侯們都向他朝賀，句踐成了一時的霸主。

范蠡遂去❶，自齊遺大夫種書❷曰：「蜚鳥盡，良弓藏；狡兔死，走狗烹。越王為人長頸鳥喙，可與共患難，不可與共樂。子何不去？」種見書，稱病不朝。人或讒種且作亂，越王乃賜種劍曰：「子教寡人伐吳七術❸，寡人用其三而敗吳。其四在子，子為我從先王試之❹。」種遂自殺。

【章　旨】以上為第二段，寫句踐成功後之殺功臣。

【注　釋】❶范蠡遂去　謂其辭官離句踐而去。❷自齊遺大夫種書　范蠡離句踐而去後，先是變名姓到了齊國。遺，致。❸伐吳七術　按：《越絕書》曰「取國九術」。《正義》引《越絕書》云：「九術：一曰尊天事鬼；二曰重財幣以遺其君；三曰貴糴粟藁以空其邦；四曰遺之好美以熒其志；五曰遺之巧匠使起宮室高臺，以盡其財，以疲其力；六曰貴其諛臣，使之易伐；七曰彊其諫臣，使之自殺；八曰邦家富而備利器；九曰堅甲利兵以承其弊。」❹寡人用其三而敗吳三句　按：范蠡致書文種，與文種被句踐所殺事，《左傳》、《國語》皆不載。葉玉麟曰：「刻毒乃以戲語出之。」

【語　譯】其後范蠡離開越國遠去，他從齊國給大夫文種寫了一封信，說：「飛鳥一旦捕盡，良弓也就沒用了；

狡兔全都死了，獵狗也就要被殺光。越王這個人長脖子鷹鉤嘴，只能和他一塊吃苦，不能和他一道享福。您怎麼還不趕緊離開？」文種見信後，就假託有病不再上朝。這時有人便誣陷文種，說他要造反，於是句踐就派人給文種送去一把劍說：「你曾教過我攻伐吳國的七種妙術，結果我只用三種就打敗了吳國。還有四種沒有用過，你帶著它到九泉之下幫我的先人們再去試試吧。」逼得文種只好自殺了。

1 句踐卒❶，子王鼫與立。王鼫與卒，子王不壽立。王不壽卒，子王翁立❷。王翁卒，子王翳立❸。王翳卒，子王之侯立❹。王之侯卒，子王無彊立❺。

2 王無彊時，越興師北伐齊，西伐楚，與中國❻爭彊。當楚威王❼之時，越北伐齊。齊威王❽使人說越王曰：「越不伐楚，大不王，小不伯❾。圖❿越之所為不伐楚者，為不得晉⓫也。韓、魏固不攻楚⓬。韓之攻楚，覆其軍，殺其將⓭，則葉、陽翟⓮危。魏亦⓯覆其軍，殺其將，則陳、上蔡⓰不安。故二晉之事越⓱也，不至於覆軍殺將⓲，馬汗之力不效⓳。所重於得晉者何也⓴？」越王曰：「所求於晉者，不至頓刃接兵㉑，而況于攻城圍邑乎？願魏以聚大梁之下㉒，願齊之試兵南陽、莒地㉓，以聚常、郯之境㉔，則方城之外不南㉕，淮、泗之間不東㉖，商、於、析、酈、宗胡之地㉗，夏路以左㉘，不足以備秦，江南、泗上不足以待越矣㉙。則齊、秦、韓、魏得志於楚也，是二晉不戰而分地，不耕而穫之。不此之為，而頓刃於河山之間以為齊、秦用(30)，所待者如此其失計，柰何其以此王也(31)！」齊使者曰：「幸也越之不亡也！吾不貴其用智之如目，見豪毛而不見其睫也(32)。今王知晉之失計，而不自知越之過，是目論(33)也。王所待於晉者，非有馬汗之力(34)也，又非可與合軍連和也，將待之以分楚眾(35)也。今楚眾已分，何待於晉？」越王曰：「柰何？」曰：「楚三大夫張九軍(36)，北圍曲沃(37)、於中，以至無假之關(38)者三千七百里(39)；景翠(40)之軍北聚魯、齊、南陽(41)，分有大此者乎？且王之所求者，鬭晉、楚(42)也。晉、楚不鬭，越兵不起(43)，是知二五而不知十(44)也。此時不攻楚，臣以是知越大不王，小不伯。復讎、龐、長沙(45)，楚之粟也(46)；竟澤陵(47)，楚之材也。越窺兵通無假之關(48)，此四邑者，不上貢事於郢矣(49)。臣聞之，圖王不王，其敝可以伯(50)。然而不伯者，王道失也(51)。故願大王之轉攻楚也(52)。」

3 於是越遂釋齊而伐楚。楚威王興兵而伐之，大敗越，殺王無彊(53)，盡取故吳地至浙江(54)，北破齊於徐州(55)。而越以此散，諸族子爭立，或為王，或為君，濱於江南海上，服朝於楚。

4 後七世，至閩君搖，佐諸侯平秦(56)。漢高帝復以搖為越王，以奉越後(57)。東越、閩君(58)，皆其後也(59)。

【章　旨】以上為第三段，寫越國中齊之計，興兵伐楚，以致被楚所滅的過程。

【注　釋】❶句踐卒　依《竹書紀年》句踐卒於晉出公十年（西元前四六五年），楊寬則繫於晉出公十一年（西元前四六四年）。❷王不壽卒二句　《索隱》引《竹書紀年》云：「不壽立十年見殺，是為盲姑。次朱句立。」按：「王翁」是否即「朱句」其人，史無明文。❸王翁卒二句　《索隱》曰：「《紀年》『於粵子朱句三十四年滅滕，三十五年滅郯，三十七年朱句卒。』」❹王翳卒二句　《索隱》引《紀年》云：「翳三十三年遷于吳，三十六年七月太子諸咎弒其君翳，十月粵殺諸咎。粵滑，吳人立子錯枝為君。明年，大夫寺區定粵亂，立無余之。」並以為「王之侯」即「無余之」。❺王之侯卒二句　按：上述句踐以下世次，《竹書紀年》、《越絕書》、《吳越春秋》各不相同，莫可詳究。❻中國　中原地區諸國，如齊、晉等是。❼楚威王　名商，宣王之子，西元前三三九—前三二九年在位。❽齊威王　名因齊，西元前三五六—前三二〇年在位。❾大不王二句　向大處說不能成王業（指一統天下），向小處說不能成霸業（指成為諸侯霸主）。❿圖　考慮；猜想。⓫不得晉　指未能與晉聯盟，晉指韓、魏，以其皆由分晉而建國。⓬韓魏固不攻楚　韓、魏兩國是絕對不願進攻楚國的。因為韓、魏兩國較小，且又挨近楚國。⓭覆其軍二句　按：「覆」上應增「若」字讀，謂假如自己被楚國打敗，軍覆將死。⓮葉陽翟　皆韓縣名。葉縣在今河南葉縣南。陽翟即今河南禹縣，韓國初建時期的都城。⓯亦　當作「若」字讀。⓰陳上蔡　皆魏縣名，陳縣即今河南淮陽。上蔡在今河南上蔡西南。⓱二晉之事越　意謂韓、魏即使與越國結盟。事，侍候；親近。⓲不至於覆軍殺將　意即不會為越國付出犧牲地進攻楚國。⓳馬汗之力不效　連勞動一下其戰馬的事也不會為你做。效，效勞。⓴所重於得晉者何也　你們越國為什麼那麼看重與韓、魏的聯合呢？重，看重。㉑所求於晉者二句　我對韓、魏的要求，本來就沒有打算讓它們出兵作戰。頓刃接兵，指交戰。頓，通「鈍」。在作戰中磨鈍。㉒願魏以聚大梁之下　我所希望的只是讓魏國集結兵力於其都城，做出一種即將行動的態勢。聚，集結兵力。大梁，今河南開封，當時魏國的都城。㉓願齊之試兵南陽莒地　試兵，猶今所謂軍事學習。南陽，在齊之南界，莒（今山東莒縣）之西。㉔以聚常郯之境　意即集結兵力於齊國之南境。常、郯，齊國南境二縣名，郯縣在今山東郯城北。常，在今山東滕縣東南。㉕方城之外不南　楚國北部的守兵不敢再往南方調動。方城，山名，亦邑名，在今河南方城東北，當時為楚國北部要塞。㉖淮泗之間不東　調駐守於淮泗之間的楚軍，不敢再向東侵擾。淮泗之間，約當今安徽宿縣、江蘇泗洪等一帶地區，當時為楚之東北界。㉗商於析酈宗胡之地　楚國西北部靠近秦國的幾個縣名。商在今陝西商縣東南；於在今河南內鄉東；析即今河南西峽；酈在今河南南陽北；宗胡，其地不詳。㉘夏路以左　即今河南西南部臨近陝西一帶，包括上述商、於、析、酈諸縣，當時都靠近秦國。㉙江南泗上不足以待越矣　《正義》曰：「江南洪、饒等州，春秋時為楚東境也；泗上、徐州，春秋時楚北境也，二境並與越鄰。」待，對付；抵抗。㉚頓刃於河山之間以為齊秦用　指韓、魏兩國聽信連橫、合縱者之辭，時而西合於秦，時而東合於齊，跟著秦國、齊國連年征戰。頓刃河山之間，指與中原各國交戰。頓刃，消耗兵力。河山，指黃河、泰山。㉛所待者如此其失計二句　所待，所期待；所指望。柰何其以此王，怎麼能靠著這種辦法稱王於天下？按：此越之為韓、魏所設想，欲以此言說韓、魏離齊、秦而歸附於己。㉜吾不貴其用智之如目二句　王念孫《志疑》：「本作『吾患其用智之如目，見豪毛而不目見其睫也』只因患訛作貴，後人不得其解，遂於貴上加不字耳。……韓子〈喻老〉篇：『杜子諫楚莊王曰，臣患王之智如目也，能見百步之外，而不能自見其睫。』語意正與此同。」不貴，不佩服。見豪毛而不見其睫，能遠察秋毫之末，而看不見自己的睫毛。古人常用人眼睛的這種特點，以比喻人能遠見詳察別人的問題而看不到自身的缺點。㉝目論　眼睛的功能，眼睛的比喻，即能見毫毛而不能自見其睫。㉞非有馬汗之力　並不指望他派兵助戰。㉟分楚眾　分散楚國的兵力。㊱楚三大夫張九軍　具體之人、事不詳。張九軍，謂率軍多路而出。㊲曲沃　在今河南陝縣西，當時屬魏。於中，古地區名，在今陝西與河南交界的商縣以東，內鄉以西，戰國時期時屬楚，時屬秦，此時屬秦。㊳無假之關　《正義》曰：「當在江南長沙之西北也。言從曲沃、於中西至漢中、巴、巫、黔中千餘里，皆備秦晉也。」㊴三千七百里　蓋謂楚國多處用兵，戰線長達數千里。㊵景翠　楚將名。㊶北聚魯齊南陽　向北集結於魯國與齊國南陽的邊境。㊷鬭晉楚　使韓、魏與楚國打起來。㊸不起　指不起兵攻楚。㊹知二五而不知十　因為越國只知道楚與韓魏相攻是其「力分」，而不知楚現在之攻曲沃、防無假、備齊魯已經是「力分」了。㊺復讎龐長沙　復，又。梁玉繩曰以為「復」上脫「況」字。讎，楚邑名，在今河南魯山東南。龐，楚邑名。錢穆曰：「疑乃『不羹（音郎）』之合音。」西不羹在今河南襄城東南；東不羹在今河南舞陽西北。長沙，楚邑名。錢穆謂河南郾城南有大溵河，亦名大沙河，長沙疑即稱此。㊻楚之粟也　楚國的糧食產地。㊼竟澤陵　《索隱》曰：「當為『竟陵澤』，楚有七澤，蓋其一也。」竟陵在今湖北潛江西北。㊽窺兵通無假之關　意即出兵襲擊楚國的東北腹地。㊾此四邑者二句　謂讎、龐、長沙、竟陵諸邑將不再聽命於楚，將轉而聽命於越。郢，楚國都城，今湖北江陵西北之紀南城。㊿圖王不王二句　古之成語，意謂即使不能統一天下，成為「王」者；而降一格還能夠兵強馬壯，成為諸侯中的霸主。敝，破落；降級。(51)王道失也　尋求稱「王」的方針路線錯誤。(52)故願大王之轉攻楚也　按：以上齊使與越王的一段對答，不知史公取自何處。(53)楚威王興兵而伐之三句　按：〈楚世家〉、〈六國年表〉皆不載楚威王敗越殺無彊事。(54)浙江　即今浙江之錢塘江，蓋史公以錢塘江為吳越兩國之分界，唐、宋人寫詩亦多因之；張照、梁玉繩以為吳之南界只到松江，錢塘江乃越地。55北破齊於徐州　事在西元前三三三年。此「徐州」仍為山東滕縣東南之薛城。按：楊寬繫「楚滅越，設郡江東」於西元前三〇六年。56閩君搖二句　〈東越列傳〉云：「閩越王無諸及越東海王搖者，其先皆越王句踐之後也，姓騶氏。秦已并天下，皆廢為君長，以其地為閩中郡。及諸侯畔秦，無諸、搖率越歸鄱陽令吳芮，所謂『鄱君』者也，從諸侯滅秦。」57漢高帝復以搖為越王二句　〈東越列傳〉云：「當是之時，項籍主令，弗王，以故不附楚。漢擊項籍，無諸、搖率越人佐漢。孝惠三年，舉高帝時越功，曰閩君搖功多，其民便附，乃立搖為東海王，都東甌，世俗號為東甌王。」58東越閩君　東越，指東越王餘善，閩越王無諸之次子，武帝初年，餘善之兄閩越王郢發兵抗漢，餘善誅之，武帝立以為「東越王」。閩君，即繇君丑，閩越王無諸之孫，其父郢因抗漢被餘善所殺，繇君丑因不與其父之謀，被武帝立為越繇王，以奉其祖之祀。59皆其後也　據〈東越列傳〉，東越王餘善及越繇王丑皆閩越王無諸之後，而本文乃稱其為「閩君搖」之後，兩處抵忤。

【語　譯】句踐死後，他的兒子鼫與繼位。鼫與死了，他的兒子不壽繼位。不壽死後，他的兒子翁繼位。翁死後，他的兒子翳繼位。翳死後，他的兒子之侯繼位。之侯死後，他的兒子無彊繼位。

2 無彊在位時，越國出兵北伐齊國，西攻楚國，與中原地區的諸侯們爭強鬥勝。當時楚國楚威王當政，越國北伐齊國。齊威王派人對越王說：「如果越國不征服楚國，那就別說不能稱王，連個霸主也稱不上。我猜想越國之所以不敢攻打楚國，是因為沒有得到三晉的支持。但是韓國和魏國是根本不會幫著你們去打楚國的。因為韓國打楚國，要是一旦失敗就不僅是損兵折將而且它的葉縣、陽翟就很危險。魏國打楚國要是一旦失敗也不僅是損兵折將，而它的陳縣、上蔡也就緊跟著告急。因此這兩個國家即使能同越國友好也只是為了求得它自己的不致損兵折將而已，它們不會為您盡一點汗馬之勞。您為什麼那麼看重三晉呢？」越王說：「我們並不要求它們出兵作戰，更不用說要它們去攻打楚城池了。我們只希望魏國把兵力聚集在大梁城下，而希望齊國在南陽、莒縣舉行軍事演習，把兵力駐紮在常縣、郯縣一帶就行了。這樣一來楚國就不敢再調方城山一帶的守軍南下，也不敢再調淮河、泗水一帶的守軍東移，至於商縣、於縣、析縣、酈縣以及宗胡一帶夏路以西的楚國軍隊，光是防備秦國也自顧不暇，他們的江南、泗水一帶也就無法抵抗越國了。這樣一來，齊國、秦國、韓國、魏國就都從楚國得到好處啦。韓國、魏國不用打仗就分得了地盤，不用耕作就得到了收穫。可是韓國、魏國不這麼做，而是把兵力消耗到黃河、泰山一帶去聽齊國和秦國使喚，韓國、魏國的辦事竟如此失策，他們怎麼能靠著這種辦法稱王天下啊！」齊國的使者說：「你們越國不被滅亡真是僥倖！你們的智慧有如能看見秋毫之末但卻看不見自己睫毛的眼睛，一點也不令人佩服。現在大王您能看清韓、魏兩國的失算，卻看不清越國自己的錯誤，這正和上述眼睛看東西的道理一樣。您並不要求韓、魏替您盡汗馬之勞，更不要求它們與您聯合作戰，您只不過是希望它們能為您分散一點楚國的兵力而已。實際上楚國的兵力現在已經分散了，還何必期待韓、魏呢？」越王說：「你的話是什麼意思？」齊國的使者回答說：「楚國的三個大夫分兵九路，北上包圍了曲沃、於中，戰線向南一直拉到無假關全長三千七百多里；而景翠統率的軍隊則北屯到魯國、齊國以及韓國的南陽一帶，兵力分散還有比這個更嚴重的嗎？可是您卻總希望挑起韓國、魏國同楚國的爭端。只要這種爭端不挑起您就不攻擊楚國，這就好比是只知二五而不知道一十。就因為您們不抓緊現在的時機進攻楚國，所以我說您們既不能稱王，也不能稱霸。再說讎縣、龐縣、長沙，這是楚國的糧食產地；竟澤陵，是楚國盛產木材的地方。越國只要派兵一占領無假關，這四個地區，就不再屬於楚國了。微臣聽說，目標是稱王，即使不能稱王，至少也還可以成為霸主。如果連個霸主都當不成，那就說明您的方針不對，所以我們希望您趕緊去攻打楚國。」

3 於是越國就放棄了齊國轉而進攻楚國。楚威王起兵迎戰，結果越軍大敗，越王無彊被殺，過去吳國的全部地盤一直到浙江一帶全部被楚國占領。接著楚軍又北上在徐州打敗了齊國。而越國則從此土崩瓦解，各個氏族的子孫爭著出頭，有的稱王，有的稱君，散在海邊各地，全都成了楚國的附庸。

4 又過了七代，有個閩君搖，曾參加了諸侯們的反秦活動，劉邦即位後又封他為越王，讓他接續了越國的衣缽。當時的東越和閩君，都是閩君搖的後代。

1 范蠡事越王句踐，既苦身戮力❶，與句踐深謀二十餘年，竟滅吳，報會稽之恥。北渡兵於淮以臨齊、晉，號令中國，以尊周室。句踐以❷霸，而范蠡稱上將軍❸。還反國，范蠡以為大名之下，難以久居。且句踐為人可與同患，難與處安，為書辭句踐❹曰：「臣聞主憂臣勞，主辱臣死❺。昔者君王辱於會稽，所以不死❻，為此事也❼。今既以雪恥，臣請從會稽之誅❽。」句踐曰：「孤將與子分國而有之。不然，將加誅于子❾。」范蠡曰：「君行令，臣行意❿。」乃裝其輕寶、珠玉，自與其私徒屬⓫乘舟浮海以行，終不反⓬。於是句踐表會稽山⓭以為范蠡奉邑⓮。

2 范蠡浮海出齊⓯，變姓名，自謂鴟夷子皮⓰，耕于海畔，苦身戮力，父子治產⓱。居無幾何⓲，致產數十萬⓳。齊人聞其賢，以為相⓴。范蠡喟然嘆曰：「居家則致千金㉑，居官則至卿相，此布衣之極㉒也。久受尊名，不祥。」乃歸相印，盡散其財，以分與知友鄉黨㉓，而懷其重寶，間行㉔以去，止于陶㉕。以為此天下之中，交易有無之路通，為生㉖可以致富矣。於是自謂陶朱公㉗。復約要父子耕畜，廢居，候時轉物㉘，逐什一之利㉙。居無何，則致貲累巨萬㉚，天下稱陶朱公。

3 朱公居陶，生少子。少子及壯，而朱公中男殺人，囚於楚㉛。朱公曰：「殺人而死，職也㉜。然吾聞千金之子㉝不死於市㉞。」告其少子往視之㉟。乃裝黃金千溢㊱，置褐器㊲中，載以一牛車㊳。且遣其少子㊴，朱公長男固請欲行，朱公不聽。長男曰：「家有長子曰『家督』㊵。今弟有罪，大人不遣，乃遣少弟，是吾不肖㊶。」欲自殺。其母為言曰：「今遣少子，未必能生中子也，而先空亡長男，柰何？」朱公不得已而遣長子，為一封書遺㊷故所善莊生。曰：「至則進千金于莊生所㊸，聽其所為，慎無與爭事㊹。」長男既行，亦自私齎數百金㊺。

4 至楚，莊生家負郭㊻，披藜藋到門㊼，居甚貧。然長男發書㊽進千金，如其父言。莊生曰：「可疾去矣，慎毋留！即㊾弟出，勿問所以然。」長男既去，不過莊生㊿而私留。以其私齎獻遺楚國貴人用事者(51)。

5 莊生雖居窮閻(52)，然以廉直聞於國，自楚王以下皆師尊之(53)。及朱公進金，非有意受也，欲以成事後復歸之以為信(54)耳。故金至，謂其婦曰：「此朱公之金。有如病不宿誡(55)，後復歸，勿動。」而朱公長男不知其意，以為殊無短長(56)也。

6 莊生間時(57)入見楚王(58)，言「某星宿某(59)，此則害於楚」。楚王素信莊生，曰：「今為柰何？」莊生曰：「獨以德為可以除之。」楚王曰：「生(60)休矣(61)，寡人將行之(62)。」王乃使使者封三錢之府(63)。楚貴人驚告朱公長男曰：「王且赦。」

曰：「何以也？」曰：「每王且赦，常封三錢之府[64]，昨暮王使使封之。」朱公長男以為赦，弟固當出也；重[65]千金虛棄莊生，無所為[66]也，乃復見莊生。莊生驚曰：「若不去邪[67]？」長男曰：「固未也。初為事弟[68]，弟今議自赦[69]，故辭生去[70]。」莊生知其意欲復得其金，曰：「若自入室取金。」長男即自入室取金持去，獨自歡幸。

7 莊生羞為兒子所賣[71]，乃入見楚王曰：「臣前言某星事，王言欲以修德報之。今臣出，道路皆言陶之富人朱公之子殺人囚楚，其家多持金錢賂王左右，故王非能恤[72]楚國而赦，乃以朱公子故也。」楚王大怒，曰：「寡人雖不德耳，柰何以朱公之子故而施惠乎！」令論殺朱公子[73]，明日遂下赦令。朱公長男竟持其弟喪歸。

8 至，其母及邑人盡哀之，唯朱公獨笑，曰：「吾固知必殺其弟也！彼非不愛其弟，顧有所不能忍[74]者也。是少與我俱見苦[75]，為生難[76]，故重棄財[77]。至如少弟者，生而見我富，乘堅驅良[78]，逐狡兔，豈知財所從來！故輕棄之[79]，非所惜吝。前日吾所為欲遣少子，固為其能棄財故也。而長者不能，故卒以殺其弟。事之理也，無足悲者，吾日夜固以望其喪之來也[80]。」

9 故范蠡三徙，成名於天下，非苟去而已，所止必成名81。卒老死于陶，故世傳曰陶朱公82。

【章旨】以上為第四段，補寫范蠡離越後的活動，以見其性格才幹。

【注釋】❶勠力　努力；協力。❷以　通「已」。❸上將軍　國家的最高軍事長官。❹為書辭句踐　據《國語・越語下》：「反至五湖，范蠡辭於王曰：『君王勉之，臣不復入越國矣。』」乃當面告辭，史公於此乃改曰「為書辭」。❺主憂臣勞二句　按：〈范睢蔡澤列傳〉有「主憂臣辱，主辱臣死」，意思相同，蓋當時俗語。❻所以不死　范蠡稱說自己。❼為此事也　為輔佐句踐完成此滅吳稱霸之事。❽請從會稽之誅　以償當時未死之債。❾不然二句　按：〈越語下〉云：「王曰：『所不掩子之惡，揚子之美者，使其身無終沒於越國。子聽吾言，吾與子分國；不聽吾言，身死，妻子為戮。』」較此文明晰。❿君行令二句　意謂您有發號施令的權力，我有我行我素的權力。行意，按著自己的意志行事。⓫私徒屬　私家的從人僕隸。⓬乘舟浮海以行二句　〈越語下〉於此作「遂乘輕舟以浮於五湖，莫知其所終極。」按：《國語》中敘范蠡事遂以此結束。⓭表會稽山　劃出會稽山，在山上豎起標誌。⓮以為范蠡奉邑　作為封給范蠡的世襲領地。⓯出齊　意即到達齊國。出，經由，這裡意即抵達。⓰鴟夷子皮　《索隱》曰：「范蠡自謂也，蓋以吳王殺子胥而盛以鴟夷，今蠡自以有罪，故為號也。」按：范蠡自號「鴟夷子皮」，似與子胥被殺事無關。韋昭云：「鴟夷，革囊也。」范蠡蓋取其能張能捲、能曲能伸之義。⓱治產　發展自家產業。⓲居無幾何　沒過多久。⓳數十萬　指數十萬金，戰國時以金一鎰（二十兩）為「一金」。⓴齊人聞其賢二句　按：《左傳》載句踐與國無「范蠡」其人，《左傳》與《史記・齊太公世家》亦無范蠡為齊相事。㉑居家則致千金　按：前既云「致產數十萬」，現只曰「致千金」，二者殊失比例。㉒布衣之極　一個平民出身的人至此可謂達到極點。㉓鄉黨　原指基層編制名，五百家為一黨，二十五黨為一鄉。這裡指同鄉、同黨的人，即所謂「鄉里鄉親」。㉔間行　潛行，改裝避人而行。㉕陶　古邑名，在今山東定陶西北。春秋時屬宋，戰國時屬齊。㉖為生　發展產業，這裡即指經商。生，同「產」。㉗自謂陶朱公　按：《國語》謂范蠡「遂乘輕舟以浮於五湖，莫知其所終極」；至《戰國策》乃又有「陶朱君」之稱，此「范蠡」其人在傳說中的又一重要發展。㉘父子耕畜三句　《正義佚文》曰：「耕，耕田地；畜，養五牸也。廢，停也；居，貯也，停賤物，貴而賣之地。」按：「廢居」即今所謂「屯積」。候時，觀測時機。轉物，即買進賣出。(29)逐什一之利　謀取十分之一的利潤。(30)致貲累巨萬　獲財多達數萬萬。貲，通「資」。巨萬，即今所謂「億」，指銅錢。(31)楚　謂楚之都城郢，即今湖北江陵西北之紀南城。(32)殺人而死二句　殺人者償命，理所當然。王念孫曰：「《爾雅》：『職，常也。』言殺人而死，固其常也。」(33)千金之子　千金之家的兒子。(34)不死於市　不被處死於街頭，意為保護家族的臉面。古者刑人於市，名曰「棄市」，謂與市人共棄之。(35)往視之　意即到楚國相機活動、打點。(36)溢　通「鎰」。一鎰二十兩，或說二十四兩。(37)褐器　粗麻口袋。褐，粗麻布。(38)載以一牛車　不讓人以為其中有重寶。(39)且遣其少子　就要打發小兒子上路了。且，即將。(40)家督　代替父母管家的人。(41)不肖　不類，不類其父，即今所謂「沒出息」。(42)遺　給；致。(43)莊生所　莊生所在之處。所，處。(44)爭事　表示不同意見。(45)長男既行二句　按：此處若作「長男亦自私齎數百金而行」，則義更明暢，蓋為其下文之自作聰明做伏筆。(46)負郭　住在城外，背靠城牆。(47)披藜藋到門　撥開高高的野菜雜草才能跨進屋門。藜藋，有本作「藜藿」。藿，豆葉，這裏即指門前野草野菜叢生，以見貧窮荒涼之狀。(48)發書　取出書信以呈。(49)即　若；一旦。(50)不過莊生　不再去莊生家。(51)以其私齎獻遺楚國貴人用事者　瀧川引岡白駒曰：「長男見莊生貧，以為有能者不當至此，故改圖救弟，此富商俗眼也。」(52)窮閻　窮巷。閻，閭閻；里巷。(53)師尊之　尊之若師。(54)以為信　以表示自己的信義。(55)有如病不宿誡　《正義佚存》曰：「宿，猶預也。」按：此蓋以疾病的突然而至，以比喻范蠡此項財寶的突然到來。(56)殊無短長　瀧川曰：「言莊生無所損益於弟生死也。」無短長，無辦法；無技倆。(57)間時　看準時機；瞅好空子。(58)楚王　史公不言是楚國何王，蓋本小說家言，無足深究。(59)某星宿某　某星運行到了某個地方。宿，止；行至。(60)生　猶言「先生」，對人的尊稱。(61)休矣　猶言「行了」，「回去休息吧」。(62)寡人將行之　我將對其採取措施。(63)三錢之府　即今所謂銀行、國庫之類。三錢，《集解》引賈逵曰：「虞夏商周，金幣三等，或赤或白或黃，黃為上幣，銅、鐵為下幣。」(64)每王且赦二句　《集解》曰：「錢幣至重，慮人或逆知有赦，盜竊之，所以封錢府備盜竊也。」(65)重　心痛；捨不得。(66)無所為　沒必要。(67)若不去邪　你沒有走嗎？若，你。(68)初為事弟　開頭是為弟弟之事奔走。(69)弟今議自赦　現在我弟弟很快就將自行被放出來了。議，通「義」。行將。岡白駒曰：「『赦』上加一『自』字，以表莊生無預。」(70)故辭生去　所以特來向先生告辭。(71)羞為兒子所賣　兒子，小孩子。賣，欺騙；耍弄。(72)恤　體憐。(73)令論殺朱公子　命主管官員立即將陶朱公的兒子處決。論殺，判處死罪並立即執行。(74)忍　不猶豫；能決斷。(75)是少與我俱見苦　這個孩子從小和我一起見過苦日子。(76)為生難　知道積攢些家產的不容易。(77)重棄財　捨不得揮霍錢財。(78)乘堅驅良　乘堅車，驅良馬。(79)輕棄之　揮霍著不心痛。輕，不當一回事。(80)吾日夜固以望其喪之來也　按：此節事固無稽，而文章自是傑作。吳見思曰：「范蠡略其大事，反以中子殺人一段作致，節節頓住，語語不了，後乃三泄即明，益見其妙。」(81)所止必成名　按：史公稱范蠡「成名於天下」；曰「所止必成名」；後又曰「范蠡三遷，皆有榮名，名垂後世」，史公於「名」，蓋三致意焉。(82)故世傳曰陶朱公　錢穆以為范蠡無改稱「陶朱公」事，此乃史公「好奇博采，後世愛其文，傳誦不衰，遂若為信史耳」。

【語譯】范蠡輔助越王句踐，為之籌謀劃策，千辛萬苦竭盡全力地奮鬥了二十多年，終於幫著句踐滅掉了吳國，報了當年被困守會稽山的深仇。並出兵淮河以北壓倒了齊、晉等國，對中原各地發號施令，又以尊崇周天子為名，成了天下的霸主，范蠡自己也做了越國的上將軍。待至勝利回國以後，范蠡深感到自己在這種名聲太大的情況下，是很難長久平安無事的。而且他看透了句踐這個人只能與他同患難，而不能同他共安樂，於是寫了一封信向句踐告辭說：「俗話說主上有憂患，做臣子的就要不辭辛勞；主上受到屈辱，做臣子的就要不惜犧牲。想當初您被困在會稽山，我當時所以不死，就是為了奪取今天的勝利。現在我們的大仇已報，我應該以死來彌補上次的缺陷了。」句踐說：「你不能死，我都準備把國家分一半給你，想和你一道享福了。如果你執意不聽，我將嚴厲地懲罰你。」范蠡說：「您有下命令的權力，我也有按個人意志行動的自由。」於是就帶著他那些輕便的金珠玉器，和他的一些親信僕從乘船渡海一去不復返了。句踐只好把會稽山劃出來作為范蠡的封地。

2　范蠡渡海來到了齊國，改名換姓，自稱叫做鴟夷子皮，在海邊耕田勞動，父子幾個辛辛苦苦地創置家業。沒過多久，又積起了幾十萬的家產。齊國人聽說他能幹，就去請他做了齊國的宰相。范蠡感慨地歎息說：「在家為民就能積起千金，在朝為官就能位至卿相，作為一個平民，這已經達到頂點了。過久地享受這種榮譽，是沒有好處的。」於是他交回了相印，把他的家財全部散發給了他的朋友和鄉親，又帶著一些貴重的寶物，偽裝離開了齊國，來到了陶縣。他認為陶縣地處天下的中心，是個貿易往來貨物集散的樞紐，如果在這裡做買賣肯定可以發財。於是他就自稱陶朱公。父子幾個重新在這裡耕田放牧，屯積貨物，觀察時機，買進賣出。準確地把握行情，以追求十分之一的利潤。沒過多久，又積累起了數以億計的資產，陶朱公的名聲傳遍天下。

3 當范蠡在陶縣居住的時候，又生了一個小兒子。等到小兒子長大時，范蠡的二兒子殺了人，被楚國關押起來了。范蠡說：「殺人者償命，這是理所當然的。但是俗話說富貴人家的兒子不能讓他去死在刑場上。」於是他準備打發他的小兒子去楚國看看。他讓他帶著黃金千鎰裝在一個麻袋裡，放在一輛牛車上拉著。當這個小兒子即將出發上路時，范蠡的大兒子堅決請求讓他去，范蠡不採納他的話。大兒子說：「長子應該是『代替父母管家的人』。現在我的弟弟犯了罪，您不讓我去搭救卻讓小弟去搭救，這說明我是沒有出息的。」於是就要自殺。他的母親這時也幫著說：「即使派老三去，也未必能救活老二的命，反而先讓老大白白地死了，何苦呢？」范蠡無法只得派老大去了，他寫了一封信讓老大帶著交給自己的好友莊先生。並囑咐老大說：「你一到楚國就把千金給莊先生送去，聽憑他隨意打發，不要和他發生任何爭執。」長男接受了囑咐，自己又另外帶上了幾百兩金子，於是出發了。

4 到了楚國，長男找到了莊先生家，原來莊先生住在一個靠近城牆的地方，房舍四周都長滿了荒草，家境非常貧困。但是長男還是按照他父親的囑咐給莊先生呈上了書信，送交了千金。莊先生說：「你可以趕緊回去了，千萬不要在這裡停留！一旦你的弟弟被放出來了，你們也不要問他是怎麼出來的。」長男離開莊先生家後，其實並沒有走，他在楚都留了下來。用他手中所帶的那另外的幾百兩金子去賄賂楚國的當權者。

5 莊先生雖然身居陋巷，但是他那種廉潔正直的名聲卻無人不知，所以上自楚王起全國的人都把他當成師長來尊敬。當范蠡讓兒子給他送來黃金，他也並不是真想接受，想等到事情辦完以後再退還他以表信義。所以當他一見到黃金時，就囑咐他的妻子說：「這些金子是陶朱公的。沒有想到他突然給送了來，我們日後要退給他們，千萬不要動用。」可是范蠡的大兒子不明白莊先生的想法，以為他對於自己弟弟的死活幫不上什麼忙。

6 莊先生找了一個機會去見楚王，說「現在某顆星星正處在某個位置，這種現象對楚國不利」。楚王一向信任莊先生，就說：「那怎麼辦好呢？」莊先生說：「只有施恩於人才能免除災害。」楚王說：「先生去休息吧，我馬上就按您說的辦。」於是楚王立即派人把錢庫封了起來。這時接受了范蠡長男財物的那些楚國權貴們趕緊告訴范蠡的長男說：「大王馬上就要宣布大赦。」長男問：「有什麼證據呢？」權貴們說：「每回大王宣布大赦前，總要把錢庫封起來。昨晚大王又派人封錢庫了。」范蠡的長男以為楚王既然要宣布大赦，他的二弟當然就會被釋放的，捨不得把千金的重禮白白地送給莊先生，認為沒有什麼必要。於是他藉口辭行又到莊先生家裡去了。莊先生一見驚訝地說：「你沒有走嗎？」長男說：「本來我就沒有走。當初我是為了救二弟來的，現在我弟弟馬上就會自己被放出來了，因此我特來向先生辭行。」莊先生明白他的用意是想把金子要回去，於是說：「你自己到屋裡去拿你的那些金子吧。」長男立刻進入屋內拿了金子高高興興地走了。

7 莊先生羞愧被一個年輕人耍了一道，於是又進宮去對楚王說：「我前些天說過某星處某地的事，大王也準備用修德的辦法來報答上天。可是今天我在外頭聽見路上的人們都說是陶縣富翁朱公的兒子殺了人被關在楚國，是他們家裡用錢賄賂了大王的親信，所以大王的大赦不是為了體憐楚國人，而只是為了要赦免朱公的兒子。」楚王聞聽大怒說：「我的道德水準儘管不高，我難道竟可以為了一個朱公的兒子宣告大赦嗎！」於是下令先把朱公的兒子處決，第二日才宣布了大赦令。結果朱公的長男只好帶著他弟弟的屍體回家了。

8 回家後，他的母親和鄰居們都很哀傷，唯獨范蠡笑著說：「我早就料到老大去了必定要斷送他二弟的性命！他倒不是不愛他的弟弟，而是因為有些東西他捨不得放棄。他從小跟著我一起操勞，吃過苦，知道生計的艱難，所以他捨不得錢財。至於老三，他一生下來所看見的就是我的富貴，乘高車趕大馬，行圍打獵，他哪裡知道錢是怎麼來的！所以隨便揮霍，從不知道吝惜。當初我之所以要讓他去，就是因為他捨得花錢。而老大不能，所以最後把他二弟的性命斷送了。這也是一種定數，不必再難過了，我早就等著他的屍體回來了。」

9 范蠡三次搬家，三次都能揚名於天下，所以他不是隨隨便便地遷移，而是每到一個地方，一定要能夠在那裡成名。范蠡最後老死在陶縣，因此社會上都流傳叫他陶朱公。

太史公曰：禹之功大矣，漸九川❶，定九州❷，至于今諸夏❸艾安❹。及苗裔句踐，苦身焦思，終滅彊吳。北觀兵❺中國，以尊周室，號稱霸王。句踐可不謂賢哉？蓋有禹之遺烈❻焉。范蠡三遷皆有榮名❼，名垂後世。臣主若此，欲毋顯，得乎❽！

【章　旨】以上為第五段，是作者的論贊，作者對句踐的忍辱報仇與對范蠡的才幹傾心歌頌。

【注　釋】❶漸九川　《集解》引徐廣曰：「『漸』者亦引進通導之意也，字或宜然。」按：漸，挖溝，蓋即疏導之意。九川，〈夏本紀〉之《集解》引孔安國語以為指「九州之川」，即中國境內的諸大川。《索隱》曰：「弱、黑、河、漾、江、沇、淮、渭、洛為九川。」其他說法，此不錄。❷九州　據《尚書・禹貢》，指冀州、兗州、青州、徐州、揚州、荊州、豫州、梁州、雍州。❸諸夏　概指「九州」之上的各個國家。❹艾安　平安。艾，通「乂」。❺觀兵　猶言「耀武」，向他國炫耀武力。❻遺烈　即今之所謂「傳統」。烈，業績。❼榮名　尊榮與名望。❽臣主若此三句　趙恒曰：「〈禹本紀〉言『禹傷父鯀功之不成受誅，乃苦心焦思』，此言『苗裔句踐』云云，故言『有禹之遺烈』也。范蠡亦然，有是君，有是臣，故曰『臣主若此，欲無顯得乎』，此〈越世家〉之所以詳附范蠡者也。」按：史公忍辱發憤，亦戚戚與有同感。

【語　譯】太史公說：夏禹的功業太偉大了，他疏通了九川，平定了九州的水患，一直到今天的中原地區都託他的福而安居樂業。到了他的後代句踐，經過了艱難奮鬥，苦思深謀，終於滅掉了強大的吳國。並進兵到了中原地區，尊崇周天子以號令諸侯，成為了一代霸主。這能夠說是不偉大嗎？在他身上真像是帶有大禹的傳統啊！范蠡三次遷居，遷到哪裡都能名聲顯赫流傳後世。有這樣的臣子和君主，要想不讓他們顯揚，辦得到嗎！

【研　析】忍辱發憤是《史記》中的一個重要主題，它屢次出現在《史記》人物，如周文王、孔子、管仲、伍子胥、蘇秦、張儀、范雎、韓信、季布等許多令司馬遷動心的人物身上，而越王句踐的故事是表現這種主題的最集中、最光輝的一篇。句踐的臥薪嘗膽兩千年來已成為我國人民家喻戶曉的動人故事，它曾鼓舞著不同時代、不同階級、不同思想的人物為著自己的理想事業而頑強奮鬥。司馬遷自身的忍辱奮鬥也是與句踐故事一脈相承、息息相通的，所以在他寫作句踐復國的故事時，異常生動精彩。

在這篇作品中，作者還突出的寫了范蠡其人，這裡面有三個問題。其一，范蠡之名不見於《左傳》，亦不見於《國語》之〈吳語〉。在〈越語上〉中只一般地提到其名，而不關緊要；唯有在〈越語下〉始專門鋪寫范蠡。〈越語下〉之文風與《左傳》、《國語》相差甚大，用語淺顯，講究鋪排，分明是戰國晚期之作。一九七三年馬王堆出土有《黃帝四經》，其所發明乃黃老學派之宗旨，其思想言論與〈越語下〉中之范蠡和漢初張良之所標榜完全相同。可以說明「黃老思想」與「黃老學派」形成於戰國中期以後，而「范蠡」其人的出現與其聲價日高，則與「黃老學派」的形成大有關係。而漢代的張良正是青出於藍而勝於藍地繼承了「范蠡」的衣缽；張良所接受的圯上老人的贈書大體就是《黃帝四經》那一類的黃老著作。可以設想，「范蠡」這個人物形象是在漢初「黃老思想」流行，並在張良這個現實人物的基礎上被人們逐漸發揮塑造出來的，這個人物具有民間文學的種種特徵。其二，作者在描寫句踐勝利後，范蠡「功成身退」、文種戀棧被殺這樁歷史公案時，心中恐怕是橫著漢高祖殺功臣那一幕的。首先文種的被句踐所殺不見於《左傳》，其次是文種被殺雖見於〈越語下〉，但也沒有范蠡事先致書文種，勸文種及早離開句踐這種事。這個情節的加入，大概是漢初人將漢初政治生活的影子，附加到了二百多年前的越國人身上去了。其三，司馬遷筆下的范蠡前後矛盾，性格不統一。〈越語下〉寫范蠡幫著句踐滅吳後，便說他「乘舟浮於五湖，不知其所終極」，這個結束很傳神，很完美。但在司馬遷筆下又出現了范蠡轉為齊相，又屢次經商致富，以及中子殺人等事情。宋代葉適曰：「遷載范蠡，殊不足信。〈越語〉固言其去矣，而遷取雜說，既言其相齊，又去齊為陶朱公；又子殺人于楚，又行千金書遺莊生；又莊生怒長子，卒敗其事。信如是，則蠡偪側亂世，以狡獪賈豎為業，何異呂不韋之流，何必稱賢也？當遷去蠡時尚近，而不能斷其是非，使蠡蒙羞，惜哉！」（《習學記言序目》）清代姚苧田說：「范蠡既以為『大名之下難以久居』，又云『久處尊名不祥』，而終不肯一丘一壑，逸老終年，舍富而更求富，避名而別成名，是何其好勞而惡逸，知散而仍不忘聚耶？豈真其才有餘終難靜息，如千里之驥不行則病，白澤之獸得球乃樂，故為是紛紛者耶？嗚乎，吾不得而知之矣。」問題提出得很中肯。至於范蠡在其中子殺人問題上的表現，尤為不合情理。也許是漢初的人們想要突出范蠡有先見之明，而竟傳說成了這種樣子吧。只顧把一切「本事」向某個傳說人物身上加，而不顧其性格是否統一，這也是民間文學的特點，司馬遷筆下的「范蠡」正是這樣的。

《黃帝四經》、〈越語下〉與司馬遷的〈越王句踐世家〉、〈留侯世家〉、〈陳丞相世家〉是研究漢初「黃老思想」的重要資料，而〈太史公自序〉中「六家要指」的論道家，則是有關「黃老思想的絕妙的理論概括，言簡而意賅」。

句踐是不是禹的後代？「大禹陵」怎麼會修到紹興的會稽山去？蒙文通說：「吳闔廬、越句踐，《荀子・王霸》并列為『五霸』之二，然其突然興起于春秋之末，忽焉微弱于戰國之初，語言風俗皆與華夏不同，實當時後進民族之建國也。其情狀與蒙古之勃興而驟亡頗相似。然《史記》說吳為太伯之國，謂越為少康庶子之封，似皆華夏之裔，未必然也。此與魏、晉、隋、唐間少數民族之首領多自謂黃帝、高辛之裔者同，不足信也。《史記》以越為姒姓，《世本》又以越為芈姓，皆不足據。〈東越列傳〉明言越為騶姓，且有將軍騶力，以《墨子》為證，騶姓之說當較可信。《吳越春秋・無余外傳》言：『少康封其庶子於越，號曰無余。無余傳世十餘，末君微劣，不能自立，轉從眾庶為編戶之民，禹祀斷絕。十有餘歲，有人生而言語，其語臼鳥禽呼嚥喋嚥喋，指天向禹墓曰：「我是無余君之苗末，我方修前君祭祀，復我禹墓之祀，為民請福於天，以通鬼神之道。」眾民悅喜，皆助奉禹祭，四時致貢，因共封立以承越君之後。自後稍有君臣之義，號曰無壬，無壬生無皞，無皞卒，或為夫譚，夫譚生元常。』元常即允常，句踐父也。少康封庶子無余以奉禹祀之說，本即可疑；由〈無余外傳〉觀之，無壬為無余君『苗末』之說更覺可疑。此顯為後進民族酋豪之慣技，越為禹後之說未可據也。〈越世家〉言：『夏后帝少康之庶子封於會稽，以奉守禹祀，後二十餘世至允常。』據夏、殷、周本紀，三代至春秋計五十餘代，而越之世襲經夏、殷至春秋末止二十餘代，其誤固不待細論矣。」（《古族甄微・越史叢考》）陳橋驛則說：「禹的傳說就因為卷轉蟲海進而在越族中起源，然後轉到中原。但這種傳說在寧紹平原地區是根深蒂固的。中原的漢族雖然把這位越族傳說中的偉大人物據為己有，但是他們顯然留有餘地，設法在這種傳說中添枝加葉，盡量布置一個結局，讓這位從越族硬拉過來的人物最後仍回到越族中去。這就是權威史書《史記・夏本紀》中所說的『帝禹東巡狩，至於會稽而崩』。《史記・越世家》又說：『越王句踐，先禹之苗裔而夏后帝少康之庶子也，封於會稽以奉守禹之祀。』這真是古代漢族人的高明之處，《史記》的話實際上就漢族人告訴越人：對不起，我們占用了你們傳說中的一位偉大人物，但是在他死以前我們原物奉還吧。」（《吳越文化論叢・關於禹的傳說及歷來的爭論》）又說：「禹是越地土生土長的人物，他的崇高精神和偉大人格，他的人定勝天的堅強意志和卓越不凡的治水方法，一直紮根在這個地區。現代紹興人可以理直氣壯的說：『禹是我們的。』」（《吳越文化論叢・大禹研究序號》）前者是傳統的說法，後者是近些年來的新說。哪種說法更合理、更科學呢？還需要進一步的證據。

卷四十二

鄭世家第十二

【題解】〈鄭世家〉記述了鄭國從鄭桓公建國到鄭侯乙被韓所滅這四百一十四年間的史事，再現了鄭國由盛而衰，以至滅亡的歷史。其中以子產執政時之事敘述尤詳，因此有人認為〈鄭世家〉中附了一〈子產傳〉。

1 鄭桓公友者，周厲王❶少子而宣王庶弟也❷。宣王立二十二年，友初封于鄭❸。封三十三歲❹，百姓皆便愛之。幽王以為司徒❺。和集周民❻，周民皆說，河、雒之間人便思之❼。為司徒一歲，幽王以褒后❽故，王室治❾多邪，諸侯或畔❿之。於是桓公問太史伯⓫曰：「王室多故，予安逃死乎？」太史伯對曰：「獨雒⓬之東土，河、濟之南可居。」公曰：「何以？」對曰：「地近虢、鄶⓭，虢、鄶之君貪而好利⓮，百姓不附。今公為司徒，民皆愛公，公誠請居之，虢、鄶之君見公方用事，輕分公地。公誠居之，虢、鄶之民皆公之民也。」公曰：「吾欲南之江上，何如？」對曰：「昔祝融為高辛氏火正⓯，其功大矣，而其於周未有興者，楚其後也。周衰，楚必興。興，非鄭之利也。」公曰：「吾欲居西方⑯，何如？」對曰：「其民貪而好利，難久居。」公曰：「周衰，何國興者？」對曰：「齊、秦、晉、楚⑰乎？夫齊，姜姓，伯夷之後也，伯夷佐堯典禮⑱。秦，嬴姓，伯翳之後也，伯翳佐舜懷柔百物⑲。及楚之先，皆嘗有功於天下。而周武王克紂⑳後，成王封叔虞于唐㉑，其地阻險，以此有德與周衰並，亦必興矣㉒。」桓公曰：「善。」於是卒言王，東徙其民雒東，而虢、鄶果獻十邑㉓，竟國之㉔。

2 二歲㉕，犬戎殺幽王於驪山下㉖，并殺桓公。鄭人共立其子掘突，是為武公㉗。

3 武公十年，娶申侯女為夫人，曰武姜㉘。生太子寤生，生之難㉙，及生，夫人弗愛。後生少子叔段，段生易，夫人愛之。二十七年，武公疾。夫人請公，欲立段為太子，公弗聽。是歲，武公卒，寤生立，是為莊公。

【章旨】以上為第一段，寫鄭桓公在周末初封於鄭，幽王時為謀求發展，東遷於新鄭的情形。

【注釋】❶周厲王　名胡，夷王之子，西元前八五〇—前八四七年在位，死於西元前八二八年。❷宣王庶弟也　桓公是周宣王之母弟，〈世家〉誤作「庶弟」。宣王，名靜，厲王之子，西元前八二七—前七八二年在位。❸鄭　在今陝西華縣東。桓公繼鄭伯舊封地而沿其國號亦稱鄭，其都為棫林。❹封三十三歲　西元前七七四年。別本或作「二十三歲」。❺幽王以為司徒　《集解》、《索隱》都引韋昭《國語注》，以桓公入為司徒在幽王八年。幽王，名宮湦，一作宮涅，周宣王之子，西元前七八一—前七七一年在位。司徒，王朝內服官，掌管人口土地、農業生產、徵發徭役。❻和集周民　和集，團結安撫。集，通「輯」。

和協；安定。周，此指宗周，即鎬京。王畿之地，在今陝西西安西南之灃水東。❼河雒之間人便思之　按：若依《正義》，則河、雒之間在今河南洛陽一帶，當時是成周王畿之地，與上文「和集周民」矛盾，當依〈鄭語〉河雒之間，泛指宗周與成周之地。便思，以其合適而懷念之。便，適宜；安適。❽褒后　即褒姒，褒國之女，受寵於周幽王，後幽王廢申后而立為王后。西元前七七一年與幽王同罹犬戎之難。褒，國名，姒姓，故城在今陝西勉縣東。❾王室治　周王朝的政治。❿畔　通「叛」。⓫太史伯　《集解》引虞翻曰「周太史」，〈鄭語〉作「史伯」，〈周本紀〉作「太史伯陽」。⓬雒　雒邑，時為西周王朝之東都，在今河南洛陽城東北。或謂雒指洛水。河濟，黃河、濟水。⓭地近虢鄶　虢，此指東虢，姬姓，故城在今河南滎陽東北，始封君為周文王之弟虢叔（一說為虢仲），西元前七六七年為鄭國所滅。鄶，諸侯國名，妘姓，相傳是祝融的後裔，故城在今河南密縣東南，新鄭西北，西元前七六九年為鄭國所滅。⓮虢鄶之君貪而好利　《索隱》引〈鄭語〉曰：「虢叔恃勢，鄶仲恃險，皆有驕侈，又加之以貪冒。」⓯昔祝融為高辛氏火正　祝融，傳說中楚人的祖先，名重黎，帝顓頊高陽之後，為帝嚳高辛火正，因有功績，被命名祝融。高辛氏，即帝嚳，傳說中的古帝王，為黃帝曾孫，繼顓頊之帝位，生子堯。火正，官名。⓰吾欲居西方　《國語・鄭語》曰：「公曰：『謝西之九州何如？』」按：謝為今河南南陽，謝西九州當是西周故地及以西之地，即後來的秦地。〈世家〉好像專指西周以西之地，與〈鄭語〉異。⓱齊秦晉楚　皆諸侯國名。⓲伯夷佐堯典禮　伯夷，相傳為堯舜之臣，任秩宗，職掌禮儀制度，是姜姓的先祖。堯，傳說中的帝王，名放勳，陶唐氏，亦稱唐堯，傳位於舜。見〈五帝本紀〉。典，主管；執掌。⓳伯翳佐舜懷柔百物　伯翳，或作伯益，相傳為堯舜之臣，任虞，職掌山林沼澤，是嬴姓的祖先。舜，傳說中的帝王，名重華，有虞氏，亦稱虞舜，傳位於禹。見〈五帝本紀〉。懷柔，安撫；調教。⓴周武王克紂　周武王，名發，繼承其父文王遺志，推翻商朝，建立西周王朝，都於鎬，即今陝西西安西南。紂，一作受，亦稱帝辛，商朝末代君主。㉑成王封叔虞于唐　成王，名誦，周武王之子。叔虞，成王之弟。唐，古諸侯國名，祁姓，相傳是堯的後裔，被周公所滅，故城在今山西翼城西與曲沃之間。按：據《索隱》，唐國的末代國君亦名虞。㉒以此有德與周衰竝亡　這些有德者的後代，與周季衰德者共世，其勢必定興起。周衰，別本或作「衰周」。㉓而虢鄶果獻十邑　虢、鄶在桓公時未獻十邑。其子武公與平王東徙，卒定十邑之地以為國。司馬遷見《國語》史伯為公謀取十邑之文，不知桓公身未得，故傳會為此說耳。十邑，《集解》引虞翻曰：「十邑，謂虢、鄶、鄢、蔽、補、丹、依、柔、歷、莘也。」㉔竟國之　按：鄭城所在，即今河南新鄭之鄭韓故城。鄭韓故城當初的城垣建築雄偉壯觀。城牆既高且厚，夯築堅固，這正是為了適應春秋戰國時期城市防禦的需要。㉕二歲　指鄭桓公為司徒的第二年，當周幽王十一年，西元前七七一年。㉖犬戎殺幽王於驪山下　犬戎，古部族名，為戎的一支，是周朝西方的主要勁敵。驪山，在今陝西臨潼東南。㉗鄭人共立其子掘突二句　武公，西元前七七〇—前七四四年在位。關於武公之名，說法各異，《世族譜》、《國語》韋昭注作「滑突」，《索隱》一作「掘突」，又引譙周曰名「突滑」。梁玉繩曰：「譙周作突滑，必譌倒也。《索隱》殊非，祖孫同名，必有一誤。」㉘娶申侯女為夫人二句　梁玉繩曰：「武公之取武姜及生子，皆未定何歲，而《史》謂十年娶武姜，十四年生莊公，十七年生大叔段，不知何據。」申，國名，姜姓，相傳為伯夷之後，在今陝西、山西間。周宣王時有一部分東遷，分封於謝（今河南南陽），建立申國，春秋時被楚國所滅。㉙生太子寤生二句　隱元年《左傳》云：「莊公寤生，驚姜氏，故名曰寤生，遂惡之。」瀧川曰：「寤，讀為『牾』，逆也，凡婦人產子，首先出者為順，足先出者為逆。莊公逆生，所以驚姜氏，史所謂生之難也。」寤生，即難產。

【語　譯】鄭桓公友，是周厲王的小兒子，宣王的庶弟。宣王繼位的第二十二年，友被封在鄭。受封三十三年，百姓都覺得安適而擁戴他。周幽王讓他做了司徒。他團結安撫宗周一帶的人民，人民都很高興，宗周、成周一帶的人民也覺得安適而思念他。他做司徒一年，幽王因為寵愛褒后，王室政治頗多弊端，有些諸侯背叛了王室。於是桓公問太史伯：「王室多難，我到哪才能躲避災難呢？」太史伯回答說：「唯獨雒邑東土，黃河、濟水的南方可以居住。」桓公說：「為什麼？」回答說：「那裡地方靠近虢國、鄶國，虢國、鄶國的國君貪婪好占便宜，百姓不親附。如今您做司徒，百姓都擁戴您，您如果請求住在那裡，虢國、鄶國的國君見您正當權，會輕易地分給您土地。您如果住在那裡，虢國、鄶國的百姓就都是您的百姓了。」桓公說：「我想南遷到長江一帶，怎麼樣？」回答說：「當初祝融做高辛氏的火正，他的功勞很大，但在周沒有發達的，楚是他的後代。周衰弱了，楚一定會興起。楚興起，對鄭沒有好處。」桓公說：「我想住到西方去，怎麼樣？」回答說：「那裡的人貪婪好利，難以久居。」桓公問：「周衰弱，哪個國家會興起？」回答說：「應該是齊、秦、晉、楚吧！齊，是姜姓，伯夷的後代，伯夷輔佐堯執掌禮。秦，是嬴姓，伯翳的後代，伯翳輔佐舜安撫條理各種事物。他們和楚人的祖先都曾對天下建有大功。周武王打敗紂後，成王把叔虞封在唐，那裡地勢阻險，這些有德者的後代，與周季衰德者共世，一定會興起。」桓公說：「好。」於是最終對周王說，向東遷移百姓到雒東，虢國、鄶國果然獻給他十個城邑，就在那裡立了國。

2 桓公做司徒的第二年，犬戎在驪山下殺死了幽王，同時殺害了桓公。鄭人一起立他的兒子掘突為君，這就是武公。

3 武公十年，娶申侯的女兒為夫人，稱為武姜。武姜生太子寤生，難產，生下來後，不喜歡他。後來又生小兒子叔段，叔段生得比較輕鬆，夫人喜歡他。二十七年，武公生病。夫人向武公請求，想立段為太子。武公沒有採納。這一年，武公去世了，寤生繼位，這就是莊公。

1 莊公元年❶，封弟段於京❷，號太叔。祭仲❸曰：「京大於國，非所以封庶也❹。」莊公曰：「武姜❺欲之，我弗敢奪也。」段至京，繕治甲兵，與其母武姜謀襲鄭❻。二十二年，段果襲鄭，武姜為內應❼。莊公發兵伐段，段走。伐京，京人畔段，段出走鄢❽。鄢潰，段出奔共❾。於是莊公遷其母武姜於城潁❿，誓言曰：「不至黃泉，毋相見也⓫。」居歲餘，已悔，思母。潁谷之考叔⓬有獻於公⓭，公賜食。考叔曰：「臣有母，請君食賜臣母。」莊公曰：「我甚思母，惡負盟，柰何？」考叔曰：「穿地至黃泉，則相見矣。」於是遂從之，見母⓮。

2 二十四年，宋繆公卒⓯，公子馮⓰奔鄭。鄭侵周地，取禾⓱。二十五年，衛州吁弒其君桓公自立⓲，與宋伐鄭，以馮故也⓳。二十七年，始朝周桓王⓴。桓王怒其取禾，弗禮也㉑。二十九年，莊公怒周弗禮，與魯易祊、許田㉒。三十三年，宋殺孔父㉓。三十七年，莊公不朝周，周桓王率陳、蔡、虢、衛伐鄭。莊公與祭仲、高渠彌發兵自救㉔，王師大敗。祝聸射中王臂㉕。祝聸請從之，鄭伯止之，曰：「犯長且難之㉖，況敢陵天子乎？」乃止。夜令祭仲問王疾㉗。

3 三十八年，北戎伐齊㉘，齊使求救，鄭遣太子忽㉙將兵救齊。齊釐公㉚欲妻之，忽謝曰：「我小國，非齊敵也㉛。」時祭仲與俱，勸使取之，曰：「君多內寵㉜，太子無大援，將不立。三公子皆君也。」所謂三公子者，太子忽㉝，其弟突，次弟子亹也。

4 四十三年，鄭莊公卒㉞。初，祭仲甚有寵於莊公，莊公使為卿。公使娶鄧女㉟，生太子忽，故祭仲立之，是為昭公。

5 莊公又娶宋雍氏女㊱，生厲公突。雍氏有寵於宋㊲。宋莊公聞祭仲之立忽，乃使人誘召祭仲而執之，曰：「不立突，將死。」亦執突以求賂焉。祭仲許宋，與宋盟，以突歸，立之。昭公忽聞祭仲以宋要立其弟突，九月丁亥㊳，忽出奔衛。己亥㊴，突至鄭，立，是為厲公。

6 厲公四年㊵，祭仲專國政。厲公患之，陰使其壻雍糾欲殺祭仲。糾妻，祭仲女也。知之，謂其母曰：「父與夫孰親？」母曰：「父一而已，人盡夫也㊶。」

女乃告祭仲，祭仲反殺雍糾，戮之於市。厲公無柰祭仲何，怒糾曰：「謀及婦人，死固宜哉！」夏，厲公出居邊邑櫟㊷。祭仲迎昭公忽，六月乙亥㊸，復入鄭，即位。

7 秋，鄭厲公突因櫟人殺其大夫單伯㊹，遂居之。諸侯聞厲公出奔，伐鄭，弗克而去。宋頗予厲公兵，自守於櫟，鄭以故亦不伐櫟。

8 昭公二年㊺，自昭公為太子時，父莊公欲以高渠彌為卿，太子忽惡之，莊公弗聽，卒用渠彌為卿。及昭公即位，懼其殺己。冬，十月辛卯㊻，渠彌與昭公出獵，射殺昭公於野㊼。祭仲與渠彌不敢入厲公，乃更立昭公弟子亹為君，是為子亹也，無謚號。

9 子亹元年㊽，七月，齊襄公會諸侯於首止㊾，鄭子亹往會，高渠彌相，從，祭仲稱疾不行。所以然者，子亹自齊襄公為公子之時，嘗會鬭，相仇㊿。及會諸侯，祭仲請子亹無行。子亹曰：「齊彊，而厲公居櫟，即不往，是率諸侯伐我，內厲公(51)。我不如往，往何遽必辱，且又何至是(52)？」卒行。於是祭仲恐齊并殺之，故稱疾。子亹至，不謝齊侯，齊侯怒，遂伏甲而殺子亹。高渠彌亡歸(53)，歸與祭仲謀，召子亹弟公子嬰於陳而立之，是為鄭子(54)。是歲，齊襄公使彭生醉拉殺魯桓公[55]。

10 鄭子八年[56]，齊人管至父等作亂，弒其君襄公[57]。十二年，宋人長萬弒其君湣公[58]。鄭祭仲死[59]。

11 十四年，故鄭亡厲公突在櫟者使人誘劫鄭大夫甫假[60]，要以求入。假曰：「舍我，我為君殺鄭子而入君[61]。」厲公與盟，乃舍之。六月甲子[62]，假殺鄭子及其二子而迎厲公突，突自櫟復入即位。初，內蛇與外蛇鬭於鄭南門[63]中，內蛇死。居六年，厲公果復入。入而讓其伯父原[64]，曰：「我亡國外居，伯父無意入我，亦甚矣。」原曰：「事君無二心，人臣之職也。原知罪矣。」遂自殺。厲公於是謂甫假曰：「子之事君有二心矣。」遂誅之[65]。假曰：「重德不報，誠然哉！」

12 厲公突後元年[66]，齊桓公[67]始霸。五年，燕、衛與周惠王弟穨伐王[68]，王出奔溫[69]，立弟穨為王。六年，惠王告急鄭，厲公發兵擊周王子穨，弗勝。於是與周惠王歸，王居于櫟[70]。七年，春，鄭厲公與虢叔襲殺王子穨而入惠王于周[71]。

13 秋，厲公卒[72]，子文公踕立[73]。厲公初立四歲，亡居櫟。居櫟十七歲，復入，立七歲，與亡凡二十八年[74]。

【章旨】以上為第二段，寫鄭莊公春秋初期的「小霸」與莊公死後，昭公、厲公兄弟爭國。

【注釋】❶莊公元年　當周平王二十八年，西元前七四三年。❷封弟段於京　京，鄭國都邑名，故城在今河南滎陽二十里鋪鄉王寨村東南。❸祭仲　名足，亦稱祭足、祭仲足，鄭卿，以祭為食邑，因以為氏。祭，即在今河南中牟。❹京大於國二句　國，國都，此指鄭都新鄭。庶，指嫡長子之外的其他子孫，此指段。❺武姜　梁玉繩曰：「姜氏現存，而稱『武姜』，可乎？」瀧川曰：「《左傳》『武姜』作『姜氏』。」❻繕治甲兵二句　繕，修繕；整治。鄭，即鄭國都城，今河南新鄭。❼段果襲鄭二句　隱元年《左傳》：「大叔完聚，繕甲兵，具卒乘，將襲鄭，夫人將啟之。公聞其期，曰：『可矣。』命子封帥車二百乘以伐京。」中井曰：「據《左傳》，莊公先期發兵伐京也，此蓋謬多一戰。」❽鄢　鄭國邑名，在今河南鄢陵西北。原為妘姓之國，被鄭武公所滅。❾共　國名，即西周共伯和之封國，故城在今河南輝縣。❿城潁　在今河南臨潁西北。《正義》曰：「疑許州臨潁縣是也。」⓫不至黃泉二句　意為今生再不相見。黃泉，此處指地下。《集解》引服虔曰：「天地玄黃，泉在地中，故言黃也。」⓬潁谷之考叔　潁谷，地在今河南登封西。考叔，亦稱潁考叔，時為潁谷封人。西元前七一二年在伐許戰鬥中被鄭大夫公孫閼冷箭射死。⓭有獻於公　中井曰：「按《左傳》『有獻』之上，有『聞之』二字，乃為得狀。」⓮於是遂從之二句　《左傳》云：「公入而賦：『大隧之中，其樂也融融。』姜出而賦：『大隧之外，其樂也洩洩。』遂為母子如初。」⓯宋繆公卒　宋，西周以來的諸侯國名，子姓，都商丘，故城在今河南商丘南。西元前二八六年為齊國所滅。宋繆公，亦作宋穆公，名和，武公之子，宣公之弟，西元前七二八—前七二〇年在位。⓰公子馮　宋繆公之子。宋繆公立其兄宣公之子與夷為君，令公子馮出居於鄭。後藉宋國內亂回國即位，是為宋莊公，西元前七一〇—前六九二年在位。⓱鄭侵周地二句　《左傳》記載有誤。《左傳》云：「鄭武公、莊公為平王卿士，王貳于虢；及王崩，周人將畀虢公政。夏四月，鄭祭足帥師取溫之麥，秋，又取成周之禾。」梁玉繩曰：「不書取麥，妄增侵地。」⓲衛州吁弒其君桓公自立　衛，西周以來諸侯國名，姬姓，建都朝歌，故城在今河南淇縣。州吁，衛莊公庶子，桓公異母弟。有寵於莊公，莊公不聽石碏之諫加以約束，終成篡弒之禍。桓公，名完，西元前七三四—前七一九年在位。詳見〈衛康叔世家〉。⓳與宋伐鄭二句　據隱四年《左傳》：鄭人欲納公子馮，州吁立，將修前世之怨，遂聯合宋、陳、蔡伐鄭，圍其東門，五日而還。⓴始朝周桓王　周桓王，名林，平王之孫，西元前七一九—前六九七年在位。杜預曰：「桓王即位，周、鄭交惡，至是乃朝，故曰『始』。」何焯曰：「鄭既結怨于陳，又懼王之將討己也，故朝周。」㉑桓王怒其取禾二句　平王末年，鄭即跋扈，有周鄭交質之事；桓王即位，欲用號公，而鄭怒取其麥禾，周鄭交惡。桓王怒其不遜故弗禮，非僅為其取禾。㉒與魯易祊許田　梁玉繩曰：「易田取其便，非因怒王弗禮而易之也。是年鄭歸魯祊，尚未易許田。」按：祊和許田都是周王室所賜，鄭莊公擅自對換，一方面出於地理遠近的考慮，另一方面藉以表示對周王朝的蔑視，發洩對周桓王不予禮遇的不滿。魯，西周以來諸侯國名，姬姓，始封君為周公旦之子伯禽，都曲阜，故城在今山東曲阜。春秋末公室為公孫氏、孟孫氏、季孫氏三家瓜分，西元前二五六年為楚所滅。祊，或作「邴」，鄭國祭祀泰山的湯沐邑，在今山東費縣東南。許田，在今河南許昌東南。㉓宋殺孔父　孔父，名嘉，宋宗室，孔子祖先，任大司馬，因受殤公信任而當權。太宰華督欲奪其妻並奪其權而襲殺孔父並弒宋殤公。梁玉繩曰：「事在三十四年。」㉔莊公與祭仲高渠彌發兵自救　此即繻葛之戰。中井積德曰：「發兵者拒王師也，此『自救』者，據《左傳》鄭伯之語而言也，然當時言語之文飾豈足據哉。」㉕祝聸射中王臂　祝聸，《左傳》作祝聃，鄭大夫。中王臂，《左傳》作中肩。㉖犯長且難之　侵犯尊長尚且要感到恐懼，何況是侵犯了天子呢？難，通「懦」。恐懼。㉗夜令祭仲問王疾　按：鄭莊公可謂有力有節。繻葛之戰在政治和軍事兩個方面都產生了重大的影響。政治上它使得周天子威信掃地，「禮樂征伐自天子出」的傳統從此遂告消亡。軍事上，「魚麗陣」的出現和獲得成功，使中國古代車陣戰法逐漸趨向嚴密、靈活。至此，華夏諸侯幾乎都雲集在鄭莊公的旗幟之下了。㉘北戎伐齊　北戎，古族名，或謂即山戎，又稱無終。㉙太子忽　鄭莊公太子，即後來的鄭昭公，西元前六九六—前六九五年在位。㉚齊釐公　名祿甫，一作祿父，齊莊公之子，西元前七三〇—前六九八年在位。㉛非齊敵也　桓六年《左傳》記太子忽兩次辭婚於齊，前次有「齊大，非吾耦也」之說，當在前此數年，此次辭婚之言當為：「無事于齊，吾猶不敢；今以君命奔齊之急，而受室以歸，是以師昏也。民其謂我何？」梁玉繩曰：「此即桓六年《傳》『齊大非偶』之言，《傳》乃追紀前事，《史》微誤。」敵，匹配；對等。按：這次救齊破戎之勝，使鄭國成了重振華夏的帶頭人。㉜君多內寵　內寵，宮內受寵幸的姬妾，或謂得寵之庶子。㉝所謂三公子者二句　按：史公將「太子忽」計入「三公子」之數，甚誤。杜預曰：「子突、子亹、子儀之母皆有寵。」是以此三人為三公子。㉞鄭莊公卒　今河南密縣曲梁鄉王崗村東有墓，向傳為鄭莊公寤生塚。㉟公使娶鄧女　使祭仲為之迎娶鄧女。鄧，國名，曼姓，故城在今湖北襄樊北，後來為楚所滅。㊱莊公又娶宋雍氏女　雍氏，姞姓，時為宋國有權勢的大夫。《集解》引賈逵曰：「雍氏，黃帝之孫姞姓之後。」㊲雍氏有寵於宋　《左傳》曰：「雍氏宗有寵於宋莊公。」㊳九月丁亥　九月十三日。「丁亥」原作「辛亥」。張文虎《札記》：「《志疑》云：『《傳》是「丁亥」。』下文有『己亥』，則此文『辛』字誤可知。」據改。㊴己亥　九月二十五日。㊵厲公四年　西元前六九七年。㊶父一而已二句　《集解》引杜預曰：「婦人在室則天父，出則天夫，女以為疑，故母以所生為本解之。」㊷厲公出

居邊邑櫟　桓十五年《春秋》云：「夏五月，鄭伯突出奔蔡。秋九月，入于櫟。」則厲公是先奔蔡後入櫟。櫟，鄭國邑名，在今河南禹縣。《索隱》曰：「即鄭初得十邑之歷也。」㊸六月乙亥　六月二十二日。㊹單伯　《索隱》曰：「依《左傳》，作『檀伯』。檀伯，鄭守櫟大夫。」洪頤煊曰：「單、亶，古字多通用，單伯即檀伯也。」梁玉繩並曰：「亦作『曼伯』。」㊺昭公二年　西元前六九五年。㊻十月辛卯　十月二十二日。㊼射殺昭公於野　《左傳》只云「弒昭公」，梁玉繩曰：「射殺之說，不知何出。」㊽子亹元年　西元前六九四年。㊾齊襄公會諸侯於首止　齊襄公，名諸兒，齊釐公之子，西元前六九七—前六八六年在位。首止，一作首戴，衛國邑名，在今河南睢縣東南。㊿子亹自齊襄公為公子之時三句　子亹在齊襄公做公子時曾與他爭鬥，有私仇。梁玉繩曰：「此事亦未聞。」(51)即不往三句　王念孫曰：「即，若。意即我若不往，則齊且率諸侯伐我而納厲公。」內，通「納」。送入。(52)何至是　岡白駒曰：「言何至于祭仲之所慮。」(53)高渠彌亡歸　《左傳》云高渠彌被齊人車裂。(54)召子亹弟公子嬰於陳而立之二句　《索隱》曰：「《左傳》鄭子名子儀，此云『嬰』，蓋別有所見。」梁玉繩曰：「此誤以子儀為嬰。」(55)齊襄公使彭生醉拉殺魯桓公　桓公夫人文姜原是齊女，與齊襄公私通。《公羊傳》莊元年云：「夫人譖公於齊侯曰：『公曰：「同非吾子，齊侯之子也。」』齊侯怒，與之飲酒，於其出焉，使公子彭生送之；於其乘焉，搚幹而殺之。」彭生，齊國力士，此後不久被作為替罪羊殺死。拉，摧折；折斷，言拉摧幹骨。詳見〈魯周公世家〉及《左傳》桓公十八年。(56)鄭子八年　西元前六八六年。(57)齊人管至父等作亂二句　管至父、連稱奉襄公之命守葵丘，戍期已過，無人更替，便勾結公室公孫無知作亂殺死襄公，立無知為君。不久失敗被殺。管至父，齊國大夫。見《左傳》莊公八年與〈齊太公世家〉。(58)宋人長萬弒其君湣公　長萬，亦稱南宮萬，氏南宮，名萬，字長，又稱宋萬，宋國大夫，強壯有力。乘丘之役，長萬被魯俘，後為宋贖回。宋湣公戲言曰：「始吾敬子，今子，魯囚也，吾弗敬子矣。」長萬病此言，遂殺湣公，出奔陳國。陳國應宋之請設計遣返，被宋人所殺。湣公，名捷，一名接，宋莊公之子，西元前六九一—前六八二年在位。(59)鄭祭仲死　梁玉繩曰：「仲死於鄭子十二年，未知《史》何據。」(60)故鄭亡厲公突在櫟者使人誘劫鄭大夫甫假　莊十四年《左傳》：「鄭厲公自櫟侵鄭，獲傅瑕。」與〈世家〉異。甫假，《左傳》作傅瑕。瀧川曰：「各本『假』作『瑕』，蓋後人依《左傳》改。」(61)舍我二句　放了我，我為您殺鄭子讓您回國做國君。(62)六月甲子　六月二十日。(63)南門　內城正門。(64)讓其伯父原　原，《左傳》謂之原繁。楊伯峻以為諸侯於大夫當以年之長幼分伯叔，以原繁實厲公之伯父，伯父非泛稱。瀧川則曰：「《左傳》以伯父稱原繁，以其同姓大夫也。」讓，責備。(65)遂誅之　莊十四年《左傳》，厲公入遂殺傅瑕，而後才有謂原繁之事。(66)厲公突後元年　即其復辟後的紀元元年，西元前六七九年。瀧川引中井積德曰：「昭公、厲公並不立後元年也，此史家之揣摩，不可從。」67齊桓公　名小白，釐公之子，齊襄公之弟，西元前六八五—前六四三年在位。68燕衛與周惠王弟穨伐王　燕，此指南燕，姞姓，故城在今河南延津東北。周惠王，名閬，一作毋涼，釐王之子，西元前六七六—前六五二年在位。穨，周莊王妾王姚之子，周釐王庶弟是惠王叔父，此作惠王弟，誤。69王出奔溫　溫，在今河南溫縣西南。按：《左傳》莊公十九年，奔溫者為穨，而非周惠王，說詳見〈燕召公世家〉注。70王居于櫟　據《左傳》，鄭厲公和王室，不克，執燕仲父，夏，與周惠王一起回到鄭國，居於櫟。71鄭厲公與虢叔襲殺王子穨而入惠王于周　虢叔，名丑，為周王卿士，虢公林父之子。或謂此虢公即虢公林父。72秋二句　據《春秋》，厲公卒於夏五月辛酉。鄭伯突卒。秋字當作「夏」。73子文公踕立　踕當作「捷」。梁玉繩曰：「文公之名，《左》、《穀》、《春秋》及高注《呂子・上德》、韋注《晉語》並作『捷』，〈年表〉同。《公羊》作『接』，〈人表〉作『椄』。蓋捷、接古字通用，而手與木旁古亦通寫也，惟此作『踕』為譌。」74與亡凡二十八年　當為二十七年。

【語　譯】莊公元年，把弟弟段封在京邑，稱太叔。祭仲說：「京邑比國都大，不應該封給庶子。」莊公說：「武姜想這樣，我不敢反對。」段到了京邑，整頓武器訓練軍隊，與他母親武姜合謀襲擊鄭都。二十二年，段果然襲擊鄭都，武姜做內應。莊公發兵討伐段，段逃跑回京。莊公伐京，京人背叛叔段，段逃到了鄢。鄢潰敗，段逃到共。於是莊公把母親武姜遷到城潁，發誓說：「不到黃泉，不再相見。」過了一年多，莊公感到後悔，思念母親。潁谷的長官考叔有東西進獻給莊公，莊公賜給他食物。考叔說：「我有母親，請您賜給我母親一些食物。」莊公說：「我很想念母親，但不願背棄盟誓，怎麼辦？」考叔說：「挖地一直到見到泉水，就可以相見了。」於是莊公聽從他的計謀，母子相見。

2 二十四年，宋繆公去世，公子馮逃到鄭國。鄭侵犯周畿，收了周的稻子。二十五年，衛國的州吁殺害了國君桓公自立為君，與宋國討伐鄭國，這是因為公子馮的緣故。二十七年，鄭莊公才去朝見周桓王。桓王因為鄭割了他的稻子而發怒，不依禮接待他。二十九年，莊公因為不滿周不以禮相待，所以將祊交換魯國的許田。三十三年，宋殺了孔父。三十七年，莊公不朝見周桓王，周桓王率領陳、蔡、虢、衛四國的軍隊討伐鄭。莊公與祭仲、高渠彌發兵自衛，王師大敗。祝聸射中了周王的手臂。祝聸請求追擊，鄭莊公阻止他，說：「冒犯尊長都要感到恐懼，何況敢於欺侮天子呢？」於是收了兵。當夜莊公讓祭仲慰問周王的傷勢。

3 三十八年，北戎伐齊，齊派人求救，鄭派遣太子忽領兵救齊。齊釐公想把女兒嫁給他，忽謝絕說：「我國是小國，與齊不相配。」當時祭仲與他在一起，勸他娶齊女，說：「國君有很多寵姬，太子沒有強大的援手恐怕無法繼位，三位公子都可能做國君。」所謂三位公子，是太子忽，他弟弟突，次弟子亹。

4 四十三年，鄭莊公去世。當初，祭仲很得莊公的寵信，莊公讓他做卿。莊公派他娶來鄧國的女子，生下太子忽，所以祭仲讓他繼位，這就是昭公。

5 莊公又娶了宋國雍氏的女兒，生下厲公突。雍氏在宋國得寵。宋莊公聽說祭仲立子忽，就派人誘騙召來祭仲扣留了他，說：「不立突，就殺死你。」也扣留了突來要賄賂。祭仲答應了宋，與宋訂了盟約，帶突回國，立他為君。昭公忽聽說祭仲因為宋的要脅立他弟弟突，九月丁亥，忽逃亡到衛國。己亥，突回到鄭都，繼位，這就是厲公。

6 厲公四年，祭仲把持國政，厲公很憂慮，背地裡派祭仲的女婿雍糾殺祭仲。雍糾的妻子是祭仲的女兒。知道這件事後，對她母親說：「父親與丈夫誰更親？」母親說：「父親只有一個，人人都可能成為丈夫。」女兒就向祭仲告了密，祭仲反而把雍糾殺了，把他的屍體在市朝示眾。厲公拿祭仲沒有辦法，就把怒氣發在雍糾身上說：「和女人商量大事，死得活該！」夏天，厲公離開鄭都居住在邊邑櫟。祭仲迎回昭公忽。六月乙亥，昭公又回到鄭都，即位。

7 秋天，鄭厲公突依靠櫟人殺死櫟大夫單伯，就住了下來。諸侯聽說厲公逃亡，討伐鄭國，沒打勝就撤回了。宋國給了厲公很多軍隊，讓他在櫟自我防衛，鄭因此也不伐櫟。

8 昭公二年，在昭公還是太子的時候，父親莊公想讓高渠彌做卿，太子忽討厭他，莊公不予理睬，還是讓高渠彌做了卿。等昭公即位，高渠彌害怕他殺了自己。冬十月辛卯這天，高渠彌與昭公一起外出打獵，就在野外射死了昭公。祭仲與高渠彌不敢讓厲公回來，就另立昭公的弟弟子亹為君，這就是子亹，沒有謚號。

9 子亹元年七月，齊襄公在首止與諸侯會盟。鄭子亹前去參加，高渠彌輔助他，跟隨前往，祭仲自稱有病不去。之所以這樣，是因為子亹在齊襄公還是公子的時候曾經和他爭鬥，互相有仇。到諸侯盟會時，祭仲勸子亹不要去，子亹說：「齊國強大，而厲公住在櫟，如果不去，他會率諸侯討伐我，納入厲公。我不如去，去了也不一定就會受辱，而且又怎麼會到這種程度！」還是去了。於是祭仲害怕齊把他一起殺了，就自稱有病。子亹到後，不向齊侯謝罪，齊侯發怒，就埋伏士卒殺了子亹。高渠彌逃了回來，與祭仲商量，從陳國召回子亹的弟弟子嬰立他為君，這就是鄭子。這一年，齊襄公讓彭生乘醉折斷魯桓公的肋骨而殺了他。

10 鄭子八年，齊人管至父等人作亂，殺了齊襄公。十二年，宋人長萬殺了湣公。鄭祭仲去世。

11 十四年，住在櫟的鄭厲公，派人誘騙劫持了鄭大夫甫假，要脅他要求回都。假說：「放了我，我為您殺鄭子讓您回去。」厲公和他立了盟誓，就放了他。六月甲子，假殺了鄭子和他的兩個兒子迎回厲公突，突從櫟回來即位。當初，鄭都城城內的蛇與城外的蛇在南門中爭鬥，城內的蛇死了。過了六年，厲公果然又回來了。他回京後責備他的伯父原說：「我逃離國都住在外面，伯父沒有迎回我的意思，也太過分了。」原說：「事奉君主沒有二心，這是人臣的職責。我知罪。」就自殺了。厲公於是對甫假說：「你事奉君主有二心了。」就殺了他。甫假說：「重大的恩德得不到回報，果然是啊！」

12 厲公突後元年，齊桓公開始稱霸。五年，燕、衛與周惠王弟穨攻擊惠王，惠王出奔到溫，弟穨被立為王。六年，惠王向鄭告急，厲公發兵攻擊周王子穨，不能取勝。於是與周惠王回鄭，惠王住在櫟。七年，春天，鄭厲公與虢叔襲擊殺了王子穨並把惠王送入成周。

13 秋天，厲公去世，子文公踕繼位。厲公繼位四年，逃亡住在櫟。住在櫟十七年，再次回都，為君七年，加上逃亡的時間一共二十八年。

1 文公十七年❶，齊桓公以兵破蔡，遂伐楚，至召陵❷。

2 二十四年，文公之賤妾曰燕姞，夢天與之蘭❸，曰：「余為伯儵❹。余，爾祖也。以是為而子，蘭有國香❺。」以夢告文公，文公幸之，而予之草蘭為符。遂生子，名曰蘭。

3 三十六年，晉公子重耳❻過，文公弗禮。文公弟叔詹❼曰：「重耳賢，且又同姓，窮而過君，不可無禮。」文公曰：「諸侯亡公子過者多矣，安能盡禮之❽！」詹曰：「君如弗禮，遂殺之。弗殺，使即反國，為鄭憂矣。」文公弗聽。

4 三十七年，春，晉公子重耳反國，立，是為文公❾。秋，鄭入滑❿，滑聽命，已而反與衛⓫，於是鄭伐滑。周襄王使伯犕請滑⓬。鄭文公怨惠王之亡在櫟，而文公父厲公入之，而惠王不賜厲公爵祿⓭，又怨襄王之與衛、滑，故不聽襄王請而囚伯犕。王怒，與翟人伐鄭，弗克⓮。冬，翟攻伐襄王⓯，襄王出奔鄭，鄭文公居王于氾⓰。三十八年，晉文公入襄王成周⓱。

5 四十一年，助楚擊晉⓲。自晉文公之過無禮，故背晉助楚。四十三年，晉文公與秦穆公⓳共圍鄭，討其助楚攻晉者⓴，及文公過時之無禮也。初，鄭文公有三夫人㉑，寵子五人㉒，皆以罪蚤死㉓。公怒，溉㉔逐羣公子。子蘭奔晉，從晉文公圍鄭㉕。時蘭事晉文公甚謹，愛幸之，乃私於晉，以求入鄭為太子。晉於是欲得叔詹為僇㉖。鄭文公恐，不敢謂叔詹言㉗。詹聞，言於鄭君曰：「臣謂君，君不聽臣，晉卒為患。然晉所以圍鄭，以詹。詹死而赦鄭國，詹之願也。」乃自殺㉘。鄭人以詹尸與晉。晉文公曰：「必欲一見鄭君，辱之而去㉙。」鄭人患之，乃使人私於秦曰：「破鄭益晉，非秦之利也㉚。」秦兵罷。晉文公欲入蘭為太子，以告鄭。鄭大夫石癸㉛曰：「吾聞姞姓乃后稷之元妃㉜，其後當有興者。子蘭母，其後也。且夫人子盡已死，餘庶子無如蘭賢。今圍急，晉以為請，利孰大焉？」遂許晉，與盟，而卒立子蘭為太子，晉兵乃罷去。

6 四十五年，文公卒，子蘭立，是為繆公㉝。

7 繆公元年，春，秦繆公使三將㉞將兵，欲襲鄭㉟。至滑，逢鄭賈人弦高詐以十二牛勞軍㊱，故秦兵不至而還㊲，晉敗之於崤㊳。初，往年㊴，鄭文公之卒也，鄭司城繒賀以鄭情賣之㊵，秦兵故來。三年，鄭發兵從晉伐秦，敗秦兵於汪㊶。

8 往年㊷楚太子商臣弒其父成王代立㊸。二十一年，與宋華元伐鄭㊹。華元殺羊食士，不與其御羊斟，怒以馳鄭㊺，鄭囚華元。宋贖華元，元亦亡去。晉使趙穿以兵伐鄭㊻。

9 二十二年，鄭繆公卒。子夷立，是為靈公。

10 靈公元年㊼，春，楚獻黿於靈公。子家、子公將朝靈公㊽，子公之食指動，謂子家曰：「佗日指動，必食異物(49)。」及入，見靈公進黿羹，子公笑曰：「果然。」靈公問其笑故，具告靈公。靈公召之，獨弗予羹。子公怒，染其指(50)，嘗之而出。公怒，欲殺子公。子公與子家謀先(51)。夏，弒靈公(52)。鄭人欲立靈公弟去疾(53)，去疾讓曰：「必以賢，則去疾不肖；必以順，則公子堅長。」堅者，靈公庶弟(54)，去疾之兄也。於是乃立子堅，是為襄公。

11 襄公立，將盡去繆氏。繆氏者，殺靈公，子公之族家也(55)。去疾曰：「必去繆氏，我將去之(56)。」乃止。皆以為大夫。

12 襄公元年(57)，楚怒鄭受宋賂縱華元，伐鄭(58)。鄭背楚，與晉親。五年，楚復伐鄭，晉來救之。六年，子家卒，國人復逐其族(59)，以其弒靈公也。

13 七年，鄭與晉盟鄢陵(60)。八年，楚莊王以鄭與晉盟，來伐(61)，圍鄭三月，鄭以城降楚。楚王入自皇門(62)，鄭襄公肉袒掔羊以迎(63)，曰：「孤不能事邊邑(64)，使君王懷怒以及弊邑，孤之罪也。敢不惟命是聽。君王遷之江南，及以賜諸侯，亦惟命是聽。若君王不忘厲、宣王，桓、武公，哀不忍絕其社稷，錫不毛之地(65)，使復得改事君王(66)，孤之願也，然非所敢望也。敢布腹心，惟命是聽。」莊王為卻三十里而後舍(67)。楚羣臣曰：「自郢(68)至此，士大夫亦久勞矣。今得國舍之，何如[69]？」莊王曰：「所為伐，伐不服也。今已服，尚何求乎？」卒去。晉聞楚之伐鄭，發兵救鄭。其來持兩端[70]，故遲。比至河，楚兵已去。晉將率或欲渡，或欲還，卒渡河。莊王聞，還擊晉。鄭反助楚，大破晉軍於河上[71]。十年，晉來伐鄭，以其反晉而親楚也[72]。

14 十一年，楚莊王伐宋[73]，宋告急于晉。晉景公[74]欲發兵救宋，伯宗[75]諫晉君曰：「天方開楚，未可伐也。」乃求壯士，得霍人解揚，字子虎[76]，誆楚[77]，令宋毋降。過鄭，鄭與楚親，乃執解揚而獻楚。楚王厚賜與約，使反其言，令宋趣降[78]。三要，乃許[79]。於是楚登解揚樓車[80]，令呼宋。遂負楚約而致其晉君命曰：「晉方悉國兵以救宋，宋雖急，慎毋降楚，晉兵今至矣！」楚莊王大怒，將殺之。解揚曰：「君能制命為義[81]，臣能承命為信[82]。受吾君命以出，有死無隕[83]。」莊王曰：「若之許我，已而背之，其信安在？」解揚曰：「所以許王，欲以成吾君命也。」將死，顧謂楚軍曰：「為人臣無忘盡忠得死者！」楚王諸弟皆諫王赦之[84]，於是赦解揚，使歸。晉爵之為上卿[85]。

15 十八年，襄公卒，子悼公濆立[86]。

16 悼公元年[87]，鄖公[88]惡鄭於楚[89]，悼公使弟睔於楚自訟[90]。訟不直，楚因睔[91]。

於是鄭悼公來與晉平，遂親。睔私於楚子反，子反言歸睔於鄭。

17 二年，楚伐鄭[92]，晉兵來救。是歲，悼公卒，立其弟睔，是為成公。

18 成公三年[93]，楚共王曰：「鄭成公孤有德焉[94]。」使人來與盟，成公私與盟[95]。秋，成公朝晉，晉曰：「鄭私平於楚。」執之。使欒書[96]伐鄭。四年，春，鄭患晉圍，公子如乃立成公庶兄繻為君[97]。其四月，晉聞鄭立君，乃歸成公。鄭人聞成公歸，亦殺君繻，迎成公。晉兵去[98]。

19 十年，背晉盟，盟於楚[99]。晉厲公[100]怒，發兵伐鄭，楚共王救鄭。晉、楚戰鄢陵，楚兵敗，晉射傷楚共王目，俱罷而去[101]。十三年，晉悼公伐鄭，兵於洧上[102]。鄭城守[103]，晉亦去。

20 十四年，成公卒，子惲立，是為釐公[104]。

21 釐公五年[105]，鄭相子駟朝釐公，釐公不禮[106]。子駟怒，使廚人藥殺釐公[107]，赴諸侯曰「釐公暴病卒[108]」。立釐公子嘉，嘉時年五歲，是為簡公。

【章旨】以上為第三段，寫鄭國在春秋時期處在晉、楚兩大國的交攻之下，日益衰弱。

【注釋】❶文公十七年　西元前六五六年。❷以兵破蔡三句　齊因破蔡而伐楚，而後為召陵之會，使楚人約合，是齊桓公霸業的主要成就。召陵，楚國邑名，在今河南郾城東。見《左傳》僖公四年，與〈齊太公世家〉。❸夢天與之蘭　梁玉繩曰：

「夢蘭之事，《左傳》在宣公三年，乃追敘之，未定在何歲。」❹余為伯儵　《集解》引賈逵曰：「伯儵，南燕祖。」❺以是為而子二句　《集解》引王肅曰：「以是蘭也為汝子之名。」❻公子重耳　即後來的晉文公，晉獻公之子，惠公之兄。當時正在流亡中。❼文公弟叔詹　叔詹，鄭國大夫。梁玉繩曰：「詹為文公弟，未聞。」❽安能盡禮之　按：《國語．晉語》未載鄭文公對叔詹語，此話是曹共公對僖負羈之大意。❾是為文公　晉文公，名重耳，西元前六三六—前六二八年在位。❿秋二句　據《左傳》，秋字乃「初」之誤，是追敘四年前的事。滑，國名，姬姓，原都滑，在今河南睢縣西北；後遷都於費，在今河南偃師東南，後被秦所滅。故亦稱費滑。⓫已而反與衛　不久又背鄭與衛國聯合。與，交好；聯合。⓬周襄王使伯犕請滑　周襄王，名鄭，周惠王之子，西元前六五一—前六一九年在位。梁玉繩曰：「『犕』，古『服』字。」請滑，為滑國說情，請鄭勿攻。⓭惠王不賜厲公爵祿　據《左傳》，惠王未賜厲公酒器爵，並非不賜予爵祿。是太史公與丘明說別也。瀧川曰：「《索隱》所引莊二十一年《左傳》，僖二十四年《左傳》承之曰：『鄭伯怨惠王之不與厲公爵。』史公蓋誤解『爵』字。」⓮與翟人伐鄭二句　據《左傳》，此役攻取了鄭的櫟邑。翟，亦作狄，古族名。⓯冬二句　大叔帶與翟后私通，襄王一怒之下廢了翟后。頹叔、桃子害怕被襄王所誅，故於是年秋以翟師伐周，大敗周師。梁玉繩曰：「僖二十四年《傳》『冬』當作『秋』。」⓰鄭文公居王于氾　讓周襄王居住在氾。氾，鄭國邑名，在今河南襄城南。⓱入襄王成周　以兵力送周襄王進入成周，恢復王位。此晉文公爭霸之大事，詳見《左傳》僖公二十五年與〈晉世家〉。⓲助楚擊晉　晉楚城濮之戰中，鄭與楚為同盟。過程詳見《左傳》僖公二十八年與〈晉世家〉、〈楚世家〉。⓳秦穆公　或作秦繆公，名任好，西元前六五九—前六二一年在位。⓴討其助楚攻晉者　梁玉繩曰：「『者』字衍。」㉑三夫人　指江女、蘇女、陳媯三個寵姬。梁玉繩曰：「宣三年《傳》，文公娶江，又娶蘇，烝叔父子儀之妃陳媯，則非『三夫人』也。」㉒寵子五人　指陳媯所生的子華、子臧，江女所生的公子士，蘇女所生的子瑕、子俞彌。㉓皆以罪蚤死　梁玉繩曰：「五子中二人以罪見殺（指子華、子臧），一人早卒（指俞彌），一人為楚鴆死（指子士），其一子瑕見存，文公惡之，則非五人俱有『寵』也，亦非皆『以罪早死』也。」㉔公怒二句　溉，盡。《索隱》曰：「《左傳》作瑕。」方苞曰：「溉當作概。」中井曰：「溉，既之煩文。怒字句，既字屬下逐羣公子讀，言盡逐羣公子也。」羣公子，上述五人以外的鄭文公的其他兒子。㉕從晉文公圍鄭　晉文公圍鄭時，公子蘭待命於晉之東界，未從伐鄭。瀧川曰：「『圍』當依《左傳》作『伐』。」㉖僇　通「戮」。殺戮。㉗不敢謂叔詹言　不敢對叔詹說。㉘乃自殺　梁玉繩曰：「《國語》『文公圍鄭曰：予我詹而師還。鄭以詹與晉。詹有辭，乃弗殺，禮而歸之。鄭以詹為將軍。』則詹未嘗自殺，晉亦無欲得鄭君語也。」㉙必欲一見鄭君二句　瀧川曰：「此事《春秋》內外傳不載。」㉚破鄭益晉二句　僖三十年《左傳》，秦晉圍鄭，鄭派燭之武遊說秦穆公退兵，說之曰：「秦、晉圍鄭，鄭既知亡矣。若亡鄭而有益於君，敢以煩執事。越國以鄙遠，君知其難也，焉用亡鄭以陪鄰？鄰之厚，君之薄也。若舍鄭以為東道主，行李之往來，共其乏困，君亦無所害。且君嘗為晉君賜矣，許君焦、瑕，朝濟而夕設版焉，君之所知也。夫晉，何厭之有？既東封鄭，又欲肆其西封。不闕秦，將焉取之？闕秦以利晉，惟君圖之。」㉛石癸　又稱石甲父，氏石，名癸，字甲父。㉜吾聞姞姓乃后稷之元妃　后稷，名棄，傳說中周人的始祖。元妃，元配；正妻。㉝繆公　名子蘭，西元前六二七－前六〇六年在位。㉞三將　指孟明視、西乞術、白乙丙。㉟欲襲鄭　前二年，秦隨晉國伐鄭時，鄭派燭之武與秦穆公單獨定約，允許秦國留一支軍隊駐鄭。此軍掌北門之鑰，給秦國通風報訊，令秦軍前來襲鄭，故秦穆公派兵前來。㊱逢鄭賈人弦高詐以十二牛勞軍　事在僖公三十三年。《左傳》曰：「及滑，鄭商人弦高將市於周，遇之，以乘韋先，牛十二犒師，曰：『寡君聞吾子將步師出於敝邑，敢犒從者。不腆敝邑，為從者之淹，居則具一日之積，行則備一夕之衛。』且使遽告於鄭。」賈人，商人。詐，假稱奉鄭侯之命。㊲秦兵不至而還　據《左傳》，弦高犒師，鄭逐杞子、逢孫、楊孫，秦滅滑而還。㊳晉敗之於崤　此即崤之戰。晉襄公聽原軫之謀，在崤伏擊秦軍，俘其三帥。從此晉秦關係破裂，秦國倒向楚國，詳見《左傳》僖公三十三年與〈晉世家〉。崤，山名，在今河南洛寧西北，為秦嶺東段之支脈。㊴初二句　張文虎曰：「『初』下不當復云『往年』，因下文而衍。」按：史公常有類似語法，如「初，先是」等，此「初」字似非衍文。㊵鄭司城繒賀以鄭情賣之　司城，官名，亦稱司空，掌管土木工程、器物製作等，是鄭六卿之一。梁玉繩曰：「賣鄭者秦戍鄭之杞子也。〈秦紀〉云鄭人賣鄭於秦，此云鄭司城繒賀，《史》或別有據。」㊶敗秦兵於汪　按：文公二年《春秋》曰：「冬，晉人、宋人、陳人、鄭人伐秦。」傳曰：「……取汪及彭衙而還。」汪，秦邑名，在今陝西澄城西南。彭衙，在今陝西白水西北，與汪臨近。㊷往年　《集解》引徐廣曰：「繆公之二年。」㊸楚太子商臣弒其父成王代立　商臣，即日後之楚穆王，西元前六二五－前六一四年在位。成王，名惲，楚文王之子，西元前六七一－前六二六年在位。成王欲殺商臣立公子職為太子，商臣恐，與其傅潘崇殺王自立。事見《左傳》文公元年與〈楚世家〉。㊹與宋華元伐鄭　此役是楚、鄭伐宋，非楚、宋伐鄭，此文誤甚。水澤利中曰：「南化本作『與宋華元戰』。」華元，宋國諸卿之一，時為右師。㊺怒以馳鄭　馳鄭，驅車直入鄭師。按：句首應重出「羊斟」二字。《呂氏春秋．察微》作「遂驅入于鄭師」。羊斟，亦作叔牂。

㊻晉使趙穿以兵伐鄭　趙穿，晉大夫，趙盾之異母弟，晉襄公之婿。按：伐鄭者是趙盾，非趙穿。梁玉繩曰：「『穿』當作『盾』。」

㊼靈公元年　西元前六〇五年。㊽子家子公將朝靈公　子家，鄭公室大夫，即公子歸生，字子家。子公，鄭公室大夫，即公子宋，字子公。㊾佗日指動二句　語意不順，其意蓋謂昔日我之指動，乃食異味；今日指又動，仍當有異味食。佗，同「他」。

(50)染其指　《左傳》作「染指于鼎」。染，沾染；沾上。這裡即「蘸」的意思。(51)子公與子家謀先　杜預曰：「先公為難。」即先於靈公動手。(52)夏二句　據《左傳》，子公與子家商量，子家不欲，子公反譖子家。子家懼而從之。楊伯峻曰：「《史記・鄭世家》、《說苑・復恩篇》俱載此事而無反譖子家一節，蓋取《傳》文而略之。」(53)去疾　亦作棄疾，鄭繆公庶子，字子良。(54)堅者二句　《集解》引徐廣曰：「〈年表〉云『靈公庶兄』。」洪頤煊曰：「今本〈年表〉作『庶弟』，蓋後人所改。」(55)繆氏者三句　中井曰：「繆氏是襄公之兄弟，皆繆公之子，故稱『繆氏』，非子公之族。《左傳》云：『襄公將去繆氏而舍子良，子良不可。』子良，去疾之字，亦穆氏也，以其讓己，故將不去之也。太史公謬解左氏，故致紛紛耳。」(56)必去繆氏二句　如果驅逐繆氏諸人，我也情願一同被逐。(57)襄公元年　西元前六〇四年。(58)楚怒鄭受宋賂縱華元二句　《左傳》只言楚子伐鄭，未言其故，楊伯峻據〈晉世家〉「成公三年，鄭伯初立，附晉而棄楚。楚怒，伐鄭」及此處所記，以為即楚伐鄭原因。(59)子家卒二句　宣十年《左傳》云：「鄭子家卒。鄭人討幽公之亂，斲子家之棺，而逐其族。改葬幽公，謚之曰『靈』。」梁玉繩曰：「不言斲子家之棺，而但言逐族，失輕重矣。」(60)鄭與晉盟鄢陵　按：宣十一年《左傳》鄭徼事於晉事當與次年「十二年春，楚子圍鄭」事連讀，此戰兩國未有盟鄢陵之事。(61)楚莊王以鄭與晉盟二句　鄭雖違辰陵之盟而親晉，然未與晉盟。楚莊王，名旅（或作呂、侶），楚穆王之子，西元前六一三—前五九一年在位。(62)皇門　楚師來自西南，當為鄭外郭西垣城門。(63)鄭襄公肉袒掔羊以迎　這是古代表示投降請罪的一種儀式。(64)孤不能事邊邑　《左傳》記鄭伯云：「孤不天，不能事君，使君懷怒以及敝邑。」(65)錫不毛之地　《集解》引何休曰：「不生五穀曰不毛。」錫，賜；賜予。若能賞我一塊不毛之地，即謙言倘能仍讓我當國君。(66)改事君王　洗心革面的重新為您效力。(67)莊王為卻三十里而後舍　瀧川曰：「禮鄭，不為城下之盟。」(68)郢　楚國國都，故城在今湖北江陵西北之紀南城。(69)今得國舍之二句　瀧川引《公羊傳》曰：「將軍子重諫曰：『南郢之與鄭相去數千里，諸大夫死者數人，廝役扈養死者數百人，今君勝鄭而不有，無乃失民臣之力乎？』」史公隱括為此十八字。(70)其來持兩端　此指晉軍將領在進退問題上意見分歧，荀林父、士會欲罷師回國；先穀欲進兵擊楚。(71)大破晉軍於河上　此即邲之戰。河上，黃河河邊。邲在今河南滎陽北，黃河南岸。(72)以其反晉而親楚也　邲之戰，鄭助楚，故晉伐之。(73)楚莊王伐宋　據宣公十四年《左傳》，楚使申舟聘於齊，且使無假道於宋以挑釁，宋華元曰：「過我而不假道，鄙我也。鄙我，亡也，殺其使者，必伐我，伐我，亦亡也。亡一也。」乃殺申舟，故楚於次年伐宋。(74)晉景公　名據，晉成公之子，西元前五九九—前五八一年在位。(75)伯宗　晉大夫，孫伯糾之子。(76)求壯士三句　梁玉繩曰：「《左傳》無『求壯士』之文，亦不言其里與字，《史》必別有據，故《說苑・奉使篇》曰：『解揚字子虎，霍人，後世言霍虎。』」杜注：「解揚，晉大夫也。」

疑史公誤。霍，晉邑名，在今山西霍縣西南。(77)誆楚　誆，騙。即當面答應楚人為之勸宋人降楚，而一旦爭得機會後，即鼓勵宋人堅守以待晉救。(78)使反其言二句　即讓他說晉不來救，讓宋趕緊投降。趣，通「促」。趕快。(79)三要二句　解揚善於表演，故作推辭，以堅其意。要，邀。(80)樓車　設有望樓，可以眺望的戰車。《集解》引服虔曰：「樓車，所以窺望敵軍，兵法所謂雲梯也。」中井積德曰：「雲梯與樓車不同。」(81)能制命為義　能下達好的命令算是合時宜。(82)能承命為信　能接受並完成使命算是有信義。(83)有死無隕　《正義》曰：「有死亦不隕墜晉君命也。」隕，隕落；墜毀。(84)楚王諸弟皆諫王赦之　《左傳》未載解揚謂楚軍之言，亦未載諫莊王之事。梁玉繩曰：「〈晉世家〉言莊王欲殺解揚，或諫乃歸之，此又載解揚將死語及莊王諸弟之諫，必別有據。」(85)晉爵之為上卿　楊伯峻曰：「晉爵之為上卿，恐無是事。若解揚果為晉上卿，必再見于《傳》文，而嗣後解揚不再見。」(86)悼公濆立　濆，《索隱》曰：「鄒本一作沸，一作弗，《左傳》作費。」梁玉繩曰：「『濆』乃『費』之訛。」(87)悼公元年　西元前五八六年。(88)鄦公　許公，即許靈公，名寧，西元前五九一—前五四七年在位。錢大昕曰：「《說文》，鄦，太岳之后，甫侯所封。」許國，姜姓，故城在今河南許昌東。戰國初葉被楚國所滅，一說滅於魏國。(89)惡鄭於楚　在楚王面前說鄭國的壞話。(90)悼公使弟睔於楚自訟　自訟，為自己分說。據《左傳》，悼公如楚，並未派睔。(91)訟不直二句　梁玉繩曰：「楚因皇戌及子國，非因睔也。下文言『睔私於楚子反，子反言歸睔於鄭』亦妄。」(92)楚伐鄭　據《左傳》，上年鄭伯如楚訟而不直，楚囚其大夫，鄭伯歸而與晉盟於垂棘，又盟於蟲牢。故楚將子重伐鄭。(93)成公三年　西元前五八二年。(94)楚共王曰二句　瀧川曰：「楓山、三條本，『孤』上有『於』字。」於孤有德，即對我有恩。陳仁錫曰：「『鄭成公』當作『鄭伯』。」楚共王，名審，楚莊王之子，西元前五九〇—前五六〇年在位。(95)成公私與盟　成公九年《左傳》：「楚人以重賂求鄭，鄭伯會楚公子成于鄧。」並非私盟。(96)欒書　欒盾之子，諡武，故又稱欒武子，任晉國之卿。(97)公子如乃立成公庶兄繻為君　公子如，名班，一作般，鄭公室大夫。成公庶兄繻，或說繻是成公庶弟。《索隱》曰：「繻，鄒氏云一作『纁』。」(98)殺君繻三句　梁玉繩曰：「成十年《傳》：三月，鄭子如因晉執成公，故立繻以示晉不急君也。四月，鄭人殺繻，立成公太子髡頑。五月，晉伐鄭，歸成公。此以晉圍在春，誤一；以因晉圍改君，誤二；以成公歸在四月，誤三；以繻因成公歸見殺，誤四。不敘立髡頑，誤五。又以繻為成公庶兄，未知何據。」按：成公之歸，鄭子罕賂以襄鍾，盟於修澤，子駟為質，此亦未書。(99)背晉盟二句　楚以汝陰之田求成於鄭，鄭叛晉，與楚盟於武城。(100)晉厲公　名壽曼，一作州蒲，晉景公之子，西元前五八〇—前五七三年在位。(101)俱罷而去　此即晉楚鄢陵之戰，呂錡射楚共王中目，楚敗。鄢陵，在今河南鄢陵西北。(102)晉悼公伐鄭二句　上年鄭會楚伐宋，入魚石等五人，故晉伐之。晉悼公，名周，晉襄公少子桓叔捷之孫，西元前五七二—

前五五八年在位。洧，水名，即今河南之雙洎河。據襄公元年《左傳》，此指鄭都（今河南新鄭）之西的洧水河畔。(103)鄭城守據《左傳》，晉軍已攻破新鄭外城，此當指鄭加固其內城而堅守。(104)是為釐公　梁玉繩曰：「釐公之名，《左氏春秋》作『髡頑』，《公》、《穀》作『髡原』，當從《左》為是。」(105)釐公五年　西元前五六六年。(106)鄭相子駟朝釐公二句　子駟非鄭國相，而是盟會時之儐相；亦非朝見釐公時釐公不禮。子駟，名騑，鄭繆公之子。當時鄭國並未設相職，所謂「當國」即相當於為相。(107)子駟怒二句　襄七年《左傳》為：「子駟使賊夜弒釐公。」不云使廚人藥殺。(108)釐公暴病卒　《左傳》云：「以瘧疾赴于諸侯。」俞樾《平議》謂「瘧疾」古本止作「虐疾」，意即暴疾。

【語譯】文公十七年，齊桓公率軍隊攻破蔡國，順勢伐楚，直到召陵。

2 二十四年，文公有個卑賤的侍妾叫燕姞，夢見神給她蘭花，說：「我是伯鯈，我是你的祖先。讓這做你兒子，蘭有冠絕一國的香味。」她把夢告訴文公，文公讓她侍寢，並給她蘭花作為信物。她於是生了兒子，起名叫蘭。

3 三十六年，晉公子重耳來，文公不以禮相待。文公的弟弟叔詹說：「重耳是賢人，而且又是同姓，他在困窘中來拜訪您，不應該不以禮相待。」文公說：「來拜訪的諸侯逃亡的公子太多了，怎麼能都以禮相待！」叔詹說：「您如果不能以禮相待，就乾脆殺了他。不殺掉他，讓他回了國，將會是鄭國的禍患。」文公不採納他的勸告。

4 三十七年，春天，晉公子重耳返回晉國，繼位，這就是晉文公。秋天，鄭侵入滑國，滑國歸降，不久又親附衛國，於是鄭討伐滑國。周襄王派伯犕為滑國說情。鄭文公怨恨惠王逃亡到櫟，文公的父親厲公送他返京，而惠王不給厲王加官進爵，又怨恨襄王偏向衛、滑，所以不聽從襄王的說情而囚禁了伯犕。襄王大怒，與翟人討伐鄭國，沒能取勝。冬天，翟攻伐周襄王，襄王逃到鄭國，鄭文公讓襄王住在氾。三十八年，晉文公護送襄王回到成周。

5 四十一年，鄭幫助楚國攻擊晉國。因為晉文公來訪沒有以禮相待，所以背叛晉國而幫助楚國。四十三年，晉文公與秦穆公一起圍困鄭國，討伐鄭幫楚攻擊晉國，以及文公來訪時不以禮相待。當初，鄭文公有三位夫人，五個受寵的兒子，都因為犯罪而早死。文公發怒，把所有的公子都驅逐了。子蘭逃到晉國，跟隨晉文公圍困鄭國。當時子蘭事奉晉文公非常謹慎，受到晉文公的寵愛，於是就私下在晉活動，以求回鄭國做太子。晉人想得到叔詹殺死他。鄭文公害怕，不敢對叔詹說。叔詹聽說後，對鄭文公說：「臣對您說過，您不聽我的，晉最終成了禍患。但晉所以圍困鄭國，是因為我。我死而能赦免鄭國，是我的願望。」於是就自殺了。鄭人把叔詹的屍體交給晉人。晉文公說：「我一定要見到鄭君，羞辱他再撤兵。」鄭人很擔憂，就派人私下對秦人說：「攻破鄭國讓晉國得益，對秦不是好事。」秦撤了兵。晉文公想讓公子蘭回國做太子，把這個意思告訴鄭人。鄭大夫石癸說：「我聽說姞姓是后稷的元配夫人，後代應該有發達的。子蘭的母親就是他的後代。而且夫人的兒子都已死了，其餘的庶子沒有比子蘭更賢明的。現在被圍得這樣緊急，晉這樣要求，還有比這更大的好處嗎？」於是答應了晉人，與晉結盟，最終立子蘭為太子。晉兵於是撤退了。

6 四十五年，文公去世，子蘭繼位，這就是繆公。

7 繆公元年，春天，秦繆公派三位將軍領兵，準備襲擊鄭國。到了滑，遇到鄭國商人弦高，假裝用十二頭牛犒勞秦軍，所以秦兵沒到鄭國就回去了。晉國在崤擊敗了秦軍。當初，去年鄭文公去世時，鄭司城繒賀出賣了鄭國的情報，所以秦兵來犯。三年，鄭發兵跟隨晉國伐秦，在汪打敗秦兵。

8 繆公二年楚太子商臣殺死父親成王繼位。二十一年，鄭軍與宋華元率領的軍隊交戰。華元殺羊給將士們吃，沒有給他的御者羊斟，羊斟一怒之下驅車直入鄭軍，鄭人俘虜了華元。宋人來贖華元，華元也逃走了。晉派趙穿率兵伐鄭。

9 二十二年，鄭繆公去世，子夷立，這就是靈公。

10 靈公元年，春天，楚給靈公獻來一隻黿。子家、子公將要朝見靈公，子公的食指動了動，對子家說：「往日這個指頭動，一定要吃奇異的食物。」等到進去見靈公，見到送上黿羹，子公笑著說：「果然是這樣。」靈公問他為什麼笑，他就都告訴了靈公。靈公召他來，惟獨不給他黿羹。子公大怒，用指頭蘸了羹，嘗過後才出去。靈公發怒，想殺子公。子公與子家商量，先動手。夏天，殺死了靈公。鄭人想讓靈公的弟弟去疾繼位，去疾遜讓說：「如果一定要按賢德，那去疾我不成器；如果一定要按長幼順序，那麼公子堅年長。」公子堅是靈公的庶弟，去疾的哥哥。於是立子堅為君，這就是襄公。

11 襄公繼位，要把繆氏全部驅逐。繆氏是殺靈公的子公的家族。去疾說：「如果一定要趕走繆氏，我就離開。」於是停止驅逐，都讓他們做了大夫。

12 襄公元年，楚因鄭接受宋的賄賂放走了華元而發怒，伐鄭。鄭背叛楚國，親附晉國。五年，楚再次伐鄭，晉來援救。六年，子家去世，國人又驅逐了他的家族，因為他殺害靈公。

13 七年，鄭與晉在鄢陵結盟。八年，楚莊王因為鄭與晉結盟，來伐鄭，圍困鄭都三個月，鄭舉城降楚。楚王從皇門入城，鄭襄公袒露上身牽著羊迎接他，說：「我不能管好邊境的城邑，使君王您發怒來到這個破地方，這是我的罪過。我不敢不聽從您的命令。您把我遷移到江南，或者賞賜給諸侯，也聽從您的命令。如果您看在周厲王、宣王，鄭桓公、武公的面上，哀憐而不忍心斷絕他們的社稷，賜給我們貧瘠荒涼的土地，讓我們能再改過事奉您，這是我的心願，但這是我不敢希望的。我斗膽說出心裡話，一切聽從您的命令。」莊王為他後退三十里才駐紮下來。楚國群臣說：「從郢都到這裡，士大夫也勞累很久了。如今得到國家卻放棄了，為什麼？」莊王說：「討伐，是為了討伐不順服，現在他們已經順服了，還要求什麼呢？」最終撤兵離開。晉聽說楚伐鄭，發兵救鄭。來時軍中將領意見不一，所以晚了。等到了黃河，楚兵已經撤走了。晉軍將帥有的想渡河，有的想回去，最後還是渡河追擊楚兵。莊王得知，回過頭迎擊晉軍。鄭反而幫助楚國，在河邊大敗晉軍。十年，晉來伐鄭，因為鄭背叛晉國而親附楚國。

14 十一年，楚莊王伐宋，宋向晉通報緊急情況。晉景公想出兵救宋，伯宗向晉君進諫說：「上天正在保佑楚國，不能討伐。」於是尋求壯士，得到霍人名叫解揚，字子虎，騙楚國，讓宋不要投降。他經過鄭國，鄭親附楚國，就逮捕了解揚獻給楚國。楚王給他豐厚的賞賜，與他約定，讓他反過來說，讓宋趕緊投降。再三要求，解揚才答應。於是楚讓解揚登上樓車，讓他向宋人喊話。解揚於是就背棄與楚人的約定而傳達晉君的命令說：「晉國正要發全國軍隊來救宋，宋即便形勢危急，一定不要降楚，晉兵就要到了！」楚莊王大怒，要殺了他。解揚說：「君主能制訂發布命令叫做義，臣子能承擔完成使命叫做信。我接受我的君主的命令出國，寧死不能放棄君命。」莊王說：「你已經答應了我，又背棄了，你的信在哪裡？」解揚說：「我之所以答應大王，就是為了傳達我們君主的命令。」將死時，解揚回頭對楚軍說：「為人臣不要忘記盡忠而死的人。」楚王的眾兄弟都勸楚王赦免他，於是赦免了解揚放他回國。晉封他為上卿。

15 十八年，襄公去世，悼公濆繼位。

16 悼公元年，鄦公向楚說鄭的壞話，悼公派弟弟睔到楚國為自己辯解。辯解不成，楚囚禁了睔。於是鄭悼公與晉講和，也就親近起來。睔私下裡與楚國的子反結交，子反對楚王說放睔回鄭。

17 二年，楚伐鄭，晉兵來救援。這一年，悼公去世，立他弟弟睔為君，這就是成公。

18 成公三年，楚共王說：「鄭成公對我有恩德。」派人來與鄭結盟，成公私下與楚結了盟。秋天，成公朝見晉君，晉人說：「鄭背地裡與楚結盟。」逮捕了他。派欒書伐鄭。四年，春天，鄭憂慮晉軍圍城，公子如就立成公的庶兄繻為君。這年四月，晉聽說鄭立了新國君，就送回了成公。鄭人聽說成公回來，就殺了君繻，迎接成公。晉兵撤退了。

19 十年，背棄與晉的盟約，與楚結盟。晉厲公大怒，發兵伐鄭，楚共王救鄭。晉、楚在鄢陵交戰，楚兵戰敗，晉射傷了楚共王的眼睛，都撤兵回去。十三年，晉悼公伐鄭，駐紮在洧河邊。鄭堅守城池，晉也就撤兵了。

20 十四年，成公去世，子惲繼位，這就是釐公。

21 釐公五年，鄭相子駟朝見釐公，釐公不以禮相待。子駟大怒，讓廚師用藥毒死了釐公，向諸侯報喪說「釐公得了暴病去世」。立釐公的兒子子嘉為君，子嘉當時只有五歲，這就是簡公。

1 簡公元年❶，諸公子謀欲誅相子駟，子駟覺之，反盡誅諸公子❷。二年，晉伐鄭，鄭與盟，晉去❸。冬，又與楚盟❹。子駟畏誅，故兩親晉、楚❺。三年，相子駟欲自立為君，公子子孔使尉止殺相子駟而代之❻。子孔又欲自立❼。子產❽曰：「子駟為不可❾，誅之，今又效之，是亂無時息也。」於是子孔從之而相鄭簡公。

2 四年，晉怒鄭與楚盟，伐鄭，鄭與盟。楚共王救鄭，敗晉兵❿。簡公欲與晉平，楚又囚鄭使者。

3 十二年，簡公怒相子孔專國權，誅之⓫，而以子產為卿。十九年，簡公如晉請衛君還⓬，而封子產以六邑。子產讓，受其三邑⓭。二十二年，吳使延陵季子⓮於鄭，見子產如舊交。謂子產曰：「鄭之執政者侈⓯，難將至，政將及子。子為政，必以禮；不然，鄭將敗。」子產厚遇季子⓰。二十三年，諸公子爭寵相殺，又欲殺子產⓱。公子或諫⓲曰：「子產，仁人。鄭所以存者子產也，勿殺。」乃止。

4 二十五年，鄭使子產於晉，問平公疾。平公曰：「卜而曰實沈、臺駘為祟，史官莫知，敢問？」⓳對曰：「高辛氏⓴有二子，長曰閼伯，季曰實沈，居曠林㉑，不相能也㉒，日操干戈以相征伐。后帝弗臧㉓，遷閼伯于商丘，主辰，商人是因，故辰為商星㉔。遷實沈于大夏，主參㉕，唐人是因，服事夏、商㉖，其季世曰唐叔虞㉗。當武王邑姜方娠大叔，夢帝謂己㉘：『余命而子曰虞，乃與之唐，屬之參而蕃育其子孫。』及生，有文在其掌曰『虞』㉙，遂以命之。及成王滅唐而國大叔焉。故參為晉星。由是觀之，則實沈，參神也。昔金天氏㉚有裔子曰昧㉛，為玄冥師㉜，生允格、臺駘㉝。臺駘能業其官㉞，宣汾、洮，障大澤，以處太原㉟。帝用嘉之，國之汾川㊱。沈、姒、蓐、黃實守其祀㊲。今晉主汾川而滅之。由是觀之，則臺駘，汾、洮神也。然是二者不害君身。山川之神，則水旱之菑禜之㊳；日月星辰之神，則雪霜風雨不時禜之㊴；若君疾，飲食哀樂女色所生也㊵。」平公及叔嚮㊶曰：「善。博物君子也！」厚為之禮於子產㊷。

5 二十七年，夏，鄭簡公朝晉。冬，畏楚靈王之彊，又朝楚，子產從。二十八年，鄭君病，使子產會諸侯㊸，與楚靈王盟於申，誅齊慶封㊹。

6 三十六年，簡公卒，子定公寧立。秋，定公朝晉昭公㊺。

7 定公元年㊻，楚公子弃疾弒其君靈王而自立，為平王㊼。欲行德諸侯，歸靈王所侵鄭地于鄭㊽。

8 四年，晉昭公卒，其六卿彊㊾，公室卑。子產謂韓宣子㊿曰：「為政必以德，毋忘所以立[51]。」

9 六年，鄭火，公欲禳之。子產曰：「不如修德。」[52]

10 八年，楚太子建來奔[53]。十年，太子建與晉謀襲鄭。鄭殺建，建子勝奔吳[54]。

11 十一年，定公如晉。晉與鄭謀，誅周亂臣，入敬王于周[55]。

12 十三年，定公卒[56]，子獻公蠆[57]立。獻公十三年卒，子聲公勝立。當是時，晉六卿彊，侵奪鄭，鄭遂弱。

13 聲公五年[58]，鄭相子產卒[59]，鄭人皆哭泣，悲之如亡親戚。子產者，鄭成公少子也[60]。為人仁，愛人，事君忠厚。孔子嘗過鄭，與子產如兄弟云[61]。及聞子產死，孔子為泣曰：「古之遺愛也[62]！」

【章旨】以上為第四段，寫子產當政時的鄭國情形。

【注釋】❶簡公元年　西元前五六五年。❷反盡誅諸公子　襄公八年《左傳》：「鄭群公子以僖公之死也，謀子駟。子駟先之。夏四月庚辰，辟殺子狐、子熙、子侯、子丁。孫擊、孫惡出奔衛。」❸鄭與盟二句　據《左傳》，鄭親楚，晉會諸侯伐之，鄭恐，遂盟於戲。晉不得志而還。冬復伐鄭，次於陰口而還。是此年晉兩次伐鄭。❹冬二句　晉師還，楚又伐鄭，同盟於中分。❺兩親晉楚　陳仁錫曰：「鄭介晉、楚之間，南北之所必爭也。不南服楚，則北服晉，無寧歲焉。太史公敘鄭受盟者八，其國弱可知矣。」❻公子子孔使尉止殺相子駟而代之　襄十年《左傳》，子駟為政時得罪尉止及司氏、堵氏、侯氏、子師氏，故五族與襄八年被殺之子狐、子熙、子侯、子丁之徒作亂，殺子駟、子國、子耳。子孔知其謀，故不死。據《左傳》，子孔與諸叛族有勾結，亦或即主謀都有可能。又據《左傳》，子駟無欲自立為君事。子孔，名嘉，鄭繆公之子，公室大夫。尉止，鄭國大夫。❼子孔又欲自立　《左傳》只言子孔當國，大夫、諸司、門子弗順，欲誅之，子產止之，並請焚載書，無子孔欲自立，子產諫止事。❽子產　名僑，謚成，鄭繆公之孫，亦稱公孫僑，公孫成子。❾子駟為不可　瀧川曰：「楓山、三條本，『為』上有『所』字。」❿楚共王救鄭二句　梁玉繩曰：「鄭簡四年為魯襄十一年，秦伐晉以救鄭，晉為秦所敗，此誤也。」按：〈年表〉此事在鄭簡三年。⓫簡公怒相子孔專國權二句　襄十九年《左傳》：子孔專權，國人患之，子展、子西率國人伐之，殺子孔。非鄭簡公誅之。⓬簡公如晉請衛君還　岡白駒曰：「齊、晉殺衛殤公，復內獻公。」據襄二十六年《左傳》，甯喜弒殤公，納獻公。晉侯執甯喜與衛獻公，齊侯、鄭伯如晉為衛獻公求情。岡白駒之說誤。⓭子產讓二句　襄二十五年《左傳》，鄭伐陳，入其都，向晉獻捷，因子產言辭得當而不辱於晉，故簡公賞子產，非因衛君之事。《集解》引服虔曰：「四井為邑。」中井積德曰：「邑以見在聚落而言，大小兼通，非四井之邑。」⓮延陵季子　名札，吳王壽夢少子，吳王諸樊之弟，先封於延陵，即今江蘇常州，後封於州來，即今安徽鳳台北，又叫季札。⓯鄭之執政者侈　執政者，指鄭國當時的執政大臣良宵，字伯有。⓰子產厚遇季子　《左傳》云：季札與縞帶，子產獻紵衣。⓱諸公子爭寵相殺二句　襄三十年《左傳》，伯有為政無道，與子晳結怨，子晳伐伯有，伯有出奔，後入以攻群公子，遂成相伐之禍。伯有敗亡，子產為其殯斂，子駟氏欲攻子產，即「欲殺子產」。⓲公子或諫　梁玉繩曰：「考《左傳》襄三十年，駟氏伐敗良氏，子產斂葬伯有，駟氏欲攻之。子皮怒曰：『殺有禮，禍莫大焉。乃止。』」⓳平公曰四句　晉平公，名彪，晉悼公之子，西元前五五七—前五三二年在位。據《左傳》，子產如晉問疾，乃叔嚮問子產病因，非平公自問。⓴高辛氏　瀧川曰：「高辛氏，帝嚳有天卜之號，子孫亦因之。」㉑居曠林　《集解》引賈逵曰：「曠，大也。」曠林，即大林。㉒不相能也　不相善，不和。兄弟不和睦。㉓后帝弗臧　帝堯討厭他們這些表現。《集解》引賈逵曰：「后帝，堯也。臧，善也。」㉔故辰為商星　辰為商人主祀之星。襄九年《左傳》云：「陶唐氏之火正閼伯居商丘，祀大火，而火紀時焉。相土因之，故商主大火。」商丘，在今河南商丘城南部。主，祀；祭祀。辰，即心宿，又稱大火。二十八宿之一。主祀心宿，即以心宿來定時令節氣。㉕遷實沈于大夏二句　大夏，地名，在今山西翼城西的汾水、澮水之間。一說在今山西太原西南。參，參宿，二十八宿之一。瀧川曰：「參，水星。」㉖唐人是因二句　《集解》、《正義》都以唐人為陶唐氏劉累之後，而這些陶唐氏的後人在夏朝、商朝時都很規矩的接受統治。㉗其季世曰唐叔虞　李光縉曰：「此唐叔虞乃後為成王所滅者，非下文邑姜所生。」㉘夢帝謂己　《集解》引賈逵曰：「帝，天也。己，武王也。」中井積德曰：「己謂邑姜。」邑姜，周武王之妻，姜太公之女。大叔，名虞，字子于，為晉國始封君。㉙有文在其掌曰虞　文，文字。瀧川曰：「言掌紋如『虞』字也。」一說文即掌紋。㉚金天氏　傳說中古帝少皞的稱號。㉛有

裔子曰昧　裔子，即季子。昧為水官之長。㉜玄冥師　玄冥，水官。師，長也。㉝生允格臺駘　服虔曰：「允格、臺駘，是兄弟也。」㉞臺駘能業其官　即能繼承昧的職責。業，嗣承；繼承。官，職務；職責。《集解》引服虔曰：「修昧之職。」㉟宣汾洮三句　宣，通；疏通。汾，即今山西境內汾河。洮，即今山西境內涑水河。障，阻塞。太原，《集解》以為即汾水，杜預以為即今山西太原西南。瀧川以為指汾河流域的高平之地。㊱帝用嘉之二句　帝，指顓頊，號高陽氏。用，因。汾川，汾河流域。㊲沈姒蓐黃實守其祀　《集解》引賈逵曰：「四國，臺駘之後也。」瀧川引龜井昱曰：「四者皆微國，非見經者，而晉滅之歟？」㊳山川之神二句　臺駘乃山川之神。《集解》引服虔曰：「禜，為營攢用幣也。若有水旱，則禜祭山川之神以祈福也。」楊伯峻曰：「蓋即聚草木而束之，設為祭處，以祭品求鬼神，去禍祈福。」㊴日月星辰之神二句　楊伯峻曰：「祭日月星辰與山川之神俱為水旱癘疾，俱為禜。蓋臺駘為山川之神，實沈為星辰之神耳。」㊵飲食哀樂女色所生也　瀧川曰：「《左傳》此篇之末尚有『君子四時』及『內官不及同姓』兩段。」㊶叔嚮　名肸，氏羊舌，字叔嚮。晉國大夫，食邑於楊，故又稱楊肸。㊷厚為之禮於子產　中井曰：「『之』字，『於子產』三字，削其一可也，是復文耳。」㊸鄭君病二句　梁玉繩曰：「昭四年《春秋》，『鄭伯會於申』，無『病，使子產』事。」㊹與楚靈王盟於申二句　楚靈王為申之會，以諸侯伐吳，圍朱方，誅慶封。慶封，亦稱慶季，字子家，齊國大夫。與大夫崔杼合謀殺死齊莊公，立景公，執國政。後被逐奔吳，居於朱方。㊺秋二句　晉昭公新立，故鄭伯朝之。梁玉繩曰：「據《左傳》，『秋』當作『夏』。」晉昭公，名夷，晉平公之子，西元前五三一－前五二六年在位。㊻定公元年　西元前五二九年。㊼楚公子弃疾弒其君靈王而自立二句　弃疾並未親自殺死靈王，但為發難主謀，故《史》屢書其弒君。公子弃疾，楚康王之子，靈王之弟，時為蔡公。即位後改名居。西元前五二八－前五一六年在位。㊽歸靈王所侵鄭地于鄭　梁玉繩曰：「昭十三年《傳》，楚欲致犨、櫟之田而仍未致，則不可言歸也。」㊾其六卿彊　六卿，指晉國的六家世卿，范氏、中行氏、知氏、韓氏、趙氏、魏氏。㊿韓宣子　名起，謚宣，西元前五四〇年為中軍將，掌國政，直至西元前五一四年去世。(51)為政必以德二句　梁玉繩曰：「《左傳》子產無是言。」岡白駒曰：「立謂不傾敗。」(52)鄭火四句　據《左傳》，鄭火，裨竈欲禳之，子產以「天道遠，人道邇」表示反對。勸子產聽裨竈之言的是子大叔，與鄭伯無關，子產亦無「不如修德」之言。禳，舉行祭祀祈求消除災禍。(53)楚太子建來奔　楚費無忌誣陷太子建聯合齊、晉叛楚自立，楚平王欲殺之，太子建出奔。太子建，楚平王之太子，字子木。(54)鄭殺建二句　哀十六年《左傳》：太子建與晉謀襲鄭，因暴虐於私邑，被邑人告發，鄭人抓到晉國間諜，遂殺太子建。梁玉繩曰：「鄭殺子建不知何年。〈表〉在十一年，〈世家〉在十年，皆妄耳。《左傳》附紀殺建事于哀十六年，因其子白公之亂而追敘之也。」又曰：「勝奔吳不知的在何時，恐非定十年也。」建子勝，又稱「白公勝」。吳，國名，姬姓，始祖為周太王之子太伯、仲雍，都於吳，故址在今江蘇蘇州，此時的君主為吳王僚。西元前四七三年被越國所滅。(55)十一年五句　梁玉繩曰：「昭二十四年《傳》：『定公如晉，請納王。』則當在十二年，而入敬王在十四年，此誤。」周亂臣，即王子朝等。敬王，名匄，或作丐，景王之子，西元前五一九—前四七六年在位。《索隱》曰：「王避弟子朝之亂，出居狄泉，在昭二十三年。至二十六年，晉、鄭入之。」(56)十三年二句　梁玉繩曰：「鄭定公在位十六年，此誤。」(57)獻公蠆　名蠆，西元前五一三—前五〇一年在位。(58)聲公五年　西元前四九六年。(59)鄭相子產卒　張照曰：「《左傳》魯昭二十年，鄭子產有疾，疾數月而卒，是年當鄭定公之八年，距聲公五年蓋相隔二十七年矣。應從《左傳》。」(60)子產者二句　子產與鄭成公應為同祖兄弟。(61)與子產如兄弟云　沈家本曰：「考《左傳》，子產卒於昭之二十年，計其卒時，年六十餘云，孔子方三十耳。〈孔子世家〉載適鄭事于魯定公卒之後，其時子產早卒矣，此事甚為可疑。」(62)古之遺愛也　王念孫曰：「愛即仁也，言子產仁愛，有古人之遺風。」瀧川引龜井昱曰：「遺愛，古人之仁愛，遺在子產也。」

【語　譯】簡公元年，眾公子商量想誅殺鄭相子駟，子駟發覺了，反而把眾公子都殺掉了。二年，晉伐鄭，鄭與晉結盟，晉撤回。冬天，又與楚結盟。子駟害怕被殺，所以對晉、楚兩邊親附。三年，鄭相子駟想自立為君，公子子孔派尉止殺死子駟而代替他為相。子孔又想自立為君。子產說：「子駟這樣做不對，殺了他，現在又效仿他，這樣禍亂就沒有停息的時候了。」於是子孔聽了他的話做了鄭簡公的相。

2　四年，晉因鄭與楚結盟而發怒，討伐鄭國，鄭與晉結盟。楚共王來援救鄭，打敗了晉軍。簡公想與晉講和，楚又囚禁了鄭國的使者。

3　十二年，簡公惱怒國相子孔把持國政，殺了他，讓子產做卿。十九年，簡公到晉國請求放還衛君，封給子產六個城邑。子產遜讓，接受了三個城邑。二十二年，吳派延陵季子出使鄭國，他見到子產就像是老朋友。對子產說：「鄭國的執政者驕橫奢侈，災難就要降臨，國政將交到你手裡。你處理國政，一定要遵循禮；不這樣，鄭將要敗亡。」子產隆重地招待了季子。二十三年，眾公子爭寵互相仇殺，又想殺子產。有的公子進諫說：「子產是仁人，鄭還能存在是因為有子產，不要殺他。」這才停止。

4 二十五年，鄭派子產出使晉國，探問平公的疾病。平公說：「占卜說實沈、臺駘作祟。史官不明白，想向您請教，您知道這是怎麼一回事嗎？」子產回答說：「高辛氏有兩個兒子，大的叫閼伯，小的叫實沈，居住在曠林，兩人不和睦，每天拿著武器互相征伐。堯不喜歡他們，就把閼伯遷到商丘，主祀心宿，商人因襲，所以心宿成為商人主祭的星宿。把實沈遷到大夏，主祀參宿，唐人因襲，唐人服從事奉夏、商二代，最末一代國君叫唐叔虞。當周武王的夫人邑姜懷著大叔時，夢見上帝對自己說：『我給你的兒子起名叫虞，把唐地賜給他，將奉祀參宿的事交付給他，讓他在那裡繁衍後代。』等大叔降生時，掌紋形成『虞』字，就稱他為虞，等周成王滅了唐國，就把大叔封在那裡。所以參是晉主祀的星宿。這樣看來，實沈是參宿的神靈。過去金天氏有個小兒子叫昧，是水官之長，生有允格、臺駘。臺駘能繼承他的官職，疏通汾河、洮河，阻塞大澤，住在高平之地。帝顓頊嘉獎他，把汾河流域封給他立國。沈、姒、蓐、黃幾國都奉守他的祭祀。現在晉掌握了汾川把這幾國滅亡了。這樣看來，臺駘是汾水、洮水的神靈。但這兩位神靈不會危害您的身體。山川的神靈，在發生水旱災害時祭祀祂們；日月星辰的神靈，在雪霜風雨不合節令時祭祀祂們；像您的疾病，是因為飲食哀樂女色過度所致。」平公和叔嚮都說：「好啊。真是博學多聞的君子！」給子產非常優厚的禮遇。

5 二十七年，夏天，鄭簡公朝見晉君。冬天，害怕楚靈王的強橫，又朝見楚王，子產跟隨。二十八年，鄭君病重，讓子產去會見諸侯，與楚靈王在申盟會，誅殺齊國的慶封。

6 三十六年，簡公去世，子定公寧繼位。秋天，定公朝見晉昭公。

7 定公元年，楚公子弃疾殺了楚靈王自己繼位，這就是楚平王。平王想對諸侯施行恩德，把楚靈王侵奪的鄭國的土地還給了鄭國。

8 四年，晉昭公去世，晉國六卿強大，公室卑弱。子產對韓宣子說：「處理政務一定要依據道德，不要忘掉立國的根本。」

9 六年，鄭國發生了火災，鄭定公想用祭祀消災。子產說：「不如通過修德來消災。」

10 八年，楚太子建逃亡到鄭國。十年，太子建與晉合謀偷襲鄭國。鄭殺死了太子建，建的兒子勝逃往吳國。

11 十一年，鄭定公去晉國。晉與鄭合謀，誅殺周的亂臣，把周敬王送入成周。

12 十三年，鄭定公去世，子獻公蠆繼位。獻公十三年去世，子聲公勝繼位。在這個時候，晉六卿強大，侵奪鄭國，鄭就衰敗下去。

13 聲公五年，鄭國相子產去世，鄭人都哭泣，就像親戚去世一樣悲哀。子產是鄭成公的小兒子，他為人仁義愛人，事奉國君忠厚。孔子曾到過鄭國，與子產親密如兄弟。當聽說子產去世，孔子為他哭泣道：「他是古代留下的仁愛的人啊！」

1 八年，晉范、中行氏反❶，晉告急於鄭，鄭救之。晉伐鄭，敗鄭軍於鐵❷。

2 十四年，宋景公滅曹❸。二十年，齊田常弒其君簡公❹，而常相於齊。二十二年，楚惠王滅陳❺。孔子卒。

3 三十六年，晉知伯伐鄭，取九邑❻。

4 三十七年，聲公卒❼，子哀公易立。哀公八年❽，鄭人弒哀公而立聲公弟丑，是為共公❾。

5 共公三年❿，三晉滅知伯⓫。三十一年⓬，共公卒，子幽公已立⓭。

6 幽公元年⓮，韓武子⓯伐鄭，殺幽公。鄭人立幽公弟駘，是為繻公⓰。

7 繻公十五年⓱，韓景侯伐鄭，取雍丘。鄭城京⓲。十六年，鄭伐韓，敗韓兵於負黍⑲。二十年，韓、趙、魏列為諸侯。二十三年，鄭圍韓之陽翟⑳。

8 二十五年，鄭君殺其相子陽㉑。二十七年，子陽之黨共弒繻公駘而立幽公弟乙為君㉒，是為鄭君。

9 鄭君乙立二年㉓，鄭負黍反，復歸韓。十一年，韓伐鄭，取陽城㉔。

10 二十一年，韓哀侯滅鄭㉕，并其國。

【章　旨】以上為第五段，主要寫子產死後鄭國迅速衰落，最終為韓所併。

【注　釋】❶晉范中行氏反　時為鄭聲公三年，此繫於八年，誤。范、中行氏，晉國的兩家世卿。此指范吉射和中行寅。❷晉伐鄭二句　哀二年《左傳》，齊、鄭送粟給范氏、中行氏，趙鞅禦之，故有鐵之役，晉實未主動伐鄭。鐵，衛邑名，在今河南濮陽西北。❸宋景公滅曹　宋景公，名欒，或作頭曼、兜欒，宋元公之子，西元前五一六—前四六九年在位。曹，諸侯國名，姬姓，建都陶丘，故址在今山東定陶西南。❹齊田常弒其君簡公　田常時為齊國執政大臣，弒簡公而立平公，專國政。田常，嬀姓，氏田，又作陳常、陳恆，諡成。簡公，名壬，或作任，齊悼公之子，西元前四八四—前四八一年在位。❺楚惠王滅陳　楚惠王，名章，楚昭王之子，西元前四八八—前四三二年在位。陳，諸侯國名，嬀姓，相傳為舜的後裔，都宛丘，故城在今河南淮陽。❻晉知伯伐鄭二句　梁玉繩曰：「知伯伐鄭，《左傳》在鄭聲公三十三年，此書于聲公二十六年，〈六國年表〉書于周定王五年，皆誤。《左傳》無取九邑之文，恐妄。」知伯，亦作智伯，名瑤，荀氏之後，故亦稱荀瑤。諡襄，知宣子甲之子，為晉國六卿之一。❼三十七年二句　梁玉繩曰：「〈十二侯表〉、〈六國表〉皆作『三十八年』。」❽哀公八年　西元前四五六年。❾鄭人弒哀公而立聲公弟丑二句　共公丑是哀公弟，非聲公弟。❿共公三年　西元前四五三年。⓫三晉滅知伯　三晉滅知伯事，據本書〈六國年表〉、〈周本紀〉、〈秦本紀〉、及古本《竹書紀年》推算，在共公二年。⓬三十一年　共公在位實際只有三十年。⓭子幽公已立　瀧川曰：「楓山本，『已』作『巳』。」⓮幽公元年　西元前四二三年。⓯韓武子　名啟章，諡武。韓康子之子，西元前四二四—前四〇九年在位。⓰鄭人立幽公弟駘二句　《集解》曰：「〈年表〉云：『鄭立幽公子駘。』」

繻，或作繚。」⑰繻公十五年　西元前四〇八年。⑱韓景侯伐鄭三句　韓景侯，名虔，韓武子之子，西元前四〇八—前四〇〇年在位。西元前四〇三年受命周威烈王為諸侯。雍丘，鄭邑名，故城在今河南杞縣城關鎮。⑲負黍　故城在今河南登封西南大金店鄉南城子村。為春秋戰國時期鄭、韓的軍事重鎮。⑳陽翟　韓邑名，即今河南禹縣。㉑鄭君殺其相子陽　瀧川曰：「《淮南子・氾論訓》云：『鄭子陽剛毅而好罰，其于罰也，執而無赦。舍人有折弓者，畏罪恐誅，則因猘狗之驚以殺子陽，此剛猛之所致也。』」殺子陽者是指鄭人，不是鄭君。子陽，駟氏，鄭國執政大夫。㉒立幽公弟乙為君　《集解》引徐廣曰：「一本云『立幽公弟乙陽為君，是為康公』。〈六國年表〉云『立幽公子駘』，又以鄭君陽為鄭康公乙。」中井積德曰：「《集解》『弟』下『乙』字疑衍。」㉓鄭君乙立二年　西元前三九四年。㉔陽城　鄭邑名，故城在今河南登封東南告成鄉告成村東北。㉕韓哀侯滅鄭　按：鄭自桓公西元前八〇六年受封至此共四百一十四年。韓哀侯，韓文侯之子，西元前三七六—前三七五年在位。

【語　譯】八年，晉范、中行氏反叛，晉國向鄭告急，鄭援救他們。晉國討伐鄭國，在鐵打敗鄭軍。

2　十四年，宋景公滅曹國。二十年，齊田常殺死國君齊簡公，做了齊國的國相。二十二年，楚惠王滅陳國。孔子去世。

3　三十六年，晉知伯伐鄭，攻取了九座城邑。

4　三十七年，聲公去世，子哀公易繼位。哀公八年，鄭人殺死哀公而立聲公的弟弟丑為國君，這就是共公。

5　共公三年，三晉滅知伯。三十一年，共公去世，子幽公已繼位。

6　幽公元年，韓武子伐鄭，殺死了幽公。鄭人立幽公的弟弟駘為君，這就是繻公。

7　繻公十五年，韓景侯伐鄭，攻取了雍丘。鄭修築京的城牆。十六年，鄭伐韓，在負黍打敗韓軍。二十年，韓、趙、魏列為諸侯。二十三年，鄭圍攻韓的陽翟。

8　二十五年，鄭君殺掉相國子陽。二十七年，子陽的黨羽共同殺了繻公駘而立幽公的弟弟乙為君，這就是鄭君。

9　鄭君乙繼位兩年，鄭國的負黍反叛，又歸於韓。十一年，韓伐鄭，攻取陽城。

二十一年，韓哀侯滅亡鄭國，併入韓國。

太史公曰：語有之，「以權利合❶者，權利盡而交疏❷」，甫瑕❸是也。甫瑕雖以劫殺鄭子內厲公，厲公終背而殺之。此與晉之里克何異❹？守節如荀息，身死而不能存奚齊❺。變所從來，亦多故矣❻。

【章旨】以上為第六段，司馬遷批評甫假見利忘義，實際上也對鄭昭公、厲公爭國給予了批判，將其視為鄭國衰落的關鍵。

【注釋】❶以權利合　為謀求權利而建立起來的「友誼」。權，權勢。利，利益。❷權利盡而交疏　當這種謀取權利的活動一旦結束，交情也就到頭了。❸甫瑕　梁玉繩《志疑》：「以『傅』為『甫』，字省耳，故論中『甫瑕』兩見。」❹此與晉之里克何異　里克，晉國大夫。晉獻公去世後，他先後主謀殺死繼位的奚齊和悼子，欲迎重耳，未果，改迎夷吾，即晉惠公，惠公入，殺里克。詳見〈晉世家〉。❺守節如荀息二句　荀息，名黯，晉國大夫。奚齊，晉獻公寵妃驪姬所生之子。晉獻公臨終囑咐荀息立奚齊，里克殺死奚齊，荀息準備自殺，經人勸說，又輔佐奚齊之弟悼子繼位，里克又殺悼子，荀息自殺以殉。❻變所從來二句　岡白駒曰：「以權利合而死于權利，此其常也；以死守節不能存其主，此其變也，然不可謂『權利』『守節』均同矣。蓋雖其正，亦因事故之如何爾，故云『亦多故矣』，言不可以一論也。」

【語譯】太史公說：俗話說，「依靠權利而結合的，權利盡交情就疏遠了」，甫假就是這樣啊。甫假雖然劫持殺害鄭子迎回鄭厲公，厲公最終還是背棄盟約殺了他，這與晉國的里克有什麼不同？荀息那樣的守節，自己死亡卻也不能保住奚齊。變故的發生，也有很多原因啊！

【研析】本篇的主要意義在於以下幾點：

其一，從被征服的角度反映了春秋時期晉、楚爭霸的過程。鄭國地處中原要衝，晉、楚之間，隨著兩國的崛起，鄭國必然成為它們爭奪霸權的必爭之地。鄭國倒向哪一方，基本上可以看作是哪一方占優勢的標誌。晉楚爭霸幾乎貫穿了整個春秋時期，而鄭國的歷史基本與春秋相始終，因此，從鄭國史中可以看出晉楚爭霸的基本形勢。

其二，反映了司馬遷反對爭國爭利的重要思想。本文在記敘鄭國歷史時，主要記述了桓公建國、莊公小霸、昭厲爭國、子產執政幾件大事，反映了鄭國的興衰，也揭示了其中原因。春秋初期，鄭國在諸國中實力最強，齊、魯等當時的大國在抵禦蠻族入侵時也得請鄭幫忙，出現了莊公小霸的局面，但隨著莊公去世，昭厲二公兄弟爭國，而齊、楚、晉正在這一時期蒸蒸日上，鄭國最終失去了發展的機會和空間，降為二、三流的國家，一個原本最強大的國家淪落成任人魚肉的小國，只能憑子產等人的機智與言辭勉強支撐。在春秋諸國中，相比之下，鄭國的內亂不多，也不是最大的，而造成的後果卻最怵目驚心，這是司馬遷感慨尤深的地方，也正因如此，他才在「太史公曰」中單單提出甫假貪利納厲公一事大發議論，實際上是對昭公、厲公爭國給予批判，將其視為鄭國衰落的關鍵。

其三，文中子產執政一節寫得較為詳細，一方面是由於子產對於鄭國的存亡確實有著中流砥柱般的作用，正因為子產的機智與努力，鄭國才能在晉、楚的夾縫中左支右吾，艱難生存，司馬遷對子產的政治外交才能深為感佩；另一方面，司馬遷更看重子產的仁愛品質，特意引述孔子「古之遺愛也」的評論為子產蓋棺定論，也正因如此，他還在〈循吏列傳〉中給子產以一席之地。可以說子產是司馬遷心目中人臣的楷模。但是，從歷史貢獻上說，鑄刑書才是子產平生最大的功績，他第一次把貴族掌握的法律公開給民眾，是一次空前大膽、石破天驚的改革，因此，很多人認為子產是法家的先驅。而司馬遷在〈循吏列傳〉與本文中都故意隱匿了此事，應該說是因對法家的偏見造成的狹隘。

其四，鄭莊公是個開風氣之先的人物。他因母逐弟，違背人倫；在周天子面前飛揚跋扈，繻葛之役竟然公然與天子對陣，還射王中臂，射掉了天子身上神性的光環，也射落了天子與諸侯間的禮教帷幕，而這些在以前都是人們不敢想像的。春秋初期出現鄭莊公這樣的人物是歷史的必然，同時也對歷史的走向產生了巨大的影響，鄭莊公的霸道開啟了春秋諸侯爭霸的序幕。

〈鄭世家〉中的一些事件與《左傳》記載不同，也不見於先秦其他書籍，可能是司馬遷取自民間傳說。文中重點人物如莊公、子產等雖不像人物傳記那樣精細刻劃，但通過選擇列舉其生平大事，準確地表現出了他們的性格、人品，堪稱典型人物。

卷四十三

趙世家第十三

【題解】〈趙世家〉以趙襄子即位為界限分為前後兩部分，前一部分寫趙國建立以前的趙氏家族的發展史，作品從商代寫起，中經西周、春秋，一直寫到趙簡子在晉國執政，當時晉國的領土、政權實際已被幾家大貴族所瓜分，只是表面上還留著一個「晉國」的外殼而已。後一部分譜列了自趙襄子建立趙國，歷十三世共二百二十三年，到趙王嘉被秦國所滅的歷史。〈趙世家〉是戰國時期東方六國「世家」記事最詳盡、也最具體生動的篇章。其記載趙國君主比較著力的是在趙盾、趙簡子、趙襄子、趙武靈王；而性格最突出，作者也寫得最充滿感情的則尤其在趙襄子與趙武靈王。〈趙世家〉的寫法富於小說性，尤其「趙氏孤兒」一節顯然與歷史不合，充分表現了司馬遷的「好奇」，表現了他為突出某種人生觀、價值觀而不惜捨棄事實、採用傳說的大膽做法。

1 趙氏之先，與秦共祖❶。至中衍❷，為帝大戊御❸。其後世蜚廉❹有子二人，而命其一子曰惡來，事紂，為周所殺❺，其後為秦❻。惡來弟曰季勝，其後為趙❼。

2 季勝生孟增。孟增幸於周成王❽，是為宅皋狼❾。皋狼生衡父，衡父生造父。造父幸於周繆王❿。造父取驥之乘匹⓫，與桃林盜驪、驊騮、綠耳，獻之繆王⓬。

繆王使造父御，西巡狩⑬，見西王母⑭，樂之忘歸。而徐偃王反⑮，繆王日馳千里馬⑯，攻徐偃王，大破之。乃賜造父以趙城⑰，由此為趙氏⑱。

3 自造父已下六世至奄父，曰公仲。周宣王⑲時伐戎，為御。及千畝戰⑳，奄父脫宣王㉑。奄父生叔帶。叔帶之時，周幽王㉒無道，去周如晉㉓，事晉文侯㉔，始建趙氏于晉國㉕。

4 自叔帶以下，趙宗益興，五世而至趙夙㉖。

5 趙夙㉗：晉獻公之十六年㉘伐霍、魏、耿㉙，而趙夙為將伐霍㉚，霍公求犇齊㉛。晉大旱，卜之，曰「霍太山為祟㉜」。使趙夙召霍君於齊，復之㉝，以奉霍太山之祀㉞，晉復穰㉟。晉獻公賜趙夙耿㊱。

6 夙生共孟，當魯閔公之元年㊲也。共孟生趙衰㊳，字子餘。

7 趙衰卜事㊴晉獻公及諸公子，莫吉；卜事公子重耳㊵，吉，即事重耳。重耳以驪姬之亂㊶，亡奔翟㊷，趙衰從。翟伐廧咎如㊸，得二女。翟以其少女妻重耳，長女妻趙衰，而生盾。初，重耳在晉時，趙衰妻亦生趙同、趙括、趙嬰齊。趙衰從重耳出亡，凡十九年，得反國㊹。重耳為晉文公㊺，趙衰為原大夫㊻，居原，任國政㊼。文公所以反國及霸㊽，多趙衰計策㊾。語在「晉事」中㊿。

8 趙衰既反晉，晉之妻51固要52迎翟妻53，而以其子盾為適嗣54，晉妻三子皆下事之55。晉襄公之六年56，而趙衰卒，謚為成季57。

【章旨】以上為第一段，寫趙氏始重於晉。

【注釋】❶與秦共祖 〈秦本紀〉云：秦之祖先名女脩，生大業，大業生大費。按：此所謂大業、大費云者，既是秦之始祖，也是趙的始祖。❷中衍 大費生子曰大廉，大廉有玄孫二人，長曰孟戲，次曰中衍，二人皆「鳥身人言」。❸為帝大戊御 為殷朝的帝王大戊趕車。帝大戊，殷朝中期的帝王。御，趕車。❹蜚廉 中衍的玄孫曰中潏，中潏之子曰蜚廉，蜚廉生子二人，長曰惡來，次曰季勝。❺為周所殺 〈秦本紀〉云：「蜚廉生惡來，惡來有力，蜚廉善走，父子俱以材力事殷紂。周武王之伐紂，并殺惡來。」❻其後為秦 據〈秦本紀〉，惡來生女防，女防生旁皋，旁皋生太几，太几生大駱，大駱生非子，非子以善養馬，被周孝王「邑之秦，使復續嬴氏祀，號曰秦嬴」，從此秦氏有了封土。❼其後為趙 其後代遂為「趙」氏。此言「秦之先」與「趙之先」本同祖，至惡來與季勝乃始分開，惡來之後為「秦」氏，季勝之後為「趙」氏。❽周成王 名誦，武王之子，西元前一〇四二—前一〇二一年在位。❾宅皋狼 瀧川曰：「宅皋狼，孟增號，以其居皋狼稱之也。下文皋狼上亦當有宅字。」皋狼，今山西離石西北。❿造父幸於周繆王 造父，古之善相馬者，也是最善於趕車的馭手。周繆王，名滿，西周的第五代帝王，西元前九七六—前九二二年在位。繆，也寫作「穆」，古通用。⓫乘匹 八匹。⓬與桃林盜驪驊騮綠耳二句 桃林，也稱桃林塞，在今華山東側的河南與陝西交界處，周武王滅商後，「縱馬於華山之陽，放牛於桃林之虛」，所以這裡多有良馬的遺種。盜驪、驊騮、綠耳，都是周繆王「八駿」的名字。⓭西巡狩 意即到西方巡視遊歷。巡狩，巡視諸侯之所守，即到所屬的各地去視察。⓮西王母 神話中的西方神仙。《穆天子傳》有所謂「穆王與西王母觴于瑤池之上」云云。⓯徐偃王反 指淮河流域的夷族作亂反周。徐，也稱「徐方」，夷族小國名，在今江蘇泗洪南。⓰日馳千里馬 「馬」字疑衍。⓱趙城 古城名，在今山西洪洞北。⓲由此為趙氏 從此這個家族開始姓趙。⓳周宣王 厲王之子，名靜，西元前八二七—前七八二年在位。⓴千畝戰 宣王三十九年（西元前七八九年），與姜氏之戎戰於千畝，王師敗績。千畝，古邑名，在今山西安澤北。㉑脫宣王 救助宣王脫險。㉒周幽王 名宮湦，也作「宮涅」，宣王之子，西元前七八一—前七七一年在位。有關周幽王之寵褒姒，荒淫無道終至敗亡事，見〈周本紀〉。㉓去周如晉　當時的周國都城在鎬京，今西安城西南之古豐水東側。晉，西周初年建立的諸侯國名，始封之君為成王之弟叔虞，始封之地為唐（今山西翼城西）；後來遷都至曲沃（今山西聞喜東北，曲沃南）。㉔晉文侯　名仇，穆侯之子，西元前七八〇－前七四六年在位。㉕始建趙氏于晉國　蓋言趙氏之興於晉，乃自叔帶始也。㉖五世而至趙夙　「至」原作「生」。王念孫《讀書雜志》曰：「『生』字涉上而誤。《御覽》封建部引作『至』。」今據改。㉗趙夙　按：段首以「趙夙」二字領起，下文全述趙夙事，此例除見於本篇外，還見於〈殷本紀〉之敘「成湯」、〈韓世家〉之敘「韓厥」。㉘晉獻公之十六年　西元前六六一年。晉獻公，名詭諸，西元前六七六－前六五一年在位。晉獻公時，晉之國都由曲沃遷至絳（今山西翼城東南）。㉙霍魏耿　都是當時的小國名，霍在今山西霍縣西南；魏在今山西芮城北；耿在今山西河津東南。㉚趙夙為將伐霍　據〈晉世家〉：「十六年，晉獻公作二軍。公將上軍，太子申生將下軍，趙夙御戎，畢萬為右，伐滅霍。」御戎，為太子駕馭戰車，與本篇之所謂「為將」者歧異。梁玉繩以為「『為將』乃『為御』之譌」。㉛霍公求犇齊　霍國的國君逃到齊國。霍國的始封之君為周文王之子，此時的國君名求。齊，諸侯國名，始封之君為武王的開國功臣姜尚，國都臨淄，在今山東淄博之臨淄城西北。當時的齊國諸侯為齊桓公（西元前六八五－前六四三年在位）。㉜霍太山為祟　霍國的太山之神為祟，因為霍君被趕走，沒有人給祂上供了。霍太山在當時的霍邑城東。㉝復之　又將霍國重建起來。㉞以奉霍太山之祀　使霍君繼續奉行對霍太山的祭祀。㉟穰　豐收。㊱賜趙夙耿　將耿邑封給趙夙作領地，此趙氏在晉國有封地之始。㊲魯閔公之元年　西元前六六一年。魯閔公，名啟，莊公之子，西元前六六一－前六六〇年在位。㊳共孟生趙衰　據此則趙衰乃趙夙之孫；而《世本》曰「夙生成季衰」，則趙衰為趙夙之子；而《國語‧晉語》又云「趙衰，夙之弟」，三說各異。㊴卜事　占卜服務於某人。㊵公子重耳　獻公之子，太子申生之異母弟，即日後之晉文公。㊶驪姬之亂　驪姬是晉獻公晚年的寵姬，為了讓其所生的兒子奚齊能繼承獻公之位，先施毒計殺害了太子申生，接著又要殺重耳、夷吾等獻公諸子，因此諸子紛紛逃出國外，重耳奔翟。事在獻公二十二年（西元前六五五年）。㊷翟　當時活動在今山西、陝西北部的少數民族名。㊸廧咎如　少數民族名，當時居住在今山西長治東、河南安陽西的太行山地區。㊹凡十九年二句　重耳於獻公二十二年（西元前六五五年）出亡，至懷公元年（西元前六三六年）靠秦國武力護送回國，中經十九年。㊺重耳為晉文公　重耳靠秦國武力打回晉國，取得君位事，在西元前六三六年。㊻原大夫　原邑的行政長官。原，在今河南濟源西北。㊼居原二句　一方面管理原邑，同時也在朝廷管理整個晉國的事情。這裡的「任國政」義同後來的「為宰相」。㊽反國及霸　得以返回晉國即位，並成為諸侯中的霸主。㊾多趙衰計策　如里克殺奚齊、悼子後請重耳回國，趙衰當時勸其勿回；重耳在齊貪戀舒適生活不想再走時，趙衰等強使其走；重耳在秦會見穆公時，趙衰幫其應對等等。㊿語在晉事中　意即詳情見〈晉世家〉。51晉之妻　原先在晉國國內所娶的妻子，此人是重耳之女。52固要　堅決請求。53翟妻　趙衰在翟時所娶的妻子，即廧咎如之長女叔隗。54以其子盾為適嗣　讓翟女生的兒子趙盾作為趙衰的法定繼承人。適，通「嫡」。55晉妻三子皆下事之　讓趙同、趙括、趙嬰齊三人都處於趙盾之下。56晉襄公之六年　西元前六二二年。晉襄公，名驩，文公之子，西元前六二七—前六二一年在位。57謚為成季　謚曰「成」，「季」字是趙衰的排行。

【語譯】趙氏的先輩，和秦國有著共同的祖先。到了中衍，替殷朝的帝王大戊趕車。他的後代蜚廉有兩個兒子，其中一個叫惡來，替紂王做事，被周人所殺，惡來的後代是秦人的祖先。惡來的弟弟叫季勝，他的後代是趙人的祖先。

2 季勝生了孟增，孟增受寵於周成王，這就是宅皋狼。皋狼生了衡父，衡父生了造父。造父受寵於周繆王。造父從桃林地區物色了盜驪、驊騮和綠耳等八匹好馬獻給了周繆王。繆王讓造父當御者，替他趕車。繆王到西方各地巡視，遇見了西王母，高興得忘記了回家。這時正趕上徐偃王造反，周繆王遂乘著造父給他趕的車子日馳千里去進攻徐偃王，將他打敗。周繆王把趙城賞賜給造父，從此造父的家族開始姓趙。

3 從造父以下六代到奄父，也叫公仲，周宣王討伐戎族時，公仲給周宣王趕車。後來在千畝之戰中，奄父又幫助宣王脫了險。奄父生了叔帶。叔帶那時候，周幽王荒淫無道，叔帶離開周國去了晉國，在晉文侯手下做事，這是趙氏在晉國創立基業的開始。

4 自叔帶以下，趙氏宗族日益興旺，下傳五代到趙夙。

5 趙夙：晉獻公於十六年時攻打霍、魏、耿三個小國，讓趙夙為將領兵伐霍，霍公求逃奔到齊國。這年晉國發生嚴重的旱災，占卜的結果說「霍國的太山之神作怪」。於是獻公派趙夙把霍國國君從齊地召回，重建霍國，讓他繼續奉行對霍太山山神的祭祀，晉地又重獲豐收。晉獻公就把耿地賞賜給了趙夙。

6 趙夙生了共孟，這年是魯閔公元年。共孟生了趙衰，字子餘。

7 趙衰想通過占卜看看為誰效力吉利，占卜的結果顯示，為晉獻公及其他公子效力都不吉利，只有為公子重耳效力吉利，於是遂決定跟隨重耳。重耳為了躲避驪姬之亂出逃時，趙衰跟著重耳逃到了翟族。翟人在攻打另一個部族廧咎如時，俘獲兩個女子。他們把兩姐妹中那個小的嫁給了重耳，把那個大的嫁給了趙衰，生下了趙盾。當初，重耳在晉國時，趙衰的妻子已經生了趙同、趙括、趙嬰齊。趙衰跟隨重耳出逃在外共十九年，才得返回晉國。重耳做了晉國國君，即晉文公；趙衰被任為原邑大夫，一方面管理原邑，同時也在朝管理整個晉國的事情。晉文公之所以能夠返回晉國並能稱霸於諸侯，這其中有許多都是靠趙衰的主意。這方面的情況詳見於〈晉世家〉。

8 趙衰回國後，他在晉國的妻子堅決要求接回趙衰在翟族的妻子，而且把翟族女子所生的兒子趙盾立為趙衰的繼承人，讓自己所生的三個兒子都在趙盾之下。晉襄公六年，趙衰去世，謚號為「成季」。

1 趙盾代成季任國政❶二年而晉襄公卒❷，太子夷皋年少。盾為國多難❸，欲立襄公弟雍❹。雍時在秦❺，使使迎之。太子母日夜啼泣❻，頓首謂趙盾曰：「先君何罪，釋其適子❼而更求君？」趙盾患之，恐其宗❽與大夫❾襲誅之，迺遂立太子，是為靈公❿；發兵距所迎襄公弟於秦者⓫。靈公既立，趙盾益專國政⓬。

2 靈公立十四年⓭，益驕⓮。趙盾驟諫⓯，靈公弗聽。及食熊蹯⓰，胹⓱不熟，殺宰人⓲，持其尸出⓳，趙盾見之。靈公由此懼，欲殺盾。盾素仁，愛人。嘗所食桑下餓人⓴反扞救盾㉑，盾以得亡㉒。未出境，而趙穿弒靈公㉓而立襄公弟黑臀㉔，是為成公㉕。趙盾復反㉖，任國政。君子譏盾「為正卿㉗，亡不出境，反不討賊」，故太史書曰「趙盾弒其君」㉘。晉景公㉙時而趙盾卒㉚，謚為宣孟㉛，子朔嗣。

3 趙朔：晉景公之三年㉜，朔為晉將下軍救鄭，與楚莊王戰河上㉝。朔娶晉成公姊㉞為夫人。

4 晉景公之三年，大夫屠岸賈欲誅趙氏㉟。初，趙盾在時，夢見叔帶持要而哭㊱，甚悲；已而笑，拊手且歌㊲。盾卜之，兆㊳絕而後好。趙史援㊴占之，曰：「此夢甚惡，非君之身，乃君之子，然亦君之咎㊵。至孫，趙將世益衰㊶。」屠岸賈者，始有寵於靈公，及至於景公而賈為司寇㊷，將作難㊸，乃治靈公之賊㊹以致趙盾㊺，徧告諸將曰：「盾雖不知，猶為賊首㊻。以臣弒君，子孫在朝，何以懲辠㊼？請誅之。」韓厥㊽曰：「靈公遇賊㊾，趙盾在外，吾先君㊿以為無罪，故不誅。今諸君將誅其後，是非先君之意而今妄誅(51)。妄誅謂之亂。臣有大事而君不聞(52)，是無君也。」屠岸賈不聽。韓厥告趙朔趣亡(53)。朔不肯，曰：「子必不絕趙祀(54)，朔死不恨(55)。」韓厥許諾，稱疾不出。賈不請(56)而擅與諸將攻趙氏於下宮(57)，殺趙朔、趙同、趙括、趙嬰齊(58)，皆滅其族。

5 趙朔妻成公姊，有遺腹，走公宮匿(59)。趙朔客(60)曰公孫杵臼，杵臼謂朔友人程嬰曰：「胡不死[61]？」程嬰曰：「朔之婦有遺腹，若幸而男，吾奉[62]之；即[63]女也，吾徐死耳[64]。」居無何，而朔婦免身[65]，生男。屠岸賈聞之，索[66]於宮中。夫人置兒綺[67]中，祝曰：「趙宗滅乎，若[68]號；即不滅[69]，若無聲。」及索，兒竟無聲。已脫[70]，程嬰謂公孫杵臼曰：「今一索不得，後必且復索之，奈何？」公孫杵臼曰：「立孤[71]與死孰難？」程嬰曰：「死易，立孤難耳。」公孫杵臼曰：「趙氏先君遇子厚[72]，子彊為其難者[73]；吾為其易者，請先死。」乃二人謀取他人嬰兒負之[74]，衣以文葆[75]，匿山中。程嬰出，謬謂[76]諸將軍曰：「嬰不肖[77]，不能立趙孤。誰能與我千金，吾告趙氏孤處。」諸將皆喜，許之，發師隨程嬰攻公孫杵臼。杵臼謬曰：「小人哉，程嬰！昔下宮之難不能死，與我謀匿趙氏孤兒，今又賣我。縱不能立，而忍賣之乎？」抱兒呼曰：「天乎！天乎！趙氏孤兒何罪？請活之[78]，獨殺杵臼可也[79]。」諸將不許，遂殺杵臼與孤兒。諸將以為趙氏孤兒良已死[80]，皆喜。然趙氏真孤乃反在，程嬰卒與俱匿山中[81]。

6 居十五年[82]，晉景公疾，卜之，大業之後不遂者[83]為祟[84]。景公問韓厥，厥知趙孤在，乃曰：「大業之後在晉絕祀[85]者，其趙氏乎？夫自中衍者，皆嬴姓也[86]。中衍人面鳥噣[87]，降佐殷帝大戊[88]，及周天子，皆有明德[89]。下及幽、厲[90]無道，而叔帶去周適晉(91)，事先君文侯，至于成公，世有立功(92)，未嘗絕祀。今吾君獨滅趙宗，國人哀之，故見龜策(93)。唯君圖之(94)。」景公問：「趙尚有後子孫乎(95)？」韓厥具以實告。於是景公乃與韓厥謀立趙孤兒，召而匿之宮中。諸將入問疾，景公因韓厥之眾(96)以脅諸將而見趙孤(97)。趙孤名曰武。諸將不得已，乃曰：「昔下宮之難，屠岸賈為之，矯(98)以君命，并命羣臣(99)。非然(100)，孰敢作難？微君之疾(101)，羣臣固且(102)請立趙後。今君有命，羣臣之願也。」於是召趙武、程嬰徧拜諸將，遂反與程嬰、趙武攻屠岸賈(103)，滅其族。復與趙武田邑如故(104)。

7 及趙武冠(105)，為成人，程嬰乃辭諸大夫，謂趙武曰：「昔下宮之難，皆能死。我非不能死，我思立趙氏之後。今趙武既立，為成人，復故位，我將下報趙宣孟(106)與公孫杵臼。」趙武啼泣頓首固請，曰：「武願苦筋骨以報子至死，而子忍去我死乎？」程嬰曰：「不可。彼(107)以我為能成事，故先我死。今我不報，是以我事為不成。」遂自殺。趙武服齊衰(108)三年，為之祭邑(109)，春秋祠之，世世勿絕(110)。

8 趙氏復位十一年(111)而晉厲公(112)殺其大夫三郤(113)。欒書(114)畏及(115)，乃遂弒其君厲公(116)，更立襄公曾孫周，是為悼公(117)。晉由此大夫稍彊(118)。

9 趙武續趙宗二十七年，晉平公(119)立。平公十二年，而趙武為正卿(120)。十三年，吳延陵季子使於晉[121]，曰：「晉國之政，卒歸於趙武子、韓宣子、魏獻子之後矣[122]。」

10 趙武死，謚為文子[123]。

文子生景叔[124]。景叔之時，齊景公[125]使晏嬰[126]於晉，晏嬰與晉叔向[127]語。嬰曰：「齊之政後卒歸田氏[128]。」叔向亦曰：「晉國之政將歸六卿[129]。六卿侈[130]矣，而吾君不能恤也[131]。」

11 趙景叔卒，生趙鞅，是為簡子[132]。

【章　旨】以上為第二段，寫趙氏在晉國長期把持政權。

【注　釋】❶趙盾代成季任國政　按：史文頗似父終子繼，無可爭議者，然據《左傳》文公六年，知趙盾「為國政」乃是靠陽處父的武裝政變，這是趙盾在晉國執政的開始，也是晉國公室與趙氏家族矛盾的開端。事在晉襄公六年（西元前六二二年）。❷晉襄公卒　事在晉襄公七年（西元前六二一年）。❸為國多難　主要是與秦國的矛盾尖銳，遂連年戰爭。❹襄公弟雍　襄公之弟名雍。趙盾想立公子雍，一方面是為了立「長君」，同時也是為了與秦國改善關係。❺雍時在秦　秦國此時的國君為秦穆公（西元前六五九—前六二一年在位）。❻太子母日夜啼泣　《左傳》與〈晉世家〉於此都作「太子母穆嬴日夜抱太子以號泣於朝」，較此更生動。太子母，秦穆公的女兒，故稱「穆嬴」。❼釋其適子　拋開嫡子不要。釋，捨；拋開。適子，正妻所生之子，法定接班人。「適」通「嫡」。❽其宗　指夷皋與其母穆嬴一派的人。古稱同是一母所生者為一宗。❾大夫　指晉國的諸大臣，當時諸侯國的大臣皆稱「大夫」。❿靈公　西元前六二〇—前六〇七年在位。⓫發兵距所迎襄公弟於秦者　晉國派去的使者為先蔑、士會。因有秦兵護送，故晉國又翻臉與之開戰，敗之於令狐（今山西臨猗西），由此晉與秦國的關係更壞了。⓬趙盾益專國政　點明趙盾與公室的矛盾更為尖銳。⓭靈公立十四年　西元前六〇七年。⓮益驕　此未必非趙氏強加之辭也。⓯驟諫　屢次進諫。驟，屢。趙盾與士會諫靈公事，見《左傳》宣公二年與〈晉世家〉。⓰熊蹯　熊掌。⓱胹　煮；燉。⓲宰

人　廚師。⓳持其尸出　《左傳》作「殺之置諸畚，使婦人載以過朝」，較此生動。⓴所食桑下餓人　即示眯明，餓於桑下將死，趙盾出獵遇之，與之食物，將其救活。㉑反扞救盾　示眯明後來當了晉靈公的宰夫，當晉靈公埋伏甲士欲殺趙盾時，示眯明乃倒戟以衛趙盾得脫。反扞，反而護衛。㉒盾以得亡　趙盾由此才得以脫身逃去。㉓趙穿弒靈公　趙穿，趙盾的族人，於靈公十四年（西元前六〇七年）弒靈公於桃園。㉔黑臀　文公之子，襄公之弟。㉕成公　西元前六〇六－前六〇〇年在位。㉖復反　由逃跑的路上返回。㉗正卿　諸卿之長，戰國為中軍將，平時總攬國事，猶後世所謂「首相」。㉘太史書曰趙盾弒其君　《左傳》：「太史書曰『趙盾弒其君』，以示于朝。宣子曰：『不然。』對曰：『子為正卿，亡不越境，反不討賊，非子而誰？』孔子曰：『董狐，古之良史也，書法不隱；趙宣子，古之良大夫也，為法受惡。惜也，越境乃免。』」與此略異。亡不出境，逃亡而未至國外。反不討賊，回國後又不懲處弒君之兇手趙穿。㉙晉景公　名據，成公之子，西元前五九九－前五八一年在位。㉚趙盾卒　趙盾應死於晉成公六年之前。㉛謚為宣孟　「宣」字是謚，「孟」字是趙盾的排行。㉜晉景公之三年　西元前五九七年。㉝朔為晉將下軍救鄭二句　按：此即邲之戰，當時楚軍圍鄭，待晉軍往救時，鄭已降楚。此時晉軍是進是退，諸帥意見不一，主帥荀林父催軍作戰，晉軍慘敗。此役晉方荀林父為中軍將，趙朔為下軍將。楚莊王，名侶，西元前六一三－前五九一年在位。㉞姊　應作「女」。㉟屠岸賈欲誅趙氏　按：《左傳》無屠岸賈其人，更無後述程嬰、公孫杵臼其事，惟此〈趙世家〉與〈韓世家〉言之，蓋小說家言。屠岸賈，姓屠岸，名賈。㊱夢見叔帶持要而哭　意謂趙氏家族將被攔腰斬斷。要，通「腰」。㊲拊手且歌　意指災難過後，趙氏更將大興。拊手，拍手。㊳兆　龜甲灼文所顯示的徵兆。㊴趙史援　趙氏的史官名援。古代的史官亦掌卜祝之事。瀧川曰：「『史』上『趙』字疑衍，趙氏不宜別有史官。」㊵亦君之咎　也是因為您造的孽，指弒靈公。㊶至孫二句　按：此預言不合事實，其孫趙武重建趙氏家族後，執掌晉政，往後直至三家分晉，安在其「世益衰乎」？謝孝苹引《說苑》曰「至子趙朔世益衰」，亦重複不合情理。㊷司寇　朝官名，主管緝捕盜賊，維持治安。㊸將作難　將要誅滅趙氏滿門。㊹乃治靈公之賊　以追究殺害靈公的兇手為名。㊺以致趙盾　從而整治到趙盾。致，及；加罪。㊻賊首　猶言主犯。㊼何以懲辠　何以再懲治別的罪犯？㊽韓厥　景公時的名臣，於晉齊鞌之戰中差點捉了齊頃公。其援救趙族事，詳見〈韓世家〉。㊾遇賊　遇害。賊，殘害；殺害。㊿先君　指晉成公。(51)今諸君將誅其後二句　文氣不順。「而」下「今」字應削。(52)君不聞　做君主的不知道，意指屠岸賈想滅趙氏而不向景公報告。(53)趣亡　迅速逃跑。趣，通「促」。迅速。(54)子必不絕趙祀　如果你能讓趙氏不絕後。必，若能。(55)不恨　無憾。恨，遺憾。(56)不請　不向景公稟告。(57)下宮　趙氏家族的宮室名。(58)殺趙朔趙同趙括趙嬰齊　按：據《左傳》，趙氏「下宮之難」被殺者為趙同、趙括，時間為景公十七年（西元前五八三年）。起因是在此以前趙朔已死，趙朔之妻（即成公之「姐」或「女」）與趙朔之叔趙嬰齊私通，嬰齊之兄趙同、趙括出面干涉，將趙嬰齊趕到了國外。趙朔之妻不滿，向景公說趙同、趙括的壞話，於是景公誅趙同、趙括於下宮。59走公宮匿　逃到晉景公的宮室裡躲藏起來。60趙朔客　當年趙朔的門客。61胡不死　為何不陪著趙朔一同死？胡，為何。62奉　侍奉；為之做事。63即　若；如果。64徐死耳　意即再死不遲。徐，慢。65免身　意即分娩。免，通「娩」。66索　搜查。67絝　此處通「褲」。68若　爾；你。69即不滅　如果不該滅絕。70已脫　這次凶險躲過後。71立孤　撫養孤兒成人。72遇子厚　待你的恩情深厚。73子彊為其難者　請你努力去完成那個難以完成的任務。彊，努力；奮勉。74負之　背在背上。75衣以文葆　給孩子穿上花衣裳。葆，通「褓」。小兒衣也。按：特別點出「文葆」，以見史公文心之細，蓋「文葆」乃貴族家之物也。76謬謂　假意地對他們說。77不肖　不類，不類其父，通常用以指不成材，沒出息。78請活之　請求你們饒過他。79獨殺杵臼可也　史珥曰：「紀攻杵臼處，搬演幾類優伶。」80良已死　真的是已經死了。良，誠；真的。81卒與俱匿山中　最後和那個真孤兒一起藏到了深山中。82居十五年　依史文，即景公十八年，西元前五八二年。83大業之後不遂者　依史文即指趙朔、趙同、趙括等。大業，嬴、趙兩族的遠祖，堯、舜時人。不遂，不順；不顯達，這裡即指被滅。84為祟　指鬼怪害人。85絕祀　斷絕祭祀，即指子孫滅絕。86夫自中衍者二句　中衍以來的後代子孫，多立功於世，以嬴為姓。87人面鳥噣　面目像人，嘴長得像鳥。〈秦本紀〉稱中衍「鳥身人言」，與此歧異。88降佐殷帝大戊　降臨人世輔佐殷朝的帝大戊。89及周天子二句　一直到周王朝，中衍的後代都有美好的道德。90幽厲　周幽王、周厲王，西周最壞的兩個君主。91去周適晉　離開周國，來到晉國。92世有立功　世世代代都對晉國的發展有功。93故見龜策　意謂天意、民意通過龜策表現了出來。龜，龜甲，占卜所用的材料。策，竹片、蓍草，算卦所用的材料。見，通「現」。94唯君圖之　唯，表示祈請的發語詞。圖，考慮；盤算。95尚有後子孫乎　按：句子不順，「後」與「子孫」二者應削其一。96因韓厥之眾　借助於韓厥的部眾。97而見趙孤　使孤兒趙武與諸將相見。98矯　假託；假傳。99并命羣臣　用您的名義來命令我們。100非然　倘若不是如此。101微君之疾　倘若不是因為您有病，不能處理國家大事。微，沒有；不是。102固且　本來也要。103遂反與程嬰趙武攻屠岸賈　按：「遂」上應增「諸將」二字讀。104復與趙武田邑如故　〈晉世家〉繫之於景公十七年，《集解》引杜預注：「終說之耳，非此年也。」105及趙武冠　古時男子二十而冠，從此謂為「成人」。106下報趙宣孟　中井曰：「宜舉趙朔，不當指宣孟。」107彼　他；他們，指公孫杵臼與趙朔等。108齊衰　喪服的一種，僅次於斬衰。斬衰是指喪服的衣邊不加緣緝，是子女為父母所服；齊衰是將衣邊加以緣緝，是為祖父母與叔、伯所服。109為之祭邑　劃出一塊領地，專門為祭祀程嬰、公孫杵臼之用。110春秋

祠之二句　梁玉繩曰：「匿孤報德，視死如歸，乃戰國俠士、刺客所為，春秋之世無此風俗。則斯事固妄誕不可信，而所謂屠岸賈、程嬰、杵臼，恐亦無其人也。」趙翼曰：「以理推之，晉景公未失國政，朔妻其姊也，公之姊既在宮中生子，賈何人竟敢向宮中索之，如曹操之收伏后乎？況其時尚有欒武子、知莊子、范文子及韓獻子共主國事，區區一屠岸賈，位非正卿，官非世族，乃能逞威肆虐一至此乎？」111趙氏復位十一年　晉厲公八年，西元前五七三年。112晉厲公　名壽曼，景公之子，西元前五八〇—前五七三年在位。113三郤　郤錡、郤犫、郤至，皆晉國大夫。晉厲公於鄢陵之役打敗楚國後，楚國行反間計以害郤氏，奸臣欒書又趁機誣陷、挑動，於是厲公遂攻殺三郤。114欒書　晉國的權臣。115畏及　害怕晉厲公殺到自己頭上。116遂弒其君厲公　厲公殺害三郤後，晉卿胥童要求晉厲公也一起除掉欒書與中行偃，厲公未忍動手。欒書見此情景，遂作亂弒了厲公與胥童。117悼公　名周，西元前五七二—前五五八年在位。其祖父名捷，曾祖父即晉襄公。公子周自幼長在周國，故名周。118晉由此大夫稍彊　意謂晉國大夫的勢力從此日趨強大，而晉國諸侯則逐步成為傀儡。稍，漸。119晉平公　名彪，悼公之子，西元前五五七—前五三二年在位。120平公十二年二句　「十二年」應作「十年」，西元前五四八年。121十三年二句　「十三年」應作「十四年」，西元前五四四年。延陵季子，即吳公子季札，因其封地在延陵，故稱「延陵季子」，事跡詳見〈吳太伯世家〉。122晉國之政二句　「趙武子」應作「趙文子」，即趙武；「韓宣子」名「起」，「宣」字是謚；「魏獻子」名「舒」，「獻」字是謚，皆為當時晉國的權臣。按：當時晉國的強族尚有范氏、中行氏、知氏，季札這種專門挑出韓、趙、魏三家的「預言」，顯然是後人附會。123趙武死二句　趙武之死在晉平公十八年。張懷通、石延博曰：「晉國公室卑弱、政在家門的局面大約形成於晉平公在位，亦即趙武當政時期。諸卿族發展也逐漸由蠶食公室過渡到以相互間的兼併為主。」124景叔　名成，《左傳》稱之「趙成子」。125齊景公　名杵臼，西元前五四七—前四九〇年在位。126晏嬰　齊景公的宰相，事跡見〈管晏列傳〉。按：齊使晏嬰於晉在晉平公十九年，西元前五三九年。127叔向　姓羊舌，名肸，字叔向，晉國的名臣。128田氏　也稱陳氏，陳完的後代，齊景公時田氏家族的首領為田乞，事跡見〈田敬仲完世家〉。129六卿　晉國的六大權臣，即范氏、中行氏、知氏、韓氏、趙氏、魏氏。130侈　指占有的土地財富多，也指權勢專橫。131不能恤也　不能憂慮晉國公室的前途。恤，憂慮。132簡子　趙鞅的謚。趙鞅，也名志父。

【語　譯】趙盾代替其父成季執掌晉政兩年，晉襄公去世，太子夷皐年幼。趙盾因為國事多難，想立襄公的弟弟子雍為國君。當時子雍在秦國，趙盾派人去秦國接他。這時太子夷皐的母親白天黑夜號哭，她向著趙盾磕頭說：「先君有什麼罪過，為什麼拋開他的合法繼承人而另立別人？」趙盾感到很擔心，他怕太子的母系宗族和朝廷大臣們會在暗中殺了他，於是就又立了太子夷皋為君，這就是晉靈公；同時派兵西去攔阻，把正從秦國來的子雍打了回去。靈公即位後，趙盾在晉國就更加專權了。

2 靈公即位後的第十四年，性情越來越驕縱放任，趙盾多次勸諫，靈公都不採納。後來靈公因為要吃熊掌，廚師沒能及時煮熟，靈公就把廚師殺了。當他派人把屍體往外搬運的時候，被趙盾看見了。靈公怕趙盾再來干涉，便想殺死趙盾。趙盾向來對人厚道，多同情心，他當年曾救過一個躺在桑樹下快要餓死的人。如今當靈公要殺趙盾的緊急時刻，這個人突然出現，他倒戟反擊靈公的衛隊，救護趙盾逃出了重圍。趙盾準備逃出國外，但當他尚未出境的時候，趙盾的族弟趙穿殺了晉靈公，改立了襄公的弟弟黑臀為君，這就是晉成公。趙盾聽到這個消息便半路返回京城，繼續主持國政。於是便有些君子們諷刺趙盾「身為國家的執政大臣，外逃不出國境，歸來又不討弒君之賊」，所以史官便在晉國的歷史上寫了「趙盾弒其君」這樣重重的一筆。晉景公在位時趙盾去世，諡號為「宣孟」，其子趙朔繼續執掌晉國政權。

3 趙朔：晉景公三年，趙朔率領晉軍往援鄭國，在黃河邊上與楚莊王打了一仗。趙朔娶了晉成公的姐姐做夫人。

4 也是在晉景公三年，大夫屠岸賈想滅掉趙氏。當初，趙盾在世時，曾夢見祖先叔帶撫摩著自己的腰部傷心地痛哭；過了一會兒又笑了，而且拍著手唱歌。趙盾為這事進行占卜，卦象顯示出一種先是中斷而後又變好的樣子。趙氏的史官援解釋這種卦象說：「這個夢很不吉祥，但它不是發生在您身上，而是將要發生在您兒子的身上，可也還是您造的孽。到您的孫子輩，趙氏將更加衰敗。」屠岸賈以前受過靈公的寵信，到景公時做了司寇。屠岸賈想要誅滅趙氏滿門的藉口，就是以懲治殺害靈公的兇手為名，進而追究趙盾。他對將領們說：「趙盾對靈公被殺雖推說不知情，但罪魁禍首實際是他。做臣子的弒君犯上，今其子孫卻依然在朝中執政，這如何能懲治犯罪？我希望把趙氏家族全部殺掉。」韓厥說：「靈公遇害時，趙盾正逃奔在外，先君成公認為他無罪，所以未加誅殺。現在你們要殺掉他的後代，這不是先君的意思，是你們肆意殺人。肆意殺人就是作亂。再說你們想做這件這麼大的事情不向國君報告，就是你們眼中沒有國君。」屠岸賈不採納。韓厥通知趙朔讓他趕快逃走。趙朔不肯，說：「你只要能保住我們趙氏的香火不斷，我就雖死無憾。」韓厥答應了他，遂稱病不出門。屠岸賈沒有請示國君，便擅自帶領諸將攻打趙氏的下宮，殺掉了趙朔、趙同、趙括、趙嬰齊，滅了趙氏家族。

5　趙朔的妻子是成公的姐姐，趙朔被殺時她正懷有身孕，逃到宮裡躲了起來。趙朔有個門客叫公孫杵臼，杵臼對趙朔的朋友程嬰說：「為何你沒陪趙朔一起死？」程嬰說：「趙朔的妻子懷有身孕，若有幸生個男孩，我就侍奉他長大；若是個女孩，那時我再死也不遲。」沒過多久，趙朔妻分娩，生了個男孩。屠岸賈聽說後，便帶人到宮中搜查。趙夫人把兒子藏到褲子裡，禱告說：「姓趙的要是該滅絕，你就哭；要是不該滅絕，你就別出聲音。」等到搜索時，孩子竟沒有發出一點聲音。事過之後程嬰對公孫杵臼說：「現在一次沒有搜到，以後肯定還會來搜，怎麼辦呢？」公孫杵臼說：「撫養孤兒成人與為主殉死，哪個更難？」程嬰說：「死容易，撫養孤兒成人難。」公孫杵臼說：「趙氏先君待你很好，你應當勉為其難；我就選個容易的，讓我先死。」於是二人商議找來一個別人家的嬰兒，用一個小花衣裳裹起來，讓公孫杵臼背著藏到山中。程嬰出來，假意對諸將說：「程嬰沒出息，不能扶立趙家的孤兒。誰能給我千金，我就告訴他趙氏孤兒躲藏的地方。」諸將都很高興，答應了他，派人跟著程嬰去抓公孫杵臼。杵臼假意罵程嬰說：「程嬰，你這個小人！過去下宮之難你不跟著主公一起死，和我商議掩護趙氏孤兒，今天你又來出賣我。你即使不能撫養這個孩子，又怎麼忍心出賣他呢？」於是抱著孩子仰天大呼道：「蒼天啊，趙家的一個孩子又有什麼罪？求你們別殺他，要殺就殺我吧！」諸將不答應，於是將公孫杵臼與小孩一起殺死了。諸將認為趙氏孤兒確實已死，大家都很高興。其實趙氏真正的孤兒還活著，程嬰就帶著他一直藏在深山之中。

6　十五年後，晉景公得了病，占卜說是大業的後代中有些不順心的鬼魂在作怪。景公問韓厥，韓厥知道趙氏孤兒還在，便說：「大業的後代在晉國斷了香火的，大概就是趙家吧？從中衍以來，其後代都姓嬴。中衍長得人面鳥嘴，其後代曾輔佐過殷帝大戊和周天子，功勳都很卓著。等到幽王、厲王無道時，叔帶離開周國來到晉國，侍奉我們的先君文侯，從此一直到成公，趙家世代立功，從未斷過祭祀。後來是您滅了趙氏家族，百姓都可憐他們，現在又從龜策上顯現出來了。請您認真考慮此事。」景公問：「趙家還有子孫在世嗎？」韓厥便告訴了他實情。於是景公與韓厥商量重新冊立趙氏孤兒，他們先把趙武找來，藏在宮中。當諸將進宮向景公問病時，景公便借用韓厥的部下脅迫諸將見了趙氏孤兒。孤兒名「武」。諸將不得已，於是說：「過去下宮之難，都是屠岸賈所為，他假傳君命，強迫我們。不然，誰敢作亂？要不是因為您有病，我們本來也想請立趙氏之後了。現在您的這個命令，正是我們大家所希望的。」景公於是叫趙武、程嬰出來拜見各位將領，這些將領遂反過來與程嬰、趙武一起攻襲屠岸賈，滅掉其族。景公又把趙氏原有的領地發還給了趙武。

7 到趙武二十歲，舉行了加冠禮後，程嬰遂辭別諸位大夫，對趙武說：「當年下宮之難，別人都跟著主公一起死了。我不是不能，我活著是為重立趙氏的後代，現在趙武已被立起、長大成人，重新恢復了趙氏的爵位，我得到地下去將此事報告給趙宣孟和公孫杵臼了。」趙武流淚叩頭堅決請他不用如此，說：「我將不辭辛苦地侍候您一輩子，以報答您的恩德，您怎麼能忍心離我而去呢？」程嬰說：「不行。他們是因為相信我能辦好此事，所以都先死了。現在我不去告訴他們，他們還以為我的事情還沒辦成呢。」於是自殺了。趙武為程嬰服齊衰之喪三年，並為他劃出一塊領地，專供祭祀之用，春秋兩季按時祭祀，永世不絕。

8 趙氏恢復爵位後的第十一年，晉厲公殺掉了郤氏家族的三個大夫。欒書害怕殺到自己頭上，便發動政變殺掉了晉厲公，改立了襄公的曾孫名周，這就是晉悼公。晉國大夫的勢力從此日趨強大。

9 趙武繼續執掌趙氏家族的第二十七年，晉平公繼位。平公十二年，趙武做了晉國的正卿。十三年，吳國的公子季札出使來到晉國，說：「晉國的政權最終必將落到趙武子、韓宣子、魏獻子三家的後人之手。」趙武去世後，諡號為「文子」。

10 文子生了景叔。景叔的時候，齊景公派晏嬰出使晉國，晏嬰和叔向閒談。晏嬰說：「齊國的政權最終必將歸屬於姓田的。」叔向也說：「晉國的大政必將歸屬於六大權臣。這些權臣太猖狂了，而我的國君卻不加防備。」

11 趙景叔去世後，他的兒子趙鞅繼續把持晉國政權，這就是趙簡子。

1 趙簡子在位❶，晉頃公之九年❷，簡子將合諸侯戍于周❸。其明年❹，入周敬王于周❺，辟弟子朝❻之故也。

2 晉頃公之十二年❼，六卿以法誅公族祁氏、羊舌氏❽，分其邑為十縣❾，六卿各令其族為之大夫❿。晉公室由此益弱。

3 後十三年⓫，魯賊臣陽虎來奔⓬，趙簡子受賂，厚遇之⓭。

4 趙簡子疾，五日不知人，大夫皆懼。醫扁鵲⓮視之，出，董安于⓯問。扁鵲曰：「血脈治也⓰，而何怪⓱？在昔秦繆公⓲嘗如此，七日而寤⓳。寤之日，告公孫支⓴與子輿㉑曰：『我之帝所㉒，甚樂。吾所以久者，適㉓有學也。帝告我晉國將大亂，五世㉔不安。其後將霸㉕，未老而死㉖。霸者之子且令而國男女無別㉗。』公孫支書而藏之，秦讖㉘於是出矣。獻公之亂，文公之霸，而襄公敗秦師於殽而歸縱淫㉙，此子之所聞。今主君㉚之疾與之同，不出三日疾必間㉛，間必有言也。」

5 居二日半，簡子寤。語大夫曰：「我之帝所，甚樂。與百神游於鈞天㉜，廣樂九奏萬舞㉝，不類三代之樂㉞，其聲動人心。有一熊欲來援㉟我，帝命我射之，中熊，熊死。又有一羆來，我又射之，中羆，羆死[36]。帝甚喜，賜我二笥[37]，皆有副[38]。吾見兒在帝側，帝屬我[39]一翟犬[40]，曰：『及而子[41]之壯也，以賜之[42]。』帝告我：『晉國且世衰[43]，七世[44]而亡。嬴姓[45]將大敗周人於范魁之西[46]，而亦不能有[47]也。今余思虞舜之勳[48]，適余將以其胄女[49]孟姚[50]配而七世之孫[51]。』」董安于受言而書藏之。以扁鵲言告簡子，簡子賜扁鵲田四萬畝[52]。

6 他日，簡子出，有人當道，辟之不去[53]。從者怒，將刃之。當道者曰：「吾欲有謁[54]於主君。」從者以聞。簡子召之，曰：「譆[55]，吾有所見子晰也[56]。」當道者曰：「屏[57]左右，願有謁[58]。」簡子屏人。當道者曰：「主君之疾，臣在帝側。」簡子曰：「然，有之。子之見我，我何為[59]？」當道者曰：「帝令主君射熊與羆，皆死。」簡子曰：「是，且何也[60]？」當道者曰：「晉國且有大難，主君首之[61]。帝令主君滅二卿[62]，夫熊與羆皆其祖也。」簡子曰：「帝賜我二笥，皆有副，何也？」當道者曰：「主君之子[63]將克二國於翟[64]，皆子姓也[65]。」簡子曰：「吾見兒在帝側，帝屬我一翟犬，曰：『及而子之長以賜之。』夫兒何謂以賜翟犬[66]？」當道者曰：「兒，主君之子也。翟犬者，代之先也。主君之子且必有代[67]。及主君之後嗣，且有革政而胡服[68]，并二國於翟[69]。」簡子問其姓而延之以官[70]。當道者曰：「臣野人，致帝命[71]耳。」遂不見。簡子書藏之府。

7 異日，姑布子卿[72]見簡子，簡子偏召諸子相之[73]。子卿曰：「無為將軍者。」簡子曰：「趙氏其滅乎？」子卿曰：「吾嘗見一子於路，殆[74]君之子也。」簡子召子毋卹。毋卹至，則子卿起曰：「此真將軍矣！」簡子曰：「此其母賤，翟婢[75]也，奚道貴哉[76]？」子卿曰：「天所授，雖賤必貴。」自是之後，簡子盡召諸子與語，毋卹最賢。簡子乃告諸子曰：「吾藏寶符[77]於常山[78]上，先得[79]者賞。」諸子馳之常山上，求，無所得。毋卹還，曰：「已得符矣。」簡子曰：「奏之[80]。」毋卹曰：「從常山上臨代[81]，代可取也。」簡子於是知毋卹果賢，乃廢太子伯魯，而以毋卹為太子[82]。

8 後二年，晉定公之十四年[83]，范、中行作亂[84]。明年[85]，春，簡子謂邯鄲大夫午[86]曰：「歸我衛士五百家[87]，吾將置之晉陽[88]。」午許諾[89]，歸而其父兄不聽，倍言[90]。趙鞅捕午，囚之晉陽。乃告邯鄲人曰：「我私有誅午也，諸君欲誰立[91]？」遂殺午。趙稷[92]、涉賓[93]以邯鄲反，晉君使籍秦圍邯鄲[94]。荀寅[95]、范吉射[96]與午善[97]，不肯助秦而謀作亂[98]，董安于知之。十月，范、中行氏伐趙鞅，鞅奔晉陽，晉人[99]圍之。范吉射、荀寅仇人魏襄[100]等謀逐荀寅，以梁嬰父[101]代之；逐吉射，以范皋繹[102]代之。荀櫟[103]言於晉侯曰：「君命大臣，始亂者死[104]。今三臣始亂[105]而獨逐鞅[106]，用刑不均，請皆逐之[107]。」十一月，荀櫟、韓不佞[108]、魏哆[109]奉公命以伐范、中行氏，不克。范、中行氏反伐公，公擊之，范、中行敗走。丁未[110]，二子奔朝歌[111]。韓、魏以趙氏為請[112]。十二月辛未[113]，趙鞅入絳[114]，盟于公宮[115]。其明年[116]，知伯文子[117]謂趙鞅曰：「范、中行雖信為亂[118]，安于發之[119]，是安于與謀[120]也。晉國有法，始亂者死。夫二子已伏罪，而安于獨在。」趙鞅患之。安于曰：「臣死，趙氏定，晉國寧[121]，吾死晚矣[122]。」遂自殺。趙氏以告知伯，然後趙氏寧[123]。

9 孔子聞趙簡子不請晉君而執邯鄲午[124]，保晉陽[125]，故書春秋曰「趙鞅以晉陽畔[126]」。

10 趙簡子有臣曰周舍，好直諫。周舍死，簡子每聽朝，常不悅，大夫請辠[127]。簡子曰：「大夫無罪。吾聞千羊之皮，不如一狐之腋[128]。諸大夫朝[129]，徒聞唯唯[130]，不聞周舍之鄂鄂[131]，是以憂也。」簡子由此能附趙邑而懷晉人[132]。

11 晉定公十八年，趙簡子圍范、中行于朝歌，中行文子奔邯鄲[133]。明年[134]，衛靈公[135]卒。簡子與陽虎送衛太子蒯聵于衛[136]，衛不內，居戚[137]。

12 晉定公二十一年，簡子拔邯鄲，中行文子奔柏人[138]。簡子又圍柏人，中行文子、范昭子[139]遂奔齊[140]。趙竟有邯鄲、柏人[141]，范、中行餘邑入于晉[142]。趙名晉卿，實專晉權，奉邑侔於諸侯[143]。

13 晉定公三十年，定公與吳王夫差[144]爭長於黃池[145]，趙簡子從晉定公，卒長吳[146]。定公三十七年卒，而簡子除三年之喪，期而已[147]。是歲，越王句踐滅吳[148]。

14 晉出公十一年[149]，知伯伐鄭[150]。趙簡子疾，使太子毋卹將而圍鄭[151]。知伯醉，以酒灌擊毋卹。毋卹羣臣請死之[152]，毋卹曰：「君所以置毋卹[153]，為能忍訽[154]。」然亦慍[155]知伯。知伯歸，因謂簡子，使廢毋卹，簡子不聽。毋卹由此怨知伯[156]。

15 晉出公十七年，簡子卒[157]，太子毋卹代立，是為襄子[158]。

16 趙襄子元年[159]，越圍吳[160]。襄子降喪食[161]，使楚隆[162]問[163]吳王。

17 襄子姊前為代王夫人。簡子既葬，未除服[164]，北登夏屋[165]，請代王。使廚人操銅枓[166]以食[167]代王及從者，行斟[168]，陰令宰人各以枓擊殺代王及從官[169]，遂與兵平代地[170]。其姊聞之，泣而呼天，摩笄[171]自殺。代人憐之，所死地名之為摩笄之山[172]。遂以代封伯魯子周，為代成君[173]。伯魯者，襄子兄，故太子。太子蚤死，故封其子。

18 襄子立四年[174]，知伯與趙、韓、魏盡分其范、中行故地[175]。晉出公怒，告齊、魯[176]，欲以伐四卿[177]。四卿恐，遂共攻出公。出公奔齊，道死[178]。知伯乃立昭公曾孫驕，是為晉懿公[179]。知伯益驕。請地韓、魏，韓、魏與之。請地趙，趙不與，以其圍鄭之辱[180]。知伯怒，遂率韓、魏攻趙。趙襄子懼，乃奔保晉陽[181]。

19 原過[182]從，後[183]，至於王澤[184]，見三人，自帶以上可見，自帶以下不可見。與原過竹二節，莫通[185]。曰：「為我以是遺趙毋卹。」原過既至，以告襄子。襄子齊[186]三日，親自剖竹，有朱書[187]曰：「趙毋卹，余霍泰山山陽侯天使[188]也。三月丙戌[189]，余將使女反滅知氏[190]。女亦立我百邑[191]，余將賜女林胡[192]之地。至于後世，且有伉王，赤黑[193]，龍面而鳥噣[194]，鬢麋髭頳[195]，大膺大胸[196]，脩下而馮[197]，左衽界乘[198]，奄有河宗[199]，至于休溷[200]諸貉[201]，南伐晉別[202]，北滅黑姑[203]。」襄子再拜，受三神[204]之令。

20 三國攻晉陽，歲餘[205]，引汾水[206]灌其城，城不浸者三版[207]。城中懸釜而炊[208]，易子而食[209]。羣臣皆有外心，禮益慢[210]，唯高共[211]不敢失禮。襄子懼，乃夜使相張孟同[212]私於韓、魏[213]。韓、魏與合謀，以三月丙戌，三國反滅知氏，共分其地[214]。於是襄子行賞，高共為上。張孟同曰：「晉陽之難，唯共無功。」襄子曰：「方晉陽急，羣臣皆懈，惟共不敢失人臣禮，是以先之[215]。」於是趙北有代，南并知氏，彊於韓、魏。遂祠三神於百邑，使原過主霍泰山祠祀[216]。

21 其後[217]娶空同氏[218]，生五子。襄子為伯魯之不立也，不肯立子，且必欲傳位與伯魯子代成君。成君先死，乃取代成君子浣[219]立為太子。襄子立三十三年卒[220]，浣立，是為獻侯[221]。

【章　旨】以上為第三段，寫簡子之壯大趙氏，至襄子時趙國遂正式形成。

【注　釋】❶趙簡子在位　趙簡子即位的確切年月史無明載。❷晉頃公之九年　西元前五一七年。晉頃公，昭公之子，西元前五二五—前五一二年在位。❸合諸侯戍于周　召集諸侯會盟，出兵駐紮於周國的都城洛陽。洛陽在今河南洛陽東北。據〈周本紀〉，周景王死（西元前五二〇年），子朝攻殺其長兄（名猛）而自立為王，「晉人攻子朝而立丐，是為敬王」。❹其明年　晉頃公十年，西元前五一六年。❺入周敬王于周　指諸侯們以武力將周敬王送入周都洛陽。❻辟弟子朝　驅逐其弟王子朝。辟，驅逐。據〈周本紀〉，早在周敬王元年（西元前五一九年），趙簡子等就已將周敬王送入周國，因其弟王子朝當時占據著都城洛陽，故周敬王只好暫居於澤邑。至敬王四年，晉人始驅逐公子朝而送敬王入洛陽。❼晉頃公之十二年　西元前五一四年。❽誅公族祁氏羊舌氏　公族，該國國君的宗室。據《左傳》昭公二十八年，祁盈（祁奚之孫）欲殺其族人祁勝，祁勝賄賂荀躒（知氏），荀躒言之於頃公，乃將祁盈捉起。祁盈的黨人憤而殺祁勝，於是景公（實乃荀躒等）遂乘機將祁氏和與之交好的羊舌氏二族一齊滅掉。❾分其邑為十縣　祁氏家族的領地分為七縣，羊舌氏家族的領地分為三縣，共十縣。❿六卿各令其族為之大夫　按：此「大夫」猶如後世之縣令。梁玉繩曰：「十縣大夫除趙朝、韓固、魏戊、知徐吾四姓外，其餘六人者皆以賢舉，豈盡六卿之子姓族屬乎？《史》誤。」按：〈魏世家〉、〈六國年表〉亦同誤。⓫後十三年　晉定公十一年，西元前五〇一年。⓬陽虎來奔　陽虎，也稱「陽貨」，魯國季孫氏的家臣，在魯國作亂，攻三桓與魯定公。失敗後先逃齊，齊不納，遂又逃晉。⓭趙簡子受賂二句　瀧川曰：「定九年《左傳》云：『陽虎自齊奔宋，遂奔晉，適趙氏。』未嘗云『趙氏受賂』。

古抄本『受』下無『賂』字。」⑭扁鵲　姓秦，名越人，因其醫道精通，故時人遂以古之神醫「扁鵲」稱之，事跡見〈扁鵲倉公列傳〉。⑮董安于　趙氏的家臣。⑯血脈治也　血脈正常。治，平安；正常。⑰而何怪　你有什麼可驚慌的？而，爾；你。⑱秦繆公　名任好，春秋前期的秦國國君，西元前六五九—前六二一年在位。⑲七日而寤　昏睡七天後醒過來。⑳公孫支　秦國大夫，也叫「子桑」。㉑子輿　即「子車氏」，《詩經・黃鳥》中所寫的「三良」之一。㉒之帝所　前往上帝的住所。㉓適　正好。㉔五世　指獻公、奚齊、卓子、惠公、懷公。㉕其後將霸　指晉文公。㉖未老而死　按：「老」字難通，據上下文疑當作「久」。蓋文公即位時，年六十二，在位九年即去世也。牛鴻恩曰：「文公返國年六十二，此《史記》說也。〈晉語四〉：『晉公子生十七年而亡。』出亡十九年，則即位之年為三十六；在位九年方四十五，正是『未老而死』。」㉗霸者之子且令而國男女無別　不知所云何事，歷史亦無此記載。㉘秦讖　秦國的讖語。讖語是一種迷信性質的預言，起自戰國末期，至西漢末、東漢初風行一時。以上秦繆公做夢遊天事，又見於〈封禪書〉、〈扁鵲倉公列傳〉，而〈秦本紀〉不載。㉙襄公敗秦師於殽而歸縱淫　梁玉繩曰：「《左傳》不見晉襄『縱淫』『無別』事，蓋與〈扁鵲傳〉同妄。」㉚主君　以稱趙簡子。此時的趙簡子已儼然是一國諸侯，只是尚未「正名」而已。㉛疾必間　病必轉好。間，斷；不再繼續。㉜鈞天　高天之中央。《呂氏春秋・有始》：「中央曰鈞天。」注：「鈞，平也。為四方主，故曰鈞天。」㉝廣樂九奏萬舞　廣陳各種樂舞，演奏了許多音樂，表演了許多舞蹈。㉞不類三代之樂　意謂是一種從未聽過、從未看過的奇妙歌舞。㉟援　拉；扯。㊱中羆二句　按：此處被射死的熊、羆，即暗指日後被其所滅的范氏、中行氏。㊲笥　盛食物或衣物的方形竹器。㊳副　隨帶的小竹器。㊴屬我　交給我。㊵翟犬　少數民族牧人的獵狗。㊶而子　你的兒子。而，爾；你。㊷以賜之　將這隻翟犬交給他。㊸世衰　一代代，越來越衰落。㊹七世　預指後來的晉定公、出公、哀公、幽公、烈公、孝公、靜公。㊺嬴姓　指秦國。㊻大敗周人於范魁之西　事實、地理皆不詳。梁玉繩以為「妄言」。按：既想編「預言」騙人，自然應將謊話編圓，不可能是「妄言」。㊼不能有　不能享有周人的疆土。㊽思虞舜之勳　思趙之先祖大費在虞舜時代所立的功勳。㊾其胄女　舜的後代女。胄，裔，通常稱貴族的後裔。㊿孟姚　「孟姚」為其名，即娃嬴，事跡見後文。(51)七世之孫　即趙武靈王，事跡見後文。(52)賜扁鵲田四萬畝　按：以上趙簡子做夢遊天事，亦見於〈扁鵲倉公列傳〉。(53)辟之不去　趕他走，他不走。辟，驅逐；使之讓開。(54)謁見；告，有話要向他講。(55)譆　通「嘻」。表驚歎的語氣。(56)吾有所見子晰也　意即我曾清楚地見過你。晰，明白；明顯。(57)屏　通「摒」。支開。(58)願有謁　有話想對你單獨講。(59)子之見我二句　下「我」字，衍，意即你找我做什麼？(60)是二句　這，將意味著什麼呢？(61)主君首之　事情是由你開頭，指殺邯鄲午事，詳見後。(62)二卿　指范氏、中行氏。(63)主君之子　謂趙襄子。(64)克二國於翟　指滅代與知氏。代，在今山西東北部與相鄰之河北西北部，當時為翟族所居。(65)皆子姓也　代國君主與知氏的祖先都姓子，是商朝的後代。(66)夫兒何謂以賜翟犬　大意謂為什麼要賜給我兒子一隻翟犬？何謂，此處同「何為」，為什麼。(67)且必有代　將要占有代國。(68)革政而胡服　指趙武靈王改革政治、胡服騎射事，詳見後文。(69)并二國於翟　意謂吞併翟族的兩個國家，指中山與匈奴。(70)延之以官　請他留下做官。延，引；請。(71)致帝命　傳達上帝的命令。(72)姑布子卿　姓姑布，名子卿，當時的相面者。(73)徧召諸子相之　「子」下應增「使」字讀。(74)殆　大概。(75)翟婢　來自翟族的一個婢女。(76)奚道貴哉　怎麼可能貴盛呢？奚道，何由。道，由；從。(77)寶符　貴重的符節，可賜人以為信物者。(78)常山　原稱恆山，在今河北曲陽西北。漢人為文帝劉恆避諱，改稱「常山」。(79)先得　誰先找來。(80)奏之　呈上來。奏，進；呈。(81)從常山上臨代　意即翻越常山以取代國。當時的代國在恆山北，國都在今河北蔚縣東北，登恆山可以俯眺。臨，登高視下。(82)以毋卹為太子　即立以為接班人。(83)晉定公之十四年　西元前四九八年。晉定公，名午，頃公之子，西元前五一一－前四七五年在位。(84)范中行作亂　梁玉繩曰：「五字衍文，事在定十五年也。」(85)明年　定公十五年，西元前四九七年。(86)邯鄲大夫午　邯鄲縣的行政長官，姓趙名午。沈長雲等曰：「邯鄲午是趙夙子共孟的嫡傳後嗣。共孟生趙穿，趙穿生趙旃，趙旃生趙勝，趙勝生趙午，即邯鄲午。」邯鄲，晉縣名，即今河北邯鄲。(87)歸我衛士五百家　《集解》引服虔曰：「往年趙鞅圍衛，衛人恐懼，故貢五百家，鞅置之邯鄲，又欲更徙於晉陽。」(88)晉陽　趙氏家族的都城，在今太原西南。一九六一年曾發掘晉陽古城址，詳情見《文物》一九六二年第四、五期，謝元路、張頷〈晉陽古城勘察記〉。(89)許諾　答應將五百家遷之晉陽。(90)倍言　違背諾言。倍，通「背」。(91)諸君欲誰立　你們希望讓誰來任邯鄲大夫？(92)趙稷　趙午之子。(93)涉賓　趙午的家臣。(94)晉君使籍秦圍邯鄲　籍秦，晉大夫，籍談之子。按：邯鄲人反趙氏，原與晉定公無關，晉定公所以派兵討伐，乃受趙氏之操縱。(95)荀寅　也稱「中行文子」，當時中行氏家族的首領，晉國的「六卿」之一。(96)范吉射　也稱「士吉射」、「范昭子」，當時范氏家族的首領，晉國的「六卿」之一。(97)與午善　趙午是荀寅之甥；荀寅是范吉射之姻。(98)謀作亂　意即欲謀攻趙氏。(99)晉人　此指范氏、中行氏所率領的人。(100)魏襄　即魏襄子，名曼多，魏舒之孫，為魏氏家族的首領，亦「六卿」之一。(101)梁嬰父　晉大夫，中行氏家族的人。(102)范皋繹　范氏之支屬。(103)荀櫟　也作「荀躒」，即「荀文子」，當時知氏家族的首領、「六卿」之一。(104)始亂者死　誰帶頭作亂就將誰殺死。(105)三臣始亂　指趙鞅、荀寅、范吉射三人挑起戰亂，即趙鞅殺趙午，荀寅、范吉射圍攻趙鞅。(106)而獨逐鞅　如果僅只驅逐趙鞅。而，如；若。(107)請皆逐之　請將趙鞅、荀寅、范吉射一齊趕到國外。(108)韓不佞　也作「韓不信」，即「韓簡子」，韓氏家族首領，「六卿」之一。(109)魏哆　即魏曼多，「魏襄子」。(110)丁未　陰曆十一月十八。[111]二子奔朝歌　二子，指荀寅、范吉射。朝歌，今河南淇縣，當時屬衛。[112]韓魏以趙氏為請　請晉定公寬赦趙氏。[113]十二月辛未　陰曆十二月十二。[114]入絳　來到晉國京城，今山西翼城東南。[115]盟于公宮　沈長雲等曰：「為了聯合眾卿對被驅逐在外的邯鄲趙氏、范氏、中行氏及其國外的支持者繼續展開鬥爭，趙鞅同國內有關政治力量進行了一系列的盟誓活動。這些盟誓為近年我國考古工作者在山西侯馬（即晉都新田）遺址發現的大批盟書所證實。」晉之「六卿」，至此遂僅存其四。有關山西侯馬出土趙鞅與諸家之盟書事，可參看山西省文物工作委員會所編之《侯馬盟書》。[116]其明年　晉定公十六年，西元前四九六年。[117]知伯文子　即荀櫟，諡曰「文」。[118]信為亂　的確為亂。[119]發之　告發；揭發。[120]與謀　參與了謀劃。此知氏向趙氏尋釁之始。[121]趙氏定二句　趙氏家族得到穩定，晉國社會得到安寧。[122]吾死晚矣　意即死而無怨、死而無悔。[123]然後趙氏寧　按：以上董安于為趙氏獻身事，見《左傳》定公十四年，《戰國策‧趙策一》也有他忠於趙氏的故事。[124]不請晉君而執邯鄲午　不向晉君請示，擅自逮捕並殺害了趙午。[125]保晉陽　依據晉陽以固守之。[126]趙鞅以晉陽畔　定公十三年《春秋》之經文曰：「秋，晉趙鞅入于晉陽以叛。」相傳此《春秋》即孔子所著。[127]大夫請辠　請問群臣有何過錯，以致使君主如此不高興。[128]千羊之皮二句　千件羊皮襖抵不上一件狐裘。狐腋，據說狐狸皮以其腋下的一塊為最珍貴。[129]諸大夫朝　「朝」上似應有「在」字。[130]唯唯　服從、贊同的聲音。[131]鄂鄂　也作「諤諤」，堅持、爭辯的聲音。[132]附趙邑而懷晉人　附趙邑，使自己封邑的人心歸附。王叔岷曰：「附，借為『拊』。」意即撫慰。懷晉人，使整個晉國的人心懷念。[133]晉定公十八年三句　「十八年」應作「二十年」，西元前四九二年，其事乃中行文子與范吉射同奔邯鄲。[134]明年　依《史》文指晉定公十九年，西元前四九三年。[135]衛靈公　名元，西元前五三四─前四九三年在位。[136]送衛太子蒯聵于衛　據《左傳》，衛靈公的太子蒯聵與靈公夫人南子有矛盾，圖謀殺害南子未成，逃出國外。靈公死後，蒯聵的兒子（名輒）繼其祖位，是為出公。蒯聵為奪其子之位，故在趙鞅與陽虎的援助下返回衛國。[137]衛不內二句　蒯聵的勢力被出公打敗，蒯聵逃居於戚（今河南濮陽東北）。不內，不接受。內，通「納」。按：以上蒯聵與其子出公爭國事，見《左傳》哀公二年與〈衛康叔世家〉。[138]柏人　古邑名，在今河北隆堯西。[139]范昭子　即范吉射，或稱「士吉射」，諡曰「昭」。[140]遂奔齊　據《左傳》與〈六國年表〉，荀寅與范吉射之奔齊在晉定公二十二年（西元前四九〇年）。[141]趙竟有邯鄲柏人　邯鄲、柏人二邑，遂歸趙之私家所有。[142]范中行餘邑入于晉　邯鄲、柏人以外的其他范氏、中行氏的領地，遂歸晉國公室所有。[143]奉邑侔於諸侯　趙氏所有的領地與一個諸侯國的國君相等。奉邑，采邑；領地。侔，相當。[144]吳王夫差　吳王闔廬之子，西元前四九五─前四七三年在位。[145]爭長於黃池　在黃池（今河南封丘西南）爭當諸侯之長。事見《左傳》哀公十三年與〈晉世家〉、〈吳太伯世家〉。[146]卒長吳　最後以吳為長。按：關於此次相爭的結果，各處記載不一。〈趙世家〉、〈晉世家〉皆曰「卒長吳」；而《左傳》則曰「乃先晉人」。(147)簡子除三年之喪二句　據史公文意，謂簡子改變晉國的禮制，不為其君服喪三年，只服一年就完了。期，一周年，因此也稱一年的喪服叫「期服」。依錢穆說，「卒」上應有「簡子」二字，蓋卒者，簡子也，非謂定公。意謂簡子臨死前囑其子襄子，不必服喪三年，只服一年就行了。按：錢氏說較合情理。然晉定公亦死於此年，只是簡子更死於定公之前而已。(148)是歲二句　按：「是歲」上似有脫文，句踐滅吳在晉出公二年（西元前四七三年），非上文之「定公三十七年」也。(149)晉出公十一年　西元前四六四年。晉出公，名鑿，或曰錯，定公之子，西元前四七四—前四五二年在位。(150)知伯伐鄭　據〈鄭世家〉，是年知伯取鄭九邑。是時的鄭國諸侯為鄭聲公（西元前五〇〇—前四六三年在位）。(151)使太子毋卹將而圍鄭　蓋隨知伯前往也。(152)請死之　請求與之以死相拚。(153)君所以置毋卹　君，指趙簡子。置毋卹，指立以為接班人。(154)忍詢　忍受侮辱。詢，同「詬」。侮辱；恥辱。(155)慍惱怒。(156)毋卹由此怨知伯　按：此事發生時間儘管敘述有誤（見下注），但此事非常重要，是毋卹日後狠狠向知伯復仇的原因之一。(157)晉出公十七年二句　錢穆《先秦諸子繫年考辨》認為，自前「是歲，越王句踐滅吳」，至此「簡子卒」共九十六字，應刪，梁玉繩亦深辨此段文字之誤。(158)太子毋卹代立二句　張懷通、石延博曰：「自襄子即位開始晉君在晉國的地位更微不足道，無論是《左傳》還是《史記》都不見晉君從事政治活動的記載，四卿各自為政，儼然是四個政權。」(159)趙襄子元年　西元前四七五年，司馬遷在其所著〈趙世家〉中從襄子開始使用趙室紀年，表明司馬遷是將襄子的繼立作為趙氏國家從晉國分出來的標誌的。至於西元前四〇三年（趙烈侯六年）「周威王賜趙、魏、韓皆命為侯」，那只是一種名義上的追認。(160)越圍吳　據〈吳太伯世家〉：「（夫差）二十年，越王句踐復伐吳，二十一年（西元前四七五年），遂圍吳。」(161)降喪食　楊伯峻曰：「趙鞅當死于此年，毋恤繼承卿位，在父喪中，古禮食品必須減殺；今因吳被圍，有滅亡之勢，而已不能救助，又降等于喪父之食。」(162)楚隆　趙氏的家臣。(163)問　慰恤。(164)未除服　指襄子還穿著喪服。(165)夏屋　山名，在今山西繁峙西北。(166)銅枓　大銅杓。(167)食　通「飼」。進食。(168)行斟　以銅杓進熱湯。(169)宰人各以枓擊殺代王及從官　《集解》引徐廣曰：「『各』一作『雒』。」蓋謂宰人名「各」。張照曰：「蓋以枓擊殺代王者，猶置劍魚中之類。代王既死，其從官之被殺，固不必問其用何器矣。」王叔岷引《列女傳》以為應按原字讀。(170)遂興兵平代地　張懷通、石延博曰：「代地併入趙國版圖對趙國發展具有十分重要的意義，它大大擴張了趙國疆域的規模，從此代地的人力物力資源直接為趙國所用；代地出馬，這對趙國武裝部隊的主力車騎來說，是最重要的裝備資源。代東接燕，南接中山，北邊匈奴，而與樓煩、林胡接壤，具有重要戰略地位。」(171)摩笄　磨尖簪子。摩，通「磨」。笄，簪子，女人的頭飾。(172)摩笄之山　在今河北蔚縣東南。按：以上趙襄子嫁其姐於代王，後乘機襲殺代王事，見《呂氏春秋》。(173)代成君　趙氏國內的封君。領地在代，「成」字是諡。(174)襄子立四年　西元前四七二年。(175)知伯與趙韓魏盡分其范中行故地　梁玉繩曰：「『其』字衍。」楊寬繫此事於趙襄子十八年，晉出公十七年，西元前四五八年。(176)告齊魯　當時為齊平公二十三年，魯悼公八年。(177)四卿　即知伯荀櫟、趙襄子毋卹、魏桓子駒、韓康子虎。(178)出公奔齊二句　《晉世家》說同。梁玉繩曰：「據《紀年》，出公奔齊之後六年始薨，非死于奔齊時也。」(179)是為晉懿公　〈晉世家〉於此作「是為哀公」。哀公元年為西元前四五六年，相當於趙襄子二十年。(180)圍鄭之辱　即前述知伯以酒「灌擊」趙襄子事。(181)乃奔保晉陽　事在趙襄子二十一年。保，依；據守。(182)原過　趙襄子的家臣。(183)後　落在了後面。(184)王澤　水澤名，在今山西新絳東南。(185)莫通　竹筒的兩端都有隔斷。(186)齊　通「齋」。齋戒，以示恭敬。(187)朱書　紅色的字。(188)余霍泰山山陽侯天使　梁玉繩認為當作「余霍太山陽侯大吏」。霍泰山，山名，在今山西霍縣東南。王叔岷曰：「天，應作『大』。」(189)三月丙戌　二年以後的「三月丙戌」，即陰曆三月初八。(190)使女反滅知氏　女，通「汝」。(191)立我百邑　在百邑給我立廟。百邑，縣名，在今霍縣東南，當時的霍泰山之東。(192)林胡　北方民族名，當時游牧於今內蒙東勝一帶。(193)伉王二句　強硬的君主，面色赤黑。伉，高大。(194)鳥噣　嘴長得像鳥。(195)鬢麋髭䫇　有人以鬢角、眉毛、短髭、長鬚四者分釋，岡白駒曰：「麋，與『眉』同；䫇，頰鬚也。」如此則此句無謂語，須加「粗」「黑」等字樣補足。(196)大膺大胸　即胸脯寬闊。膺，胸。(197)脩下而馮　李笠曰：「當作『修下而馮上』，即下身修長，上身魁梧。馮，馮隆，高貌。」王叔岷曰：「『脩下』與『馮上』相對成義，則『馮』當訓『迫』(猶短)，不當訓高。」(198)左衽界乘　衣襟左開，披甲騎馬。方苞曰：「界，通『介』，甲。此指武靈王變服習騎射事。」(199)奄有河宗　廣闊地占有龍門以北的黃河兩岸地區。(200)休溷　北方的少數民族名，大約活動在今內蒙河套一帶。(201)諸貉　泛稱北方的各少數民族。貉，同「貊」。北方民族名。(202)晉別　晉國的其他城邑。《正義》曰：「謂韓、魏之邑也。」(203)黑姑　北方民族名，方位不詳。(204)三神　即原過所見的三個半截人。(205)三國攻晉陽二句　歲餘，《國策》、《韓非子·十過》敘此皆作「三年」。(206)汾水　源於今山西西北部之寧武西南，南流經太原、臨汾、侯馬，西折入黃河，趙襄子的晉陽正在其側。(207)城不浸者三版　不浸，不被水泡。「浸」字或當作「沒」。三版，六尺。版，古代築牆所用的夾板，一塊的高度為二尺。古代尺小，一尺約當現在之六寸。(208)懸釜而炊　因為地上到處是水，所以只好把鍋吊起來。(209)易子而食　不忍心吃自己家的孩子，只好和別家換著吃。(210)禮益慢　謂群臣對待趙襄子的禮節越來越簡慢。(211)高共　也作「高赫」。梁玉繩曰：「『共』乃『赫』之譌。」(212)張孟同　《戰國策》作「張孟談」，史公為避父諱，例改為「同」。(213)私於韓魏　私下與韓、魏商談、串通。(214)三國反滅知氏二句　按：以上知伯圍晉陽，韓、魏倒戈與趙氏共滅知伯事，在襄子二十三年(西元前四五三年)，詳見《戰國策・趙策一》。張懷通、石延博曰：「由於三家的分晉，使戰國七雄並立的形勢最終形成。」（《趙國史稿》）[215]是以先之　按：以上趙襄子特殊封賞高共事，見《韓非子・難一》。[216]使原過主霍泰山祠祀　《正義》引《括地志》曰：「三神祠，今名『原過祠』，今在霍山側也。」[217]其後　其，指趙襄子。[218]空同氏　西部地區的少數民族，當時居住在今寧夏固原南，因其地近空同山，故名。[219]代成君子浣　論行輩，浣為襄子之孫。[220]襄子立三十三年卒　按：趙襄子之卒年為西元前四二五年，然襄子在位非三十三年，乃五十一年，此與〈六國年表〉並誤。[221]是為獻侯　梁玉繩曰：「『獻侯』是追尊，不當稱『侯』。」

【語譯】趙簡子執政期間，晉頃公九年，趙簡子準備召集各國諸侯出兵駐紮在周國。第二年，他們以武力將周敬王送回周國的都城，這是為了驅逐周敬王之弟王子朝的緣故。

2 晉頃公十二年，朝中六大權臣誅滅了晉國國君的同族祁氏與羊舌氏，把他們的封邑分成十個縣，這六大權臣分別讓自己的族人去做各縣的行政官。晉國公室由此更加衰弱。

3 其後十三年，魯國的叛臣陽虎逃來晉國，趙簡子收受了陽虎的賄賂，對他很禮遇。

4 趙簡子病了，五天不省人事，大夫們都慌了神。這時名醫扁鵲前來為趙簡子看病，扁鵲出來，趙氏家臣董安于問扁鵲趙簡子的病情。扁鵲說：「血脈很正常，你慌什麼？以往秦繆公也曾經這樣，昏睡七天之後就醒過來了。他醒來的那天，告訴公孫支和子輿說：『我到上帝的住所去了，快樂得很。我所以耽擱這麼久，是因為我正在向上帝學許多東西。上帝告訴我晉國將有大亂，五代都不得安寧。其後將有人稱霸，但活不到老就死了。稱霸的那個人的兒子還會讓你們國家的男女關係混亂不堪。』公孫支寫下這些話，將它收藏起來，秦國的預言由此產生。獻公時候的變亂，文公時候的稱霸，襄公在殽山打敗秦軍後，回國就放縱淫亂，這都是您所知道的事。如今主君的病和秦繆公一樣，不出三日病情就會好轉，病好之後他一定有話要說。」

5 過了兩天半，趙簡子醒過來了。他對大夫們說：「我到上帝那裡去了，過得很快活。我和眾天神在空中遊玩，演奏了很多音樂，表演了許多舞蹈，都是從來沒有聽過、從來沒有見過的，非常動聽，使人興奮。這時有一隻熊想來抓我，上帝讓我射牠，我一箭就把熊射死了。又有一隻羆向我撲來，我又射牠，又把羆射死了。上帝很高興，給了我兩只竹器，還帶著兩只小竹器。我看見有個小孩在上帝身邊，上帝又給我一隻翟犬，說：『等你兒子長大後，就把這隻翟犬給他。』上帝又說：『晉國將越來越衰落，七代之後就滅亡了。這時姓嬴的會在范魁的西邊打敗周朝人，但他不可能占有那些地方。如今我思念趙的先祖大費在虞舜所立的功勳，在恰當的時候我將把舜的後代女子孟姚許配給你的七代孫。』」董安于把聽到的話記錄下來收藏好，又將扁鵲的話告訴了趙簡子，趙簡子賞賜給扁鵲土地四萬畝。

6 有一天，趙簡子外出，有人擋在路當中，趕他走，他不走，隨從的人很生氣，舉刀要殺他。擋路的人說：「我有話要向主君講。」隨從的人報告了趙簡子，趙簡子把那個擋路的人叫到跟前，看了看說：「啊！我記得在什麼地方見過你。」擋路的人說：「請支開你身邊的人，我有話要單獨對你說。」趙簡子摒退左右，擋路的人說：「您病的時候，我在上帝的身旁。」簡子說：「對，有那麼回事。你來見我，有什麼事嗎？」擋路的人說：「上帝讓您射熊射羆，您都射中了。」趙簡子說：「是啊，這意味著什麼呢？」擋路的人說：「晉國將有大難，事情是由您開頭。上帝讓您滅掉兩個權臣，他們的祖先就是熊和羆。」趙簡子說：「天帝給我兩只竹器，又都帶著個小的，這是什麼意思？」擋路的人說：「你的兒子將在翟人聚居之地收服兩個國家，他們的祖先都姓子。」趙簡子說：「我看見一個小孩在上帝的身邊，上帝給我一隻翟犬，說：『等你的兒子長大以後送給他。』為什麼要送給我兒子一隻翟犬呢？」擋路的人說：「那小孩是您的兒子，翟犬是代君的祖先。您的兒子將來必定占有代國。您的繼承人將會改革政治，穿著胡人的服裝，吞併翟族的兩個國家。」趙簡子問這個擋道人的姓名，想留他做官，擋道人說：「我是村野之人，只是來傳達上帝的命令。」說完話就不見了。趙簡子把這些話記下來，收藏在檔案室裡。

7 又有一天，善於相面的姑布子卿來見趙簡子，趙簡子把自己的兒子們一個個叫過來，請他看相。子卿說：「這裡面沒有一個能夠當將軍的。」趙簡子說：「這麼說我們趙氏豈不是要滅絕了嗎？」子卿說：「我剛才在外面路上見過一個小孩，大概也是您的兒子。」趙簡子於是把兒子毋卹找來。當毋卹在姑布子卿面前一站，子卿趕緊站起來說：「這才是真正的將軍！」趙簡子說：「他的母親卑賤，是翟族出身的婢女，她的孩子怎麼能高貴呢？」子卿說：「上帝派下來的，縱使出身卑賤，日後也一定會高貴。」後來簡子把兒子們一個個找來談話，的確覺得毋卹最有才幹。簡子於是對他的兒子們說：「我在常山頂上藏了一塊寶符，誰先找到了有賞。」兒子們飛馬加鞭奔上常山，結果什麼也沒有找到。只有毋卹回來，說：「我找到寶符了。」簡子說：「交上來。」毋卹說：「從常山上居高臨下，代國可以被我們所攻取！」趙簡子由此知道毋卹確實有才幹，就廢掉太子伯魯，改立毋卹為太子。

8 兩年之後，晉定公十四年，范氏、中行氏作亂。第二年，春天，趙簡子對邯鄲大夫趙午說：「你把去年我給你的那五百家衛國人還給我，我要把他們安置在晉陽。」趙午答應了，回到邯鄲一說，他的父兄與長老們都不同意，於是趙午也只好違背諾言。趙簡子拘捕了趙午，把他囚禁在晉陽，對邯鄲人說：「我要殺掉趙午，你們想讓誰當邯鄲大夫？」遂殺趙午。趙午的兒子趙稷、家臣涉賓在邯鄲叛變，晉定公派籍秦率軍包圍邯鄲。荀寅和范吉射跟趙午有交情，不肯幫助籍秦去鎮壓邯鄲的叛亂，因而也謀劃反叛，這事被董安于知道了。十月，范氏、中行氏進攻趙鞅，趙鞅逃往晉陽，范氏、中行氏率軍包圍晉陽。這時，范吉射、荀寅的仇人魏襄子等人又策劃驅逐荀寅，讓梁嬰父統領中行氏；驅逐吉射，讓范皋繹統領范氏。荀櫟對晉定公說：「當初先君任命大臣的時候說過，誰帶頭叛亂就把誰處死。如今三個臣子起來作亂而只驅逐趙鞅，這種處罰不公道，請把他們通通趕走。」十一月，荀櫟、韓不佞、魏哆奉晉定公之命去討伐范氏、中行氏，沒能取勝。范氏、中行氏反過來攻打晉定公，晉定公率軍反擊，范氏、中行氏敗走。十一月十八，范吉射、荀寅逃往朝歌。這時韓、魏兩家請求晉定公寬赦趙氏。十二月十二，趙簡子來到晉國京城，在宮中與各派反對范氏、中行氏的勢力共同訂立盟約。第二年，知伯文子對趙簡子說：「范氏、中行氏確實發動了叛亂，但是由董安于揭發了他們，可見董安于也是參與其中的。晉國有規定，帶頭作亂的就得處死。范氏、中行氏都已伏法，只有董安于尚未受到懲處。」趙簡子為此而擔憂。董安于說：「如果我死了，能讓趙氏得到安定，晉國得到安寧，那麼我就死而無憾。」說罷遂自殺。趙簡子把此事告訴了知伯，趙氏家族的局勢才得以穩定。

9 孔子聽說趙簡子未向晉君請示就擅自拘捕殺害了邯鄲大夫趙午，又憑藉晉陽進行抵抗，所以便在《春秋》中寫道「趙鞅以晉陽畔」。

10 趙簡子有個臣子叫周舍，喜歡直言進諫。周舍死後，簡子每次臨朝聽政都鬱鬱不樂，大夫們向趙簡子請問他們有什麼過錯，以致使主君如此不高興，趙簡子說：「你們諸位沒有過錯。我聽說一千件羊皮襖，也抵不上一塊狐裘。你們在朝廷上只有服從、贊同的聲音，而聽不到像周舍那種堅持、爭辯的聲音，這是我所擔憂的啊。」正因為這緣故，趙簡子不僅博得了他自己領地人們的擁護，而且博得了整個晉國的人心懷念。

11 晉定公十八年，趙簡子包圍范氏、中行文子於朝歌，范氏、中行文子突出包圍，逃往邯鄲。第二年，衛靈公去世，趙簡子和陽虎以武力護送逃亡在外的衛太子蒯聵回到衛國，由於衛國人不接受，故而蒯聵只能住在戚邑。

12 晉定公二十一年，趙簡子攻下邯鄲，中行文子等逃到了柏人邑。趙簡子又包圍柏人，中行文子、范昭子就逃到了齊國。從此邯鄲、柏人遂為趙氏所有，范氏、中行氏的其他領地歸晉國公室。到這時趙簡子名義上是晉國的大臣，實際壟斷了晉國的大權，趙氏所有的領地與一個諸侯國的國君相等。

13 晉定公三十年，定公與吳王夫差在黃池會盟中爭當諸侯之長，趙簡子跟隨定公前往，最後讓吳王當了諸侯之長。定公三十七年死去，趙簡子廢除了服喪三年的制度，只服喪一年就行了。這一年，越王句踐滅亡了吳國。

14 晉出公十一年，知伯率晉軍伐鄭，時趙簡子有疾，派太子毋卹跟隨知伯領兵前往。知伯喝醉了酒，無禮地也硬逼著毋卹喝。毋卹手下的人要求與之拚命。毋卹說：「父親之所以立我為接班人，就是因為我能夠忍受侮辱。」然而他內心也惱怒。知伯回國後，勸說趙簡子廢掉毋卹，簡子沒有採納。但從此，毋卹更加痛恨知伯。

15 晉出公十七年，趙簡子去世，太子毋卹繼位，這就是趙襄子。

16 襄子元年，越軍包圍吳國，趙襄子為此降低飲食標準，並派使者楚隆前去慰問吳王。

17 襄子的姐姐原是代王的夫人。襄子安葬簡子後，還沒有除掉喪服，就北登夏屋山，宴請代王。他暗中布置讓自己的廚師們在用大銅杓給代王與其隨從進羹時，突然用銅杓打死了代王和他的隨從，接著發兵滅掉了代國。襄子的姐姐得到消息，痛哭呼天，用磨尖的髮笄自刺而死。代國的百姓憐憫她，遂稱她自殺的地方叫摩笄之山。襄子於是把代國封給伯魯的兒子名周，稱之為「代成君」。伯魯是襄子的兄長，原來的太子，因為死得早，所以封了他的兒子為代地之君。

18 襄子即位後的第四年，知伯和趙、韓、魏四家將原來屬於范氏、中行氏兩家的領地全部瓜分。晉出公大怒，通告齊、魯，請他們出兵討伐晉國的四卿。四卿害怕，遂聯手攻打晉出公，晉出公逃往齊國，死在半路上。知伯於是改立昭公的曾孫名驕，這就是晉懿公。知伯越來越驕橫，他向韓、魏兩家索取土地，韓、魏兩家給了他。接著知伯又向趙氏索取土地，趙襄子不給，因為過去隨知伯圍鄭時，趙襄子就受過知伯的凌辱。知伯為此而發怒，就率領韓、魏軍隊攻趙。趙襄子害怕，跑到了晉陽固守。

19 趙襄子的家臣原過跟著襄子一起出奔晉陽，中途落在後邊，在王澤附近，他看見三個人，但只能見到他們的上半身卻看不見下半身。他們遞給原過一個竹筒，兩頭都封閉著，說：「請替我們把這個竹筒帶給毋卹。」待至原過趕上趙襄子後，把事情告訴了趙襄子，趙襄子齋戒三日，親自劈開竹筒，裡面用紅筆寫著：「趙毋卹，我們是霍泰山山陽侯的天使，三月初八，我們會幫你把知氏滅掉。你在百邑縣為我們立廟，我們會賞給你林胡之地。你的後代，將有一位高大強壯的君主，他面色赤黑，貌似龍而嘴像鳥，濃濃的鬢、粗粗的眉、黑黑的鬍子，他胸脯寬闊，下身修長而上身魁偉。他衣襟左開，披甲騎馬，占有龍門以北黃河兩側的廣闊土地，直到休溷、諸貉等民族聚居的地方。他向南攻取晉國的其他城邑，向北消滅黑姑民族。」襄子再三叩拜，接受了三位神人的旨令。

20 知伯與韓、魏三方聯合圍攻晉陽一年多，他們引汾水灌晉陽城，大水浩浩蕩蕩，城牆只還露著六尺高。城中已到處是水，百姓只能吊起鍋來做飯，交換著殺孩子充飢。群臣都認為襄子招架不住，各懷叛逆之心，對襄子的態度也越來越不尊重，只有高共一人不敢放肆，嚴守君臣之禮。趙襄子對形勢感到害怕，便派他的丞相張孟同夜間出城私下與韓、魏結盟。韓、魏與張孟同合謀後，於三月初八日，三家聯合起來滅掉知氏，瓜分了知伯的土地。於是襄子賞賜群臣，高共得賞最多。張孟同說：「在晉陽危難的時刻，就只高共一人沒做貢獻。」襄子說：「正當晉陽危急之際，大家都對我表現出鬆懈怠慢，只有高共嚴守君臣之禮，所以重賞他。」這時趙氏北面擁有代國之地，向南併吞了知氏的領土，比韓、魏兩家都強大。於是在百邑為三位神人修建了廟宇，讓原過主持對霍泰山的祭祀。

21 後來趙襄子娶了空同氏的女子，生了五個兒子。趙襄子因為哥哥伯魯沒有當成太子，因而不願把自己的兒子立為太子，而一定要將自己的爵位傳給伯魯的兒子代成君。但代成君已經去世，因而便把代成君的兒子名浣立為太子。襄子在位三十三年去世，趙浣繼位，這就是趙獻侯。

1 獻侯少即位，治中牟❶。

2 襄子弟桓子❷逐獻侯，自立於代❸，一年卒。國人曰桓子立非襄子意，乃共殺其子，而復迎立獻侯。

3 十年❹，中山武公❺初立。十三年，城平邑❻。十五年，獻侯卒，子烈侯籍❼立。

4 烈侯元年❽，魏文侯❾伐中山❿，使太子擊守之⓫。六年，魏、韓、趙皆相立為諸侯⓬，追尊獻子為獻侯⓭。

5 烈侯好音，謂相國⓮公仲連曰：「寡人有愛⓯，可以貴之⓰乎？」公仲曰：「富之可，貴之則否⓱。」烈侯曰：「然。夫鄭歌者槍、石⓲二人，吾賜之田，人萬畝。」公仲曰：「諾。」不與。居一月，列侯從代來，問歌者田。公仲曰：「求⑲，未有可者⑳。」有頃，列侯復問。公仲終不與，乃稱疾不朝。番吾君㉑自代來，謂公仲曰：「君實好善，而未知所持㉒。今公仲相趙㉓，於今四年，亦有進士乎㉔？」公仲曰：「未也。」番吾君曰：「牛畜、荀欣、徐越皆可。」公仲乃進三人。及朝，列侯復問：「歌者田何如？」公仲曰：「方使擇其善者㉕。」牛畜侍列侯以仁義㉖，約以王道㉗，列侯逌然㉘。明日，荀欣侍以選練舉賢㉙，任官使能。明日，徐越侍以節財儉用，察度功德㉚，所與無不充㉛，君說㉜。列侯使使謂相國曰：「歌者之田且止。」官牛畜為師㉝，荀欣為中尉㉞，徐越為內史㉟，賜相國衣二襲㊱。

6 九年，列侯卒，弟武公立㊲。武公十三年卒㊳，趙復立列侯太子章，是為敬侯㊴。是歲，魏文侯卒㊵。

7 敬侯元年㊶，武公子朝㊷作亂，不克，出奔魏㊸。趙始都邯鄲㊹。

8 二年，敗齊于靈丘㊺。三年，救魏于廩丘，大敗齊人㊻。四年㊼，魏敗我兔臺㊽。築剛平㊾以侵衛。五年，齊、魏為衛攻趙㊿，取我剛平。六年，借兵於楚(51)伐魏，取棘蒲(52)。八年，拔魏黃城(53)。九年，伐齊。齊伐燕，趙救燕(54)。十年，與中山戰于房子(55)。

9 十一年，魏、韓、趙共滅晉，分其地[56]。伐中山，又戰於中人[57]。十二年，敬侯卒[58]，子成侯種立。

10 成侯元年[59]，公子勝與成侯爭立，為亂[60]。二年，六月，雨雪[61]。三年，太戊午[62]為相。伐衛，取鄉邑[63]七十三。魏敗我藺[64]。四年，與秦戰高安[65]，敗之。五年，伐齊于鄄[66]，魏敗我懷[67]。攻鄭，敗之，以與韓，韓與我長子[68]。六年，中山築長城[69]。伐魏，敗涿澤，圍魏惠王[70]。七年，侵齊，至長城[71]。與韓攻周[72]。八年，與韓分周以為兩[73]。九年，與齊戰阿下[74]。十年，攻衛，取甄[75]。十一年，秦攻魏，趙救之石阿[76]。十二年，秦攻魏少梁[77]，趙救之。十三年，秦獻公[78]使庶長國[79]伐魏少梁，虜其太子、痤[80]。魏敗我澮[81]，取皮牢[82]。成侯與韓昭侯[83]遇[84]上黨[85]。十四年，與韓攻秦[86]。十五年，助魏攻齊[87]。

11 十六年，與韓、魏分晉，封晉君以端氏[88]。

12 十七年，成侯與魏惠王遇葛孽[89]。十九年，與齊、宋會平陸[90]，與燕會阿[91]。二十年，魏獻榮椽[92]，因以為檀臺[93]。二十一年，魏圍我邯鄲[94]。二十二年，魏惠王拔我邯鄲，齊亦敗魏於桂陵[95]。二十四年[96]，魏歸我邯鄲，與魏盟漳水上[97]。秦攻我藺[98]。二十五年，成侯卒，公子緤[99]與太子肅侯[100]爭立，緤敗，亡奔韓[101]。

13 肅侯元年[102]，奪晉君端氏，徙處屯留[103]。二年，與魏惠王遇於陰晉[104]。三年，公子范[105]襲邯鄲，不勝而死。四年，朝天子[106]。六年，攻齊，拔高唐[107]。七年，公子刻[108]攻魏首垣[109]。十一年，秦孝公[110]使商君[111]伐魏，虜其將公子卬[112]。趙伐魏。十二年，秦孝公卒[113]，商君死[114]。十五年，起壽陵[115]。魏惠王卒[116]。

14 十六年，肅侯游大陵[117]，出於鹿門[118]，大戊午[119]扣馬[120]，曰：「耕事方急，一日不作[121]，百日不食[122]。」肅侯下車謝[123]。

15 十七年，圍魏黃[124]，不克。築長城[125]。

16 十八年，齊、魏伐我，我決河水[126]灌之，兵去。二十二年，張儀相秦[127]。趙疵[128]與秦戰，敗，秦殺疵河西[129]，取我藺、離石[130]。二十三年，韓舉[131]與齊、魏戰，死于桑丘[132]。

17 二十四年，肅侯卒，秦、楚、燕、齊、魏[133]出銳師[134]各萬人來會葬[135]。子武靈王[136]立。

【章旨】以上為第四段，寫戰國前期趙國的發展形勢。

【注釋】❶治中牟　以中牟（今河南鶴壁西）為都城。中牟在春秋時代已經築城，戰國時成為重要都市。❷襄子弟桓子　《世本》作「襄子子桓子」。❸自立於代　時為西元前四二四年。代，在今河北蔚縣東北。❹十年　獻侯十年，西元前四一四年。❺中山武公　中山是少數民族鮮虞人在戰國前期建立的國家名，國都顧，即今河北定縣。其國君的姓氏來歷，無從說清。「中山武公」，應是「中山文公」之子。❻平邑　縣名，在今山西大同東南。❼烈侯籍　名籍，西元前四〇八—前三八七年在位。「烈」字是諡。❽烈侯元年　西元前四〇八年。❾魏文侯　名斯，西元前四四五—前三九六年在位。❿伐中山　當時的魏將為樂羊子，事見〈樂毅列傳〉。⓫太子擊守之　樂羊伐滅中山國，而使太子擊守其地也。太子擊，即日後之魏武侯，名擊。⓬皆相立為諸侯　在此以前，韓、趙、魏三家雖都已儼然為大國，而究其性質仍屬自立；而此年周威烈王乃正式策命三家為諸侯，使之與其他燕、秦、齊、楚諸國相並列。⓭追尊獻子為獻侯　「獻」字是諡。⓮相國　職務同於「宰相」，而專任的程度與品級實有不同。⓯寡人有愛　我所喜愛的人。王叔岷曰：「有，猶『所』也。」⓰貴之　指提高其爵位、官品。⓱富之可二句　按：此至理名言，孔子有所謂「惟器與名，不可以假人」；《新五代史・伶官傳》於此感慨深矣。富之，指賞以金錢。⓲鄭歌者槍石　來自鄭國的歌手，一個名槍，一個名石。鄭國自春秋以來以談情說愛的流行歌曲聞名於世。⓳求　物色；尋找。⓴未有可者　尚未找到合適的地方。㉑番吾君　番吾縣的封君。番吾，趙縣名，在今河北平山東南。㉒君實好善二句　你的確是想做好事，但你卻不懂得如何做。持，把握；運用。㉓公仲相趙　李笠曰：「番君對言公仲，不當指斥其名，『仲』字衍。」㉔亦有進士乎　曾向朝廷舉薦過人才嗎？王叔岷曰：「有，猶『曾』也。」進士，薦舉人才。㉕方使擇其善者　正在讓人給他們物色好地方。㉖侍烈侯以仁義　即以仁義之道誘導烈侯。侍，這裡即引導、約束的意思。㉗約以王道　以王道約束之、教導之。㉘逌然　寬舒和悅的樣子。㉙侍以選練舉賢　以選拔賢才的道理開導之。㉚察度功德　謂引導國君觀察忖度群臣的功勞品德，以決定升降。㉛所與無不充　所肯定的人、事，沒有一樣不妥當。與，肯定；贊成。充，充當。㉜說　通「悅」。㉝師　略同於「太師」，帝王的輔導官。㉞中尉　主管首都治安的長官。㉟內史　首都及其郊區的行政長官，後代也稱「京兆尹」。㊱二襲　兩套；兩身。㊲烈侯卒二句　據現代戰國史家錢穆、楊寬等考證，趙國無「武公」其人，此年「烈侯」亦未死，並一直在位至「敬侯」元年。〈六國年表〉亦同誤。㊳武公十三年卒　應作「烈侯二十二年（西元前三八七年）卒」。㊴敬侯　西元前三八六—前三七五年在位。㊵是歲二句　按：據現代戰國史家考證，魏文侯已於九年前去世，此時為魏武侯九年。〈六國年表〉亦同誤。㊶敬侯元年　西元前三八六年。㊷武公子朝　「武公」既無其人，則此「子朝」疑是敬侯之弟。㊸出奔魏　〈魏世家〉於此作「子朔」，非，應為「子朝」。當時的魏國都城在安邑。㊹趙始都邯鄲　在此以前，趙先後曾都於趙城、耿、原、晉陽、中牟，至此乃遷於邯鄲，即今河北邯鄲。沈長雲等曰：「趙敬侯遷都的直接原因則可能與公子朝之亂有關。公子朝叛亂時，趙國的都城尚在中牟，中牟地近魏國，公子朝得到了魏國的支持，這也許是敬侯遷都的直接原因。另外，遷都邯鄲是在趙朝作亂之後，也可以推測趙朝之亂可能使中牟這一自春秋以來的名都大邑遭到破壞，因此趙國君臣決定遷都邯鄲。」㊺敗齊于靈丘　據〈六國年表〉，「敗齊于靈丘」事在敬侯九年。〈田敬仲完世家〉同。靈丘，齊縣名，在今山東高唐南。㊻救魏于廩丘二句　當時齊人攻魏廩丘（今山東鄄城東北），趙救之，遂大破齊也。㊼四年　西元前三八三年。㊽兔臺　趙縣名，應在今河北南部，方位不詳。㊾剛平　趙縣名，在今河南清豐西南，當時衛都濮陽之正北。㊿齊魏為衛攻趙　當時為田齊侯剡三年、魏武侯十四年。(51)借兵於楚　當時為楚悼王二十一年。(52)棘蒲　魏縣名，在今河北魏縣南。(53)黃城　魏縣名，在今河南開封東北。(54)伐齊三句　梁玉繩曰：「是當移書于八年之前，而補之曰『七年齊伐燕，趙救燕伐齊，至桑丘』，于九年則補書曰『伐齊，至靈丘』，庶幾得之。」(55)與中山戰于房子　中山國原都於顧（今河北定縣），三十年前被魏文侯所滅，後又復國，改都於靈壽（今河北靈壽西北）。房子，趙縣名，在今河北高邑西南。(56)魏韓趙共滅晉二句　據錢穆考證，此年魏、韓、趙瓜分晉地後，乃將晉桓公遷於屯留（今山西屯留南）。(57)中人　縣名，在今河北唐縣西南。(58)敬侯卒　楊寬以為應在西元前三七四年。(59)成侯元年　西元前三七四年。(60)公子勝與成侯爭立二句　公子勝為成侯之叔，早在敬侯即位時，公子勝就曾作亂爭位。(61)六月二句　因氣候極端反常，故書之於史。(62)太戊午　梁玉繩曰：「〈人表〉作『大成午』，〈韓策〉『大成午自趙來』是也。」(63)鄉邑　鄉一級的小鎮。鄉是縣以下的行政區劃名，縣下有鄉，鄉下有亭。(64)藺　趙縣名，在今山西離石西。(65)高安　趙縣名，具體方位不詳，大約在山西西部的鄰近黃河處；也有說在今山西臨猗西南。(66)鄄　衛縣名，在今山東鄄城北。(67)懷　魏縣名，在今河南武陟西南。(68)攻鄭四句　《大事紀》云：「鄭滅六年矣，安得復攻鄭？意者韓滅鄭之時，趙與有勞焉，至是韓始以地酬其功與？」瀧川曰：「蓋追敘往事。」長子，縣名，在今山西長子西南，離趙國較近。(69)中山築長城　舊址不詳，應距其都城靈壽不遠，有謂在河北定縣者，恐非。(70)伐魏三句　據〈魏世家〉，此次為韓、趙「合軍并兵以伐魏，戰于濁澤，魏氏大敗，魏君圍」。涿澤，應作「濁澤」，沼澤名，在今山西運城西南，離魏都安邑不遠。魏惠王，名罃，武侯之子，西元前三六九—前三一九年在位。(71)侵齊二句　齊長城西起平陰（今山東平陰東北），東行經泰山北麓，再東行，至琅邪（今山東膠南西南）海邊。趙軍侵齊至長城，應指至平陰縣一帶。(72)與韓攻周　此時的韓國都於新鄭，其時為韓懿侯七年；此時的周國僅尚有洛陽、鞏縣等少數幾個縣，時為周顯王元年。(73)分周以為兩　將僅存的周國又分成了以鞏縣為中心的「東周」和以王城為中心的「西周」兩塊。(74)阿下　阿縣城下，阿縣在今山東陽穀東北，當時屬齊。(75)攻衛二句　時當衛成侯七年，其時衛國土地已所剩無幾。甄，衛縣名，在今山東甄城北。(76)石阿　魏縣名，即在今山西西部的臨近黃河一帶；也有人說在今山西隰縣北。(77)少梁　魏縣名，在今陝西韓城西南。(78)秦獻公　名師隰，西元前三八四—前三六二年在位。秦於獻公時已將國都由雍縣東遷至櫟陽（在今西安之閻良區）。(79)庶長國　庶長名國，史失其姓。庶長，秦官名，依次有左庶長、右庶長、大庶長三等。(80)虜其太子痤　虜魏國太子與魏將公孫痤。(81)澮　水名，流經今山西翼城南，西流至侯馬入汾水。(82)皮牢　趙縣名，在今山西翼城東北。(83)韓昭侯　懿侯之子，西元前三六二—前三三三年在位。(84)遇　會晤。(85)上黨　韓、趙兩國當時都有上黨郡，韓之上黨郡約當今山西長治地區的南半部；趙之上黨郡約當今長治地區的北部與晉中地區的東南部。(86)與韓攻秦　時當韓昭侯二年與秦孝公元年。(87)助魏攻齊　時當魏惠王十年與田齊桓公十五年，時魏國的都城已由安邑東遷至大梁（今河南開封）。(88)與韓魏分晉二句　按：前敬侯十一年三國已分晉地，此處乃二次瓜分。至於「封晉君以端氏」，錢穆以為晉國首次被瓜分後，晉桓公乃被遷之於屯留（今山西屯留南）。後來韓取屯留，又遷晉君於端氏（今山西沁水東北）；再後來趙取端氏而復遷晉侯於屯留，後被韓人所殺。(89)遇葛孽　在葛孽舉行會談。葛孽，趙縣名，在今河北肥鄉西南。據〈六國年表〉，韓、趙兩主乃會於鄗（今河北高邑東南）。(90)與齊宋會平陸　趙成侯與齊威王、宋桓侯（〈宋微子世家〉作「辟公」）會於平陸。平陸，齊縣名，在今山東汶上西北。(91)與燕會阿　與燕文公會於阿（今山東陽穀東北）。(92)榮椽　《索隱》以為是經過修飾的木頭椽子。《正義》以為「榮」、「椽」分別是兩種木料，「榮」用於飛簷，椽用於檁上。鄭玄云：「榮，屋翼也。」(93)檀臺　趙臺名，《集解》以為在襄國（今河北邢台），《正義》以為在今河北永年。有說即後來有名的信宮，是一處大型宮殿建築。(94)魏圍我邯鄲　據楊寬指出是年趙伐衛，攻取漆、富丘；魏救衛，進圍趙都邯鄲。(95)魏惠王拔我邯鄲二句　此即有名的桂陵之役，自上年起，魏將龐涓率軍包圍邯鄲，中間也曾將邯鄲攻陷，但戰事一直未停。趙向齊求救，齊將田忌、孫臏率軍攻魏都大梁，龐涓等回軍救大梁，中途被齊軍大破於桂陵。桂陵，魏縣名，在今河南長垣西北。(96)二十四年　西元前三五一年。(97)魏歸我邯鄲二句　按：梁玉繩對魏之「拔邯鄲」與「歸邯鄲」皆懷疑無其事，然〈韓世家〉與〈六國年表〉皆有明確記載，且《戰國策》、《呂覽》、《孫臏兵法》、《竹書紀年》亦皆載之，梁說不可從。漳水，源於今山西昔陽西南，東南流經今河北磁縣南，復東北流，匯入黃河，當時為趙國南境。(98)秦攻我藺　時當秦孝公十一年。藺，趙縣名，在今山西離石西，臨近黃河。(99)公子緤　成侯之子，肅侯之弟。(100)太子肅侯　中井曰：「宜曰『太子語』。」肅侯，成侯之子，名語，西元前三四九—前三二六年在位。(101)緤敗二句　事當韓昭侯十三年。(102)肅侯元年　西元前三四九年。(103)奪晉君端氏二句　晉桓公於十年前被由屯留（今山西屯留南）遷於端氏（今山西沁水東北），今趙奪端氏，又將晉桓公逐於屯留也。(104)陰晉　魏縣名，在今陝西華陰東。(105)公子范　亦肅侯之弟，圖謀奪位者。(106)朝天子　此時的傀儡「天子」為周顯王（西元前三六八—前三二一年在位）。(107)高唐　齊縣名，在今山東高唐東北。(108)公子刻　肅侯之弟。(109)首垣　魏縣名，在今河南長垣東北。

(110)秦孝公　名渠梁，西元前三六一—前三三八年在位。秦國都城於孝公十二年由櫟陽遷到咸陽。(111)商君　名鞅，原衛人，入秦佐孝公變法，使秦國富強。(112)虜其將公子卬　商鞅騙公子卬在陣前敘舊，伏兵將其襲捕，大破魏軍，事見〈商君列傳〉。公子卬，魏惠王之子。(113)秦孝公卒　秦孝公在位共二十四年。(114)商君死　孝公死後，秦國貴族政變，商鞅潛逃未果，被秦國貴族所殺。詳見〈商君列傳〉。(115)起壽陵　指趙肅侯開始為自己預建陵墓。壽陵，為生者預修的墳墓。據《正義》說趙肅侯的「壽陵」在常山（即真定，今石家莊東北）。(116)魏惠王卒　按：趙肅侯之十五年，相當於魏惠王之三十五年。明年魏惠王因改「侯」稱「王」，於是改年號稱「惠王元年」。史公誤以為惠王死於此年，於是相應的〈世家〉與〈年表〉中的敘事遂皆誤。又明年始稱「魏惠王元年」，則前此之三十五年例應稱「魏惠侯」，史家為記事方便，遂以後來之號統稱以前。(117)大陵　趙縣名，在今山西文水東北，其地當為遊觀場所。(118)出於鹿門　經由鹿門。鹿門，《正義》以為在盂縣（今山西陽曲東北）西北。(119)大戊午　即前文之「太戊午」，曾為趙成侯之相者。「太」、「大」古常通用。(120)扣馬　攔著馬頭。(121)不作　不從事生產。(122)不食　沒得吃。(123)謝　認錯，表示歉意。(124)圍魏黃　圍攻魏國的黃縣，時當魏惠王後元二年。黃，也稱「小黃」，在當時的大梁（今開封）城東。(125)築長城　此指趙國在南部邊境修築長城。趙國南部的長城東起今河北肥鄉南，西南行，經磁縣南折向西北，止於今武安西南。張懷通、石延博曰：「此長城的修造，標誌著趙國在南部邊疆開始由進攻轉為防禦，趙國南進以向中原發展的戰略至此結束，到趙武靈王時期趙國轉向北方發展，魏快成為東方最強國。」(126)河水　黃河水，當時的黃河自今河南西部流來，經今滑縣、濮陽、德州，北至今滄州東北之黃驊入海，大體流經當時趙國的東南境。(127)張儀相秦　張儀，戰國時代著名的縱橫家，一生倡導連橫，對秦國的發展有巨大貢獻，事跡見〈張儀列傳〉。陳仁錫曰：「紀各國必書『張儀相秦』，見儀之用，亦六國存亡之關云。」(128)趙疵　趙國的將領，事跡僅此一見。(129)河西　今山西、陝西交界的黃河以西。(130)離石　趙縣名，即今山西離石，在當時的藺縣之東。(131)韓舉　趙將名。當時韓國亦有「韓舉」，與此非一人。(132)桑丘　齊縣名，在今山東兗州西。(133)秦楚燕齊魏　秦惠文王、楚懷王、燕易王、齊威王、魏惠王。(134)銳師　精兵。(135)會葬　參加葬禮。(136)武靈王　名雍，肅侯之子，西元前三二五—前二九九年在位。

【語　譯】 獻侯即位時年紀尚小，以中牟為都城。

2 這時襄子的弟弟桓子趕走趙獻侯，在代地自立為君，一年後死去。趙國人說桓子即位不合襄子的意願，就聯合起來把桓子的兒子殺掉，把獻侯接了回來。

3 獻侯十年，中山國的武公剛即位。十三年，建築平邑城。十五年，趙獻侯去世，他的兒子烈侯趙籍即位。

4 烈侯元年，魏文侯伐滅了中山國，讓太子擊前往鎮守。烈侯六年，魏、韓、趙都相繼自立為諸侯並得到了周天子的冊封。烈侯追稱其父獻子為獻侯。

5 烈侯喜好音樂，他對相國公仲連說：「我所喜愛的人，能讓他顯貴嗎？」公仲說：「可以賞給錢財，讓他富有；但不能賜給名位讓他尊貴。」烈侯說：「好的，現在有來自鄭國的兩個歌手，一個名槍，一個名石，我要賞給他們每人一萬畝田地。」公仲說：「好吧。」可是沒給。過了一個月，烈侯從代地回來，問起給歌手田地的事。公仲說：「我去查找了，但還沒有找到合適的地方。」又過了些時候，烈侯又問，公仲始終不給，接著就藉口有病不上朝了。這時番吾縣的封君從代地來京，對公仲說：「你的確是想做好事，但不知道如何做。如今你做趙國的相國已經四年，你曾向朝廷舉薦過人才嗎？」公仲說：「沒有。」番吾君說：「牛畜、荀欣、徐越都可以。」公仲就把這三個人舉薦給烈侯。等到上朝的時候，烈侯又問：「給歌手田地的事辦得怎麼樣了？」公仲說：「正在派人去尋找好的地方。」這時牛畜便以仁義開導烈侯，用王道的治國策略約束他，烈侯的態度越來越和悅。第二天，荀欣又用選拔賢才的道理開導烈侯，教導他如何任用官員、選拔賢人。第三天，徐越又以節省財物用度的道理開導烈侯，教導烈侯如何考察、衡量臣子們的功勞品德，要讓被任用的人沒有一個不是人盡其才，趙烈侯很高興。他派人對相國說：「給歌手們田地的事暫且放下。」於是烈侯任命牛畜為太師，荀欣為中尉，徐越為內史，賞給相國兩套衣服。

6 九年，烈侯死去，他的弟弟武公繼位。武公在位十三年去世，又重立了烈侯的太子趙章，這就是趙敬侯。這一年，魏文侯去世。

7 敬侯元年，武公的兒子趙朝作亂，沒有成功，逃往魏國。趙國從這年開始建都於邯鄲。

8 敬侯二年，趙軍在齊國的靈丘縣打敗齊軍。三年，齊軍攻魏之廩丘，趙軍救魏，打敗齊軍。四年，趙軍在兔臺被魏軍打敗。這年趙國修築剛平城，作為進攻衛國的橋頭堡。五年，齊、魏為衛攻趙，奪取了剛平縣。六年，趙向楚國借兵攻打魏國，奪取了棘蒲縣。八年，趙軍攻取了魏國的黃城。九年，趙軍伐齊。同年齊軍伐燕，趙軍救燕。十年，趙軍與中山之軍戰於趙國的房子縣。

9 十一年，魏、韓、趙三國滅了晉國，瓜分了它的土地。同年，趙軍進攻中山國，與中山軍戰於中人縣。十二年，趙敬侯去世，他的兒子成侯趙種繼位。

10 成侯元年，公子勝為與成侯爭位，發動叛亂。二年，六月，天降大雪。三年，太戊午為趙之相國。同年，趙軍攻衛，奪取了七十三個鄉邑。魏軍在藺縣打敗了趙軍。四年，趙軍與秦軍戰於高安，秦軍失敗。五年，趙軍進攻齊國的鄄縣。魏軍在懷縣打敗趙軍。當年進攻鄭國時，把獲取的土地給了韓國，韓國把靠近趙國的長子縣給了趙國。六年，中山國修築長城。同年，趙軍伐魏，在涿澤打敗魏軍，並包圍了魏惠王。七年，趙軍伐齊，直抵齊國的長城下。同年，趙軍又與韓軍聯合攻打周國。八年，趙國與韓國一起把周國一分為二。九年，趙軍與齊軍戰於阿縣城下。十年，趙軍進攻衛國，奪取了甄縣。十一年，秦國攻打魏國，趙軍前往石阿救魏。十二年，秦軍進攻魏國的少梁，趙國派兵往救。十三年，秦獻公派庶長國進攻魏國的少梁，俘虜了魏國的太子和魏將公孫痤。同年，魏軍在澮水打敗趙軍，占去了皮牢縣。這年，趙成侯與韓昭侯在上黨會晤。十四年，趙軍聯合韓軍共同進攻秦國。十五年，趙軍助魏軍攻齊。

11 十六年，趙國與韓、魏又最後瓜分晉國的剩餘領地，把晉君遷到了端氏邑。

12 十七年，趙成侯與魏惠王在葛孽會晤。十九年，趙成侯與齊威王、宋桓侯在齊國的平陸縣會晤。同年，趙成侯又與燕文公在阿縣會晤。二十年，魏國向趙國進獻優質的木頭榮椽，趙成侯遂用來建造了檀臺。二十一年，魏軍包圍了趙國的都城邯鄲。二十二年，魏惠王攻占了邯鄲。不久，齊軍在桂陵把魏軍打敗。二十四年，魏國把邯鄲歸還趙國，趙成侯與魏惠王在漳水邊訂立盟約。同年，秦軍進攻趙國的藺縣。二十五年，趙成侯去世，公子緤與太子爭位，公子緤失敗，逃往韓國。

13 肅侯元年，趙國奪取了晉國君主所在的端氏，將晉君趕到屯留。二年，趙肅侯與魏惠王在魏國的陰晉會晤。三年，肅侯之弟公子范襲擊邯鄲，失敗而死。四年，趙肅侯往朝周顯王。六年，趙軍攻齊，占領了高唐縣。七年，趙派公子刻率軍攻魏之首垣縣。十一年，秦孝公派商鞅攻魏，俘虜了魏國的大將公子卬。同年，趙軍伐魏。十二年，秦孝公去世，商鞅去世。十五年，趙肅侯為自己預建陵墓。這年魏惠王去世。

14 十六年，趙肅侯要到大陵縣巡遊，經鹿門而出。老相國大戊午攔著馬頭，說：「現在正是春耕大忙季節，一天不耕作，就要百天沒得吃。」肅侯立即下車認錯。

15 十七年，趙軍圍攻魏國的黃縣，沒能攻下。這年，趙國開始修築長城。

16 十八年，齊、魏聯合攻打趙國，趙國決黃河以淹齊魏聯軍，齊魏聯軍退去。二十二年，張儀任秦國丞相。這年，趙疵率軍與秦軍作戰失敗，秦軍殺死趙疵於河西，並渡河奪取了趙國的藺與離石二縣。二十三年，趙將韓舉與齊軍、魏軍作戰，戰死於桑丘縣。

17 二十四年，趙肅侯去世，秦惠文王、楚懷王、燕易王、齊威王、魏惠王各領精兵上萬人前來參加葬禮。肅侯之子武靈王繼位。

1 武靈王元年❶，陽文君趙豹❷相。梁襄王與太子嗣❸，韓宣王❹與太子倉❺來朝信宮❻。武靈王少，未能聽政，博聞師❼三人，左右司過❽三人。及聽政，先問❾先王貴臣肥義❿，加其秩⓫；國三老⓬年八十，月致其禮⓭。

2 三年，城鄗⓮。四年，與韓會于區鼠⓯。五年，娶韓女為夫人。

3 八年，韓擊秦，不勝而去⓰。五國相王，趙獨否⓱，曰：「無其實，敢處⓲其名乎？」令國人謂己曰「君」⓳。

4 九年，與韓、魏共擊秦，秦敗我，斬首八萬級⓴。齊敗我觀澤㉑。十年，秦取我中都及西陽[22]。齊破燕。燕相子之為君，君反為臣[23]。十一年，王召公子職[24]於韓，立以為燕王[25]，使樂池送之[26]。十三年，秦拔我藺，虜將軍趙莊[27]。楚、魏王來過邯鄲[28]。十四年，趙何[29]攻魏。

5 十六年，秦惠王卒[30]。王遊大陵[31]。他日，王夢見處女鼓琴而歌詩曰：「美人熒熒[32]兮，顏若苕之榮[33]。命乎命乎，曾無我嬴[34]！」異日[35]，王飲酒樂，數言[36]所夢，想見[37]其狀。吳廣[38]聞之，因夫人[39]而內其女娃嬴，孟姚也[40]。孟姚甚有寵於王，是為惠后[41]。

6 十七年，王出九門[42]，為野臺[43]，以望齊、中山之境[44]。

7 十八年，秦武王[45]與孟說[46]舉龍文赤鼎，絕臏而死[47]。趙王使代相[48]趙固迎公子稷[49]於燕，送歸[50]，立為秦王，是為昭王[51]。

8 十九年，春正月，大朝信宮。召肥義與議天下，五日而畢。王北略中山之地[52]，至於房子[53]，遂之代，北至無窮[54]，西至河，登黃華[55]之上。召樓緩[56]謀曰：「我先王因世之變，以長南藩之地[57]，屬阻漳、滏之險，立長城[58]，又取藺[59]、郭狼[60]，敗林人[61]於荏[62]，而功未遂。今中山在我腹心[63]，北有燕，東有胡[64]，西有林胡、樓煩[65]、秦、韓之邊[66]，而無彊兵之救[67]，是[68]亡社稷，柰何？夫有高世之名[69]，必有遺俗之累[70]。吾欲胡服[71]。」樓緩曰：「善。」羣臣皆不欲。

9 於是肥義侍，王曰：「簡、襄主之烈，計胡、翟之利[73]。為人臣者，寵有孝弟長幼順明之節[74]，通有補民益主之業[75]。此兩者，臣之分也[76]。今吾欲繼襄主之跡，開於胡、翟之鄉[77]，而卒世不見[78]也。為敵弱，用力少而功多，可以毋盡百姓之勞，而序往古之勳[79]。夫有高世之功[80]者，負遺俗之累[81]；有獨智之慮[82]者，任[83]驁民[84]之怨。今吾將胡服騎射以教百姓，而世必議寡人，柰何？」肥義曰：「臣聞疑事無功[85]，疑行無名[86]。王既定負遺俗之慮[87]，殆[88]無顧天下之議矣。夫論至德[89]者，不和於俗；成大功者，不謀於眾[90]。昔者舜舞有苗，禹袒裸國[91]，非以養欲而樂志[92]也，務以論德而約功也[93]。愚者闇成事[94]，智者覩未形[95]，則王何疑焉？」王曰：「吾不疑胡服也，吾恐天下笑我也。狂夫之樂，智者哀焉；愚者所笑，賢者察焉[96]。世有順我者，胡服之功未可知也。雖驅世[97]以笑我，胡地中山吾必有之[98]。」於是遂胡服矣。

10 使王緤[99]告公子成[100]曰：「寡人胡服，將以朝也[101]，亦欲叔服之。家聽於親而國聽於君，古今之公行也。子不反親，臣不逆君，兄弟[102]之通義也。今寡人作教易服[103]而叔不服，吾恐天下議之也。制國有常，利民為本；從政有經[104]，令行為上[105]。明德[106]先論於賤[107]，而行政先信於貴[108]。今胡服之意，非以養欲而樂志也；事有所止而功有所出[109]，事成功立，然後善也[110]。今寡人恐叔之逆從政之經[111]，以輔叔之議[112]。且寡人聞之，事利國者，行無邪；因貴戚者，名不累[113]。故願慕公叔之義[114]，以成胡服之功。使緤謁之叔[115]，請服焉。」公子成再拜稽首[116]曰：「臣固聞王之胡服也。臣不佞[117]，寢疾[118]，未能趨走以滋進也[119]。王命之，臣敢對[120]，因竭[121]其愚忠。曰[122]：臣聞中國[123]者，蓋聰明徇智[124]之所居也，萬物財用之所聚也，賢聖之所教也，仁義之所施也，詩、書、禮、樂之所用也，異敏技能之所試[125]也，遠方之所觀赴[126]也，蠻夷之所義行[127]也。今王舍此而襲[128]遠方之服，變古之教，易古之道，逆人之心，而佛學者[129]，離中國[130]，故臣願王圖之也。」使者以報。王曰：「吾固聞叔之疾也，我將自往請之。」

11 王遂往之公子成家，因自請之曰：「夫服者，所以便用也；禮者，所以便事也。聖人觀鄉而順宜[131]，因事而制禮[132]，所以利其民而厚其國也。夫翦髮文身[133]，錯臂[134]左衽，甌越[135]之民也。黑齒雕題[136]，卻冠秫絀[137]，大吳[138]之國也。故禮服莫同[139]，其便一也[140]。鄉異而用變[141]，事異而禮易[142]。是以聖人果可以利其國，不一其用；果可以便其事，不同其禮[143]。儒者[144]一師而俗異[145]，中國同禮而教離[146]，況於山谷之便乎[147]？故去就之變[148]，智者不能一[149]；遠近之服[150]，賢聖不能同[151]。窮鄉多異[152]，曲學多辯[153]。不知而不疑，異於己而不非者，公焉而眾求盡善也[154]。今叔之所言者，俗也；吾所言者，所以制俗也。吾國東有河、薄洛之水[155]，與齊、中山同之[156]，無舟楫之用[157]。自常山以至代、上黨[158]，東有燕、東胡之境[159]，而西有樓煩、秦、韓之邊[160]，今無騎射之備[161]。故寡人無舟楫之用，夾水居之民，將何以守河、薄洛之水？變服騎射，以備燕、三胡、秦、韓之邊[162]。且昔者簡主不塞晉陽以及上黨[163]，而襄王并戎取代[164]以攘諸胡[165]，此愚智所明[166]也。先時中山負[167]齊之彊兵，侵暴吾地，係累[168]吾民，引水圍鄗[169]，微社稷之神靈[170]，則鄗幾於不守也。先王醜之，而怨未能報也。今騎射之備，近可以便上黨之形[171]，而遠可以報中山之怨[172]。而叔順中國之俗以逆簡、襄之意，惡變服之名以忘鄗事之醜，非寡人之所望也。」公子成再拜稽首曰：「臣愚，不達於王之義[173]，敢道世俗之聞[174]，臣之辠也。今王將繼簡、襄之意以順[175]先王之志，臣敢不聽命乎？」再拜稽首。乃賜胡服。明日，服而朝。於是始出胡服令也[176]。

12 趙文、趙造、周袑[177]、趙俊皆諫止王毋胡服，如故法便[178]。王曰：「先王不同俗，何古之法？帝王不相襲[179]，何禮之循[180]？虙戲[181]、神農[182]教而不誅[183]，黃帝[184]、堯、舜[185]誅而不怒[186]。及至三王[187]，隨時制法，因事制禮。法度制令各順其宜，衣服器械各便其用。故禮也不必一道[188]，而便國不必古[189]。聖人之興也，不相襲而王[190]；夏、殷之衰也，不易禮而滅[191]。然則反古未可非，而循禮未足多[192]也。且服奇者志淫，則是鄒、魯無奇行也[193]；俗辟者民易，則是吳、越無秀士也[194]。且聖人利身謂之服[195]，便事謂之禮[196]。夫進退之節[197]，衣服之制[198]者，所以齊常民也[199]，非所以論賢者也[200]。故齊民與俗流[201]，賢者與變俱[202]。故諺曰：『以書御[203]者，不盡馬之情；以古制今者，不達事之變[204]。』循法之功，不足以高世[205]；法古之學，不足以制今。子不及也[206]。」遂胡服，招騎射[207]。

13 二十年，王略[208]中山地，至寧葭[209]；西略胡地，至榆中[210]，林胡王獻馬[211]。歸[212]，使樓緩之秦[213]，仇液之韓[214]，王賁之楚[215]，富丁之魏[216]，趙爵之齊[217]，代相趙固主胡[218]，致其兵[219]。

14 二十一年，攻中山。趙紹為右軍，許鈞為左軍，公子章[220]為中軍[221]，王并將之[222]。牛翦將車騎[223]，趙希并將胡、代[224]。趙與之陘[225]，合軍曲陽[226]，攻取丹丘[227]、華陽[228]、鴟之塞[229]。王軍取鄗、石邑[230]、封龍[231]、東垣[232]。中山獻四邑[233]和，王許之，罷兵。二十三年，攻中山。二十五年，惠后[234]卒，使周袑胡服傅王子何[235]。二十六年，復攻中山，攘地[236]北至燕、代[237]，西至雲中[238]、九原[239]。

15 二十七年，五月戊申[240]，大朝於東宮，傳國，立王子何[241]以為王。王廟見[242]禮畢，出臨朝。大夫悉為臣，肥義為相國，并傅王[243]。是為惠文王[244]。惠文王，惠后吳娃子也。武靈王自號為主父[245]。

16 主父欲令子主治國，而身胡服將士大夫西北略胡地，而欲從雲中、九原直南襲秦，於是詐自為使者[246]入秦。秦昭王不知[247]，已而怪其狀甚偉，非人臣之度，使人逐之[248]，而主父馳已脫關[249]矣。審問[250]之，乃主父也，秦人大驚。主父所以入秦者，欲自略[251]地形，因觀秦王之為人也[252]。

17 惠文王二年[253]，主父行新地[254]，遂出代，西遇樓煩王於西河[255]而致其兵[256]。

18 三年，滅中山，遷其王於膚施[257]。起靈壽[258]，北地方從[259]，代道[260]大通。還歸[261]，行賞，大赦，置酒酺[262]五日，封長子章為代安陽君[263]。章素侈[264]，心不服其弟所立[265]，主父又使田不禮[266]相章[267]也。

19 李兌[268]謂肥義曰：「公子章彊壯[269]而志驕，黨眾而欲大[270]，殆有私乎[271]。田不禮之為人也，忍殺[272]而驕。二人相得，必有謀陰賊起，一出身徼幸[273]。夫小人有欲，輕慮淺謀，徒見其利而不顧其害，同類相推[274]，俱入禍門。以吾觀之，必不久矣。子任重而勢大，亂之所始[275]，禍之所集也，子必先患[276]。仁者愛萬物而智者備禍於未形，不仁不智，何以為國？子奚不[277]稱疾毋出，傳政於公子成？毋為怨府[278]，毋為禍梯[279]。」肥義曰：「不可。昔者主父以王屬義[280]也，曰：『毋變而度[281]，毋異而慮，堅守一心，以歿而世[282]。』義再拜，受命而籍之[283]。今畏不禮之難而忘吾籍，變孰大焉？進受嚴命[284]，退而不全[285]，負孰甚焉[286]？變負之臣，不容於刑[287]。諺曰：『死者復生，生者不愧[288]。』吾言已在前矣，吾欲全吾言，安得全吾身[289]？且夫貞臣也，難至而節見[290]；忠臣也，累至而行明[291]。子則有賜而忠我[292]矣，雖然，吾有語在前者也，終不敢失。」李兌曰：「諾，子勉之矣！吾見子已今年耳[293]。」涕泣而出。李兌數見公子成，以備田不禮之事[294]。

異日，肥義謂信期[295]曰：「公子與田不禮甚可憂也。其於義也，聲善而實惡[296]，此為人也不子不臣[297]。吾聞之也，姦臣[298]在朝，國之殘也[299]；讒臣[300]在中，主之蠹[301]也。此人貪而欲大，內得主[302]而外為暴。矯令為慢，以擅一旦之命[303]，不難為[304]也，禍且逮國[305]。今吾憂之，夜而忘寐，飢而忘食。盜賊出入不可不備，自今以來[306]，若有召王者，必見吾面[307]，我將先以身當之[308]，無故而王乃入[309]。」信期曰：「善哉，吾得聞此也！」

21 四年，朝羣臣[310]，安陽君[311]亦來朝。主父令王聽朝，而自從旁觀窺羣臣宗室之禮[312]。見其長子章傫然[313]也，反北面為臣，詘[314]於其弟，心憐之，於是乃欲分趙而王章於代[315]，計未決而輟[316]。

22 主父及王游沙丘[317]，異宮[318]，公子章即以其徒與田不禮作亂，詐以主父令召王[319]。肥義先入，殺之。高信即與王戰[320]。公子成與李兌自國至[321]，乃起四邑之兵[322]入距難[323]，殺公子章及田不禮，滅其黨賊而定王室。公子成為相[324]，號安平君[325]，李兌為司寇[326]。公子章之敗，往走主父[327]，主父開之[328]，成、兌因圍主父宮。公子章死，公子成、李兌謀曰：「以章故圍主父，即解兵[329]，吾屬夷矣[330]。」乃遂圍主父。令宮中人「後出者夷」，宮中人悉出。主父欲出不得，又不得食，探爵鷇[331]而食之，三月餘而餓死沙丘宮[332]。主父定死，乃發喪赴[333]諸侯。

23 是時王少，成、兌專政[334]，畏誅，故圍主父。主父初以長子章為太子，後得吳娃，愛之，為不出者數歲。生子何，乃廢太子章而立何為王。吳娃死，愛弛，憐故太子，欲兩王之，猶豫未決，故亂起，以至父子俱死，為天下笑，豈不痛乎[335]！

【章旨】以上為第五段，寫趙武靈王時期的趙國鼎盛與武靈王的個人悲劇。

【注　釋】❶武靈王元年　西元前三二五年。❷趙豹　趙國有兩個趙豹，一個即此為武靈王之相者，封「陽文君」；另一個是武靈王之子，惠文王與平原君之同母弟，封「平陽君」。❸梁襄王與太子嗣　應作「梁惠王與太子嗣」。梁惠王即魏惠王，因魏國於惠王九年（西元前三六一年）遷都到大梁，故人們稱魏國也叫「梁國」。「太子嗣」即日後的梁襄王，名嗣。❹韓宣王　韓昭侯之子，西元前三三二—前三一二年在位。❺太子倉　即日後的韓襄王，名倉。❻來朝信宮　來祝賀趙武靈王即位。信宮，趙宮名，在今河北永年。❼博聞師　幫帝王增加知識的官員。❽左右司過　如後世之「左拾遺」、「右補闕」，隨時提醒帝王，使其少犯錯誤。❾問　慰問。❿肥義　姓肥，名義。⓫加其秩　提高他的官級。秩，等級。⓬國三老　受國家敬奉以供參加某種儀式的老者，古代有所謂「三老」、「五更」，就是這種人。這裡特別標出「國」字，是因為郡、縣、鄉也有這種性質的人。⓭月致其禮　每月趙王都要向「國三老」致禮慰問。⓮城鄗　給鄗縣築城牆。鄗，趙縣名，在今河北高邑東南。⓯區鼠　趙地名，方位不詳。⓰韓擊秦二句　據〈六國年表〉此年為「五國共擊秦，不勝而還」。牛鴻恩曰：「此年合縱攻秦的五國是魏、趙、韓、燕、楚，楚懷王為縱長，發動者為公孫衍。」⓱五國相王二句　楊寬以為「五國相王」在趙武靈王三年，此「五國」為趙、魏、燕、韓、中山，而趙武靈王在三年的確未敢稱王。⓲處　有；占有。⓳令國人謂己曰君　諸侯國內的小領主曰「君」，如孟嘗君、商君等是。⓴與韓魏共擊秦三句　〈秦本紀〉曰：「韓、趙、魏、燕、齊帥匈奴共攻秦，秦使庶長疾與戰修魚，虜其將申差，敗趙公子渴、韓太子奐，斬首八萬二千。」㉑齊敗我觀澤　事在趙武靈王九年，西元前三一七年。觀澤，趙縣名，在今河南清豐南。〈六國年表〉謂此役乃齊敗趙、魏聯軍於觀澤。㉒秦取我中都及西陽　按：此處文字與〈秦本紀〉、〈六國年表〉相合。而黃本於此作「秦取我西都及中陽」。梁玉繩曰：「作『西都』『中陽』是也。考《漢志》，西都地屬西河郡。若中都，屬太原；西陽，屬山陽，名異地殊，未可相混。」依情勢而論，秦在當時不可能取魏之「中都」。㉓齊破燕三句　據〈燕召公世家〉，燕王噲三年（西元前三一八年），燕王聽信其相子之黨羽的蠱惑，將君位「禪讓」與子之，自己為臣。子之在位三年（西元前三一五年），燕國大亂，於是齊宣王乘亂大舉伐燕，占領並大肆掠奪燕國。㉔公子職　燕王噲之子，當時在韓國為質。㉕立以為燕王　即日後的燕昭王。按：〈燕召公世家〉不同，〈燕世家〉明謂「燕子之亡二年，而燕人共立太子平，是為燕昭王」。《集解》、《索隱》皆從〈燕召公世家〉為說，而以〈趙世家〉所云為非。今人錢穆、唐蘭、楊寬等皆據〈趙世家〉以公子職為燕昭王。錢氏諸人之考辨可謂信而有徵。㉖使樂池送之　使樂池以武力送公子職入燕為王。樂池，趙將。㉗趙莊　有人以為即陽文君趙豹，也稱「莊豹」。㉘楚魏王來過邯鄲　「來過」二字連讀，即「來訪」。按：是年為楚懷王十六年，魏襄王六年來邯鄲訪問。㉙趙何　趙將名，恐與日後之趙惠文王名「何」者非一人。㉚秦惠王卒　據〈六國年表〉，秦惠王乃卒於趙武靈王十五年。㉛王遊大陵　謝孝苹《全注全譯史記》曰：「趙肅侯游大陵亦在十六年，甚巧合，此處『王游大陵』四字疑重出。」㉜熒熒　光彩照人的樣子。㉝苕之榮　紫雲英開的花。苕，紫葳，也叫紫雲英。榮，花朵。㉞命乎命乎二句　這不是命嗎？那些讓人們欣賞的花朵根本沒有我好看，意思是慨歎自己無人欣賞。嬴，此處同「盈」，體態輕盈窈窕之貌。㉟異日　當作「旦日」。㊱數言　多次說起。㊲想見　回想夢中所見。㊳吳廣　趙人。㊴因夫人　通過武靈王的夫人韓氏。㊵內其女娃嬴二句　將其女「娃嬴」送進趙宮，這個女子原名叫孟姚。郭嵩燾曰：「武靈王之夢與趙簡子之夢遙相映和。〈趙世家〉寫武靈王極精彩，而于孟姚之原始亦寫得精彩，蓋皆武靈王當時用以誑其臣民之辭也。」㊶是為惠后　因此女後來生了惠文王，故而後來的人們遂稱之曰「惠后」。㊷出九門　出，行經；到達。九門，趙縣名，在今河北正定東北。㊸野臺　臺名，在今河北新樂西北，在當時的九門西北。㊹以望齊中山之境　齊在野臺的東南方，中山在野臺的西南方。窺測其地，欲以勝之、滅之也。㊺秦武王　名蕩，惠文王之子，西元前三一〇—前三〇七年在位。㊻孟說　武王身邊的大力士，與任鄙、烏獲齊名。㊼絕臏而死　因舉鼎被壓斷腿而死。據〈秦本紀〉與〈六國年表〉，秦武王之絕臏死在秦武王四年，趙武靈王十九年。㊽代相　代國之相，代是趙國的附屬國，國都在今河北蔚縣東北，代王為趙王的宗族。㊾公子稷　也名「則」，惠文王之子，原在燕國做人質。㊿送歸　以武力強行送入。(51)立為秦王二句　秦昭王是惠文王之子，秦武王的異母弟。武王死後，秦昭王靠著其母宣太后、其舅穰侯，與外部趙國的力量清除對手，奪得王位。(52)北略中山之地　略，開拓；開闢。這裡即指沿著趙國與中山國的邊境巡視。(53)房子　縣名，在今河北高邑西南，當時屬中山。(54)無窮　門名，趙襄子所建。確切所在不詳，據文意大體在今山西東北部與河北西北部之臨近地區。有人說在今張家口以至崇禮一帶。(55)黃華　山名，約在今山西西北部之近黃河處，具體方位不詳。(56)樓緩　當時有名的策士，原趙人，後期歸秦。(57)長南藩之地　在南部邊境向外擴展地盤。(58)屬阻漳滏之險二句　沿著漳滏二水的險要地勢修築長城。屬，連；依靠。阻，憑；仗恃。二字連用，意即倚仗。漳、滏，二水名，漳水在南，滏水在北，都流經今河北磁縣南，而趙之長城正好修在漳滏二水的中間。漳，原作「障」。〈魏世家〉曰：「絕漳、滏水，與趙兵決於邯鄲之郊。」《戰國策・趙策三》亦作「漳」。今據改。(59)藺　縣名，在今山西離石西。(60)郭狼　也稱「皋狼」，在今離石西北。(61)林人　林胡之人，林胡是當時居住在今陝西東北部和與之臨近的內蒙東勝一帶的少數民族。(62)荏　具體方位不詳，大約在今山西、陝西、內蒙三省交界地區。(63)中山在我腹心　當時二次重建的中山國在今河北石家莊以西，國都靈壽，離趙都邯鄲不遠，整個中山國在趙國的環抱之中。(64)北有燕二句　趙國國土的北部是燕國，東北部是今河北省的河間、任邱一帶，其地與東北方的東胡、烏桓等少數民族相距不遠。(65)樓煩　當時居住在今山西西北部的少數民族名，西與林胡相接。(66)秦韓之邊　當時今山西、陝西中部的黃河一線，是韓、趙、秦三國輪番拉鋸的地帶。(67)而無彊兵之救　謂這些遙遠的邊境地區如遇緊急情況，國家無強兵救援。而，若；如果。(68)是　則。(69)高世之名　高出於同時代一般君主的聲名。(70)必有遺俗之累　必被世俗所指責。遺俗，違背世俗。遺，違。累，牽累；罪過。按：二句乃古代成語，〈商君列傳〉有所謂「有高人之行者，固見非於世；有獨知之慮者，必見敖於民」，意思與此相同。(71)胡服　改用胡人（北方少數民族）的服飾。(72)於是　當時；當此時。(73)簡襄主之烈二句　語略不順，大意謂當年簡、襄兩位先君的重大功業之一，就是攻討胡翟，並取得了勝利（如滅代等）。計，意謂謀劃、算計。(74)寵有孝弟長幼順明之節　「寵」當依《國策》作「窮」與下句「通」字對舉，「長幼」二字疑衍。意謂當一個人官運不亨通時，在家庭中仍能表現出極好的倫理道德。(75)通有補民益主之業　如果官運亨通時，就能做出許多對君主、對黎民有利的事業。(76)此兩者二句　《戰國策》此兩句前原有「賢君」應如何如何，下乃接此二句謂此「乃人臣之分也」。現史公削去「為君」者應如何之數語，直讓武靈王說此二句，且謂「此兩者臣之分也」，則此處「臣」字乃武靈王自指，以對其父祖而言。(77)開於胡翟之鄉　意即向著胡翟的方向開疆拓土。「於」字疑衍。(78)卒世不見　吳師道曰：「猶言『沒世』。」按：如依吳說，則「卒世」前應增「恐」字讀，蓋謂恐終己一生亦難得見到完成。(79)為敵弱四句　四句意謂倘若我們胡服騎射，就能不費太大的力氣削弱敵人，不用太多的煩勞百姓，而取得前所未有的功勳。為敵弱，為了使敵人削弱。序，列；取。(80)高世之功　高出於一般君主的功業。(81)負遺俗之累　謂由於違背世俗而蒙受牽累。負，蒙受。遺俗，違背世俗。(82)獨智之慮　只有自己能明白的謀慮。智，通「知」。(83)任　隨其便。(84)驁民　狂傲之民。按：以上四句見《商君書．更法》，亦見於〈商君列傳〉，前文已引。(85)疑事無功　想做某事而猶豫不決，則肯定不能成功。(86)疑行無名　想採取某種行動而猶豫不決，則肯定不能成名。按：以上二句亦見於《商君書．更法》與〈商君列傳〉。(87)負遺俗之慮　被世人所反對的大謀慮。「負」字由上文而衍。(88)殆　幾乎；那就。(89)論至德　講究最高級的道德。(90)不謀於眾　不必和多數人商量。按：以上二句亦見於《商君書．更法》與〈商君列傳〉。(91)舜舞有苗二句　舜到了有苗，見苗人舞於是也隨之舞；禹到了裸人國，見人家都裸於是也脫光了自己的衣服。(92)非以養欲而樂志　並不是為了自己的舒服、順心。(93)務以論德而約功也　為的是追求一種更高的道德，獲取一種更大的成功。約，求取。(94)闇成事　人家的事業都已經成功了，他還看不明白。(95)覩未形　新的事物尚未成形，有人就已經預見到了。按：以上兩句亦見《商君書．更法》與〈商君列傳〉。(96)狂夫之樂四句　察，看得很清楚。《商君書．更法》於此作「愚者笑之，智者哀焉；狂夫樂之，賢者喪焉」，意謂對同一事物的看法彼此相反。(97)驅世　讓全社會的人。驅，使。(98)胡地中山吾必有之　徐孚遠曰：「武靈王胡服，本以收胡地，而實欲圖秦，今此不及，正其深謀也。」(99)王緤 《戰國策》作「王孫緤」，或即前文與肅侯爭立之公子緤，武靈王之叔，前曾逃於韓者。(100)公子成 肅侯之弟，武靈王之叔。(101)寡人胡服二句 按：似應作「寡人將胡服以朝也」。(102)兄弟 當依《戰國策》作「先王」。(103)作教易服 下令改穿胡服。教，令。(104)從政有經 管理政事應有常法。經，常規；常法。(105)令行為上 保證命令得以實行是第一位的。(106)明德 提倡倫理道德。(107)先論於賤 先從平民做起。(108)行政先信於貴 遵守政令要先從貴族做起。信，必，不打折扣地執行。(109)事有所止而功有所出 意謂這樣做是為了完成某種任務，創建某種功業。止，終；成。出，由；建立。(110)事成功立二句 事成功立之後才能讓人們看出這種謀慮的高明、傑出。(111)逆從政之經 指不帶頭遵守法令。逆，違背。(112)以輔叔之議 大意謂我之所以事先和您打招呼，就是為了想讓您能採取一種合適的做法。輔，助。議，通「義」。二字古常通用。義者，宜也。(113)因貴戚者二句 能得到貴戚們的支持就不會使名義受損。因，借助。累，損害。(114)願慕公叔之義 希望叔父您能以大義為重。願，希望。慕，仰仗。按：稱「公叔」，表示鄭重、嚴肅；稱「叔」，表示親切。(115)謁之叔 告知於叔父。謁，告。(116)稽首 最重的一種叩拜禮節，謂叩頭至地，在地上停留一會兒再抬起頭來。(117)不佞 猶言「不肖」、「不才」。(118)寢疾 長期臥病。(119)未能趨走以滋進也 語略不順，大意謂沒有能經常地到您面前給您請安。進，指入朝。(120)敢對 猶如今之所謂「讓我大膽地講一講」。(121)竭 傾盡。(122)曰 此「曰」字疑衍，《戰國策》無。(123)中國 中原地區，與四裔之少數民族相對而言。(124)聰明徇智 《戰國策》作「聰明睿智」。睿，智力非凡、見識深遠。徇，思慮敏捷。〈五帝本紀〉有「幼而徇齊」語，《集解》曰：「徇，疾。」(125)異敏技能之所試 各種奇異的技巧都在中原得以展示。(126)遠方之所觀赴 遠方異域之人都來觀摩、歸附。(127)蠻夷之所義行 中原地區的文化是四野八荒的少數民族所奉以為楷模的。義行，同「儀行」，作為榜樣以模仿之。義，同「儀」。(128)襲 穿。(129)佛學者 與有識之士意見相左。佛，通「悖」。逆。(130)離中國 背離中原舊有的習俗。(131)觀鄉而順宜 觀察人們的傾向而順其所宜。鄉，通「向」。(132)因事而制禮 根據事物發展的需要而制訂禮儀。(133)翦髮文身 同〈吳太伯世家〉之「文身斷髮」。(134)錯臂 《索隱》曰：「以丹青錯畫其臂。」(135)甌越 東南沿海地區的少數民族名，也稱「東甌」，居住在今浙江溫州一帶，因其地有甌江，故稱「甌越」。(136)黑齒雕題 把牙齒塗黑，在腦門上畫文采。題，前額。(137)卻冠秫絀 詞語不順，《戰國策》作「鯷冠秫縫」，有人解釋為「魚皮作冠，長針縫衣」。「鯷」是鯰魚；「秫」通「鉥」，長針。(138)大吳 春秋末期的國家名，相傳為吳太伯的後代，國都即今蘇州市，後被越國所滅。(139)禮服莫同 禮節與服飾各不相同。(140)其便一也 各處都覺得合適，感到方便，這點是一樣的。(141)鄉異而用變 人們的思想傾向變了國家採用的政策就得變。(142)事異而禮易 客觀事物改變了國家的禮儀就也得改。(143)果可以利其國四句 語出《商君書·更法》，原文作：「苟可以強國，不法其故；苟可以利民，不循其禮。」不一其用，不是一成不變地總用一種方式。(144)儒者　此處義同「學者」，非單指孔丘一派，當時稱莊周等人也叫「儒」。(145)一師而俗異　同是一個老師教出來的而各自習俗尚且不同。(146)同禮而教離　在同一個講究禮樂的國家裡，各地的風教也不相同。(147)況於山谷之便乎　便，《戰國策》有本作「士」。(148)去就之變　到底向什麼方向變化？(149)不能一　不能強求其統一。(150)遠近之服　不同地區的服飾。(151)不能同　不能強求其相同。(152)窮鄉多異　越是偏僻閉塞的地方，稀奇古怪的東西就越多。(153)曲學多辯　越是邪門歪道的書生，越會強詞奪理夸夸其談。曲學，斜門歪道的學問。(154)不知而不疑三句　大意謂儘管對人家的做法不理解，但也能不懷疑人家；儘管和自己的習慣不同，但也能不否定人家，這是公正兼容、追求盡善的做法。(155)河薄洛之水　黃河與薄洛水。薄洛水，這裡即用以指漳水。(156)與齊中山同之　顧祖禹曰：「河近齊，薄洛水近中山。《策》意本謂河與齊同，洛水與中山同也。」(157)無舟楫之用　沒有足夠的舟船以備緊急的時刻使用。(158)自常山以至代上黨　意謂自常山（今河北曲陽西北）北至代國，西南至上黨郡。代國是趙國的附屬國，趙國的上黨郡相當於今山西之和順、左權一帶。(159)東有燕東胡之境　燕，西周以來的諸侯國名，國都薊縣（即今北京市），其疆域在趙國的東北部。東胡，少數民族名，當時活動在今遼寧西部與內蒙東部一帶。(160)西有樓煩秦韓之邊　當時的今山西之中部地區亦屬趙國，其地之西北挨近樓煩，其西與秦國接壤，其南部挨近韓之上黨郡。(161)今無騎射之備　至今尚無強大的騎兵以備不測。(162)故寡人無舟楫之用五句　瀧川曰：「數句欠明暢，若移『故寡人』三字於『之水』下，『變服』上添『將』字，則其義始明。」三胡，指東胡、林胡、樓煩。(163)不塞晉陽以及上黨　不在晉陽和上黨這些趙國舊有的土地上築塞固守。鮑彪曰：「志在遠略。」徐孚遠曰：「蓋為攻計，非為守計者。」(164)并戎取代　指趙襄子滅代並向西北開拓而言。(165)攘諸胡　指出擊東胡、林胡等部族。攘，擊逐。(166)愚智所明　無論什麼人都認為簡主、襄主這種勇於開拓是正確的。(167)負　背靠；仗恃，當時中山與齊國相親。(168)係累　束縛；捆綁。(169)鄗　趙縣名，在今河北高邑東南，趙都邯鄲之東北。(170)微社稷之神靈　如果沒有我們國家的神靈的保佑。微，沒有。(171)便上黨之形　使上黨的形勢對我們更有利。(172)中山之怨　中山負齊圍鄗之怨仇。(173)不達於王之義　不了解大王您的偉大宗旨。(174)世俗之聞　平庸的見識。(175)順　伸；實現。(176)於是始出胡服令也　瀧川曰：「語氣與〈商君傳〉『卒定變法之令』同。」(177)周紹　趙大夫。(178)如故法便　如，按照；遵行。按：《戰國策．趙策二》，寫四人之諫辭甚詳，今不錄。(179)不相襲　不沿用前朝的法度、禮儀。(180)循　遵循。〈商君列傳〉曰：「聖人苟可以彊國，不法其故；苟可以利民，不循其禮」；又曰：「三代不同禮而王，五伯不同法而霸」，與此意同。(181)虙戲　同「伏羲」，遠古傳說中的帝王，據說八卦就是他畫出來的。(182)神農　遠古傳說中的帝王，據說我國的農業就是從他開始。(183)教而不誅　光用教育就能管好天下，用不著殺人。(184)黃

帝 司馬遷認為的古代「五帝」之首，中國的各種典章制度就由黃帝開始。185堯舜 黃帝的後裔，也是司馬遷所認為的「五帝」中人。186誅而不怒 只殺其本人，不株連其家族。高亨曰：「『怒』當讀為『孥』，一人有罪，妻子連坐為『孥』。」187三王 指夏禹、商湯、周文王與周武王。188禮也不必一道 「禮也」應作「理世」，即「治世」，唐人為避高宗李治之諱改「治」為「理」。189不必古 不必法古。《商君書・更法》有所謂「治世不一道，便國不法古」，即此所本。190不相襲而王 沒有沿襲前朝的制度，但取得了天下。191夏殷之衰也二句 夏殷之衰，指夏桀與殷紂。不易禮而滅，雖然沒有改變前朝的禮儀制度，但國家卻在他們手裡滅亡了。《商君書・更法》有所謂「湯武之王也，不循古而興；夏殷之滅也，不易禮而亡」，即此二句所本。192反古未可非二句 非，非難；批評。多，讚美；稱讚。《商君書・更法》有所謂「反古者未必可非，循禮者未足多」，即此二句所本。193服奇者志淫二句 如果說服裝奇特人的思想就一定壞，那麼像鄒、魯這些遵禮守法的國家就不應該再出壞人。服奇，服裝奇形怪狀。志淫，思想放蕩。奇行，邪惡的行為。194俗辟者民易二句 如果說風俗邪惡地區的人就一定放縱，那麼吳國、越國就不應該再出好人。辟，邪。易，放縱；不嚴肅。195利身謂之服 穿在身上舒適就是好衣服。196便事謂之禮 便於行動、便於工作的禮節就是好禮節。197進退之節 指拜見君長的種種禮數，諸如走路、叩拜等。198衣服之制 各服飾的等級規定。199所以齊常民也 是為了管教平民百姓。200非所以論賢者也 對於一個英才就不能用這些東西來衡量。201齊民與俗流 一般的百姓總是依照風俗而行動。202賢者與變俱 真正的英才卻是與變革同步而行的。203以書御 按著書本上講的教條趕車。御，趕大車。204不達事之變 無法處理已經變化了的國家事務。達，通曉，這裡即指處理、解決。205循法之功二句 靠著因循守舊所取得的「成績」，不可能超越其他國君。206子不及也 你無法理解這些。不及，智商達不到。207遂胡服二句 改襲胡服，招募騎馬射箭之士。按：以上趙武靈王胡服騎射事，見《戰國策・趙策二》，其語言多與《商君書・更法》相同，未必武靈王君臣果用語如此；史公作〈商君列傳〉與此武靈王胡服事，則又是依據《商君書・更法》與《戰國策・趙策二》以成文，故遂雷同乃爾。張懷通、石延博認為「趙武靈王實施胡服改革，其目的之一方面是為了教化趙國百姓與胡人，而另一方面便是為了招募胡人騎兵，直接用於趙國的對外戰爭。實行胡服騎射改革，並身穿胡服進行教化，很快縮短了趙人、胡人心理上的胡漢差異，胡人開始從感情上親近趙人。胡服令下達後，林胡王獻馬、樓煩王致其兵，二族歸順趙國，武靈王設置樓煩縣。此二族為游牧民族，其馬精良善馳，其兵兇悍善戰。二族的歸順一方面使趙國的騎兵力量大大增強，同時也使趙國的疆域北達陰山南麓，西北到河套以北，對強秦構成了嚴重威脅。」208略 開拓；攻取。209寧葭 中山縣名，在今石家莊西。210榆中 地區名，約當今內蒙之東勝一帶，當時屬於林胡。211獻馬 謂獻馬以求和。212歸 謂武靈王自榆中回到邯鄲。

(213)使樓緩之秦　令樓緩到秦國出使，以觀察動靜，時當秦昭王元年。(214)仇液之韓　時當韓襄王六年。仇液，也作「机郝」，趙臣。(215)王賁之楚　時當楚懷王二十三年。王賁，趙臣，秦將王翦之子也叫「王賁」，與此同名。(216)富丁之魏　時當魏襄王十三年。(217)趙爵之齊　時當齊宣王十四年。(218)主胡　主管林胡的事務，因林胡當時已歸附於趙。(219)致其兵　控制、支配其軍隊。致，招致；收編。(220)公子章　武靈王的長子。(221)中軍　依春秋時之軍制，諸軍之將以中軍將的地位為最高。(222)王并將之　三軍皆歸武靈王總領。(223)牛翦將車騎　這裡主要是指騎兵軍團。(224)并將胡代　統領代國與林胡的兩支兵馬。(225)趙與之陘　趙與，人名，率軍前往陘縣（今河北無極東北）。(226)合軍曲陽　謂與牛翦、趙希之軍相會於曲陽。曲陽，中山縣名，在今河北曲陽城西。(227)丹丘　中山之邑，在今曲陽西北。(228)華陽　也稱「恆山」，在今曲陽西北，淶源西南。(229)鴟之塞　「鴟」也作「鴻」。鴻之塞，即鴻上塞，在華陽東北，相隔不遠。(230)石邑　中山縣名，在今石家莊西南。(231)封龍　中山縣名，在今石家莊西南，當時石邑的南面，相距不遠。(232)東垣　中山縣名，後稱真定，在今石家莊東北。(233)獻四邑　除趙國自行攻取者之外再獻四個縣城。(234)惠后　即前之所謂「娃嬴」，武靈王的寵妃，王子何之生母。(235)傅王子何　做王子何的太傅。(236)攘地　擴大地盤。(237)北至燕代　攻取燕國之地，在代國邊境繼續向北擴張。(238)雲中　地區名，約當今之內蒙托克托一帶。(239)九原　在今內蒙包頭西。按：在今內蒙包頭西北的大青山與烏拉山之間已經發現趙武靈王當年所修築的長城遺址，現存遺址東西長二百六十多華里。(240)五月戊申　據方詩銘、方小芬編《中國史曆日和中西曆日對照表》，西元前二九九年的陰曆五月無「戊申」日，最鄰近五月的「戊申」日是四月二十五。(241)王子何　武靈王寵妃娃嬴所生之子。(242)王廟見　新即位的趙王在太廟裡拜見祖宗。(243)肥義為相國二句　意謂肥義既為惠文王之相，又同時任太傅之職。傅，此處用為動詞，意即訓導、扶助。(244)惠文王　西元前二九八ー前二六六年在位。「惠文」二字是諡。(245)自號為主父　顧炎武曰：「《左傳》齊景公有疾，立太子州蒲為君；《史記》趙武靈王傳國于子惠文王何，自稱主父，此內禪之始。」(246)詐自為使者　假裝做一個趙國的使者。(247)不知　沒有覺察。(248)使人逐之　謂待至趙國使者離秦都回國，始令人追之也。逐，追趕。(249)脫關　出了秦國東境的函谷關。(250)審問　仔細察問。審，仔細。(251)略　行視；巡視。(252)因觀秦王之為人也　史珥曰：「主父斯時氣呑西陲，固一世之雄也，子長摹寫英風，至今凜然，未可以變生衽席而抹殺之。」(253)惠文王二年　西元前二九七年。(254)行新地　巡視其在北方新開拓的地區。行，巡視。(255)西河　此指今山西西北部與內蒙東勝地區交界處的那段黃河。(256)致其兵　奪取了他的軍隊。(257)滅中山二句　膚施，趙縣名，在今陝西榆林東南。梁玉繩曰：「滅中山之歲，吳師道斷其在武靈王二十五年，以得其國為滅，言其實也。以惠文王三年滅者，以得其君為滅，重在君也。」(258)起靈壽　武靈王為自己預建陵墓，今山西靈丘。(259)北地方從　指今山西、陝西北部和與之鄰近的內蒙一帶地區剛剛歸入趙國。(260)代道　趙都邯鄲和代國間的往來通道。(261)還歸　指武靈王由西河還歸邯鄲。(262)酺　聚飲。漢法規定不許百姓隨便聚飲，只有國家因某事特別准許，百姓始可聚飲，謂之「酺」。此文之「置酒酺五日」，則似乎是國家置酒，而令朝廷百官聚飲者。(263)代安陽君　代國安陽縣的封君。安陽，在今河北陽原東南，當時代國都城的西北。(264)素侈　素來驕奢傲慢。(265)不服其弟所立　意即不服其弟被立為王。(266)田不禮　《呂氏春秋・當染》作「田不禋」。(267)相章　為公子章之相。(268)李兌　封地在奉陽，故也稱「奉陽君」，《戰國縱橫家書》中作「李稅」或「李脫」。其主要活動在武靈王末年與惠文王初年。(269)彊壯　強硬；蠻橫。(270)黨眾而欲大　黨羽眾多而欲望又大。(271)殆有私乎　似乎是懷有不可告人的野心。殆，大概；看來是。(272)忍殺　殘忍；不把殺人當成一回事。(273)必有謀陰賊起二句　二句詞語不順，崔適以為「謀陰賊起」應作「陰賊謀起」。下句「一」字，似應作「以」。大意是說他們為了實現其非分之想定將不顧一切地豁出去。出身，豁出命去。徼幸，謀求意外的幸運。(274)同類相推　同類之人相互推波助瀾。(275)亂之所始　暴亂者的矛頭必先指向你。(276)子必先患　首先遭受災難。(277)奚不　何不。(278)怨府　眾怨所歸之處。(279)禍梯　猶言「禍階」，災禍必經之處。(280)以王屬義　將趙王委託於我。(281)毋變而度　不要改變你對既定方針的態度。而，你；你的。(282)以歿而世　意即至死不變。(283)受命而籍之　《索隱》曰：「籍，錄也。謂當時即記錄，書之於籍。」(284)進受嚴命　在君主面前接受了莊嚴的使命。(285)不全　不能堅持到底。(286)負孰甚焉　還有比這個更嚴重的背叛嗎？負，背叛。(287)不容於刑　再嚴重的刑罰也不足以懲治其罪惡。(288)死者復生二句　此春秋時代晉獻公之臣荀息之對獻公語。晉獻公廢長立幼，臨死前託孤於荀息，荀息發誓曰：「使死者復生，生者不慚。」中井曰：「賜命之君既死而復生，受命之臣無所愧，以其不違命也。是諺於獻公、荀息為切，以獻公死而難作也；於主父、肥義有未切者，以主父未死難未作也。」(289)吾欲全吾言二句　瀧川曰：「《國語・晉語》荀息答里克曰：『吾言既往矣，豈能欲行吾言，而又全吾身乎？』肥義所本。」(290)難至而節見　災難臨頭時人的氣節才能表現出來。見，通「現」。(291)累至而行明　罪累臨頭時人的操行才能讓人看清。累，罪累；禍患。(292)有賜而忠我　忠於我，對我有恩。賜，恩。(293)吾見子已今年耳　胡三省曰：「已，止也，言肥義命止今年也。」(294)數見公子成二句　謂以防備田不禮之事多次往告公子成也。(295)信期　即下文之高信。(296)其於義也二句　他對我口頭上好得很，內心裡恨極了。(297)不子不臣　做兒子的不像兒子，做大臣的不像大臣。不子，指公子章。不臣，指田不禮。(298)姦臣　邪惡之臣。(299)國之殘也　國家的奸黨。殘，賊也。(300)讒臣　以花言巧語構陷忠良之臣。(301)蠹　蛀蟲。(302)內得主　在內得到君主（指主父）的信任。(303)矯令為慢二句　詞語不順，《通鑑》於此作「矯令以擅一旦之命」，仍是不順。大意謂假傳主父的命令，突然發難奪權。矯令，假傳命令。慢，通「漫」。說謊。(304)不難為　做起來不難。(305)禍且逮國大禍將殃及國家。逮，及，牽連到。306自今以來　從今天開始。307若有召王者二句　倘若有主父召見趙王的事情，一定要先告訴我。308我將先以身當之　意即我先進去看看。309無故而王乃入　待斷定裡面沒有問題再讓趙王進去。310朝羣臣　令群臣皆入都朝見。311安陽君　即公子章。312從旁觀窺羣臣宗室之禮　觀測群臣宗室對趙王行禮的樣子。313傫然　《正義佚文》：「低垂貌。傫，失意也。〈孔子世家〉：『傫然若喪家之狗。』」按：詳此處文意，似不宜解作「低垂」、「失意」，似應解作「身材高大」為宜。314詘　同「屈」。315王章於代　封公子章為代王。316輟　中途停了下來。317沙丘　原為殷紂王的離宮名，戰國時，趙又築為離宮，在今河北平鄉東北。318異宮　謂趙王與主父各住一所宮殿。319詐以主父令召王　假傳主父之令召趙王入主父所居之宮。320高信即與王戰　高信，即前文之所謂「信期」。與，通「以」。胡三省曰：「高信以王與公子章之徒戰也。」也可解之為以趙王的名義，率軍與公子章之徒開戰。崔適曰：「『王』當作『章』。」按：原文可通，即不必改字。321自國至　自首都邯鄲率兵前來。322四邑之兵　四周諸縣之兵。323距難　抵抗叛亂，此處即消滅叛亂。距，通「拒」。324公子成為相　接替肥義。325安平君　封地即今河北安平。326司寇　朝官名，主管緝捕盜賊，維持全國治安。327往走主父　往投主父所居之處。走，逃向。328主父開之　《索隱》曰：「開，謂開門納之。」按：此句之「開」字有本作「閉」，《正義》曰：「謂不責其反叛之罪，容其入宮藏也。」作「開」、作「閉」皆可通。329即解兵　如果我們就此撤兵。即，若，倘若。330吾屬夷矣　我們這些人就都將被滿門抄斬。夷，平；誅滅。331爵鷇　鳥窩裡的乳雛。爵，通「雀」。332三月餘而餓死沙丘宮　張懷通、石延博曰：「最早記載武靈王葬處的是《水經．靈漉水注》，認為武靈王墓在今山西靈丘略西。《太平寰宇記》記載武靈王墓有兩處，其一是今河北永年靈山，其一是今河北滄州舊城內東南隅。見于《畿輔通志》、《大清一統志》等後世文獻記載的武靈王墓葬，還有今河北邯鄲舊城西二里處的照眉池西高嶺為武靈王墓，今河北平山北二十里東林山麓訪駕村的靈臺相傳也為武靈王墓。這些墓何處為真，還有待考古挖掘的驗證。」333赴　通「訃」。以喪事告人。334成兌專政　張懷通、石延博曰：「此時的奉陽君不僅是趙國的掌權者，也是名重諸侯的戰國名相。趙惠文王十二年，由奉陽君任主帥，蘇秦作總聯絡官，魏相田文為輔助，趙、齊、燕、魏、韓五國聯合出兵伐秦。」335豈不痛乎　鍾惺曰：「武靈王規畫始末止于強國，探鷇餓死與齊桓公『尸蟲出戶』同一結局。若武靈王者，人臣之才略有餘，帝王之識量不足。」張懷通、石延博曰：「沙丘之變，武靈王之死，使生氣勃勃的趙國活力頓失，強趙對秦的威脅不復存在，在秦趙對抗中趙由攻勢轉為守勢，開始被秦國削弱侵奪。」

【語　譯】武靈王元年，陽文君趙豹任國相。梁襄王和太子嗣、韓宣王和太子倉都來到趙國的信宮朝見。武靈王年輕不能聽政，他身邊有博聞師三人，左右司過三人輔佐他。待至開始親政時，先去問候先王的貴臣肥義，晉升他的官階。國家的三老年過八十的，每月要送禮物給他們。

2 武靈王即位後的第三年，給鄗縣修築城牆。四年，與韓宣王在區鼠會晤。五年，武靈王娶韓宣王之女為夫人。

3 八年，韓軍攻打秦國，未能獲勝而撤兵。這年，有五個國家都相互推尊稱王，而只有武靈王不這樣做，他說：「沒有稱王的實力，要個虛名有什麼用呢？」他讓國人稱自己做「君」。

4 九年，趙軍和韓、魏一起進攻秦國，被秦國打敗，殺死八萬人。同年，齊軍又在趙國的觀澤縣打敗了趙軍。十年，秦軍攻占了趙國的中都和西陽。同年，齊軍打敗了燕軍。也是在這一年，燕王噲讓位於其相子之，自己當了臣子。十一年，趙武靈王從韓國召回燕國的公子職，把他立為燕王，派大將樂池把他送回燕國。十三年，秦軍攻占了趙國的藺縣，俘虜了將軍趙莊。同年，楚懷王、魏襄王來趙國訪問。十四年，趙國的將軍趙何率軍攻魏。

5 十六年，秦惠王去世。同年，趙武靈王到大陵遊觀。有一天，武靈王夢見一名未婚女子邊彈邊唱：「美麗的女子光彩照人，宛若盛開的紫雲英。這不是命中注定嗎，什麼花也比不上我美妙好看！」後來武靈王在飲酒時就多次說到他所做的夢，並回想著他夢中所見的那個女人的樣子。趙人吳廣聽說此事，就通過武靈王的夫人將自己的女兒娃嬴送進宮去，這女子就是當年趙簡子夢中聽說過的「孟姚」。孟姚很得武靈王寵愛，這就是歷史上所說的「惠后」。

6 十七年，武靈王來到九門縣，他在此建造了一座高臺叫野臺，用以瞭望、窺測齊國、中山國的疆土。

7 十八年，秦武王因與力士孟說比賽舉龍文赤鼎被壓斷腿而死。同年，趙武靈王派代國的丞相趙固從燕國接回秦國的公子稷，協助他回秦國繼位，這就是秦昭王。

8 十九年，春正月，趙武靈王在信宮大會群臣，召見肥義共商天下大事，一直商量了五天。同年，武靈王向北攻取中山國的地盤，一直打到房子縣。接著又親自到達代國，又北行到達無窮；往西到達黃河邊，登上了黃華山。武靈王召見樓緩議事，說：「過去我們先王因應時局的變化，在南部邊境向外擴展地盤，又沿著漳水、滏水的險要之處修築長城，又在西部取得藺、郭狼二邑，在西北荏邑打敗了林胡，但功業尚未完成。現在中山國處於我們的腹心之中，我們北有燕，東有胡，西接林胡、樓煩、秦、韓的邊境，這些地區一旦遇到緊急情況，如果我們沒有強大的軍隊支援，我們的國家就要滅亡，你說怎麼辦呢？凡有高出一般君主的名聲，必定也會遭到世俗的非議，我想讓我們的國人改穿胡服。」樓緩說：「好。」但群臣都表示反對。

9 這時肥義在武靈王身邊，武靈王說：「當年簡子、襄子兩位先君的功業之一，就是攻討胡、翟，並取得了勝利。作為臣子，官運不亨通的時候，要能表現出很好的倫理道德；執政掌權的時候就要能做一些對君主、對黎民有益的事。這兩樣，是臣子的職分。如今我想繼承襄主的事業，向胡、翟的方向開拓疆土，但我擔心一輩子也未必就能完成。我想我們必須找到一種能削弱敵人而又不費太大力氣，可以不用太過勞民傷財，而又能取得前所未有的功勳的辦法。凡創造蓋世功業的人，必然會受到『違背世俗』的指責；凡有獨到見解的人，也必然會遭受愚妄之人的埋怨。我要用胡服騎射來訓練全國的百姓，國人一定會反對我，你看怎麼辦？」肥義說：「俗話講：猶豫不決，就什麼事也辦不成；動搖不定，就永遠不會有好名聲。您既然決心要做一種遭人非議的大事，那也就用不著管他們怎麼說了。追求最高品行的人，永遠不可能與世俗的看法一致；創立宏偉事業的人，沒有必要與平庸之輩商量。從前有苗作亂，舜對之執干戚而舞；禹到裸國，自己也只好脫光了身子，這都不是為了貪圖一時的舒服痛快，而是為了達到一種更高的道德、獲得一種巨大的成功。愚蠢的人對人家已經辦成的事情還看不懂，而智者在事件發生之前就早已預見到了。大王對此還有什麼可疑慮的呢？」武靈王說：「我並不懷疑胡服騎射的好處，我是怕天下人譏笑我。愚狂之人所感到快樂的事情，智者為之悲哀；愚人所譏笑的事情，賢者就會仔細體察。如果人們能跟我走，則胡服騎射所能達到的功效將難以估量。現在即使讓普天下的人都譏笑我，胡地與中山，我也一定要兼併過來。」於是武靈王決心改穿胡服。

10 武靈王派王緤去告訴公子成說：「我明天將穿著胡服上朝，想請叔叔也穿胡服。在家中應聽長輩的，在朝廷要聽君主的，這是古今通行的準則。子女不反對父母，臣子不違背君主，這是先王定下的規矩。現在我已下令改穿胡服，如果叔叔不穿，我擔心天下人會議論這件事。治理國家有原則，以利民為根本；處理政事有常規，命令能夠執行為首要。提高社會道德，先從百姓做起；推行政治法令，先從貴族中實行。改穿胡服不是為了舒服愉快養尊處優，而是為了達到一定的目的，創建某種功業而做。等到事情辦成，功效顯著，那時大家才能了解這種謀慮的高明、傑出。現在我怕叔叔違反從政的規矩，我之所以事先和您打招呼，就是為了想讓您能採取一種合適的做法。況且我聽人說，只要辦有利於國家的事，那就不會有錯；而辦事情能得到貴族們的擁護，君主的名聲就不會受損。我想仰仗叔叔的威名，來促成胡服的事情。現派王緤求見叔叔，請叔叔改穿胡服。」公子成再三叩首說：「我已經聽說大王要穿胡服。我沒出息，長期臥病，沒有能經常入朝給您請安。大王既然下了命令，就讓我斗膽地說一說，以此竭盡我的忠誠。我聽說，中原地區是聰明睿智見識深遠的人所居住的地方，是萬物財用所匯聚的地方，是聖賢們施行教化的地方，是仁義治國的地方，是《詩》、《書》、《禮》、《樂》暢行的地方，是奇巧技能所展示的地方，是遠方異域的人前來觀光、歸附的地方，是四野八荒的少數民族奉為楷模的地方。如今大王捨去這些去穿異族的服裝，改變古人的教導，廢棄古時的正道，違逆眾人的心意，與有識之士背道而馳，背離中原舊有的習俗，這樣的做法，我希望大王認真考慮！」使者把公子成的意思向武靈王稟報後，武靈王說：「我以前就知道叔叔有病，我要親自去見他。」

11 於是武靈王來到公子成家，親自對公子成說：「衣服是為方便行動而設置的，禮儀是為方便做事而制訂的。賢聖根據人們的思想傾向而採取適當的措施，根據事物發展的需要而制訂禮儀，都是為了富國利民。斷髮紋身，袒露胳臂，衣襟左開，那是甌越地區民眾的習慣；染黑牙齒，腦門上畫文采，戴魚皮帽，長針縫製的衣服，那是吳國一帶的風俗。不同地區的禮儀服飾儘管各不相同，其目的都是為了生活上的方便，這一點都是一樣的。人們的思想願望改變了，國家的政策就得隨著改變；客觀形勢變化了，國家的禮儀也得隨著變化。所以賢聖認為，只要對國家有利，不是一成不變地總用一種方法；只要對辦事有利，禮儀就可以不同。有學識的人，即使出自同一宗師，而其習俗尚且不同；在中原地區講求禮義的國家裡，但各個地方的風教也還是不同的，更何況是山野偏遠的地方呢？因此到底向什麼方向變化，任何智者也難得強求一致；不同地區的服飾究竟如何，賢人聖人也無法要求相同。越是偏僻閉塞的地方，稀奇古怪的東西越多；越是邪門歪道的書生，就越會強詞奪理，夸夸其談。對別人的行事不理解而不亂加懷疑，對與己不同的習慣而不妄加否定，這才是公正兼容、追求盡善的態度。如今叔叔所講的，是習俗；我所講的，是駕馭習俗。我們趙國的東邊有黃河與薄洛水，這是與齊國、中山國的邊界，在這裡我們還沒有足夠的船隻以備緊急使用。從常山到代國與上黨，它的東南方是燕國和東胡的國土，它的西側是樓煩、秦國與韓國的疆界，在這裡我們還沒有足夠的騎兵。我們沒有船隻，住在水邊的民眾用什麼來守衛黃河、薄洛水？我們改變服裝、練習騎射也正是為了應付燕國、三胡以及秦、韓邊界的事變。過去，我們的先人簡主之所以不在晉陽和上黨這些地方築塞固守，就是為了讓襄主併吞戎地、滅掉代國、趕跑東胡、林胡等部族，致力於拓展疆土，我想無論什麼人都認為簡主、襄主這種勇於開拓是正確的。先前中山國倚仗齊國的兵力侵略我國，俘虜我百姓，引水圍困鄗城，如果沒有國家神靈的保佑，鄗城就幾乎失守了。先王引以為恥，此仇至今未報。騎馬射箭的訓練，從近處講可以使上黨的形勢對我們更有利，從遠處講可以報中山當年的入侵之仇。而叔叔您只顧順應中原的習俗而不顧違背簡主、襄主的心意；您只顧厭惡變服的名聲而忘卻鄗城被圍的恥辱，這可不是我所希望的啊！」於是公子成再三叩首，說：「我很愚鈍，不了解大王的偉大宗旨，竟然發表了那麼多平庸的見識，真是該死。如今大王您能繼承簡主、襄主的遺願並使之實現，我怎麼敢不聽命呢？」公子成再三磕頭謝罪，於是武靈王賞給了他一套胡服。第二天，公子成便穿著胡服上朝，武靈王遂正式頒布了改穿胡服的命令。

12 趙國的大夫趙文、趙造、周袑、趙俊都勸止武靈王不要改穿胡服，說還是按原來的制度行事為妥。趙武靈王說：「過去各朝君主的風俗都不相同，哪一個算是古代之法呢？各朝帝王都不襲用前朝的制度禮儀，你們希望我遵循誰的禮呢？伏羲氏與神農氏只用教育就能管好天下，用不著殺人；黃帝、堯、舜只殺本人而不株連家族；再下及三王也都是隨時制法，因事定禮。各種法令制度都是服從於當時的需要，各種服飾器械都是為便於當時的應用。所以治國家不一定非用一種主張，只要對國家有利就不必效法古人。聖人的興起都不是遵循古法，所以他們能夠稱王；夏朝、殷朝的末世倒是一直『遵循古禮』，結果卻滅亡了。所以說違背古法不一定就該非議，而遵循禮制不一定就該讚賞。如果說穿著奇特的人思想就一定壞，那麼遵守禮法的鄒國、魯國就不應該再出壞人；如果說風俗邪惡地區的人一定不好，那麼吳國、越國就不可能再出好人。聖人認為，穿在身上舒適的就是好衣服，便於行事的禮節就是好禮節。拜見君長的各種禮節，對服飾等級的種種規定都是用來管教平民百姓的，而不是用來衡量聖賢的。一般的百姓總是按照風俗行事，而真正的英才則與變革同步。俗話說：『按著書本上的教條趕車，就無法適應馬的性情；用古代的禮法來治理國家，那就無法應付已經發生了變化的國家事務。』靠著因循守舊取得成績，不可能成為超凡的國君；照搬古人的章程，不能治理當代的國事。這些都是你們所不能理解的。」於是全國改穿胡服，招募騎馬射箭之士。

13 二十年，武靈王攻取中山之地，軍鋒抵達寧葭；向西攻取林胡之地，軍鋒抵達榆中，於是林胡王獻馬求和。武靈王從前線回到國都後，派樓緩出使秦國，派仇液出使韓國，派王賁出使楚國，派富丁出使魏國，派趙爵出使齊國，派代國丞相趙固主管林胡的事務，徵集胡人的軍隊為趙國所用。

14 二十一年，武靈王大舉攻中山，派趙袑統領右軍，許鈞統領左軍，公子章統領中軍，趙武靈王總領諸將。牛翦統率騎兵組成的軍團，趙希統率胡、代兵馬。趙與率軍前往陘縣，各路諸軍在曲陽會合，攻取了丹丘、華陽與鴟之塞。武靈王總領的南路軍隊取得了鄗、石邑、封龍、東垣。中山無奈，只好割讓四邑求和，武靈王答應了，暫時撤軍而回。二十三年，武靈王再次進攻中山國。二十五年，惠王后去世，武靈王讓周袑穿著胡服做王子何的老師。二十六年，趙國再次進攻中山，把趙國的邊界向北推移到與燕、代相鄰，向西擴展到雲中、九原二郡。

15 二十七年，五月的戊申日，武靈王在東宮舉行盛大的朝會，將王位傳給了少子趙何。新即位的趙王在太廟祭祖之後臨朝聽政，滿朝大夫都聽新王號令，肥義出任相國，負責訓導、扶助新王。新王就是趙惠文王，他是惠王后吳娃所生之子。武靈王從此自稱「主父」。

16 武靈王讓少子何主持國政，而自己身著胡服率領官兵向西北開拓胡地，他準備從雲中、九原一帶向南方直襲秦國，於是他化裝成趙國使者親自入秦。秦昭王開始並不知道，只覺得來人相貌非凡，不是一般臣子的模樣。待派人追問時，主父已經飛馬出了函谷關。經過仔細察問，才知道來人是趙主父，秦國人大驚。主父之所以入秦，就是為了親自觀察秦國的地形與秦昭王的為人。

17 惠文王二年，主父視察新開拓的地區，他從代國西出，與樓煩王相會於黃河邊，奪取得樓煩軍隊。

18 惠文王三年，趙國滅了中山，將俘獲的中山王遷置於膚施縣。同年，武靈王為自己建造陵墓，名曰「靈壽」。這時北方地區都已歸附，由邯鄲到代國的道路暢通無阻。武靈王返回國都後，獎賞群臣，大赦天下，設置酒宴五天以招待滿朝大臣。武靈王封長子趙章為安陽君，駐守代地。趙章向來驕奢傲慢，對其弟趙何為王不服。主父還讓田不禮去輔佐安陽君趙章。

19 李兌對肥義說：「公子章為人強橫驕傲，黨羽眾多而欲望又大，似乎是懷有不可告人野心的人。田不禮為人殘忍驕橫，這兩個人在一起，必定陰謀叛亂，以謀求意外的僥倖。小人有了野心就會思慮輕率而謀劃短淺，只見利益而不顧危險；再加上一些同類之人的推波助瀾，他們肯定要製造禍亂。依我看來，事情不久就要發生。您負有重任又掌大權，禍亂開始，矛頭必然集中指向您，您將是第一個受害者。仁者愛憐萬物，智者防患於未然，如果不能做到既仁且智，那還怎麼治理國家？您何不假稱有病，不要出門，把政務交給公子成處理，您沒有必要成為受氣包、出氣筒。」肥義說：「我不能這樣做。主父把大王託付給我的時候曾經說過：『不要改變你的態度，不要改變你的思慮，要堅持到底，至死不變。』我誠懇地接受囑託，並把它記錄下來。如今因為怕田不禮刁難而忘記了我答應過的事，還有什麼罪過比這種變節更嚴重呢？在君主面前接受了使命，過後不能堅持到底，還有什麼比這種背叛更嚴重呢？變節與背叛的臣子，什麼樣的刑罰也不足以懲治他的罪過。俗話說：『倘若死去的人能夠復生，活著的人面對他也不感到慚愧。』我既有言在先，我就要忠於我的諾言，我還哪能顧及我的身軀？況且是不是忠臣，只有在災難臨頭時才能表現出他的氣節；只有禍患到來時才能看清他的操行。您的忠告是為了我好，但因為我已經許下諾言，我是不能再違背的了！」李兌說：「那好，您多保重吧！我能夠見到您也就只有在今年了。」說完，抹著眼淚走了。此後李兌又多次去見公子成，對他講要防備田不禮作亂的事。

20 後來有一天，肥義對信期說：「公子章和田不禮的情況很是令人擔憂。他們對我表面上說得好聽，而內心卻恨透我了，這兩個人的表現是兒子不像兒子，臣子不像臣子。我聽說，朝中有奸臣，是禍國的蟊賊；君主身旁有讒臣，是害主的蠹蟲。他們既貪婪又有野心，在內得到主上的信任，在外則橫行暴虐。假傳主父之命，突然發難奪權，他們不難做出這種事，這樣就會殃及全國。我為了擔心這件事，已經睡不著、吃不下。壞人出入不可不防，從今天起，倘若主父有令召見趙王，你一定要先告訴我，我先進去看看，待斷定裡面沒有問題，再讓趙王進去。」信期說：「好，聽您這麼說，我就放心了。」

21 惠文王四年，群臣入都朝見，安陽君也來了。主父讓趙王在殿上聽政，自己在旁邊觀察群臣與宗室對趙王行禮的樣子。見他的長子趙章身材高大，反而北向叩拜自稱臣子，屈居於弟弟之下，心生同情，於是就想把趙國一分為二，讓趙章在代地稱王。主意尚未拿定，暫且擱置起來。

22 隨後，主父和趙王到沙丘遊玩，各住一所宮殿。於是公子章便率領他的黨徒和田不禮一起策劃叛亂，他假傳主父有旨召趙王到主父所住的宮室去。肥義聽說先去了，結果被叛亂分子所殺。於是高信立即以趙王之命率軍與公子章開戰。公子成和李兌聞變，也率軍從國都趕來，同時他們又調集四周各縣的軍隊前來平亂，殺死了公子章和田不禮，消滅了他們的黨羽，穩定了趙王的地位。公子成當了相國，號稱安平君，李兌任司寇。當初公子章被打敗的時候，他逃進了主父的宮室，主父掩護了他，於是公子成與李兌便下令包圍了主父所在的宮室。待至公子章被殺後，公子成和李兌商議說：「因為公子章的緣故我們包圍了主父，如果我們就此撤兵，我們這些人都將被滿門抄斬。」於是乾脆就將主父的宮室徹底包圍起來，下令給裡邊的人說：「出來晚的通通滅族」，宮裡的人員都出來了。只剩下主父想出來而不能，又得不到食物，餓得甚至掏鳥窩裡的雛鳥來吃。就這樣一連三個月，主父最後被餓死在沙丘宮。等外面得知主父確實已經死了，這才發喪告知各諸侯國。

23 這時趙王年幼，公子成與李兌執政，他們害怕自己被殺，所以圍困餓死了主父。主父當初原以長子章為太子，後來有了吳娃，很愛她，為此好幾年沒有出宮。後來吳娃生了兒子趙何，主父便廢了太子趙章而立趙何為趙王。吳娃死後，主父對她的愛心有所減弱，又對原太子有所同情。想讓兩個兒子都當王，正在這種猶豫不決之中，動亂發生，使父子二人都不得好死，成為天下的笑柄，豈不令人痛惜！

1 五年❶，與燕鄚、易❷。八年，城南行唐❸。九年，趙梁❹將，與齊合軍攻韓❺，至魯關下，反❻。十年，秦自置為西帝❼。十一年，董叔❽與魏氏伐宋❾，得河陽於魏❿。秦取梗陽⓫。十二年，趙梁將攻齊。十三年，韓徐為將，攻齊⓬。公主死⓭。十四年，相國樂毅將趙、秦、韓、魏、燕攻齊⓮，取靈丘⓯。與秦會中陽⓰。十五年，燕昭王來見⓱。趙與韓、魏、秦共擊齊⓲，齊王⓳敗走，燕獨深入，取臨菑⓴。

2 十六年，秦復與趙數擊齊㉑，齊人患之。蘇厲為齊遺趙王書㉒曰：

3 「臣聞古之賢君，其德行非布於海內也，教順㉓非洽㉔於民人也，祭祀時享㉕非數常於鬼神㉖也。甘露降，時雨至㉗，年穀㉘豐孰㉙，民不疾疫，眾人善之㉚，然而賢主圖之㉛。

4 「今足下之賢行功力，非數加於秦㉜也；怨毒積怒，非素深於齊㉝也。秦、趙與國㉞，以彊㉟徵兵於韓㊱，秦誠愛趙乎？其實憎齊乎㊲？物之甚者，賢主察之㊳。秦非愛趙而憎齊也，欲亡韓而吞二周，故以齊餤天下㊴。恐事之不合㊵，故出兵以劫魏、趙41；恐天下畏己42也，故出質以為信43；恐天下亟反44也，故徵兵於韓以威之45。聲以德與國46，實而伐空韓47。臣以秦計為必出於此。夫物固有勢異而患同48者，楚久伐而中山亡49，今齊久伐50而韓必亡。破齊，王與六國分其利也；亡韓，秦獨擅之；收二周，西取祭器51，秦獨私之52。賦田計功53，王之獲利孰與秦多？

5 「說士之計曰54：『韓亡三川55，魏亡晉國56，市朝57未變而禍已及矣58。』燕盡齊之北地59，去沙丘、鉅鹿60斂三百里61；韓之上黨62去邯鄲百里63，燕、秦謀王之河山，間三百里而通矣64。秦之上郡65近挺關66，至於榆中者千五百里67。秦以三郡68攻王之上黨69，羊腸70之西，句注71之南，非王有已。踰句注，斬常山72而守之，三百里而通於燕73，代馬胡犬不東下74，昆山之玉75不出76，此三寶77者亦非王有已。王久伐齊，從彊秦攻韓，其禍必至於此。願王孰慮之。

6 「且齊之所以伐78者，以事王也79。天下屬行，以謀王也80。燕、秦之約成81而兵出有日矣。五國三分王之地82，齊倍五國之約83而殉王之患84，西兵85以禁彊秦86，秦廢帝請服87，反高平、根柔於魏88，反巠分89、先俞90於趙。齊之事王，宜為上佼91，而今乃抵辠92，臣恐天下後事王者93之不敢自必94也。願王孰計之也。

7 「今王毋與天下攻齊，天下必以王為義。齊抱社稷[95]而厚事王，天下必盡重王[96]。秦義，王以天下善秦[97]；秦暴，王以天下禁之。是一世之名寵[98]制於王也。」

8 於是趙乃輟，謝秦，不擊齊。

9 王與燕王遇[99]。廉頗[100]將，攻齊昔陽[101]，取之。

10 十七年，樂毅將趙師攻魏伯陽[102]。而秦怨趙不與己擊齊，伐趙，拔我兩城[103]。十八年，秦拔我石城[104]。王再之衛東陽[105]，決河水，伐魏氏[106]。大潦[107]，漳水出[108]。魏冉來相趙[109]。十九年，秦取我二城。趙與魏伯陽。趙奢[110]將，攻齊麥丘，取之[111]。

11 二十年，廉頗將，攻齊[112]。王與秦昭王遇西河外[113]。

12 二十一年，趙徙漳水[114]武平[115]西。二十二年，大疫。置公子丹[116]為太子。

13 二十三年，樓昌[117]將，攻魏幾[118]，不能取。十二月，廉頗將，攻幾，取之。二十四年，廉頗將，攻魏房子[119]，拔之，因城[120]而還。又攻安陽[121]，取之。二十五年，燕周[122]將，攻昌城[123]、高唐[124]，取之。與魏共擊秦。秦將白起[125]破我華陽[126]，得一將軍[127]。二十六年，取東胡歐代地[128]。

14 二十七年，徙漳水武平南。封趙豹[129]為平陽君[130]。河水出，大潦。

15 二十八年，藺相如[131]伐齊，至平邑[132]。罷城北九門大城[133]。燕將成安君公孫操弒其王。二十九年，秦、韓相攻，而圍閼與[134]。趙使趙奢將，擊秦，大破秦軍閼與下[135]，賜號為馬服君[136]。

16 三十三年，惠文王卒，太子丹立，是為孝成王。

17 孝成王元年[137]，秦伐我，拔三城[138]。趙王新立，太后[139]用事[140]，秦急攻之。趙氏求救於齊[141]，齊曰：「必以長安君[142]為質[143]，兵乃出。」太后不肯，大臣彊諫。太后明謂左右曰：「復言長安君為質者，老婦必唾其面。」左師[144]觸龍言願見太后，太后盛氣而胥[145]之。入，徐趨而坐[146]，自謝[147]曰：「老臣病足，曾[148]不能疾走，不得見久矣。竊自恕[149]，而恐太后體之有所苦[150]也，故願望見太后。」太后曰：「老婦恃輦[151]而行耳。」曰：「食得毋[152]衰乎？」曰：「恃粥耳。」曰：「老臣間者[153]殊不欲食，乃彊步[154]，日三四里，少益[155]耆食，和於身也。」太后曰：「老婦不能。」太后不和之色少解[156]。左師公曰：「老臣賤息[157]舒祺最少，不肖[158]，而臣衰，竊憐愛之，願得補黑衣之缺[159]以衛王宮，昧死[160]以聞。」太后曰：「敬諾。年幾何矣？」對曰：「十五歲矣。雖少，願及未填溝壑[161]而託之。」太后曰：「丈夫亦愛憐少子乎？」對曰：「甚於婦人。」太后笑曰：「婦人異甚。」對曰：「老臣竊以為媼之愛燕后賢於長安君[162]。」太后曰：「君過矣，不若長安君之甚。」

左師公曰：「父母愛子，則為之計深遠[163]。媼之送燕后[164]也，持其踵[165]，為之泣，念其遠也，亦哀之矣。已行，非不思也，祭祀則祝之曰：『必勿使反[166]。』豈非計長久，為子孫相繼為王[167]也哉？」太后曰：「然。」左師公曰：「今三世以前，至於趙主之子孫為侯者，其繼有在者乎[168]？」曰：「無有。」曰：「微獨趙[169]，諸侯有在者乎[170]？」曰：「老婦不聞也。」曰：「此其近者禍及其身[171]，遠者及其子孫[172]。豈人主之子侯則不善哉[173]？位尊而無功，奉[174]厚而無勞，而挾重器[175]多也。今媼尊長安君之位[176]，而封之以膏腴[177]之地，多與之重器，而不及今令有功於國，一旦山陵崩[178]，長安君何以自託[179]於趙？老臣以媼為長安君之計短也，故以為愛之不若燕后。」太后曰：「諾，恣君之所使之[180]。」於是為長安君約車[181]百乘[182]，質於齊，齊兵乃出。

18 子義[183]聞之，曰：「人主之子，骨肉之親也，猶不能持[184]無功之尊，無勞之奉，而守金玉之重也，而況於予乎[185]？」

19 齊安平君田單[186]將趙師[187]而攻燕中陽[188]，拔之。又攻韓注人[189]，拔之。二年，惠文后卒[190]，田單為相[191]。

20 四年，王夢衣偏裻之衣[192]，乘飛龍上天，不至而墜，見金玉之積如山。明日，王召筮史敢[193]占之，曰：「夢衣偏裻之衣者，殘也[194]；乘飛龍上天不至而墜者，有氣而無實[195]也；見金玉之積如山者，憂也。」

21 後三日，韓氏上黨守馮亭[196]使者至，曰：「韓不能守上黨，入之於秦[197]。其吏民皆安為趙[198]，不欲為秦。有城市邑[199]十七，願再拜入之趙，財王所以賜吏民[200]。」王大喜，召平陽君豹告之曰：「馮亭入城市邑十七，受之何如？」對曰：「聖人甚禍無故之利[201]。」王曰：「人懷吾德[202]，何謂無故乎？」對曰：「夫秦蠶食韓氏地，中絕不令相通[203]，固自以為坐而受上黨之地也。韓氏所以不入於秦者[204]，欲嫁其禍於趙也。秦服其勞而趙受其利，雖彊大不能得之於小弱[205]，小弱顧[206]能得之於彊大乎？豈可謂非無故之利哉？且夫秦以牛田之水通糧[207]，蠶食上乘，倍戰者裂上國之地[208]，其政行[209]，不可與為難[210]，必勿受也。」王曰：「今發百萬之軍而攻，踰年歷歲未得一城也。今以城市邑十七幣[211]吾國，此大利也。」

22 趙豹出，王召平原君[212]與趙禹[213]而告之。對曰：「發百萬之軍而攻，踰歲未得一城，今坐受城市邑十七，此大利，不可失也。」王曰：「善。」乃令趙勝受地，告馮亭曰：「敝國使者臣勝，敝國君使勝致命[214]，以萬戶都三封太守[215]，千戶都三封縣令，皆世世為侯[216]，吏民皆益爵三級[217]，吏民能相安，皆賜之六金[218]。」

馮亭垂涕，不見使者，曰：「吾不處三不義[219]也：為主守地，不能死固[220]，不義一矣；入之秦，不聽主令[221]，不義二矣；賣主地而食之[222]，不義三矣[223]。」趙遂發兵取上黨。廉頗將軍，軍長平[224]。

23 七年，廉頗免而趙括代將[225]。秦人圍趙括，趙括以軍降[226]，卒四十餘萬皆阬之[227]。王悔不聽趙豹之計[228]，故有長平之禍焉。

24 王還，不聽秦[229]，秦圍邯鄲[230]。武垣令傅豹、王容、蘇射率燕眾反燕地[231]。趙以靈丘封楚相春申君[232]。

25 八年，平原君如楚請救[233]。還，楚來救[234]，及魏公子無忌亦來救[235]，秦圍邯鄲乃解[236]。

26 十年，燕攻昌壯[237]，五月拔之。趙將樂乘[238]、慶舍[239]攻秦信梁[240]軍，破之。太子死[241]。而秦攻西周，拔之[242]。徒父祺出[243]。十一年，城元氏[244]，縣上原[245]。武陽君鄭安平[246]死，收其地[247]。十二年，邯鄲廥燒[248]。十四年，平原君趙勝死[249]。

27 十五年，以尉文[250]封相國廉頗，為信平君[251]。燕王[252]令丞相栗腹[253]約驩[254]，以五百金為趙王酒[255]。還歸，報燕王曰：「趙氏壯者皆死長平[256]，其孤[257]未壯，可伐也。」王召昌國君樂間[258]而問之。對曰：「趙，四戰之國[259]也，其民習兵，伐之不可。」王曰：「吾以眾伐寡，二而伐一，可乎？」對曰：「不可。」王曰：「吾即以五而伐一，可乎？」對曰：「不可。」燕王大怒，羣臣皆以為可。燕卒起二軍，車二千乘[260]，栗腹將而攻鄗，卿秦[261]將而攻代。廉頗為趙將，破殺栗腹，虜卿秦、樂閒[262]。

28 十六年，廉頗圍燕[263]。以樂乘為武襄君[264]。十七年，假相[265]大將武襄君攻燕，圍其國[266]。十八年，延陵鈞[267]率師從相國信平君助魏攻燕。秦拔我榆次三十七城[268]。十九年，趙與燕易土[269]：以龍兌、汾門、臨樂[270]與燕；燕以葛[271]、武陽[272]、平舒[273]與趙。

29 二十年，秦王政[274]初立。秦拔我晉陽[275]。

30 二十一年[276]，廉頗將，攻繁陽，取之。孝成王卒[277]，子偃立，是為悼襄王[278]。使樂乘代之，廉頗攻樂乘，樂乘走，廉頗亡入魏。

【章旨】以上為第六段，寫戰國後期趙國的日益衰落。

【注釋】❶五年　西元前二九四年。「五年」二字之上原有「主父死惠文王立立」八字。梁玉繩《史記志疑》卷三三曰：「疑『五年』上八字當衍。」今據刪。❷與燕鄚易　將鄚、易二縣劃歸燕國。時為燕昭王十八年。鄚，即日後之鄚州，州治在今河北任邱城北。易，易縣，在今河北雄縣西北。❸南行唐　趙縣名，在今河北行唐北。❹趙梁　趙將名。❺與齊合軍攻韓　時為齊湣王十一年，韓釐王六年。❻至魯關下二句　進兵至魯關下，退了回來。魯關，韓國關塞名。反，原作「及」，不成文義。梁玉繩曰：「『及』乃『反』之譌，各本以『及』字屬下文，誤。」今據改。❼秦自置為西帝　春秋時期各國諸侯皆稱「公」，惟周天子稱王。戰國以來，各國諸侯勢大，皆已先後稱「王」，於是齊、秦兩個大國又不甘心與其他諸侯等列，遂相約彼此稱「帝」，齊為「東帝」，秦為「西帝」。按：據〈秦本紀〉、〈六國年表〉，齊、秦稱「帝」乃在趙惠文王十一年，此繫於十年，誤也。❽董叔　趙將名。❾與魏氏伐宋　時當魏昭王八年。宋，西周以來的諸侯國名，國都彭城（今江蘇徐州），此時已積貧積弱，行將滅亡。❿得河陽於魏　河陽，魏縣名，在今河南孟縣西北。因為趙國幫著魏國伐宋，故魏國將離趙國較近的河陽割給了趙國。⓫秦取梗陽　時當秦昭王十九年。梗陽，趙縣名，即今山西清徐。⓬韓徐為將二句　謂韓徐為帥趙軍攻齊也，時當齊湣王之十五年。韓徐為，趙將名，屢見於《戰國縱橫家書》。⓭公主死　蓋吳娃之女，惠文王之姐。⓮相國樂毅將趙秦韓魏燕攻齊　蓋戰事於此年已經發動，而到明年遂大破齊軍於濟西也。據〈樂毅列傳〉，樂毅時為聯軍統帥，趙惠文王曾「以相國印授樂毅」，故此稱「相國樂毅」。時為齊湣王之十六年。⓯靈丘　齊縣名，在今山東高唐南。⓰與秦會中陽　「秦」下似應增「王」字讀，即秦昭王。中陽，趙縣名，即今山西中陽。⓱燕昭王來見　共謀併力伐齊也。⓲趙與韓魏秦共擊齊　即樂毅率五國聯軍大破齊軍於濟西事，過程詳見〈燕召公世家〉、〈樂毅列傳〉。此役燕國為主謀，此處不宜失書「燕」字。⓳齊王　齊湣王，名地，西元前三〇〇—前二八四年在位。齊湣王逃出臨淄，輾轉至莒，被淖齒所殺事，見〈田敬仲完世家〉、〈田單列傳〉。⓴燕獨深入二句　濟西大捷以後，諸國便撤回了各自的兵力，繼續長驅攻齊者便只剩燕國。臨菑，齊國都城，即今山東淄博之臨淄城西北。㉑秦復與趙數擊齊　牛鴻恩以為此「秦與趙數擊齊」，即上文十四年多國攻齊取靈丘事件之誤重出。㉒蘇厲為齊遺趙王書　牛鴻恩曰：「蘇厲遺趙王書在〈趙策一〉、在《帛書》為二十一章。此處之『蘇厲』應作『蘇秦』。唐蘭定于惠文王十四年（西元前二八五年），見《戰國縱橫家書》所附之〈蘇秦事迹簡表〉。楊寬說同。」遺，給；致。㉓教順　同「教訓」，「訓」、「順」二字古常通用。㉔洽　普遍潤澤；普遍深入到。㉕時享　按四季進行的祭祀。㉖數常於鬼神　「常」字《戰國策》作「當」，「當於鬼神」即合於鬼神的心意。㉗甘露降二句　意指風調雨順。按：「甘露降」上應增「而」字讀，以突出語氣之轉折。㉘年穀　指年景、收成。㉙孰　同「熟」。㉚眾人善之　一般人都認為這是好事。眾人，普通人；一般人。㉛然而賢主圖之　圖，思慮；思考。以上數句的意思是，國君本沒有做好事，而一連串的「好結果」卻頻繁降臨，這難道不令人深思、警惕嗎？㉜數加於秦　猶言「數施於秦」，對秦一貫有好處。數，頻繁。㉝素深於齊　謂對齊一貫有仇恨。㉞與國　盟國。與，交往。㉟以彊　靠著武力強大。㊱徵兵於韓　逼著韓國隨之出兵擊齊。韓國當時都於今河南新鄭。㊲秦誠愛趙乎二句　難道秦國真的是愛趙國嗎？真的是恨齊國嗎？㊳物之甚者二句　對那些過於反常的事情，聰明人是要提高警惕的。(39)欲亡韓而吞二周二句　秦國是為了吞併韓國與二周，所以才鼓動著你們這些國家打齊國。二周，指都於鞏的東周君和都於王城的西周君。餤，餵；拿東西給人吃。(40)恐事之不合　怕各國不上它的當。不合，不成。(41)以劫魏趙　指聯合魏、趙以進攻齊國。(42)畏己　懷疑秦國。《戰國策》直作「疑己」。(43)出質以為信　給各國派遣人質以表現其守信。(44)亟反　迅速反秦；屢屢反秦。(45)徵兵於韓以威之　向韓國徵兵以威脅其他國家。(46)聲以德與國　表面上說是為了盟國好，指幫著趙國伐齊。德，施恩德。與國，盟國，這裡指趙。(47)實而伐空韓　其本意乃是為了趁機吞併內部空虛的韓國。(48)勢異而患同　形勢不同而災難相同。(49)楚久伐而中山亡　楚國正連年被伐的時候，中山國卻滅亡了。鮑彪曰：「楚受秦伐，趙無秦患，故破中山滅之。」(50)齊久伐　齊國連年被伐。(51)西取祭器　謂取周之祭器而西去。祭器，祭祀先王之禮器，被視為傳國之寶。(52)獨私之　獨家占有。(53)賦田計功　算一算取得了多少土地，獲得了多大功業。(54)說士之計曰　正如那些說客之所說。(55)韓亡三川　韓國丟掉了三川。三川指今河南西部的宜陽、新城等一帶地區，因其地有黃河、伊水、洛水，故稱「三川」。(56)魏亡晉國　魏國丟掉了原來晉國的心腹地帶，指今山西之西南部。(57)市朝　市場，這裡代指趙都邯鄲的街面秩序。《戰國縱橫家書》作「市朝未罷」，則應解釋作一場集市還沒有趕完，極言其時間之短。(58)禍已及矣　指秦國對趙國的軍事威脅而言，因韓失「三川」，魏失「晉國」後，趙國就和秦國挨得很近了。(59)盡齊之北地　全部占有齊國的北部領土。(60)去沙丘鉅鹿　離著趙國的沙丘宮與鉅鹿縣（今河北平鄉西南）。(61)斂三百里　不足三百里。(62)韓之上黨　韓國的上黨郡，約當今山西長治地區的中部與南部。(63)去邯鄲百里　意謂如果讓秦兵占領三川後，則已鄰近韓國之上黨，那時秦距趙都邯鄲也就只有百里之遙了。(64)燕秦謀王之河山二句　大意謂，燕秦東西夾擊趙國，它們兩方相隔的距離，最遠也就是三百里了。間，隔。通，會師。《正義》曰：「言破齊滅韓之後，燕之南界，秦之東界，相去減三百里，趙國在中間也。」(65)上郡　秦郡名，郡治膚施，在今陝西榆林東南。(66)挺關　趙國的關塞名，也叫「遺遺之門」，在今陝西榆林之西北，神木之正西。(67)至於榆中者千五百里　榆中，古地區名，指今東勝以南的內蒙與山西交界地區，當時這一帶屬於趙國。按：上郡之北境距榆中絕無「千五百里」，此句不知所謂。(68)秦以三郡　指秦國準備先後占領的三川郡、河東郡與韓之上黨郡。(69)上黨　趙國的上黨郡，指今山西和順、左權等一帶地區，南與韓國的上黨郡相鄰。(70)羊腸　羊腸坂，太行山的山路名，在今山西晉城南，當時屬趙。(71)句注　山名，在今山西代縣西北，朔縣南，當時屬趙。按：所謂「羊腸之西，句注之南」，指趙國轄有的今山西省內地區。(72)踰句注二句　翻越句注山南下，占據常山天險。常山，本名「恆山」，在今河北淶源西北。(73)三百里而通於燕　意謂到那時秦國距離燕國將只有三百里。(74)代馬胡犬不東下　指這些北方的出產不再送給趙國，因為中間已被秦國隔斷了。(75)昆山之玉　昆侖山產的寶玉，本來是通過河西、代北傳到趙國。(76)不出　不再給趙國進獻。(77)三寶　指代馬、胡犬、昆山之玉。(78)所以伐　被秦所伐的原因。(79)以事王也　是由於齊對趙國唯命是聽。事王，中井曰：「與趙王親交。」(80)天下屬行二句　現在各國正想聯合起來，共同對付趙國。屬行，排成行列，即指起兵。(81)燕秦之約成　燕秦兩國已經訂約結盟。(82)五國三分王之地　《戰國策》句首有「昔者」二字。此指秦昭王十九年、齊湣王十三年之舊事，時秦與齊國約定同時稱「帝」，並聯合韓、魏、燕以瓜分趙國。五國，指秦、齊、燕、韓、魏。三分王之地，《戰國縱橫家書》作「疎分」，意即「瓜分」。(83)齊倍五國之約　時齊湣王用蘇秦之謀，自己廢去「帝」號，並聯合趙國共同反秦，過程參見〈田敬仲完世家〉。倍，通「背」。背叛。(84)殉王之患　為了和您共患難。殉，順；以死相從。(85)西兵　向西方出兵。(86)以禁彊秦　禁止秦國稱帝與瓜分趙國的陰謀。(87)秦廢帝請服　指秦亦只好停止稱「西帝」，仍恢復稱王事。(88)反高平根柔於魏　將高平、根柔二縣歸還魏國。反，歸還。高平，也稱「向」，縣名，在今河南濟源西南。根柔，縣名，也稱「枳」，在今河南濟源東南。二縣原屬魏，後來被秦國占領。(89)巠分　依《正義》說當作「陘山」，即「西陘山」，也稱「句注山」，在今山西代縣西。(90)先俞　據《集解》、《正義》說應作「西俞」，即雁門山。以上二地原屬趙，後來被秦國占領。(91)上佼　「佼」通「交」，《戰國策》與《戰國縱橫家書》皆作「上交」，即上等之交。(92)抵辠　犯罪。抵，觸犯。(93)後事王者　今後想歸附於您的人。(94)自必　自信。(95)抱社稷　意即「以整個國家」。(96)盡重王　都隨著齊國敬重您。(97)秦義二句　原無「秦」字，瀧川曰：「古抄本、楓山、三條本『義』下『王』上有『秦』字，當依補。秦義與下文『秦暴』對言。」按：水澤利忠《校補》又謂南化本、掖本、梅本亦有「秦」字，今據補。善秦，與秦國友好。(98)名寵　威名，榮耀。按：以上蘇厲為齊致書趙王事，見《戰國策・趙策一》，致書者原作「蘇秦」，此作「蘇厲」乃史公誤改。(99)王與燕王遇　此恐亦十五年「燕昭王來見」之誤重出。(100)廉頗　趙將名。(101)齊昔陽　〈廉頗藺相如列傳〉曰：「趙惠文王十六年，廉頗為趙將伐齊，大破之，取晉陽。」《索隱》云：「晉陽，當作陽晉。」陽晉，齊縣名，在今山東鄆城西。(102)樂毅將趙師攻魏伯陽　說「樂毅」恐誤，或是另一樂姓某人。伯陽，魏縣名，在今河南安陽西北。(103)拔我兩城　楊寬曰：「秦攻趙，取藺、祁二城。」二城皆在今山西境內。(104)石城　胡三省以為即今山西離石。(105)東陽　縣名，原屬衛，今屬趙，在今山東武城東北。(106)決河水二句　謂決黃河以灌魏。(107)大潦　謂雨水存積成澤。(108)漳水出　漳水泛濫。(109)魏冄來相趙　魏冄為秦昭王之舅，多年任秦國宰相。今云「來相趙」，其事未聞。(110)趙奢　趙國名將。(111)攻齊麥丘二句　麥丘，即今山東商河。牛鴻恩曰：「由這些記載可知齊只剩二城之不實，濟西尚有未亡之城，故趙屢攻之。」(112)攻齊　與趙奢攻齊麥丘相類。(113)王與秦昭王遇西河外　〈廉頗藺相如列傳〉作「會於西河外澠池」。西河外，河外的西部地區。戰國之際人們多稱今河南境內之黃河以北曰「河內」，黃河之南曰「河外」。澠池在河外地區之西部，故稱「西河外澠池」。[114]徙漳水　開新河使漳水改道。[115]武平　疑乃「武安」之變稱，「武安」在今河北武安西南。[116]公子丹　即日後的趙孝成王。[117]樓昌　趙將名。[118]幾　魏縣名，在今河北大名東南。[119]房子　在今河北高邑西南。原為趙邑，後為魏國所占。[120]城　築城。[121]安陽　魏縣名，在今河南安陽西南。[122]燕周　趙將名。[123]昌城　齊邑名，在今河北冀縣西北。[124]高唐　齊縣名，在今山東高唐東北。[125]白起　秦國名將。[126]破我華陽　〈白起王翦列傳〉繫此事於下一年，謂「白起攻魏，拔華陽，走芒卯，而虜三晉將，斬首十三萬。與趙將賈偃戰，沈其卒二萬人於河中。」華陽，韓縣名，在今河南新鄭北，鄭州東南。[127]得一將軍　〈白起王翦列傳〉作「虜三晉將」，姓名不詳。[128]取東胡歐代地　《索隱》曰：「東胡叛趙，驅略代地人眾以叛，故取之也。」歐代地，大約指今遼寧西部地區。[129]趙豹　惠文王之弟。[130]平陽君　封地平陽，在今山西臨汾西南。[131]藺相如　趙國名臣，事跡詳見〈廉頗藺相如列傳〉。[132]平邑　齊縣名，在今河南南樂東北。[133]罷城北九門大城　城，築城。北九門，即前文武靈王所過之「九門」，趙縣名，在今河北正定東北。因其地處邯鄲之北，故也稱「北九門」。[134]秦韓相攻二句　閼與，趙縣名，即今山西東南部之和順。按：此役乃秦軍伐趙，與「韓」無涉。〈廉頗藺相如列傳〉亦曰「秦圍韓軍閼與」，與此同誤。[135]大破秦軍閼與下　秦將胡陽率軍圍趙之閼與，趙奢大破秦軍於閼與事，詳見〈廉頗藺相如列傳〉。馬非百曰：「〈秦策〉言：『天下之士合從相聚于趙，而欲攻秦。』然則自閼與戰爭後，趙之邯鄲且一躍而為合從謀秦之國際中心矣。」[136]馬服君　《正義》曰：「因馬服山為號也。」按：馬服山在今邯鄲西北。[137]孝成王元年　西元前二六五年。[138]拔三城　具體何城不詳。[139]太后　即趙威后，惠文王之妻。[140]用事　主事。[141]求救於齊　時為齊襄王十九年。[142]長安君　趙太后的少子，孝成王之弟。「長安君」是封號名。[143]為質　到齊國當人質。[144]左師　帝王的輔導官，與他時之「太師」略同。[145]胥　等待。[146]徐趨而坐　徐趨，緩慢地小步疾走。這是臣子在君父面前使用的一種禮節性的走路姿勢。坐，應依〈趙策〉作「至」。[147]謝　表示歉意。[148]曾　猶如今之所謂「根本」、「實在是」。[149]自恕　自忖；自己思量。中井曰：「自推其衰，恐太后之衰也。」按：此句「自恕」多有解作「自我寬恕」，不如前解之表示對人關心更好。[150]有所苦　有什麼不舒服。《戰國策》作「有所郤」。[151]恃輦　靠坐車。輦，帝王與王后所乘的車子，其大者用馬拉，小者用人挽，還有一種人抬的也叫「輦」。[152]得毋　通「得無」。莫非之意。[153]間者　前者；前些時候。[154]彊步　強制自己散步。[155]少益　稍稍增加。[156]少解　稍稍緩和下來。[157]賤息　謙指自己的兒子。息，子。[158]不肖　不像；不類其父。即通常所說的「沒出息」、「不成材」。[159]補黑衣之缺　婉言請讓其子充當一名王宮的衛士。因當時的王宮衛士身著黑衣，故云「補黑衣之缺」。[160]昧死　冒死。謙詞。[161]及未填溝壑　謙言自己的死。古人謙言自己的死曰「填溝壑」，婉稱他人的死曰「捐館舍」，稱帝王之死曰「棄群臣」、「山陵崩」等等。162竊以為媼之愛燕后賢於長安君　我認為您愛大女兒勝過小兒子。媼，老太太，此稱趙太后。燕后，趙威后之女，嫁與燕王為后者。賢，勝過；強於。163計深遠　做長遠考慮。164送燕后　送燕后出嫁。165持其踵　拉著她的腳，蓋其女坐在車上，其車欲行，故母親得「持其踵」。166必勿使反　千萬別讓她回來。因為凡是嫁與帝王的女子，除被休棄以外，通常是不能回家的。167為子孫相繼為王　讓她生的子孫們世世代代地在燕國為王。168今三世以前三句　語略不順，《戰國策》於此作「今三世以前，至於趙之為趙，趙主之子孫侯者，其繼有在者乎？」較此清楚。大意謂，三輩以前上推到趙國建立，歷代趙王的那些受封為侯的諸子，他們的封地、封號還有保留到今天的嗎？意思為都是隔不了多久就被取消了。169微獨趙　不光是趙國。170諸侯有在者乎　其他國家被封侯的諸子們，有傳位超過三輩的嗎？171近者禍及其身　受封者本人生前即遭禍被廢。172遠者及其子孫　指第二代或第三代即遭廢除。173豈人主之子侯則不善哉　難道是帝王之子一旦為侯，行為就變得不好了嗎？174奉　通「俸」。俸祿。175重器　寶器。176尊長安君之位　提高長安君爵位。177膏腴　肥沃。178山陵崩　婉稱趙太后死。179何以自託　何以自立？180恣君之所使之　任憑你安排他的去向。181約車　準備車子。約，整束；備辦。182百乘　百輛。古稱一車四馬為一乘。183子義　趙之賢人。184持　保持；擁有。185況於予乎　梁玉繩曰：「『予』字非，《國策》作『人臣』是也。」按：以上觸龍說趙太后事，見《戰國策・趙策四》。鍾惺曰：「左師悟太后，不當在言語上看之，全在進退舉止，有關目，有節奏，一段迂態軟語，字字閑語，步步閑情，與本事全不相粘，而一字一步不可省。又妙在一字一步俱從婦人性情體貼出來，老臣一片為國苦心，誠則生巧，可與公仲事參看。」186安平君田單　齊國名將，在樂毅率五國之兵伐齊，大敗齊軍於濟西，燕軍長驅平齊的形勢下，以即墨孤城大破燕軍，重建齊國，功封安平君，詳見〈田單列傳〉。187將趙師　田單重建齊國後，如何離齊赴趙事，〈田單列傳〉隻字未及。《戰國策・趙策四》載有燕軍攻趙，平原君向趙太后建議用濟東三城換取齊國安平君田單為趙將事。188中陽　《集解》、《正義》皆以為應作「中人」。中人，燕縣名，在今河北行唐西南。189攻韓注人　時當韓桓惠王八年。注人，韓縣名，在今河南臨汝西北。190惠文后卒　惠文后即趙威后，孝成王之母。當時諸國多有母后掌權者，如秦昭王即位之初，其母宣太后掌權；齊王建在位時，其母襄王后掌權；而趙國的惠文后，亦即趙威后，最為傑出。《戰國策・齊策》有所謂〈趙威后問齊使〉，先問歲，後問民，最後問齊王。齊使不悅，趙威后曰：「苟無歲，何以有民？苟無民，何以有君？」思想境界極高。191田單為相　田單為趙國之相。192偏裻之衣　也簡稱「偏衣」，語見《國語・晉語一》與《左傳》閔公二年。楊伯峻注：「裻，背縫也，在背之當中，當脊梁所在。自此中分，左右異色，故云『偏裻之衣』。」193筮史敢　主管占卜和記述史實的官員名敢，史失其姓。194殘也　殘缺；殘破。指慘敗於秦。195有氣而無實　光有名聲而無實利。

指得韓之上黨。(196)韓氏上黨守馮亭　韓國上黨郡的郡守，名叫馮亭。韓國的上黨郡，約當今山西長治地區的西北部與山西之中南部一帶地區，共有十七縣。(197)韓不能守上黨二句　秦昭王四十五年，即趙孝成王之四年，秦兵占領韓國的野王（今河南沁陽）後，建都於河南新鄭的韓國統治者因無法救助失去聯絡的上黨地區，乃遂放棄，令其自行降秦。(198)皆安為趙　都樂意歸降趙國。(199)城市邑　有城、有市的大邑。《通鑑》胡注：「言邑之有城、市者，指言大邑也。」(200)財王所以賜吏民　殿本、瀧川本皆作「聽王所以賜吏民」，較此為順。財，《戰國策》作「才」，皆通「裁」，裁度，意謂王可以裁度著以之賞賜吏民。(201)甚禍無故之利　甚以無緣無故飛來的好處為禍。(202)人懷吾德　人們都感念我的好處。懷，思念；感荷。(203)中絕不令相通　指秦兵首先攻占野王（今河南沁陽），斬斷上黨與韓國都城新鄭的聯絡而言。(204)韓氏所以不入於秦者　此「韓氏」即指馮亭所率領的上黨軍民。(205)雖彊大不能得之於小弱　即使是強大的一方也不可能坐享弱小一方這種便宜。(206)顧　反；反而。(207)秦以牛田之水通糧　詞語不順，諸家之斷句、解釋皆不一，大意謂秦國不惜犧牲國內的一切，運送糧食以供應上黨前線。(208)蠶食上乘二句　《戰國策》作「其死士皆列之于上地」。瀧川曰：「此言秦裂所取之國以為功臣死士食邑也。」王叔岷曰：「『上乘』者，謂兵車強盛之國也。『倍戰』者，即〈趙策〉所謂『死士』也。」(209)其政行　謂秦國國內能令行禁止，各種政策能順利貫徹。(210)不可與為難　不能與它相抗。難，仇敵。(211)幣　贈送。(212)平原君　趙勝，趙惠文王之弟，孝成王之叔，事跡見〈平原君虞卿列傳〉。(213)趙禹　趙國貴族，《史記》中僅此一見。(214)使勝致命　讓我向你們傳達命令。(215)以萬戶都三封太守　萬戶都三，具有萬戶人家的都城三座。太守，指馮亭。(216)世世為侯　世世為趙國國內的有土封君。(217)吏民皆益爵三級　陳直曰：「趙國有爵若干級，亦與秦制相同。」秦爵二十級之名稱見〈商君列傳〉、〈白起王翦列傳〉注。(218)皆賜之六金　謂每人賜六金。秦時稱黃金一鎰（二十兩）為一金。(219)不處三不義　謂不居三不義之地，或不作三不義之人。處，居。(220)固　「固」字應作「國」。(221)入之秦二句　王念孫曰：「『入之秦』當作『主入之秦』，謂韓王入上黨于秦，而馮亭不聽也。」脫去「主」字則文意不明。(222)賣主地而食之　指將上黨賣給了趙國，而趙國又將上黨的某些地區封給馮亭做食邑。(223)不義三矣　梁玉繩曰：「《策》言馮亭『辭封入韓』，然《漢書・馮奉世傳》云：『趙封亭為華陽君，與趙將括拒秦，戰死長平。』所說不同，未知誰實。」(224)廉頗將軍二句　將軍，率領軍隊。長平，上黨地區的縣名，縣治在今山西高平西北。按：廉頗駐守長平在趙孝成王五年，西元前二六一年。(225)廉頗免而趙括代將　關於趙括其人，與秦施反間計使趙國罷掉廉頗、任用趙括的過程，詳見〈廉頗藺相如列傳〉。(226)趙括以軍降　沈家本曰：「疑『以』字乃『死』字之訛。」(227)卒四十餘萬皆阬之　白起坑趙卒事，在趙孝成王六年，西元前二六〇年。經過考古工作者調查與走訪，在今山西永祿村周圍已發現屍骨坑十多處。(228)悔不聽趙豹之計胡三省曰：「秦有吞天下之心，使趙不受上黨而秦得之，亦必據上黨而攻趙。故趙之禍不在受上黨，而在用趙括。」(229)王還二句　楊寬以為「王還」指趙王回到邯鄲。「不聽秦」指不接受秦國進一步要求割地的條件，事可參見〈平原君虞卿列傳〉。(230)秦圍邯鄲　據〈白起王翦列傳〉，秦坑趙卒之明年，即趙孝成王七年（西元前二五九年）九月，秦將王陵引兵攻邯鄲；次年，趙孝成王八年（西元前二五八年），秦又命王齕、鄭安平圍攻邯鄲，時白起已被秦王所殺。(231)武垣令傅豹王容蘇射率燕眾反燕地　按：一縣豈能有三人為縣令？「傅豹」下應增「及」字讀。武垣，燕縣名，在今河北肅寧東南，傅豹等乃率其縣民反燕以歸趙。(232)以靈丘封楚相春申君　按：依謝說則此句應移至下文「秦圍邯鄲乃解」句下。靈丘，趙縣名，縣治即今山西靈丘東固城。(233)平原君如楚請救　過程詳見〈平原君虞卿列傳〉。(234)楚來救　謂春申君黃歇率兵來救。(235)魏公子無忌亦來救　魏公子無忌竊兵符奪晉鄙軍以救趙國的過程，詳見〈魏公子列傳〉。(236)秦圍邯鄲乃解　中井曰：「『邯鄲』二字疑衍。」吳如嵩曰：「秦國在長平之戰中的輝煌勝利及其坑趙卒四十萬的殘暴行為，使關東各國的君主感到震驚和恐懼，深切感受到了秦國的威脅，形勢逼迫他們不得不走合縱抗秦的道路以求自保。加上趙國積極的外交活動以及各國合縱人士的努力，在邯鄲之戰以前一個合縱抗秦的局勢已經形成；在邯鄲之戰中趙國的堅決抵抗，魏、楚兩國的救援，使合縱的力量顯示出威力，令秦國損兵失地，遭受了戰國後期以來最嚴重的挫折。」(237)昌壯　應作「昌城」，趙縣名，縣治在今河北冀州西北。(238)樂乘　樂毅的族人，原為燕將，被廉頗所俘，遂降趙，為趙將。(239)慶舍　趙將名，原齊人。(240)信梁　《正義》以為是秦將王齕之號。梁玉繩以為是秦將「摎」之號。(241)太子死　趙之太子，史失其名。(242)秦攻西周二句　〈秦本紀〉云：「秦昭王怒，使將軍摎攻西周，西周君奔秦，頓首受罪，盡獻其邑三十六，口三萬。」西周從此遂滅。(243)徒父祺出　故意做出一種想要救周的樣子。徒父祺，趙將名。(244)元氏　趙縣名，縣治在今河北元氏西北，西漢時為常山郡郡治。(245)縣上原　設置上原縣。上原縣在今元氏西。(246)武陽君鄭安平　鄭安平原是秦國將領，在秦軍圍困邯鄲時被趙軍打敗，率二萬人降趙，被趙國封為武陽君，封地武陽（在今河北易縣東南）。(247)收其地　將其領地收歸趙國朝廷。(248)邯鄲廥燒　積芻藁之處，為火所燒也。(249)趙勝死　年表、列傳在十五年，此誤。(250)尉文　趙縣名，有說即代郡之蔚州，有說在今河北無極西，有說即今河北廣平。(251)信平君　封地在尉文，封號曰「信平君」。(252)燕王　指燕王喜，西元前二五四—前二二二年在位。(253)栗腹　此時為燕相。(254)約驩　約為友好之國。驩，通「歡」。此處乃為「約歡」而出使。(255)以五百金為趙王酒　「酒」字應作「壽」，意即為祝趙王健康長壽而獻上一份禮金。(256)趙氏壯者皆死長平　「氏」字當依〈燕策〉、〈燕召公世家〉皆作「民」。(257)其孤　這些死者的孤兒。(258)昌國君樂間　樂間是燕國名將樂毅之子，被燕國封為昌國君，以繼其父樂毅之號。(259)四戰之國　言其四面皆鄰於強敵，要四面應戰。

260卒起二軍二句　卒，通「猝」。突然。《戰國策・燕策三》作「遽起六十萬以攻趙。」261卿秦　燕將名，姓卿名秦。262虜卿秦樂間　梁玉繩曰：「『樂間』下缺『奔趙』二字。」按：以上栗腹慫恿燕王伐趙而被趙國打敗事，見《戰國策・燕策三》與〈燕召公世家〉。263廉頗圍燕　據〈燕召公世家〉，燕將栗腹、卿秦率軍侵趙，被廉頗打敗後，廉頗遂率趙軍進圍燕都薊城，直至燕王派出親趙的將渠為相求和，趙始退兵。264樂乘為武襄君　「武襄」是封號名。265假相　代理宰相，這裡只是「加官」，空有其位號而已，當時趙國的宰相是廉頗。266圍其國　包圍了燕國首都。國，這裡指國都。267延陵鈞　趙將名，姓延陵，名鈞。268秦拔我榆次三十七城　此事應在下年。榆次，趙縣名，即今山西榆次。269易土　交換地盤，各取其便。270龍兌汾門臨樂　龍兌，趙縣名，在今河北滿城北。汾門，趙縣名，在今河北徐水西北。臨樂，趙縣名，在今河北固安西南。271葛　燕縣名，在今河北高陽東北。272武陽　燕縣名，在今河北易縣東南。273平舒　燕縣名，在今河北大城東。274秦王政　嬴政，即日後的秦始皇，西元前二四六—前二一〇年在位。275秦拔我晉陽　梁玉繩曰：「事在十九年，非二十年也。」晉陽，趙縣名，在今山西太原西南。276二十一年　西元前二四五年。277孝成王卒　此句原在「廉頗將」三字之上，此蓋錯簡。依梁玉繩說：「孝成王卒」四字應在「取之」二字下，蓋據〈廉頗藺相如列傳〉也。今據改。繁陽，魏縣名，在今河南內黃西北。278子偃立二句　此二句原在「廉頗亡入魏」之後，亦為錯簡。依梁玉繩說：「子偃立，是為悼襄王」八字應移至「使樂乘代之」上，與「孝成王卒」四字相接，蓋謂悼襄王即位後始令樂乘代廉頗也，此段文字應與〈廉頗藺相如列傳〉相同。今據改。悼襄王，西元前二四四—前二三六年在位。按：悼襄王信讒令樂乘代廉頗，廉頗不服而攻樂乘，乃奔魏事，見〈廉頗藺相如列傳〉。

【語譯】五年，趙國將鄚縣、易縣劃歸了燕國。八年，修築南行唐縣城。九年，趙梁率軍與齊軍聯合攻韓，進兵到魯關下，退了回來。十年，秦昭王自立為西帝。十一年，趙將董叔和魏軍聯合攻宋。從魏國獲得河陽縣。秦國攻占了梗陽縣。十二年，趙梁率軍攻打齊國。十三年，趙將韓徐為率兵攻齊。這年，趙國的公主去世。十四年，相國樂毅率領趙、秦、韓、魏、燕五國的軍隊攻齊，趙軍奪取了靈丘縣。同年，趙惠文王與秦昭王在趙國的中陽縣會晤。十五年，燕昭王到趙國來會見趙惠文王。同年，趙軍和韓、魏、秦共同攻齊，齊湣王敗走，燕軍單獨深入追擊，攻占了齊國的都城臨淄。

2 十六年，秦又多次聯合趙軍攻齊，齊人十分憂慮。蘇厲替齊王送信給趙王，信中說：

3 「我聽說古代的賢君，當他的德行尚未遍布全國，他的教化尚未深入民間，他的四時祭祀尚未使鬼神滿意。然而卻風調雨順，五穀豐收，民無瘟疫，一般人都以為這是好事，但作為國君，對這種反常現象就應當認真考慮了。

4　「如今您的賢德和功業，並非一貫對秦國有好處；對齊國也沒有積累下多少深仇大恨。眼下秦與趙結成聯盟，靠武力強大逼著韓國一道出兵攻齊，是秦國真的那麼偏愛趙國而憎恨齊國嗎？對於這些反常的事情，聰明的君主是該認真審視的。秦國並非真的偏愛趙國、憎恨齊國，它只為了要滅亡韓國、吞併二周，所以才拿齊國做釣餌，鼓動你們這些國家去打它。它又怕大家不肯上當，所以聯合魏國與趙國與之同行。它怕各國對它有所懷疑，所以又給各國派去人質以表示守信。它怕大家突然反它，所以向韓國調兵以相威脅。表面上說是為了盟國好，實際上是要乘機吞併國內空虛的韓國。我以為秦國必然會這麼做。天地間本來就有形勢不同而災難相同的現象，當楚國連年被攻伐的時候，中山國卻滅亡了；如今齊國連年被攻伐之時，韓國也一定會滅亡。攻下了齊國，您要和其他六國共分好處；滅亡了韓國，則歸秦國所獨有；吞併二周，拿走了周室的祭器後，亦歸秦國所獨有。計算一下所得的土地和實際功業，您和秦國相比誰得的多？

5　「正如那些說客所言：『如果韓國丟失了三川，魏國丟失了原來晉國的心腹之地，那就用不著等到集市散罷，災難就降臨到您們趙國了。』燕國完全占有了齊國北部的土地，距離沙丘、鉅鹿就不足三百里；韓國的上黨距離邯鄲也只有一百里。如果燕國與秦國合謀夾擊趙國，它們之間的距離最遠也就是三百里。秦國的上郡挨著趙國的挺關，到達榆中有一千五百里。如果秦國占領三郡之後，以三郡之兵進攻趙國的上黨，那麼羊腸阪以西、句注山以南的土地就不再是您的了。如果秦軍越過句注山南下，占據了常山的天險，隔著三百里就是燕國，到那時，代地的馬與胡地的犬都無法再到趙國，昆山的玉也運不過來，這三件寶物您就再也得不到了。您連年攻打齊國與追隨秦國進攻韓國的最後結局必定如此。希望您認真思量。

6　「況且，齊國之所以被秦國攻打，是因為齊國對趙國唯命是從，現在各國正想聯合起來共同對付趙國。燕秦兩國已經訂約結盟，它們對趙國出兵的日子不會很久了。當初，秦國聯合齊、韓、魏、燕等五國企圖瓜分趙國，是由於齊國背離五國之約來和趙國共患難，發兵西向以阻止秦國，秦國才只好停止稱帝而恢復稱王，把高平、根柔兩縣還給魏國，把巠分、先俞兩縣還給趙國。齊國對趙國的交情算是夠深厚的了，想不到現在卻讓您如此的痛恨。我怕今後想歸附您的人，誰也難以自信了。希望您好好想想吧。

7 「如今您若不參與進攻齊國，各國都會認為您有信義。我們將以整個國家好好事奉您，各國也必然會跟著齊國敬重您。要是秦國講信義，您就帶領各國與秦國友善；要是秦國橫行霸道，您就率領天下抵制它。這樣一來，天下的威名榮耀都歸到您的頭上了。」

8 於是趙王拒絕了秦國，不再跟著秦國進攻齊國。

9 同年，趙王與燕昭王會晤。趙將廉頗率軍攻齊，占領了齊國的昔陽縣。

10 十七年，樂毅率領趙軍攻打魏國的伯陽。秦國因怨恨趙國不和它一起進攻齊國，因而起兵攻趙，占去了趙國的兩座城。十八年，秦軍又攻占了趙國的石城縣。趙王兩次前往衛國的東陽，決黃河水以灌魏地。同年，趙國大雨成災，漳水氾濫。秦國宰相魏冄來趙國當宰相。十九年，秦軍打敗趙軍，奪去兩座城。趙國把伯陽縣歸還魏國。同年，趙奢率軍攻占了齊國的麥丘縣。

11 二十年，廉頗率軍攻齊。同年，趙惠文王與秦昭王於西河外舉行會晤。

12 二十一年，趙國使漳水改道流經武平縣西。二十二年，趙國發生大瘟疫。同年，立公子丹為太子。

13 二十三年，趙將樓昌率軍攻魏之幾縣，不能取勝。十二月，趙將廉頗率軍攻占了該城。二十四年，廉頗率軍攻占了魏國的房子縣，在房子縣築城而後返回。隨後廉頗又攻占了魏國的安陽縣。二十五年，趙將燕周率軍攻占了齊國的昌城、高唐二縣。同年，趙軍又與魏軍聯合攻秦。秦將白起大破趙、魏聯軍於韓國的華陽，俘獲聯軍的將領一人。二十六年，趙軍攻取了趙國與東胡邊界之間的歐代地。

14 二十七年，趙國又使漳水改道流經武平縣南。同年，趙國封惠文王之弟趙豹為平陽君。這年黃河決口，且又大雨成災。

15 二十八年，藺相如率趙軍攻齊，前鋒抵達齊國的平邑縣。同年，趙國停止修築北部的九門縣大城。這年燕國大將成安君公孫操殺死了燕惠王。二十九年，秦軍攻韓，圍困了閼與。趙國派趙奢率軍擊秦，大敗秦軍於閼與城下，賜號趙奢為「馬服君」。

16 三十三年，趙惠文王去世，太子丹繼位，這就是趙孝成王。

17 孝成王元年，秦軍攻趙，占去了三座城。當時孝成王剛即位，太后主持朝政，秦軍攻趙甚急。趙向齊國求救，齊王說：「必須讓長安君來做人質，才可以出兵。」太后不願意，大臣強力勸諫。太后明確地對左右說：「誰再說讓長安君去做人質，我就向他的臉上吐唾沫。」這時左師觸龍出來說要見太后，太后滿臉怒氣地等著他。觸龍進殿後，趨而徐行，到太后跟前坐下，道歉說：「我的腿有毛病，實在不能走得更快，好久沒有見到您了。我自己思量，怕太后身體有什麼不舒服，所以前來拜望。」太后說：「我出入都是靠坐車。」觸龍說：「胃口還好吧？」太后說：「靠喝粥罷了。」觸龍說：「我前些時沒有食欲，就強迫自己散步，一天走上三四里，飯量就有所增加，身體也舒服了些。」太后說：「我辦不到。」太后的怒氣有所緩和。觸龍說：「我有個兒子叫舒祺，年紀還小，也沒有出息；但由於我老了，心疼他，所以還是想趁早向您說，希望能讓他給您當個王宮衛士。我冒著死罪向您稟報。」太后說：「那好辦，他年紀多大了？」觸龍說：「十五了，雖然年紀還小，但我希望還是趁我入土之前把他託付給您。」太后說：「男人也這麼心疼小兒子嗎？」觸龍說：「比女人厲害。」太后笑著說：「還是女人心疼得更厲害。」觸龍說：「我認為您疼愛燕后超過愛長安君。」太后說：「你錯了，我還是更愛長安君。」觸龍說：「大凡做父母的疼愛子女，就得考慮他們的長遠利益。當初您送您女兒出嫁燕國的時候，您握著她的腳，為她落淚，不就是因為想到她的離家遠出，骨肉難捨嗎？她走了之後，您也不是不想她，但在祭祀的時候，您卻總是禱告說：『千萬別讓她回來。』您這種心情不就是替她考慮長遠，希望她所生的子孫能相繼在燕國稱王嗎？」太后說：「是的。」觸龍說：「三輩以前，上推到趙國建立，歷代趙王受封為侯的諸子，他們的封地、封號還有保留到今天的嗎？」太后說：「沒有了。」觸龍說：「不單是趙國，其他被封侯的諸子們，有傳位超過三代的嗎？」太后說：「沒聽說過。」觸龍說：「這就是時間短的當代即遭禍被廢，時間長的也只能傳到第二代或第三代。難道是帝王之子一旦為侯就變得不好了嗎？不是，是因為他們的地位尊貴但沒有給國家建立過功勳，俸祿優厚但沒有給國家出過力，而他們占有的寶器卻又特別多的緣故。如今您給了長安君很高的爵位，又封給他很多肥沃的土地，又賞給他很多的寶物，就是不讓他及時地為國家建立功勳，這樣日後一旦您不在了，那時讓長安君憑什麼在趙國立足呢？所以我認為您替長安君想得不夠長遠，所以認為您對他的愛比不上您的女兒燕后。」太后說：「好，我讓長安君一切都聽你的安排。」於是趙國立即安排了上百輛車子，讓長安君到齊國當人質，齊國也迅即發來了救兵。

18 趙國的賢人子義聽說了這件事，深有感慨的說：「國君的兒子，又是骨肉之親，還不能保住那種不是靠功勞得來的地位，不是靠為國效力獲得的俸祿，還守不住那些單靠親緣關係獲得的珍寶，更何況我們這些平常人呢！」

19 也在這同一年，身為趙國將領的原齊國的安平君田單率領趙軍攻占了燕國的中陽縣。隨後又攻占了韓國的注人縣。二年，惠文后去世，田單做了趙國的宰相。

20 四年，孝成王夢見穿著左右兩種顏色的衣服，乘著飛龍上天，但還沒等上去就掉了下來，只見地面上有金玉堆積得像山一樣。次日，孝成王召來史官敢讓他占夢，史官說：「夢見穿著兩色衣服，是象徵國家殘破；乘飛龍上天半途而墜，是象徵有空名而沒有實利；見金玉堆積如山，是象徵國家的憂患。」

21 三天之後，韓國上黨郡守馮亭的使者來趙，說：「韓國已經守不住上黨，上黨終將落入秦軍之手。但是上黨的官民都願意歸降趙國而不願歸降秦國。上黨郡現在有城有市的大邑十七座，我請求將它進獻給趙國，趙王可以將它分賜給您的吏民。」趙王很高興，叫來平陽君趙豹對他說：「馮亭向我們進獻城邑十七座，接受它怎麼樣？」趙豹說：「聖人認為無緣無故得來的利益是一種很大的禍患。」孝成王說：「那裡的吏民都感念我的恩德，怎麼說是無緣無故呢？」趙豹說：「秦國蠶食韓國的土地，斬斷了上黨和韓國都城的聯繫，本來它已經認為可以坐收上黨了。韓國人所以不降秦而降趙，是想嫁禍給趙國。秦國付出辛勞而趙國獲得利益，即使是強大的一方也不能坐享弱者的這種便宜，而我們弱小的一方又怎麼能去搶占強大一方的這種便宜呢？這難道還不是『無緣無故』的好處嗎？再說秦國不惜一切代價運送糧食以供應上黨前線，把攻占的土地分給功臣死士作食邑，國內令行止禁，各種政令均得貫徹，這樣的國家是不能與它相抗的，萬萬不可接受馮亭的獻地。」孝成王說：「徵調百萬大軍去作戰，一兩年也未必能攻下一座城。如今人家把十七座城送給我們，這是多麼大的好處啊。」

22 趙豹走後，孝成王把平原君和趙禹叫來，跟他們說這件事。這兩人說：「動用百萬軍隊去作戰，整年也攻不下一座城，現在坐享其利，白得十七座城邑，這麼大的好事不能錯過機會。」孝成王說：「好。」於是派趙勝去接受獻地，趙勝告訴馮亭說：「我國大王派我來答應你們的請求，我們大王將以三座萬戶之都封給上黨太守，將以三座千戶之都封給上黨縣令，你們都世世代代做趙國的有土封君；整個上黨地區的所有吏民都加爵三級；凡上黨官民能各盡其位，謹守秩序者，每人賜黃金六鎰。」馮亭流淚，不見趙國使者，說：「我不能做這種『三不義』之人。替韓王守土而不能死於國難，一不義；韓王欲使上黨降秦，我不聽從他的命令，二不義；出賣韓國的土地換取自己的封邑，三不義。」趙國於是出兵接管了上黨。廉頗率趙軍，駐守長平。

23 七年，廉頗被免職而讓趙括接替了廉頗為將。隨後秦軍便包圍了趙括，趙括戰死，趙軍降秦，四十多萬大軍都被活埋於長平。孝成王後悔當初沒聽趙豹的忠告，才釀成了這長平的慘劇。

24 孝成王回到邯鄲，不答應秦國的割地要求，於是秦軍包圍了邯鄲。這時燕國的武垣縣令傅豹與王容、蘇射等人率領武垣縣的吏民投降趙國，趙王則把趙國的靈丘縣封給了楚國的宰相春申君。

25 八年，平原君到楚國請求派兵援救。平原君回國後，楚國果然派兵前來，魏公子無忌也率兵前來，秦國見勢撤兵，邯鄲之圍遂得解除。

26 十年，燕軍攻打趙國的昌壯縣，五個月後被攻取。同時趙將樂乘、慶舍率軍進攻秦將信梁，趙軍獲勝。這一年，趙太子去世。同年，秦軍攻打西周，西周被滅，趙國曾派徒父祺率軍出境打算援救西周。十一年，趙國在元氏築城，同時設置了上原縣。同年，降趙的秦將武陽君鄭安平去世，其封地被收回。十一年，邯鄲堆放柴草的房舍被燒。十四年，平原君趙勝去世。

27 十五年，趙國將尉文縣封給相國廉頗，稱他為信平君。同年，燕王喜讓丞相栗腹出使趙國與趙王修好，給趙王獻上黃金五百鎰作為賀禮。栗腹回國，後向燕王稟報說：「趙國的成年男子都死於長平，剩下的孤兒尚未長大，可以趁機進攻它。」燕王喜叫來昌國君樂閒徵求他的意見。樂閒說：「趙，是個四面臨敵的國家，它的民眾慣於作戰，是不可以攻打的。」燕王喜說：「我以眾伐寡，兩個打一個，行嗎？」樂閒說：「不行。」燕王喜說：「我用五個打一個，行嗎？」樂閒說：「不行。」燕王大怒，群臣都認為可以。於是燕國很快地出動了兩支部隊，兩千乘戰車，一支由栗腹率領去進攻鄗邑，一支由卿秦帶領去進攻代地。這時廉頗任趙將，他打敗並殺死了栗腹，俘虜了卿秦和樂閒。

28 十六年，廉頗包圍燕國，趙國封前來歸順的樂乘為武襄君。十七年，帶有趙國丞相虛銜的大將武襄君樂乘率趙軍攻燕，包圍了燕國的都城。十八年，趙將延陵鈞率軍跟隨相國信平君廉頗助魏軍攻燕。同年，秦軍攻占了趙國的榆次等三十七城。十九年，趙國和燕國交換土地：趙國把龍兌縣、汾門縣、臨樂縣給燕國；燕國把葛縣、武陽縣、平舒縣給趙國。

29 二十年，秦王嬴政即位。同年，秦軍攻占了趙國的晉陽。

30 二十一年，廉頗率軍攻取了魏國的繁陽縣。孝成王去世，其子趙偃繼位，這就是悼襄王。不久悼襄王讓樂乘接替廉頗，廉頗怒，攻樂乘，樂乘逃跑，廉頗也逃入魏國。

1 悼襄王元年❶，大備魏❷。欲通平邑、中牟之道❸，不成。

2 二年，李牧❹將，攻燕，拔武遂❺、方城❻。秦召春平君❼，因而留之。泄鈞❽為之謂文信侯❾曰：「春平君者，趙王甚愛之而郎中❿妬之，故相與謀曰：『春平君入秦，秦必留之。』，故相與謀而內之秦⓫也。今君留之，是絕趙⓬而郎中之計中也。君不如遣春平君[13]而留平都[14]。春平君者，言行信於王[15]，王必厚割趙而贖平都。」文信侯曰：「善。」因遣之[16]。城韓皋[17]。

3 三年，龐煖[18]將，攻燕，禽其將劇辛[19]。四年，龐煖將趙、楚、魏、燕之銳師，攻秦蕞[20]，不拔。移攻齊，取饒安[21]。五年，傅抵[22]將，居平邑[23]。慶舍將東陽[24]河外師[25]，守河梁[26]。六年，封長安君以饒[27]。魏與趙鄴[28]。

4 九年，趙攻燕，取貍[29]、陽城[30]。兵未罷，秦攻鄴，拔之[31]。悼襄王卒，子幽繆王遷立[32]。

5 幽繆王遷元年[33]，城柏人[34]。二年，秦攻武城[35]，扈輒[36]率師救之，軍敗，死焉[37]。

6 三年，秦攻赤麗[38]、宜安[39]，李牧率師與戰肥下[40]，卻之。封牧為武安君[41]。四年，秦攻番吾[42]，李牧與之戰，卻之[43]。

7 五年，代地大動[44]，自樂徐[45]以西，北至平陰[46]，臺屋牆垣太半[47]壞，地坼東西[48]百三十步[49]。六年，大饑[50]，民譌言[51]曰：「趙為號[52]，秦為笑。以為不信[53]，視地之生毛[54]。」

8 七年，秦人攻趙[55]，趙大將李牧、將軍司馬尚[56]將，擊之。李牧誅，司馬尚免[57]，趙怱[58]及齊將顏聚[59]代之。趙怱軍破，顏聚亡去[60]，以王遷降[61]。

9 八年，十月[62]，邯鄲為秦[63]。

【章旨】以上為第七段，寫趙國為秦所滅。

【注釋】❶悼襄王元年 西元前二四四年。❷大備魏 緊急防備魏國進攻，因廉頗剛逃入魏國。❸通平邑中牟之道 通此道為加強趙國南部地區之防衛。平邑，趙縣名，在今河南南樂東北。中牟，趙之舊都，在今河南鶴壁西。❹李牧 趙國名將，事跡詳見〈廉頗藺相如列傳〉。❺武遂 燕縣名，在今河北徐水西。❻方城 燕縣名，在今河北固安南。❼春平君 《戰國策》作「春平侯」，趙王之寵臣。❽泄鈞 當時之說客。❾文信侯 即呂不韋，時為秦之相國，事跡見〈呂不韋列傳〉。❿郎中 帝王身邊的侍從人員，上屬郎中令。⓫內之秦 將其打發到秦國來。⓬絕趙 斷絕了與趙王的友好。⓭遣春平君 打發春平君回趙。⓮平都 《戰國策》作「平都侯」，有人以為是春平君的副使。⓯言行信於王 說話與辦事都受趙王信任。⓰因遣之 按：以上泄鈞說呂不韋遣歸春平君事，見《戰國策·趙策四》。⓱韓皋 趙縣名，方位不詳。⓲龐煖 趙將名。⓳劇辛 燕將名。⓴將趙楚魏燕之銳師二句 梁玉繩曰：「此失書韓。」蓋五國聯軍共攻秦。蕞，秦縣名，在今陝西臨潼北。㉑饒安 齊縣名，在今山東慶雲西北。按：五國既西攻秦，又轉而東攻齊者，因秦國施行「遠交近攻」政策，齊國親秦故也。㉒傅抵 趙將名。㉓居平邑 駐軍於平邑。㉔東陽 趙縣名，在今山東武城東北。㉕河外師 即駐紮在東陽一帶的趙國軍隊，因東陽地處當時的黃河東面，從趙都邯鄲而言是在「河外」。㉖河梁 黃河上的橋梁、渡口。㉗饒 趙縣名，在今河北饒陽東北。㉘鄴 魏縣名，在今河北磁縣南。㉙貍 燕縣名，縣治在今河北任邱北。㉚陽城 燕縣名，在今河北保定西南。㉛秦攻鄴二句 〈六國年表〉作「秦拔我閼與、鄴，取九城」。時為秦王政十一年。㉜幽繆王遷立 名遷，西元前二三五—前二二八年在位。「幽」「繆」二字都是諡。㉝幽繆王遷元年 西元前二三五年。㉞柏人 趙縣名，在今河北隆堯西。㉟武城 趙縣名，在今河北磁縣西南。㊱扈輒 趙將名。㊲軍敗二句 〈六國年表〉作「桓齮擊平陽，殺趙扈輒，斬首十萬」。㊳赤麗 趙邑名，大約在今河北藁城境。㊴宜安 趙縣名，在今河北藁城南。㊵肥下 肥縣城下。肥縣，趙縣名，縣治在今河北藁城東南。㊶封牧為武安君 「武安君」是封號名，未必其封地即在「武安」。㊷番吾 也作「鄱吾」，趙縣名，在今河北平山東南。㊸李牧

與之戰二句　〈六國年表〉於此作「秦拔我狼孟、鄱吾，軍鄴」。㊹代地大動　代郡發生大地震。㊺樂徐　趙縣名，在今河北淶源東南。㊻平陰　趙縣名，在今山西陽高東南。㊼太半　大半數，謂三分之二。㊽地坼東西　地面裂為東西兩塊。㊾百三十步　指裂縫的長度為一百三十步。史文記此，蓋以為是趙國滅亡之先兆。㊿大饑　大災荒。(51)譌言　謠言，童謠、民謠之類。(52)號　號哭。(53)以為不信　假如認為不可信。(54)地之生毛　遍地長滿野草。瀧川曰：「言不生五穀。毛，草也。」(55)秦人攻趙　秦國的將領為王翦。(56)司馬尚　趙將名，事跡參見〈廉頗藺相如列傳〉。(57)李牧誅二句　〈廉頗藺相如列傳〉云：「秦使王翦攻趙，趙使李牧、司馬尚禦之。秦多與趙王寵臣郭開金，為反間，言李牧、司馬尚欲反。趙王乃使趙蔥及齊將顏聚代李牧。李牧不受命，趙使人微捕得李牧，斬之，廢司馬尚。」(58)趙怱　趙王之族人，時為趙將。(59)顏聚　曾為齊將，後乃歸趙。(60)趙怱軍破二句　〈廉頗藺相如列傳〉於此云：「後三月，王翦因急擊趙，大破殺趙蔥，虜趙王遷及其將顏聚，遂滅趙。」(61)以王遷降　以至於使得趙王遷只好投降秦國。(62)八年二句　趙王遷八年即秦王政十九年，西元前二二八年之十月。(63)邯鄲為秦　據〈秦始皇本紀〉，趙國邯鄲之陷落與趙王遷之被虜皆在秦王政十九年，趙王遷八年。同在此年。

【語　譯】 悼襄王元年，緊急防備魏國入侵。趙國想修通自平邑至中牟的道路，沒有成功。

2　二年，李牧率趙軍攻燕，占領了武遂、方城二縣。秦王召趙之春平君入秦，將其扣留。秦國的說客泄鈞為救春平君對文信侯呂不韋說：「春平君是趙王所愛而被趙王身邊的郎中們所恨的人，所以當趙王想派春平君來秦時，那些郎中們就相互商量說：『春平君到了秦國，很可能被秦國所扣留。』於是他們就極力慫恿趙王把春平君派到秦國來。如今您把春平君扣留，顯然是得罪趙王而中了那些郎中之計。您不如放春平君回去而留下他的副使平都侯。春平君說話辦事都得到趙王信任，趙王一定不惜割地花錢贖平都侯回去。」文信侯說：「好。」便放回了春平君。同年，趙國在韓皋縣築城。

3　三年，龐煖為趙將率軍攻燕，俘獲燕將劇辛。四年，龐煖率領趙、楚、魏、燕等國的精銳部隊進攻秦國的蕞縣，未能攻下。於是撤軍轉攻齊國，奪取了饒安縣。五年，傅抵為趙將，率軍屯駐於平邑。慶舍率領駐紮在黃河以南的東陽縣的趙軍，守衛黃河的橋梁渡口。六年，趙國把饒縣封給了長安君。同年，魏國把鄴縣割給了趙國。

4 九年，趙軍攻燕，奪取了貍與陽城二縣。戰事尚未結束，秦軍攻占了趙國的鄴縣。同年，悼襄王去世，其子幽繆王趙遷繼位。

5 幽繆王趙遷元年，趙國修築柏人縣城。二年，秦軍進攻趙國的武城縣，趙將扈輒率軍往救，兵敗身死。

6 三年，秦軍進攻趙國的赤麗、宜安二縣，李牧率趙軍往救，在肥縣城下擊敗秦軍。趙國封李牧為武安君。四年，秦軍進攻趙國的番吾縣，李牧率軍與戰，又敗秦軍。

7 五年，代地發生大地震，自樂徐以西，北到平陰，臺屋牆垣有四分之三被毀，地面裂為東西兩塊，裂縫長達一百三十步。六年，趙國又遇大災荒，民謠唱道：「趙國哭，秦國笑。要是不相信，且看地上長草不長苗。」

8 七年，秦軍攻趙，趙國大將李牧與將軍司馬尚率軍迎擊。不久，李牧被趙王所殺，司馬尚被免職，由趙忽、顏聚接替了他們的職務。很快，趙忽戰敗，顏聚逃亡，使得趙王遷只好投降了秦國。

9 八年，十月，邯鄲成了秦國的領地。

太史公曰：吾聞馮王孫曰❶：「趙王遷，其母倡❷也，嬖❸於悼襄王。悼襄王廢適子嘉❹而立遷。遷素無行，信讒，故誅其良將李牧，用郭開❺。」豈不繆❻哉！秦既虜遷，趙之亡大夫❼共立嘉為王❽，王代六歲❾，秦進兵破嘉❿，遂滅趙，以為郡⓫。

【章旨】以上為第八段，是作者的論贊，對趙王遷的自毀長城導致亡國，表現了深深感慨。

【注釋】❶吾聞馮王孫曰　馮王孫，馮唐之子，名遂，字王孫，其人亦見提於〈張釋之馮唐列傳〉。按：此「吾聞馮王孫曰」之「吾」，顧頡剛、趙生群以為是司馬談，不是司馬遷，因為司馬遷的生年要比馮王孫晚五六十年，可參看〈張釋之馮唐列傳〉注。❷倡　歌女。❸嬖　受寵愛。❹適子嘉　原來的太子名嘉。適，通「嫡」。❺誅其良將李牧二句　郭開，趙國末期的宦者，前已曾讒害過廉頗，見〈廉頗藺相如列傳〉。按：言「趙王遷用郭開之讒誅李牧」是也；言趙王遷「信讒，故誅其良將李牧，用郭開」，似有語病。❻繆　通「謬」。荒謬。❼亡大夫　亡國之後的諸大夫。❽立嘉為王　立故太子嘉為代王，都於代縣（今河北蔚縣東北）。❾王代六歲　西元前二二七—前二二二年。❿秦進兵破嘉　據〈秦始皇本紀〉，秦將王賁滅燕後，「還攻代，虜代王嘉」。事在秦王政二十五年（西元前二二二年）。⓫遂滅趙二句　滅趙後在趙地設立了邯鄲、恆山、代、巨鹿、上黨、太原、九原、雲中等郡。按：趙國自西元前四〇三年被列為諸侯，至西元前二二二年被秦所滅，共傳國一百八十二年。

【語　譯】太史公說：我聽馮王孫說：「趙王遷的母親是個歌女，深得悼襄王的寵愛。悼襄王廢掉了長子趙嘉而讓趙遷為太子。趙遷向來沒有好品行，又好輕信讒言，他就是聽信宦者郭開的讒言殺掉了趙國的優秀將領李牧。」這豈不是很荒唐嗎！秦軍俘虜了趙王遷後，趙國逃亡的大夫們又在代地擁立趙嘉為王。趙嘉在代地稱王六年，秦軍滅掉了燕國後，也一齊滅掉了趙國，在趙地設置了郡縣。

【研　析】〈趙世家〉前一部分所著力描寫的人物是趙盾與趙簡子。趙盾憑藉其父趙衰之功，是趙氏家族第一個獨攬晉國政權的人物，在趙盾以前，在晉國還沒有哪個大臣有趙盾這樣的權力，他居然能憑自己的意志廢立晉的君主。晉靈公上臺後，為了報復趙盾，與他展開了種種鬥爭，最後被趙盾所殺，從此趙氏在晉國的攬權更加嚴重。由於《左傳》是站在「六卿」的立場，〈趙世家〉的開頭部分是由《左傳》脫胎而來，所以凡是寫到趙氏與晉國公室的鬥爭，立場總是偏袒趙氏。

「趙氏孤兒」一案，《史記》所寫與《左傳》有較大出入，其基本事實《左傳》寫得很清楚，是晉景公所發起的一場向趙氏家族的反攻清算，當趙盾死後，晉國公室為奪回權力而滅了趙氏滿門。但後來鑒於其他卿族的施壓，晉景公又找來趙氏孤兒，恢復了趙氏家族的地位。趙氏孤兒即趙武，趙武為晉國正卿。趙武的孫子趙鞅，即趙簡子，到這時晉國的領土、政權已經落入趙、魏、韓、知四家之手。趙簡子這時的地位是「趙名晉卿，實專晉權，奉邑侔於諸侯」，趙簡子已經為趙國的建立奠定了基礎。

趙襄子是一個富有傳奇性的人物，是趙氏國家的實際創建者，只是在名義上還沒有被周天子與各國諸侯所公開承認而已。在趙襄子的經營下，先是滅掉了代國，而後又與韓、魏兩家打敗並瓜分了知氏，到這時晉國諸侯已經成為傀儡，名存實亡。到趙襄子的孫子趙烈侯時，趙與韓、魏同時被周天子與各國承認為諸侯。

趙武靈王是趙烈侯的重孫，生活在戰國中期，與秦惠文王、魏惠王、齊威王同時。趙武靈王是使趙國崛起，生氣勃勃，最有可能打敗秦國的人物。其功業可以和魏文侯、齊威王、秦孝公、秦昭王並駕齊驅，其生平事跡之富於傳奇性、浪漫性，則更遠出於其他四人之上。吳如嵩等《中國軍事通史》評趙武靈王說：「趙武靈王的軍事改革及其滅中山、西略胡地的軍事行動，使趙國崛起於戰國中期，成為列強中一支舉足輕重的力量。趙武靈王將趙國的發展戰略方向從南面的中原轉到北面的中山、胡地，是基於對趙國積弱的實際情況和趙國周圍的戰略環境的深入分析與清醒認識而作出的正確決策。這是一個目標明確、步驟分明、謀略高超的戰略迂迴計劃。這一戰略與秦國司馬錯提出的南併巴蜀，以巴蜀迂迴楚國，以楚國迂迴中原的戰略有異曲同工之妙。『胡服騎射』從表現看是軍隊裝備與作戰方式的改變，實際它是封建改革的進一步深化，它涉及政治、軍事、文化等各個領域，尤其是對傳統觀念、習俗的大挑戰與革新。即使在今天也有很大的啟示意義。」

〈趙世家〉的寫法富於小說性，它以四個君主的四個夢境為線索，貫穿了整個趙國的發展史，從而使趙國歷史的發展進程變得前有伏筆，後有照應，一切都像是命運宿定，頗似後代的傳奇小說。近人李景星《四史評議》說：「〈趙世家〉是一篇極奇肆文字，在諸世家中特為出色。用筆節節變化，有移步換形之妙。如敘程嬰、公孫杵臼存趙孤事，以淋漓激昂勝；敘武靈王議胡服事，以縱橫跌宕勝；敘公子章等作亂，公子成、李兌等興兵圍主父事，以歷落纏綿勝。尤其妙者，在以四夢為點綴，使前後骨節通靈：趙盾之夢，為趙氏中衰，趙武復興伏案也；趙簡子之夢，為滅中行氏、滅智伯等事伏案也；趙武靈王之夢，為廢嫡立幼，以致禍亂伏案也；趙孝成王之夢，為貪地受降，喪師長平伏案也。以天造地設之事為埋針伏線之筆，而演出神出鬼沒之文，那不令人拍案叫絕！贊語刺詆趙王遷，為千古泄憤，傲岸權奇，雅與前稱。」

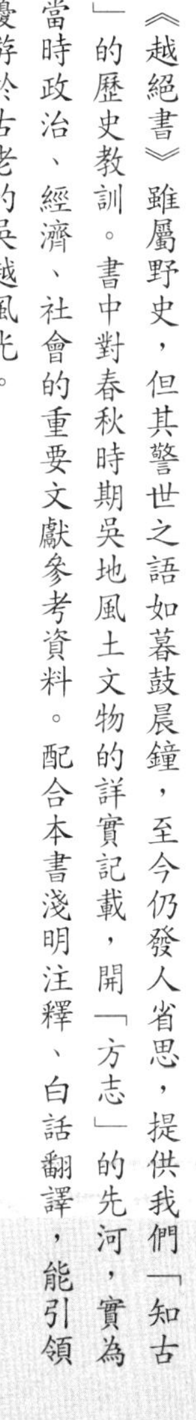

◎新譯越絕書

劉建國／注譯　黃俊郎／校閱

《越絕書》雖屬野史，但其警世之語如暮鼓晨鐘，至今仍發人省思，提供我們「知古鑑今」的歷史教訓。書中對春秋時期吳地風土文物的詳實記載，開「方志」的先河，實為研究當時政治、經濟、社會的重要文獻參考資料。配合本書淺明注釋、白話翻譯，能引領讀者優游於古老的吳越風光。

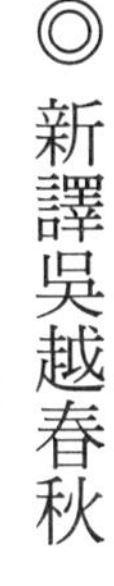

◎新譯吳越春秋

黃仁生／注譯　李振興／校閱

《吳越春秋》為《越絕書》的後起作品，也是一部以春秋時期吳國和越國的歷史為題材，介於史傳文學與歷史小說之間的古典名著。書中有系統地記述了吳越興亡的始末，以及吳越爭霸過程中的一些傳奇故事和人物，在文化史留下深刻影響。本書以元大德十年丙午刊本為底本，以明清諸刻本參校，在前賢時彥的整理研究成果上，深入注譯解析，幫助讀者做全面且深度的閱讀。

◎新譯列女傳

黃清泉／注譯　陳滿銘／校閱

劉向所編撰的《列女傳》目的在作為帝王后妃與外戚的借鑑，是一部介紹中國古代婦女行為的著作，也可視為是一部古代婦女史。所選婦女從遠古到西漢，歷史跨度長；有后妃、夫人和民女，人物眾多，具有哲學、史學、文學和文獻價值。在一則則的歷史故事中，往往包含有積極意義，既反映出民主色彩的婦女觀，也突顯出它在思想上的貢獻。本書「導讀」對其人其書有詳盡討論，各卷章旨說明簡要，注譯明白曉暢，是今人研讀《列女傳》的最佳選擇。

◎新譯國語讀本

易中天／注譯
侯迺慧／校閱

《國語》是中國最早的一部國別史著作，記錄了周朝王室和魯國、齊國、晉國、鄭國、楚國、吳國、越國等諸侯國的歷史，在內容上偏重於記述歷史人物的言論。它歷經兩千多年的時間淘洗卻歷久彌新，沾溉了歷朝歷代無數文人的筆鋒。本書以淺顯的注釋、生動流暢的語譯，消泯文言文的障礙，讓讀者能深刻體會《國語》之所以成為中國古代說話寶典的精采之處。